2 0 1 5 年 主 题 出 版 重 点 出 版 物

依法治国研究系列

丛书执行主编
董彦斌

刑事法治

RULE

OF

LAW

IN

CRIMINAL

JUSTICE

赵秉志 ■ 主编

何挺

彭新林 ■ 副主编

社会科学文献出版社
SOCIAL SCIENCES ACADEMIC PRESS (CHINA)

丛书出版前言

改革开放以来，中国既创造出经济振兴的成绩，也深化了治理方式的探索、筑基与建设。法治的兴起，是这一过程中的里程碑事件。法治是一种需求和呼应，当经济发展到一定阶段，一定要求相应的良好的法律制度来固化成果、保护主体、形塑秩序；法治是一种勇气和执念，作为对任意之治和权力之治的否弃和超越，它并不像人们所喊的口号那么容易，其刚性触及利益，其锐度触及灵魂，所以艰难而有意义。

中国法治现代化是万众的事业，应立基于中国国情，但是，社会分工和分工之后的使命感，使得法学家对法治的贡献不小。中国的法学家群体以法治为业，又以法治为梦。法学家群体曾经"虽千万人吾往矣"，呼唤了法治的到来，曾经挑担牵马，助推了法治的成长，如今又不惮陈辞，翘首以盼法治的未来。

文章合为时而著。20 世纪 80 年代，法治话语起于青蘋之末，逐步舞于松柏之下。20 世纪 90 年代以来，法治话语层出迭现，并逐步精细化，21 世纪后更呈多样化之势。法学理论有自身的逻辑，有学术的自我成长、自我演化，但其更是对实践的总结、论证、反思和促动，值得总结，值得萃选，值得温故而知新。

与世界范围内的法治话语比起来，中国的法治话语呈现三个特点。一是与较快的经济增速相适应，发展速度不慢，中国的法学院从三个到数百个，时间不过才三十来年。二是与非均衡的经济状况、法治状况相适应，法学研究水平参差不齐。三是在客观上形成了具有特殊性的表达方式，既不是中体西用，也不是西体中用。所以，法治话语在研究着法治和中国，而法治话语本身也属于有意味的研究对象。

　　鉴于为法治"添一把火"的考虑，又鉴于总结法治话语的考虑，还鉴于让各界检阅法治研究成果的考虑，我们组织了本套丛书。本丛书以萃选法治话语为出发点，努力呈现法治研究的优秀作品，既研究基本理论，也指向法治政府、刑事法治、商事法治等具体方面。文章千古事，得失寸心知。一篇好的文章，不怕品评，不怕批评，也值得阅读，值得传播和流传。我们努力以这样的文章作为遴选的对象，以有限的篇幅，现法治实践与理论的百种波澜。

　　各卷主编均系法学名家，所选作品的作者均系优秀学者。我们在此对各卷主编表示感谢，对每篇文章的作者表示感谢。我们更要对读者表示感谢。正因为关心法治并深具问题意识和国家发展情怀，作为读者的你才捧起了眼前的这本法治书卷。

目 录
CONTENTS

下编　刑事诉讼法学

序　言

全面推进依法治国，是党的十八届四中全会做出的重大战略部署，是国家治理领域一场广泛而深刻的革命，是解决党和国家事业发展面临的一系列重大问题，是确保党和国家长治久安的根本要求。紧紧围绕大局，积极投身中国特色社会主义法治建设的伟大实践，不断推进法学理论、法治实践、法律制度、法治文化创新，为全面推进依法治国提供理论指导和学理支撑，我们广大法学法律工作者不仅责无旁贷，而且机不可失。社会科学文献出版社以强烈的使命感和责任感，抓住机遇，积极作为，及时推出"依法治国研究系列"丛书，可以说是一件很有意义的事情。在"依法治国研究系列"丛书中，《刑事法治》一书是其重要组成部分，也是该丛书的重头戏。承蒙社会科学文献出版社的信任和厚爱，我受托担任《刑事法治》一书的主编，负责该书的整体编撰和协调工作。《刑事法治》一书主要收录近年来我国刑事法理论与实务界代表性的精品成果，集中展现刑事法理论与实务界理论研究和创新的整体水平。希望通过本书的出版，引导广大刑事法理论与实务工作者对刑事法治建设、全面推进依法治国有更为深入的思考，为繁荣刑事法学研究事业，更好地为法治中国建设贡献智慧和力量。

为保证本书所收入论文的质量和及时出版，我们成立了论文评审委员会。评审委员会由两位德高望重的著名法学家——中国刑法学研究会名誉会长高铭暄教授和中国刑事诉讼法学研究会名誉会长陈光中教授担任顾问，本书主编、中国刑法学研究会会长赵秉志教授担任主任，并延揽北京师范大学刑事法律科学研究院两位青年教师彭新林副教授、何挺副教授协助评审委员会主任负责本书的组织、编辑以及论文的选定工作。评审委员会对论文的选取采取"选人"与"选文"相结合的方法。"选人"即以人选文，由我国刑事法学领域做出较为突出贡献并有代表性著论的刑事法学者预选 1 至 3 篇代表性论文作为备选论文，然后由评审委员会审议定稿；"选文"即以质取文，主要由评审委员会在"选人"的基础上选取具有重要理论创新和应用价值并在刑事法学界产生一定影响的代表性论文，并且都要求发表在法学类核心期刊上。两种方法相互结合、相得益彰，力图保证本书所载论文的质量。为了保证论文的代表性，评审委员会在选取论文时还特别遵循了以下几个原则。第一，兼顾理论与实务。本书收入的代表性论文，既有偏重基础理论研究的，也有偏重刑事司法实践应用的，两者有机结合，共同促进了我国刑事法学研究的繁荣和刑事法治事业的进步。论文的作者，既有来自高等院校、科研机构的著名学者，也有来自司法实务部门的专家型领导，亦兼顾了理论与实务相结合的特点。第二，兼顾刑法学与刑事诉讼法学。刑事法治可分为刑事实体法治与刑事程序法治两个维度。刑事法学的繁荣发展、刑事法治事业的进步，既需要刑法学的繁荣发展，也离不开刑事诉讼法学的创新进步。本书分为上、下两编，总共收入 26 篇论文，其中上编收录 17 篇刑法学论文，下编收录 9 篇刑事诉讼法学论文。在收入论文数量的匹配上，充分考虑到了刑法学分支学科较多的特点。第三，兼顾不同时代，以晚近新作为主。本书选择代表性论文时，以收录晚近 5 年来的新作为主，以体现本书的时代性和现实性，同时也适当考虑时间跨度和论文发表的具体时代背景，对 1997 年刑法典颁行前后的代表性论文亦有所选取。第四，兼顾作者的老中青结合。刑事法治理论创新，刑事法学研究，需要老中青三代刑事法理论与实务工作者的积极参与和共同努力。因此本书收入的代表性论文，注意了作者的老中青结合，既有德高望重、睿智豁达的老一辈资深法学家，也有造诣深厚、学识渊博的中年法学家，还有才思敏捷、成果丰硕的青年法学家。

当然，晚近数年间，广大刑事法理论与实务工作者，发表了大量的学术论文，为我国刑事法治建设提出了很多真知灼见，其中不乏精品力作。由于篇幅所限，本书收入的只是部分最具代表性的成果，要以有限的26篇论文汇集和代表我国刑事法学研究的所有精品之作，显然不可能做到全面，因此难免会有遗珠之憾！好在"管中窥豹，可见一斑"。我相信，本书的出版，对于我们更加深入地了解近年来我国刑事法学研究的发展，更加全面地认识我国社会主义刑事法治建设所取得的巨大成就，更好地把握我国刑事法治的未来发展方向，一定会有所裨益！

本书的出版，得到了论文作者的结集出版授权，得到了社会科学文献出版社的鼎力支持。为此，我衷心地向所有关心、支持本书出版的专家学者和相关机构及同仁们表示诚挚的感谢和崇高的敬意！

赵秉志

2015 年 8 月

上编
刑法学

中国刑法的百年变革

——纪念辛亥革命一百周年

赵秉志[*]

一 前言

中华民族，上下五千年，源远流长。五千年来，秉承自强不息的民族精神，中国各族人民在中华大地上繁衍生息，历经数十个朝代，创造了光辉灿烂的文明；其间有起有落、有兴有衰，波澜壮阔、扣人心弦。一个民族的法律是民族历史发展的重要组成部分。回眸过去，五千年的中华历史，既是一部文明史，也是一部法制史、刑法史。从"夏有乱政，而作禹刑"到现代法治文明，从"德主刑辅"到"依法治国"，中华民族"立刑以明威，防闲于未然"（《旧唐书·刑法》），创造了令世界瞩目的中华法制文明。

在中国五千年的发展历程中，1911 年的辛亥革命因其推翻了没落的清王朝及两千多年的封建统治而具有划时代的意义，并因此成为中国现代社会发展的重要转折点。从此，中国各族人民克服重重磨难，逐渐走上了民族解放、人民独立、国家富强的康庄大道。也正是由此开始，中国刑法经历了由清末民初、国民政府到新中国的变革，实现了从传统刑法、近代刑法到现代刑法的历史性转变，完成了从理念到体系、从内容到技术的重大变革，建立起了理念先进、体系完善、结构合理、内容科学的现代刑法体系。古人云："以史为鉴，可以知兴

---

* 赵秉志，中国刑法学研究会会长，北京师范大学刑事法律科学研究院暨法学院院长。

替。"回顾辛亥革命以来中国刑法变革发展的百年历程并总结其历史经验，对于深入把握中国刑法的历史命运和现实机遇，并进一步推动当代中国刑法立法的发展与进步，无疑具有积极意义。

二 清末民初中国近代刑法之初创

近现代中国刑法的百年变革始于清末民初。这期间的主要刑法立法有清王朝 1911 年颁布的《大清新刑律》、北洋政府 1912 年颁行的《暂行新刑律》及之后的两次刑法修正案。其中，1911 年《大清新刑律》的颁布成为中国刑法走上近代化道路的标志，[①] 并成为中国法制从传统刑法向近现代刑法过渡的分水岭。[②]

（一）《大清新刑律》

清朝末年，西方列强的入侵引发了中国的民族危机，内忧外患交织，清政府的统治岌岌可危。为了继续维护其专制统治，清朝政府甚至"考虑在另外的基础上组织政体的可能性"。[③] 在此背景下，变法成为清王朝末年的必然选择。

1902 年，时任直隶总督袁世凯、两江总督刘坤一、湖广总督张之洞联衔会奏，建议从速修订法律，并保举沈家本主持修律工作，得到清政府的应允。沈家本认为，"各法之中，尤以刑法为切要"。在修律过程中，他始终以制定新刑律为主要任务，并于 1907 年制定了《大清新刑律草案》。[④] 不过，由于沈家本的《大清新刑律草案》大量引进了资产阶级的刑法文化，草案的体例和内容较旧律变化极大，因而遭到了以张之洞为首的礼教派的激烈攻击，他们称沈家本"用夷制夏"，

---

① 李秀清：《法律移植与中国刑法的近代化——以〈大清新刑律〉为中心》，《法制与社会发展》2002 年第 3 期。

② 朱昆：《〈大清新刑律〉与中国法制现代化的启动》，《河南大学学报》（社会科学版）1998 年第 2 期。

③ 〔美〕费正清：《剑桥中国晚清史》（下卷），中国社会科学出版社，1985，第 321 页。

④ 张晋藩：《中国近代社会与法制文明》，中国政法大学出版社，2003，第 294 页。

违背了中国传统的礼教与民情。① 由于反对的声音太大，新刑律的修订工作被迫延缓。

不过，考虑到在当时的社会背景下，"旧律之删订，万难再缓"，作为过渡，沈家本奏请清政府同意，对《大清刑律》进行删改和局部调整，并且根据"总目宜删除也"、"刑名宜厘正也"、"新章宜节取也"和"例文宜简易也"的"办法四则"，于1909年10月12日编订成了《大清现行刑律》，并于1910年颁行。② 这部《大清现行刑律》在当时虽然只是一部过渡性的刑法，但它较之于旧律仍有两点突破：一是删除吏、户、礼、兵、刑、工等总目，并将纯粹的民事性质的条款析出，打破了中国古代长期以来的"诸法合体、民刑不分"的立法格局；二是以罚金、徒、流、遣、死取代原来的封建制五刑，并废除凌迟、枭首、戮尸、缘坐、刺字等酷刑，使得刑罚更加人道。③

而在删订《大清刑律》的过程中，《大清新刑律》的修订工作并未中断。为了适应世界法治文明发展的需要，清政府还从多种渠道引进了西方国家的刑法作为参照，并且聘请了日本法学博士冈田朝太郎"帮同考订，易稿数四"。④ 1911年1月15日，清政府颁布了《大清新刑律》，议定1913年施行，但未及施行，宣统皇帝就在辛亥革命的次年初宣布退位了。⑤

《大清新刑律》分总则和分则两编，共53章411条，后附《暂行章程》。其中，总则共17章，88条；分则共36章，323条；《暂行章程》5条。⑥ 尽管《大清新刑律》的最终颁布历经曲折，其内容也一改再改，但沈家本在1907年的《修订法律大臣沈奏修订刑律草案告成折》中所阐述的"更定刑名"、"酌减死罪"、"死刑惟一"、"删除比

---

① 张晋藩：《中国近代社会与法制文明》，中国政法大学出版社，2003，第311页。
② 张晋藩：《中国近代社会与法制文明》，中国政法大学出版社，2003，第296~299页。
③ 李贵连：《沈家本与中国法律现代化》，光明日报出版社，1989，第95~126页。
④ 高铭暄、赵秉志：《中国刑法立法之演进》，法律出版社，2007，第17页。
⑤ 周密：《中国刑法史纲》，北京大学出版社，1998，第352页。
⑥ 李贵连：《沈家本与中国法律现代化》，光明日报出版社，1989，第127页。

附"和"惩治教育"五个主张，仍基本得以保留。①

　　客观地说，受当时政治、经济、文化等各种因素的制约，《大清新刑律》的修订存在很大的局限性，如对于究竟是要"参酌各国法律"变革"义关伦常诸条"还是要维护作为"刑法之源"的礼教，清政府的态度前后矛盾。② 清政府 1902 年的上谕要求："参酌各国法律，悉心考订，妥为拟议，务期中外通行，有裨治理。"（《大清法规大全·法律部》，卷首）1909 年的上谕则称："惟是刑法之源，本乎礼教。……凡我旧律义关伦常诸条，不可率行变革，庶以维天理民彝于不敝。"（《大清法规大全·法律部》，卷首）这使得在具体修律过程中，以张之洞为首的礼教派和以沈家本为首的法理派对"无夫奸"和"子孙违反教令"应否入律争论不休，并且双方最终不得不相互妥协，将维护礼教的"和奸无夫妇女罪"纳入了新刑律的《暂行章程》5 条，而将有关"子孙违反教令"的"对尊亲属有犯不得适用正当防卫"规定不入律③。

　　不过，历史地看，由于沈家本修订《大清新刑律》是以德国、日本刑法为原型，奉行的是"我法之不善者当去之"和"彼法之善者当取之"的原则（沈家本：《寄簃文存》卷四），因此，与中国传统的封建刑法相比，《大清新刑律》仍然具有很大的历史进步性。这主要体现在：（1）抛弃了旧律"诸法合体、民刑不分"的编纂形式，以罪名和刑罚等刑法范畴作为法典的唯一内容，是一部纯粹的刑法典。（2）抛弃了旧律的结构形式，采用近代西方刑法典的体例，将整部法典分为总则与分则两部分，实现了"总则为全编之纲领，分则为各项之事例"④ 的区分，

---

① 李秀清：《法律移植与中国刑法的近代化——以〈大清新刑律〉为中心》，《法制与社会发展》2002 年第 3 期。
② 周少元：《从〈大清新刑律〉看中西法律的冲突与融合》，《江苏社会科学》1997 年第 2 期。
③ 张晋藩：《中国近代社会与法制文明》，中国政法大学出版社，2003，第 326 页。
④ 赫善心：《中国新刑律论》，载王健编《西法东渐——外国人与中国法的近代变革》，中国政法大学出版社，2001，第 141～150 页。

"显属刑法体系史上空前的变化和进步"。① （3）规定了罪刑法定、法律面前人人平等等现代刑法原则。而其对重法、酷刑的删除，对未成年人犯罪的惩治教育等，则体现了刑罚的人道主义精神。② （4）以死刑、无期徒刑、有期徒刑、拘留、罚金为主刑，褫夺公权、没收为从刑，规定"死刑用绞，于狱内执行之"（《大清新刑律》第 38 条），"死刑非经法部复奏回报，不得执行"（《大清新刑律》第 40 条）。同时，在罪名方面，删除了封建刑律中的"八议"、"十恶"等名目，增加了一些新的罪名，是刑法史上的一大进步。

总之，《大清新刑律》是对中国古代刑律的一大突破，也是中西方刑法文化融合的产物，因此被称为中国刑法史上"古今绝续之交"的集大成之作，并为后世刑事立法奠定了基础。③

（二）《暂行新刑律》

1911 年的辛亥革命一举推翻了清王朝的统治，也让《大清新刑律》胎死腹中，使其虽然颁布但未能施行。不过，《大清新刑律》的历史使命并未因此而终结。1912 年 3 月 10 日，袁世凯在就任中华民国临时大总统的当天，即以《临时大总统令》指示："现在民国法律未经议定颁布，所有以前施行之法律及新刑律（即《大清新刑律》——笔者注），除与民国国体抵触各条应失效外，余均暂行援用，以资遵守。"④ 1912 年 4 月 30 日，在对《大清新刑律》予以直接删改的基础上，北洋政府颁布了《暂行新刑律》。

《暂行新刑律》除了删除《大清新刑律》中"侵犯皇帝罪"一章和《暂行章程》5 条外，主要是把《大清新刑律》律文中的"帝国"、"臣民"、"复奏"、"恩赦"等具有封建色彩的词语改为"中华民国"、"人民"、"复准"、"赦免"等，同时还增加规定了一些反

---

① 蔡枢衡：《中国刑法史》，广西人民出版社，1983，第 332 页。
② 张晋藩：《中国近代社会与法制文明》，中国政法大学出版社，2003，第 332～333 页。
③ 张国华、李贵连合编《沈家本年谱初编》，北京大学出版社，1989，第 228 页。
④ 周密：《中国刑法史纲》，北京大学出版社，1998，第 371 页。

动内容，如专设"妨害国交罪"一章，严禁广大人民进行反帝爱国活动。① 此外，袁世凯政府还于 1912 年和 1914 年针对《暂行新刑律》颁布了《暂行新刑律施行细则》和《暂行新刑律补充条例》，大大加重了原定刑罚。

尽管对于《暂行新刑律》究竟是北洋政府颁布的还是南京临时政府颁布的尚存在不同观点，但毫无疑问，《暂行新刑律》的删修工作是由南京临时政府司法总长伍廷芳主持进行的，而伍廷芳的呈文是经孙中山同意后咨送参议院议决的。因此，《暂行新刑律》的颁行实际上是因为孙中山当时仍然面临着国内外反动势力的强大威胁和来自同盟会内部的妥协倾向的压力。为了保住"民国"形式，孙中山被迫在其他方面做出了妥协和让步，他对待清朝法律的态度也因此发生了转变。② 而北洋政府基于自身政权的统治基础以及现实形势的需要，既想对清刑律中的礼教纲常予以保留，也需要做出适应新形势的变化。③ 因此，《暂行新刑律》是孙中山与袁世凯之间斗争妥协的产物，其历史局限性也显而易见。

（三）两次刑法修正案

1912 年颁行《暂行新刑律》之后，北洋政府考虑到该法的过渡性，遂于 1914 年法律编查馆成立后，即着手对其进行修订。修正要旨有三，即"立法自必依乎礼俗"、"立法自必依乎政体"和"立法必视乎吏民之程度"。1915 年，北洋政府的《刑法第一次修正案》起草完成。该修正案分为总则、分则两编，共 55 章 432 条。其结构、章目与《暂行新刑律》相比，变化不大，只是在总则中增加亲族加重一章，在分则首次增设"侵犯大总统罪"一章，并增加"私盐罪"一章。④

---

① 高铭暄、赵秉志：《中国刑法立法之演进》，法律出版社，2007，第 18 页。
② 柯钦：《〈暂行新刑律〉是南京临时政府颁布的吗?》，《法学杂志》1987 年第 1 期。
③ 丁德春、陶昆：《传统的"礼"与近代的"法"——由〈暂行新刑律〉评北洋政府刑事立法》，《安徽警官职业学院学报》2007 年第 3 期。
④ 高尚：《潮流与传统间的徘徊——20 世纪早期的中国刑事立法》，《人民法院报》2004 年 7 月 21 日。

《刑法第一次修正案》的这些改变是当时袁世凯所强调的"以礼教号召天下，重典胁服人心"的体现，是一种政治需要的体现。它较之于《暂行新刑律》实际上是一种倒退。最终，这部刑法修正案因袁世凯宣布恢复帝制而被搁置。

袁世凯政府垮台后不久，鉴于社会形势的变化，且当时的《暂行新刑律》内容陈腐不堪，不同时期颁布的特别法众多，导致法令体系繁杂，为此，北洋政府改定法律馆于1919年在《刑法第一次修正案》的基础上编成了《刑法第二次修正案》。该修正案仍分为总则、分则两编，共49章393条。与该时期的《暂行新刑律》、《刑法第一次修正案》相比，《刑法第二次修正案》主要有四个方面的变化：一是确定了从新兼从轻的溯及力原则；二是采用外国刑法的先进经验和新立法例；三是克服了《暂行新刑律》和《刑法第一次修正案》的缺陷并弥补了其不足；四是改删《刑法第一次修正案》的"侵犯大总统罪"和"私盐罪"两章。

因《刑法第二次修正案》参考了西方晚近的立法例，大量移植了较符合当时潮流的西方法律制度和内容，"其修正内容，对于学说、法例，既概取其新，而习惯民情，则兼仍其旧，准酌至善，采择极精，诚为一代法典之大观也"。① 因此，被认为"实较前有显著之进步，为民国以来最完备之刑法法典"。② 不过，因为种种原因，尤其是顾虑南京国民党政府未必首肯，该刑法修正案也终被搁置③。

三　国民政府时期的刑法立法及其发展

在历史上，国民政府有广州、武汉和南京政府之分。在刑法史上，

---

① 吴镇岳：《对于改定刑法第二次修正案之意见》，《法律评论》1923年第8期。
② 谢振民编著《中华民国立法史》（下册），中国政法大学出版社，2000，第903页。
③ 黄源盛：《从传统律例到近代刑法——清末民初近代刑法典的编制与冈田朝太郎》，《月旦法学杂志》2001年第8期。

南京国民政府时期制定的 1928 年《中华民国刑法》和 1935 年《中华民国刑法》最为令人关注。同时期的共产党革命根据地也进行了不少刑法立法，这是新中国刑法的萌芽，其中有些立法后来成为了新中国刑法立法的基础。

（一）1928 年《中华民国刑法》

1927 年，国民政府定都南京后，仍然沿用 1912 年北洋政府颁布的《暂行新刑律》，但同时任命司法总长王宠惠主持草拟刑法。王宠惠对北洋政府 1919 年曾拟定但未颁行的《刑法第二次修正案》详加研究，并略予增损后，编成了《刑法草案》。1928 年 2 月，国民政府中央执行委员会在对王宠惠编订的刑法草案及其他委员具报的审查意见书一并进行讨论后，决议交付中央常务委员会审议。当时国民党政府法制局也就该草案及意见书存在的问题出具了意见书，呈请中央常务委员会核察改定，中央常务委员会即将该意见书交司法部核复。1928 年 3 月 10 日，经国民党中央讨论通过后，由南京国民政府公布了《中华民国刑法》（史称"旧刑法"），同年 9 月开始施行。① 在体例上，该刑法典分总则、分则两编，共 48 章 387 条。同年 6 月，南京国民政府还公布了《中华民国刑法施行条例》。

在国民政府时期的刑法立法中，1928 年《中华民国刑法》实际上只是民国此前十多年刑事立法实践的持续，是《暂行新刑律》和 1935 年《中华民国刑法》之间的过渡。其编次、章次、章名与《刑法第二次修正案》并无大的差异。要论其进步之处，主要有二：一是删除了"侵犯大总统罪"一章，从而向人人平等的法律原则方面又迈进了一步；二是在罪刑法定原则、正当防卫与紧急避险的构成要件、故意与过失的概念方面吸收了当时最新的刑法理论和立法潮流。② 但该部刑

---

① 马克昌、杨春洗、吕继贵主编《刑法学全书》，上海科学技术文献出版社，1996，第 540 页。

② 高尚：《潮流与传统间的徘徊——20 世纪早期的中国刑事立法》，《人民法院报》2004 年 7 月 21 日。

法典的缺陷也显而易见，如：其关于通奸罪之"有夫之妇与人通奸者"的规定，有违男女平等的原则；而其对杀害尊亲属规定较一般杀人罪更严厉的刑罚，则是对传统伦理的过度尊崇。① 这些都与现代法治的基本精神相悖。

（二）1935 年《中华民国刑法》

作为国民政府立法的一个过渡，1928 年的《中华民国刑法》实施后不久，即暴露出一系列问题：一是刑法条文繁复，施行以后应各地请求，最高司法机关不得不做出许多司法解释，影响了刑法的适用；二是由于时势的变化和刑事政策的变更，在刑法之外不断颁布各种刑事特别法虽然也能弥补刑法典之不足，但也造成了刑事立法和司法的混乱；三是随着《中华民国民法》于 1931 年的全面实施，刑法中体现传统重男轻女的宗族亲属制，与民法所规定的血亲与姻亲制存在矛盾。

鉴于此，南京国民政府很快着手对 1928 年的刑法进行修订、补充。经过一系列讨论和审议，新的刑法典最终于 1935 年 1 月 1 日正式公布（史称"新刑法"），同年 4 月还公布了《刑法施行法》，二者都于同年 7 月 1 日起施行。新刑法仍分总则和分则两编，共 47 章 357 条。② 这部新刑法也是我国最后一部资产阶级刑法典，它的颁布标志着中国刑法近代化的基本完结。

与 1928 年的旧刑法相比，1935 年的新刑法主要有三点变化：一是参酌历年国际刑法会议精神及最新的外国立法例，包括 1932 年波兰刑法、1931 年日本刑法修正案、1930 年意大利刑法、1928 年西班牙刑法、1927 年德国刑法草案、1926 年苏俄刑法等；二是考虑了当时中国各地的司法状况，按照法官程度、监狱设备、人民教育及社会环境

---

① 高尚：《潮流与传统间的徘徊——20 世纪早期的中国刑事立法》，《人民法院报》2004 年 7 月 21 日。

② 张晋藩主编《中国法制通史》（第九卷　清末·中华民国），法律出版社，2002，第 648 页。

等状况，进行了相应的修正；三是汲取了 1930 年国际刑法会议关于保安处分的决议，增设了"保安处分"专章。① 不过，与 1928 年的旧刑法相同的是，1935 年的新刑法仍然十分注重宗法伦理，并因其特定的阶级属性而体现出一定的反人民性。如该法规定，对于直系亲属犯"侵害坟墓尸体罪"、"遗弃罪"、"伤害罪"、"妨害自由罪"等，要"加重其刑至二分之一"。又如该法虽然规定了重婚罪，但由于国民政府司法机关的判例认为："娶妾不得谓为婚姻。故有妻复纳妾者，不成重婚之罪。"② 这使得新刑法关于重婚罪的规定形同虚设，也有违男女平等的原则。而该刑法对"内乱罪"及其"预备犯"、"阴谋犯"的惩治，则具有明显的反人民性。③

（三）共产党革命根据地的刑法立法

第一次国内革命战争期间，国共两党的合作多于冲突。在此期间，为了维护工农民众的基本权益，一些工农运动高涨的南方革命根据地通过当时有共产党人参加的执行革命统一战线的国民党省党部、省政府制定了不少惩治土豪劣绅的条例。这其中主要有：1927 年 1 月，湖南省组成了有谢觉哉参加的起草委员会，制定了《湖南省惩治土豪劣绅暂行条例》；1927 年 3 月，在董必武的领导下，由邓初民参加的起草委员会制定了《湖北省惩治土豪劣绅暂行条例》。④ 在当时背景下，这些条例对惩治土豪劣绅起到了积极作用。

第二次国内革命战争期间，当时工农民主政权的主要任务是坚决及时地摧毁一切反革命组织，严厉打击各种反动破坏活动。这一时期，共产党革命根据地惩治反革命的刑事立法很多，主要有《中华苏维埃共和国惩治反革命条例》（1934 年 4 月）、《赣东北惩治反革命条例》

---

① 高尚：《潮流与传统间的徘徊——20 世纪早期的中国刑事立法》，《人民法院报》2004 年 7 月 21 日。
② 钱大群主编《中国法制史教程》，南京大学出版社，1987，第 457 页。
③ 钱大群主编《中国法制史教程》，南京大学出版社，1987，第 456 页。
④ 张希坡、韩延龙主编《中国革命法制史》，中国社会科学出版社，2007，第 252 页。

（1931 年 3 月）、《闽西惩办反革命条例》（1930 年 6 月）、《闽西反动政治犯自首条例》（1931 年 2 月）、《湘赣省苏区惩治反革命犯暂行条例》（1932 年 4 月）等。这一时期，革命根据地刑事立法的基本原则是：讲究斗争策略，"分清首要与附合"，实行区别对待；对自首自新者施行减免刑罚和立功者受奖；罪刑法定主义与刑事类推相结合；罪责自负，反对株连；诬陷者治罪；废止肉刑。① 这些刑事立法和刑事政策有力地打击了反革命犯罪分子，保护了革命成果。

抗日战争时期，许多地方都出现了汉奸并严重影响了抗日活动的开展。为此，各抗日根据地政府纷纷制定了惩治汉奸的立法。其中较有代表性的有陕甘宁边区政府 1939 年正式制定的《抗战时期惩治汉奸条例（草案）》。该草案共 13 条，明确规定了各种汉奸行为及其处罚。这对于准确认定和惩治汉奸，彻底肃清陕甘宁边区的汉奸分子，巩固边区的抗战成果，起到了重要作用。② 除此之外，抗日根据地政府还制定了有关盗匪罪、妨害军事罪与妨害公务罪、盗毁空室清野财物罪、破坏金融罪等的专门刑法。这期间，晋冀鲁豫边区太岳区抗日根据地还创造了一种新的刑罚制度——"死刑保留"，即对应判处死刑而有可能争取改造者，可判处"死刑保留"。保留期限长短，根据具体情节，可定为 1 年至 5 年。如果经过了保留期限行为人没有再犯罪，则其"死刑保留"即为失效。这一制度可以说是我国现行的死缓制度的萌芽。③

第三次国内革命战争时期，各解放区人民政府根据"首恶者必办，胁从者不问，立功者受奖"的方针，分别制定了有关危害解放区秩序的紧急治罪办法（如 1946 年 6 月苏皖边区政府公布的《苏皖边区危害解放区紧急治罪暂行条例》），有关肃清土匪的治罪办法（如《辽

---

① 张希坡、韩延龙主编《中国革命法制史》，中国社会科学出版社，2007，第 261～265 页。
② 高铭暄、赵秉志：《中国刑法立法之演进》，法律出版社，2007，第 27 页。
③ 张希坡、韩延龙主编《中国革命法制史》，中国社会科学出版社，2007，第 301～302 页。

北省惩治土匪罪犯暂行办法（草案）》），有关镇压地主恶霸的条例（如1948年1月晋冀鲁豫边区公布的《破坏土地改革治罪暂行条例》），有关惩治战争罪犯的规定（如1947年10月10日公布的《中国人民解放军宣言》）、有关取缔特务组织的办法（如1949年3月《北平市国民党特务人员申请悔过登记实施办法》，1949年3月《关于登记内蒙古自治区域内反动党派人员的布告》），有关解散反动会道门封建迷信组织的公告（如1949年1月华北人民政府发布的《解散所有会门道门封建迷信组织的布告》）等。① 这一时期革命根据地的刑法立法创设了一个新的刑种——管制，1948年11月《中共中央关于军事管制问题的指示》规定，在宣布反动党团解散之后，"对登记后的少数反动分子实行管制（每日或每星期须向指定的机关报告其行动）"。这时的"管制"是对某些不予关押的反革命分子，在一定时期内，限制其行动自由，交由当地政府和群众加以监督改造的措施。这可以说是新中国现行刑法规定的管制刑的雏形。②

总的来看，共产党领导的革命根据地的刑法立法还比较粗浅，零散而不成系统，并且很多都是临时性的。但这些立法是新中国刑法立法的萌芽，其中有些规定经过实践的摸索、检验和改造后，后来成为了新中国刑法立法的重要内容。

四 新中国成立 60 余年来的刑法立法及其改革

1949年新中国的成立是我国社会发展的重要里程碑，标志着中国的政权建设和法制建设进入了一个新的历史时期。由此开始，我国先后经历了1979年刑法典的创制、1997年刑法典的修订和1997年以来刑法立法的完善三个重要阶段，构建了一个形式基本统一、内容相对完备、结构较为科学的刑法体系。

---

① 张希坡、韩延龙主编《中国革命法制史》，中国社会科学出版社，2007，第313~324页。
② 高铭暄主编《刑法学原理》（第1卷），中国人民大学出版社，1993，第46页。

（一）1979 年刑法典的创制

1979 年以前，新中国的刑法立法历经坎坷和曲折：一方面，新中国成立之初的主要任务是稳定政权、发展经济，法制建设没有被及时提上议事日程；另一方面，十年"文化大革命"对新中国法制的毒害至深，也影响了刑法立法。因此，自 1949 年新中国成立至 1979 年刑法典通过之前的 30 年间，中国的刑法立法十分缺乏，只有少量零乱的单行刑法和附属刑法。其内容主要涉及三个方面：一是为适应惩治反革命犯罪形势发展的需要，中央人民政府委员会于 1951 年 2 月 20 日通过了《中华人民共和国惩治反革命条例》；二是为配合土地改革运动，实行土地改革的各大行政区军政委员会颁发了惩治不法地主的单行条例，如 1950 年 9 月 19 日的《华东惩治不法地主暂行条例》，同年 11 月 15 日的《西北军政委员会惩治不法地主暂行条例》等；三是为配合"三反"、"五反"运动，中央人民政府委员会 1952 年 4 月 21 日公布施行了《中华人民共和国惩治贪污条例》，1952 年 3 月 11 日政务院公布了《在五反运动中关于商业户分类处理的标准和办法》等。① 除此之外，这一时期的刑法立法还有一些包含刑事罚则的非刑事法律，如《消防监督条例》、《爆炸物品管理规则》和《中华人民共和国国境卫生检疫条例》等。②

显而易见，由于立法的零散、不完备，我国 1979 年以前的刑法立法还不成系统，刑法规范很不健全，刑事司法更多的是依靠政策。不过，这一时期我国的刑法立法也有一个优点，即立法的针对性非常强，任务很明确，这对于新中国成立初期我国社会主义改造和建设的顺利进行起到了积极保障作用，同时也为 1979 年刑法典的制定打下了一定的基础。

1979 年颁布的刑法典是新中国的第一部刑法典。但事实上，早在

---

① 高铭暄、赵秉志：《中国刑法立法之演进》，法律出版社，2007，第 31～37 页。
② 高铭暄、赵秉志：《中国刑法立法之演进》，法律出版社，2007，第 37 页。

1950 年，我国就在原中央人民政府法制委员会的主持下进行了刑法典的起草准备工作。从 1950 年到 1954 年 9 月，草拟了两部立法草案：一部是 1950 年的《中华人民共和国刑法大纲草案》，共 157 条；另一部是 1954 年的《中华人民共和国刑法指导原则草案（初稿）》，共 76 条。① 后因抗美援朝、改革土地制度、镇压反革命以及"三反"、"五反"等运动，上述两部稿子始终没有提上立法程序。1954 年我国第一部宪法的通过推动了我国刑法立法的工作。同时，当年刑法典起草工作即改由全国人大常委会办公厅法律室负责。1954 年 10 月到 1957 年 6 月 28 日，我国已草拟出刑法典草案第 22 稿，含总则、分则两编，共 215 条。② 该稿经过中共中央法律委员会、中央书记处审查修改，又经过全国人大法案委员会审议，并在一届全国人大四次会议上发给全体代表征求意见，后因 1957 年反右派运动以后"左"的思想倾向急剧抬头，起草工作被迫停顿。1962 年 3 月 22 日，毛泽东主席就法律工作明确指出："不仅刑法需要，民法也需要，现在是无法无天。没有法律不行，刑法、民法一定要搞。不仅要制定法律，还要编案例"（《人民日报》1978 年 10 月 29 日）。从 1962 年 5 月开始，全国人大常委会办公厅法律室在有关部门的协同下，对刑法典草案第 22 稿进行全面修改工作，到 1963 年 10 月 9 日，拟出当时已比较成熟的刑法典草案第 33 稿，该稿包含总则和分则两编，共 13 章 206 条。③ 这个稿本经中共中央政治局常委审查后曾考虑公布，后终因"四清"和"文化大革命"等政治运动的冲击而被搁置。④

　　粉碎"四人帮"以后，1978 年 2 月的五届全国人大一次会议对法

① 高铭暄、赵秉志编《新中国刑法立法文献资料总览》（上册），中国人民公安大学出版社，1998，第 136～188 页。

② 高铭暄、赵秉志编《新中国刑法立法文献资料总览》（上册），中国人民公安大学出版社，1998，第 252～281 页。

③ 高铭暄、赵秉志编《新中国刑法立法文献资料总览》（上册），中国人民公安大学出版社，1998，第 337～365 页。

④ 赵秉志主编《刑法总论》，中国人民大学出版社，2007，第 75 页。

制工作开始有所重视。1978 年 10 月，邓小平在一次谈话中，就民主与法制问题专门指出："法制问题也就是民主问题"，"过去'文化大革命'前，曾经搞过刑法草案，经过多次修改，准备公布。'四清'一来，事情就放下了"，现在"很需要搞个机构，集中些人，着手研究这方面的问题，起草有关法律"。① 从 10 月中旬开始，中央政法小组组成刑法草案的修订班子，对第 33 稿进行修改，先后搞了两个稿子。② 1979 年 2 月下旬，全国人大常委会法制委员会成立，在彭真同志的主持下，从 3 月中旬开始，对包括刑法典起草在内的相关立法工作抓紧进行。刑法典草案以第 33 稿为基础，结合新情况、新经验和新问题，征求了中央有关部门的意见，做了一定的修改，先后又拟了三个稿本。③ 其中，第二个稿本于 1979 年 5 月 20 日获得中央政治局原则通过，接着又在法制委员会全体会议和第五届全国人大常委会第八次会议上进行审议，审议中又做了一些修改和补充，最后在 1979 年 7 月 1 日五届全国人大二次会议上通过。同年 7 月 6 日正式公布，并规定自 1980 年 1 月 1 日起施行。至此，新中国第一部刑法典正式起草工作前后历时 25 年，凡 38 个稿本，终于诞生，殊为来之不易。总体上看，虽然该部刑法典只有 192 个条文且条文大多很简短，无疑是一部粗放型的刑法典，但它在新中国历史上第一次系统地规定了犯罪、刑罚的基本原理原则和各类具体犯罪及其法定刑，标志着当代我国刑法体系的初步形成，是一部具有当时中国特色的社会主义刑法典。

从内容上看，1979 年刑法典具有两方面的显著特点：一方面，它较广泛地参考借鉴了苏联的刑法立法。这是由当时的社会背景所

① 高铭暄：《中华人民共和国刑法的孕育和诞生》，法律出版社，1981，第 4 页。
② 高铭暄、赵秉志编《新中国刑法立法文献资料总览》（上册），中国人民公安大学出版社，1998，第 365～434 页。
③ 高铭暄、赵秉志编《新中国刑法立法文献资料总览》（上册），中国人民公安大学出版社，1998，第 435～524 页。

决定的。新中国成立之初，刑法与其他法律领域一样，彻底抛弃了民国时期形成的大陆法系刑法模式，再加上中苏两国意识形态一致、阶级斗争环境相同、我国创建国家和法制时的紧迫政治形势、两国关系友好等方面的因素，因此，刑法立法"以苏俄为师"具有历史的必然性。① 而十一届三中全会之后，由于立法筹备时间较短，1979年刑法典主要是以1963年的刑法典草案第33稿为基础制定的，较多地借鉴了苏联的刑法，如强调刑法任务、刑法目的和犯罪概念的阶级性，肯定类推制度，突出反革命罪等。② 这既是一种历史的必然，同时在当时立法经验不足、司法实践匮乏的情况下，又是一种现实的选择，具有积极意义。另一方面，它紧密结合了当时中国社会的新情况、中国刑法立法的新经验和中国亟须解决的新问题，并在很多方面保留了中国的特色，如管制与死缓的创立、区分两类不同性质的犯罪等。这既是对根据地时期和新中国成立之初刑法立法经验的总结，也大体上考虑了当时我国社会主义现代化建设的需要。

总之，1979年刑法典结束了新中国成立近30年来没有刑法典的历史，它与同期颁布的1979年刑事诉讼法典结合起来，标志着我国刑事法治的基本具备，从而成为我国在加强社会主义法制建设方面迈出的非常重要的一步。③

（二）1997 年刑法典的修订

1979年刑法典作为新中国的第一部刑法典，具有划时代的意义。不过，受制定当时的政治、经济、文化及社会治安形势的限制，加上立法时间的仓促，1979年刑法典也存在一些问题，如观念上比较保守、内容上有失粗疏，以致在很短时间内便显露出与社会现实生

---

① 李秀清：《新中国刑事立法移植苏联模式考》，《法学评论》2002 年第 6 期。
② 李秀清：《新中国刑事立法移植苏联模式考》，《法学评论》2002 年第 6 期。
③ 赵秉志、王俊平：《改革开放三十年的我国刑法立法》，《河北法学》2008 年第 11 期。

活的诸多不适应。① 加之1979年制定刑法典时就曾考虑过要否在刑法典中规定军职罪，但后来考虑到来不及研究清楚，决定另行起草军职罪暂行条例。② 因此，1979年刑法典颁布实施后不久，国家立法机关即着手刑法典的补充、完善工作，并很快于1981年6月10日通过了《惩治军人违反职责罪暂行条例》。而随着改革开放的不断深入和我国社会政治、经济的不断发展，新型犯罪不断出现。为了适应社会发展的这种新形势需要，国家立法机关又进行了大量的刑事立法。自1981年至1997年新刑法典通过前，全国人大常委会先后通过了25部单行刑法，并在107个非刑事法律中设置了附属刑法规范。③

应当说，这些单行刑法和附属刑法是我国应对社会发展的新形势、新问题的需要，也是我国完善刑法内容、促进刑法体系科学发展的需要。通过这些单行刑法和附属刑法的立法，不仅使我国刑法的空间效力、溯及力、犯罪主体、共同犯罪、刑罚种类、死刑案件的核准、量刑制度、罪数、分则罪名、罪状、法定刑、罚金适用、法条适用④等内容得到了进一步补充、完善，而且也使我国刑法的结构得到了进一步的充实，形成了刑法典、单行刑法、附属刑法规范相互补充、相互配合的格局。

但这种立法完善模式和刑法规范格局也存在一些缺陷，如刑法的内容不完善、有些罪刑关系的规范不协调、刑法规范过于粗略、刑事立法缺乏总体规划、立法解释极为欠缺等，⑤ 打破了1979年刑法典的完整体系，使得整个刑法规范显得有些零乱，再加上单行刑法过多，难免出现法条交叉、刑罚轻重失衡的现象；更重要的是，

---

① 赵秉志、赫兴旺：《中国新刑法典的修订与分则的重要进展》，《吉林大学社会科学学报》1997年第6期。
② 赵秉志主编《中国特别刑法研究》，中国人民公安大学出版社，1997，第749页。
③ 高铭暄、赵秉志：《中国刑法立法之演进》，法律出版社，2007，第42页。
④ 高铭暄、赵秉志：《中国刑法立法之演进》，法律出版社，2007，第44～52页。
⑤ 赵秉志：《刑法改革问题研究》，中国法制出版社，1996，第5页。

随着社会的发展及其对刑法规范的需要，有些问题仅仅依靠单行刑法的修修补补难以解决。为此，我国亟待制定一部全面系统的新刑法典。①

而事实上，早在 1982 年，我国最高立法机关就提出了修改刑法典的主张并开始相关的调研工作。1988 年 7 月 1 日，《七届全国人大常委会工作要点》明确指出，抓好立法工作是七届人大常委会任期五年的首要任务，根据新情况、新经验对法律及时做出修改是立法工作的一个重要方面。同时，还特别指出了把刑法的修改工作正式列入立法规划，这标志着刑法修改工作已经正式列入议事日程②。之后，经过近 9 年的研究和修订，1997 年 3 月 14 日第八届全国人大第五次会议表决通过了一部新的《中华人民共和国刑法》，这部刑法典分总则、分则和附则，共 15 章 452 条。尽管这部刑法典在总体上基本延续了 1979 年刑法典的体系，但它全面、系统地整理并吸收了 1981 年至 1997 年期间的 25 部单行刑法和 107 个非刑事法律中的刑法规范，并在刑法理念、体系、结构和内容上有了较大的突破和超越。这主要体现在：（1）规定了罪刑法定、刑法面前人人平等、罪责刑相适应等现代刑法的三项基本原则，强化了刑法的人权保障机能。（2）加强了对犯罪的惩治，确立了属人管辖权，将单位犯罪法定化，放宽了累犯的条件，严格了缓刑、减刑、假释条件，修改反革命罪以强化对一般刑事犯罪的惩治，同时放宽了正当防卫限度标准，增设追诉时效延长的规定，强化了对被害人的保护。（3）适应国内改革的需要，将惩治破坏社会主义市场经济犯罪和危害社会治安的犯罪作为惩治的重点，其中破坏社会主义市场经济秩序罪一章包含 8 节 92 个条文，妨害社会管理秩序罪一章包含 9 节 91 条，两章共计 183 个条文，占全部分则 350 个条文的 52% 强，突出了刑法打击犯罪的重点。

---

① 高铭暄、赵秉志：《中国刑法立法之演进》，法律出版社，2007，第 53 页。
② 赵秉志主编《新旧刑法比较与统一罪名理解与适用》，中国经济出版社，1998，第 9 页。

（4）适应对外开放的需要，扩大了属人管辖权的范围，确立了普通管辖原则，并规定了一些具有跨国跨地区性质的犯罪，如走私毒品、洗钱、劫机、恐怖组织活动以及境外黑社会组织方面的犯罪，促进中国刑法的国际化。（5）分则由原来的 8 章增加为 10 章，并进一步扩充、完善了刑法典分则的体系，如将军人违反职责罪以专章的形式纳入刑法典，并且增加了危害国防利益罪专章，实现了刑法体系的统一；在分则的一些大"章"下设"节"，其中第 3 章破坏社会主义市场经济秩序罪下设 8 节，第 6 章妨害社会管理秩序罪下设 9 节，从而避免了大章的内容过于庞杂、条文过多的不足。①

总之，经过全面修订的 1997 年刑法典是一部观念、内容、罪名、体例和技术都有所创新和显著进展的刑法典，较之 1979 年刑法典具有历史性的进步意义，② 有利于促进刑法规范的合理协调、发挥刑法典的权威作用、促进刑事司法的统一和公民知法、守法与用法。③

（三）1997 年以来刑法立法的完善

尽管 1997 年刑法典是一部较为完备的刑法典，但在 1997 年以后，我国社会又出现了一些新的变化：一方面，随着社会的发展，一些新的严重危害人们社会生活的行为不断出现，需要增设新的犯罪，同时为了适应惩治犯罪的需要，一些犯罪的构成要件和法定刑也难以满足司法实践的要求，需要进行调整；另一方面，中央于 2006 年明确提出贯彻宽严相济的刑事政策的要求，与此同时，随着司法实践和法治理念的不断演进，人们对犯罪和刑罚的认识也有一些新的变化，这些都需要国家对刑法及时做出相应调整。

为了适应社会发展的需要，自 1997 年刑法典颁布以来，全国人

---

① 参见赵秉志、赫兴旺《新刑法典的重大发展及其总体评价》，《法律适用》1997 年第 5 期；赵秉志：《当代中国刑法体系的形成与完善》，《河南大学学报》（社会科学版）2010 年第 6 期。

② 陈兴良：《一部具有创新意义的刑法》，《法学家》1997 年第 3 期。

③ 赵秉志：《一部统一的、比较完备的新刑法典》，《法学家》1997 年第 3 期。

大常委会先后对新刑法典做了 9 次重要的立法修改，出台了 1 部单行刑法和 8 个刑法修正案；同时，全国人大常委会还通过了 9 个刑法立法解释文件，这些刑法立法解释实际上也在一定程度上和相关方面促进了我国刑法规范的完善。应当说，我国 1997 年以来的刑法立法，无论是修法的形式、技术，还是修法的内容，都具有了显著的进步。

第一，在修法形式方面，确立了以刑法修正案为主的修法模式。1997 年刑法典颁行之后，国家立法机关虽然也于 1998 年颁行了 1 部单行刑法，但自此之后，全国人大常委会就再也没有颁行过单行刑法，而主要采取的是刑法修正案的方式。"相比于单行刑法和附属刑法，这种修法模式兼顾修法的及时性、科学性和维护刑法典的统一性，受到了刑法理论界和实务界的一致认同。从一定意义上讲，刑法修正案模式的确立，标志着我国刑法修法模式的基本成熟。"[1]

第二，在修法技术方面，呈现渐趋成熟并不断发展的趋势。这主要表现在两个方面：一是刑法立法更注重语言的准确性和涵括性。以《刑法修正案（七）》第 3 条为例，该条对原偷税罪中的具体偷税手段用"欺骗、隐瞒"进行概括，同时对定罪量刑的具体数额做概括化表述，修改为"数额较大"、"数额巨大"，表述更为准确。二是刑法立法更强调条文内容的明确性与可操作性。在一般情况下，规定内容越是明确，对司法机关就越有指导性。在明确性原则的指引下，这一时期刑法立法内容的明确性与可操作性得到了进一步加强。[2]

第三，在修法内容方面，突出了刑法的时代性、实践性和科学性。1997 年以来，我国通过的 1 部单行刑法和 8 个刑法修正案对 1997 年刑法典做了许多重要的修改。其中，1 部单行刑法和前 7 个刑法修正案

---

① 赵秉志：《刑法修改的四特点和两方向》，《检察日报》2009 年 3 月 2 日。
② 赵秉志：《刑法修改的四特点和两方向》，《检察日报》2009 年 3 月 2 日。

主要采取增设新罪种、调整某些犯罪的构成要件和法定刑的方式，对1997 年刑法典的分则条文进行了修改。《刑法修正案（八）》则在修改分则条文的基础上，首次对刑法典总则内容也进行了修改补充，如增设对老年人犯罪从宽及原则上免死、调整刑罚结构、扩大累犯的范围、将坦白上升为法定情节、规范管制刑的执行等，引发了社会的广泛关注和刑法学界、实务界的充分肯定。具体而言，这一时期刑法的修法内容主要有三个特点：一是立足于经济和社会发展的需要，调整刑法立法的内容，增设了许多新的犯罪类型，具有很强的时代性。二是立足于司法实践的需要，积极完善刑罚结构和刑罚制度，不断调整相关犯罪的构成要件和法定刑，体现出很强的实践性。三是立足于刑法发展的内在需要，充分运用刑法立法原理，总则修改与分则修改相结合，入罪规定与出罪规定相补充，从严规定与从宽规定相配合，保证了刑法立法内容的相互协调，体现了刑法立法的科学性。总之，新中国成立 60 余年来的刑法立法历程，是我国社会主义刑法由初创、发展到完善的过程，也是我国社会主义法治建设整个进程的一个鲜明写照，已经并将继续不断地推进我国社会主义刑事法治建设的发展和完善。

五　结语

辛亥革命以来中国刑法的百年变革，是一个刑法因应社会变迁而不断制定、修正的过程，也是一个以现实为基础，批判和继承中国古代刑法文化，参考和借鉴外国刑法文化的过程。经过百年的变革和发展完善，中国刑法完成了构建现代刑法的历史使命，并将随社会发展而继续完善和改革。中国刑法的百年变革历程告诉我们，优良的刑法立法必须正确处理好以下几个关系。

第一，合理处理刑法立法中的批判与继承、借鉴的关系。中国刑法的百年变革，在某种意义上其实是一个批判、继承传统刑法，并合理借鉴国外先进刑法立法经验的过程。其中，对批判、继承与借鉴关系处理得比较好的刑法立法，往往都能够在刑法历史上留下浓墨重彩的一笔。《大清新刑律》如此，1935 年的《中华民国刑法》如此，新中国 1979 年和 1997 年的两部刑法典亦如此。因此，中国刑法的未来发展，必须审慎处理好中国的本土刑法文化和外来刑法文化的融合关系。只有这样，我们才能制定出更加科学、更加符合中国社会现实需要并且能充分发挥其功效的刑法。

第二，审慎处理刑法立法的科学性与政治性之关系。在任何一个社会，刑法都不是孤立的存在，它是国家意志的体现。一旦一个国家的政权形式发生更迭，其刑法也必然要改变。因此，刑法立法的政治性毋庸置疑。但刑法也有其内在的科学性，其逻辑、结构、内容、体系乃至立法技术的发展、变化都有其自身的规律。尤其是在一定的社会背景下，受社会观念、经济、文化等因素的影响，刑法的这种内在规律更是无法逆转，必须在刑法立法中加以考虑。因此，如果刑法立法仅仅为实现其政治目的而忽视其内在规律，则不仅难以产生应有的社会效果和法律效果，而且也难以长久。

第三，正确处理刑法立法的现实性与超前性之关系。刑法立法首先是要解决社会发展过程中遇到的现实问题，因而现实性是刑法立法的基本特性。但是，刑法立法也不能过分囿于现实，还必须具有一定的超前性。否则，刑法立法的成果将可能因现实情况的变化而很快失去其生命力，《暂行新刑律》如此，1928 年的《中华民国刑法》如此，从一定意义上说我国 1979 年刑法典亦如此。中国刑法的百年历史告诉我们，刑法立法是有其自身的规律和趋势的。如自辛亥革命以来，中国刑法百年变迁的一个极其重要的方面，就是围绕罪刑法定原则所体现的人权保障思想、刑法面前平等原则所体现的平等精神以及刑罚人道主义所反映的刑罚轻缓化观念而发展、演进的。因此，中国未来的刑法立法也需要从把握刑法的核心规律出发，合理设置刑法的制度、罪名和刑罚，正确处理好刑法立法的现实性与超前性的关系。

总之，辛亥革命以来中国刑法的百年变革，可以说是迄今中国刑法史上最为重要的一段历程。对此，应当站在社会变迁与法律改革的高度，以客观的立场，科学、理性地审视百年来我国刑法演变的背景、过程、内容和意义，只有这样，我们才能真正做到"以史为镜"，并进一步推进我国刑法的改革与进步。

（本文原载于《政法论坛》2012 年第 1 期）

刑法学：向死而生

陈兴良[*]

刑法学是法学中的显学，它以刑法规范与刑法理念作为研究对象，在一个国家的法治建设中具有举足轻重的地位。因此，刑法学的命运是和国家的法治进程紧密相关的：法治亡，则刑法学亡；法治兴，则刑法学兴。自 1949 年共和国建立以来，我国的法治经历了一个从惨遭废弃到恢复重建的历史性转折。相应地，我国刑法学也呈现出一个向死而生的演变轨迹。本文以刑法学的死与生为主题，展开对刑法学的学术史的考察。

一 从清末到民国：刑法学的艰难初创

1764 年被称为是近代刑法学的元年，这一年意大利著名刑法学家贝卡利亚出版了《论犯罪与刑罚》一书，标志着近代刑法学的正式诞生。当然，作为一门规范学科的确立，则应追溯到德国著名刑法学家费尔巴哈 1801 年出版《德国刑法教科书》。

我国近代刑法学的发轫，以清末沈家本主持的法律改革为契机。在此以前，中华法系绵延数千年，至公元 7 世纪《唐律》而达致成熟，此后《宋刑统》、《明大诰》、《大清律》一脉相传，其律均以刑法内容为主，世称刑律。我国古代以刑律为研究对象，形成了律学。因此，律学是我国古代的刑法学。及至清末，中华法系传统中断，引

---

* 陈兴良，北京大学法学院教授、博士生导师，兼任北京大学刑事法理论研究所所长、中国犯罪学研究会副会长。

入了大陆法系的法律体系，制定了近代意义上的刑法，律学也随之而转变为法学，我国的近代刑法学借此而产生。我国学者在论及我国近代刑法学的诞生时指出：

> 中国近代刑法学的理论体系以及其概念术语，基本上都来自日本。如中国最早一批刑法教科书、由熊元翰编辑的《刑法总则》和《刑法分则》，都是编译自冈田朝太郎的教材；中国第一部近代刑法典 1911 年《大清新刑律》不仅将日本 1907 年刑法典的体系、制度和原则输入国内，而且也将刑法学科中的基本概念和术语引入了中国，成为中国近代刑法学用语的基础。①

刑法学是以刑法为研究对象的，研究对象的改变直接影响理论形态，甚至导致某种理论的颠覆。在我国清末，从律学到刑法学的转型，就是以古代刑律的终结、大陆法系刑法的引入为背景的。我国古代的律学并没有形成具有内在逻辑关系的理论体系，而是对律文的语义分析，是以释律、解律为核心内容的。例如在清代律学的代表作之一的《读律佩觿》一书中，作者王明德对"律母"与"律眼"的归纳说明就是律学精要之所在。在《读律佩觿》一书的点校说明中，何勤华教授指出：

> 《读律佩觿》对"律母"和"律眼"的阐述，也是富有特色的。"律母"，是指以、准、皆、各、其、及、即、若八个字，它们对人们学习法律非常重要，所以在明清的律学著作中，如高皋等刊《明律集解附例》、王肯堂撰《律例重笺释》等都载有"八字之义"，但解释都十分简略。只有王明德的《读律佩觿》一书对其作了进一步阐述，极为详细，也甚为深刻。"律眼"，则是王

---

① 何勤华：《中国近代刑法学的诞生与成长》，《现代法学》2004 年第 2 期。

明德的创造，是《读律佩觿》一书与其他律学著作不同的很有特色的部分。这里，王明德所说的"律眼"，实际上是他认为在整个法律体系中比较重要的一些关键词，与前面八个"律母"相对，如例、杂、但、并、依、从、从重论、累减、送减、得减、罪同、同罪、并赃论罪、折半科罪、坐赃致罪，坐赃论、六赃图、收赎等。王明德对"律眼"的阐述，后来成为中国古代律学的精华之一。①

从"律母"与"律眼"可以明显地看出，我国古代律学具有文理阐释的性质，可以说是一种法律语言学。律学对语言的依附性的特点，一方面使它具有应用性，另一方面也使它受到律文甚至语言的制约。一旦语言发生重大变更，则律学赖以依存的基础全然丧失，从而导致律学的消亡。而律文与语言的翻天覆地变化，在清末同时出现，此乃我国三千年未有之变局。

就律文的变更而言，清末修律的主旨就是制定新法取代旧律。虽然初衷是改重为轻，通过修订法律，收回治外法权，实现变法自强。② 但修法的结果是法律结构的根本性变动，修成《大清新刑律》，虽未及施行，清朝即告灭亡。但此后的《暂行新刑律》、《中华民国刑法》无不以《大清新刑律》为摹本，《大清新刑律》可以说是我国近代刑法的肇始。《大清新刑律》及《暂行新刑律》已经偏离了中华法系传统，而深受外国法制，尤其是日本刑法的影响。而且，律文的变迁同时也必然带来有关刑法理论的变化。因此，随着日本刑法对清末修律的影响，日本刑法理论也被引入我国。对此，陈子平教授指出：

> 大清新刑律与暂行新刑律，不仅深受当时日本刑法典之影

---

① （清）王明德：《读律佩觿》，何勤华等点校，法律出版社，2001，第 3～4 页。
② （清）沈家本：《删除律例内重法折》，载氏著《历代刑法考》，中华书局，1985，第 2024 页。

响，更为新刑律起草人冈田朝太郎氏个人之独特见解所左右，而从其刑法理论之主张以观，多少可推知是摇摆于主观主义与客观主义刑法思想之间。不过，当时（暂行新刑律初期）之刑法理论，皆为冈田朝太郎之见解所支配，学说亦几乎以其见解为依归，例如当时之用书，有刑法总论〔法政丛编第六种上，湖北法政编辑社，光绪三十二年（1906 年）出版〕、刑法总论〔法政讲义第一集第八册，李维钰编，光绪三十三年（1907 年）出版〕等版本，皆以冈田氏于北京法律学堂之讲授内容为主，而后期虽依然受其影响，却要数以日本牧野英一氏之近代学派主观主义理论为基础所著之"中华刑律论"（民国十五、十六年），算是引进日本刑法理论之发端。①

　　而近代日本刑法学又是继受德国刑法学的结果。日本古代刑法，深受我国法制的影响。在明治维新以后，日本 1907 年的刑法深受德国影响，是在德意志刑法学的影响下制定的。② 而 1910 年颁布的《大清新刑律》则是继受日本 1907 年刑法的产物，也可以说是间接地继受了德国刑法。德日刑法以及刑法学，成为我国近代刑法及刑法学的摹本。

　　法条是以语言为载体的，在不同国家之间如果语言是完全不同的，则对他国法律的继受，亦须将他国的语言译为本国的语言。但中日之间的关系十分特殊，从历史上来说，日本继受中国法，从法例到律条无不模仿，并且在日本刑法中直接采用汉字。③ 在日本转而继受欧洲大陆法系以后，仍然使用汉字翻译有关律文。而当近代中国从日本引入近代刑法的时候，受惠于汉字，几乎在不必翻译的情况下，直

---

① 陈子平：《刑法总论》，中国人民大学出版社，2009，第 28 页。
② 〔日〕大塚仁：《刑法概说（总论）》（第 3 版），冯军译，中国人民大学出版社，2003，第 43～44 页。
③ 关于日本古代刑律与中国刑律的比较，参见杨鸿烈《中国法律对东亚诸国之影响》，中国政法大学出版社，1999，第 199 页以下。

接采取拿来主义。例如我国近代学者黄遵宪在 1887 年完成的《日本国志》一书中包含《刑法志》的内容，即是对日本 1880 年《治罪法》和《刑法》（旧《刑法》）的译述，因此黄遵宪是第一个输入日本法的中国人。黄遵宪把日本刑法条文中采用汉字表述的术语概念不经翻译，直接采用。这些用语沿用至今，成为我国刑法的主要词汇来源，甚至汇入我国语言体系，成为通用语言。对此，我国学者指出：

> 语言文字是文化、学说的载体。由语言文字组成的法律概念，既是法的构成要素，也是法学学术的基石，我们的先人以其丰富的创造力，构筑了整套古代法学概念，从而使中华法系成为世界主要法系之一。但是，进入近代以后，我们的近代先辈由于受各种条件的限制，在法言法语的创造上，没有给我们留下多少东西。中国近代法学的起步，向同文之国日本拿取现成的词汇概念。黄遵宪是第一个拿来主义者，《日本国志·刑法志》是第一部拿来主义译著。但是，他所拿来的仅仅是刑法和刑事诉讼审判方面的词汇概念，而且，因日本的《治罪法》和旧《刑法》是第一部依照西法而制定的新法，有些词汇概念尚未凝固定型。因此，这方面的拿来，也还有待以后的进一步完整和定型。①

在引入日本刑法时，虽然采用的是汉字，但与汉字的本义已经完全不同，被赋予了新意。即使是刑法一词，也是从日本传入的。"刑法"一词在中国古代出现得很早，《国语·晋语八》云："端刑法，辑训典，国无奸民。"在班固著《汉书》中，卷二十三的标题就是"刑法志第三"。中国古代的"刑法"，实际上是包括整个法律的内涵的。因此，在清末修律制定刑法典时，使用的都是"刑律"，如《大清新刑律》、《暂行新刑律》等。中国近代"刑法"一词是沈家本组织修订

---

① 李贵连：《二十世纪的中国法学》，北京大学出版社，1998，第 22～23 页。

法律馆人员翻译外国刑法典及著作时从日本引进的。① 直到中华民国1928 年刑法制定时，才正式采用"刑法"一词作为法律名称，一直延续至今。由此可见，从日本引入的采用汉字表达的法律概念，已经完全有别于古代刑律，解释对象发生了重大变化，以解释为使命的律学是以古代刑律的术语概念为解释对象，它对于新法的解释功能不复存在。

更为致命的是稍后兴起的新文化运动：改文言文为白话文，刑法的表意文字发生了一场革命，由此波及法学，使我国古代律学的经世致用功能彻底消亡。我国的象形文字源远流长，但在其形成以后逐渐与口语相脱节，形成书面用语，这就是所谓文言文。文言文被广泛地适用于诗词格式等文学创作，更是官方交流的语言工具，刑律也是采用这种语言表达的，并且形成了独特的格式。文言文较难读懂，只有经过严格正规的语言训练才能掌握这种文字。对于绝大多数未受教育的社会公众来说，文言文是一种知识的障碍。在清末民初，新文学运动风起云涌，其中较为激进的一些学者甚至主张废除汉字，改采拼音文字，实现所谓"言文一致"。废除汉字，则可能使中国文化走向灭亡，其主张不足以采用。退而求其次，另一些学者提出以白话文取代文言文，这就是所谓白话文运动。主张白话文之最有力者，例如胡适先生，把文言文称为"死"的文字，而把白话文称为"活"的文字。胡适先生指出：

> 今日之文言文乃是一种半死的文字，今日之白话是一种活的语言。白话不但不鄙俗，而且甚优美适用。白话并非文言文之退化，乃是文言之进化。白话可以产生第一流文学，已产生小说、戏剧、语录、诗词，此四者皆有史可证。白话的文学为中国数千

---

① 何勤华：《中国近代刑法学的诞生与成长》，《现代法学》2004 年第 2 期。

年来仅有之文学；其非白话文学，皆不足与于第一流文学之列。①

白话文运动取得了重大成就，逐使我国书面语与口头语合而为一，对于文化传播与教育普及功不可没。② 然，正是白话文运动，使文言文成为一种古代汉语，与现代汉语相对立。换言之，文言文有别于口语，但并不能说是一种死的语言，而是活在另一个世界的语言，它与白话文作为一种生活中的口头语是不同的。正是白话文运动，才真正使文言文成为一种死的语言。白话文运动的后果并不局限于文学，而且对法律也产生了深刻的影响。时逢世代更替，中国古代刑律被废弃，德日刑法之体例引入，又遭遇白话文运动，刑律的绝大部分采用文言文表达的法条不能再用，而改为贴近白话文的法条表达方式。这一变化，给以律文为解释对象的律学带来致命的打击。可以说，我国近代刑法学是另立炉灶，重新开张。从这个意义上说，我国近代刑法学并非中学而实乃西学。

在整个民国时期，我国刑法学都是围绕着刑法注释而展开的，这里的刑法是指 1928 年和 1935 年新旧更迭的两部民国刑法。正是在这一过程中，逐渐形成民国刑法学的基本框架，例如民国学者王觐指出：

> 研究犯罪及刑罚原理原则，加以系统的说明者，曰刑法学。学也者，自复杂现象之中，取共同点，发见共通之要素，以得秩序的知识为目的者也。刑法学，亦学之一种，故其趣旨亦同，惟刑法学的任务，以现行刑法为基础，考究其对于犯罪与刑罚所适用之原则，此自然法学派以发见古今不变完全理想的刑法为主眼，谓现行刑法不完全，而以理想的刑法，评判刑法之是非者，

---

① 胡适：《中国新文学运动小史》，载《胡适文集》(1)，北京大学出版社，1998，第 24 页。
② 当然，这里的口头语是指官话，以北京方言为基础的普通话。即使将书面语改为文言文，也仍然没有实现书面语与各地方言（口头语）的统一。在这个意义上说，书面语与口头语的隔膜仍然没有从根本上得到解决。

自不在刑法学范围之内。至若研究现行刑法，指摘其缺点，为立
法者异日修改刑法之资料，固研究刑法学者所应有之责任，不过
非刑法学之主要目的而已。

对于现行刑法加以科学的研究者，曰刑法学。刑法学中所当研究
之范围，即刑法之范围，刑法范围，因刑法意义之不同而有异，故刑
法学之范围，亦依刑法意义而定之。①

从以上王觐对刑法学的界定来看，偏重于解释刑法学是毫无疑问
的，这与律学的传统可谓一脉相传。其间重大的区别在于：律学实际上
是语义学，过于倚重于刑法的语言分析。而刑法学则是规范学，对刑法
采用规范分析的方法，从而完成了刑法研究方法的重大转变。例如，在
中国古代刑律中，虽然在春秋时期，商鞅改法为律，改变了以刑统罪的
传统法典结构，采取罪刑分立，为构建刑法体系奠定了基础。但中国古
代刑律始终采取刑先罪后的法典叙述模式，并且在总则性规定中并没有
犯罪的一般概念。罪名都是具体的，都被规定在分则性条文之中。作为
对刑律解释的律学，并未形成犯罪的一般理论。这种状况，在民国刑法
学中有了根本性的变化。民国刑法学除了具有概论性质的刑法论以外，
其总论分为犯罪论与刑罚论两个部分。在犯罪论中，首要的是犯罪概念
（亦称犯罪之观念）。例如民国学者陈瑾昆将刑法上的犯罪定义为：刑法
所规定应以刑罚制裁之有责并违法行为，由此而将犯罪的意义分解为以
下四项：（1）犯罪为行为；（2）犯罪为刑法所规定应以刑罚制裁之行
为；（3）犯罪为有责行为；（4）犯罪为违法行为。② 以上对犯罪意义的
揭示，涉及犯罪的违法性、有责性、应受刑罚惩罚性等特征，较为科
学地阐明了犯罪的法律性质，也为建构犯罪要件，即犯罪构成体系提
供了根据。

---

① 王觐：《中华刑法论》，姚建龙勘校，中国方正出版社，2005，第5页。
② 陈瑾昆：《刑法总则讲义》，吴允锋勘校，中国方正出版社，2004，第62~63页。

　　将民国刑法学提高到一个法理水平的是民国时期著名学者蔡枢衡教授。蔡枢衡教授在一定程度上超越了注释刑法学，将刑法学上升到刑法哲学的层面，当然这与蔡枢衡教授所具有的法理素养是相关的。蔡枢衡教授提出了刑法学品格的命题，主张刑法学应当追求超出以条文之解释为满足的境界，使中国刑法学成为表现独立自主的中华民族自我的刑法学。蔡枢衡教授指出：

　　　　现代中国法学——从而刑法学的主体，第一必须接受了人类社会和认识历史至昨日为止的一切遗产。在某种意义上，十九世纪社会历史的成果是哲学和科学之统一；自然科学和社会科学之统一。法学、刑法学与科学以及哲学的关系是全体和部分的关系；也是一般和特殊的关系。这种关系使法学——从而刑法学和其他一切科学并哲学，直接间接地保有内在的关系。①

　　当然，蔡枢衡教授时运不济并没有完成其创造中国刑法学体系的使命，其《刑法学》一书设想分为四编：第一编绪论，内容是关于几个基本范畴的叙述。第二编说明各种特别构成要件，大体相当于通行的刑法各论一部分。第三编构成一个最一般的犯罪概念，其中包括犯罪未遂、共犯等概念，大体相当于通行的犯罪总论中的一部分。第四编说明刑事处分制度（刑罚及保安处分）。事实上，蔡枢衡教授只完成了第一编。后三编未及写作，民国的命运发生了历史性的转折。尽管如此，蔡枢衡教授的批判与反思精神是十分突出的，例如蔡枢衡教授深刻地揭示了中国近代法及法学的次殖民性质，指出：

　　　　法之次殖民性质是中国数十年来的新法与生俱来的属性，这个属性和中国社会经济之次殖民地性质是一脉相通的。中国法学

---

　　①　蔡枢衡：《刑法学》，独立出版社，1942，第2页。

不能发现——至少是没有发现中国法律固有的属性。

今日中国法学之总体，直为一幅次殖民地风景图。①

蔡枢衡教授为我们生动地描绘了民国时代中国对外国法及法学，包括刑法学的移植，也可以说是被殖民所带来的对中国具有理想的学人的冲击、反思与选择。尽管如此，民国刑法学取得的重要成就还是值得充分肯定的，回顾这段历史，前贤在中国刑法学的发展初期学术探索的勇气，令人肃然起敬。对于民国刑法学这段历史，有学者做了以下中肯的评价，可以作为这部分历史叙述的一个总结：

民国时期是二十世纪中国现代刑法学史上的一个非常重要的历史时期。正是通过民国时期刑法学家的引进、译介和发展大陆法系刑法制度和刑法学说，中国现代刑法学的体系才初步形成，并在许多刑法学基本理论问题的研究上取得了相当的成就。民国时期的刑法学是二十世纪刑法学的重要组成部分。回顾历史，我们应当对民国时期的刑法学研究成果给予应有的重视和全面评价，而不应当漠视甚至淡忘这一段历史。否则，我们时下的刑法学研究可能无形中重复着前人所已经研究过的问题，甚至重复探讨前人已经研究并且形成共识的问题，而表现出对中国刑法学自己的历史的无知。但民国时期的刑法学也存在明显的缺憾。民国时期的刑法学的整体品格表现为典型的"移植刑法学"，对西方主要是大陆法系德国、日本的刑法学说，不加分析和批判，不经中国现实社会经验的证明，即盲目地全盘予以移植照搬。②

二　共和国的前 30 年：刑法学的由生而死

对于具有 60 年历史的共和国刑法学来说，清末刑法改革引入大

---

① 蔡枢衡：《中国法理自觉的发展》，清华大学出版社，2005，第 89、98 页。
② 梁根林、何慧新：《二十世纪的中国刑法学》（上），《中外法学》1999 年第 2 期。

陆法系刑法学，在此基础之上发展起来的民国刑法学，可以说是一段"前史"。

20世纪50年代初期，是共和国刑法学的草创时期，这个时期是以废除旧法观点、引入苏俄刑法学为特征的，由此而使我国刑法学苏俄化与政治化，并使民国刑法学的学术传统，如同以民国《六法全书》为基本框架的法统一样，为之中断。我国学者在总结这一时期的刑法学研究特点时指出：

> 这个时期刑法学研究的特点之一是批判剥削阶级旧法观点，引入苏联刑法理论，建立社会主义刑法学。1952年开展司法改革运动，对剥削阶级的旧法观点进行了较为彻底的批判，马克思主义的立场、观点和方法开始在刑法学研究中得以运用。例如，把马克思主义的阶级斗争学说运用于犯罪现象研究，揭示了犯罪的阶级本质；以马克思主义哲学关于因果关系的原理为指导来研究刑法中的因果关系问题，为我国社会主义刑法学的建立开辟了道路。在这一时期，我国的刑法学研究还大量介绍和引进了苏联的刑法学理论，这对于我国刑法学的建立也起到了重要的借鉴作用。当然，从另外一个意义上说，在否定旧法观点的同时，把历史上的刑法学理论也予以全盘否定，因而割断了历史联系，这种历史虚无主义是不利于刑法学研究发展的。同时，大量引入苏联刑法理论的教条主义倾向，在一定程度上妨碍了具有中国特色的刑法学理论体系的建立。①

在以上论述中，废除旧法理论与引入苏俄刑法学是互相联系的两个环节。尤其是我国刑法学的苏俄化，并以此取代民国刑法学时期的德日化，是一个重大的转变。因此，20世纪50年代初，对于中国刑

---

① 高铭暄：《新中国刑法科学简史》，中国人民公安大学出版社，1993，第9~10页。

法学来说，是一个旧时代的结束，一个新阶段的肇始，由此而使中国近代刑法学活生生地分割为两个互不相关的时期。

我国刑法学的苏俄化，当然是以政治上的苏俄化为前提的，体现了以俄为师的国家政治立场的取向。我国刑法学的苏俄化，同时也使刑法学打上了深刻的政治烙印，我国学者称为"非学术性气质"，① 这对于刑法学本身是一种莫大的损害。

在我国刑法学的苏俄化过程中，苏俄刑法学的著作大量译介到我国，以及苏俄刑法专家到我国讲学授业，是两个基本的途径。以译介苏俄刑法学著作为例，据不完全统计，从 1950 年到 1962 年我国译介的苏俄刑法学著作及资料、法规共 53 本（件）。② 而在这一时期，其他国家刑法学著作的译介几乎为零，两者形成鲜明的对照。在这些苏俄刑法学著作中，值得关注的是刑法教科书。例如苏联司法部全苏法学研究所主编的《苏联刑法总论》（上、下册）一书，可以说是最为权威的苏俄刑法教科书，该书于 1950 年就由彭仲文翻译、上海大东书局出版。该书引入我国，对我国的刑法学体系的初创起到了重要作用。除了翻译介绍苏俄刑法学著作以外，为数不少的苏联刑法专家被派遣到中国来传授苏俄刑法知识，培养了新中国第一代刑法学家，其意义十分深远。例如我国著名刑法学家高铭暄教授 1947 年入学开始学习法律，接受过民国的刑法学教育。共和国成立以后，在研究生阶段则接受了苏联专家培养，成长为新中国刑法学的一代宗师。高铭暄教授在回忆这段学习经历时指出：

> 1950 年，新中国第一所新型的正规大学——中国人民大学宣告成立，该校聘请了大批苏联专家任教。这对我有很大的吸引力，

---

① 焦旭鹏：《苏俄刑法知识引进及其反思》，载陈兴良主编《刑法知识论研究》，清华大学出版社，2009，第 198 页。

② 焦旭鹏：《苏俄刑法知识引进及其反思》，载陈兴良主编《刑法知识论研究》，清华大学出版社，2009，第 199 页。

令我心驰神往。当 1951 年 7 月我在北大毕业，法律系领导向我征求分配去向志愿时，我就毫不犹豫地提出愿意去中国人民大学法律系当刑法研究生。法律系领导经过研究满足了我的志愿。在两年研究生学习期间，我先后接受贝斯特洛娃、达马亨、尼可拉耶夫、柯尔舍四位苏联专家的专业教育，对刑法学有了更全面、更系统、更深入的了解，研究的兴趣也越来越浓。这就为我的专业思想奠定了坚实的基础。①

我国学者经过苏俄刑法学的专业训练以后，开始从事刑法学的理论研究。初期，这种刑法学研究是以介绍苏俄刑法学为主的，后来逐渐结合我国的法律、政策，开始了苏俄刑法学的本土化工作。但是，刑法学研究是以刑法规范的存在为前提的，但我国迟至 1979 年 7 月 1 日才颁行第一部刑法典。从 1949 年 10 月 1 日到 1979 年 7 月 1 日，在长达 30 年的时间里居然没有一部刑法典，这在人类历史上也是极为罕见的。没有刑法的刑法学研究，不可能达到较高的理论水平。可以说，当时的刑法学体系基本上是苏俄刑法学体系的翻版。例如我国学者对比了我国 1957 年正式出版的第一部刑法体系书与苏联刑法教科书，发现两者之间在结构上的高度雷同，指出：

从法律出版社于 1957 年 9 月出版的中央政法干校刑法教研室编著的《中华人民共和国刑法总则讲义》之内容来看，它在总体上沿袭了苏联刑法理论的基本框架。该书内容分为导言、犯罪和刑事责任、刑罚和刑罚的适用三个部分，总共二十讲内容。其中第一部分即第一讲到第三讲讨论了刑法的若干一般问题，各讲题目分别是刑法的阶级性、中华人民共和国刑法的效力范围。第二部分即第四讲到第十二讲集中介绍了犯罪论的内容，各讲题目分

① 高铭暄：《高铭暄自选集》，中国人民大学出版社，2007，第 819 页。

别是中华人民共和国刑法上犯罪的概念、犯罪构成是刑事责任的唯一根据、犯罪的客体、犯罪的客观方面、犯罪的主体、犯罪的主观方面、正当防卫和紧急避难、故意犯罪的几个阶段、共同犯罪。第三部分即从第十三讲到第二十讲集中介绍了刑罚论的内容，各讲题目分别是中华人民共和国刑罚的概念和目的、刑罚的体系和种类、量刑、数罪并罚、缓刑、减刑、假释、时效。拿这个内容与大东书局 1950 年 7 月出版的由苏联司法部全苏法学研究所主编、彭仲文翻译的《苏联刑法总论》一书相比较，后者的第四编集中介绍犯罪论，包括第十四章到第二十一章的内容，各章题目分别是犯罪概说、犯罪的客体，犯罪构成的客观因素、犯罪的主体、犯罪构成的主观因素、免除行为社会危险的情况、犯罪发展之阶段、共犯。第五编介绍刑罚论，包括第二十二章到二十七章的内容，各章题目分别是刑罚概说、剥削者国家刑罚的历史、苏维埃刑罚中之刑罚制度与种类、判刑、刑罚之延期执行、假释。由上可见两者在刑法基础理论的构造上是保持着高度一致的。①

20 世纪 50 年代初期，继受苏俄刑法学的历史虽然短暂，但成效却是十分明显的，为此后我国刑法学的发展奠定了基础。及至 1957 年反右运动开始，我国进入了一个法律虚无主义的时期，整个法学都遭受灭顶之灾，刑法学因具有较强的政治性与阶级性，受到的冲击更大。从 1957 年开始到 1977 年，在这二十年时间里，我国刑法学基本上处于完全停滞状态：既没有刑法，也没有刑法学。当然，出于无产阶级专政的需要，刑罚仍然作为对敌斗争工具而保留下来，刑法学作为无产阶级专政理论，完全被政治化与意识形态化。例如 1958 年中国人民大学法律系刑法教研室编写的《中华人民共和国刑法是无产阶级专政

---

① 焦旭鹏：《苏俄刑法知识引进及其反思》，载陈兴良主编《刑法知识论研究》，清华大学出版社，2009，第 171～17 页。

的工具》（中国人民大学出版社，1958）一书，从书名就可以看出该书充满了政治色彩。该书在论及旧法及旧法观点时，指出：

> 由于我国的刑法与国民党反动刑法是两种不同的社会制度的产物，是两种根本对立的思想体系，因此，这两种法律思想的斗争是资产阶级与无产阶级、资本主义与社会主义两个阶级两条道路的斗争，两者决不能和平共存。党中央早在1949年发布的"关于废除国民党的六法全书与确定解放区的司法原则的指示"中就指出：国民党的六法全书应该废除，人民的司法工作应该以人民的新的法律作依据。几年来根据党中央的指示，我们同反动的旧法一直在进行着不可调和的斗争。1952年的司法改革运动和1957年的反右派斗争以及1958年的全国第四届司法会议都一再给了反动旧法观点以致命的打击。但是，残存在人们意识中的旧法观点还没有肃清。因此，今后还必须以马克思列宁主义的武器系统地批判和彻底地肃清旧法观点。与此同时，对于忽视专政的右倾思想也必须进行坚决的斗争。因为有右倾思想的人不仅容易作旧法观点的俘虏，而且也是旧法观点传播的市场。所以，在反对旧法观点的同时，也必须对右倾思想进行批判。只有这样，才能使我国刑法在对敌斗争中发挥专政工具的作用。①

以上论述的政治性是不言而喻的。在这种情况下，刑法成了政治工具，而刑法学也彻底告别了学术，成为政治的附庸。此时可以说，刑法学作为一个学科已经死亡。这种以政治话语为内容的所谓刑法论述一直从20世纪50年代后期延续到70年代中期。例如北京大学法律系刑法教研室1976年12月编写的《刑事政策讲义》一书，是我们唯

---

① 中国人民大学法律系刑法教研室编《中华人民共和国刑法是无产阶级专政的工具》，中国人民大学出版社，1958，第2页。

一能够看到的、在那个特定历史时期印行的、关于刑法的解释文本。从这一文本可以看出当时刑法学研究所处的状态。这本讲义名义上讨论的是刑事政策，实际上是阐述当时风行的政治教条，正是这些政治教条成为刑法学研究的主要内容。该讲义共分为以下十题：

第一题　我国政法机关的性质和任务

第二题　实行党委领导下的群众路线

第三题　正确区分和处理两类不同性质的矛盾

第四题　执行"惩办与宽大相结合"的政策

第五题　重证据，重调查研究

第六题　犯罪及其产生的根源

第七题　正确认定犯罪

第八题　镇压反革命和打击各种刑事犯罪

第九题　正确运用刑罚方法同犯罪作斗争

第十题　对敌对阶级分子和其他违法犯罪分子的劳动改造

从以上这些题目中，我们就可以看出其内容的政治性。当然，在书中也包含一些技术性的叙述，但也被政治话语所包裹。例如在第七题正确认定犯罪中，作者强调在认定犯罪的时候，要以阶级斗争为纲，坚持党的基本路线，用阶级斗争的观点和阶级分析的方法分析问题，处理问题。同时，还要坚持唯物论的反映论，实事求是地查明和分析案件事实。在这个名目下，作者指出认定犯罪时应当查明和分析的事实主要有以下几点：（1）被告的危害社会的行为；（2）行为的危害结果；（3）刑事责任年龄；（4）犯罪的故意和过失；（5）犯罪的目的和动机；（6）被告人的出身、成分和一贯的政治表现。① 上述内容，实际上就是犯罪构成，来自 20 世纪 50 年代初期从苏俄引入的四要件的

① 北京大学法律系刑法教研室编《刑事政策讲义（讨论稿）》，北京大学，1976，第 118 页。

犯罪构成体系。但这时连犯罪构成也成为禁忌，在该讲义中也不敢再提及。因此，从刑法学研究上来说，甚至连50年代初期都不如。考察这一时期的刑法学论述，存在以下三个问题。

第一，政治话语取代学术话语。

在上述文本中可以说充斥着政治性而没有学术性。因为在当时的历史背景下，学术性是完全受到排斥的，学者们既不能从事学术研究也不能进行学术思考，政治性和学术性合而为一，学术性完全被政治性取代。在上述文本中，论述的都是政治性的内容，例如党的基本路线、党的政策精神以及阶级斗争、无产阶级专政等政治话语，这并不是一种学术研究，而是政治说教。

第二，政治判断取代规范判断。

因为当时根本就没有刑法，无法可依，因而也就不存在规范判断，有的只是政治判断。即使是定罪这样一些内容，也是缺乏规范性的。例如没有给出一个规范的犯罪概念，在这种情况下根据什么标准认定犯罪呢？当然是社会危害性，即是否严重危害社会主义革命和社会主义建设事业。这就是一种政治判断，根据这种政治判断认定犯罪，后果可想而知。

第三，政治逻辑取代法律逻辑。

在上述文本中主要是采用政治逻辑展开演绎的，因而涉及大量政治内容。例如该书第十题是对敌对阶级分子和其他违法犯罪分子的劳动改造，这是一种专政措施，它不是按照法律逻辑来论证的。按照法律逻辑，一个人的行为只有违反法律规定并构成犯罪，然后才能对其适用刑罚并执行刑罚。但该书中所说对敌对分子进行劳动改造，无论这些敌对分子是否实施了犯罪行为，只要他们属于敌对阶级，就要对他们实行专政。这种专政的逻辑是建立在阶级斗争基础之上的，它根本不是一种法律推理。

1979年7月1日，我国颁布了第一部共和国的刑法，并于1980年

1 月 1 日起施行。刑法的颁布，为刑法学的起死回生提供了研究文本的条件。同时，也使刑法学的研究获得了正当性。从此以后，我国刑法学在学术废墟之上恢复重建，并且逐步走上正轨，形成了以 1979 年刑法为研究对象的刑法学体系。这一刑法学体系的建立，以高铭暄教授主编的统编教材《刑法学》（法律出版社，1982）一书为标志。统编教材《刑法学》在 20 世纪 50 年代刑法学研究的基础上，根据 1979 年刑法的条文体系，并参照苏俄刑法学的教科书体系，将有关刑法总论和刑法各论的知识按照一定的逻辑线索整合在一起，在当时达到了相当高的理论水平，以此为始，我国进入了一个刑法教科书时代。

统编教材《刑法学》一书在形式与内容两个方面都值得称道。就形式而言，《刑法学》较好地处理了刑法条文与刑法理论之间的关系，搭建了一个能够容纳各种刑法知识的理论框架，对于刑法知识的积累提供了理论平台。就内容而言，《刑法学》对 1979 年刑法条文进行了系统的注释，对于 1979 年刑法的适用提供了理论指导，因而受到我国司法实务界的欢迎。作为一本刑法教科书而在司法实务界具有如此之大的影响力，可以说是没有先例的。更值得肯定的是，在 1979 年刑法第 79 条明文规定了类推的情况下，《刑法学》仍然坚持认为罪刑法定原则是我国刑法的基本原则，这是具有政治远见之举，对此后我国刑法的法治化功不可没。

统编教材《刑法学》一书是共和国培养的第一代刑法学家的集体亮相，该书是这一代刑法学人的智慧结晶。统编教材《刑法学》的主编高铭暄教授和副主编之一的马克昌教授，都是民国末年接受过民国刑法学的教育，在共和国建立初期，又转而接受了苏联刑法学的教育，具有较好的学术素养。从 1957 年到 1977 年，也就是这一代刑法学家的 30 岁到 50 岁的人生黄金季节，是在没有刑法的法律虚主义中度过的，个人经历坎坷。但他们始终心存对刑法学的学术兴趣，一旦条件允许就给社会交出了一份满意的答卷。可以说，统编教材《刑法学》一书开创了 20 世纪 80 年代以来我国刑法学的道统。尽管《刑法学》一书应当获得极高的历史评价，但也毋庸讳言，《刑法学》一书存在历史局限性。我认为，这种历史局限性主要表现在以下三个方面。

第一，政治话语与专业问题夹杂。

统编教材《刑法学》以 1979 年刑法为中心展开论述，已经在很大程度上回归专业，但在有关内容中仍然存在政治话语。例如在该教科书中，专节讨论刑法的阶级本质，并将阶级分析方法贯穿于对犯罪本质的分析和对刑罚本质的分析。这一点，集中体现在关于刑法的指导思想的论述中。该教科书认为，刑法的指导思想是：（1）马克思列宁主义毛泽东思想关于社会主义时期的阶级斗争和无产阶级专政的理论。（2）马克思列宁主义关于经济基础和上层建筑辩证关系的原理。（3）毛泽东同志关于惩办与宽大相结合的政策思想。（4）马克思列宁主义毛泽东思想关于调查研究、实事求是、一切从实际出发的思想。[①]从政治意识形态出发解读刑法，这在当时的历史条件下使刑法理论获得某种政治正确性，这是难以避免的，也可以说是一种历史的惯性。

第二，事实分析与规范分析混淆。

刑法学是一门规范学科，应当对刑法进行规范分析。然而，在统编教材《刑法学》中仍然掺杂着某些事实分析的内容。例如教科书设专章讨论犯罪现象及其原因，包括对剥削阶级国家的犯罪现象及其原因的论述与我国的犯罪现象及其原因的论述。[②] 这些内容并非刑法教义学所要讨论的，而是犯罪学所要讨论的，犯罪学是一种事实学科、经验学科，它不同于作为规范学科的刑法学。将这些事实学科的内容掺杂到规范学科中来，就有损于刑法知识的纯粹性与专业性。有学者提出了刑法教科书中知识的去犯罪学化的命题，指出：

---

① 高铭暄主编《刑法学》（修订本），法律出版社，1984，第 28～36 页。
② 高铭暄主编《刑法学》（修订本），法律出版社，1984，第 72～90 页。

我国刑法教科书在学科知识上和犯罪学纠缠不清，不仅仅在刑法教科书中涉及诸多本不该涉及的犯罪学知识，而且在刑法学的许多理论领域以犯罪学的事实性思考方法取代刑法学的规范性思考方法。结果，我国的刑法教科书不仅没有成为最成熟的刑法知识之载体，反而成为最混乱的知识聚居地。①

我以为，上述评论是十分正确的。犯罪学的事实性思考方法与刑法学的规范性思考方法是存在重大差别的。当然，这种掺杂与当时我国未能建立起犯罪学的学科体系是有关的。在犯罪学成为一个独立学科以后，犯罪现象及其原因的内容就不再出现在刑法教科书中。当然，事实性的社会危害性的方法仍然主导着刑法学，至今未能建立起纯粹的刑法教义学。

第三，无产阶级刑法学与资产阶级刑法学分立。

统编教材《刑法学》把我国刑法学定性为无产阶级刑法学、马克思主义刑法学，以此与资产阶级刑法学相对立，认为两者之间存在根本区别，并设专节讨论马克思列宁主义刑法学与资产阶级刑法学的区别。② 在相关章节中，都在论述了我国刑法学的内容以后，又专门讨论资产阶级刑法学的内容，例如资产阶级关于正当防卫的理论、资产阶级关于紧急避险的理论、资产阶级关于犯罪阶段的理论、资产阶级关于共同犯罪的理论等。在我国没有正式建立比较刑法学的情况下，这些内容可以帮助我们了解资产阶级国家刑法学的有关理论。但这些内容是以反衬我国刑法规定的科学性为使命的，因而难免存在对资产阶级国家刑法学的政治批判而非学术批评。

统编教材《刑法学》内容庞杂，在当时的历史条件下起到了一部

---

① 何庆仁：《刑法教科书中知识的去犯罪学化》，载陈兴良主编《刑法知识论研究》，清华大学出版社，2009，第 163 页。
② 高铭暄主编《刑法学》（修订本），法律出版社，1984。

刑法小百科的作用，对于我国刑法学体系的建立做出了独特的学术贡献。正是在此基础上，我国刑法学研究沿着刑法教义学与刑法哲学两条线索展开，这两条线索时有交叉，然终分离，由此塑造了我国当代刑法学的知识形象。

三 改革开放以来：刑法学的起死回生

刑法是一个部门法，以刑法为研究对象的刑法学亦称为部门法学。作为部门法学的刑法学无疑具有规范法学的特征，它是围绕刑法规范而展开的，并采用教义学方法，对刑法规范的内容进行阐述。在这个意义上的刑法学，是规范刑法学，也是刑法教义学。例如德国学者指出：

> 刑法学的核心内容是刑法教义学（Strafrechtsdogmatik）（刑法理论），其基础和界限源自刑法法规，致力于研究法规范的概念内容和结构，将法律素材编排成一个体系，并试图寻找概念构成和系统学的新的方法。作为法律和司法实践的桥梁的刑法教义学，在对司法实践进行批判性检验、比较和总结的基础上，对现行法律进行解释，以便利于法院适当地、逐渐翻新地适用刑法，从而达到在很大程度上实现法安全和法公正。[①]

我国刑法学经历了一个从没有教义的刑法学到具有教义的刑法学的演变过程。教义之于刑法学，是一种学术性、理论性与方法性的内容，而没有教义的刑法学只不过是对刑法规范的简单注释。在 20 世纪 80 年代到 90 年代的相当长的一个时期，我国刑法学都是一种注释法学。这里的注释法学，就是一种没有教义的法学。之所以存在这种现

---

① 〔德〕汉斯·海因里希·耶赛克、托马斯·魏根特：《德国刑法教科书》，徐久生译，中国法制出版社，2001，第 53 页。

象，我以为，主要是由于以下三个原因。

第一，阶级性的强调。

阶级性是政治意识形态在所谓无产阶级刑法学中的体现，也是无产阶级刑法学的政治正确性的标识。刑法学的阶级性是建立在法及刑法的阶级性这一命题基础之上的。按照阶级性区分资产阶级刑法学与无产阶级刑法学的传统，源自苏俄刑法学。基于这种阶级对立的观念，在苏俄早期甚至出现了否认资产阶级的法律形式的极端法律虚无主义思潮，后来才在"法的形式是资产阶级的，内容是社会主义的"这一命题中，承认无产阶级法的正当性。① 尽管如此，资产阶级刑法学与无产阶级刑法学之间的界限仍然是不可逾越的，这就排斥了对资产阶级刑法学的借鉴与参考。即使是比较刑法学，也被区分为资产阶级比较刑法学与无产阶级比较刑法学，即"两种比较刑法学"。② 以后尽管在有关刑法教科书中也论及刑法学的科学性问题，但其基本观点是无产阶级刑法学是科学的，而资产阶级刑法学是反科学的。这里的科学性与反科学性的区分是以无产阶级刑法学采用的辩证唯物主义和历史唯物主义与资产阶级刑法学采用的形而上学和唯心主义的方法论的对立为依据的。③ 因此，这里的刑法学的科学性仍然是以阶级性为前提划界的。事实已经表明，如果不清除刑法学上的阶级观念，刑法学的科学性根本无从谈起。随着法的阶级观念在法理学上的逐渐失势，刑法的工具性与共同性越来越受到重视。尽管刑法是有国界的，但刑法的以法系性为基础的共同性也是极为明显的，以此为依归的刑法学本身具有超越阶级性与国界性的特征。正如意大利学者指出：

> 除国际法外，刑法是法律科学中对各国具体政治和社会文化

---

① 〔苏〕皮昂特科夫斯基等编《苏联刑法科学史》，曹子丹等译，法律出版社，1984，第17页。
② 金凯：《比较刑法》，河南人民出版社，1985，第11页。
③ 高铭暄主编《刑法学》（修订本），法律出版社，1984，第10～11页。

特征方面的差别最不敏感的法律学科。在刑法不同的历史形式之间，尽管也存在一些往往是非常重要的差别，但是在基本的理论范畴和法律制度方面，却有共通的基础。法律和犯罪的关系、犯罪成立的必要条件、排除社会危险性行为的问题、刑罚的目的和可罚性的意义等，这些界定实证刑法存在范围的问题，在任何刑法制度中都居于核心地位。[①]

随着超越阶级性，我国刑法学才逐渐从没有教义的刑法学中解脱出来。因为没有教义的刑法学，实际上是以政治为依归的刑法学，这个意义上的刑法学是非自洽的，是依附于政治而存在的，当然也就没有科学性可言，只有刑法学的去政治化，才能为刑法教义学创造一个宽松的政治环境。

第二，学术性的缺失。

学术性是教义刑法学的不可或缺的内容，没有教义的刑法学就是没有学术性的刑法学。刑法规范作为刑法学的研究对象，并不是简单地被诠释，而是学术性地被构造。我国学者揭示了实在法规则与社会生活本身存在的逻辑矛盾：实在法规则要求按照形式逻辑的规则来建构，然而其所要规制的社会生活或社会关系则不具有逻辑性。由此得出结论：生活事实与法律规则之间的不一致，使实在法企图跨越实然和应然的鸿沟以实现两者的相互吻合成为难题。[②] 在这种实在法规范存在不圆满性的情况下，只有依赖于法教义学，才能填补法律规范与现实生活之间的缝隙。因为法教义学是以规范为逻辑起点的推理，这种推理，使法律规范更加周延，并消除了法律规范内部的矛盾。在刑法学中也是如此。刑法规范，甚至加上司法解释也不能满足现实生活

[①] 〔意〕杜里奥·帕多瓦尼：《意大利刑法学原理》（注评版），陈忠林译，中国人民大学出版社，2004。

[②] 舒国滢等：《法学方法论问题研究》，中国政法大学出版社，2007，第 10 页。

对规则的需要。在这种情况下，刑法教义学就具有说理功能与推理功能，对刑法规范起到了一种补充作用。例如我国刑法关于共同犯罪的规定，是按照主犯、从犯、胁从犯和教唆犯这样一种分类设置的，它较好地解决了共同犯罪的量刑问题，但不能圆满地解决共同犯罪的定罪问题。在这种情况下，大陆法系关于正犯与共犯二元区分的理论对于间接正犯、片面共犯、身份犯的共犯等疑难问题提供了法理上的解决之道，从而在一定程度上满足了司法实践对共同犯罪定罪的规则需求。只有在刑法学中引入教义学的内容，才能提升刑法学的学术性，提高刑法学的解释力。

第三，教义学的贫乏。

我国 20 世纪 80 年代初恢复的刑法学，是以苏俄刑法学为基本的。在苏俄刑法学中，存在以政治话语代替法理判断的缺陷，是一种学术水平较低的刑法学，也是一种教义含量较低的刑法学，除了在刑法总论中四要件的犯罪构成体系具有较强的理论性以外，不法理论、责任主义、刑罚学说都停留在对法律规定的诠释上，没有达到法理程度。至于刑法各论关于个罪的论述，更是机械地套用四要件的犯罪构成体系，没有建立起个罪的教义学。这种状况，到 20 世纪 90 年代后期，随着德日刑法学与英美刑法学传入我国，尤其是德日的三阶层的犯罪论体系在我国的传播，才有所改变。

我国学者在论及 1976 年以来刑法学研究的状态时，把它分为以下三个阶段：第一阶段（1976 年 10 月至 1988 年 3 月）：从 1976 年 10 月，实际上是从 1979 年刑法典出台，至 1988 年 3 月，主要是系统地宣传、阐释刑法典的内容，并对刑法中的某些重要问题，开始进行专题学术研究。可以说，1979 年刑法典是这一阶段刑法学研究的核心和支柱。第二阶段（1988 年 3 月至 1997 年 3 月）：从 1988 年 3 月到 1997 年 3 月新刑法典颁布这个时期，刑法学的研究基本上沿三条线发展：一是围绕一系列特别刑法对 1979 年刑法典所做的补充修改而进行专题研究或综合研究；二是就 1979 年刑法典的修改所做的全面的深入的研讨；三是加强刑法基本理论的研究，或开拓新的研究领域，或深化原有的研究领域。第三阶段（1997 年 3 月以来）：从 1997 年 3 月新刑法典颁布以来，刑法学研究基本上沿两条线并行不悖地运行——一是宣传、阐释刑法，二是拓展、深化原来的研究专题。以上对 1976 年以来我国刑法学的学科发展阶段的划分，我以为是正确地反映了刑法学的实际状况。从中我们可以看到，我国刑法学研究实际上分为应用研究与基础研究这两条线索。

应用研究是以刑法为中心展开的理论研究，其中分以 1979 年刑法为对象的研究与以 1997 年刑法为对象的研究两个阶段。对刑法典的研究，具有明显的实用价值，为刑法的司法适用提供了刑法理论的指导。但我们也必须看到，在刑法的应用研究中，并没有采用严格的规范方法，而是与对刑法的批评性论述混杂在一起，由此形成了司法适用与立法完善的思维模式。在立法完善的名义下，展开对法律的批评，并提出立法建议。在这一研究模式中，没有严格区分立法论与解释论。较早意识到这一点的张明楷教授批评在过去的 10 多年里刑法学实际上演变为刑事立法学，而不是刑法解释学。在阐述 "法律不是嘲笑的对象"（Lex non debet esseludibrio）这一法律格言时，张明楷教授指出：

> 法制的制定者是人不是神，法律不可能没有缺陷。因此，发现法律的缺陷并不是什么成就，将有缺陷的法条解释得没有缺陷才是智慧。①

这样一种刑法解释学的观念，是刑法教义学的应有之义。如何处理刑法教义与刑法规范之间的关系，是刑法教义学首先需要解决的一个问题。批评法律是容易的，而解释法律则要困难得多。实际上，批

---

① 张明楷：《刑法格言的展开》，法律出版社，1999，第 7 页。

评法律根本解决不了司法所面对的问题。在这种情况下，加强刑法学的解释力是唯一途径。随着德日刑法学知识不断地被引入我国，有关刑法教义对我国刑法也发挥了解释功能。例如我国刑法第 239 条规定的绑架罪，其中的勒索型绑架，是以勒索财物为目的的绑架。在刑法颁行之初，对该种犯罪类型的解释只限于文字说明，对于勒索财物的对象以及勒索财物的目的等都未做深入探讨，因而容易导致绑架罪与抢劫罪的区分界限的混淆、勒索型绑架罪的既遂与未遂的认定标准的混乱。例如强行劫持他人，并向其本人勒索财物的行为，到底是定抢劫罪还是绑架罪，就容易发生争执。此后，随着刑法教义学的发展，引入目的犯理论，就较为明确地解决了勒索型绑架罪的既遂与未遂的认定标准问题。而对勒索财物目的的解释，则借鉴日本刑法关于利用近亲者或者其他关切被掠取者或者被诱拐者安危的忧虑者的忧虑，以使之交付财物为目的的规定，①"将勒索财物的对象限定为绑架人以外的其他人。因此，强行劫持他人，并向其本人勒索财物的行为应定抢劫罪而非绑架罪"。通过引入刑法教义，我国刑法的应用研究水平大为提高。

　　基础研究是应用研究的基础，因而也是刑法理论的重点内容。在基础研究方面，重点领域是犯罪概念、犯罪构成、刑事责任、法人犯罪、共同犯罪、罪数理论、刑罚目的等专题，在我国都曾经展开过较为深入的讨论。例如在犯罪概念问题上，就有实质概念与形式概念之争，以及混合概念的提出。在犯罪构成问题上，围绕着四要件的犯罪构成体系，始终存在争论，直到引入德日的三阶层的犯罪论体系呼声日高，引起的争议也就越大。此外，法人犯罪问题，围绕着要不要在我国刑法中规定法人犯罪，在 20 世纪 80 年后期曾经展开过激烈的争论，最终以 1997 年刑法正式确立了单位犯罪制度，而使这场争论告

----

① 〔日〕西田典之：《日本刑法各论》（第 3 版），刘明祥、王昭武译，中国人民大学出版社，2007，第 67~68 页。

终。从整个刑法的基础研究来看，最初是在苏俄刑法学的理论框架中展开的，后来随着基础理论的深入发展，逐渐引入德日刑法学，并在德日刑法学的话语系统中展开讨论，例如有关刑事责任的讨论就是一个极为典型的例子。最初的刑事责任概念是从苏俄引入的，是在罪—责—刑的框架内讨论的，例如张智辉的《刑事责任通论》（警官教育学院，1995）。后来，刑事责任被纳入德日刑法学的话语体系，在三阶层的犯罪论体系中责任主义的意义上加以阐述，例如冯军的《刑事责任论》（法律出版社，1996）。①

　　刑法教义学的发展，可以以 1997 年刑法修订作为一个时间上的标志而分为前后两个阶段。在 1997 年刑法修订以前，我国刑法学在恢复重建 20 世纪 50 年代初期引入的苏俄刑法学的基础上，结合我国的刑事立法与刑事司进行了本土化研究，其标志性的成果是高铭暄教授主编的《刑法学原理》（三卷本，中国人民大学出版社，1993、1994）和马克昌教授主编的《犯罪通论》（武汉大学出版社，1991）和《刑罚通论》（武汉大学出版社，1995）。

　　高铭暄教授主编的《刑法学原理》是迄今为止篇幅最大的关于刑法总论的论著，共三卷，计 148.7 万字。该书是中国人民大学法学院刑法学科研究成果的汇集，除高铭暄教授、王作富教授领衔以外，中青年学者的研究成果也包含其中，尤其是博士论文的精华亦在其中。例如第十四章犯罪主体是赵秉志的博士论文、第十五章犯罪主观方面是姜伟的博士论文、第十六章定罪是王勇的博士论文、第二十章共同犯罪是陈兴良的博士论文、第二十一章一罪与数罪是黄京平的博士论文、第二十八、二十九、三十章关于量刑及量刑制度是周振想的博士论文。这些博士论文都对某些刑法专题做了深入研究，代表着当时刑法某一领域研究的前沿水平。以此为基础的《刑法学原理》一书在整

---

① 　关于这段学术史的考察，参见陈兴良《从刑事责任理论到责任主义——一个学术史的考察》，《清华法学》2009 年第 2 期。

体水平上达到了当时的最高水平，也就不足为奇。该书的出版说明指出：

> 本书以马克思列宁主义、毛泽东思想为指导，全面、系统地研究和总结新中国成立以来特别是改革开放以来中国刑事法律的理论与实践，并联系古今中外进行历史和比较研究，力求深刻探讨刑法总则的各项规范、制度和刑法的基本原理。同时，高度注重面向刑事立法和司法实际，努力阐明与研究实践中的新情况、新经验和新问题，以增强刑法学研究成果的应用价值。①

《刑法学原理》一书与统编教材《刑法学》相比，在体系上并没有太大的变化，主要是在理论深度上大为加强，因而具有代表性。只是在1997年刑法修订以后，该书未做及时修订。

马克昌教授主编的《犯罪通论》和《刑罚通论》两书，计136.4万字，尚未包含刑法绪论的内容，因此在篇幅上与《刑法学原理》相当，并在1997年刑法修订后出版了修订版。该书反映了武汉大学法学院刑法学科的理论研究水平，除马克昌教授挂帅以外，还有许多中青年学者，例如熊选国、王晨、鲍遂献、贾宇、张绍谦、刘明样、莫洪宪、李希慧等，可谓人才荟萃。《犯罪通论》一书除了绪论以外，分为犯罪构成、犯罪形态和排除犯罪性行为三编。从内容上来看，犯罪构成体系没有变化，只是将排除犯罪性行为单列一编，并置于犯罪形态之后，不同于传统的刑法学体系。对此，作者指出：

> 考虑到这类行为表面上好像符合犯罪构成，实际上并不符合犯罪构成，且有利于社会，因而在研究犯罪的基本要件之后，即研究这类行为，然后再研究修正的犯罪构成等问题，在逻辑顺序

---

① 高铭暄主编《刑法学原理》（第1卷），中国人民大学出版社，1993。

上不太合适；似不如按照犯罪构成、犯罪形态、排除犯罪性行为的顺序排为宜，因而将"排除犯罪性行为"作为第三编，置于犯罪形态之后。[①]

上述调整当然是微小的，但也反映了作者的某种学术上的追求。尤其是，《犯罪通论》与《刑罚通论》两书充分地吸收了德日刑法知识，从而使其在学术上具有前沿性。例如：在犯罪构成理论中，以较大篇幅介绍了德日刑法学中构成要件理论的演变历史；在危害行为中，以较大篇幅介绍了西方的行为理论，包括因果行为论、目的行为论、社会行为论等；在刑罚权中，以较大篇幅介绍了西方国家关于刑罚权根据的理论；在刑罚消灭事由中，以较大篇幅介绍了前科消灭、复权等内容。以上情况表明，《犯罪通论》和《刑罚通论》两书在刑法知识的增量上做出了应有的贡献。

以 1997 年刑法修订为契机，我国刑法教义学的发展进入了一个新阶段。在 1997 年刑法颁行之际，我提出了刑法更迭与理论更新的命题，指出：

> 面临刑法更迭，我国刑法理论又面临一个发展的契机，我们所期望的，是通过推进刑法学科的基础理论研究，使刑法理论在高水平上更新，而不是在低水平上重复。[②]

当然，在当时的情况下，如何进一步提升我国刑法理论水平，这是一个关系到我国刑法学向何处去的问题。这个问题，我在《刑法哲学》一书中就提出来了，当时我认为提升我国刑法学水平的出路在于将刑法学升华为刑法哲学。我在《刑法哲学》一书的前言中指出：

---

① 马克昌主编《犯罪通论》，武汉大学出版社，1999，第 55 页。
② 陈兴良：《法学家的使命——刑法更迭与理论更新》，《法学研究》1997 年第 3 期。

　　从体系到内容突破既存的刑法理论，完成从注释刑法学到理论刑法学的转变，这就是我们的结论。①

　　《刑法哲学》一书基于罪刑关系论的学术立场，对刑法知识进行了体系性的梳理与建构，力图建立起一个刑法哲学的理论体系，以此作为对传统刑法学的告别，并为我国刑法学理论的发展奠定基础。在这样一种超规范的哲学思维方法的引导下，我又分别完成了《刑法的人性基础》（中国方正出版社，1996）和《刑法的价值构造》（中国人民大学出版社，1998）两书，形成刑法哲学三部曲。刑法哲学研究，对于拓展刑法学的研究视域，提高刑法学的思辨水平，当然是具有重要意义的。但是，刑法哲学毕竟不是对刑法规范本身的研究，它与刑事立法与刑事司法都保持着相当的距离。在这种情况下，刑法学的突破仍然应当以刑法教义学为目标。在这方面，张明楷教授做出了其独特的贡献。张明楷教授正是在注释刑法学上发力，努力将其提升到刑法教义学高度的一个学者。张明楷教授在 1997 年出版的《刑法学》一书中，开始了刑法教义学的探讨，而这一探讨的起点恰恰是刑法解释学与刑法哲学的关系界分。对此，张明楷教授指出：

　　　　刑法解释学以解释现行刑法为主要任务，刑法哲学以研究刑法关于犯罪与刑事责任的规定的哲学基础为主要任务。不难看出，二者密切联系。离开了刑法哲学的刑法解释学，因为没有哲学基础，容易出现就事论事的解释，难以使刑法学深入发展。离开刑法解释学的刑法哲学，因为没有涉及刑法的具体规定，容易出现空泛的议论，难以适用于司法实践。因此，只有以法哲学为基础解释现行刑法的学科，才算是真正的刑法学。
　　　　刑法解释学不是低层次的学问，对刑法的注释也是一种理

———————

① 陈兴良：《刑法哲学》，中国政法大学出版社，1992。

论，刑法的适用依赖于解释。因此，没有刑法解释学就没有发达的刑法学，一个国家的刑法学如果落后，主要原因就在于没有解释好刑法，一个国家的刑法学如果发达，主要原因就在于对解释刑法下了功夫。就适用刑法而言，刑法解释学比刑法哲学更为重要。不能要求我国的刑法学从刑法解释学向刑法哲学转变。因为刑法解释学不仅重要，而且与刑法哲学本身没有明显的界限。[1]

尽管刑法哲学与刑法解释学之间没有明显的界限这一观点尚有可议之处，但张明楷教授对刑法哲学与刑法解释学之间关系的论述是正确的：两者不是互相对立的，而是一种互动式的依存关系。在《刑法学》一书中，张明楷教授将传统的刑罚论改为刑事责任论是特点之一，但在犯罪论上并没有重大的结构性变动，尤其是作为犯罪论的基本框架的犯罪构成仍然采用传统的四要件。张明楷教授以下这段话反映出作者较为谨慎的态度：十多年来，对犯罪构成的探索可分为两个阶段：第一个是恢复阶段，重新恢复犯罪构成理论在刑法学体系中的地位；第二个是探讨阶段，对传统的犯罪构成理论进行探索与突破。[2]由于我国对犯罪构成的研究起步较晚，又长时期受苏联刑法理论的影响，也没能正确看待德日等大陆法系国家的构成要件理论，因此，建立符合中国国情的犯罪构成理论体系，仍然是摆在刑法理论工作者面前的艰巨任务。[3]尽管如此，在《刑法学》一书中，张明楷教授对刑法总论与刑法各论的有关问题的论述还是有所深化的。尤其是此前的刑法教科书大多采取主编制，学术个性不鲜明，而张明楷教授个人独著的刑法教科书无论是在内容上还是在表述上，都具有独特性。该书是在 1997 年刑法修订以后创作的一部具有个性的刑法教科书，其从大

---

① 张明楷：《刑法学》（上），法律出版社，1997，第 3 页。
② 高铭暄主编《新中国刑法科学简史》，中国人民公安大学出版社，1993，第 83 页。
③ 张明楷：《刑法学》（上），法律出版社，1997，第 96 页。

量进行刑法条文替换但并没有在学术含量上有所增加的刑法教科书中脱颖而出，名噪一时，不是偶然的。《刑法学》在 2003 年出版了第 2 版、2007 年出版了第 3 版，经过大量的改动，张明楷教授形成了具有自身特色的刑法教义学体系，这是值得充分肯定的。从体系上来说，第 2 版将四要件的犯罪构成改为三要件的犯罪构成，去掉了犯罪客体要件，开始与四要件的犯罪构成体系告别。及至第 3 版，又从三要件改为二阶层的犯罪构成：犯罪构成分为客观构成要件与主观构成要件。从内容上来说，从《刑法学》第 2 版开始，大量吸纳德日刑法学知识，以此作为对我国刑法规范进行理论注释的资源。尤其是在刑法各论中对重点罪名进行了刑法教义学的论述，由此提升了我国刑法各论的研究水平。例如在关于诈骗罪的论述中，张明楷教授提出，诈骗罪的基本构造为：行为人实施欺骗行为—对方（受编者）产生错误认识—对方基于错误认识处分财产—行为人或者第三者取得财产—被害人遭受财产损害。在此，张明楷教授还引入了机器不能被骗的原理，认为机器不能成为诈骗罪的受骗者，因为机器不可能存在认识错误。[1]这些观点对我国的刑事司法都产生了重要影响。从张明楷教授的上述理论发展脉络来看，存在一个明显的突破传统的以苏俄刑法学为基础的理论框架，越来越多地引入德日刑法学的知识内容的转变过程。

　　对于刑法教义学的回归，也是我在 1997 年刑法修订以后的一个研究径路。这一回归以《刑法疏议》（中国人民公安大学出版社，1997）为标志。该书以刑法法条为中心，进行了详尽的解释，尤其采用注疏方法，可以看作对中国古代律学的一种致敬。当然，《刑法疏议》一书并没有采用严格意义上的刑法教义学方法，因而其学术含量并不高。我真正回归刑法教义学的著作，应该是《本体刑法学》（商务印

---

[1]　张明楷：《刑法学》（第 3 版），法律出版社，2007，第 735、736 页。关于机器不能被骗原理的进一步阐述，参见张明楷《诈骗罪与金融诈骗罪研究》，清华大学出版社，2006，第 89 页以下。

书馆，2001）。在该书的后记中，我论及了该书的写作初衷，指出：

> 　　在本书的写作中，我尽量完整地提供刑法知识，从而使本书的内容具有定性。应当指出，我国目前的刑法知识，除受历史传统的某些影响以外，基本上是外来的。各个不同的时期分别吸收不同的外来刑法知识，例如，最初是苏联的刑法知识，后来是德日的刑法知识，晚近是英美的刑法知识。这些刑法知识互相之间存在着思想理念上的冲突与逻辑进路上的矛盾，在我国刑法学体系中未能融为一体。在这种情况下，对我国的刑法知识做一次系统清理，消除内容上的抵牾，使之协调统一，是十分重要的，也是将来我国刑法理论发展的基础。[①]

　　在以上论述中，我提出了刑法知识的清理的观点，《本体刑法学》一书本身就是在承担刑法知识的清理工作。知识清理首先是对现有知识的反思，也就是所谓"破"的工作，唯此才能为"立"提供地基。我对现行刑法学理论的反思，虽然可以追溯到《刑法哲学》一书的写作，但真正从刑法教义学视角进行反思，则以《社会危害性理论：一个反思性检讨》（载《法学研究》2000 年第 1 期）为标志。该文引发了对社会危害性理论的讨论，在一定程度上动摇了社会危害性在我国刑法学中的至尊地位，而它恰恰是刑法教义学的最大障碍之一。此后，沿着这一思路，我又先后发表了《社会危害性理论：进一步的批判性清理》（载《中国法学》2006 年第 4 期）、《违法性理论：一个反思性检讨》（载《中国法学》2007 年第 3 期）、《主客观相统一原则：价值论与方法论的双重清理》（载《法学研究》2007 年第 5 期）、《形式与实质的关系：刑法学的反思性检讨》（载《法学研究》2008 年第 6 期）等系列论文，这些论文都是以对刑法知识的清理为宗旨的。在此

[①]　陈兴良：《本体刑法学》，商务印书馆，2001，第 929～930 页。

基础上，我出版了《刑法知识论》（中国人民大学出版社，2007）一书，系统地汇集了我关于刑法知识的有关思考成果。在《刑法知识论》一书的出版说明中我指出：

> 法国著名学者利奥塔尔指出：科学知识是一种话语。刑法知识同样也是一种话语，作为一名刑法知识的生产者和传播者，我们都具有某种话语权。因此，我们必须谨慎地言说，在言说之前应当对言说本身进行反思与反省，这就是刑法知识论的价值之所在。[①]

在反思的同时还必须有所建树，在刑法知识的转型中，我以为方法论问题是极为重要的，尤其是在以往社会危害性理论的影响下，实质主义盛行，而教义学方法却是陌生的，因此刑法教义学方法之提倡就十分重要。在《刑法教义学方法论》（载《法学研究》2005年第2期）一文中，我对刑法教义学方法论的若干重大问题进行了初步探讨，并提出了刑法教义学的研究思路，指出：

> 刑法学作为一个部门法学，既有其理论品格，又具有其技术的特征。因此，刑法学可以分为不同的理论层次，既包括形而上的刑法哲学研究，又包括形而下的规范法学的研究。在规范刑法学研究中，刑法教义学方法论之倡导十分必要。以往我们往往把规范刑法学等同于注释刑法学。实际上，规范刑法学在某种意义上更应当是刑法教义学。[②]

从刑法哲学到刑法教义学，这是一条经过了漫长的跋涉而走过的

---

① 陈兴良：《刑法知识论》，中国人民大学出版社，2007。

② 陈兴良：《刑法教义学方法论》，《法学研究》2005年第2期。

刑法学的学术之路，虽然带有我个人的印记，作为一个学术个案，又何尝不是我国刑法学的一段历史或者这段历史的一个细节。

四　历史反思：刑法知识的当代转型

历史并不仅仅是供人凭吊的，历史本身是现实的书写，同时也是未来的伏笔。考察我国刑法学的学术史，以下三个数字是不能遗忘的：100 年、60 年、30 年。100 年前的清末法律改革，对于我国刑法学来说，是近代史的起点；60 年前的共和国建立，对于我国刑法学来说，是现代史的起点；30 年前的改革开放，对于我国刑法学来说，是当代史的起点。100 年来，风起云涌，刑法更替，宛若梦幻。刑法学科，命运坎坷，向死而生，终至当下。忆昔抚今，感慨系之。现在，我国刑法学又来到了一个关键的时刻：刑法知识面临着重大转型。只有完成刑法知识的当代转型，我国刑法学才能突破瓶颈，进入一个繁荣昌盛的发展阶段。周光权教授曾经提出"刑法学的突围"这一命题，指出：

> 中国刑法学发展到今天，"一元化"趋向毫无松动的迹象，那就是传统苏联刑法理论对中国刑法学的全方位渗透和精神领地的长期占领。我们必须承认，苏联刑法理论尤其是社会危害性理论、闭合式的犯罪构成要件理论，组成了今天中国刑法学的骨架。虽然中国刑法学研究目前可以借用的资源还有德、日刑法理论，但是它们毕竟与我们目前所处的情势不能完全对应，这些刑法学上的稀缺资源，尤其是犯罪构成理论在我们看来只是一处可供观赏的"西洋景"。[①]

在以上论述中，周光权教授确立了苏俄与德日这样一对对立的刑法学知识阵营，我国处在苏俄刑法学的占领状态。因此，所谓突围就

---

① 周光权：《刑法学的向度》，中国政法大学出版社，2004，第 11 页。

是使我国刑法学去除苏俄刑法学的影响与遮蔽。当然，苏俄刑法学之引入我国已逾 60 年，虽然中间存在一个时间上的间断，但经过老一辈刑法学人的本土化努力，确实已经在很大程度上转化为中国话语，在我国的刑事立法与刑事司法中都打下了深刻的烙印，以至于产生了以他为我的某些错觉，例如社会危害性理论、犯罪概念，尤其是犯罪的实质概念与犯罪中的但书规定，犯罪的定量因素，四要件的犯罪构成体系，排除社会危害行为，犯罪预备、未遂与中止等，实际上都来自苏俄刑法学，但有时却被误认为是我国的独创，形成了幻象中的"自我"。而德日刑法学，对于我国来说，虽然在清末民初时是建立中国刑法学赖以效仿的样板，但在新中国以后发生了某种断裂。在这种情况下，德日刑法学成为一个我国刑法学所生疏的"他者"。因此，我国刑法知识的转型，恰如同从计划经济向市场经济的经济体制转轨，是从苏俄刑法学向德日刑法学的转向。我曾经指出：

> 我国目前的刑法学知识中，苏俄刑法学知识与德日刑法学知识存在一种消长趋势：苏俄刑法学的影响日益萎缩，德日刑法学知识的影响逐日隆盛。但是，在刑法知识的基本构造上，还是受制于苏俄刑法学，这主要是指犯罪构成理论，从而造成了苏俄刑法学与德日刑法学之间的知识冲突。[①]

这种知识冲突将在一个较长的时间内存在，这一知识冲突解决的过程，就是一个刑法知识转型的过程。我以为，对此应当是可期待的。因此，推动我国刑法知识的转型，是我辈刑法学人责无旁贷的使命，也是我辈刑法学人对我国刑法学所能做出的最好贡献。

在从苏俄刑法学向德日刑法学的知识转型过程中，如何确立我国刑法学的主体地位与主体意识，这是一个不容回避的重大问题。在刑

---

① 陈兴良：《刑法知识论》，中国人民大学出版社，2007，第 49 页。

法知识转型过程中，我国刑法学的主体性是否会丧失，这是可能引起担忧的。我以为，这种担忧是不必要的。正如在计划经济与市场经济的讨论中，往往掺杂着姓社姓资的意识形态观念之争。但是，恰恰是姓社姓资的争论遮蔽了中国的主体性地位。其实，计划经济与市场经济都只不过是发展经济的一种体制性工具，发展经济才是硬道理，中国经济所具有的主体地位是不会因为计划经济还是市场经济的选择而丧失的。同样，不论是苏俄刑法学还是德日刑法学，也都只是刑法教义学意义上的工具。只要刑法问题是中国的，无论是采用苏俄刑法知识还是德日刑法知识来解决，都不会动摇我国刑法学的主体性地位。关键问题在于：哪一种刑法知识更有利于我国刑法问题的解决？我认为，自从我国近代刑法学诞生以后，刑法学不再是中学而是西学，包括整个法学都是西学。刑法学也是如此。在这种情况下，我们本来就没有必要太在乎中西之分，而是要融入世界范围的刑法知识中去。只有这样，才能建立起中西刑法学的沟通与对话的机制，才能逐渐地在刑法知识上取得话语权。

那么，我国能否完全排拒外国刑法学建立起一套中国独特的刑法学知识体系呢？我的答案是：既不可能也无此必要。因为我国近代刑法是从德日引入的，与此同时也引入了德日刑法学。此后，又引入苏俄刑法及苏俄刑法学。从法治现代化的意义上说，我国是一个后发的现代化国家，在这种情况下，刑法相关问题在国外都已经得以充分研究，积累了丰富的刑法文化知识。我国不可能自外于此，另创一套，而应当吸收与借鉴先进的刑法知识来解决中国的刑法问题，并在此过程中逐渐形成我国刑法学的理论体系。

刑法知识的当代转型，是我国刑法学突围的根本之道。这种刑法知识转型的实现，我以为具有以下三个径路。

第一，人文社科知识的吸收。

刑法学，包括刑法教义学，归根到底是一种人文社会科学，应当具有人文底蕴。因此，我国刑法学的发展，也应当自觉地吸收人文社科知识以充实刑法学，并且成为刑法学发展的导引。从德国刑法学的演变来看，人文社科知识，尤其是哲学思潮对刑法学的牵引作用是十分明显的，每一次刑法知识的变革都是某一种哲学思潮在刑法学中的回应。我国台湾地区学者林东茂教授对刑法教义学与哲学之间的相关性做了知识论上的考察，指出：

> 刑法体系的核心是犯罪论。犯罪论是在研究：一个刑法上所要过问的行为，在何种条件下，可以判断为犯罪？法律史上，个别刑法概念的创发与讨论，有很久远的时间。这些刑法概念被组织成为一个体系，却是 19 世纪末的事。这体系，我们现在称为古典犯罪论体系，主要创造人是李斯特（FranzVon Liszt）与贝林（Ernst von Beling）。古典体系的背景思想是经验主义，或法实证主义。

古典体系之后，是以新康德哲学为思想基础的新古典体系，其对刑法概念的诠释，特重文化价值。20 世纪 20 年代开始，目的犯罪论带来体系发展上的大翻转，但体系内涵还有浓厚的价值思考。德国目前体系上的多数说，是新古典与目的论的结合，这体系的内涵，依旧是新康德的价值哲学。20 世纪 70 年代，德国著名刑法学家罗克辛创立的"目的理性"体系，渐受注意，并产生影响。依罗克辛，目的理性体系是新康德哲学的彻底实践。

百余年来犯罪论体系发展的背景思想，是从经验主义调整到文化价值的重视。文化价值的重视，不是理性主义（主知主义）所独有；不过，经验主义或法实证主义的信徒，不会在法律概念的诠释上畅谈价值理想。[1]

---

[1] 林东茂：《一个知识论上的刑法学思考》（增订 3 版），中国人民大学出版社，2009，第 18 ~ 19 页。

由此可见，正是哲学思想的嬗变推动着刑法学的犯罪论体系的更替。刑法学唯有及时地吸收以哲学为主的人文社科思想，才能不断地推动刑法学知识的发展。可以说，每一种刑法知识体系都具有其思想史基础和哲学基础。例如罗克辛教授在揭示目的性行为理论的哲学基础时指出：

> 目的性行为理论是建立在哲学的现象学和本体论理论之上的。这种哲学理论试图明确指出自然人存在的结构性原理，并且试图创设研究人的学术基础。对这样一种方案提出的建议是，一个享有优先权的人类学的基本概念，例如人的行为这样的基本概念，应当挪到一般犯罪理论的中心位置上来，并且，应当根据行为的存在特征，建立一个对立法者来说已经预先规定了物本逻辑结构（Sachlogischen Strukturen）的体系。[①]

应当指出，这些哲学思想作为刑法教义学的思想史基础，起到了一种方法论的作用，为刑法教义的逻辑展开提供了方法与规则。因此，只有深刻地掌握人文社会科学知识，才能对刑法知识具有根基性的理解。

第二，德日刑法知识的借鉴。

刑法学是关于刑法的话语体系，而不是对法条的简单注释。因而，刑法知识具有方法论的意蕴，它为刑法教义学提供了逻辑起点。因此，作为一种方法论的刑法教义学是超越具有国别性的刑法的，可以为我所用。当然，借鉴德日刑法知识，还要建立在对德日刑法知识理性审视的基础之上。不可否认，德日刑法学本身并不是铁板一块，而是存在各种学派之争与观点聚讼。在这种情况下，我们应当借鉴的并不是

---

① 〔德〕克劳斯·罗克辛：《德国刑法学总论》（第 1 卷），王世洲译，法律出版社，2005，第 123 页。

各种具体的体系与观点，而是具有共识性的刑法学体系的建构工具。以犯罪论体系而论，在德日存在二阶层、三阶层甚至四阶层等各种不同体系，当然通行的是三阶层的体系，即构成要件该当性、违法性与有责性。尽管在犯罪成立条件上存在这种区别，但阶层性是其共通之处。在这个意义上，德日刑法学中的犯罪论体系可以称为阶层体系，以区别于我国刑法学中犯罪构成的平面体系。关于建立犯罪阶层体系的必要性，我国台湾地区学者许玉秀教授指出：

> 固然犯罪判断最终所在意的是要不要处罚行为人，但是弄清楚是否予以处罚的理由何在，处罚轻重的理由何在，才真正能决定处罚的成效。当一个人不真正知道为什么被责罚，那么他也无从知道如何能免于责罚，无从知道将来如何行为。犯罪阶层理论提供的犯罪判断阶层构造，从分析和定位构成要件要素，可以提供一个精确判断犯罪成立与否以及处罚与否的步骤，借以确保刑罚制裁制度的合理和有效。①

因此，阶层体系的精髓在于为入罪与出罪提供逻辑论证，从而实现罪刑法定原则。阶层体系所具有的事实判断先于价值判断、客观判断先于主观判断、形式判断先于实质判断、定型判断先于个别判断等规则是必须严格遵循并且通过阶层性构造而予以制度性确认的。当然，在借鉴德日刑法学的时候，我们还是要持一种理性态度而不是机械照搬。对此，我国学者指出：

> 大陆法系犯罪论体系的强势地位也要我们在进行相关研究工作时有所警惕，避免因陷入不同程度的理论自卑而失去对该理论本身先在的审度和批判能力，从而使得对该理论的研究成为单纯

---

① 许玉秀：《当代刑法思潮》，中国民主法制出版社，2005，第59页。

的引进和克服。①

借鉴是建立在比较的基础之上的，并且要考虑中国的具体国情。面对存在纵向上的理论惯性与横向上的百家争鸣，即使是通说体系，仍多有分歧，我们不能眼花缭乱，无所适从。尤其是考虑到我国法治发展阶段上与德日之间的差异，在刑法学知识的借鉴当中应当保持一种学术上的自主与自信。

第三，法治实践经验的汲取。

刑法学知识归根结底是为刑事法治服务的，它应当具有与法治实践的高度契合性。与此同时，我国刑法学还应当从刑事立法与刑事司法的法治实践中总结经验，将其上升到法理层面，由此形成刑法教义学与刑事法治实践之间的良性互动。例如我国刑法分则关于个罪的规定往往存在罪量要素，这一点是与德日刑法规定完全不同的。德日刑法学中并没有形成一套成熟的理论学说，用于解释情节、数额、后果等犯罪成立的数量要素。在这种情况下，就应当立足于我国的刑事立法与刑事司法，形成具有中国特色的理论观点。刑法学作为一个部门法学，与刑事法治实践密切相关，正是刑事法治的发展对刑法学提出了更加精确、更加精密、更加精致的理论要求，从而不断地向刑法学理论的发展提供内在的推动力。我国刑法知识的当代转型，其内在动因也在于刑事法治的发展。因此，法治实践经验应当是刑法学知识的来源之一。

（本文原载于《法律科学》2010 年第 1 期）

---

① 方泉：《犯罪论体系的演变——自"科学技术世纪"至"风险技术社会"的一种叙述和解读》，中国人民公安大学出版社，2008，第 5 页。

中国法学如何走向世界

——基于一个刑法学者的视角

齐文远[*]

一 提出"中国法学如何走向世界"论题的背景

2008 年爆发的全球金融危机使西方发达国家相继陷入经济停滞、债务危机和政治混乱之中。在后危机时代，西方发达国家的经济恢复速度仍然极其缓慢，唯有中国经济的年增长率仍然保持在 7%～10%。2010 年中国的国内生产总值开始超过日本，正式成为世界第二大经济体。中国的崛起不再被看作神话，而是成为举世公认的事实，并且中国已经被视为全球经济复苏的希望所在。[①] 中国不仅在经济方面融入国际社会，而且在政治、文化等其他方面也迅速融入国际社会，开始"从'中国之世界'向'世界之中国'的转变，从'局外者'向'局内者'的转变"。[②]

然而，也不能否认这样一个事实：虽然中国在经济发展的过程中创造了举世瞩目的奇迹，在国际上的政治影响力也与日俱增，但由于受近代半殖民地半封建历史所造成的缺乏文化自信和自觉的影响，中国在学术的创新与发展方面相对滞后。显然，这样的结果既无法满足中国经济社会发展的需要，也与中国在世界上所处的大国地位不相匹配。一个国家的综合国力既包括由经济、科技和军事实力等表现出来

---

* 齐文远，中南财经政法大学副校长、教授、博士生导师，中国刑法学研究会副会长。

① 参见孙广勇等《中国发展对世界经济贡献巨大》，《人民日报》2012 年 6 月 18 日。

② 门洪华：《中国：大国崛起》，浙江人民出版社，2004，第 13 页。

的"硬实力"，也包括以文化和意识形态吸引力体现出来的"软实力"。西方国家的学术界自美国哈佛大学教授约瑟夫·奈于 20 世纪 90 年代初首次提出"软实力"概念开始，正式掀起了软实力研究与应用的热潮。在约瑟夫·奈教授看来，虽然软实力是通过文化的吸引力而非威逼利诱达到预期的目的，其本身不具有强制性，但"软实力具有硬效应"。① 尤其是在信息时代，软实力在综合国力竞争中的效应正变得比以往更加突出。例如，在中国的经济、国防实力迅速增强的情况下，许多国人还处在"不识庐山真面目"的朦胧状态，而西方国家学者则尝试在学术层面提出与"华盛顿共识"相对应的"北京共识"、"中国模式"、"中国道路"、"中国经验"等概念，开始从文化软实力的层面探究中国对世界的影响。② 事实上，我国也已经意识到文化软实力的重要性。例如，2007 年胡锦涛同志在中国共产党第十七次全国代表大会上的报告中明确指出："要坚持社会主义先进文化前进方向，兴起社会主义文化建设新高潮，激发全民族文化创造活力，提高国家文化软实力。"③ 2011 年中国共产党第十七届中央委员会第六次全体会议通过的《中共中央关于深化文化体制改革、推动社会主义文化大发展大繁荣若干重大问题的决定》进一步把文化强国上升为国家战略的重要内容。④ 应该看到，我国重视国家软实力的提升具有非常重大的现实意义。我国有论者在评价我国作家莫言获得诺贝尔文学奖后所引起的种种评论时指出，这实际上反映了"正在迅速和平崛起的我国，

---

① 参见〔美〕约瑟夫·奈《硬权力与软权力》，门洪华译，北京大学出版社，2005，第 170～171 页。

② 参见轩传树《如何认识西方视野下的"中国模式"》，《中国农业大学学报》（社会科学版）2011 年第 4 期。

③ 胡锦涛：《高举中国特色社会主义伟大旗帜为夺取全面建设小康社会新胜利而奋斗——在中国共产党第十七次全国代表大会上的报告》，http：//www. gov. cn/ldhd/2007－10/24/content－785431－7. htm。

④ 参见《中共中央关于深化文化体制改革、推动社会主义文化大发展大繁荣若干重大问题的决定》，http：//www. china. com. cn/policy/txt/2011－10/26/content－23726299. htm。

在文化上还缺少足够的清醒的自觉与自信"。① 莫言通过文学作品让"高密东北乡"成为中国乃至世界的一个缩影，用故乡的独特性创造出世界的共性，让外国读者在陌生的"高密东北乡"里也能读到引起共鸣的情感和思想。莫言获奖无疑是"对于莫言的熟悉本土人民生活、富有艺术感受与想象能力、井喷式的创作激情与坚持不懈的劳作精神的肯定；表达了人们对于中国当代文学的关注"。② 这一事实表明，中国文化创造力与影响力并非处于天然的枯竭或者终结状态，中国当代文化也有可能走向世界。正因如此，中国学术如何走向世界就成为当今学者亟待研究的时代课题。近年来，在邓正来教授等一些学者的推动下，我国法学界开始激烈地讨论"中国法学向何处去"的问题。③ 应该说，这一讨论正是对上面所述问题的回应。

　　在笔者看来，从某种意义上讲，"中国法学如何走向世界"正是邓正来教授提出"中国法学向何处去"这一宏大论题时已经隐含的论题。邓正来教授在其所撰的《中国法学向何处去》一书中通过对中国法学进行总体性批判得出一个基本结论：当今的中国法学受一种"现代化范式"的支配，而这种"现代化范式"不仅间接地为中国法制发展提供了一幅"西方法律理想图景"，而且还使中国法学论者意识不到他们所提供的不是中国自己的"法律理想图景"，因而无力引领中国法制的发展；同时，这种占支配地位的"现代化范式"因无力解释和解决因其自身的作用而产生的各种问题，最终导致中国法学的"现代化范式"危机。要解决这一危机，必须结束这个受"现代化范式"支配的法学旧时代，开启一个自觉研究"中国法律理想图景"的法学

① 王蒙：《莫言获奖与我们的文化心态》，《解放日报》2013 年 1 月 14 日。
② 王蒙：《从莫言获奖说起》，《人民日报》（海外版）2012 年 11 月 13 日。
③ 这种讨论包含显性和隐性两部分：显性部分主要表现为邓正来教授所撰的《中国法学向何处去》等系列文章和著作及其所引发的讨论，隐性部分则是指每一个中国法学研究者都在或多或少地探索着该问题。

新时代。① 只有这样，中国法学才能走向世界：在全球化时代的"世界结构"中重新定义中国，建构起"主体性的中国"，并根据中国自己的法律理想图景引领中国法律/法制的建设或指导中国主动参与"世界结构"的重构进程。②

二　"中国法学如何走向世界"论题的学术意蕴

显然，邓正来教授对中国法学的反思与批判是深刻的，并且在中国法学界乃至整个学术界都产生了较大反响。有学者对此给予极高的评价：百年以来，从总体上看中国知识界对西方国家社会科学知识的引进已然走过三个阶段——以梁启超之"饥饿论"、李泽厚之"变奏论"、邓正来之"主体论"为代表，并依次形成此一知识引进运动之开端、发展和结束之标志。③

当然，学术界也有很多学者从不同层面对邓正来教授所进行的"中国法学"的反思进行了再反思并提出质疑。这些再反思与质疑归纳起来主要有两点。（1）认为邓正来教授对当前中国法学"现代化范式"的批判是一种缺乏事实依据的主观论断。如有论者认为，邓正来教授只做出了当前的中国法学"现代化范式"无法解决中国问题的论断，却没有给出切实、充足的证据和事实加以证明，"仅仅因为现代化范式它是西方的而需要怀疑、批判，其实我们没有足够的理由拒斥西方现代化范式的普遍性。并且，通过不完全（因为改革以来，权利法学理论是逐步在中国确立起来的，甚至到现在该理论在实践中仍然遭遇各种羁绊）的、将近三十年的试错，就把中国法律秩序的不完善

① 参见邓正来《中国法学向何处去——建构"中国法律理想图景"时代的论纲》，商务印书馆，2006，第3页。
② 参见邓正来《作为历史性条件的"世界结构"》，《法学研究》2006年第5期。
③ 参见魏敦友《"知识引进运动"的终结——四评邓正来教授的〈中国法学向何处去〉》，《河北法学》2006年第10期。

归咎于现代化范式，未免无知"。① 另外也有论者认为，邓正来教授对部门法（以刑事法为例）中的法条主义（法教义学主义）的批判（如"打假法律越'完善'，造假案件越泛滥"）犯了一些常识性错误：对狭义刑法学的学科属性存在根本性的误解；对广义的刑事法学内部的各学科之间的特定功能及其关系存在认识上的混乱。② （2）认为邓正来教授在将中国法学的"现代化范式"驳倒之后并没有给出明确、具体的替代出路。有学者认为，邓正来教授只是抽象地提出应当重新定义中国，建构起"主体性的中国"，并根据中国的法律理想图景引领中国法律/法制的建设，但究竟应该怎样定义中国，怎样建构"主体性中国"，中国的法律理想图景是什么，邓正来教授则拒绝给出明确、具体和肯定的回答。对于学者们的质疑，邓正来教授其实早已做出回应："当我们把你从狼口里拯救出来以后，请别逼着我把你又送到虎口里去。"③ 邓正来教授之所以拒绝对此做出正面回答，是因为在他看来，"这类有关'中国法律理想图景是什么'的问题或者以'中国法律理想图景是什么'为前提而提出的问题颇为重要，值得认真对待。但是，从学术研究的角度看，我必须指出，这类问题在根本上透露出了一种我本人极其反对的'本质主义'倾向，是以一种我们以为存在着某种本质性的、唯一正确的、超越时空的'中国法律理想图景'的实体性理念为前设的"。④

笔者认为，虽然我国法学界对邓正来教授的观点的质疑具有一定的道理，但并不能从根本上否定邓正来教授提出的基本命题成立的可能性。对于上述第一方面的质疑，笔者想指出的是：邓正来教授著作

① 潘云华：《"无知"地"建构"中国法律的理想图景——对正来学者在〈中国法学向何处去〉有关"建构"思想的想象》，《金陵法律评论》2008 年秋季卷。
② 参见周详《教义刑法学的概念及其价值》，《环球法律评论》2011 年第 6 期。
③ 参见邓正来《中国法学向何处去——建构"中国法律理想图景"时代的论纲》，商务印书馆，2006，第 269 页。
④ 参见邓正来《中国法学向何处去——建构"中国法律理想图景"时代的论纲》，商务印书馆，2006，第 261 页。

的主旨是从哲学层面对中国法学进行反思，即使他没有给出令人十分信服的事实和证据来论证命题的成立，或者因为对专业性比较强的部门法不熟悉而在论述中存在瑕疵，但这并不意味着部门法学研究中就不存在他所言及的问题或者可以论证该问题存在的事实、证据及恰当的案例。关于这一问题的探讨，下文会有所涉及。

至于对第二个方面的质疑，笔者的见解是：邓正来教授之所以拒绝给出"中国法律理想图景是什么"的答案，是因为在当前条件下任何人对这一问题都无法做出合适的回答。从知识论的角度看，由于在某种意义上提出一个真正的问题比解决这个问题的难度更大，因此邓正来教授先于他人提出"中国法学的现代化范式危机"问题已经是一个非常了不起的学术贡献。如果认为一个人仅提出问题还不够，还必须解决该问题或者说还应当找到解决这一问题的技术路线，那么显然有些强人所难。因为如果一个人既找准了中国法学存在的问题，又在技术层面、操作层面解决了该问题，那么他显然就不是一个精力、能力有限的人，而是一个全知全能的天才或神。实际上邓正来教授早已指出："如何定义中国"、"中国法律理想图景是什么"等问题的解决"实属凭我一己之力所不能为"，而是需要具有不同特长的知识分子的集体性反思与共同参与。① 换言之，如果说这是一项未竟的系统工程，那么需要各位法学工作者发挥自己的专业特长去思考、研究"如何定义中国"、"中国法律理想图景是什么"以及"中国法学如何走向世界"等问题。

三　中国法学走向世界的路径选择

邓正来教授对中国法学危机进行反思后得出一个基本结论：当前中国法学界不加质疑与反思地引进西方国家的法律制度、观念和知识遮蔽了中国的实践，导致中国法学研究在整体上出现"中国法律理想

---

① 邓正来：《"世界结构"与中国法学的时代使命》，《开放时代》2011 年第 1 期。

图景"的缺失。为此，他提出了"根据中国来定义中国"、"根据中国自己的法律理想图景引领中国法律/法制的建设"的总体路线。① 虽然邓正来教授的这一论断带有浓厚的主观猜想成分、缺乏强有力的论证，并因此遭到很多学者的质疑，② 但这些质疑者并没有提供新的事实和证据来对邓正来教授提出的命题进行证伪，质疑者甚至不敢提出"中国法学并不存在西方国家知识遮蔽中国实践"的反命题。他们更多的是纠缠于某些词语的逻辑关系或文字表达。例如，有质疑者认为，一方面邓正来教授认为中国法学研究中存在中国主体性缺失的问题，另一方面又认为中国法学者正在与西方国家坚持现代化范式的学者"共谋"。由于"共谋"作为表明主体主动、显意识的动词，恰恰说明主体性的存在，因此从逻辑上讲邓正来教授的上述观点是相互矛盾的。③ 笔者认为，姑且不论质疑者对特定语境下"共谋"一词的质疑是否有断章取义之嫌，仅就词语的使用而言，如果认为邓正来教授的确使用了一个不太准确的词语，那么换一个更恰当、更准确的词语即可。一般而言，用词是否准确与整体的命题是否成立是两回事。影响一个学术命题成立的关键因素是与该命题相关的事实和证据等有关信息是否充足。那么影响学术命题的事实和证据等信息从何而来呢？显然，这些信息只能从"实践"④ 中去收集。同理，对"如何定义中国"、"中国法律理想图景是什么"等问题的解答也离不开法律知识共同体的集体实践。当然，仅仅提倡一种以实践为导向的法学研究之路仍然不免有些抽象，因此笔者下面主要以刑事法学的研究走向

---

① 参见邓正来《中国法学向何处去——建构"中国法律理想图景"时代的论纲》，商务印书馆，2006，第9页。

② 参见焦旭鹏《无问而问与不答之答——读邓正来〈中国法学向何处去〉》，《河北法学》2007年第9期。

③ 参见王国龙《中国法学研究中存在"知识遮蔽实践"吗？——反思新保守主义有关中国理想法律图景的承诺》，《山东社会科学》2009年第2期。

④ 被学者们广泛使用的"实践"一词的含义是多种多样的，笔者更趋向于将实践定义为一切"有目的地获取相关信息的活动"。换言之，实践与思维并非绝对对立的关系。

问题为切入点，结合一些实例对中国法学走向世界的路径选择发表一孔之见。笔者认为，要加强法学研究的实践性，可以从以下几个方面入手。

（1）部门法学应该以中国亟待解决的实践问题为中心进行跨学科的协同研究。例如，强制拆迁问题是我国当下经常发生的一个十分严重的社会问题，而这一问题的解决在西方法制发达国家并无可供借鉴的经验，因此从这种意义上讲，强制拆迁所引发的一系列法制问题是一个纯中国式的问题，涉及复杂的土地所有权及他物权的侵权与否问题，也涉及对行政权的监督问题以及行政权与司法权的关系处理问题，还涉及公共利益与个人利益的调整、划分等社会政策问题以及某些强制拆迁行为是否构成犯罪的判断问题。在法律部门的归属上，强制拆迁这种社会问题不可能人为地被事先划分为民法学范畴、刑法学范畴、行政法学范畴抑或政治学的某一范畴，而是一个包容民法学、刑法学、行政法学、政治学等多学科的复杂问题。一旦发生类似于警察开枪打死抗拒强制拆迁农民的事件，如果将该案作为一个司法案件予以处理，那么就必须考虑各种复杂的社会因素。我国当今的法学体系基本上是按照西方国家现代化的学科模式进行划分的并且越分越细。不仅在一级学科之间存在较大隔阂，而且在某些二级学科内部也形成了"鸡犬之声相闻、老死不相往来"的学科壁垒。因此，要以中国亟待解决的实践问题为中心进行研究，就必然要在一定程度上打破这种学科壁垒。

（2）在引进西方国家某些法律制度、法律教义原理和理论时应该注意该制度、原理和理论的适用条件、存在的社会基础和运行的社会环境。虽然在当今的现代化与全球化进程中，没有人否认引进或借鉴西方国家法治文化与制度的必要性，但在过去的法学研究或者法学教育中，的确存在一种将西方国家的法律制度、法学原理和理论从其特定的历史时空条件抽象出来拟制为一种具有普适性的东西的弊端。① 例如，在规定危险驾驶罪的《中华人民共和国刑法修正案（八）》出台前后，主张醉酒驾驶应当入罪的学者的基本逻辑就是通过列举西方一些主要国家的刑法都规定了醉酒驾驶罪或者危险驾驶罪从而得出我国现在也有必要将醉酒驾驶入罪的结论。在笔者看来，这一论证在逻辑上存在问题。一些主张将醉酒驾驶入罪的学者至少忽视了西方国家将醉酒驾驶入罪的两个重要因素：①西方国家的法律体系基本上属于一元违法体系，西方国家刑法中所规定的"犯罪"有一部分相当于我国的行政违法行为，并且西方国家的大部分醉酒驾驶行为在司法实践中主要适用的是罚金刑而不是监禁刑。②西方国家刑法将醉酒驾驶行为（尤其是那些可判监禁刑的醉酒驾驶行为）乃至于在我国属于一般违法的行为（如错误超车、错误停车、刹车没有保持安全距离）入罪有其相应的社会条件的支持，如：道路交通设施发达（有些国家高速公路的限速是限最低时速而不限最高时速）；绝大多数人遵守交通规则的意识强，违法人群的比例相对比较低；同时西方发达国家的司法资源丰富。这些因素决定西方国家刑法将醉酒驾驶入罪是自然而然的事情。但是，我国缺乏相应的社会条件的支持，因此将醉酒驾驶入罪有可能是得不偿失的。② 需要特别指出的是，笔者的上述分析主要是为了说明移植西方发达国家的法律制度必须注意具体的社会历史背景，而并非否定设立危险驾驶罪的合理性。实际上将醉酒驾驶行为入罪的效果究竟如何，还有待实践的检验。又如，从 2010 年开始，重庆市开始采用外国比较成熟的交巡警警务模式。首批执勤的150 个警务平台和 4000 名昼夜循环执勤的交巡警，配备了包括枪支在内的"高精尖"装备，代替过去的交警和巡警，执行交通管理、刑事执法和治安管理 3 大职能。但是，笔者在调研中发现，这一改革在产生某些积极效果的同时也因为某些条件的不成熟而产生了一些消极的

---

① 参见齐文远《中国刑法学该转向教义主义还是实践主义》，《法学研究》2011 年第 6 期。

② 参见周详《民生法治观下"危险驾驶"刑事立法的风险评估》，《法学》2011 年第 2 期。

效果，如财政上能否持续地承担警务平台的高昂成本问题（每一个警务平台的维持成本在100万元左右）；城市结构的不适应问题，与西方国家高度发达的城市街区不同，我国绝大多数城市都是城乡结合型的复杂结构，交巡警与派出所容易在案件的管辖问题上发生争议；在人员的投入、运行方式上也存在浪费或者值班的人员被警务平台固定，不能机动、灵活、有效地发现或处理违法犯罪案件等问题。因此，我国能否借鉴交巡警制度还需要结合我国各种特定的客观条件进行综合考量。再如，我国刑法总体上是采取定罪加定量的犯罪认定模式，这与大陆法系国家一元违法性的犯罪认定模式不同。在德、日等国的刑法理论中，盗窃一张报纸也符合盗窃罪的犯罪构成条件，但在我国构成盗窃罪多数情况下需要达到数额较大（500～2000元以上）的标准。同样的道理，我国贪污受贿罪的立案标准通常是犯罪数额在5000元以上，这实际上在某种程度上考虑了我国社会运行中所普遍认同的礼尚往来的礼仪社会或"关系社会"的特性，即在公众大体上都能认同的礼仪关系范畴内的礼品赠与行为或者接受礼品的行为一般不作为行贿罪或者受贿罪处理。因此，我国刑法学通说通常会强调受贿罪与一般的礼尚往来行为之间的区别。[1]

（3）在研究我国的法治发展问题时不能完全照搬西方国家法治的运行模式，而应当将某些特定的政治制度背景或者基本国策作为前提，"在此基础上考虑如何较为理性地操作和较为可行地改革"。[2]例如，在司法体制改革中，我国的政体决定了我国不可能采用西方国家普遍适用的三权分立模式，但这并不意味着我国的立法机关、行政机关、司法机关之间就不能形成权力制衡、相互监督的模式。实际上我国备受批判的一些制度，如政法委协调案件的制度、劳动教养制度等，要么已经发生改变或者做了运行模式上的调整，要么

---

① 参见高铭暄、马克昌主编《刑法学》，北京大学出版社，2010，第712页。
② 龙宗智：《观察、分析法治实践的学术立场和方法》，《法学研究》2011年第6期。

正在酝酿改革。① 再如对我国常见的计划生育部门工作人员对计划外怀孕的妇女采取强制流产行为的定性问题，虽然有学者主张对这种行为应定故意杀人罪，② 从纯粹的刑法教义学上讲也能够自圆其说，并且外国也不乏类似的理论和判例，但正如日本的刑法学者所言："是否处罚侵害胎儿生命的堕胎行为，与宗教背景、人口政策等有密切的联系"。③ 西方绝大多数发达国家处罚堕胎行为与其鼓励本国人口增长的政策有直接的关系。如果考虑我国仍然面临巨大的人口压力，在计划生育这一基本国策没有发生根本变化的前提下，那么对这种主张以故意杀人罪处置强制流产行为的学术观点就应持否定的态度。

（4）在法学研究中应当根据现存中国社会结构的特点及运行规则并考虑中国人的传统习惯、文化观念和价值诉求等因素来确立法律制度模式以形成具有中国特色的法学理论。这涉及如何认定"中国"、"中国人"和"中国的理想图景"等复杂的问题。的确，当今的中国社会、文化观念处在急剧变化的过程中，多元化、复杂化是一个大趋势，同质化的程度越来越低，但与西方社会和西方人的观念相比，还是存在着比较显著的差异的。例如，风险刑法理论今天已成为西方发达国家主流的刑法理论，这是由西方发达国家在整体上从工业社会转型到后工业社会所决定的。从总体上看，由于我国目前尚处在从传统的农业社会向工业社会转型的过程中，虽然我国受全球化的影响，在某些地区或者在某些方面也会遇到风险社会所面临的风险，但我国所面临的风险主要还是农业社会的风险和工业社会的风险，因此我国不能简单移植西方发达国家的风险刑法理论来解决我国的现实问题。④ 再如，随着我国城市化进程的加快，越来越多的人变成了城市居民，但与西方国家的城市化相比，我国的城市居民仍然保留着"熟人社

---

① 参见郭媛丹、温如军《劳教制度将改革》，《法制晚报》2012 年 10 月 9 日。
② 参见周详《胎儿"生命权"的确认与刑法保护》，《法学》2012 年第 8 期。
③ 〔日〕西田典之：《日本刑法各论》，刘明祥、王昭武译，武汉大学出版社，2005，第 13 页。
④ 参见齐文远《刑法应对社会风险之有所为与有所不为》，《法商研究》2011 年第 4 期。

会"和"关系社会"① 的特性，亲属关系、老乡关系、同学关系、师生关系、战友关系仍然是人们交往时所依赖的纽带。那种主要建立在陌生人社会或者契约关系基础上的西方国家法治模式，在我国社会实践运行中仍然具有某种程度的异质性，一些移植的正式的法律制度由于在某些方面难以满足国人的现实需要而难以得到民众的认同。电影《秋菊打官司》中反映出的法律制度所给出的"说法"与生活在特定社会关系场域的个体所要求的"说法"之间的矛盾，② 即使在我国城市中也没有完全隐退，更何况在广大农村地区。例如，几年前湖北省某市曾经发生过一起典型的"约会强奸"案，两名未婚青年先是网恋，双方见面后，男方在家中要求与女方发生性关系，女方虽然喜欢男方但并不同意当时就发生性关系，可是男方仍然强行与之发生性关系，结果女方的哭泣声被他人听到并报案，于是公安机关对该男子采取了强制措施，先是刑事拘留后转为取保候审，事后女方却向警方求情，要求释放该男子，因为男女双方这时已经开始谈婚论嫁。这是一件典型的中国式的人情与法律相冲突的案例。如果完全按照大陆法系国家的刑法理论进行处理，那么该男子的行为显然符合强奸罪既遂的犯罪构成；但是，如果认定该男子成立强奸罪，那么除了在形式上维护了国家法律的威严外并无其他益处，并且判该男子有罪只会破坏特定社会关系中的和谐——男女双方从此都会被贴上"强奸犯"或"被强奸者"的标签。在笔者看来，对于类似的中国式问题，法学研究者应该给出一种合情合理的解决方案以及理论上的依据，如能否根据1997 年《中华人民共和国刑法》第 13 条中的"情节显著轻微，危害不大，不认为是犯罪"的规定做出有利于被告的扩大解释，或者参考

---

① "熟人社会"是社会学家费孝通提出的一个归纳中国社会特性的概念。而"关系社会"则是中国日常生活中常见的用语，该用语是对中国社会特性的另一个侧面的描述，也得到了外国文化界的认同，如美国的词典已经将"guanxi"一词收入其中，用来特指中国社会的某种特性。

② 参见齐文远《亲告罪的立法价值初探》，《法学研究》1997 年第 1 期。

公安司法机关"先强奸，后通奸，一般不宜认定为强奸罪"的司法解释而予以出罪就值得思考。同理，在司法实践中，即使是致被害人死亡的故意杀人罪，只要犯罪分子及其亲属积极赔偿，并且取得被害人家属的谅解，通常也不必判处死刑（立即执行），这些中国式的司法实践经验都值得法学理论研究者去探讨和总结，以便形成具有中国特色的法学理论。

　　总之，中国法学要走向世界，或许就该像鲁迅先生在谈到中国文学时所说的那样："有地方色彩的，倒容易成为世界的，即为别国所注意。打出世界上去，即于中国之活动有利"。① 换言之，中国法学只有认真研究如何合理地解决本国的现实问题，才能真正走向世界。

（本文原载于《法商研究》2013 年第 2 期）

---

① 《鲁迅全集》（第 10 卷），人民文学出版社，1956，第 206 页。

从"严打"到"宽严相济"

贾　宇*

前　言

在历经二十多年的"严打"之后，我党明确提出要实行"宽严相济"的刑事司法政策。"宽严相济"刑事司法政策的提出有几个重要的标志。第一个标志是 2005 年 12 月，在全国政法工作会议上，中央政法委员会书记罗干同志要求政法机关要更加注重运用多种手段化解矛盾纠纷，更加注重贯彻"宽严相济"的刑事政策，促进社会和谐稳定。明确指出"宽严相济"是"指对刑事犯罪区别对待，做到既要有力打击和震慑犯罪，维护法制的严肃性，又要尽可能减少社会对抗，化消极因素为积极因素，实现法律效果与社会效果的统一"。"要充分重视依法从宽的一面，对轻微违法犯罪人员，对失足青少年，要继续坚持教育、感化、挽救方针，有条件的可适当多判一些缓刑，积极稳妥地推进社区矫正工作"。第二个标志是 2006 年 3 月，最高人民法院院长和最高人民检察院检察长向十届全国人民代表大会第四次会议所做的工作报告中，均分别提出要对犯罪实行区别对待，贯彻和坚持"宽严相济"的刑事政策。第三个标志是 2006 年 10 月 11 日，中共中央十六届六中全会在《关于构建社会主义和谐社会若干重大问题的决定》中进一步明确提出要"实施'宽严相济'的刑事司法政策"。

"宽严相济"的刑事司法政策提出以后，全国掀起了学习和贯彻

---

*　贾宇，西北政法大学校长、教授、博士生导师，中国刑法学研究会副会长。

的热潮,"宽严相济"被在各种语境下使用。但是,什么是"宽严相济"的刑事司法政策,在现在的历史阶段为什么要提"宽严相济"的刑事司法政策,实际上大家的理解是不一样的。在提"宽严相济"的刑事政策的同时,我们还在提"严打"政策。在解释"宽严相济"刑事司法政策的时候,很多同志都在说:"'宽严相济'就是要当宽则宽,当严则严"。从文字上、理论上来讲,这些提法都没有错,但是,我个人的理解,"宽严相济"刑事司法政策的提出是对我们国家贯彻了二十多年的"严打"政策的一个反思、一个检讨、一个修正。从"严打"到"宽严相济"是一个政策的转变。在实行了二十多年"严打"的历史背景下,现阶段实行"宽严相济"的刑事司法政策本质上是要努力实现刑罚宽缓的这一面。

一 "严打"的由来和过程

抗日战争时期,毛泽东同志在《论政策》一文中曾提出镇压与宽大相结合的思想。新中国建立之初,对敌斗争的形势依然严峻,各地党委广泛发动群众,开始了大规模的镇压反革命运动。随着运动的开展,稳、准、狠地严厉打击反动分子成为主调。这场运动实质上是对敌斗争的延续,具有特定的时代性,却为后人迷信"严打"镇压的功效,将战争年代的做法生硬地套用于解决和平年代社会治安问题埋下了伏笔。

随着社会主义政权的巩固,惩办与宽大的关系再一次受到重视和强调。1956 年,中国共产党第八次全国代表大会的政治报告指出:"我们对反革命分子和其他犯罪分子一贯地实行惩办与宽大相结合的政策"。1979 年《中华人民共和国刑法》第 1 条规定"中华人民共和国刑法……依照惩办与宽大相结合的政策……制定",将"惩办与宽大相结合"的刑事政策立法化。但是,在其后的二十多年,"严打"却成为刑事政策的主调。

1983 年到 2002 年，全国组织开展了三次大规模的"严打"专项斗争，分别是"1983～1987 年全国严打斗争"、"1996～1997 年全国严打斗争"、"2001～2002 年全国严打斗争"。

"1983～1987 年全国"严打"斗争。1979 年，上海发生"控江路事件"。一群青年围攻正在处理一起普通治安事件的办案民警，造成长达 8 个多小时的社会混乱。混乱中一位过路妇女被流氓当众调戏，衣服、裤子全被扒光。1980 年 10 月 29 日 18 时 15 分，北京火车站二楼南走廊突然发生爆炸，当场炸死 1 人，伤 89 人，抢救过程中陆续又有 9 人死亡。1981 年 4 月 2 日，北京发生"北海公园事件"，3 名女学生在划船时遭到外逃劳教人员的尾随调戏，之后被当众劫持并被强奸。这是当年比较有影响的案件。社会治安的恶化引起中央领导高度重视。1981 年 5 月，彭真主持召开京、津、沪、穗、汉五大城市治安座谈会，并提出"要实行依法从重从快严厉打击严重刑事犯罪活动的方针，坚决把社会治安整顿好，力争取得明显成效"。之后又发生的河北省唐山市"菜刀队"案件以及内蒙古呼伦贝尔盟喜桂图旗的"6·16"案件，震惊了中央领导，决定开展"严打"。1983 年 8 月 25 日，中央做出《关于严厉打击刑事犯罪活动的决定》，严厉打击严重经济犯罪和严重危害社会治安的犯罪。9 月 2 日，全国人大常委会通过了《全国人民代表大会常务委员会关于严惩严重危害社会治安的犯罪分子的决定》，将杀人、强奸、抢劫、爆炸、流氓、致人重伤或者死亡、拐卖人口、传授犯罪方法等危害社会治安的犯罪确定为打击重点，均可判死刑。由此，"严打"正式启动。"严打"期间，部分死刑案件的核准权下放给省、自治区、直辖市高级人民法院行使。这次"严打"自 1983 年开始，一直持续到 1987 年 1 月。

"1996～1997 年全国严打斗争"。1996 年 2 月 2 日凌晨，全国人大常委会副委员长、民革中央主席李沛瑶在住所被执行驻地警卫任务的武警执勤哨兵张金龙杀害，这是新中国成立以来首次发生的国家领导人遇害事件，举国震惊。当时全国部分地区治安状况趋于恶化，重大抢劫案件增多，接连发生犯罪分子以金融单位、运钞车为抢劫目标，持枪实施抢劫巨额财物的案件。1996 年 3 月两会期间，人大代表、政协委员对此发表了许多尖锐意见，纷纷要求整顿社会治安秩序。在这样的压力下，进行了第二次全国性的"严打"，从 1996 年 4 月到 1997 年 2 月全国集中统一行动。这是继 1983 年第一次"严打"后，在全国范围内规模最大的一次集中打击行动，打击重点为杀人、抢劫、强奸等严重暴力犯罪、流氓犯罪、涉枪犯罪、毒品犯罪、流氓恶势力犯罪以及黑社会性质的犯罪等严重刑事犯罪。从 1996 年 4 月 20 日至 7 月末，全国公安机关开展了"严打"夏季攻势，1996 年底又开展了"严打"冬季攻势，1997 年，为给香港顺利回归祖国和中共十五大的胜利召开创造稳定的社会治安环境开展了"春季整治行动"。

"2001～2002 年全国严打斗争"。2001 年 3 月 16 日，靳如超制造的石家庄特大爆炸案造成多人死伤，令人触目惊心。2001 年 4 月召开的全国社会治安工作会议分析当时社会治安形势时认为："现在，刑事案件总量上升，危害增大，爆炸、杀人、抢劫、绑架、投毒、拐卖妇女儿童等严重犯罪活动猖獗，特别是一些地方黑社会性质的犯罪团伙横行霸道。乡霸、市霸、路霸等一些流氓恶势力危害一方，入室盗窃、扒窃、盗窃机动车辆等多发性案件居高不下，经济领域的犯罪活动也很突出。黄赌毒等丑恶现象屡禁不止，污染社会风气。各种治安灾害事故不断发生，人身伤害和财产损失严重。"面对严峻的犯罪形势和爆炸案的恶劣影响，全国社会治安工作会议提出要在全国范围内开展一场"严打"整治斗争，坚决打掉犯罪分子的嚣张气焰，尽快改变治安面貌。第三次全国性的"严打"以"打黑除恶"为龙头，分为三个阶段，三条战线。第一个阶段从 2001 年 4 月到 5 月，第二个阶段从 2001 年 6 月到 2002 年 6 月，第三个阶段从 2002 年 7 月至 2002 年底。第一条战线，以深入开展全国性的"打黑除恶"为龙头，开展打击严重暴力犯罪和多发性侵财犯罪专项斗争；第二条战线，全国开展治爆缉枪专项行动；第三条战线，整顿和规范市场经济秩序，打击经济领域的犯罪。

除了上述三场轰轰烈烈的"严打"斗争外，针对一些突出的犯罪活动，公安部还连续组织开展了一些专项打击和整治行动。如：1998年全国打击盗抢机动车犯罪专项斗争，1999年全国"追逃"专项行动，2000年全国打击拐卖妇女儿童专项斗争，2002年全国打击盗窃、抢劫等多发性侵财犯罪专项行动，2004年全国侦破命案专项行动，2004年全国打击治理利用手机短信和网络诈骗犯罪专项行动，2004年全国打击整治盗窃破坏电力设施犯罪专项行动，等等。

"严打"之所以延续了二十年，是因为有中国传统文化中"治乱世用重典"的思想作为其理论基础。"治乱世用重典"渊源于战国时期思想家"三国三典"的理论，即："刑新国用轻典"，即治理新的国家用轻缓的刑罚，以体现统治者的宽怀、大度、慈悲和对人民的人文关怀，旨在取得巩固政权的社会效果；"刑平国用中典"，即治理比较平和的社会用不轻不重的刑罚；"刑乱国用重典"，更通俗的说法就是"治乱世用重典"。

二 "治乱世用重典"的历史考查

历史上的严刑峻法基本上都是乱世末路，从未产生过统治者所预想的效果。举几个不同时期的例子：殷商作炮烙、醢脯之法，史书记载殷纣王"剖比干之心，析才士之胫，醢鬼侯之女"。结果是殷纣王"淫刑以逞，而国亦随之亡矣"。"秦王扫六合，虎视何雄哉"，称"始皇帝"，结果到了二世秦朝就灭亡了。班固《汉书·刑法志》曰："秦始皇兼吞六国，遂毁先王之法，灭礼谊之官，专任刑罚，……而奸邪竝生，赭衣塞路，囹圄成市，天下愁怨，溃而叛之。"隋文帝因"盗贼不息"，于是"益肆淫刑"，"行辕裂枭首之刑"，"命公卿以下嵛其肉",结果"文淫刑而身被弑"。

真正的乱世是没有一个靠重典治好的,所以我说是乱世末路。那么在一个王朝的早期,用了重刑的效果怎么样呢?我们看一下明初的情况。朱元璋出身贫寒,最恨贪官,在建立政权之初就用严刑峻法治理贪官污吏。朱元璋制《大诰》,重刑惩治贪污受贿,规定官吏贪赃满六十两者,一律处死;还以挑筋、断指、削膝盖、断手等酷刑对贪官加以严惩,甚至推出"剥皮实草"的极刑,把那些被判处死刑的贪官拉到"皮场庙"去生扒活剥,皮剥下后填上稻草、石灰,做成"臭皮统",挂在贪官任职的公座之旁,用以警告继任的官员。洪武一朝是历史上封建政权对腐败进行斗争最猛烈、杀戮贪官污吏最多的时期。这些做法尽管收到一定效果,但并未能从根本上遏制住贪污受贿现象的蔓延。洪武十八年(1385),朱元璋慨叹道:"朕自即位以来,法古命官,布列华'夷'。岂期擢用之时,并效忠良,任用既久,俱系奸贪"。朱元璋用重刑惩治违法官吏,尽管杀了多少万人,效果也是不大,贪官污吏依然是前仆后继,杀不完,斩不尽,气得朱元璋捶胸顿足说:"我欲除贪赃官吏,奈何朝杀而暮犯!"所以,朱元璋后来调整了严刑峻法的政策。

三 "治乱世用重典"的理论分析

历史证明"治乱世用重典"的政策是不可取的,我们可以进一步进行理论的解读。

"乱世"并非"轻典"所导致,所以,重典治不了乱世,重刑也吓不住重罪。犯罪学理论告诉我们,要解决问题,首先是要找到导致这个问题产生的原因,如果所采取的措施针对的不是导致这种结果发生的原因,这种措施就可能是无效的。刑法上的所谓"乱世",指的是盗贼纷起,犯罪率上升,刑事犯罪很严重。这些严重的刑事犯罪是怎么发生的呢?犯罪学理论的研究表明,犯罪是一种非常复杂的社会现象，它的发生、变化是有其本身的规律的，是社会政治、经济、文化、社会环境，甚至地理、气候、人的心理和生理等各种因素综合发生作用而导致的。原因很复杂，不是简单的某一个原因所导致的，更不能片面地说"判刑轻了，很多人就犯罪；判刑重了，很多人就不犯罪"。古人讲："饱暖思淫欲，饥寒生盗贼"，这可以用来解释某些犯罪的原因。"饥寒生盗贼"，没吃的没喝的，冬天没有御寒的衣物，就有可能去盗窃，如城市里流动人口犯罪率高的问题。古人又讲"富贵不能淫，贫贱不能移，威武不能屈"，"柳下惠坐怀而不乱"，你能说有一定的条件、环境，人就会去犯罪吗？这说明每个个体的价值观、人生观、自控能力很重要，直接影响到某些犯罪的发生或不发生。犯罪学的研究还表明气候与犯罪之间存在一定的关系。统计数据显示，到夏天天气热了，强奸犯罪率会上升；到冬天天气冷了，盗窃犯罪率就上升。这在各个国家、各个地方都很普遍。所以犯罪的原因是非常复杂的，对于这些非常复杂的原因所导致的犯罪现象，我们用简单的刑罚的轻或重来遏制的话，很难达到我们所希望的结果。

清末的修律大臣沈家本有几段非常精彩的话："苟不能化其心，而专任刑罚，民失义方，动罹刑纲，求世休和，焉可得哉？""上之人不知本原之务，而徒欲下之人不为非也。于是重其刑诛谓可止奸而禁暴，究之奸能止乎？暴能禁乎？朝治而暮犯，暮治而晨亦如之，尸未移而人为继踵，治愈重而犯愈多"，"见重刑之无效，治世之道当探其源也"。"化民之道，固在政教，不在刑威也"。这是沈家本在《九朝律考》中对九个朝代的刑律考察之后得出的结论。

重刑只可能对重犯产生威慑效果，而重犯不一定惧怕重刑。统治者公开执行死刑，甚至渲染行刑过程是为了对公众起到教育、威慑的作用。但是，重刑对非严重犯罪的预防作用不大。据史书记载，在欧洲中世纪执行死刑的现场，每执行一个死刑就像在过一个盛大的节日，广场上人山人海，但不难发现一个非常有趣的现象，像经典的作家们描述的那样：在人山人海观看执行死刑的现场，"总有一些人在人群中兢兢业业地从事着他们古老的职业"。小偷在人群中兢兢业业地进行盗窃。这样的现象在我们国家也一样，20世纪80年代"严打"时，判死刑，判重刑，搞万人大会，就是在这样的大会会场里往往有很多人丢了东西，小偷照偷不误。这说明什么问题？重刑只可能对重犯产生威慑效果，对普通的盗窃等轻微犯罪是没有威慑力的。因为他的盗窃行为与死刑之间不存在多少联系。

即使重刑可能对重犯产生威慑力，那么重刑能不能对重犯产生有效的威慑力呢？我认为重犯不一定害怕重刑。我们可以对犯重罪的人进行类型化分析。可能被判处10年以上有期徒刑、无期徒刑或死刑的犯罪人从行为人类型上可以进行多种划分。

激情犯，是指犯罪人由于某种矛盾激化，在情绪激动的情况下，丧失理智，感情冲动而一时失控实施了不择手段、不顾后果的犯罪行为。这种情况下，犯罪人往往不可能清醒地权衡其犯罪行为可能造成的法律后果，表现最多的是故意杀人。故意杀人被判处死刑的占相当大的比重。在故意杀人案件中，又多为邻里乡党间矛盾不断激化的结果，如果想通过杀掉这些激情犯来教育其他人以后不再犯这样的罪，目的很难达到。对于这些人，死刑的威慑力可以说来不及发挥。

情境犯，比如说顺手牵羊的财物犯罪。由于一定的情境诱发犯罪意图，这种犯罪主要发生于情境的刺激，很难通过平时的教育以及通过惩罚这些人来遏制其他人以后不要犯这种罪，如有些强奸、盗窃案件。

确信犯，就是出于政治、宗教原因犯罪的人。任何国家、任何时代都有政治犯。确信犯往往内心非常坚定，认为自己是正确的、先进的，认为反对现行政权、现行法律是在推动社会的进步，是在为人民谋福利，等等。无论什么朝代，对这种确信犯的惩罚，严刑峻法很难从根本上减少以后同样的犯罪行为的产生，而恰恰我们对这部分犯罪设定了很高的刑罚。

白领犯罪，贪污腐败犯罪就是白领犯罪。这是西方犯罪学的一个概念，它是相对于蓝领犯罪而言的。按通常理解，他们最有可能受到重刑的威慑，因为他们的智力和见识最有能力去权衡犯罪的利弊得失。但是，为什么贪官污吏"层出不穷、前仆后继"呢？其实，根本原因不在于刑罚重或不重，而在于刑罚的必然性、必定性不足。由于犯罪与受到刑罚之间没有必然的强有力的因果联系，很多犯罪人带有强烈的侥幸心理，认为刑罚根本落不到他头上。对于这些行为人来说，最重要的不是严刑峻法，而是使刑罚成为他们犯罪的必然结果。当然，百分之百的惩罚不可能，但犯罪人中尽可能高比例地受到惩罚，经过努力还是可以做到的。列宁讲过："惩罚的警戒作用不是看惩罚的严厉与否，而是看有没有人漏网。重要的不是严惩罪行，而是使所有的罪案都真相大白。"

亡命徒，如湖南的张君、西安的魏振海，这些人具有强烈的反社会情绪和典型的暴力犯罪倾向。这样的犯罪人多已经有命案在身，或者有一系列的犯罪行为，他完全与社会相对抗，成为社会的敌人。他知道如果被抓必有一死，因此不会因为其他犯罪人被判处重刑而警醒，或者幡然悔悟、收手从良。这样的犯罪人不会轻易主动停止犯罪，其犯罪通常截止在受到法律处罚之时。所以企图以重刑威慑，对这部分人也没有用处。

将以上犯罪人类型排除之后，剩下的就是一般犯罪人，而一般犯罪人判不了重刑，重刑（包括死刑）无法威慑他们。

四　"严打"的效果

让我们通过具体的数据来看一看二十年"严打"的效果。在1983～1987年第一次"严打"期间，刑事犯罪确实得到了抑制，但是，在"严打"后的1988年，刑事案件的立案数一下子由1987年的 57 万件上升到 83 万多件。五年的"严打"并没有达到预期的长效目标。与第一次"严打"斗争如出一辙，第二次"严打"时期的 1997 年，刑事立案数基本与 1996 年持平。但是，1998 年即增至 198 万件，1999 年为 224 万件，2000 年为 363 万件，2001 年为 445 万多件，犯罪呈迅速上升趋势。2001～2002 年第三次"严打"后的 2003 年至 2005 年，全国法院一审审结刑事案件数量约为 2063780 件，这三年的平均数约为 687927 件，远远高于 1998 年至 2002 年的平均数 566000 件。且从 2003 年到 2005 年增长速度有加快的趋势。

通过历年的实践，"严打"带来的负面作用也凸显出来：在急功近利的心态下，在政绩工程的利益驱动下，"严打"战役成为应对犯罪的首选，甚至是唯一手段；过乱、过滥地盲目进行"严打"导致司法干警长期处于高负荷状态，严重地浪费司法资源，导致重打轻防的倾向；"严打"容易导致罪刑失衡、司法不公，成为酿成错案的重要根源；"严打"在某种程度上有损法治的进步，难以形成良性的内在生成机制。

除了数据统计之外，我们可以直观地感觉到现在发生的有些刑事案件的性质比"严打"前和"严打"时严重得多。最初"严打"时，我们打的是流氓犯罪集团，多是一帮年轻人无所事事，无事生非，侮辱妇女，聚众斗殴。现在是抢劫军车、警车，持枪和警察在大街上对峙，持枪抢劫银行，连环杀人案件不断发生。此外，有限的司法资源决定了"严打"不能成为常态。所以说，"严打"斗争的效果是不理想的。我们要强调"严打"与"宽严相济"并不是并列关系，"严打"是在"宽严相济"之下从严的一方面。

五　和谐要求，盛世气象

从"严打"到"宽严相济"刑事司法政策的转变是构建社会主义和谐社会的必然要求，是当代中国盛世气象的反映。

（一）长期的严刑峻法必然损害社会和谐

何谓和谐？"和、合"二字见之于甲骨文和金文。"和"的初义是声音相应和谐；"合"的本义是上下唇的合拢。春秋时期，"和、合"二字联用并举，构成"和合"概念。此后，先秦思想家和诸子百家对"和合"思想做了深入的思索和论述。如《易传》提出"保合太和，乃利贞"，认为保持完满的和谐，万物就能顺利发展。孔子强调在处理人际关系时应"君子和而不同，小人同而不和"。老子提出"万物负阴而抱阳，冲气以为和"，认为"道"蕴涵着阴阳两个相反方面，万物都包含着阴阳，阴阳相互作用而构成"和"。管子指出："畜之以道，则民和，养之以德，则民合，和合故而能谐"。和谐不仅是一种暂时的静态的稳定协调状态，更是一种在不断追求和平、合作过程中动态的对立统一。"和谐社会"是指社会系统中的各部分、各种要素处于一种相互协调的状态，它包括政治、经济、文化、环境等各个方面。从社会管理方面上看，主要是指社会管理体系能有效运行，政府的主要方针、政策、制度得到大多数社会成员的拥护和支持而得以有效运行，对社会有较强的整合力，使得社会的各阶层能和谐相处、共同发展。对于和谐社会，胡锦涛总书记有过精辟论述："我们所要建设的社会主义和谐社会应该是民主法治、公平正义、诚信友爱、充满活力、安定有序、人与自然和谐相处的社会。"严刑峻法显然与这样的社会图景格格不入，长期的"严打"不利于社会和谐。

长期"严打"以后，受打击的人员和受影响的人群不断增加，会沉积对政府和社会的不满。在一个全国性的反毒品斗争的会议上，一位资深的司法工作人员在对云南德宏州一个村子的调研中发现，这个村子每家都有因犯罪被判处死刑的，他感慨道："这个村子还是不是我们共产党的天下，中央的政策在这个地方还能不能贯彻下去。"当然这是一个极端的事例，但是其中的道理具有普遍性。

长期的严刑峻法，会不断提高受害人群和一般公众对于报应犯罪的期望值，使社会心理变得偏狭残忍。长期的"严打"，人对于什么样的情况下，犯罪得到了报应，犯罪人得到应有的惩罚，期望值非理性地提高。当伤害案件可以被判死刑的时候，大家就会认为伤害案件就应该判死刑。当我们的法律坚持对伤害案件不判死刑的时候，民众会慢慢地接受对伤害案件是不可能判死刑的。人的报应观是受法律引导的，受司法机关引导的。如果故意杀人一定要判死刑，从古至今的"杀人偿命"的理念就成为今天人们公认的一种报应观。而我们今天的法律并不是以"杀人偿命"作为指导思想来立法的。在美国，一个造成一百多名无辜者死亡的爆炸案件的罪犯，法院宣判了死刑，长达十年的时间执行不了，因为每一次要执行死刑的时候，都有成千的人游行，抗议、反对执行死刑，其中不仅仅是他们的亲友。这与社会民众的心理是相关的。在民众中间有一部分人是彻底反对死刑的，认为社会和政府反对杀人的时候，政府用一套合法的程序还在杀人，这是一对矛盾。同时，我们也注意到美国的许多州已经废除了死刑，或者长期不实际执行死刑。可以看到不同的国家和社会，民众对司法的期望值是不一样的。报复的手段、力度是随着文明进步而减弱的。中外文化的差异、历史文明发展的程度、个人修养的差别都会影响到人们对报复的看法。

长期的严刑峻法，会使刑罚饱和，无法达到罪刑相适应，从而使犯罪人和受害人都不满意国家对犯罪的处置。刑罚是一种资源，一定要配置得当，节约使用，只能是重罪重刑，轻罪轻刑。当把次重的罪按照最严重犯罪来处罚的时候，刑罚对最严重的犯罪就没有办法处罚了。例如杀人判死刑，抢劫杀人判死刑，强奸杀人判死刑，单独的强奸判死刑，单独的抢劫还判死刑。如果抢劫、强奸没有杀人的犯罪人被判了死刑，那么抢劫杀人、强奸杀人应当施以更重的刑罚，这才能做到罪刑相适应。但是，我们的刑罚饱和了，恢复古代的凌迟处死、剥皮实草等酷刑又不可能，我们就做不到罪刑相适应。所以说，我们的刑罚该轻的要轻下来，将最重的刑罚适用于最严重的犯罪。

过度的严刑峻法，与国际社会的刑罚现状和趋势不相适应，影响国家的国际形象。而且，涉外犯罪的处理，使国内刑罚的公平适用受到严重挑战。首先，国际上的刑法现状和我们国家的现状存在巨大差异。比如说欧洲在建立一个无死刑的欧洲。世界上已经有三分之二的国家和地区法律上或事实上废除了死刑。而我们国家从1979年刑法的十来个死刑罪名，到1997年变成了68个死刑罪名。西方以此攻击我们的人权状况。其次，许多涉外案件，如赖昌星、余振东案件的处理，我们的政府向外国做了政府承诺，引渡回来不判死刑。如果赖昌星不判死刑，我们别的走私案件还判不判死刑？老百姓会如何评价？再如巨贪余振东从美国引渡回来只判了12年有期徒刑。现在数千名外逃贪官都在海外，都要牵扯到引渡谈判问题，这样的案件会越来越多，都要涉及我们的法律与外国法律的接轨问题。这会对我们国家法律的公平适用带来严重的挑战。

长期的严刑峻法会使国家的决策管理者和司法工作者忽视法律的本来宗旨——定纷止争，会使大家怠于治理犯罪的根本方略——综合治理。司法工作的目的在于解决矛盾，如果矛盾能解决，我们为什么还要用重刑。比如刑事和解的问题，陕甘宁边区刑事和解的实践和立法值得我们重视。整个社会犯罪问题的解决要靠综合治理，但是，现实是犯罪率上升，领导层压力很大，这种压力转嫁给司法机关，司法机关就去"严打"，抓一批、关一批、杀一批，给社会一个交待，犯罪问题的根源没有去认真思考，而简单地迷信严刑峻法。

以上五个方面说明长期的严刑峻法会损害社会和谐。要构建社会主义和谐社会需要我们转变"严打"政策，推行"宽严相济"的刑事司法政策。

（二）宽严相济、刑法总体宽缓是盛世气象

在当前特定的历史背景下，我们要贯彻宽严相济的刑事司法政策，重点在于该宽的要宽起来，调整二十多年的"严打"政策。但并不是说最严重的罪行不给予最严厉的打击。我们的国家经济高速发展，政治文明进步，国际地位不断提升，而要实现盛世，除了经济强盛，轻徭薄赋，与民休息，还要刑罚宽缓。这是历史上每一个盛世所不可缺少的气象。

我们回顾盛世的历史，汉朝、唐朝、清朝三朝初期盛世的缔造者均有一条共同的经验，即明德慎刑、恤刑，所谓"刑为盛世所不能废，而亦为盛世所不尚"。

汉文帝以缇萦救父为契机，废除了肉刑。公元前167年，临淄有个名叫淳于意的人，替人治病出了名。后来他做了太仓县的县令，因为不肯拍上司的马屁，所以他辞了官仍旧去做医生。有个大商人请淳于意为他的妻子治病。那女人吃了药不见好转，后来死了。大商人就告他是庸医杀人。当地的官吏把他判了"肉刑"。当时的"肉刑"包括脸上刺字、割去鼻子、砍去左脚或右脚三种。因为淳于意做过官，就把他押解到长安去受刑。淳于意有五个女儿，没有儿子。临走时，最小的女儿缇萦决定同去长安去救父亲。缇萦到了长安，去宫殿要见汉文帝。守宫门的人不让她进，她就写了一封信，托守宫门的人传上去。汉文帝一看，是个孩子写的，内容是："妾父为吏，齐中皆称廉平，今坐法当刑。妾伤夫死者不可复生，刑者不可复属，虽后欲改过自新，其道亡繇也。妾愿没入为官婢，以赎父刑罪，使得自新。"

据《汉书·刑法志》载，汉文帝对于缇萦的孝心十分感动，不但接受了她的要求，还下令制诏御史："盖闻有虞氏之时，画衣冠异章服以为戮，而民弗犯，何治之至也！今法有肉刑三，而奸不止，其咎安在？非乃朕德之薄而教不明与！吾甚自愧。故夫训道不纯而

愚民陷焉。《诗》曰：'恺弟君子，民之父母。'今人有过，教未施而刑已加焉，或欲改过行善，而道亡繇至。朕甚怜之，夫刑至断肢体、刻肌肤，终身不息，何其刑痛而不德也！岂称为民父母之意哉？其除肉刑，有以易之；及令罪人各以轻重，不亡逃，有年而免。具为令。"景帝继位后，在文帝基础上对肉刑制度做进一步改革。他主持重定律令，将文帝时劓刑笞三百改为笞二百，斩左趾笞五百改为笞三百，而且还规定笞杖尺寸、以竹板制成、削平竹节，以及行刑不得换人等，使得刑制改革向前迈了一大步。

唐太宗即位后，力图完善刑法，指示群臣讨论统治与立法的原则。当时，出现了宽、严两种截然不同的主张。有劝以威刑肃天下者，魏征以为不可，指出上言王政本于仁恩，所以爱民厚俗之意，太宗欣然纳之，遂以宽仁治天下，而于刑法尤慎。唐太宗在诏令中说："泣事慎罚，前王所重"。贞观之治的时候，国家一片太平盛世，每年执行死刑的人数只有几十人。

康熙治国，一生勤政、慎政，对臣民仁爱宽刑。康熙二十二年（1683），全国秋决（判死刑）的犯人"尚不及四十人"。

在我们的国家经济、政治、文化全面发展，又一次走向伟大复兴的时候，在我们建设和谐社会，开创盛世的时代，重在仁爱宽刑，化解矛盾。党和国家调整"严打"为"宽严相济"的刑事司法政策是构建社会主义和谐社会的重要组成部分。

六　"宽严相济"的实现途径

"宽严相济"之"宽"，即"宽大"，具体包括刑事法网的宽和与刑罚量的轻缓两个方面。"宽严相济"之"严"，指"严密"、"严厉"，具体包括刑事法网的严密与刑罚量的严厉两个方面。"宽"不是要法外施恩，"严"也不是无限加重。"宽严相济"之"济"，即协调、统一，"相济"即相统一、相协调。也就是说，"宽严相济"

刑事政策不仅是指对于犯罪应当有宽有严，而且在宽与严之间还应当保持一定的平衡。由于长期的"严打"斗争，不管是刑事立法，还是刑事司法，从严的一面已经达到了饱和状态。因此，当前应着力从"宽缓"的一面入手，大力推进非犯罪化、非刑罚化和行刑的社会化，减少司法对重刑的依赖。下面着重从"宽缓"的一面谈一下我的看法。

（一）"宽严相济"在刑事立法中的实现

"宽严相济"要求犯罪网"疏密有致"，刑罚量"轻重适当"。从立法上看，我国现行刑法规定的 430 多个罪名中，多达 68 个罪名规定了死刑，且都有无期徒刑、有期徒刑与死刑相衔接，大量经济犯罪的刑罚中也规定了死刑，我国刑罚体系是以死刑和徒刑为主导的重刑结构。要实现"宽严相济"，要求我国刑法实现由厉而不严向严而不厉的结构转变。

我们目前的刑罚存在一个结构性缺陷，这就是死刑过重、生刑过轻。我国刑法中的死缓，属于死刑中的执行方法，在逻辑上当然包含在死刑范畴之内，但由于判处死缓的罪犯除极个别外都不再执行死刑，因而死缓其实属于生刑，这里的死刑仅指死刑立即执行。所谓死刑过重，一是指立法上死刑过多，二是司法上死刑适用过多。与死刑过重形成鲜明对照的是生刑过轻。我们可以发现，死缓相当于有期徒刑 14 年以上 24 年以下，平均执行 18 年；无期徒刑相当于有期徒刑 12 年以上 22 年以下，平均执行 15 年；有期徒刑最高为 15 年，平均执行 10 年；数罪并罚有期徒刑不得超过 20 年，平均执行 13 年。我国的生刑与死刑相比过轻，真的可以称为"生死两重天"。生刑过轻导致对死刑的挤压，这也是我国死刑大量适用的一个不得已的原因。显然，我国目前的刑罚结构过分倚重死刑。因此，我国目前刑罚所面临的问题，既不是刑罚的过重，也不是刑罚的过轻，而是刑罚的轻重失调。为此，应该对刑法的结构予以调整，根据

"宽严相济"的刑事政策精神，重新配置刑罚资源。基本思路是限制适用死刑，加重生刑。具体的做法可以考虑将有期徒刑的上限提高到25年，数罪并罚时不超过30年。无期徒刑减为有期徒刑的，减为25年以上30年以下有期徒刑，多次减刑的，实际执行刑期不得少于20年。为了废除死刑，可以考虑实行不得假释的终身监禁。

为了实现"宽缓"，应当完善我国的社区矫正制度，促进行刑的社会化程度，为增加减刑、假释的适用和短期自由刑的废止创造有利条件；应当促进刑事和解制度的立法化，使大量轻罪案件非犯罪化，减少大量低效甚至是负效的司法资源消耗。

（二）"宽严相济"在刑事司法中的实现

1. "宽、缓"在刑事司法中的实现

第一，侦查阶段的应用。有些侦查机关趋向于尽可能地使用羁押强制措施，拘留、逮捕通常是侦查机关首选的强制措施，其次是取保候审，使用最少且不得已而为之的是监视居住，可以说绝大多数的犯罪嫌疑人在侦查阶段都有被羁押的经历，非羁押强制措施执行率偏低。过多过滥的羁押没有诉讼上的必要，也不利于人权保障。这主要是由"由羁到供、由供到证、以拘以捕代侦"的侦查模式，以及不能正确把握取保候审、监视居住的适用条件造成的。客观上，社会配套措施的缺失也导致被采取取保候审强制措施的流动人口犯罪嫌疑人脱保现象比较严重。因此，应当考虑借鉴国外的做法，增加监控设施和场所的建设，以减少羁押的总量。

应当强调警力前置。对于轻微的刑事案件，应及时介入，对于能够调解和解的，可以做出撤案的决定。基层公安机关应当与人民调解委员会密切合作，防止民事纠纷转化为刑事案件。

第二，审查起诉阶段的应用。适度扩大相对不起诉的范围。我国刑事诉讼法第142条第2款规定：对于犯罪情节轻微，依照刑法规定不需要判处刑罚或者免除刑罚的，人民检察院可做出不起诉决定。这是法律赋予人民检察院相对不起诉权的依据，据此可适当扩大相对不起诉的适用范围。对于犯罪较轻，综合考虑社会危害性和情节，不必追究刑事责任的，可做出不起诉的决定。推行刑事和解不起诉制度，实现轻罪案件的非犯罪化分流。

可对未成年人、在校学生轻微犯罪尝试实施暂缓起诉制度。根据犯罪嫌疑人的犯罪性质、年龄、处境、危害程度、犯罪前及犯罪后的表现等情况，没有必要立即追究刑事责任的，做出暂缓起诉的决定，给予其一定考验期限，责令进行自我改造和反省，以观后效，根据其悔罪表现决定是否起诉。未成年人和在校学生是犯罪构成中的特殊主体。这两类主体涉嫌的犯罪主要是轻微犯罪，通常其主观恶性不深。同时，未成年人犯罪与他们生理、心理发育不成熟有直接关系，若仅因一次情节较轻的犯罪而对其简单地科处刑罚，会造成社会资源的极大浪费，并增加社会的不稳定因素。因此，检察机关应尽可能地与教育机构沟通，征询被害人的意见，并与公安机关协调配合，对涉嫌微罪犯罪的未成年人和在校学生进行非刑事化处理。这符合"教育、感化、挽救"的原则，符合"两高"司法改革的方向。

要认真落实"两高一部"《关于适用普通程序审理"被告人认罪案件"的若干意见》和《关于适用简易程序审理公诉案件的若干意见》，扩大被告人认罪案件简化审和简易程序的适用范围。被告人认罪案件简化审和简易程序，既节省刑事司法资源，提高司法效率，又有利于被告人权利的保障，减少刑事司法程序对被告人的不良影响。

第三，审判阶段的应用。在审判阶段推行刑事和解制度。对于轻罪案件在审判阶段达成刑事和解的，可以免予刑事处罚。对于重罪达成和解的，也应作为从轻处罚的量刑情节加以考量。

在审判中贯彻"宽严相济"政策，还应充分注意管制、拘役、罚金等轻刑的运用，适当扩大缓刑制度的适用比例。根据犯罪的危害性，对于偶犯、初犯、过失犯、少年犯等判处拘役或 3 年以下有期徒刑的被告人，放在社会上危害不大的，可适用缓刑。要强调非刑罚处罚措施的适用，以达到对犯罪行为谴责之效果，防止因小恶不受处罚的侥幸而演化为大恶的情况。

死刑复核权的收回大幅度地减少了死刑案件的总数，有关信息表明死刑案件大幅度减少。但是，当前死刑复核权的收回又面临新问题，比如，一些地方政府和官员给最高人民法院施加了压力，要求在某些案件中适用死刑。在推行"宽严相济"刑事政策的今天，如何处理好地方利益与司法独立的关系，以保障限制死刑适用是我们必须解决的难题。

第四，刑罚执行阶段的应用。实行社区矫正，扩大适用假释。社区矫正是一种促使罪犯顺利回归社会，挽救教育罪犯的特殊策略。国外的实践证明，社区矫正不仅有利于提高罪犯的教育改造质量，促进社会治安秩序的良性循环，而且有利于合理配置行刑资源，减轻国家的行刑成本。作为与监禁刑相对应的全新的行刑方式，社区矫正不仅体现了刑事政策"宽缓"的思想，也是预防和减少犯罪、维护社会长治久安的良方。因此，司法机关要积极参与社区矫正工作，保证社区矫正工作依法、公正地执行。

2. "严、重"在刑事司法中的实现

第一，"严、重"的对象。"严、重"的对象应该是严重影响社会稳定的犯罪，改变过去"严打"斗争中打击对象的泛化。

第二，"严、重"的方式。首先，实体上"依法从重"。所谓"依法从重"是指依法对严重影响社会稳定的犯罪和严重危及社会稳定的犯罪人加大打击力度，依法予以从重惩处。其次，程序上"依法从快"。所谓"依法从快"是指在法定的程序下，在法定期限以内，对"严、重"的对象及时立案侦查、及时逮捕、及时起诉，以达到有效地追究犯罪、证实犯罪、打击犯罪的效果。最后，互相配合，引导侦查。司法机关要与公安机关建立合理的关系，适度组织集中打击行动，对重大案件提前介入，监督、指导侦查取证，达到"快侦、快捕、快诉"的目的。

第三，"严、重"的限度。其一，遵循罪刑法定原则。在"严、重"过程中，司法机关必须严格按照刑法规定的犯罪构成要件追究行为人的刑事责任，而不能因为"严、重"需要，就随意出入人罪。尤其值得注意的是，要慎用司法解释，无论是扩张解释还是限制解释，都不能违反刑法规定的基本意图。其二，遵循罪刑均衡原则。在"严、重"过程中，司法机关必须严格按照刑法规定追究犯罪人的刑事责任，做到罪刑均衡，尤其是要正确适用"从重"情节。在政策层面上，一方面严格控制和明确界定"从重"的具体范围；另一方面慎重对待和具体把握"从重"的幅度。在实际操作层面上，"从重"必须严格限定在法定量刑的幅度以内，并且"从重"处罚的幅度应视具体情况而定。其三，遵循正当程序原则。应严格按照刑事诉讼法的规定办案，不能为了"从快"而人为地缩短，甚至取消犯罪嫌疑人、被告人合法权利的行使期限；在"严、重"过程中必须考虑我国已经签署的一系列国际人权公约，如《公民权利和政治权利国际公约》和《禁止酷刑公约》，不能把犯罪嫌疑人、被告人的沉默视为"抗拒"，作为"从重"处罚的因素，更不能为了"从快"而动用极端方法，甚至以刑讯逼供方式让犯罪嫌疑人、被告人"开口"或"如实供述"；应遵循办案规律，不能违反规律，武断地给有关机关下达不切实际的限期破案、命案必破的指标。

（本文原载于《国家检察官学院学报》2008 年第 2 期）

刑法契约化

储槐植[*]

　　契约是双方或多方当事人依法订立的有关权利义务的协议，对当事人具有约束力。[①] 私法上的契约即因相互对立的两个以上的意思表示的合意而成立的法律行为。公法上的契约即以发生公法效率为目的的契约。契约自由原则是私法上契约的基本原则，在公法上这一原则受到限制。近代以来，为了公共利益，法律上强制缔结的契约（强制契约）一直在增加。[②] 契约思想源于古希腊哲学和罗马法，是商品经济的产物。契约本质上属于经济关系的范畴，后来古典自然法学派思想家又将契约观念由经济观念发展为一种社会的和政治的观念。在罗马法上，既有私法上的契约，涉及私人的权利义务尤其是民事权利义务，又有公法上的契约，涉及社会公共事务尤其是政治权利义务，亦称社会契约。契约论其内涵的基本理念具有哲学方法论的意义。契约具有弘扬人格、保障安全、平衡利害、优化秩序的功能。[③]

　　刑法契约是指国家与国民（双方当事人）在刑事领域形成的有关权利义务关系的协议。这种契约在社会发展历史进程中逐渐显现

*　　储槐植，北京师范大学刑事法律科学研究院特聘教授、博士生导师，中国刑法学研究会顾问。

① 参见《辞海》，上海辞书出版社，1985，第 137 页"契约"条。

② 参见〔日〕《新法律学词典》，中国政法大学出版社，1991，第 235 页"契约"条。

③ 参见邱本《契约总论》，《吉林大学社会科学学报》1995 年第 4 期；王岩：《契约理念：历史与现实的反思》，《哲学研究》2004 年第 4 期；程罗宝：《论契约精神的社会整合功能》，《南京政治学院学报》2008 年第 3 期。

并将继续进化，遂称之为刑法契约化。刑法契约化大体也可以理解为刑法存在及其运作的主体间平等制约关系的发展进程。刑法存在的主体间关系是国家与国民的关系，刑法运作的主体间关系基本是立法与司法的关系。本文拟在刑法契约化框架内讨论刑法及其适用的两个基础性问题。

一　罪刑法定原则的价值定位与施行规则

刑法契约化的核心内涵是罪刑法定原则契约化。罪刑法定原则一元化价值（限制国家刑法权发动借以保障人权）是当前我国刑法学界的主流观点。本文认为，这是过时的观念，应予置换。历史唯物主义认为，任何事物（包括有形物和无形事）的产生和效用无不与特定时空背景相联系并受其制约。罪刑法定原则的功能定位取决于国家与国民关系的定位。在前现代法治社会背景下，社会结构由压迫（剥削）阶级（国家为代表）和被压迫（被剥削）阶级（主要是国民的大多数）组成。随着生产力发展和生产关系变化，社会中出现了在政治舆情上足以抗衡国家压制的先进力量，经过长期斗争迫使国家制定了成文刑法，限制了刑法权的任意发动，这对国家而言是被迫接受的桎梏。显然，这种情景下出现的罪刑法定其主旨只有一种社会功能，限制国权以保障人权。需要指出的是，它在实际生活中体现的社会价值远远小于理论分析上的社会价值。随着历史前进，社会结构发生了根本性转变，两大对抗阶级不复存在，国家与国民在宏观上不具有对抗关系。改善人类生存环境，抵御重大天灾人祸（包括严重犯罪和恐怖袭击），提高生活质量，总之事关民生的根本大计国民全都仰仗国家。与此同时，国家的管治职能也由过往的以管制为主演进为以服务（为民众服务）为主。国家与国民的关系完成了由前现代法治社会以对立为主演进到现代法治社会以统一为主的历史性转变。与此相适应，罪刑法定原则成为国家与国民在刑事领域的社会契约，对国家而言，由被迫接受的城下之盟演变为主动自觉的立法技术。我国宪法第 28 条规定："国家维护社会秩序，镇压叛国和其他危害国家安全的犯罪活动，制裁危害社会治安、破坏社会主义经济和其他犯罪的活动，惩办和改造犯罪分子。"第 37 条规定："中华人民共和国公民的人身自由不受侵犯。任何公民，非经人民检察院批准或者决定或者人民法院决定，并由公安机关执行，不受逮捕。禁止非法拘禁和以其他方法剥夺或者限制公民的人身自由，禁止非法搜查公民的身体。"1997 年刑法"根据宪法，结合我国同犯罪作斗争的具体经验及实际情况"，在第 3 条规定了罪刑法定原则："法律明文规定为犯罪行为的，依照法律定罪处刑；法律没有明文规定为犯罪行为的，不得定罪处刑。"罪刑法定原则明确昭示，刑法立法是国家与国民（通过选举代表）在刑事领域依法订立的有关权利义务的协议，这就是刑法契约。刑法作为国家与国民的契约：国民权利对应国家义务——国民不犯法则有行动自由，国家承担不得启用刑法的义务；国民义务对应国家权利（权力权利化）——国民犯法则承担受罚义务，国家便有权启用刑罚。刑法作为国家与国民在刑事领域的社会契约，在逻辑上必然导致这样的结论，罪刑法定原则与其载体刑法运作相同，具有双重功能价值，惩罚犯罪，保障自由。

据此进而思考，在国家处置罪刑关系上，依据契约精神（平等、制约），国民可能接受和不能接受的情形是：

国民可能接受的"有罪不罚"情形，刑法总则已有原则规定，诸如责任年龄、中止犯、刑法第 37 条"对于犯罪情节轻微不需要判处刑罚的，可以免予刑事处罚"等。刑法诸多有关法定减轻处罚、从轻处罚以及第 63 条第 2 款（特殊情况减轻处罚）等规定均属"重罪轻罚"。

国民不能接受的两种情形皆为刑法契约精神所不容，即形成罪刑法定原则底线的"两不"——不处罚无辜、不重罚轻罪。罪刑法定原则的底线就是法官行使自由裁量权的边界。根据契约理念，只要据理充分，不越出边界，法官自由裁量就没有违法之虞。当前司法实践中，法官自由裁量存在两种不可欲的倾向，一种是不可自由裁量而裁量，另一种是该自由裁量而不裁量。二者的共同点是没有理性对待罪刑法定原则及其底线，区别是前者无视罪刑法定原则，后者是僵化罪刑法定原则。正确贯彻罪刑法定原则应当是，依据刑法契约精神，在不突破底线的前提下，入罪坚守合法，出罪（含从轻发落）注重合理。

　　不可自由裁量而裁量，尽管造成的原因是多种多样的，有司法官主观方面的原因，也有客观方面的原因，但一看便知这是错误的。然而对该自由裁量而不裁量，往往并不认为有误，甚至可拿出某种直贴法规的理论作为说辞。出罪（含从轻发落）注重合理，其主旨在于要求司法裁决在法律效果基础上关注社会效果，即国民的可接受性。学界曾经颇费唇舌议论过有关刑法第116条破坏交通工具罪的一个案例。行为人意图使火车发生倾覆，将一长条巨石放置在铁轨上之后离去，很快又想到其后果太严重，心有悔悟，于是在火车到来之前返回铁路将巨石搬走，避免了严重后果发生。刑法第116条"破坏……足以……发生倾覆、毁坏危险，尚未造成严重后果的，处三年以上十年以下有期徒刑"的规定可适用于该例，依法至少判处三年徒刑。但从实际情形看，客观上未造成社会危害，主观悔悟从而消解可谴责心理，普通民众也认为三年徒刑太重。怎么办？案情简单，但给通行刑法理论出了个难题。在生活情理上本该按犯罪中止处理（对于中止犯，没有造成损害的，应当免除处罚），但通行刑法理论认为，刑法第116条规定的是危险犯（具体危险犯），行为完毕即构成既遂，既遂之后不可能再成立犯罪中止。理论的功能是使人聪慧，处事合理。但也应防止将理论变成僵硬教条从而作茧自缚以致出现"活人被尿憋死"的难堪局面。这种现象在学界恐怕并非仅是少而又少的个案。也有学者另觅路径，认为刑法第116条是对破坏交通工具罪"未遂"的规定（表明不是"既遂"），在尚未造成严重后果的情况下，应认定为犯罪中止。为给中止犯的认定撑腰，却同通行理论撞车，危险犯（大多数学者持通行理论认为刑法第116条和117条是危险犯）与"未遂"不搭界。在司法实务中，处理本案时根本无须求助危险犯理论，只要援引刑法第116条客观地描述事件发生过程，"在犯罪过程中"分析主观和客观要件要素，在此基础上径直引用刑法总则第24条关于犯罪中止的规定，合情合理，完全不抵触罪刑法定原则。注重合理，有利于使复杂问题简单化。在实践理性上，切忌简单问题复杂化。在应然上，罪刑法定是实现司法正义的制度保障，法官自由裁量，是追求个案公正的机制保障。

二　刑法适用解释立场选择的法律依据

刑法学的核心价值在于刑法解释学。刑法的解释方法固然重要，解释立场（一说解释目标）更重要。刑法解释的宏观导向取决于解释立场。刑法适用解释立场选择是罪刑法定原则得以原样贯彻的首要规则。这是近年来学界高度关注的一个基础性问题。法律解释就是探求规范的法律意义。解释过程是规范向着事实、事实向着规范不断接近对应和融合的过程。解释立场有主观解释论和客观解释论之分。主观论是探索规范的立法原义，客观论是查明规范的客观现实意思。关于解释立场，学者（以及司法官）之间各有不同选择。同一学者（以及司法官）在不同场合有不同选择，甚至在相似场合也有不同选择。问其为什么？答案也是语焉不详。问题是有没有规则可循？我以为，选择主观解释论或者客观解释论，不应当是随意的。关键问题是，立法与司法的契约，根据罪刑法定原则：立法制约司法，立法不禁止合理的能动司法。

随着风险社会的到来，国家对社会管理的内容和范围都在不断扩张，这也是国民生活的需要，进而导致刑法的扩张（"刑法谦抑"在我国应强调要体现在"刑罚谦抑"）。世界各国均如是，我国亦同。刑法扩张是指传统刑法之外新增类型的刑法规范的增多。

传统刑法规定的犯罪是国民凭借历史流传下来的伦理道德就能明辨的有害行为。这类行为犯罪化的标准是伦理标准，如不许偷盗、不许杀人等等这类道德底线是妇孺皆知的常识。立法模型是结果本位，结果的特点是可测量性，大大减少操作上的可争议性。立法目的是国家对国民个体和群体的人身和财产安全的保卫，打击对象皆为国民所痛恨。法律规范内涵具有静态性的特点，相应地具有高度稳定性，立法原义明朗，学理上称这类犯罪为自然犯。根据罪刑法定原则，法官在适用这类法律规范时应当（有义务）且事实上也易于持主观解释立场，查明立法原义。

新增刑法类型的法律规范，是适应市场经济发展并由此出现的社会关系日益多样复杂化的产物。为了应对这样的局面，国家（主要通过行政机关）有责任对经济和社会秩序比过往时代予以更多关注。相应地，新增刑法类型的法律规范的内容主要是国家对经济运行和社会秩序的管理，我国刑法上主要是破坏市场经济秩序罪和妨害社会管理秩序罪。可见，违反（破坏、妨害）秩序的行为犯罪化的标准不是伦理道德，而是秩序违反。"秩序"是动态状况的相对稳定。变动是绝对的，稳定是相对的。通过"管理"才能控制变动不居的状况形成相对稳定的"秩序"。违反管理秩序罪的理想立法模型是行为本位。我国传统的治国理政策略是德主刑辅，刑法思想是尽可能缩小打击面，体现在刑法立法上有两方面现象：一是犯罪概念兼具定性与定量因素；二是立法模型基本为结果本位。尽管如此，在秩序违反行为的犯罪化立法中仍然出现了一些行为犯规定。我国刑法中，自然犯通常没有这种情形。生活常识表明，法律结果容易被测量，法律行为则不然，具有概约性。管理具有动态性，违反管理秩序罪的法律规范也具有动态性。动态性在逻辑上隐含着随客观环境发生变化的可能性，因而法律规范本身具有一定的涵摄性（包容性）。这意味着法律规范效用发挥不能与客观现实相脱离。这表明，法官适用这类法律时依据其客观意思和现实需要解释法律（客观解释论）是立法预设的，是合法的，是合理的。这类刑法规范学理上称为法定犯（一说行政犯）。

对法定犯案件采用客观解释论，解释结果可能入罪，也可能出罪。试以刑法第205条"虚开增值税专用发票罪"为例。2008年福建省法院二审判决泉州市某中外合资企业（公司）无罪、总经理陈××无罪。案情是：该合资企业（总经理陈××）为了虚夸公司实力，以便在和外商谈判时处于有利地位，但并不具有偷骗税款的故意，用18万元购买伪造的增值税专用发票942份和发票专用章12枚，并以公司名义为受票人开具发票326份，面额总计3700多万元，税额530多万元。一审法院判处总经理陈××虚开增值税专用发票罪10年有期徒刑。上诉后，二审法院判决上诉单位（公司）和上诉人（陈××）无罪。理由：刑法第205条之实际意思是防止国家税款被骗取，而本案不存在骗取国家税款的心意和事实。[①] 而类似案例在10年之前，一概都判决有罪并处刑。这是因为现在与10年前的社会客观情形有所不同。1997年立法时注重税收征管秩序，视为行为犯；经过10年金融管理和经济发展，刑法第205条并未修改，但更强调刑罚目的有无处罚必要，彰显司法人性化是时代发展的需要。

法定犯与自然犯的立法形态，[②] 国际主流社会普遍采取双轨制，自然犯规定在刑法典里，法定犯通常规定在刑法以外的各种非刑事法律中。我国情形特殊，采一元制，统统都规定在刑法中。虽为一元制形态，但在实质上仍然可见这种区分的影子，一个旁证是在我国刑法

---

① 参见牛克乾《虚开增值税专用发票罪与非罪之认定》，《人民司法（案例）》2008年第22期。

② 参见储槐植《要正视法定犯时代的到来》，《检察日报》2007年6月1日，第3版。

以外的种种非刑事法律中通常规定有"法律责任"一节，其中有"构成犯罪的，依法追究刑事责任"这样的法律表述，此所谓附属刑法规范，亦称行政犯或法定犯。

自然犯是自体恶，法定犯是禁止恶，这种古典理论仅有区分两种犯罪形态的理念意义，已经没有区分两种犯罪形态的具体作用。二元制立法方式即在形式上区分两种犯罪形态具有操作功能。由于我国独有的刑法立法体制（一元制），决定了本文无法克服的缺陷，短于具体操作。追求一定的理论导向效用，聊为作者的旨趣。

这里有两组概念需要顺便讨论一下，主观解释论与客观解释论，形式解释和实质解释。两组概念不在同一层面上，形式解释（从法条文字揭示刑法规范含义）与实质解释（落实到刑罚目的有无处罚必要）属于解释方法；主观解释论与客观解释论以解释主体与解释对象的关系为立足点。在有些场合，二者可能对应：形式解释对应主观解释论，实质解释对应客观解释论。有些场合，二者并不对应：形式解释可同时适用于主观解释论和客观解释论，实质解释也可同时适用于主观解释论和客观解释论。根据刑法契约化精神，主观解释论与客观解释论的选择应受罪刑法定原则的制约，而形式解释与实质解释则是解释者根据需要任意选用的。从解释的结果出罪还是入罪、从轻还是从重，两组概念也并不存在两两对应关系。

本文按通行标准可能不够规范，论证尚欠严密，注释也少，但自信提出了一个值得关注的问题，刑法契约化是现代刑法的本性。

（本文原载于《中外法学》2009 年第 6 期）

中国（上海）自由贸易试验区
成立对刑法适用之影响

刘宪权*

2013 年 7 月初，国务院常务会议原则通过了《中国（上海）自由贸易试验区总体方案》（以下简称《方案》）。国务院于 8 月 22 日正式批准设立中国（上海）自由贸易试验区。随着 2013 年 9 月 29 日自贸区揭牌仪式的落成，中国（上海）自由贸易试验区承载着重大的历史使命，登上了历史舞台。应该看到，自贸区肩负着贸易自由化、投资自由化、金融国际化和行政精简化的使命，其将创造出一个符合国际惯例、自由开放、鼓励创新的市场经济环境。对此，近期召开的十八届三中全会上通过的《中共中央关于全面深化改革若干重大问题的决定》就明确指出，"建立中国上海自由贸易试验区是党中央在新形势下推进改革开放的重大举措，要切实建设好、管理好，为全面深化改革和扩大开放探索新途径、积累新经验。在推进现有试点基础上，选择若干具备条件的地方发展自由贸易园（港）区"。在三中全会如此重要的决定中专门有一段对上海自贸区的强调，说明上海自贸区的建设显然非常重要，已经被作为服务于我国改革全局的重要举措列入了我国未来十年改革的重大日程。从该决定中我们也不难发现，未来在条件成熟时，我国还会有更多的地方将成立自贸区。事实上，在上海自贸区方案通过后，包括天津、重

---

* 刘宪权，华东政法大学法律学院院长、教授、博士生导师，中国刑法学研究会副会长。

庆、舟山、广东前海、横琴等地区均纷纷表示要申报自贸区。有未经证实的消息称，天津滨海新区已完成所有申报自贸区的文件，而广东的粤港澳自贸区草案已上报中央。①

笔者认为，自贸区的成立必然会对我国经济产生巨大的推动作用，同时也势必会对我国刑事法律的适用甚至立法产生深远的影响。这是因为，在社会经济改革时，自由与秩序通常会产生剧烈的碰撞。在自贸区"金融创新"、"一线彻底放开，二线安全高效管住"、"负面清单管理"、"改善公司企业投资环境"等一系列方针政策的确立背景下，② 我国一部分经济运行模式以及行政监管制度也发生了一定程度的变化，而与之相应的刑事法律在适用方面也势必会随之发生深刻的改变。部分犯罪完全可能会因自贸区内制度的创新而在区内产生刑法适用的困难甚至失去刑法适用的空间，部分犯罪也会因自贸区的便利条件而呈现出新的态势等。如何在这个全新的领域准确适用刑法及完善刑法，以应对和解决自贸区的成立所带来的一系列难题，从而更好地服务于自贸区的有效运转，促进我国经济的持续发展，无疑将是我们刑事法学科在今后研究工作中的重大课题。

一　自贸区的成立对传统刑法理念与原则的冲击

从我国刑法第 2 条的规定我们可以清楚地看到，同一切犯罪做斗争以维护秩序的稳定显然是我国刑法的基本任务。这也就决定了严厉惩罚犯罪以维护秩序稳定的思想必然会倾注到我国刑法的理念与原则中。正是在这种思想的深刻影响下，我国刑法的重刑化趋势不可谓不剧烈，严厉惩治与打击犯罪以维护秩序的稳定已然被刑事立法与司法奉为圭臬，成为刑事立法的重要理念与原则。

---

① 参见宋薇萍、姜隅琼《〈决定〉解读：资本开放促改革自贸区打头阵》，《上海证券报》2013 年 11 月 13 日。

② 参见《中国（上海）自由贸易试验区总体方案》。

自贸区的成立可谓是我国继 1978 年改革之后的第二次经济大变革，其意义如同或更甚于 1978 年改革，是对已有经济机制与体制的全面创新与变革，势必会对已有的社会经济秩序产生巨大的冲击和消解。自贸区的成立与有效运转离不开对经济体制与机制的创新，也正是通过鼓励与倡导经济创新和变革，自贸区的经济才能得以迅速地发展，才能充满生机与活力，也才能走在我国经济发展的最前沿。然而，很多经济体制与机制的创新恰恰是对已有经济秩序的"破坏"，也往往会因破坏秩序的稳定而被扣上"犯罪"的帽子，1979 年刑法规定的投机倒把罪就是一适例。从市场经济的角度看，"投机倒把"是盘活经济脉络，有效调节市场需求的重要举措，是一种能够促进经济健康和迅速发展的催化剂，但在计划经济体制下，投机倒把又确实是一种破坏经济秩序稳定之举。故而 1979 年刑法将投机倒把行为规定为犯罪，而 1997 年刑法则废止了投机倒把罪。

追求并鼓励创新、倡导自由开放的自贸区必须要求有良好的经济秩序，而维护良好的经济秩序需要有刑法的规范，但是，不能也不应该通过刑法对经济犯罪进行严厉惩治和打击的传统方式和途径，用以维护自贸区的良好经济秩序。当自由与秩序发生冲突时，刑法不应侧重于通过严厉惩治和打击犯罪来维护经济秩序，而应侧重于服务和保护经济的顺畅自由发展。而要做到这一点，倡导刑法的轻缓化与谦抑化显然是我们树立正确刑法理念的关键所在。由此可见，我们完全有理由认为，确立符合当代社会发展需要的正确刑法理念，以契合和顺应自贸区有效运转的需要，理应是在我们当前刑法理论和司法实践中首要考虑的问题。

笔者认为，将正确的刑法理念应用于自贸区刑法适用，首先要解决的是对罪刑法定原则的正确解读。众所周知，罪刑法定原则的基本内容是：法无明文规定不为罪，法无明文规定不处罚。就其内容分析，我们不难发现，罪刑法定原则是以保障公民自由、限制国家刑罚权的行使为最终任务的。这特别可以从这一基本原则的内容中所体现出来的"不定罪"和"不处罚"的侧重面中得到充分证明，也即罪刑法定原则从其诞生之日起，就是从"不定罪"和"不处罚"角度提出来的。正是由于受到其原本含义和基本内容的限制，因此，罪刑法定原则的机能实际上只能突出对行为人个人基本权利的保障机能。应该看到，自贸区推出的负面清单等措施，在内容上似乎与罪刑法定的基本内容是完全契合的。因为在理念上，负面清单与原先的正面清单有了很大改变，即原先是"法无明文规定不可为"，而现在应该是"法无明文禁止即可为"。就此而言，在追求并鼓励创新、倡导自由开放的自贸区内，要树立正确的刑法理念，我们应当在思想观念上实现从重视社会、国家本位且偏重刑法的惩罚和保护功能向重视保护公民个人权利和自由方向的转变。这一转变在自贸区的刑法适用中尤为重要和突出，例如，在自贸区"负面清单管理"的政策下，我们的刑法适用理念和原则就应该有一个根本的转变，即从原来适用刑法认定相关经济犯罪前提中的"违反经济、行政等法律规定"，逐步转变为"只要相关经济、行政等法律规定没有禁止的，就不能对行为人的行为定罪处罚"。当然，要实现这一转变并非十分容易，这需要在刑法理念和原则上进行一次根本性的变革，否则就无法适应自贸区发展的实际需要。这一转变完全符合罪刑法定原则的基本内容，与罪刑法定原则有利于被告人的基本精神也相一致，只不过是对罪刑法定原则中的"法无明文规定"进行了更确切的诠释而已。

需要注意的是，随着我们国家自贸区的建立和发展，大量的法律、法规会发生重大变化，特别是与自贸区制度和管理模式创新配套的法律、法规会层出不穷，不断翻新。由此，对自贸区刑法适用影响最大的莫过于法定犯的认定。刑法中的法定犯（又称行政犯），是指违反行政法规中的禁止性规范并由行政法规中的刑事法规所规定的犯罪。法定犯的特点在于，其原来都没有被认为是犯罪，由于社会情况的变化，在一些经济、行政法律规定中首先作为被禁止的行为或作为犯罪加以规定，而后在修订的刑法中予以吸收而被规定为犯罪。理论上通常认为，法定犯的最大特征在于其"二次违法性"。笔者认为，对于自贸区内刑法适用中的法定犯的认定，我们应充分关注相关经济、行政法律规定的变化，并以此变化作为相关犯罪构成要件变化的基础。如果有些法定犯构成的前提之相关经济、行政法律规定在自贸区中已经产生了变化，即行为人的行为已经失去了违反经济、行政法律规定的前提，那么，我们就应以失去"二次违法性"的特征为抓手，并以相关犯罪构成要件的变化为依据，而对行为人的行为不以犯罪认定。这无疑是解决自贸区刑法适用困境较好的思路和途径，以此为出发点，我们可以解决很多自贸区法定犯认定中的疑难问题。

二　自贸区中刑法适用范围的判断标准

刑法适用范围，又称刑法效力范围，是指刑法适用于什么地方、什么人和什么时间，以及是否有溯及既往的效力。根据适用范围的具体内容，刑法适用范围可分为空间效力和时间效力两部分。刑法的空间效力，就是指刑法对地和对人的效力。刑法的空间效力是解决一国刑法适用于什么地域和适用于哪些人的问题。自贸区的成立对刑法适用范围的影响主要体现为其对刑法空间效力的影响。自贸区内制度和管理模式的创新，会使得刑法规定的部分罪名在自贸区内失去适用的空间，由此，在自贸区内刑法的空间效力就会受到一定的影响。刑法作为一部由全国人民代表大会通过的重要部门法，在我国境内应当具有普遍适用性，即其效力范围理当及于我国境内的每个角落。自贸区无疑也是我国领土的一部分，那么我国刑法的普遍适用性也理所当然地及于自贸区的方方面面。然而，由于在自贸区内所施行的是一些特殊的制度和独有的管理模式，这些制度和管理模式的存在使得刑法所规制的某些犯罪行为在自贸区内却可能很难成立犯罪，从而导致某些刑法条款在自贸区内可能无法适用。例如，由于自贸区在外汇管理制度方面的创新，因而我们难以再将自贸区内的逃汇行为认定为犯罪。又如，由于自贸区奉行的是"负面清单"的管理模式，因而相当一部分非法经营行为在自贸区内不会再构成非法经营罪。由此可见，自贸区的成立使得刑法中部分罪名的规定在自贸区内无法适用，刑法的普遍适用性也会由此而受到影响。

此外，自贸区的成立对刑法适用范围的影响还体现为其可能会带来一系列的跨区行为刑法适用问题。由于经济行为的流动性和连续性，行为的实施以及行为与结果的发生可能贯穿于自贸区内外。对这类跨区行为应当如何认定，是一个值得研究的问题。由于自贸区在制度和管理模式上的创新，原先的一部分犯罪行为，在自贸区内可能不会再构成犯罪。如果行为人的行为在自贸区外构成犯罪，而在自贸区内不被认定为犯罪，是否可以因区内区外的不同，而导致刑法适用不同呢？特别是当有些行为人的行为在跨区实施的情况下，我们如何对其进行刑法适用？同时，如何处理这类跨区行为下的共犯问题可能是司法部门必须面对的另一个难题，即如果一个跨区行为由多人共同实施，并且部分共犯成员的行为在自贸区内实施，而部分共犯成员的行为在自贸区外实施，我们应当如何认定这类跨区行为下共犯的刑事责任？

笔者认为，根据我国刑法有关空间效力适用原则的精神，我国刑法采用的是行为、结果择一原则，即犯罪的行为或者结果只要有一项发生在我国境内，就认为是在我国境内犯罪。由此精神推论，与自贸区相关的经济犯罪认定，如果在刑法适用上区内区外有所不同的话，只要行为或者结果有一项发生在自贸区内，就应以自贸区内的刑法适用标准作为认定的依据。正如前述，自贸区在制度和管理模式上的创新，必然会导致相关经济、行政等法律规定内容产生改变，并进而影响相关法定犯的构成要件发生变化。而由于相关的经济、行政等法律规定内容的改变只在自贸区内有效，与此相对应的法定犯构成要件的变化也只能适用于自贸区内，这就必然导致对发生在自贸区内外的相同行为之刑法适用存在差异或不同的情况发生。这种差异或不同完全是由法定犯的特征所决定的，因而也是不可避免的。至于对跨区行为下的共同犯罪行为的处理问题，则应根据我国刑法中共同犯罪的规定和原理加以解决，即：无论共犯成员均在自贸区内还是分别在自贸区内外共同实施相关犯罪，我们都应以共同犯罪的行为或者结果发生地作为选择适用法律的判断标准。这是因为共同犯罪是一个整体，在一个共同犯罪中，不能因为共犯成员分别所处不同的区域，而影响对他们的法律适用。

三　对单位犯罪起刑点和量刑标准需做必要的调整

为进一步改善国内的投资环境，激发公司制企业的新活力，自贸区在公司工商登记方面推出了 9 条政策。其中，国家工商总局印发的《关于支持中国（上海）自由贸易试验区建设的若干意见》明确指出，除法律、行政法规、国务院决定对特定行业注册资本最低限额另有规定的外，取消有限责任公司最低注册资本 3 万元、一人有限责任公司最低注册资本 10 万元、股份有限公司最低注册资本 500 万元的规定；不再限制公司设立时全体股东（发起人）的首次出资额及比例；不再限制公司全体股东（发起人）的货币出资金额占注册资本的比例；不再规定公司股东（发起人）缴足出资的期限。笔者认为，这一政策出台后，自贸区内势必公司林立，公司主体与自然人主体的界限模糊化，从而会对我国单位犯罪的刑法适用产生一定的影响。

刑法中的单位犯罪是指公司、企业、事业单位、机关、团体以单位名义实施的按照刑法规定应当承担刑事责任的危害社会的行为。单位犯罪的特征主要包括：单位犯罪是单位本身的犯罪，而不是单位的各个成员的犯罪之集合；必须是以单位名义实施的并且是为单位谋取非法利益的犯罪；必须是由刑法分则明文规定且予以处罚的犯罪。理论上通常认为，单位只能成为法定犯的犯罪主体，而不能成为自然犯的犯罪主体，单位犯罪与自然犯罪之间始终存在一条不可逾越的鸿沟。因此，单位犯罪的最主要特征即为法定性：刑法分则条文明确规定的，单位才能成为犯罪主体，没有规定的，即便由单位实施也不能追究单位的刑事责任。

笔者认为，随着自贸区对注册设立公司标准的降低甚至取消，必然会出现自贸区内公司主体与自然人主体界限模糊的现象，从而使单位犯罪与自然人犯罪的界限变得模糊不清，甚至会导致我国刑法区分单位犯罪与自然人犯罪的意义和价值大大降低。因为，在没有注册资本限制的情况下，公司的财产和自然人的财产很容易产生混同，尤其是自贸区可能出现大量一人公司的情况，更会加剧公司财产与自然人财产的混同。在这种状况下，行为人为单位谋取利益而实施犯罪行为，其实无异于为自然人谋取利益，也即单位意志的体现实际上也就是自然人个人意志的体现，故而无法体现出单位整体对社会的作用，如果我们仍然将此认定单位犯罪，且在定罪的起刑数额和量刑的数额上采用不同于自然人犯罪的标准，显然就缺乏了刑法评价之依据和意义。而且，在公司财产与自然人财产几乎混同且难以区分的情况下，对单位科处刑罚在某种程度上也就等同于对自然人科处刑罚。就此而言，区分单位犯罪与自然人犯罪也就无关紧要且失去了实际的意义。如果在此情况下，我们仍然坚守单位犯罪与自然人犯罪刑法适用的不同标准，可能会导致许多自然人在实施相关犯罪时，为求得犯罪利益的最大化和承担刑事责任的最小化，而千方百计地通过设立单位实施相关犯罪。尽管有关单位犯罪认定的司法解释明确规定，为了犯罪而设立单位，对其实施的犯罪行为以自然人犯罪论处。但是，由于认定上的困难，实践中这一规定很难真正得到适用。笔者认为，要有效地防止自贸区内行为人通过设立单位而实施相关犯罪的情况蔓延，我们理应在自贸区内对单位犯罪与自然人犯罪刑法适用的起刑点和量刑标准做必要的调整，甚至可以采用相同的标准，否则必然会产生罪责刑不相适应的问题。

四　自贸区的成立对某些犯罪入罪的限缩

刑法并非完全独立的部门法，相反，刑法作为所有部门法的后盾与保障，无论是犯罪圈的划定还是刑事责任的追究，既要在形式上受制于其保障的第一保护性规则的规定，更要在实质上受制于其与第一保护性规则所共同保障的调整性规则的规定及其确立的调整性法律关系的内容。① 这体现在法定犯上就更为明显，因为法定犯具有十分突出的"二次违法性"特征，在相关行政规范有所变化的情况下，刑法中相应规定的适用也势必会受到影响。正如前述，在自贸区"金融创新"、"一线彻底放开，二线安全高效管住"、"负面清单管理"、"改善公司企业投资环境"等一系列方针政策的确立，以及暂时停止实施外资企业法、中外合资经营企业法和中外合作经营企业法等行政法规的背景下，② 我国刑法中诸多法定犯的罪名在自贸区内将会或多或少地丧失"用武之地"，失去其适用的空间和存在的意义。

（一）对逃汇罪和骗购外汇罪适用的冲击

为稳定外汇管理秩序，降低金融风险，我国历来就对外汇实行高度管制的政策。在进出口环节中，人民币与外汇的兑换都需要经过央行结算。在"严把关口"的政策导向下，我国有着完备的外汇法律监管制度。③ 同时，刑法第 190 条和第 190 条之一也分别规定了逃汇罪和骗购外汇罪。应该看到，为加速金融制度的创新，加强人民币在全球市场上的影响力，自贸区将实行外汇管理制度的创新，特别是在资本

---

① 田宏杰：《行政犯的法律属性及其责任——兼及定罪机制的重构》，《法学家》2013 年第 3 期。

② 参见《中国（上海）自由贸易试验区总体方案》。

③ 例如，2008 年修订的《中华人民共和国外汇管理条例》就对外汇监管制度做了系统性规定。

项目上实行人民币与外汇的自由兑换。我们完全有理由相信，在自贸区内实行人民币与外汇在所有项目的自由兑换并且自由进出的制度只是时间问题，如果真的如此，这无疑将对逃汇罪和骗购外汇罪在自贸区内的刑法适用产生巨大的冲击。

首先，逃汇罪在自贸区内将失去存在意义。逃汇罪是指公司、企业或者其他单位，违反国家规定，擅自将外汇存放在境外，或者将境内的外汇非法转移到境外，数额较大的行为。而在自贸区内，人民币和外汇可以自由兑换并且自由进出，公司、企业或者其他单位完全可以携带外汇自由出入国境，如此一来，原先的逃汇行为在自贸区内也就不可能再构成犯罪。

其次，在自贸区内难以发生骗购外汇的行为。根据刑法分则条文规定，骗购外汇罪存在三种行为方式：其一，使用伪造、变造的海关签发的报关单、进口证明、外汇管理部门核准件等凭证和单据；其二，重复使用海关签发的报关单、进口证明、外汇管理部门核准件等凭证和单据；其三，其他方式骗购外汇。应当看到，骗购外汇罪是在外汇高度管制下才会出现的犯罪，而由于自贸区内人民币与外汇可以自由兑换，行为人完全可以通过合法手段获取外汇，由此，骗购外汇的行为在自贸区内也就难以发生。

（二）对虚报注册资本罪和虚假出资、抽逃出资罪入罪的影响

为有效降低经营风险，保障公司的稳定运营，我国在公司治理方面设立了完备、严格的监管制度。不但对于公司的注册资本采取了实缴制，而且在公司设立环节上，公司法也规定了最低注册资本。而作为社会保障的最后一道防线，刑法第158条和第159条则分别规定了虚报注册资本罪和虚假出资、抽逃出资罪，以惩治申请公司登记过程中使用虚假证明文件或者采取其他欺诈手段虚报注册资本，欺骗公司登记主管部门，取得公司登记、虚报注册资本数额巨大的行为，以及在公司成立过程中违反公司管理法规，未交付货币、实物或者未转移财产权，虚假出资，或者在公司成立后又抽逃其出资等妨害公司管理秩序的行为。

正如前述，为进一步改善国内的投资环境，激发公司制企业的新活力，自贸区在公司工商登记方面也推出了9条政策，如："公司试行注册资本认缴登记制"，"取消有限责任公司最低注册资本制"，"不限制公司设立时首次出资额及比例"，"不限制公司全体股东货币出资金额占注册资本的比例"，"不再规定公司股东（发起人）缴足出资的期限"。所有这些有关公司工商登记注册方面的政策规定，不仅对前文笔者论及的单位犯罪与自然人犯罪的界限划分会带来很多问题，而且还会使得在自贸区内虚报注册资本罪和虚假出资、抽逃出资罪将在一定程度上失去存在意义。因为，犯罪行为人之所以实施虚报注册资本和虚假出资、抽逃出资的行为，要么是由于无法实缴法律要求的最低注册资本，要么是虽然能够缴纳相应的注册资本但不想缴纳。然而，以上政策明确规定，在自贸区内设立公司改实缴制为认缴制，并且取消了最低注册资本的限制。那么，在此情况下，通过虚报注册资本或是虚假出资设立公司以及公司设立后抽逃出资的行为就不会发生，而刑法中将相关的行为规定为犯罪，最起码在自贸区内会变得毫无价值。就此而言，笔者认为，除特定行业外，虚报注册资本罪和虚假出资、抽逃出资罪在自贸区内将失去适用的空间和存在的意义。如果自贸区有关工商登记注册制度的改革在全国推广或复制的话，那么，我们完全可以想象或预见，刑法中的虚报注册资本罪和虚假出资、抽逃出资罪等罪名将会被取消。

（三）对非法经营罪适用的限缩

应该看到，尽管近二十年来我国的市场经济得到了高度发展，但是在行业经营的市场准入方面，我们一直奉行高度管制的政策，即很多行业的市场准入，都必须经过行政部门的审批，否则即视为非法经营，并追究其相应的法律责任。为此，刑法第225条还规定了非法经营罪，将那些未经许可经营法律、行政法规规定的专营、专卖物品或者具体限制买卖的物品的行为，买卖进出口许可证、进出口原产地证明和其他法律、行政法规规定的经营许可证或者批准文件的行为，以及未经国家有关主管部门批准非法经营证券、期货或者保险业务等严重扰乱市场秩序的非法经营行为，纳入刑事打击的范畴。

但是，根据《方案》的通知，扩大投资领域开放的重要举措之一便是建立负面清单管理模式。负面清单包括国民经济所有 18 个经济行业门类，涉及 89 个大类、419 个中类和 1069 个小类，编制特别管理措施共 190 项（约有 17.8% 的小类有特别管理措施）。自贸区负面清单管理模式对外商投资保留的限制措施逐一列明，对除列明限制措施以外的外商投资，取消股比限制、经营范围限制、投资者资质限制等准入条件，实行国民待遇。在负面清单管理模式下，对于负面清单之外的领域，我们将外商投资项目由核准制改为备案制（国务院规定对国内投资项目保留核准的除外），将外商投资企业合同章程审批改为备案管理。① 由此可见，负面清单的管理模式相当于投资领域的"黑名单"，凡是未列入清单的行业都可以自由经营。同时，自贸区对负面清单之外的领域，按照内外资一致的原则，将外商投资项目由核准制改为备案制。

笔者认为，非法经营罪属于刑法中比较典型的法定犯，其犯罪构成要件中包含有多项"未经许可"、"未经国家有关主管部门批准"等内容。正如前文笔者所指出的，对于自贸区内的法定犯的认定，我们应该更关注相关经济、行政法律规定的变化，并以这些变化作为修正法定犯构成要件的依据。在自贸区中负面清单管理模式的建立将会直接影响非法经营罪的构成要件，进而影响该罪的入罪标准。随着负面清单管理模式的推出，对于经营范围的认识可能会有很大的变化，理

---

① 《上海自贸区负面清单管理模式成效初显 逾八成新增外资项目改为备案》，http：//www. scofcom. gov. cn/swdt/233234. htm。

念上从原先的"法无明文规定不可为"转为"法无明文禁止即可为",即任何人或企业可自由进入和退出负面清单以外的所有行业。由此,在自贸区非法经营罪的构成要件中,我们似乎也应做相应的调整,即对"未经许可"、"未经批准"的规定做新的解释,或理解为"违反禁止进入的法律规定"。这就可能出现不少原先在自贸区外构成非法经营罪的行为而在自贸区内则不再构成犯罪的情况。因为,有许多行业的进入原先是需要经过批准的,行为人未经批准从事相关业务,可能构成非法经营罪,而按自贸区负面清单管理模式的要求,现在许多行业的进入只要不是负面清单所禁止的,行为人无须经过批准即可从事相关业务。由此可见,随着负面清单的管理模式的建立,非法经营罪在自贸区内的刑法适用率肯定会大大降低,从而导致非法经营罪在自贸区内的刑法适用范围和空间受到较大程度的限缩性影响。

五　自贸区的成立可能加剧某些犯罪现象的发生

自贸区所推崇和施行的诸多金融创新措施,以及"一线彻底放开,二线安全高效管住"、"负面清单管理"等新型监管服务模式,在简化手续、拓展功能、促进经济迅猛发展的同时,也会加剧一些犯罪现象的发生。而这些自贸区成立的"衍生品"则是我国自贸区建设过程当中应该严加防范的。

(一) 内幕交易和操纵证券、期货市场犯罪会难以控制

根据《方案》的通知,在自贸区内施行资本项目可兑换政策。该政策在促进资金有效融通和流动的同时,也在一定程度上提高了证券、期货市场的交易风险。

应当看到,在原先资本项目未放开的时代,在证券市场中由于 A 股是以人民币进行认购的股票,因而境外的资金一般难以投入 A 股市场。尽管境外的投资者可以通过 QFII 平台适当投资 A 股市场,但是 QFII 监管严格且批准额度有限,境外的犯罪分子难以通过这一平台对

A 股市场造成侵害。因此，境外的犯罪分子要对国内的证券、期货市场进行操控或者从国内的证券、期货市场上非法牟利，只能通过 B 股市场等渠道实施相关的犯罪行为。

自贸区内资本项目可兑换政策的施行则很可能会使得境外人士能够通过直接兑换人民币来投资 A 股市场。那么，境外的犯罪分子完全可能在 A 股市场上实施相关内幕交易以及操纵证券市场的行为。与此同时，与 A 股相关联的股指期货市场也可能会受到类似的负面影响。由此不难预见，证券、期货市场的交易风险势必会因此而大幅攀升。因此，如何防控证券、期货市场的风险以及如何通过外交手段与境外国家达成协议，共同打击这类跨国犯罪，是自贸区建设过程当中必须要面对并解决的难题。

（二）金融诈骗犯罪的形式会不断翻新

自贸区的运行过程中会加剧金融诈骗犯罪的发生，主要体现在会加剧票据诈骗犯罪和贷款诈骗犯罪的发生。如何对下述这两种全新的犯罪行为方式进行有效防控，将是我们在自贸区内有效打击和防范金融诈骗犯罪所面临的新问题。

其一，自贸区资本项目可兑换政策除了会加剧证券、期货市场的风险之外，也会使得票据诈骗罪出现新的犯罪方式。自贸区资本项目可兑换政策的施行，将使得自贸区内的部分金融机构对境外的票据开放贴现业务。在此情况下，境外的犯罪分子完全可能利用这一契机，使用伪造的票据向自贸区的银行申请贴现，进而骗取银行资金。

其二，自贸区内金融领域新增业务会加剧贷款诈骗罪的发生。仓单质押融资是自贸区内金融领域新增的业务，这项业务在促进融资便捷和加速商品贸易的同时，也可能会滋生贷款诈骗犯罪的新形式——通过使用"空仓"质押来骗取贷款。由于自贸区对入区货物的检查实行"只作外在检查、不作实物检查"的宽松制度，犯罪分子极有可能抓住这一监管上的疏漏以及监管部门、银行对仓库内入区货物的真实状态无法掌握的漏洞，虚构入区货物已然仓储的事实，向银行虚假申报仓单质押融资，进而以"空仓"质押骗取贷款。

（三）操纵汇率行为会严重加剧金融风险

根据《方案》的通知，自贸区将深化金融领域的开放创新，在风险可控前提下，可在自贸区内对人民币资本项目可兑换、金融市场利率市场化、人民币跨境使用等方面创造条件进行先行先试。由此，自贸区内的外汇管制将大大放松。虽然外汇管理体制的放松，会使对外付汇、出口收汇、人民币兑外币以及外币兑人民币程序变得更加简捷，涉外企业从事相关业务也更加方便，但外汇的自由流动，也势必会给国家的金融秩序带来潜在的风险。值得注意的是，由于过去我国对外汇的高度监管，国家能够有力地掌控汇率的波动，因而在相当长的一段时间里我国实际上不存在操纵汇率的情况，刑法也没有将操纵汇率的行为规定为犯罪。但是，随着自贸区内外汇管理制度的松动和改变，国家对汇率的掌控力度必然会有所削弱，而在一定区域范围内很可能就会出现严重的操纵汇率的情况，进而直接或间接地给我国的金融领域带来风险或造成危害。对于这种严重破坏金融管理秩序的行为，我们应当如何应对？刑法是否要将这一行为纳入打击范围？我们应该如何有效控制外汇管理体制创新所带来的金融风险？这些显然都是值得我们研究的问题。

（四）洗钱犯罪可能会愈演愈烈

洗钱罪是一种市场经济高度发展背景下才会出现的犯罪。根据我国刑法第191条的规定，该罪有提供资金账户、协助将财产转换为现金或者金融票据、通过转账或者其他结算方式协助资金转移，以及协助将资金汇往境外等五种行为方式，其行为本质是掩饰、隐瞒犯罪所得及其产生收益的来源和性质。洗钱罪一方面严重侵害了我国的金融管理秩序，另一方面也为掩饰、隐瞒上游犯罪的犯罪所得和犯罪所得收益提供了极大便利。因此，该罪历来是我国重点打击的金融犯罪之一。

应当看到，自贸区内金融监管较为宽松、反洗钱措施相对缺乏，且囿于法律的滞后性，反洗钱相关法律和规章制度无法紧跟最新的洗钱动向适时做出调整。因此，洗钱罪将是自贸区金融犯罪中需要重点关注的犯罪。值得注意的是，洗钱罪中有两种行为方式与外汇兑换紧密相连，即"通过转账或者其他结算方式协助资金转移"和"协助将资金汇往境外"。在自贸区外汇领域的开放政策下（即资本项目可兑换以及外汇管理制度的创新），犯罪分子完全可能会通过人民币和外汇自由兑换的方式或者以对外资本输出的手段将黑钱漂白并汇往境外。在这种情况下，犯罪分子在自贸区内实施洗钱罪将变得十分容易，犯罪成本大大降低，从而致使金融秩序面临极大威胁。而且，洗钱犯罪成本的降低无疑会进一步刺激上游犯罪的实施，这也将对社会安定造成不小的隐患。如何在自贸区内防控洗钱犯罪的加剧是一个亟须解决的难题。同时，我们也应当以此为契机，建立起完善的反洗钱法律制度。

（五）走私及骗取出口退税犯罪会有所加剧

为了体现自贸区监管模式的创新，自贸区以"一线全面放开，二线安全高效管住"为原则，对自贸区和境外之间进出的货物，允许自贸区内企业凭进口舱单信息将货物先行提运入区，再办理进境备案手续。同时，在自贸区内，还允许企业在货物出区前自行选择时间申请检验。然而，自贸区的这种"境内关外"的管理模式，使得自贸区的海关监管审查力度大为削弱。而在这种宽松的监管模式下，走私犯罪将变得更为容易。因走私而导致的大量违禁品的入境以及关税的偷逃，不仅严重侵害到了海关管理秩序，也会给国家造成巨大的财政损失，从而留下一定的安全隐患。因此，如何在贯彻落实自贸区内海关宽松的监管模式的同时，有效防控走私犯罪，降低安全隐患，值得我们深思。

自贸区宽松的海关监管模式除了会加剧走私犯罪的发生之外，还会加剧骗取出口退税罪的发生。出口退税是我国一项鼓励出口、减轻出口企业负担的税收政策。这一政策的有效实施在我国长达十年的出口繁荣期中发挥了重要的作用。然而，不少犯罪分子也利用这一政策，以假报出口或者其他欺骗手段，骗取国家出口退税，给国家造成了巨大的损失，也严重侵害了税收征管秩序。而自贸区宽松的出入境监管政策也势必会在某种程度上加剧骗取出口退税犯罪的发生。

应当看到，自贸区"简化进出境备案清单，简化国际中转、集拼和分拨等业务进出境手续"等创新举措，极易被犯罪分子利用来实施循环出口以骗取出口退税。一般情况下，犯罪分子会以高报价格的方式，先骗取出口退税，然后将货物运送出关外，再通过雇佣水客的方式，将该批货物重新走私回境内，并重新高报价格，骗取退税，如此循环往复，进行牟利。而由于自贸区的监管审查制度较为宽松，因而为犯罪分子实施循环出口以骗取出口退税提供了极大的便利。此外，自贸区的性质已经从原先的"境内关内"转化为"境内关外"。这一转变，使得那些将货物运送至自贸区内的行为也相应地成了出口行为。因此，如果行为人在运送货物进入自贸区时，以假报出口或者其他欺骗手段，骗取国家出口退税的，也应当构成骗取出口退税罪。这种情况想必在自贸区运行过程中也不会少见。

（六）生产、销售类犯罪的形式会有很大变化

自贸区海关监管模式的改革会加剧生产、销售类犯罪的发生。我国现行刑法中，存在不少生产、销售类犯罪规定，如刑法分则第 3 章第 1 节规定的生产、销售伪劣商品罪。此外，刑法分则第 3 章第 7 节规定的侵犯知识产权罪中也存在生产、销售类犯罪，如刑法第 214 条规定的销售假冒注册商标的商品罪和第 218 条规定的销售侵权复制品罪。在一些国家，侵犯知识产权犯罪已成为自贸区内经济犯罪的主要问题。犯罪分子主要利用海关宽松的监管制度，从区外采购制假原材料或半成品，再利用园区内的各种保税制度，在区内租借厂房加工、组装、包装或者贴牌，制出成品后再从自贸区运至各地进行销售。诚然，我国的自贸区内也会出现该类侵犯知识产权的犯罪。然而，我们更应当认识到，所有的生产、销售类犯罪都有可能利用自贸区宽松的海关监管制度和保税制度的便利进行。实施生产、销售商品类犯罪都属于牟利型犯罪，为了实现利益最大化，实施这些犯罪的行为人往往会想方设法地降低生产成本。而一方面，自贸区的宽松海关监管模式使得犯罪分子能够轻易地将境外的原材料以及半成品运送到园区内；另一方面，自贸区的保税制度又能大大降低货物组装、加工、仓储的成本。因此，这些为犯罪"提供"的便利条件势必会使得生产、销售类犯罪成为自贸区内的一类不容忽视的犯罪。

六　结语

古往今来，人类都在不停地寻思应当建立怎样的制度从而走向美好的理想。在这些人类政治生活的探索中，有一个永恒的难题——自由与秩序如何调和？自由与秩序从来都是一对矛盾，又从来都不是一对矛盾。自由的实现需要秩序作为保障，秩序内的自由才是真正的自由。然而，当自由与秩序发生碰撞时，我们在检视自由是否过度的同时，也自当深刻反省秩序是否过于僵化。自由的扩张确实会影响到秩序的稳定，但人们所追求的秩序应是能够容忍和维护自由适度扩张的秩序。为了实现自由的适度扩张，为了实现人类社会的不断发展和进步，适当地改变秩序也是理所当然的。毋庸置疑，自贸区的成立以及各项制度的创新和改革，必然会对我国的刑法适用产生较为深远的影响。随着自贸区的发展以及运行机制的不断成熟，更多有关自贸区的刑法适用疑难问题也会随之逐渐浮出水面，如何解决这些问题并为自贸区的有效运转和经济的飞速发展保驾护航，应该是今后相当长的时间内需要不断研究的重要课题。同时，自贸区派驻检察室与法庭的成立，① 在为自贸区建设国际化、法治化的运营环境提供法治保障的同

---

① 令人遗憾的是，据报载，新设立的自贸区法庭只审理有关民商事案件，而没有刑事审判业务；新设立的自贸区派驻检察室则主要关注职务犯罪问题。

时，也对我们提出了更高的要求。我们应当牢牢把握这一契机，积极探索自贸区运行中发生的法律疑难问题，为自贸区的良好运行提供科学、合理、完备的法律制度与理论支撑，使自贸区真正成为我国经济转型期的改革先驱。

（本文原载于《法学》2013 年第 12 期）

试论刑事司法解释的时间效力[*]

张　军[**]

刑事司法解释（以下简称司法解释）何时生效、失效及其溯及力问题，是每一个司法解释都存在的问题，认真研究司法解释时间效力的特殊性及其与刑事法律的时间效力的相互关系，对正确理解和运用刑事法律，充分发挥司法解释补充、完善法律的作用，具有很重要的意义。

一　概述

全国人大常委会 1981 年《关于加强法律解释工作的决议》明确规定：凡属于法院审判工作中或者检察院检察工作中具体应用法律、法令的问题，应分别由最高人民法院、最高人民检察院进行解释。毫无疑问，这种解释是对法律本身内在含义的一种有权性理解和根据这种理解做出的具体规定。从司法解释的这一属性可以看出，司法解释完全是依附于刑事法律的。刑事法律的时间效力，理所当然地也约束着司法解释的时间效力，司法解释本身不应再有时间效力的问题和规定。然而，司法实践中在具体运用每一个司法解释时，几乎都会遇到

---

[*]　我国刑法司法解释在生效、失效时间，溯及力等方面都存在不足。笔者建议，在一般情况下，司法解释应通过新闻媒体予以发布，发布之日，即为司法解释生效之日，对于具有扩张解释法律性质的司法解释，其发布日期应与生效日期之间有一段时间间隔；对于大多数司法解释，其溯及力可以以司法解释生效执行后，有关案件是否正在办理或尚未办理为准，对于扩张性解释内容的司法解释，其溯及力则应以行为发生在司法解释生效之前或者以后为准。

[**]　张军，中共中央纪律检查委员会副书记，北京师范大学刑事法律科学研究院特聘教授。

司法解释的时间效力问题。

据不完全统计，自 1980 年到 1990 年底，最高人民法院单独或与最高人民检察院等有关部门联署共发布司法解释近 160 个。其中，关于时间效力的规定主要有以下几种情况。

（一）对刑法、刑事诉讼法颁行前已有司法解释规定的，重申原规定继续适用或者明确规定原司法解释不再有效

如最高人民法院 1981 年 6 月 10 日做出的《关于中级人民法院判处死缓经高级人民法院复核认为必须判处死刑立即执行的案件应如何处理问题的批复》规定：这个问题"仍可按本院 1957 年 2 月 9 日法研字第 2949 号批复办理"。"两高" 1981 年 7 月 21 日做出的《关于共同犯罪案件中对检察院没有起诉，法院认为需要追究刑事责任的同案人应如何处理问题的联合批复》则规定："最高人民检察院 1956 年 12 月 5 日（56）高检四字第 1865 号文件，是在刑事诉讼法公布以前作出的答复，现在已不适用。对于这个问题的解答，应当以本批复为准。"两个司法解释均直接、明确地规定了有关司法解释在刑法、刑事诉讼法颁行后的效力问题。

（二）对何时生效及溯及力问题不做规定

如最高人民法院从 1983 年 9 月 20 日至 1985 年 8 月 21 日共发布三批《关于人民法院审判严重刑事犯罪案件中具体应用法律的若干问题的答复》，其中既有对刑法的解释，也有对刑事诉讼法的解释，均未规定何时生效及溯及力问题。但是，这类司法解释在具体执行当中，都存在具体的时间效力问题。如最高人民法院 1983 年 9 月 7 日发出《关于授权高级人民法院核准部分死刑案件的通知》，1983 年 12 月 30 日，最高人民法院在《人民法院关于审判严重刑事犯罪案件中具体应用法律的若干问题的答复》第 24 问答中规定："由高级人民法院……核准死刑案件的裁定……以及由原审人民法院发布的执行死刑的布告中，从上述通知（即 9 月 7 日发出的通知）下达之日起，均应写明：

'根据最高人民法院依法授权高级人民法院核准部分死刑案件的规定'的字样。"因此，执行后一个司法解释规定的时间界限，就应追溯到这一司法解释发布前三个多月的 9 月 7 日。

（三）明确规定何时生效及溯及力问题

如"两高"1990 年 7 月 10 日发布的《关于依法严惩盗窃通讯设备犯罪的规定》第 3 条规定："本规定自发布之日起施行。发布后正在办理的上述犯罪案件适用本规定。本规定发布前已判决或者裁定并发生法律效力的案件，不适用本规定。"最高人民法院 1981 年 7 月 6 日做出的《关于劳动教养日期可否折抵刑期问题的批复》则规定："在本批复下达以前，已判处有期徒刑……没有折抵刑期，现仍在服刑的，可补行折抵；已服刑期满的，即不必再作变动。"前一个司法解释表面上看是不溯及既往的（这个问题后面专门论述），后一个则是有条件地溯及既往。

（四）对于时效问题虽有规定，但是不明确

如最高人民法院 1987 年 7 月 24 日发布的《关于依法严惩猎杀大熊猫、倒卖走私大熊猫皮的犯罪分子的通知》规定："对近期内已判处的这类案件，凡属犯罪情节严重，量刑畸轻，社会反映强烈的，人民法院可依照审判监督程序重新审判。"最高人民法院 1987 年 6 月 26 日颁布的《关于对数罪中有判处无期徒刑以上刑罚的案件如何实行数罪并罚的通知》规定："今后对被告人犯数罪……，希各地法院照此执行。"上述两个司法解释中关于"近期"和"今后"的规定，都是相对不确定的日期规定，而这两个司法解释的内容，均涉及定罪和判处被告人较重的刑罚，显然，自何时起生效的时间界限问题，本应十分明确地规定清楚。

（五）司法解释的名称反映了在一个大致时间范围内的时间效力的规定

如"两高"1985 年 7 月 8 日发布的《关于当前办理经济犯罪案件

中具体应用法律的若干问题的解答（试行）》。该司法解释名称中，一是强调了"当前"办理有关经济犯罪案件时，适用这个解答；二是申明该解答是"试行"，不久的将来要做修改，就解答的问题做出正式规定。

二　实践中存在的几个问题

上述司法解释关于时间效力的各种规定，有以下问题值得研究和探讨。

（一）关于司法解释的生效问题

司法解释何时生效，现行司法解释有的未做规定，有的规定"自发布之日起施行"，有的规定"今后"照此执行。显然，这既不规范，也不统一。何时生效未做规定和明确规定了"今后"照此执行的，司法实践中一般都是在司法机关接到司法解释之后即予执行。由于我国地域十分辽阔，有些地区通信设施、手段十分落后，加上我国现行的司法解释大多都是内部掌握执行，主要是通过内部机要通信送达，而很少通过报纸、广播公开颁行，这样就使得下级司法机关接到"两高"司法解释的日期不可能完全一样，结果必然导致各地司法机关在执行同一个司法解释时，开始执行的日期差别很大，从而难以做到法制的统一和执法的一致。

司法解释规定"自发布之日起施行"的，也存在着实际问题。一是有些司法机关实际收到司法解释的日期晚于发布的日期，发布之日与收到之日之间已按原法律规定办理的案件，是否还要按新的司法解释改判？实践中一般是不再改判的。况且，有的司法解释也明确规定："在本解释下发以前……已作过处理的案件，一般不再变动。"二是司法解释签发（印发）的日期和"发布"的日期也往往不一致。如"两高"1990年7月6日印发的《关于办理淫秽物品刑事案件具体应用法律的规定》第10条规定："本规定自发布之日起施行。"7月16日，

"两高"及有关部门联合举行新闻发布会，正式发布了这一司法解释。首都有关报纸第二天起相继登载了这个司法解释。这就出现了司法解释印发日期与新闻发布之日不一致的问题。究竟哪一日为司法解释生效、开始施行之日？答复是：应当以司法解释的印发之日为司法解释生效即开始施行之日。这里就出现了一个矛盾。既然有权机关就制定的司法解释召开了新闻发布会，那么，新闻发布之日理所当然就是"本规定发布之日"，司法解释应当以这一日为生效之日。但是，如果以发布之日为司法解释具体生效施行之日的话，也有问题。即新闻发布会上的"发布"与新闻载体的"发布"一般都有一个时间差，大致都要晚一天以上（少数由当晚广播、电视作为新闻播发的司法解释除外）。这样，究竟是以哪一个新闻发布日为准？如果说公布的含义是"公开发布，使大家知道"，所谓"公布于众"的话，法律的公布应当理解为是通过新闻载体的公布。而这一天，往往晚于法律实际生效的"公布"之日。这个客观存在的"时间差"，很可能使一些涉及人身权利、财产权利的重要法律，在具体实施中，发生客观上的"不教而诛"的情况。这个问题至今还没有引起有关部门的重视。

（二）关于司法解释的溯及力问题

现行司法解释关于溯及既往效力的规定，主要有两种情况。第一，对判决已经生效的案件，有条件地溯及既往。其中，一种是对被告人或者犯罪分子有利的新的司法解释规定，溯及既往的原则依照刑法第9条的规定执行。如前述《关于劳动教养日期可否折抵刑期问题的批复》。另一种是对被告人或者犯罪分子从严从重惩处（不利）的新的司法解释规定，在特定条件下溯及既往。虽然迄今只是个别司法解释做出过这样的规定，并限定了比较严格的条件，但是仍缺乏明确的法律依据。这样的司法解释规定仅见于前述《关于依法严惩猎杀大熊猫、倒卖走私大熊猫皮的犯罪分子的通知》。第二，对正在审理的案件，所有立即生效的司法解释，实际上均具无条件地溯及既往的效力。

在现行司法解释中，这种一概溯及既往的情况是普遍的。如，不少司法解释均明文规定："本解释自发布之日起施行。本解释发布后正在办理的案件，适用本解释。"我们知道，刑法第9条规定的刑法是否溯及既往的时间界限，并不是以法律发布生效之日，案件是否正在办理当中为准，而是以行为人行为发生的时间及适用刑法对被告人有利或者不利为准。若行为是发生在法律公布生效之前，法律生效后案件尚未办理或者正在办理，而适用刑法有利于被告人的，则适用刑法判处，刑法对该行为就具有溯及既往的效力；反之，就不具有溯及既往的效力。司法解释规定的"本解释自发布之日起施行，正在办理的案件适用本解释"，则不是以行为人的行为发生在何时为是否适用新的司法解释规定的时间界限，而是以案件是否正在办理中为准。司法解释发布后已经结案并已发生法律效力的案件，一律不再适用新的司法解释规定，相反，假如行为在司法解释发布之前已经发生，而案件正在追诉、审理之中或者尚未办理，则一律适用新的司法解释规定。至于适用新的司法解释规定对被告人是有利还是不利，不在司法解释是否具有溯及既往效力的考虑之中。司法解释这种实际的、一律和无条件的溯及既往的效力，是我国目前执行司法解释的习惯做法。这样的规定和做法是否妥当，特别是那些属于扩张性的、对于被告人不利的新的司法解释规定，其具有这种实际的溯及既往的效力是否合法，很值得思考和研究。目前，至少可以说司法解释这种实际地、无条件地溯及既往的效力，并没有明确的法律依据，是与刑法规定的有关原则相悖的。

（三）关于司法解释失效的问题

目前，司法解释的失效一般都是遵循自然失效的原则。司法解释自然失效的条件，一是法律或者法律的具体条文本身做了修改，依据该法律或者法律具体条文做出的司法解释当然也就不再有效。如全国人大常委会1988年1月21日通过的《关于惩治贪污罪贿赂罪的补充规定》，修改了刑法有关贪污罪贿赂罪的犯罪构成及其处罚，因此，"两高" 1985 年 7 月 8 日做出的《关于当前办理经济犯罪案件中具体应用法律的若干问题的解答（试行）》中，关于贪污罪、贿赂罪的规定，自 1988 年 1 月 21 日起就不再有效。二是全国人大及其常设机关颁布了新的法律规定，补充或者完善了刑事立法，使原通过司法解释对某项犯罪规定的处罚办法不再适用。如 "两高" 1990 年 7 月 6 日发布的《关于办理淫秽物品刑事案件具体应用法律的规定》，对以营利为目的制作、贩卖、传播淫秽物品的，规定应根据行为人犯罪数额和情节，分别依照刑法第 170 条制作、贩卖淫书淫画罪，第 118 条投机倒把罪或者第 160 条流氓罪定罪处罚。"两高" 在发布这个司法解释的文件中就已明确通知："今后如有新的法律规定，按新的法律规定执行。" 过了近 6 个月，全国人大常委会通过了《关于惩治走私、制作、贩卖、传播淫秽物品的犯罪分子的决定》，对上述司法解释中提到的犯罪行为，统一规定了新的罪名和较重的刑罚，随即终止了原司法解释的施行。三是由于有了新的司法解释，原司法解释或其中的有关规定不再有效。如 "两高" 1987 年 3 月 14 日发布了《"关于挪用公款归个人使用或者进行非法活动以贪污论处的问题" 的修改补充意见》，使 "两高" 1985 年 7 月 8 日发布的《关于当前办理经济犯罪案件中具体应用法律的若干问题的解答（试行）》中的有关规定不再有效。

　　司法解释的失效，就其时间界限来说，实践中有两种不同的做法。第一，如果因为有了新的司法解释，原司法解释失效，则其失效的具体时间界限与司法解释的溯及力问题采用同一做法，即不是以行为发生在新的规定发布之前，就仍适用原司法解释，而是以案件在新的规定发布（或实际收到）之后，是否仍在办理或尚未办理为准。如果接到新的规定后，案件正在办理或者尚未办理，尽管行为实际发生在新规定发布之前，仍要适用新的司法解释规定，原司法解释即不再适用。

如《"关于挪用公款归个人使用或者进行非法活动以贪污论处的问题"的修改补充意见》规定："在本文件下发后,尚未处理或者正在处理的案件,按照本文件的精神处理。"这就是说,即使"本文件"下发前发生的这类案件,只要尚未处理或者正在处理,就要适用"本文件",而不能再适用1985年7月8日发布的规定了同类犯罪的司法解释。第二,如果司法解释的失效是因为有了新的法律规定,其失效的具体时间界限,则依照刑法关于溯及力问题的规定执行。如"两高"1988年1月27日在《关于正确执行两个"补充规定"的通知》中规定:"对在两个'补充规定'公布施行前发生,公布施行后尚未处理或者正在处理的案件,如何适用法律的问题,依照刑法第九条规定的原则办理。"即如果依照《关于惩治贪污罪贿赂罪的补充规定》,对在该规定发布之前发生的贪污、贿赂案件,处罚若重于原有规定,则案件只要尚未处理或者正在处理,就不能按"补充规定"办,而只能仍按照刑法的原有规定和"两高"《关于当前办理经济犯罪案件中具体应用法律的若干问题的解答(试行)》中的有关规定执行。上述两种关于同一司法解释失效的具体时间界限,因导致其失效的法律原因不同而有这样大的差异,在理论上和司法实践中是否妥当,很值得研究。

三 几点建议

司法解释关于时间效力的规定和具体执行司法解释时遇到的种种时间界限问题,充分说明我国现行司法解释关于时间效力的规定,既需要在理论上进行深入的研究,也亟须在实践中统一各种不同的做法,以利于正确执行法律。

(一) 司法解释的生效问题,应根据不同情况分别处理

一般情况下,对于制定的司法解释应当通过广播、电视、报纸等新闻媒体予以公布。司法解释的公布之日,即为发布之日,司法解释自即日起生效。这种做法虽与过去的习惯做法有所不同,但并不复杂,

实践中完全可以做到。只要使司法解释的发布与新闻载体的公布同步，就可避免前述实际存在的矛盾。其实，这种做法在人民法院依法制作公告送达的法律文书中一直采用。人民法院办理有关案件时，通过公告送达诉讼文书，或者发出寻找失踪人的公告，公告见报日期与人民法院签发公告的日期均为同一日，也必须是同一日。否则，就可能引起办理有关案件及适用法律上的错误。因为按照民事法律规定，是自公告之日（而不是自诉讼文书签发之日）起，经过三个月或者一年，即视为诉讼文书已送达或者即可裁定是否宣告失踪人死亡。1989年8月15日，"两高"发布《关于贪污、受贿、投机倒把等经济犯罪分子必须在限期内自首坦白的通告》规定，自8月15日起至10月底止，凡自动投案，坦白交待犯罪事实的经济犯罪分子，均可获大幅度从轻或者减轻处罚。该通告明显带有敦促自动投案或者"最后通牒"的性质，时间界限要求很严。在公布通告举行新闻发布会之前，这个问题被特别提了出来。已经印好的部分通告，因印发日期是在新闻发布会之前，因此都特别做了修改。最后，广播、电视于新闻发布会8月15日举行当晚公布的通告，与第二天见报的通告的起始时间均为8月15日。通告公布后，8月15日当晚就有经济犯罪分子向司法机关投案自首，收到了很好的效果。

但是，对于重要的、具有扩张解释法律性质的司法解释，尤其是新的规定属于不利于被告人或犯罪分子内容的，其生效日期一般不宜确定为自司法解释"公布"之日起。特别是我国的司法解释，实际上往往起到弥补立法不足的作用，有些重要的扩张性司法解释，更应有一个宣传、教育的过程。经过一段时间的宣传，再犯的，才宜适用新的司法解释规定。这样的司法解释生效之日与实际公布之日，最好相隔2~3个月。这段时间，对司法机关来说，也可以做好适用新规定的准备工作，有利于严肃认真执法。

司法实践中，还有一些司法解释由于某些原因不予公布，由司法机关内部掌握执行。这部分司法解释主要是最高人民法院或者最高人民检察院以文件或批复的形式，下发所属法院或者检察院的。文件或批复的签发之日，往往就是司法解释的生效之日。但是，对这类司法解释，下级法院或者检察院实际收到之日，常常晚于签发之日 1～2 个月。这就不利于统一执行新的司法解释规定。建议这部分司法解释的生效之日，应确定在实际签发日以后的 1 个月或者 2 个月。另外应当尽量减少不予公布的司法解释数量，逐步做到所有司法解释一律公开，从而进一步加强和完善我国的社会主义法制。

（二）司法解释是否具有溯及既往的效力，应当根据司法解释规定内容的不同区别对待

笔者认为，对于大多数司法解释，其溯及既往的时间效力，可以按司法解释生效后，有关案件是否正在办理或者尚未办理为准。属于正在办理或者尚未办理的，即使行为发生在司法解释生效之前，亦应适用新的司法解释规定。这是因为，司法解释本身是对如何正确理解和执行法律的具体规定。其内容应当是法律已有或应有之义。既然是法律本来的含义，司法解释本身就不应再存在是否溯及既往的问题。只要是正在办理或者尚未办理的有关案件，就应当按已生效的司法解释执行。

但是，对于一些重要的，属于扩张性解释内容的，尤其是那些不利于被告人或者犯罪分子的司法解释，其溯及既往的效力宜按刑法第9 条规定的原则执行。即司法解释一旦生效，办理有关案件是否适用新的司法解释规定，不应以有关案件是否正在办理或者尚未办理为准，而应以行为发生在司法解释生效之前或者以后为准。行为发生在新的司法解释生效之后，应当适用司法解释，行为发生在新的司法解释生效之前，司法解释生效之后正在办理或者尚未办理的案件，适用新的规定有利于被告人或者犯罪分子的，也应适用新的司法解释规定；同样情况，适用新的司法解释规定不利于被告人的，就应适用以前的规定办理。理由已如前述，即这部分司法解释，实际已起到"小立法"的作用，在犯罪的主观方面或者客观方面，做出了新的扩张性的规定。对于这种司法解释，其是否具有溯及既往的效力，当然应当依照刑法规定的原则办理。

（三）司法解释的失效问题，亦应区别情况对待

对因有新的立法规定而失去效力的司法解释，其何时失效，是否仍适用于新法生效前发生的行为而在新法生效后正在办理或者尚未办理的案件，应依照刑法第 9 条规定的原则办理。对因发布了新的司法解释而不再继续适用的原司法解释规定，其失效的具体时间，一般应是新的司法解释发布后生效的日期，即新的司法解释一经公布并生效，原有关内容的司法解释立即失效。那些正在办理或者尚未办理的有关案件，应一律适用新的规定。但是，对于新发布的少数重要的，属于扩张性解释的司法解释，尤其是对于被告人或者犯罪分子不利的司法解释，其发布并生效后，原有关内容的司法解释规定何时失效，也应按刑法第 9 条规定的原则办理。

（本文原载于《中国法学》1992 年第 2 期）

犯罪门槛下降及其对刑法体系的挑战

卢建平[*]

比较而言，犯罪门槛是一个颇具中国特色的概念，因为世界绝大多数国家没有犯罪门槛这个词。就中国而言，犯罪门槛也不是一个精准的法律概念，而是理论与实务界约定俗成的通俗概念。犯罪门槛在刑事法律专业领域里有一系列对应的专业术语，如立案标准、追诉标准、定罪标准、起刑点等。这些概念既有相同之处，也有显著的区别。[①]

犯罪门槛作为界定犯罪的标准，具有重要的限制或过滤功能，一个行为只有越过犯罪门槛才能进入刑法的规制范围，构成犯罪。因此，犯罪门槛设置的高低就决定了犯罪圈的大小和刑罚的轻重，直接影响社会秩序的维护和人权的保障，是刑法的基础问题。中国传统建筑的高门槛功能在于防范洪水猛兽，防盗防贼，犯罪门槛的功能也在于防止刑罚权过度干预社会生活，同时节约刑法资源，提高刑罚效益。如同中国的传统建筑一样，中国的刑法给犯罪设定了一个较高的门槛，同时相应配置了较重的刑罚。我们在法理上设定了一个从合法到违法、从一般违法到严重违法再到犯罪的行为阶梯，在制裁手段上，行政制裁与刑事制裁的二元体制被称为中国特色的制裁体制。根据我国刑法第13条"但书"条款以及治安管理处罚法

---

* 卢建平，北京师范大学刑事法律科学研究院常务副院长、教授、博士生导师，中国刑法学研究会副会长。

① 参见卢建平《知识产权犯罪门槛的下降及其意义》，《政治与法律》2008 年第 7 期。

第 2 条①的规定，刑事犯罪由刑法调整，而治安犯或行政犯则由治安法或行政法调整。因此，相对于世界绝大多数国家的刑法而言，我国的刑法可谓"重罪重刑法"或"小刑法"。

然而，曾几何时，中国的犯罪门槛出现了下降的趋势，下降的趋势最初是司法上的，继而是立法上的，而且可以预测这一趋势还将继续。这一趋势背后的缘由是什么？对于这一趋势应该如何评价？犯罪门槛的下降会给中国的刑法体系和司法实践带来什么样的挑战呢？本文试对以上问题进行初步的分析，以引起理论与实务界的关注。

一　横向对比：我国犯罪门槛较高

犯罪门槛与犯罪的定义直接关联。通过对比其他国家的刑法典可以发现，并非所有国家都在刑法中给犯罪下了明确的定义，而在给犯罪下定义的国家中，它们在刑法条文里对犯罪的表述也不尽相同，主要分为以下三种类型。

一是形式定义，即从犯罪的法律特征（刑事违法性）给犯罪下定义。在刑事立法方面，1810 年《法国刑法典》是最早出现形式化犯罪定义的刑法典，其第 1 条规定："法律以违警刑所处罚之犯罪，称违警罪。法律以惩治刑处罚之犯罪，称轻罪。法律以身体刑或名誉刑处罚之犯罪，称重罪。"② 该刑法典在资本主义国家具有较大影响，被誉为资本主义国家刑事立法的典范，其定义犯罪的模式也被很多国家所效仿，如 1871 年《德国刑法典》的第 1 条，③ 1994 年 3 月 1 日开始实施的《法国新刑法典》延续了这种模式，其第 111 之一条规定："刑事

---

① 扰乱公共秩序，妨害公共安全，侵犯人身权利、财产权利，妨害社会管理，具有社会危害性，依照《中华人民共和国刑法》的规定构成犯罪的，依法追究刑事责任；尚不够刑事处罚的，由公安机关依照本法给予治安管理处罚。

② 参见马克昌主编《外国刑法学总论（大陆法系）》，中国人民大学出版社，2009，第 53 页。

③ 参见马克昌主编《外国刑法学总论（大陆法系）》，中国人民大学出版社，2009，第 53 页。

犯罪，依其严重程度，分为重罪、轻罪和违警罪。"① 1985 年修订的《新加坡刑法典》第 40 条第 2 款在解释犯罪一词时强调："'犯罪'是指应受到本法典所规定的刑罚处罚的行为或者应受到当时有效的法律所规定的刑罚处罚的行为。"②《希腊刑法典》第 14 条规定："1. 犯罪是依法可以追究刑事责任的、违法的、可以归责于行为人的行为。2. 刑法所指的'行为'概念包括不作为。"

二是实质定义，即不强调犯罪的法律特征，而试图揭示犯罪现象的本质所在，说明某种行为之所以被刑法规定为犯罪的正当根据和理由。如 1919 年《苏俄刑法指导原则》第 6 条规定："犯罪是危害某种社会关系制度的作为或不作为。"③ 此后的 1926 年《苏俄刑法典》规定："目的在于反对苏维埃制度或者破坏工农政权在向共产主义过渡时期所建立的法律秩序的一切作为或不作为，都认为是危害社会的行为。对于形式上虽然符合本法分则任何条文所规定的要件，但因为显著轻微，并且缺乏损害结果，而失去危害社会的性质的行为，不认为是犯罪行为。"④ 1950 年《匈牙利刑法典》也是采取此种立法类型。⑤

三是综合定义，即从犯罪的实质和法律特征两个方面给犯罪下定义。如 1997 年 1 月 1 日生效的《俄罗斯联邦刑法典》第 14 条规定："本法典以刑罚相威胁所禁止的有罪过实施的危害社会的行为，被认为是犯罪。"⑥

立法者之所以在刑法典中明确犯罪定义，目的在于限定犯罪圈、确定犯罪的规格，试图通过概括描述犯罪行为所共有的抽象特征来限

---

① 法文原文为：Les infractions pénales sont classées, suivant leur gravité, en crimes, délits et contraventions。另请参见马克昌主编《外国刑法学总论（大陆法系）》，中国人民大学出版社，2009，第 91 页。

② 参见马克昌主编《外国刑法学总论（大陆法系）》，中国人民大学出版社，2009，第 79 页。

③ 参见马克昌主编《外国刑法学总论（大陆法系）》，中国人民大学出版社，2009，第 80 页。

④ 参见马克昌主编《外国刑法学总论（大陆法系）》，中国人民大学出版社，2009，第 53 页。

⑤ 参见马克昌主编《外国刑法学总论（大陆法系）》，中国人民大学出版社，2009，第 79 页。

⑥ 参见马克昌主编《外国刑法学总论（大陆法系）》，中国人民大学出版社，2009，第 79 页。

定犯罪的范围，避免把非罪行为也纳入刑法视野内。可以说，刑法典中犯罪定义的有无和详细与否直接关系到犯罪门槛设置的高低。一般来说，凡刑法典中没有规定犯罪定义的，其犯罪门槛最低，而在三种犯罪定义类型中，犯罪门槛从低到高依次是形式定义、实质定义和综合定义。我国刑法第13条对犯罪的定义显然属于综合定义，不仅从正面规定了依照法律应当受到刑罚处罚的犯罪的形式特征，对社会危害性这一实质特征做出了详细的描述，同时又运用"但书"条款对社会危害性和情节从反面加以限定，以完善犯罪的实质概念。第13条"但书"通过规定什么不是犯罪，突出强调了犯罪概念中对于社会危害性的"量"的要求，具有出罪功能，有利于框定犯罪范围，区分罪与非罪，缩小刑法打击面，体现刑法谦抑性。这一正一反的规定使得我国的犯罪门槛不仅在立法上就明显高出其他国家，而且在司法实践中也通过司法解释、追诉标准、立案标准或量刑标准等不断加以调整，成为中国刑事司法的一大特色。

二　纵向对比：我国犯罪门槛有下降趋势

尽管我国的刑事立法与司法解释对刑法总则中的犯罪定义未做任何修改，但透过近年有关刑法分则中部分罪名的立法修改与司法解释，我们还是可以断言，我国犯罪门槛的下降趋势已然出现在立法和司法两个层面。

（一）立法层面

在宽严相济刑事政策的推动下，自2006年刑法修正案（六）起，刑法修正案开始下降犯罪门槛，或新增犯罪，或将一些原属治安管理处罚法调整范围的行为改造或升格为犯罪。如2006年的刑法修正案（六）在刑法第262条增加了第262条之一，将以暴力、胁迫手段组织残疾人或儿童乞讨行为这一原本的治安犯升格为刑事犯。2009年的刑法修正案（七）增加了第262条之二，组织未成年人进行违反治安管理活动的行为也因此变为刑事犯罪。

2011 年的刑法修正案（八）在立法上下降犯罪门槛的力度更大。其一，增加了第 133 条之一的危险驾驶罪，规定："在道路上驾驶机动车追逐竞驶，情节恶劣的，或者在道路上醉酒驾驶机动车的，处拘役，并处罚金。"醉驾或者飙车行为由此入罪，成为目前适用最多也是最具争议的犯罪门槛下降的典型。其二，修改了刑法第 264 条的盗窃罪，将"入户盗窃、携带凶器盗窃、扒窃"等"非数额型盗窃"情形增加规定在盗窃罪之中，此后 2013 年最高人民法院、最高人民检察院《关于办理盗窃刑事案件适用法律若干问题的解释》里也相应降低了上述情形的数额要求，无疑也是降低了盗窃罪的犯罪门槛，扩大了犯罪圈。其三，修改了刑法第 274 条的敲诈勒索罪，将"多次敲诈勒索"添加进来的思路，与前述盗窃罪的修正思路完全一致，也是为了适当扩大犯罪圈。其四，增加第 276 条之一即拒不支付劳动报酬罪。原本拒不支付劳动报酬只是违反劳动法和合同法的行政违法或民事违约行为，现在则因其对劳动者权益和社会公共利益的严重侵害而升格为刑事犯罪。其五，将很多危及民生的犯罪从结果犯或实害犯转变为行为犯或危险犯，构成要件发生变化致使刑法干预提前，其实也会导致犯罪门槛的下降，如刑法修正案（八）修改了刑法第 141 条第 1 款，将其中的"足以严重危害人体健康"删除，是将生产销售假药犯罪由危险犯转化成行为犯；修改了刑法第 338 条，将"重大环境污染事故罪"转变为"污染环境罪"，显然属于从结果犯或实害犯向行为犯或危险犯的转化，因而是犯罪门槛下降的表现。

（二）司法层面

和立法修改的严格条件和繁复程序相比，通过制定司法解释以降低个罪的入罪标准，是司法实践中更为灵活有效的降低犯罪门槛的途径，其出现也明显早于立法上的犯罪门槛下降。

如果将严打时期任意降低犯罪门槛以求彻底根除犯罪的做法抛开

不计，最高司法机关通过司法解释最早降低犯罪门槛的当属知识产权犯罪，而其中涉案金额（非法经营或者违法所得数额）的大小是该类犯罪最主要的定罪量刑的标准。最高人民法院 1998 年 12 月 11 日制定的《关于审理非法出版物刑事案件具体应用法律若干问题的解释》规定，个人违法所得数额在 5 万元以上、单位违法所得数额在 20 万元以上，个人非法经营数额在 20 万元以上、单位非法经营数额在 100 万元以上，为侵犯著作权罪的定罪标准；个人或者单位违法所得数额在 20 万元以上或者 100 万元以上，个人或者单位非法经营数额在 100 万元以上或者 500 万元以上，为侵犯著作权罪的从重量刑标准；个人或者单位违法所得数额在 10 万元以上或者 50 万元以上，为销售侵权复制品罪的定罪标准。

2001 年 4 月 18 日最高人民检察院、公安部制定的《关于经济犯罪案件追诉标准的规定》明确，个人或者单位非法经营额分别在 10 万元以上或者 50 万元以上，为假冒注册商标罪的追诉标准；个人或者单位销售数额分别在 10 万元以上或者 50 万元以上，为销售假冒注册商标的商品罪的追诉标准；违法所得数额在 2 万元以上，或者非法经营数额在 20 万元以上，为非法制造、销售非法制造的注册商标标识罪的追诉标准；违法所得数额在 10 万元以上或者给专利权人造成直接经济损失数额在 50 万元以上，为假冒专利罪的追诉标准；给商业秘密权利人造成直接经济损失数额在 50 万元以上，为侵犯商业秘密罪的追诉标准。

2004 年 12 月 8 日，最高人民法院、最高人民检察院做出《关于办理侵犯知识产权刑事案件具体应用法律若干问题的解释》。与 2001 年的标准相比，该司法解释对假冒注册商标罪、销售假冒注册商标的商品罪和非法制造、销售非法制造的注册商标标识罪三种犯罪的起刑标准有了大幅度的降低，非法经营数额分别从 10 万元和 20 万元降到了 5 万元。与 1998 年的标准比较，该司法解释把侵犯著作权罪起刑标准的非法经营额从 20 万元降到了 5 万元，违法所得数额从 5 万元降到了 3 万元。单位犯罪定罪的数额标准也做了调整，由原来是个人犯罪标准的 5 倍降低为 3 倍。

2007 年 4 月 5 日，最高人民法院、最高人民检察院再次联合出台《关于办理侵犯知识产权刑事案件具体应用法律若干问题的解释（二）》。根据这一司法解释，以营利为目的，未经著作权人许可，复制发行其文字作品、音乐、电影、电视、录像作品、计算机软件及其他作品，复制品数量合计在 500 张（份）以上的，属于刑法第 217 条规定的"有其他严重情节"；复制品数量在 2500 张（份）以上的，属于刑法第 217 条规定的"有其他特别严重情节"。新司法解释规定的以上两个构成侵犯著作权罪的数量，较之 2004 年出台的司法解释又缩减了一半，而此前"两高"司法解释规定的数量标准分别为"1000 张（份）以上"和"5000 张（份）以上"。

除知识产权犯罪以外，在 2011 年立法机关通过《刑法修正案（八）》以后，最高司法机关随即制定了大量的司法解释，明显降低了危害民生犯罪（如盗窃、敲诈勒索、寻衅滋事）的门槛。2013 年 4 月 4 日，最高人民法院、最高人民检察院出台《关于办理盗窃刑事案件适用法律若干问题的解释》，在整体提升盗窃罪数额标准的同时，[①] 该解释第 2 条又通过细化盗窃罪的客观情形（一共 8 种）将盗窃罪的犯罪门槛有所下调（可以按照前条规定标准的 50% 确定）。

2013 年 4 月 27 日，最高人民法院、最高人民检察院出台的《关于办理敲诈勒索刑事案件适用法律若干问题的解释》也规定，在 7 种特定情形下，对于敲诈勒索罪的数额标准可以按照前条规定标准的 50% 确定。

2013 年 6 月 17 日，最高人民法院联合最高人民检察院发布了

---

① 该解释第 1 条将盗窃公私财物价值 1000 元至 3000 元以上确定为数额较大的标准，较之以往有较大幅度的提升。据此，全国各地司法机关均不同程度地提高了盗窃罪的数额标准。

《关于办理环境污染刑事案件具体应用法律若干问题的解释》，废止了2006 年最高人民法院《关于审理环境污染刑事案件具体应用法律若干问题的解释》（以下简称 2006 年解释），将刑法修正案（八）调整的刑法第 338 条的入罪条件（即由原先的"造成重大环境污染事故，致使公私财产遭受重大损失或者人身伤亡的严重后果"修改为"严重污染环境"）进一步细化，在保留 2006 年解释关于造成实害的相关规定的同时，又从行为、情节方面增加规定了几项认定严重污染环境的具体标准；同时，新解释根据刑法修正的最新成果，结合办案实际，下调了入罪门槛。根据新解释第 1 条、第 3 条的规定，致使 30 人以上中毒、3 人以上轻伤或者 1 人以上重伤的，即构成污染环境罪；致使 1 人以上死亡的，即应当认定为后果特别严重。①

2013 年 7 月 22 日，最高人民法院、最高人民检察院出台的《关于办理寻衅滋事刑事案件适用法律若干问题的解释》将寻衅滋事罪的客观表现所要求的"情节严重"、"情节恶劣"规定了若干种具体情形，实际上也是通过明确寻衅滋事罪的情节标准来降低犯罪门槛。

三　犯罪门槛下降的原因、后果与影响

（一）犯罪门槛下降的原因

犯罪的界定是整个刑事法律体系的基石，正如前文所述，我国刑法给犯罪设置了一个高门槛，我国的刑法体系也正是建立在这个高犯罪门槛的基础之上的。如今我国犯罪门槛出现了下降的趋势，其背后的原因，本文认为主要是三个方面。

一是宏观层面上法治国家方略的确立与推行导致国家权力的重新配置，尤其是警察权受到法律的严格制约。警察权作为国家权力的组成部分，具有维护国家安全和社会治安秩序，预防、制止和打击违法

---

① 参见胡云腾《加强生态环境刑事司法保护首在更新理念》，《法制日报》2013 年 7 月 31 日，第 9 版。

犯罪活动的重要功能，但是警察权的过度膨胀也会挤压公民权利的空间。在理想的"三权分立"的体制模式下，立法权、司法权和行政权三者相互独立、相互制约，但在现实中，三权完全分立的机制几乎不存在，三种权力之间难免出现一定程度的交叉和混淆。一般来说，三种权力间交叉混淆程度高的国家其法治程度就较低，相反权力界定较为清晰、相互制约较好的国家其法治程度就较高；换句话说，权力的分立程度和国家的民主法治程度成正比。作为行政权中最重要的一个分支，警察权也会发生扩张，侵蚀司法权的空间，从而威胁到一个国家的法治环境。在我国，警察权的职能主要由公安机关行使，警察权的设置和行使具有以下三个特征，即垄断性、广泛性和重大性。① 我国公安系统的警察权分为行政职权（维护社会治安，数据统计上呈现为治安案件）和刑事职权（打击刑事犯罪，数据统计上表现为刑事案件），管理社会的各方面事务，涉及公民自由及权利的限制或剥夺等重要内容，因此我国的警察权十分强大。在"以政策代替刑法"惩治犯罪的时期（1949～1979 年）和改革开放初犯罪激增的时期，我国警察权的强大有利于刑事政策的实施以及满足快速打击犯罪的需要。但是随着改革开放的不断深入和市场经济的确立，社会对民主和法治的要求不断提高，因此我国必须从依政策治国向依法治国转变，从政治国家向法治国家转型。依法治国基本方略的提出，加快了我国的法治化进程，作为政治国家统治工具之一的警察权也相应被限缩。2011 年的刑法修正案（八）对多次盗窃、入室盗窃、携带凶器盗窃、扒窃、醉酒驾车的入罪化处理，以及 2012 年修订的刑事诉讼法强化对侦查措施的法律监督、完善非法证据排除制度、严格规范技术侦查措施运用等立法进步，以及 2013 年劳动教养制度的被废止，都是规范和限缩警察权的体现。

二是中观层面上刑事法治的日渐成熟与完善。相比于行政权（警

---

① 参见陈兴良《限权与分权：刑事法治视野中的警察权》，《法律科学》2002 年第 1 期。

察权），刑事司法应对犯罪的能力与水平具有相对优势（comparative advantages）。在国家权力结构中，行政权与司法权虽然同属执行权，但两者大有区别。它们之间最本质的区别在于：司法权以判断为本质内容，是判断权，而行政权以管理为本质内容，是管理权。① 行政主体管辖的社会事务具有广泛性、复杂性和多发性等特征，经常要求行政部门快速、高效、准确地做出反应以解决问题，此时行政权主动出击、重实质轻形式、灵活性强等优势便凸显出来。但是在刑事司法权和警察权交叉的领域，公安机关对有关限制、剥夺公民基本权益的事项拥有权威的和最终的决定权，然而这种体制具有许多明显的缺陷：（1）公安机关作为行政处罚、部分刑事强制措施的决定者，与案件有着直接的利害关系，往往倾向于维护国家、社会的利益，难以对个人权益加以保障；（2）公安机关进行的各种活动大都是由管理者与被管理者、处罚者与被处罚者双方构造而成的，这里既不存在中立的第三方的介入，也不受公安机关以外的其他国家权力机构的有效审查和制约；（3）公安机关拥有对公民个人基本权益的最终决定权和处置权，这严重违背"控审分离"、"司法最终裁决"等一系列法治原则。② 相比于一向强大的警察权，刑事司法倒像是一股新生的力量，在改革开放后不断成熟完善，司法资源日渐丰富，司法能力不断提高，在处理涉及限制或剥夺人身自由、财产权等公民基本权利的事务上具有权威性、稳定性、中立性、被动性、公平性、职业性等一系列行政权所不能比拟的优势。当然，刑事司法也具有自身效率方面的短板，如果将现在治安行政领域的事务纳入刑事司法管辖范畴，可能会加剧司法资源紧张的状况。但是法治国家的核心就是要对涉及公民生命、自由及财产等基本权利的刑事惩罚实行罪刑法定；换言之，没有罪刑法定，

---

① 参见孙笑侠《司法权的本质是判断权——司法权与行政权的十大区别》，《法学》1998 年第 8 期。

② 参见陈瑞华《司法权的性质——以刑事司法为范例的分析》，《法学研究》2000 年第 5 期。

没有刑事法治，法治国家也就成了一句空话。① 虽然在应对犯罪时刑事司法权和警察权都各有优劣，但是权衡之后可以发现，在涉及限制、剥夺自由和财产权利这些公民基本权利的时候，刑事司法更具制度上的相对优势。

三是全球化背景下刑法国际化的结果。治理犯罪是一国主权事务，因此如何界定犯罪、设定犯罪门槛、配置刑罚、运用刑罚等都由各国自主决定，不受他国制约和干涉。然而，在国际政治经济文化交往日渐频繁、国家之间相互依存程度不断提高的今天，特别是网络等新技术的普及运用，全球化格局已然形成，这对于传统的国家主权或司法主权观念带来了一定冲击。单以刑事司法而论，一方面有越来越多的犯罪（恐怖活动最为典型）威胁或损害各国或全人类的共同利益，需要国际社会共同应对，因此以治理国际犯罪为核心的国际刑法迅速崛起；另一方面，面对传统犯罪，各国之间也需加强合作，才能加以有效防范与惩治，而以"双重归罪原则"为代表的一系列制度要求不同国家的刑事法律之间至少在犯罪门槛上要有起码的协调。中国的知识产权犯罪门槛之所以在世纪之交开始下调、在新世纪又不断下调，这与中国"入世"前后与美国、欧盟等进行的贸易谈判、知识产权谈判所做出的承诺或达成的协议直接相关。中国的高门槛与美国等的零门槛或低门槛之间产生冲突，由此而出现的知识产权犯罪门槛的下调虽说不是那么自愿的，却是全球化背景下刑法国际化的必然结果。推而广之，全球化不仅影响犯罪门槛，而且将对各国犯罪治理的理念、制度、政策和法律产生全面而深刻的影响。

（二）犯罪门槛下降的后果和影响

犯罪门槛的下降虽然在于局部，但牵一发而动全身，这一局部变化势必会给刑法实践和理论带来全面的冲击，产生诸多的影响。

---

① 参见卢建平《论法治国家与刑事法治》，《法学》1998 年第 9 期。

1. 犯罪数量上的变化

犯罪门槛是划分罪与非罪的关键界限，犯罪门槛下降会使得很多原本不在刑法规制范围的行为进入刑法的视野，因此犯罪门槛的下降可能带来的最直接显著的变化就是部分犯罪数量的大幅提升。2011 年的刑法修正案（八）将原来属于治安管理法规处理的醉酒驾车行为纳入刑法，此类高发行为入刑带来了犯罪数量的激增。根据最高人民法院的统计，仅 2012 年即新增醉酒驾车案件 5.3 万件，2013 年的数量更大，超过了 9 万件。再以非数额型盗窃入刑为例，盗窃案件一直以来都是我国所有刑事犯罪中所占比重最大的犯罪类型，其占公安机关立案的刑事犯罪案件总数的比例一直稳定在 70% 以上。2011 年的刑法修正案（八）规定入户盗窃、携带凶器盗窃、扒窃这三种盗窃类型不需要达到传统盗窃罪的数额标准即可构成犯罪（因而与“多次盗窃”并称为“非数额型盗窃”），这一修改使得非数额型盗窃的数量在 2012 年新增 3.2 万件。2012 年，仅法院处理的新增醉驾案件和非数额型盗窃案件两项合计即达 8.5 万件，足以说明犯罪门槛下降对犯罪数量的直接影响。

2. 对警察权或行政权的影响

犯罪门槛的下降会对劳动教养、治安管理处罚法以及研拟中的违法行为矫治法产生直接影响。治安管理处罚法第 76 条规定：有本法第 67 条（引诱、容留、介绍他人卖淫）、第 68 条（制作、运输、复制、出售、出租淫秽物品）、第 70 条的行为（以营利为目的为赌博提供条件或者参与赌博赌资较大的），屡教不改的，可以按照国家规定采取强制性教育措施。这里的强制性教育措施原本主要指劳动教养。劳动教养制度废止后，这一制度空缺需要弥补。犯罪门槛下降会导致犯罪圈扩大，这也就意味着刑事司法权干预范围的扩大，由此蚕食行政刑法（治安管理处罚法、行政处罚法）的适用范围，挤压警察权的作用空间。当前犯罪门槛之所以下降，其实就是在为劳动教养制度被废止以后的"后劳动教养时代"进行制度应对或补缺，表明中国的"小刑法"体系正在走向"大刑法"，而这符合法治的趋势。可以预言，这种社会治安领域司法权和行政权调控范围的重新调整甚至可能使筹划已久的违法行为矫治法流产。

3. 对于刑罚制度的影响

在我国的刑法理论中，一般认为刑罚的本质在于其对犯罪的惩罚性，即通过剥夺或限制犯罪人的某种权益，使其遭受一定的损失和痛苦。[①] 可以说，刑罚的实质就是痛苦（pain）。而犯罪人应遭受痛苦的多少应该与其罪行的大小相适应，在《论犯罪与刑罚》一书中，贝卡里亚将"犯罪对社会的危害"作为"衡量犯罪的真正标尺"，进而提出了犯罪阶梯与刑罚阶梯之间的对称理论。[②]

我国的刑法一向存在重刑主义传统，死刑、无期徒刑和长期有期徒刑占有相当大的比重，与当今国际社会轻刑化的趋势不合拍。[③] 其实，这种偏重的刑罚体系是由我国较高的犯罪门槛所决定的，能进入刑法规制范围的行为都具有较高程度的社会危害性，因此刑罚必须具有相当的强度才能与之相适应。而犯罪门槛降低，会使得一些社会危害性较低的行为进入刑法的规制范围，对于这部分新增的轻微犯罪，原来偏重的刑罚体系就难以与之匹配，以重刑治轻罪不符合现代刑法的罪责刑相适应原则。所以，犯罪门槛下降，刑罚结构、体系和种类均应相应调整，刑罚的严厉程度自然也要相应降低，刑罚的轻刑化、多元化也将成为必然趋势。事实上，我国刑罚轻刑化、多元化的改革已经开始，2011 年的刑法修正案（八）取消了 13 个经济性非暴力犯罪的死刑，新增的危险驾驶罪成为首个没有配置有期徒刑的罪名（主刑为拘役），社区矫正制度正式引入刑法等，而未来的改革还可能出

---

① 参见赵秉志主编《当代刑法学》，中国政法大学出版社，2009，第 319 页。
② 参见〔意〕贝卡里亚《论犯罪与刑罚》，黄风译，北京大学出版社，2008，第 163 页。
③ 参见赵秉志《我国刑事立法领域的若干重大现实问题探讨》，《求是学刊》2009 年第 3 期。

现诸多与刑罚并列的教育性、预防性、惩戒性、治疗性或戒除性措施，这些举措都体现了刑罚轻缓化、多元化的改革趋势，而这种趋势反过来又会促进犯罪门槛的进一步下降。

4. 对刑法体系与刑法理论的影响尤其显著

前文已经提到，我国刑法总则中第 13 条关于犯罪定义的规定并未发生变化，只是分则中部分罪名的入罪门槛降低，但是由个别而一般、从局部到整体、由分则到总则，分则诸多罪名犯罪门槛的降低也必定会对总则中关于犯罪定义的规定产生反作用，从而带动总则中犯罪门槛的下降，特别是对第 13 条的"但书"条款产生影响。如果总则中的犯罪定义受到犯罪门槛下降趋势的影响，刑法第 13 条应该向哪个方向做出相应变动呢？是效仿世界多数国家"立法定性而司法定量"的模式，让"但书"条款就此退出历史舞台？还是就此引入"零容忍"或"破窗理论"等新理念，让犯罪门槛彻底消失？就中国目前的情形而论，做此断言为时尚早。但无论如何，一旦总则中的犯罪门槛做出调整，会对整个刑法体系产生深远的影响。

实体法变了，程序法当然也要相应变化，轻微案件的简易程序、快速处理机制、司法裁量权的扩大、重大案件的严格程序包括死刑案件的审理程序改革，以及司法的公开、透明和社会参与程度的提高，均应在预期之中。

5. 对刑事法治的影响

犯罪门槛的下降，无论是立法修改还是司法解释，都会对犯罪治理的观念、制度和实践产生非常重要而深刻的影响。犯罪门槛下降首先会改变人们对于犯罪现象的认识，能够帮助我们更好地界定犯罪。设置犯罪门槛符合刑法的最后性、必要性和谦抑性原则，而门槛的高低事关重大。如果门槛设得过高，会将大量实质上危害社会的行为拒斥在刑法大门之外，不仅不利于对这部分行为的有效治理，而且会模糊人们罪与非罪的界限或者是非观念。以目前我国刑法中最典型的贪污、受贿等数额犯为例，不仅立法明确规定相关数额标准，司法实践也往往"唯数额论"，产生了与立法期望相反的社会效果。人们会以立法或者司法解释所确定的犯罪标准为据，将超过该标准的行为视为犯罪，而将低于该标准的视为合法、被认可的行为，或至多是"错误""违纪"行为而不是犯罪，如此则会形成小恶不断、防不胜防的局面。因此，为强化刑法的宣示和教育作用，放大刑法的积极一般预防功能，我们主张降低犯罪的门槛，甚至在贪污贿赂等犯罪上确立"零门槛"或"零容忍"的观念。其次，犯罪门槛的下降必然改变犯罪治理的权力配置格局，可以有效改善行政权与司法权的运作效率，从而更有效地治理犯罪。以中国的知识产权保护体系为例，虽是行政执法、民事司法和刑事司法三管齐下，但以行政执法处理的案件数量为最多，中国的知识产权保护主要依赖地方行政机关，这与仰赖司法的西方各国有天壤之别，刑罚在治理知识产权犯罪方面的作用空间受到挤压，十分有限，这种权出多头、职能交叉、行政独大、刑民附属的体制效率很低、问题丛生，是知识产权违法犯罪现象普遍存在的主要原因。知识产权犯罪门槛的适度下调，有利于扩大刑事司法保护的范围，提升其强度，从而缩小行政权干预的空间；又因为刑事司法权的相对统一，能够减少不同行政机关相互推诿、互相扯皮的现象，有效提高司法的效能。申言之，犯罪门槛的下降或刑事司法保护范围的扩大，会改变中国现行的公共资源和权力分配格局，加速从行政国家（或警察国家）向法治国家的转型，对于推行法治方略、依法治国，大有裨益。

四　面临的挑战

从法治国家的理念出发，结合目前我国立法司法的发展趋势，本文认为，中国的犯罪门槛还将继续下降，其影响范围也将进一步扩大，虽然其间也会出现某种反弹（如"两高"在 2013 年 3 月发布的《关于办理盗窃刑事案件适用法律若干问题的解释》即适度提高了盗窃罪的数额标准），但进一步下降的大趋势不会变，而且犯罪门槛的下降又在推动刑罚体系向轻缓化、多元化的方向发展，这可能彻底改变中国目前"重罪重刑"的"小刑法"或"重刑法"体系结构，由此建构"大刑法"体系。这一变革过程不可能是一帆风顺的，必然面临一系列实践和理论上的挑战。

例如，犯罪门槛下降了，犯罪数量会大幅攀升，司法机关能否应对？的确，近年来，我国迅速激增的犯罪数量已经给有限的司法资源造成了巨大的压力。以检察机关为例，1986 年全国检察机关工作人员总人数为 140246 人，共审查批准、决定逮捕犯罪嫌疑人 355603 人，提起公诉案件 257219 件；2011 年全国检察机关工作人员总人数为 241232 人，共审查批准、决定逮捕犯罪嫌疑人 923510 人，提起公诉案件 824052 件。1986 年至 2011 年这 25 年间，全国检察机关工作人员人数仅增长了 72%，而审查批准、决定逮捕犯罪嫌疑人人数和提起公诉案件数量却分别增长了 159.7% 和 220.4%，办案压力可想而知。[1]从技术层面看，犯罪门槛的下降必然导致犯罪圈扩大，进而导致刑事案件的大幅激增，犯罪数量与司法资源的矛盾也将进一步加深。但是，我们不能仅看犯罪数量上的变化，更要看其质量和结构上的变化；同时就统计数据而言，我们也不能仅看公安机关的刑事案件立案数，还要比较法院审理的案件数量。虽然 2011 年全国刑事案件的立案数量超过了 600 万件，但全国法院系统 2011 年受理的一审刑事案件数仅为 84万件，[2]可见，在公安机关的立案或追诉标准与法院的立案标准之间，有着巨大的差异。对此差距的合理解释，除了司法程序的过滤作用以外，警察权是否存在过度干预社会生活的现象也应该引起重视。而在资源有限的前提下，司法机关推广快速、简易的程序，设立社区法庭，

---

① 数据来源：《中国法律年鉴》（1987 年）和《中国法律年鉴》（2012 年）。

② 参见《中国法律年鉴》（2012 年）和《最高人民法院工作报告》（2012 年）。

推行刑事和解与调审结合，广泛运用刑罚的替代措施，同时多方探索职业法官与非职业法官（如学习借鉴国外社区法庭的非职业法官制度）的结合，已经被实践证明是应对案件数量攀升行之有效的解决方案。另外，与 25 年前相比，当今司法官的专业素质、办案能力和水平也已经有了突出的进步，办案效力明显提升。

又比如，犯罪门槛下降会导致犯罪化的扩大，由此是否带来犯罪标签效应的增强，助长社会隔阂？在社会治安形势依然（或更加）严峻的情况下，降低犯罪门槛、扩大犯罪圈的社会承受力是我们必须直面的问题。理论界对于降低犯罪门槛的担忧和批评主要集中于此。法治发达国家的经验告诉我们，基于犯罪与刑罚的阶梯理论，不仅对犯罪要分层，刑法的干预也要分级，刑罚体系要更加多样化，刑罚的目的应更加有利于罪犯的再社会化。对于数量庞大的罪行极其轻微的犯罪人，应该以非监禁刑为主，而且在犯罪前科或犯罪记录的处理上更加灵活多样。例如法国的国家犯罪记录系统共有三种表格，1 号表记录了所有的判决裁定，仅提供给司法机关；2 号表记录了大部分的判决，仅提供给有关行政机关；3 号表记录了重罪和轻罪的判决，仅根据当事人申请而提供给本人。这样就能有效控制和限制犯罪的标签效应。当然，在社区矫正等非监禁刑制度推行以后，学习如何和犯罪人一起共同生活，与学习如何宽恕、宽容犯了罪的人一样，是我们在建设社会主义和谐社会进程中的一门必修课。

再比如，犯罪圈扩大后对于社会治安、社会和谐稳定会产生什么样的影响？扩大犯罪圈势必会提升犯罪的数量，但犯罪数量的增加不一定就增加群众的不安全感。事实上，和群众安全感联系最直接的不是犯罪总数的增减，而是暴力犯罪、入室盗窃、扒窃等与人身安全息息相关的犯罪类型的数量，是犯罪对于社会危害的质的增加，以及犯罪信息的传播。官方犯罪统计既包括全国犯罪总数，也包括各种暴力犯罪在内的各个犯罪类型的数量、比重和结构，本应成为人民群众评估社会安全感的权威依据，然而，由于我国犯罪统计工作存在的不足，各界对于政府信息、司法信息公开的重大意义仍然缺乏足够的了解和重视，使得我国犯罪统计数据并未得到完整系统的公布。在官方犯罪统计存在缺陷的情况下，公民往往凭借个人感受经历或道听途说来评判社会安全感。特别是在传媒行业高度发达的今天，媒体对个别极端恶性事件的报道可能对群众的安全感产生巨大影响。因此，对于国家而言，应该及时发布权威、准确、全面的犯罪统计数据，对社会治安状况进行全方位、多角度的描述；对于社会公众而言，关键是要学习了解犯罪学常识，通过国家公开发布的犯罪统计数据，获得准确的犯罪统计信息，并学会正确分析和判断社会治安形势，从而理性地发表自己的见解。宽严相济的刑事政策推行近十年来，我国的死刑适用数量大幅下降，重刑率（最高人民法院以判决宣告 5 年徒刑以上为标准）更屡屡突破历史新低，而严重暴力犯罪不增反降，[①] 危险驾驶、盗窃等轻微犯罪和非暴力犯罪在犯罪总量中的比重不断上升。由于犯罪统计及相关信息传播的不畅，这些充分反映我国犯罪治理成就的信息并不为广大社会公众所知晓，这不仅令人遗憾，也会给人民群众造成错觉，影响人民群众对有效治理犯罪的信心。因此，应该建立科学的犯罪统计信息发布和查询制度，大力宣传宽严相济刑事政策及刑法改革的积极成就，为我国宽严相济刑事政策的进一步深入推行、为以削减死刑和刑罚轻缓为核心的刑罚制度变革创造更大的社会空间，并使犯罪门槛继续下降成为可能。

又如，小恶与大恶的关系如何处理？以往犯罪为大恶，应依法严惩，而小恶是违纪犯错，由党纪政纪等处理。两者之间的差异是质的区别。随着社会的进步和法制的完善，大恶与小恶本质一致，刑事犯与行政犯、治安犯仅是社会危害程度不同的观点得到越来越多的支持。社会普遍要求树立依法治恶的理念，不仅依法治大恶，更要依法

---

① 参见胡云腾《立足司法统计数据　繁荣审判理论研究》，《人民法院报》2013 年 8 月 22 日。

治小恶，"零容忍"或"零门槛"的观念受到青睐。大罪起于小恶，小恶不除则大恶必至！随着刑法（罚）制度改革向着轻缓化、多元化的方向迈进，势必出现轻罪化、轻刑化和非刑罚化的势头。随着犯罪塔尖的重大恶性暴力犯罪数量的下降，犯罪治理的重点将日益转向位于犯罪塔基的量大面广的轻微犯罪。面对天文数字般而且注定日益增长的轻微犯罪，我们该如何应对？犯罪的性质或程度虽然有轻有重，但依法处置犯罪的原则不能有所差异，不能以不法对付犯罪，更不能效法商鞅或韩非子的严刑峻法的路子。要根据程序繁简、刑罚轻重的不同安排，合理配置刑法资源，以快速简易程序和轻缓刑罚治理大量轻微犯罪，而将有限资源集中处理少数严重犯罪（如严重暴力犯罪、恐怖犯罪、黑社会性质犯罪和重大职务犯罪等），这是依法科学治理犯罪的基本要求，也是我们在犯罪治理能力不断增强以后由以往强调打击的"被动应付模式"向注重预防的"主动应对模式"的必然转变。

也有人担忧，犯罪圈的扩大是否会加剧对公民权利的限制与剥夺？这里既有刑法观念转变的问题，更有刑法功能更新的问题。在犯罪圈扩大、刑法调整范围扩大的背景下，刑法理念（即刑法是惩罚法还是保障法）的更新尤为迫切。我们之所以倾向于主张适当扩大犯罪圈、扩大刑法干预的范围，正是建立在现代刑法理念（即保障法）基础之上的。若仍旧以传统刑法观（即惩罚法或刀把子刑法、镇压刑法）为圭臬，则扩大刑法干预范围以替代警察执法（如行政处罚或劳教），无疑是以大巫换小巫；对于公民权利自由而言，真的是"未出狼窝，又入虎口"！在理论界，以往多数主张劳动教养制度司法化改造方案、现今主张降低犯罪门槛以缩小行政（警察）权力干预空间的人们所依据的无非就是刑事司法的司法品性与保障功能。以往实践中常常听闻的一些本该被劳教的对象因为忌惮于劳教的模糊、长期和法治保障的缺失，而宁愿加重自己的罪责，宁可就范于更加严厉的刑罚，正好说明了刑法之保障法的特征以及法治的相对优势！当然，犯罪圈扩大以后，刑法干预的手段方法特别是刑法（刑罚）目的需要重新调整，特别是在处置轻微犯罪时，刑法的教育预防功能必须强化，凡不利于犯罪人再社会化的制度方法（特别是刑罚适用以后所产生的附随后果）必须认真检视。

五　余论

犯罪门槛下降是中国刑事立法与司法的新趋势，其未来走势如何值得进一步关注。我们的预期是犯罪门槛还将继续下降，但这一预期有待实践的验证。犯罪门槛是否一直降下去，直至"零容忍"？是通过立法来降低，还是由司法解释来降低？是降到完全的立法定性，而定量则由司法来决定？是所有犯罪的门槛都降，还是选择若干类型犯罪（如危害国家安全犯罪、贪污贿赂犯罪或侵害民生的犯罪）先降？这些问题不仅涉及立法权、司法权与行政权的重新配置，也涉及实体法与程序法的联动改革。例如，刑法第 13 条的"但书"条款是否还有必要继续保留？刑法与治安管理处罚法或者研拟中的违法行为矫治法如何无缝衔接？是继续以往的一元刑罚制，还是适当学习借鉴二元刑罚制度的合理内涵？司法实践中是继续坚持传统的起诉法定主义，还是坚持创新思维指导下的起诉便宜主义？这些问题需要深入研究。

在罪刑法定主义得到普遍认可并被作为刑法基本原则之一的今天，入罪须依法的理念已成定论，因此，通过修改刑事立法以降低犯罪门槛在技术上没有争议，但通过最高司法机关的司法解释下降犯罪门槛甚至修改构成要件以入罪的做法是否符合罪刑法定主义、是否具备正当性，值得研究。本文的立场仍然是以立法修改为准。

而犯罪门槛下降、犯罪圈扩大，一定程度上也会抵消罪刑法定主义在司法实践中的威力。因为，随着刑事司法干预范围的扩大，其处置的对象如犯罪类型、层次会更加复杂，司法权力自然加大，其手段的日渐丰富也在预期之中，而出罪可依刑事政策（宽严相济）和社会情理（社会相当性）的观念则会使刑事司法的能力特别是其公正权威面临更严峻的挑战。这或许是在当今中国正迈步走向法治这样一个特殊历史阶段所特有的现象。它不仅考验着执政者治国理政的智慧，考验着司法官公正司法的水平与能力，更考验着国人根深蒂固的罪与非罪的观念以及对于犯罪是否怜悯、宽容的态度。因此，犯罪门槛的下降可以被视为我国犯罪治理理念与方法转变的一个重要标志，值得理论界与实务界的持续关注。

（本文原载于《法学评论》2014 年第 6 期）

了刑法学家的智慧，能够经受得住历史的考验，并不是一个纰漏百出、完全经不起任何推敲的政治性产物。

（二）四要件犯罪构成理论的现实合理性

四要件犯罪构成理论之所以具有强大的生命力，不仅由于其具有充分的历史必然性，更在于其具有明显的现实合理性。

中国走的是社会主义道路，我们建设的是有中国特色的伟大社会主义国家。由此决定，我们的法学理论，必然也是具有鲜明的社会主义特色的法学理论。盲目地照搬西方国家的理论，不符合我们建设中国特色社会主义的目标和要求。

同时，我们国家又是有着五千年历史的文明古国，中华文明一度璀璨于世，中华古国曾长期兴盛不衰。在全面实现民族复兴的重大历史关头，我们应当完全有充分的民族自信心，创建属于我们自己的、有中国特色的刑法学理论，为世界刑法学发展做出自己的贡献。一味地崇拜他人，照搬国外，亦步亦趋，不符合中国应有的大国风范，不利于中华民族自信心的树建。

从更具体的情况看，四要件犯罪构成理论之所以具有现实合理性，一个更重要的原因在于，中国并无大陆法系或英美法系的历史传统。而以四要件犯罪构成理论为核心的中国刑法学体系早已建立数十年，深入人心。大陆法系中的德日刑法学，虽曾在民国时期得到过短期传播，但很快随着新中国的成立而销声匿迹，英美刑法学则更是根本未在中国铺开，两者均未在历史上产生重大影响。只有以四要件为核心的中国刑法学体系，随着法学教育的蓬勃发展，扎根开花，广为传播。在这样的现实面前，强行掐断已经生机勃勃的中国刑法学，再移植进一个完全没有生存土壤的德日犯罪论体系或其他什么体系，是否有舍本逐末之嫌？

一些学者可能认为，我国台湾地区与大陆地区同样原属中华法系，但台湾地区现今通行的刑法学体系却是以三要件递进式犯罪论体系为基本模型的，我们为什么就不行？这一问题十分复杂，涉及一系列复杂的历史、政治、社会因素。单就现实情况而言，有两点值得特别注意。一是台湾地区存在一个广泛的，有着留学德日背景的刑法学知识阶层。在台湾，即使司法人员，很多也有留学德日的背景，刑法理论研究人员更是几乎人人曾留学海外，这样一个刑法学知识阶层对传播、介绍、研究三阶层犯罪论体系起到了至关重要的作用，成为德日刑法学理论在台湾地区生存、成长的重要土壤。而目前大陆地区尚不存在这样的知识阶层，无论司法人员，还是理论研究人员，主要是依托国内教育，学习中国刑法学理论成长起来的，不具备学习、研究德日刑法学理论的语言基础、知识结构。在这种现实面前，强行要求大陆刑法学者放弃已耕耘多年的中国刑法学理论，转而移植德日刑法学，很难说不是一厢情愿。二是台湾地区毕竟人少地窄，知识传播很快。而大陆地区，人多地广，各地刑法学研究水平高低不一，司法人员素质良莠不齐，在这样的情况下，将一种广为传播、久为人知的理论予以"清除"，而"重建"一种所谓新的知识体系，谈何容易！

因此，立足现实情况，运用比较的方法，得出的同样是四要件犯罪构成理论具有合理性的结论。

（三）四要件犯罪构成理论的内在合理性

深入四要件犯罪构成理论内部进行研究，可以看出，四要件犯罪构成理论具有逻辑严密、契合认识规律、符合犯罪本质特征等内在的合理性。可以说，四要件犯罪构成理论，并不是毫无法理基础的特定政治条件下冲动的产物，而是经过了审慎思考、反复论辩形成的理论精华，其精致程度足可媲美世界上任何一种犯罪论体系。

四要件犯罪构成理论由犯罪客体、犯罪客观方面、犯罪主体、犯罪主观方面四大要件耦合而成。在四大要件之下，又分别包括特定的组成要素。如犯罪客观方面就包括危害行为、危害结果、因果关系等，基于各个犯罪行为的具体情况各异，犯罪构成要素又有必要性要素和选择性要素的区别。要素组成要件，要件耦合而成整体，整个四要件犯罪构成理论内部逻辑极为严密，层次界分相当清晰，恰当地实现了对一个犯罪行为从粗到精、由表及里，从整体到部分、由部分回归整体的剖析。

同时，四要件犯罪构成理论还符合人们的认识规律。虽然对于四个要件如何排列还存在不同的看法，但不管何种观点都承认的一个事实是，客体、客观方面、主体、主观方面四个要件的排布不是随意的，而是遵循一定的规律。就我个人而言，我一直坚持客体、客观方面、主体、主观方面的传统排列顺序。我始终认为这种排列方式准确地遵循了人们的认识规律。一个犯罪行为发生后，人们首先意识到的是"人被杀死了"、"财物被盗了"，这即是揭示了犯罪客体的问题。随后，人们要思考的问题是，人是怎样被杀死、财物是怎样被盗的，谁杀死了这个人、谁盗走了这些财物。这就涉及犯罪客观方面和犯罪主体的问题。当然，最后犯罪分子被发现或被抓获之后，人们还要进一步审视这个人实施犯罪行为时的内心状况，这就是犯罪主观方面要解决的问题。因此，我认为四要件犯罪构成理论客体、客观方面、主体、主观方面的排布，并不是杂乱无章的，而是符合人们的认识规律的，是一个有机统一的整体。

实际上，无论是中国刑法学的耦合式四要件犯罪构成理论还是德日刑法学递进式三阶层犯罪论体系，所解决的问题，无非都是要为认定犯罪提供一个统一的抽象模型。这一模型来自对实际生活中千姿百态、形形色色的犯罪行为的概括、总结。而模型一旦形成后，以之框定任何一种犯罪行为，便都应是普遍适用的。因此，犯罪模型必须概括了各类犯罪的共性，提炼了各个具体犯罪行为共同的本质构成因素。而我认为，我国的四要件犯罪构成理论完全符合这一标准。任何犯罪行为，最本质的方面，无非就是客体、客观方面、主体、主观方面四大块。这四大块，足以涵括任一犯罪行为的各个具体构成要素。

进一步，在四大块中，通过必要性要素的提炼和选择性要素的过滤，又能够准确地划分犯罪行为与非罪行为的界限。由此我认为，四要件犯罪构成理论，完全准确地反映了犯罪行为的客观本质和内在构造，是犯罪行为社会危害性、刑事违法性、应受刑罚惩罚性三大特征的具体印证，是准确认定犯罪的有效标尺。

（四）四要件犯罪构成理论的比较合理性

四要件犯罪构成理论的比较合理性是指四要件犯罪构成理论与其他犯罪认定理论相比，具有比较上的优势，更具相对合理性。由于当前争论主要集中在是否要以德日刑法学的递进式三阶层犯罪论体系取代耦合式四要件犯罪构成理论，因而在此主要侧重于将四要件犯罪构成理论与三阶层犯罪论体系进行比较。

四要件犯罪构成理论的合理性首先表现在它是一个相对稳定的理论体系，而三阶层犯罪论体系则变动不居，常使人产生无所适从之感。四要件犯罪构成理论在我国自建立迄今，虽已逾半个世纪，但不论老中青刑法学者都很少提出伤筋动骨的变动，即使有学者提出去除犯罪客体的主张，也很快就受到质疑，发现总是存在或此或彼的难以解决的理论难题。至于犯罪构成要素，更是鲜有学者提出哪一要素不应存在、何种要素必须补充。这足以说明，四要件犯罪构成理论相对稳定，相对成熟。而反观德日刑法学，有关犯罪论体系的争论长达数百年。各家学说各执一词，歧见纷呈。即使就李斯特－贝林格创立的最为经典的构成要件符合性—违法性—有责性三阶层体系来说，其内部各要素的排布也是极不统一的。以主观方面的故意、过失为例，最开始，贝林格主张构成要件是无色的、中性的，自然不包括主观要素、规范要素，因此，故意、过失被置于责任论中加以研究，有责任故意、责任过失之称。然而，随后很快发现，构成要件中不加入主观要素、规范要素，难以实现其对行为客观印证的"模型化"作用。于是，故意、过失又不得不加入构成要件中，出现了作为构成要件要素的故意、过失与作为责任要素的故意、过失的区分。但是，在实质内容并无变化的情况下，将故意、过失分居两个层次，除了体系建构的需要之外，又还有什么必要呢？难怪一些日本刑法学家自己也提出：必须警惕日本刑法学唯体系论的倾向！① 还有，三阶层犯罪论体系建立之初，曾提出过"违法是客观的，责任是主观的"说法，试图通过违法论实现对行为客观上是否值得处罚的利益衡量，而通过责任论考察行为人具体的主观情况，确定是否应该处罚及如何处罚。但很快发现，违法性中如果不考虑主观因素，根本无从体现出其在体系中应有的实现利益衡量的作用。于是，一些学者便主张，在违法性中也需要考虑主观因素。但如此一来，违法性与有责性的区别又究竟何在呢？总之，深入德日刑法学理论内部，便会发现，递进式的三阶层犯罪论体系并不是无懈可击的，其自身实际上也存在很多矛盾、冲突之处。由此我认为，四要件犯罪构成理论也好，递进式三阶层犯罪论体系也好，没有哪一种理论是绝对合理、完美无缺的。单就稳定性及体系内部统一性而言，四要件犯罪构成理论反而更具有相对合理性。

　　四要件犯罪构成理论另一个合理性表现在这一理论符合诉讼规律，非常方便实用。我对德日刑事诉讼法不是特别了解。我不知道在构成要件符合性—违法性—有责性的三阶层犯罪论体系中，司法机关是如何分别承担证明任务的。同时，如果这一体系移植到中国后，在现行中国司法体制下，公检法三机关又如何分配各自的证明责任？我个人感觉，我国现有的四要件犯罪构成理论，是符合我国现行公检法三机关分工协作、互相配合、互相制约的司法体制的。公安机关侦查、检察机关公诉、人民法院审判，实际上都是围绕犯罪构成四个要件，逐一核实、筛查、证明具体各要素，如客观方面实行行为究竟是作为还是不作为、主观方面究竟有无特定犯罪目的等等。当然，对各个要

---

① 参见平野龙一等的观点，转引自黎宏《我国犯罪构成体系不必重构》，《法学研究》2006年第 1 期。

素考查的重点不同，有些要素，如行为方式、因果关系，是要重点查实的，也有些要素，如犯罪时间，在一些犯罪中显得无足轻重。但不管怎样，各个司法机关是有共同的目标的，是明确各自的证明责任和证明程度的，进而，四要件犯罪构成理论也是为司法机关所认可的。近年来，理论界对犯罪论体系、刑法学体系的争论十分激烈，而实务界却反应冷淡，我想一个重要原因恐怕就在于实务工作者并未感觉到四要件犯罪构成理论成为司法中的障碍吧。

二　中国刑法学体系的基本型态及得失分析

在论述四要件犯罪构成理论的合理性之后，需要进一步考虑中国刑法学体系的问题。这是一个更大的问题，需要从中国刑法学体系的基本型态谈起。虽从建立之初，对中国刑法学体系如何构建就存在争论，但时至今日，以罪—责—刑为基本模式的中国刑法学体系已获得了广泛认同。我认为，罪—责—刑的中国刑法学体系虽存在某些不足，但基本上是科学的、合理的。

（一）罪—责—刑的中国刑法学体系基本型态

认定犯罪、确定犯罪人的刑事责任、裁量犯罪人应受刑罚轻重，无论在世界上哪种刑法学体系中，都是三个绕不开的中心问题。只不过，在德日刑法学体系中，通过三阶层犯罪论体系，同时就认定了犯罪、确定了犯罪人的责任，而在中国刑法学体系中，认定犯罪的任务是由以四要件犯罪构成理论为中心的犯罪论完成的，而确定刑事责任大小则由刑事责任论完成。因此，相对独立的刑事责任论是中国刑法学体系的重大特色。而如何确定刑事责任的理论地位也就成为科学建构中国刑法学体系的重大问题。在这一问题上，存在过三种不同的观点：第一种观点认为，刑事责任论应当居于犯罪论、刑罚论之前，中国刑法学体系应当是刑事责任论—犯罪论—刑罚论。① 第二种观点认

---

① 参见张智辉《刑事责任通论》，警官教育出版社，1995，第15页。

为，刑事责任论应当取代刑罚论，中国刑法学体系的结构应是刑法论—犯罪论—刑事责任论。① 此外，第三种观点认为，刑事责任论应当与犯罪论、刑罚论并列，中国刑法学体系为犯罪论—刑事责任论—刑罚论。②

在上述三种观点中，我历来主张第三种观点，在我主编的教材中采用的都是这种罪—责—刑的基本模式。并且，罪—责—刑的刑法学体系也获得了大多数刑法学者的认可。在我看来，中国刑法学体系的基本型态是这样的：罪（犯罪论　认定犯罪）—责（刑事责任论　确定责任）—刑（刑罚论　决定刑罚）

（二）中国刑法学体系的得失分析

我一直认为，中国刑法学体系基本上是科学的、合理的。在四要件的中国刑法学体系中，犯罪论依据犯罪构成理论认定一个行为是否成立犯罪，为确定刑事责任提供基础；刑事责任是介于犯罪与刑罚之间的桥梁和纽带，对犯罪和刑罚的关系起着调节作用；刑罚论决定构成犯罪应负刑事责任的犯罪人如何处罚。"罪—责—刑的逻辑结构，乃是整个刑法内容的缩影。认定犯罪—确定责任—决定刑罚，完整地反映了办理刑事案件的步骤和过程。"③

当然，对这一体系，包括作为体系核心内容的四要件犯罪构成理论，也存在一些批评的声音。对这些批评，我历来是抱着"虚心接受，有则改之，无则加勉"的态度。在我看来，批评的观点中，确实不乏真知灼见，对进一步完善中国刑法学体系有很大的参考价值。但是，也存在某些观点时常让人有妄自菲薄之感。例如，某些观点立足德日刑法理论批评中国刑法学体系，让人产生的感觉是，某些学者确实对德日刑法学有着精深的理解，但对中国刑法学却缺乏透彻的认

---

① 参见张明楷《刑事责任论》，中国政法大学出版社，1992，第 152～153 页。
② 参见杨春洗、杨敦先主编《中国刑法论》，北京大学出版社，1994，第 158～173 页。
③ 参见高铭暄主编《刑法学原理》（第 1 卷），中国人民大学出版社，1993，第 418 页。

识。过于武断地以德日刑法学为样板衡量中国刑法学中的某些问题，却忽视了中国刑法学自身也是一个整体，某些问题虽然不是以与德日刑法学同样的地位、同样的方式解决，却可能在另外一个位置，以另外一种方式加以解决（如正当行为的体系地位问题）。不在对两种刑法学体系都有深入的理解后，经过审慎的思考就发出某些观点，常不免使人产生"想当然"的妄下结论之感。

当然，中国刑法学体系也不是尽善尽美的，我个人认为，中国刑法学体系目前存在的问题主要有以下两个方面。

（1）我国刑法学体系整体来说静态性有余，动态性不足。认定犯罪，确定责任，决定刑罚，这是刑事诉讼的完整过程，也是刑法学需要解决的三个动态性中心任务。但是，在我国现行刑法学体系中，对这三大动态过程阐述不够。通行的刑法学教材章节设置如犯罪构成的整体介绍、犯罪客体、犯罪客观方面、犯罪主体、犯罪主观方面，直至犯罪未完成形态、共同犯罪、罪数等，都是立足于静态描述犯罪，缺乏动态性地研究认定犯罪、归结责任、量定刑罚的相关理论内容。

（2）在我国刑法学体系犯罪论、刑事责任论、刑罚论的三大板块中，犯罪论、刑罚论都比较充实，但刑事责任论却相对空白，缺少实质性的内容，这就导致在一个行为成立犯罪后，如何判断其刑事责任大小缺乏应有的标准和依据。在我国刑法学体系中，犯罪论依据四要件犯罪构成理论认定犯罪，四要件主要是围绕对已发生的犯罪行为的评价而展开。然而在某些时候，可能出现一个行为虽构成犯罪，但根据行为人的主观情况，对其进行严厉处罚明显不合适的情况（如最近发生的许霆案）。在这种情况下，由于刑事责任论缺乏实质性的判断内容，没有很好地起到犯罪论与刑罚论之间过渡、缓冲的桥梁和纽带作用，因此在某些特殊案例中，根据我国刑法学体系得出的结论可能与实际情况不符，不能很好地实现法律效果和社会效果的统一。

三　完善和坚持中国刑法学体系

尽管中国刑法学体系还存在一些或此或彼的问题，但这些问题是可以通过研究加以完善的。就中国刑法学体系而言，目前最重要的不是以一套其他体系加以替代，而是需要充分认识其合理性，正视其不足之处，认真研究完善，在改革中继续加以坚持发展。

（一）完善中国刑法学体系的几点构想

在此我简要地谈谈完善中国刑法学体系的几点构想。

1. 加强对中国刑法学体系动态性任务的研究

正如前文指出的，目前中国刑法学体系对犯罪论、刑事责任论、刑罚论三者动态性任务即定罪、归责、量刑、行刑等体现得不够。今后要加强这方面的研究，使中国刑法学体系既生动地描述犯罪构成、刑事责任、刑罚本质、刑罚目的等静态理论内容，又充分地展示认定犯罪、确定责任、决定刑罚等动态过程。目前量刑论的研究应该说还是比较充分的，在体系中也有一席之地，但定罪、归责、行刑等，通行的刑法学教材都难觅踪迹或语焉不详，将来是否可以考虑在体系中为它们设专章予以阐明，值得进一步研究。

2. 加强对刑事责任论的研究

在目前犯罪论、刑事责任论、刑罚论的三大理论板块中，刑事责任论是最为薄弱的。一定意义上可以说，刑事责任的基本理论范畴还没有建立起来。我本人十分注重对刑事责任问题的研究，早在20世纪90年代初就曾多次撰文研究刑事责任问题。同时，我也指导博士生进行过刑事责任的专题研究。在现有的研究成果中，我觉得有以下一些观点是值得重视并可以考虑在今后的刑事责任论中加以吸收的。首先，与犯罪论侧重于评价已经发生的行为不同，刑事责任的评价对象应当是实施了犯罪行为的人。通过对犯罪人的研究，考察其主观方面的特殊情况，在罪行决定刑事责任的基础上，进一步综合犯罪人的主观特殊情况，对刑事责任大小进行调整和修正。其次，与犯罪论的中心任务是定罪一般，刑事责任论的中心任务是归责，即在罪行确定后，国家考虑如何归属犯罪人刑事责任的问题。再次，如同定罪必须以四要件犯罪构成理论为依据加以判断，量刑必须通过量刑情节的运用为参考一般，归责也应当有自己的判断依据，即归责要素和归责体系。归责要素如何寻找值得进一步思考。我的博士生张杰在其博士论文《刑事归责论》中，通过借鉴德日刑法学理论，结合中国实际情况提出归责要素包括刑事归责能力、违法性认识、期待可能性、人身危险性、犯罪人获得的社会评价等五个方面，他还通过主次地位的区别，将五者排列为一种体系，称之为刑事归责体系。[①] 这一思路很有启发性，当然，是否可行还值得进一步推敲。

3. 加强对体系中具体问题的思考

我比较反对泛泛地空谈体系的优劣。对体系的考察，必须与对具体问题、实践中问题的研究结合起来，做到在体系中思考问题，通过问题的解决完善体系。在此试举例予以说明。例如，刑事责任能力的问题。一些学者提出我国刑法中刑事责任能力的处理存在不当之处，认为，"既然是犯罪以后才产生承担刑事责任的问题，那么，刑事责任的能力问题当然也应当在犯罪之后才能论及。但我们的绝大多数教材在讲犯罪主体的成立条件时，就讲到了刑事责任能力的问题，而且是把它作为成立犯罪主体的条件"。"我国刑法理论是将辨认和控制自己行为的能力当成了承担刑事责任的条件"。"混淆了行为（犯罪）能力与刑事责任能力的界限"。[②] 确实有这方面的问题，目前我国通行的刑法学教材，都是在犯罪主体中谈刑事责任能力问题，但恐怕刑事责任论中，刑事责任能力也是一个绕不开的问题。又如，实践中，有刑事责任能力的人帮助无刑事责任能力的人实施犯罪，没有刑事责任能

---

① 参见张杰《刑事归责论》，中国人民公安大学出版社，2009，第五、六章。
② 参见侯国云《当今犯罪构成理论的八大矛盾》，《政法论坛》2004 年第 4 期。

力的人不构成犯罪，对有刑事责任能力的人如何处罚？1997年刑法修订之前，规定从犯比照主犯来决定处罚，遇到这种情况就很不好办，1997年刑法修订后，取消了对从犯"比照主犯"来决定处罚的规定，在法律上解决了这一问题，但在理论上，如何加以准确的解释，也还值得进一步思考。还有，期待可能性的问题。期待可能性是德国刑法学家借助"癖马案"提出的一个理论。近年来我国刑法学界对期待可能性理论相当关注，许多学者提出不借助期待可能性，一些实践中的问题无法解决。是否真是这样？不借助期待可能性，是否可以运用我国刑法学体系中的其他理论加以解决？诸如此类问题，都值得深入思考。

（二）在改革中坚持中国刑法学体系

上文的论述已经充分地说明，在当前有关犯罪构成理论及中国刑法学体系的争论中，我明确反对所谓的推翻重建论；同时，我也不承认现行中国刑法学体系是尽善尽美的。我认为，要以实事求是的态度对待中国刑法学体系，充分肯定其合理性，认真对待其不足之处并加以完善。在改革中，继续坚持现行的四要件犯罪构成理论和罪—责—刑的中国刑法学体系。这就是我的根本观点和基本立场。

所谓推翻重建论的观点是不可取的。我反复思考，对于中国刑法学体系这样重大的问题，如果要全盘推翻现有体系，移植另外一种体系，至少需要三个方面的理由：紧迫性、必要性、可行性。所谓紧迫性，是指除非中国刑法学体系已明显落伍于时代需求与世界潮流，德日刑法学体系或其他某种新的刑法学体系已成为大势所趋，不移植新的体系我们将受到世界各国刑法学者的一致责难，但目前显然没有出现这种局面；所谓必要性，意味着旧的体系和新的体系相比，新的体系明显优于旧的体系，旧的体系已不足以承载现有的理论成果或不足以解决现实中出现的新问题，但这点也是我难以承认的；所谓可行性，是指对于移植新的体系，必须在国内已做好了充分的知识上的准备和智识上的训练，这一点目前也难以说已经具备。因此，无论从哪一方面来说，我都难以接受所谓推翻重建的观点。

我坚持认为，中国刑法学体系的创建不是空穴来风，中国刑法学体系的发展完善也不是一朝一夕之功。从草创到发展，直至今日的繁荣，以中国刑法学体系为依托的中国刑法学理论经历了太多的风雨沧桑，浸透了几代刑法学人的心智汗水。今日刑法学研究的成果来之不易，今日刑法学研究繁荣的局面弥足珍贵。中国的刑法学者，对既有的理论成果，要有深厚的感情，要有足够的自信。学习他人是必要的，但切不可在学习中迷失了自我，迷失了方向。我相信，只要所有刑法学人都努力，立足中国实际，坚持理论联系实际的方法，以认真负责、追求真理的态度，全身心地投入中国刑法学的研究事业中去，终有一天，中国的刑法学理论，会赢得世界刑法学界的尊重；而中国的刑法，也将会堂堂正正地跻身于世界刑法之林！

（本文原载于《中国法学》2009 年第 2 期）

现行犯罪构成理论共性比较

陈忠林[*]

一 概说

犯罪构成，是刑法规定的犯罪成立必须具备的基本条件的理论形态。[①]

犯罪构成理论，是刑法学理论按照一定的体系对刑法规定的犯罪成立必须具备的基本条件进行系统归纳和分类的结果。科学的犯罪构成理论具有指导司法实践系统理解刑法规范和正确认定犯罪的作用。

由于犯罪成立的基本条件，不仅是犯罪的基本社会属性在法律中的表现形态，同时也是理解预备、未遂、中止以及共同犯罪等犯罪表现形态和每一种具体犯罪构成的前提；因此，在各国刑法的犯罪论体系中，研究犯罪成立基本条件的犯罪构成论均居于核心的地位。

在研究犯罪构成的过程中，由于各国刑法学者归纳和划分犯罪成立条件的角度不同，于是形成了各种不同的犯罪构成理论。比较这些理论的内容，笔者得出以下三点基本结论。

（1）除一般不会对实践产生影响的概念、范畴、体系之争外，各种犯罪构成理论的基本内容没有实质上的区别。

（2）在犯罪构成理论的一些最基本的问题上（如犯罪成立应包含

---

* 陈忠林，重庆大学法学院教授、博士生导师，中国刑法学研究会副会长。
① 不论在中国还是在其他国家的刑法规定中，"犯罪构成"都不是一个法律用语。

哪些基本条件，这些基本条件各应包含哪些内容，以及这些条件间的逻辑顺序等），无论是不同理论体系之间，还是同一种理论内部，都存在重大的分歧。这种长期存在的现象表明：在一些最基本的问题上，现有犯罪构成理论都存在根本的缺陷。

（3）犯罪构成是指导司法实践认定犯罪的理论，定罪的法律后果意味着犯罪人应该受到刑罚的处罚，即行为人的生命、人身自由、财产以及政治权利等最基本人权被限制或剥夺。[①] 如果指导司法实践认定犯罪的犯罪构成理论存在缺陷，必然会对认定犯罪产生负面影响，从而对公民的基本人权构成威胁；因此，如何在保留现有合理因素的基础上，克服现行犯罪构成理论的缺陷，不仅始终是各国刑法理论界面临的重大课题，也是促使各国犯罪构成理论始终处于不断发展、改造、重构过程中的动因。[②]

如何评价我国传统的"四要件"犯罪构成理论体系（以下简称"四要件"体系）与德、日等国的"三阶层"犯罪成立理论（以下简称"三阶层"理论）之间的优劣，是我国刑法理论界目前讨论的热点问题之一。考虑到这一因素，以下对各国犯罪构成理论共性的分析，主要围绕这两种理论体系展开。

二　各国现行犯罪构成理论没有实质上的区别

尽管在适用的概念、犯罪构成要件的分类以及整体结构等表现形式上，各国犯罪构成理论看似存在很大差别，但是，只要仔细分析就不难发现：它们都包含了基本相同的内容，没有实质上的区别。

[①] 刑罚以剥夺（限制）公民的生命（死刑）、人身自由（徒刑）、财产和政治权利等基本人权为内容。犯罪是"依照法律规定应受刑罚处罚"的行为，是我国刑法第 13 条规定的内容之一；应受刑罚处罚是犯罪行为区别于其他行为的根本特征，是全世界刑法学界的理论共识。

[②] 我国刑法理论界目前围绕着所谓的"三阶层"理论和"四要件"体系之间的讨论，反映了犯罪构成理论始终是刑法理论中最具有活力的一部分的事实。

（一）从犯罪构成理论与构成犯罪的事实之间关系的角度考察，各国犯罪构成理论体系中都包含了全部犯罪成立所必须具备的基本条件

人类社会的共性，决定了作为人类社会特有现象——犯罪的共性；由于人类思维规律的共性，决定了人们对处在大致相同的人类社会发展阶段的犯罪认识的共性。正是由于上述共性，世界各国现行刑法关于犯罪成立基本条件的规定就基本上是一致的。

在各国刑法关于犯罪成立条件的规定基本一致的情况下，以这些规定为抽象对象的各国犯罪构成理论，在内容上就不可能有太大的差别。稍微归纳一下就可以发现，世界各国的犯罪构成理论，大致都由以下四方面的构成要素组成：（1）决定犯罪主体刑事责任能力的条件（如刑事责任年龄、精神障碍、聋哑等生理缺陷及特定身份等）；（2）决定犯罪行为客观性质的条件（如行为性质手段、对象、结果等）；（3）决定犯罪行为主观方面特有内容的条件（如犯罪的故意、过失和目的、动机等）；（4）决定犯罪行为社会性质的条件（即从法律角度对犯罪行为的否定性评价：在我国刑法理论中，这个条件的内容表现为犯罪客体——犯罪行为对刑法保护的社会关系的危害；在德、日刑法理论中，这个条件的内容表现为对行为的"违法性"评价）。[①]

（二）从犯罪构成理论与刑法相关规定之间的角度考察，现行犯罪构成理论都能对犯罪规范的内容进行大致合理的纯理论分析，并进行符合自身逻辑的论证

指导司法人员正确适用刑法规范，是刑法理论最基本的目的。这个目的，主要是通过帮助司法人员正确地分析理解刑法规范的内容而实现的。由于各国犯罪构成理论中都包含了犯罪成立所必需的全部条

---

① 在后面的分析中，笔者将要指出：犯罪是一种客观存在的事实，犯罪的价值属性体现在构成这一事实的各要素之中；对犯罪的价值评价是判断者对犯罪这一事实的主观认识，是独立于构成犯罪的要素之外的东西。将对犯罪的价值评价作为构成犯罪的要素，理论上必然带来构成理论的混乱，实践中必然造成认定犯罪的标准不可把握的问题。

件，仅从理论的角度考察，这些理论都能起到帮助司法人员正确理解刑法规范的作用。

以我国刑法第 264 条规定的盗窃罪为例，如果用所谓现在德、日等国"通行的"①"三阶层"理论来分析，该罪的成立应当具备以下基本条件。

（1）构成要件该当性，即行为人实施的行为属于盗窃公私财物数额较大或多次盗窃的行为。这一条件，实际上是刑法分则第 264 条对盗窃罪的规定与刑法总则第 14 条关于故意犯罪必须包含对事实的故意②相结合的结果。

（2）违法性，即行为人实施的盗窃行为在形式上不为现行的任何法律所允许（形式违法性），在实质上侵害了他人的财产利益（实质违法性）。这一条件，则是对刑法第 13 条、第 20 条、第 21 条规定的概括。③

（3）有责性，即行为人在行为时具备知道（能够辨认）自己实施的行为是盗窃行为和控制自己不去实施盗窃行为的"责任能力"、具有明知盗窃行为是侵犯他人合法利益的"违法性认识"以及不实施盗窃行为的"期待可能性"。简单地说，就是行为人在能控制自己行为的情况下实施了明知为非法的盗窃行为。这里的"责任能力"，实际

---

① 在德国，我国刑法学界所理解的"三阶层"理论已经不是一个统一的用来分析各种犯罪成立条件的理论。

② 我国刑法第 14 条规定的犯罪故意包含对事实的客观性质和社会性质的认识和控制两方面的内容。这里的"对事实的故意"，是指行为人"明知自己的行为会发生某种结果（如拿走他人财物），希望或者放任这种结果发生"的心理态度。在这种故意中，不包括行为人对自己行为的社会属性（即刑法第 14 条关于"危害社会"的规定）的认识。

③ 我国刑法第 13 条规定，犯罪行为必须是"危害社会"的行为。结合刑法第 3 条关于罪刑法定原则的规定，这里的"危害社会"，显然只能是从法律的立场进行的评价，不应该是任何个人或群体的评价。据此，我们可以推出以下四点结论：（1）一切没有社会危害性的行为，都不构成犯罪；（2）一切在整体上为法律所认可的行为，都是没有社会危害性的行为；（3）刑法第 20 条、第 21 条规定的正当防卫、紧急避险只是上述两个结论的具体表现之一，不等于全部符合上述两个结论的行为；（4）结合刑法第 20 条、第 21 条的规定，一切为法律所认可的行为，如行使权利（力），履行义（职）务、被害人承诺等，只要没有超出法律规定的限度和造成不必要的损害，都不构成犯罪。

上以我国刑法第 16 条、第 18 条关于行为人对不能辨认（预见）和控制（抗拒）的行为后果不承担刑事责任，以及刑法第 17 条关于年满 16 周岁的人实施包括盗窃行为在内的犯罪"应当负刑事责任"的规定为内容；这里的"违法性认识"，实际上是刑法第 14 条关于行为人明知盗窃行为"会发生危害社会的结果"的认识和刑法第 264 条内含的盗窃罪必须以非法占有公私财产为目的①相结合的内容；而这里的"期待可能性"，则是指不存在行为人不得不为盗窃行为的其他情节。②

　　这样，我们可以发现，如果运用"三阶层"理论来分析我国刑法第 264 条的规定，该理论体系的内容包括了我国刑法关于认定盗窃罪必须适用的全部规定；所以，如果仅仅从理论角度进行演绎，体系能够起到帮助司法人员把握我国刑法规定的盗窃罪成立的全部必要条件的作用。

　　除了可以帮助人们分析理解刑法规范之外，这个理论在逻辑上还能对符合该理论体系标准的行为为什么是犯罪进行很好的说明。例如，按照"三阶层"理论，认定一个行为构成盗窃罪必须具备以下三个理由：（1）行为人明知自己实施的行为是盗窃行为（构成要件该当性）；（2）行为人没有实施盗窃行为的合法理由（违法性）；（3）行为人是在明知自己行为不对（具备违法性认识），并可以控制自己不去实施盗窃行为（具备刑事责任能力）的情况下实施的盗窃行为（责任）。对于符合"三阶层"理论关于盗窃罪成立标准的行为为什么应当被认定为犯罪来说，以上三点理由可以说是非常清楚、充分。

　　当然，我国刑法理论界通行的"四要件"体系同样也包含了刑法关于犯罪成立必须具备的全部条件，这个理论体系同样也能从逻辑上

---

　　① 此即所谓的"责任条件"或"违法性认识"。
　　② 此即所谓的"期待（不）可能性"。在德、日刑法理论的通说中，一般只承认这一条件对行为人承担刑事责任大小的影响，不承认这一条件是排除犯罪成立的条件。其理由是："期待可能性"是一种非法律的规定条件，承认这种条件是犯罪成立的必要条件，将会严重破坏罪刑法定原则。

非常清楚、充分地说明符合该体系构成条件的行为构成犯罪的理由。但是，说明这一点，是任何一个具有中国刑法基本知识的人都可以完成的工作，本文就不赘述了。

（三）从现行犯罪构成理论内部结构的角度考察，各种犯罪构成理论体系中的基本范畴都包含了大致相同的内容

由于人们思维规律的一致性，面对各国刑法关于犯罪成立必要条件基本相同的规定，各国犯罪构成理论对这些条件也做了大致相同的归纳和分类。尽管在不同的理论体系中，这些分类有不同的名称，但在这些貌似不同的称谓下面，却包含着大致相同的基本内容。例如，在所谓"三阶层"理论中的"构成要件"，其最初的含义是构成犯罪行为的纯客观的事实，① 这显然是一个与"四要件"体系中的"犯罪客观方面"（或"犯罪构成客观要件"）的内容可以相互替代的范畴。②

又如，所谓"三阶层"理论中的"违法性"，③ 以行为在形式上与"法律的矛盾"或与"整体的法律秩序相对立"（无正当化理由），在

---

① 在日本最先对犯罪构成进行系统研究的小野清一郎认为："构成要件是客观的、记述性的"，"在贝林格和迈耶尔的体系中"，"主观的要素""是当作责任问题来对待的"。（参见〔日〕小野清一郎《犯罪构成要件理论》，王泰译，中国人民公安大学出版社，2004，第14～15页）在意大利支持"三阶层"理论的学者中，认为"构成要件（典型事实）"是纯客观的，至今仍然是主流。（参见〔意〕杜里奥·帕多瓦尼《意大利刑法学原理》，陈忠林注评，中国人民大学出版社，2004；陈忠林：《意大利刑法纲要》，中国人民大学出版社，1999）

② 20世纪30年代以后，随着"目的行为论"开始作为德国犯罪构成理论的基础，犯罪的故意和过失开始被划分为"对事实的认识（可能性）"和"对违法性的认识（可能性）"，前者逐渐成为"构成要件"的内容，而后者逐渐成为"责任"的内容。这种人为地割裂犯罪主观方面的做法，除了引起更大的逻辑混乱之外，并不能解决"构成要件该当性"要件能否成立的问题。任何人都设想一下，离开行为人对自己行为的辨认能力，怎么可能知道行为人对自己行为及其结果的性质是"明知"、"应知"、"已经预见"还是根本就"不可预见"？离开了一个人对自己行为的控制能力，怎么能证明行为人对自己行为结果的态度是"希望"、"放任"还是"轻信可以避免"？

③ "违法性（Rechtswidrigkeit）"与汉语中的"违法性"并不是同一个概念。因为"Rechtswidrigkeit"意味着"与法律的矛盾"或"与整体法秩序的对立"，而不是指违反具体法律的规定。还必须说明的是："三阶层"理论中的"违法性"仅是犯罪成立的条件之一，即使认为这个概念中已经包含"构成要件该当性"的内容，但在还没有认定行为具备"有责性"之前，不能断定一个具备违法性的行为就是违反了刑法规定的犯罪行为。因此，将"三阶层"理论中的"违法性"称为"刑事违法性"，是很值得商榷的。

实质上侵犯了合法利益为内容。这一概念，与我国刑法理论中的"犯罪客体"，也没有任何实质上的差别。因为犯罪行为所侵犯的"整体的法秩序"，与"四要件"体系中的犯罪客体一样，显然也是一个为刑法所保护，并为所有犯罪行为侵犯的社会关系；而某一类犯罪侵犯的共同法益，或为某种犯罪侵犯的具体法益，显然也是与我国刑法理论中的犯罪"同类客体"和"直接客体"内涵完全相同的概念。①

再如，在所谓"三阶层"理论中的"责任"要件或者"有责性"，在传统意义上包含责任前提和责任条件两大内容。前者以行为人的刑事责任能力和刑事责任年龄为内容，与我国刑法理论中的"一般自然人犯罪主体要件"具有完全相同的内容；后者以对犯罪行为的故意和过失为内容，与我国刑法理论中的"犯罪主观方面"要件具有基本相同的内涵。②

（四）从犯罪构成理论与司法实践的关系角度考察，现行犯罪构成理论基本上都可以帮助司法人员正确理解刑法关于如何定罪的规定

由于现行的犯罪构成理论在事实层面都包括了犯罪成立必须具备的全部要素，在法律层面都完整概括了刑法关于犯罪成立必须具备的全部条件，在理论层面都能很好地从逻辑上说明犯罪成立的理由，所以，如果撇开这些理论体系人为设定的逻辑顺序，它们在实践中都能起到帮助司法人员分析理解相关刑法规定，指导司法人员正确认定案

---

① 笔者不明白，为什么我国刑法理论界对犯罪侵犯的客体是"刑法所保护的社会关系"还是"法益"会争势不两立？难道真的可能存在一种不是（以享有者和非享有者之间的权利义务关系为内容的）社会关系的"法益"吗？如果任何"法益"都是社会关系，在"社会关系"前面加上"刑法所保护的"这样的限定语，难道不比可能为一切违法行为所侵犯的"法益"更能准确地界定犯罪侵犯的"法益"吗？

② 目前，德、日等国刑法学界的多数人认为，犯罪论的"责任"概念包括"责任能力"，"违法性认识"和"期待（不）可能性"。在我国刑法规定的范围内，如果不想违背罪刑法定原则，这里的"违法性认识"，显然只能理解为行为人"明知"、"已经预见"或者"应该预见"，"自己的行为会（可能）发生危害社会的结果"等我国刑法第14条、第15条关于犯罪故意或过失的规定；而作为否定犯罪成立条件的"期待不可能性"，如果不对刑法第16条的规定做广义的解释，就根本没有立足之地。

件性质的作用。① 因为，无论是坚持犯罪的成立必须符合"四要件"体系中的犯罪客体、犯罪客观方面、犯罪主体和犯罪主观方面要件，还是坚持犯罪的成立必须符合"三阶层"理论中的构成要件该当性、违法性和有责性，事实上都是在坚持认定犯罪必须以刑法关于犯罪主体（责任能力、责任年龄、特殊身份）、犯罪的主观方面（故意、过失、特殊目的或动机）和犯罪的客观方面（行为手段、对象、结果的性质等）等方面的规定，作为认定犯罪的标准。

三　现有犯罪构成理论的共同缺陷

在事实上都包含了犯罪行为的全部构成要素，在逻辑上都能对刑法有关犯罪成立条件的规定进行系统的分类，在实践中都能帮助司法人员理解刑法规范的内容，正是由于这些合理因素的存在，"四要件"体系、"三阶层"理论等现有犯罪构成理论才可能长期在不同国家的刑法理论中居于核心地位，但是，不同犯罪构成理论体系之间的相互批评、同一犯罪构成理论体系内不同观点的相互对立，都在随时提醒我们：无论是"四要件"还是"三阶层"的犯罪构成理论都存在许多根本的缺陷。限于篇幅，本文只分析这些理论在基本逻辑、基本立场、基本前提方面的错误。

（一）基本逻辑错误

犯罪构成理论本应是指导司法实践认定犯罪的理论，但是，如果严格按照现有犯罪构成理论体系本身的逻辑，司法实践根本就不可能认定犯罪。

我国刑法学界和司法界都认为，"四要件"体系的构成理论在实践中很管用。其实，所谓这个体系在实践中"很管用"，并不是因为

---

① 必须注意的是：只有在"不按现行理论体系本身的逻辑"的情况下，这些理论才可能起到指导司法人员理解适用刑法的作用。笔者在后面将会具体说明：只要坚持现有理论本身的逻辑顺序，任何犯罪构成理论都不可能指导司法实践认定案件事实。

司法实践可能按照这个体系的逻辑顺序正确地认定犯罪；而是在认定犯罪时，司法人员在坚持这个体系中包含的合理因素（即犯罪成立必须具备的全部条件）的同时，抛弃了这个体系逻辑错误的结果。

例如，按照"四要件"体系本身的逻辑，司法实践在认定犯罪构成的要件时，应先认定犯罪客体和犯罪客观方面的要件，然后才是犯罪主体和犯罪主观方面的要件。换言之，按照这个体系认定犯罪的顺序，司法实践应该在认定犯罪主观方面的内容之前，先认定犯罪客观方面的要件。但在事实上，这是一个任何人都不可能完成的任务。例如，面对某甲砍了某乙一刀这一客观事实，在认定行为人主观方面是否有犯罪的故意或过失，有何种故意或过失（即如果不先确定某甲主观上是否有伤害、杀人或危害公共安全等方面的故意或过失）之前，谁可能认定某甲的行为是否具备犯罪的客观要件，具备何种犯罪行为的客观要件？

在认定某甲客观上砍某乙一刀的法律性质问题上，"三阶层"理论曾经面临与"四要件"体系同样的尴尬。因为按照它的逻辑，认定一个事实是否构成犯罪，应当按照"构成要件该当性"、"违法性"和"有责性"的顺序进行。在引进"目的行为论"作为自己的技术基础之前，主体的责任能力和行为的主观方面完全属于"有责性"要件的内容。换言之，这个体系在逻辑上同样要求在认定行为主观方面（"责任"）之前，认定行为客观方面（"构成要件"）的内容。正如前面所分析的那样，这同样是一个任何人都不可能完成的任务。

自20世纪30年代以后，"目的行为论"逐渐为"三阶层"理论所接受。这种新的行为观，要求结合行为人主观方面是否有对事实的故意或过失，有何种对事实的故意或过失来确定构成要件的内容。这样，某甲在客观上砍某乙一刀的行为是否符合构成要件，符合何种犯罪的构成要件，就要根据某甲主观上是否有杀害、伤害某乙等故意或过失的心理内容来确定。

　　这种将对事实的故意和过失纳入"构成要件"内容的做法，看似解决了在认定行为主观方面内容（即"责任"或"有责性"要件）之前，人们无法认定"构成要件该当性"的问题。但稍一深究就会发现：这个问题并没有解决，"三阶层"理论面临的尴尬依然存在。因为，这种解决方法忽视了这样一个基本事实：对事实的故意，以行为人明知自己行为会发生某种结果，并希望或放任这种结果发生为内容；对事实的过失，至少要求以行为人能够预见自己行为可能发生某种结果，并有能力控制这种结果不发生为前提。这一事实意味着：（1）在逻辑上，行为人具有明知并控制自己行为及其后果的能力，是认定行为人对于某一行为及其后果是否明知，能否预见，或者是否希望或放任，能否阻止的基本前提。（2）在事实上，主体明知并控制自己行为的能力（即主体对自己行为的辨认能力和控制能力），是认定故意或过失的基本根据之一，离开主体的这个能力，任何人都不可能从其他事实中认定故意或过失的内容！例如，要认定行为人瞄准他人胸口开枪的行为具有杀人的故意或过失，我们首先就必须认定这个人具有知道用枪瞄准胸口开枪可以致人死亡，并且具有能够控制自己不去实施这个行为的能力。如果主体是一个不知道开枪能杀死人的 3 岁小孩，或者是已经丧失对于自己行为辨认能力或控制能力的精神病人，他在客观上用枪瞄准他人胸口开枪的行为，就既不可能包含刑法中的故意，也不可能存在刑法中的过失；相反，如果我们能够确定主体是一个具备责任能力的成年人，我们就完全可能结合他瞄准他人胸口开枪的具体情节，① 认定其主观上是否具有故意或过失，具有何种故意或过失。

　　以上分析说明，无论是逻辑上，还是事实上，要认定行为人对事

---

① 必须注意的是：在认定行为人主观上的故意或过失时，包括行为人瞄准他人开枪的这一基本事实，都只是诉讼法意义的用来证明行为人主观上是否具有故意或过失，具有何种故意或过失的证据，而不可能是刑法意义的"犯罪构成的客观要件"或者"符合构成要件的事实"。

实的故意或过失，都只有在先认定行为人的责任能力之后才有可能。但是，在"三阶层"理论中，行为人的责任能力这一犯罪成立必须具备的条件，却被列入了"责任"或"有责性"要件的组成要素，而按照"三阶层"理论的逻辑，"责任"或"有责性"应该是最后一个被认定的犯罪成立条件。这种逻辑意味着，人们在还未认定行为人的责任能力之前，就必须认定行为人的（对事实的）故意或过失，这显然也是一个任何人都不可能完成的任务。也许正是因为如此，许多留学德国多年的学者才得出了这样的结论：即使在德国，90%以上的法官在实践中也不会运用"三阶层"理论来认定犯罪。①

（二）基本立场错误

现有犯罪构成理论的立场错误表现在很多方面，这里只分析它们共同的法律立场错误。

就法律立场而言，现有犯罪构成理论的错误主要表现为：这些理论都混淆了依照刑事诉讼法查明事实真相的过程和根据刑法认定行为性质的过程之间的界限。换言之，这些理论都是站在刑事诉讼法的立场上，而不是站在刑法的立场上来考虑认定犯罪的逻辑顺序问题。

从与案件事实的关系角度考察，刑事诉讼法的主要任务，是依照法定程序查明某一事实是否可能是犯罪行为（逐步收集证明或排除某一事实是不是犯罪行为的证据）；而刑法的主要任务，则是以刑法的规定为标准来判断某一已经查明的事实是否构成犯罪（在根据以已经收集完毕的全部证据所还原的案件事实的基础上，认定该事实是否符合刑法规定的犯罪成立的条件）。简而言之，在适用刑事诉讼法时，人们最初面临的事实是有待进一步查明的案件事实；但在适用刑法

---

① 在谈到即使在德国，司法实践中也不可能用"三阶层"理论来认定犯罪时，我国台湾地区学者林东茂给我打了一个比喻。他说："三阶层"理论好比练武术时的武术套路，司法实践认定犯罪则是武林高手之间的实战；练习武术时应该按套路进行，但到江湖实战交手的时候，恐怕谁也顾不上套路，只能见招拆招了。林东茂教授的这个比喻本意是想说明这个理论的合理性。但我总觉得，这个比喻再好不过地说明了这样一个事实：司法实践要按照现有犯罪构成理论的逻辑顺序来认定犯罪，是根本不可能的！

时，人们一开始面临的事实，就是已经全部查清的案件事实。

如果考察一下现有犯罪构成理论的逻辑顺序，我们不难发现：这些理论基本上都是按照查明案件事实的思路来论证、设计自己的逻辑体系的。由于现行犯罪构成理论基本上都是按照先客观后主观的逻辑建构的，以下分析就仅以"四要件"体系为例。

在"四要件"体系中，认定犯罪成立条件的顺序是犯罪客体、犯罪客观方面、犯罪主体、犯罪主观方面。为什么这样安排呢？人们给出的理由就是：这样的排列符合司法实践中发现犯罪事实的顺序。例如，故意杀人行为往往首先是通过发现被害人尸体来发现的，而被害人的尸体则是刑法所保护的社会关系（公民生命权）受到了犯罪侵犯的标志；这样，在犯罪构成体系中首先应该被"确定"的就只能是故意杀人罪的客体（死者的生命权）；如果进一步的调查发现被害人是被他人杀死的，于是就可以"认定"故意杀人罪客观方面的要件——杀人行为的存在；当人们"踏雪辨踪"，根据被害人被杀的方式找到杀人凶手后，犯罪主体要件也就可以"确立"了；在抓住凶手后，经过审讯杀人凶手等方式查明了支配行为人杀人时的心理态度，这时才可能"确定"故意、过失等犯罪的主观要件。

这样一个过程，的确是司法实践中最常见的发现事实、查明真相的过程，但是，正是因为这是一个发现、查明案件事实的过程，因而它只可能是一个适用刑事诉讼法的过程，而不可能是适用刑法的过程；因为，刑法规范以认定犯罪（和适用刑罚）的标准为主要内容，刑法的任务是正确认定案件事实的性质，而不是查明案件事实。如果一个案件事实，还是一个尚待进一步查明的事实（如只发现了被害人的尸体和犯罪嫌疑人），它在法律上应有的位置就只可能是处于需要按照刑事诉讼法规定查明案件事实的侦查阶段，而不可能被允许进入可能适用刑法认定事实性质的审判阶段。在实践中，即使因为人为的错误，让这样一个事实"混进"了可能适用刑法的审判阶段，这个事实面临的结果也只可能是"事实不清，发回重审"等诉讼法后果，而不可能得出认定被告人的行为是否符合刑法规定的犯罪条件、符合何种犯罪条件等刑法结论。

　　在发现、查明案件事实的过程尚未结束之前，不仅从法律角度考察不允许适用刑法，从事实角度考察也根本不可能适用刑法。由于任何行为的性质都是由构成行为的全部事实决定的，在上述查明案件事实的过程中，每发现一个新的事实，都只意味着我们发现了组成某一待认定行为的一部分事实，而不是作为整体的决定该行为性质的全部案件事实。例如，当我们发现一个死者的尸体时，这个尸体仅仅只是意味着死者可能是犯罪行为的被害人，而不可能据此确定这个尸体就是犯罪被害人的尸体，更不可能确定这个尸体是何种犯罪被害人的尸体。由于仅仅凭一具尸体我们根本无法确定是否有犯罪存在以及有何种犯罪存在，仅仅根据这个尸体的存在，我们当然也无法确定是否有某个公民的生命权已经受到犯罪的侵犯。简而言之，仅仅是一个死者的尸体，绝不可能成为认定犯罪客体的根据。当我们发现的只是一具尸体时，我们能够认定的只是存在已经发生某种犯罪行为的可能性，而不是某种犯罪行为已经发生的事实。依据同样的道理，即使我们在发现死者尸体以后，随之又发现了他人的行为是死者死亡的原因，这同样也不可能意味着作为犯罪构成要件的犯罪客观方面已经成立。例如，即使我们已经查明被害人是被他人用刀捅中心脏而死的，但是，仅仅根据被害人被他人用刀捅中心脏而死的这一事实，我们根本无法判定一刀捅中死者心脏的行为是不是犯罪行为，是何种犯罪行为。用刀捅中死者心脏的行为，不仅完全可能为没有刑事责任能力的人所为，也完全可能是行为人不能预见或不可抗拒的原因造成的结果，不仅不能排除这个行为属于正当防卫或紧急避险的可能性，也根本无法确定这个行为的性质是故意杀人或故意伤害（致死）或者过失致人死亡……因此，从法律意义上讲，无论是发现一具尸体，还是发现他人的行为是某一个人死亡的原因，都只是促使司法机关依照刑事诉讼法的规定进一步查明事实真相的根据，而不是司法机关适用刑法判断这一事实是否构成犯罪（是否存在犯罪客体或犯罪客观方面）的根据。

如果将上面的分析归纳一下，大致可以这样说：适用刑事诉讼法查明犯罪事实的过程，是一个根据刑事诉讼法规定的程序，逐步收集证据以还原案件事实的过程；适用刑法认定犯罪事实的过程，是以刑法的相关规定为标准判断已经根据证据还原的案件事实的法律性质的过程。在查明犯罪的过程中，一般以发现可能属于犯罪客体、犯罪客观方面、犯罪主体和犯罪主观方面的事实为顺序，可以说是一个由果及因的过程；认定犯罪事实的过程，则是一个由因及果的过程，必须以行为发动者（犯罪主体）为出发点。在逻辑上，这两个过程是不容相互混淆的：如果在依据诉讼法查明犯罪事实的过程中，要求必须首先找到主体（犯罪嫌疑人）才能立案，那么很可能90%以上的案件都无法进行；相反，如果在认定犯罪的过程中，要先撇开主体与主观方面来认定客体和客观方面，那就是提出了一个任何人都根本无法完成的任务。现有犯罪构成理论按照诉讼法查明犯罪事实的过程来设计适用刑法认定犯罪的逻辑，这也是司法实践中根本不可能按照这些理论的逻辑顺序认定犯罪的重要原因。

（三）基本前提错误

犯罪是一种行为，是各国刑法理论的基本共识。如果承认犯罪是一种行为，我们就不得不承认：（1）犯罪行为无非是人类行为的一种表现形式；（2）犯罪行为的成立必须具备的基本条件或者说犯罪构成要件，无非是一般的人类行为必须具备的基本条件的一种特殊表现形式。正确地界定行为及其构成要件的内容，是正确地认定犯罪及其构成要件的前提和基础，离开对行为及其构成要件的正确认识，我们根本就不可能构建一个正确的犯罪构成理论体系。遗憾的是，到目前为止的所有犯罪构成理论，没有一个是建立在对行为及其构成要素的正确认识之上的。

1. 到目前为止的犯罪构成理论都是建立在对行为本身的错误认识之上的

现行犯罪构成理论对行为本身的错误认识，集中表现为以下这样一个刑法理论界公认的事实：在到目前为止的犯罪构成理论中，没有一种行为理论可以合理地解释犯罪行为存在的范围。例如，作为中国犯罪构成理论通说的因果行为论，将行为界定为"出于行为人意志和意识的身体动静"。但是，这种理论显然不能解释：（1）与行为人身体动静没有直接关系的"不作为"，为什么也是可能构成犯罪的行为？（2）非出于行为人意识和意志的下意识的习惯性动作，为什么有时候也可能是构成犯罪的行为？

至于目前为德、日等国刑法理论主流说认同的"目的行为论"，其问题就更大。这种理论认为，行为是受行为目的控制的身体举动。如果严格地以这种行为定义作为认定犯罪的前提，那就只有"以作为表现形式的直接故意行为"，才可能是构成犯罪的行为。因为，只有这种行为的内容才可能完全表现为受行为目的控制的身体举动。其他能够构成犯罪的行为，包括间接故意行为、过失行为以及一切表现形式为不作为的行为，则统统都应该被排除于犯罪行为之外。

为什么说，如果严格按照"目的行为论"的定义，一切间接故意行为和过失行为都不可能是构成犯罪的行为呢？因为无论是间接故意中的"放任"，或是过失行为中的行为人"不谨慎"都不是行为目的本身的构成要素。[①] 所以，在间接故意和过失行为中，行为人的身体举动都不属于行为内在目的直接控制的范围。例如，严格按照"目的行为论"对于行为的定义，某甲在打猎的过程中放任枪弹造成伤害同伴结果的行为，就不可能是作为犯罪前提的行为。因为，根据"目的

---

① 〔德〕汉斯·海因里希·耶赛克、托马斯·魏根特：《德国刑法教科书》（总论），徐久生译，中国法制出版社，2001，第 272 页。

行为论"关于行为的定义，只有"受行为目的控制的身体举动"，才可能是作为犯罪前提的行为；而"放任"这一概念，无论在字面上，还是逻辑上，都只可能以"没有控制"为内容。某甲放任枪弹伤害同伴，显然不属于受其行为目的直接控制的身体举动的范畴，而是由于某甲没有控制打猎误伤同伴的结果。①

除了以作为为表现形式的间接故意和过失行为外，如果严格地坚持"目的行为论"关于行为是"受行为目的控制的身体举动"的观点，一切以不作为为表现形式的行为（包括直接故意在内），同样不可能成为作为犯罪前提的行为。在这些行为中，行为人身体的动静本身与行为性质之间没有必然的联系。例如，某甲因值班时睡觉而忘记了扳道，结果导致了严重的火车相撞事故。在这个例子中，火车相撞的原因在于某甲没有做什么（没有扳道），而不是某甲在做什么（在睡觉）。只要某甲没有扳道，火车相撞的事故就会发生。至于某甲当时的身体无论是动还是静，无论其是在睡觉还是聊天……与火车相撞之间都没有必然联系。正如德国刑法学者耶赛克所言："对于目的行为的进程具有典型意义的通过意志冲动来对因果过程的操纵，在不作为犯罪的情况下是不存在的。"②

除"因果行为论"、"目的行为论"外，刑法理论中还存在"社会行为论"③、"人格行为论"④ 等非主流的行为理论，但这些理论都无法对所有犯罪行为做出合理解释，这应该是刑法学界的共识。犯罪是一种行为，正确认定行为是正确认定犯罪的前提和基础，现行犯罪构成理论用这么一些错误的行为理论作为自己的基础，怎么可能在逻辑

---

① 这一分析，同样适合于所有的过失行为。
② 〔德〕汉斯·海因里希·耶赛克、托马斯·魏根特：《德国刑法教科书》（总论），徐久生译，中国法制出版社，2001，第 272 页。
③ 关于"社会行为论"的"弱点"，参见〔德〕克劳斯·罗克辛：《德国刑法学总论》（第 1 卷），王世洲译，法律出版社，2005，第 155 页。
④ 关于"人格行为论"的评价，参见〔德〕汉斯·海因里希·耶赛克、托马斯·魏根特：《德国刑法教科书》（总论），徐久生译，中国法制出版社，2001，第 274 页。

上不"千疮百孔"、"漏洞百出"呢？

2. 到目前为止的犯罪构成理论，都不是以对行为构成要素的分析为基础建立的

如果犯罪是一种行为，对行为构成要素的分析应该同样适用于对犯罪行为的分析。换言之，以分析犯罪构成要件或犯罪成立条件为核心的犯罪构成理论，必须以对行为构成要素的正确理解为基础。同样遗憾的是，除笔者本人曾做过的一些尝试之外，还没有一种主流理论是建立在这样一种基础之上的。

由于没有对"行为的构成要件"进行分析，离开行为构成要素这个基础来构建自己的基本范畴和逻辑体系，导致了现有犯罪构成理论存在以下错误。

第一，错误地将"行为"作为犯罪行为内部的一个要素，在逻辑上导致了一个构成犯罪要素的外延大于整个犯罪构成外延的错误。

如果我们坚持犯罪是一种行为，根据种属关系，我们就必须承认犯罪行为是一个外延小于行为的概念。同理，如果我们认为犯罪构成要件是构成犯罪行为的要件（条件），所有的犯罪构成要件在逻辑上都只能以犯罪行为的一部分为内容。但是，现行的犯罪构成理论，无论是"四要件"体系还是"三阶层"理论，却都将"行为"（如"三阶层"理论)"，或者"危害行为"（如"四要件"体系）作为犯罪成立的一个构成要素，这些表述在逻辑上都犯了部分大于整体的错误。例如，"危害行为"显然是一个外延大于犯罪行为的概念，但是，在"四要件"体系中，"危害行为"却只是犯罪构成客观方面的一个要素。又如，"行为"是一个外延比犯罪行为甚至"危害行为"都更大的概念，但在"三阶层"理论中，这个概念同样只是作为犯罪成立条件之一——"构成要件该当性"的前提或构成要素。

第二，错误地将"违法性"和"犯罪客体"等人们对犯罪行为的社会属性的认识，作为犯罪行为的构成要件本身，将犯罪构成变成了一个不可能用来认定犯罪的体系。

　　当人们说犯罪是一种行为时，除了意味着它是一种可以归因于行为人（主体）的现象外，更重要的是，我们用这种方式来强调犯罪必须是一种表现在客观世界的事实，而不是一种仅存在于人类思维之中的人对事实的某种认识。因为事实不仅是一种人们可以感觉的客观存在，同时也是一种可以直接用客观证据证明的客观存在。坚持犯罪是一种行为，可以从两方面发挥刑法保护公民自由的作用：一是防止立法者惩罚（不可能直接造成客观危害的）思想；二是防止司法人员（在没有证据的情况下）任意出入人罪。

　　与客观事实相反，人们对事实的某种认识，不仅是一种只存在于人们思维之中的现象，不可能用客观事实作为证据直接证明；更要命的是，面对同一事实，不同的人完全可能因为立场、经历、知识结构甚至健康状况的不同，而得出"横看成岭侧成峰，远近高低各不同"的结论。一种事实（现象）越复杂，人们对其认识的分歧就越大。人类这一基本的认识规律说明，面对犯罪行为这样一种复杂的事实，如果是以人们对其性质的某种认识作为标准，这种标准的内容必然是不确定的。①

　　遗憾的是，现行犯罪构成理论，不论是"四要件"体系，还是"三阶层"理论，都包含了很多不是将事实，而是将人们对犯罪的认识作为构成犯罪要件的情况。本文只分析分别在"三阶层"理论和"四要件"体系中最具典型性的两个概念："违法性"和"犯罪客体"。

　　在"三阶层"理论中，"违法性"是一个极其重要的基本范畴，同时也是最具争议性的犯罪成立条件。正如笔者前面已经指出的那

---

① 举一个非常简单的例子，现有的所有关于的"人"的定义，不论是"能够制造劳动工具的动物"（马克思的定义），还是"具有高级智能的动物"（经典的心理学定义），恐怕都难以准确地区分人与动物的界限。

样，在"三阶层"理论中，这个概念最初表示的意思是：一个符合构成要件的行为，同时也是一个为整体的法律秩序所不容忍的行为。这个意义上的"违法性"被称为"形式违法性"，其认定标准是不存在"法定的正当理由"（即没有法律规定的"正当化事由"或"阻却违法事由"）。后来，人们发现，在具备构成要件该当性的行为中，有很多行为，即使找不到法定的正当理由，也不应该被作为犯罪处理。例如，根据"三阶层"理论，正当防卫、紧急避险、执行合法命令、履行法定职责、权利人授权、职业行为等行为都是符合构成要件的行为。除了正当防卫和紧急避险之外，我国刑法并没有明文规定实施这些行为不负刑事责任。如果坚持"（形式）违法性"是犯罪成立必须具备的条件之一，坚持只要没有法律明文规定的理由就应将这些行为统统作为犯罪处理，我们的社会根本就不可能存在。但是，如果承认在某些情况下，"违法性"并不是犯罪成立的必要条件，整个"三阶层"理论也成为一个内容不确定的体系。除此之外，刑法理论还发现，如果仅仅强调犯罪是形式上违法的行为，立法者就完全可能任意地扩大或缩小犯罪的范围，将刑法变成限制公民自由的工具。

　　为了防止立法者专横，堵塞"三阶层"理论体系的上述漏洞，人们提出了"实质违法性"的概念。最初提出这一概念的德国刑法学家李斯特认为：所谓"实质违法性"，是指犯罪行为对"法益"的侵害，并提出了"没有法益侵害就没有犯罪"的主张。由于这里的"法益"，是指在刑法保护之前已经为其他法律所保护的利益，"实质违法性"这一概念，实际上是在强调刑法是一种保护合法利益的"最后手段"，不能用刑法去保护其他法律没有保护的利益。因此，"实质违法性"的主张者们认为：坚持以这个概念作为犯罪成立的必要条件，不但能防止立法的专横，同时也能使"违法性"这个犯罪构成的条件有了确定的内容，以达到更好地保护公民自由的目的。

但是，在随后的研究中，人们发现了以下两个事实：（1）并不是所有犯罪行为都会侵犯某种先于刑法的利益（如一些只为刑法所禁止的行为）；（2）人们对许多犯罪所侵犯"法益"的认识都存在很大的分歧（如强奸罪侵犯的"法益"究竟是妇女的健康、贞操、性权利或者其他）。前一事实的存在意味着："法益"这个概念，根本无法发挥限制立法者专横的作用；后一事实的存在则意味着："法益"这个概念，同样无法保证"违法性"这个犯罪成立条件内容的确定性。

在"四要件"体系中，同样存在用对犯罪行为的认识，而不是构成犯罪的事实本身作为犯罪成立条件的情况。以"犯罪客体"作为犯罪构成的基本要件，就是其中最典型的例子。在"四要件"体系中，"犯罪客体"是指"刑法所保护并为犯罪所侵犯的社会关系"。在分析"四要件"体系和"三阶层"理论内容的同一性时，本文已经指出："四要件"体系中的"犯罪客体"是一个与"三阶层"理论中的"违法性"内涵基本一致的概念。这二者内涵上的一致性，必然导致二者缺陷的一致性。例如，用"刑法所保护并为犯罪行为所侵犯"来界定犯罪客体的范围，显然不可能起到限制立法者专横的作用（例如，同样不可能防止立法者用刑法来禁止还没有为其他法律所禁止的行为）；而"社会关系"这一概念，与同样以"社会关系"为内容的"法益"一样，显然也不可能避免人们对这个犯罪构成要件认识的分歧（例如，同样不能解决强奸罪究竟侵犯了什么客体的问题）。

为什么"违法性"和"犯罪客体"会成为各国犯罪构成理论中人们分歧最大，因而内容最不确定的因素？从认识论的角度考察，这两个概念的内容都不是直接可以用客观事实作为证据证明的事实，而是一种人们对构成犯罪的某一事实的社会性质①的认识，这可以说是最根本的原因。犯罪现象的复杂性，决定了人们对犯罪行为性质认识的多样性，任何一种只要不是以概括构成犯罪的事实本身为内容的构成

---

① 即对犯罪对象所代表的社会关系或"法益"的认识。

理论，其内容必然是不确定的。

犯罪构成理论的主要作用在于指导司法实践正确地理解刑法中的犯罪规范，从而帮助司法人员正确地认定犯罪。但是，如果这种指导司法实践认定犯罪的理论本身的内容是不确定的，依据这种理论所理解的刑法规范的内容也必然是不确定的；如果司法人员对刑法规范的理解是不确定的，要根据这种理解来正确地认定犯罪就是不可能的。因此，任何犯罪构成理论，只要以"违法性"、"犯罪客体"等人们对犯罪性质的认识为构成要件，在实践中只可能有两种命运：要么严格地坚持这个理论，使司法实践正确认定（对"犯罪客体"、"法益"有争论的）犯罪成为不可能；要么坚持按照法律的规定正确地认定犯罪，将这种不可能认定犯罪的理论扔在一边。①

四　并非多余的话

行文至此，本应结束，但是，不可忽略这样的事实：各国的刑法理论界，都将犯罪构成理论视为认定犯罪的标准；在我国的司法实践中，将行为是否符合犯罪构成视为认定犯罪的根据，已是较为常见的做法；我国的司法考试，一开始就已经把包括犯罪构成理论在内的法学理论作为考试的重要内容。考虑到以上事实对民主法治建设的危害，笔者认为，以下的话绝非多余。

（1）现行的犯罪构成理论，不论是"四要件"体系，还是"三阶层"理论，都对刑法规定的犯罪成立条件进行了系统的归纳和分类，因而在一定意义上都能指导司法实践认定犯罪的活动，但是，绝不能忘记的是：我们只能用这些理论来指导我们理解相关的法律规范，决

---

① 有必要再次在这里强调的是：所谓"四要件"体系能够很好地指导司法实践定罪，实际上是指：（1）该理论体系中已经包含了刑法规定的犯罪成立必须具备的全部条件；（2）在运用该理论的过程中，司法实践已经不自觉地克服了该理论的缺陷。例如，在认定强奸罪时，司法实践根本不会去认定该罪的客体是妇女的健康、贞操还是性权利（这种人们对强奸罪客体的认识），而是非常简单地认定强行奸淫行为是违背被害人的意志（这一事实）就够了！

不能将这些理论作为认定犯罪的标准。这不仅因为这些理论本身存在许多根本缺陷，更重要的是，这些理论都是刑法理论对刑法规定的犯罪成立基本条件的认识，而不是规定犯罪成立条件的刑法规范本身。如果我们将一种理论，而不是把法律本身作为认定犯罪的标准，这种"狸猫换太子"的做法，不仅在理论上有"挂羊头卖狗肉"之嫌，而且在事实上必然带来破坏罪刑法定原则的负作用。

（2）国家法律规定的内容应该是统一的。作为对法这种社会现象和国家法律规定的认识，法学理论不仅学派林立，而且是相互矛盾的（如果不是观点不同，就不会形成不同的流派）。国家的司法考试，不是研究生考试，考试的内容应该是人们理解和应用法律的能力，而不是对某一种法学理论的掌握程度。不论将哪一种法学理论作为司法考试的内容，实际上都是在用行政手段推行某一种本身可能有严重缺陷的法学理论。这种做法，不仅在理论上会严重阻碍法学的繁荣和发展，在实践上更是会产生严重破坏国家法治基本原则的后果。①

（3）各国的犯罪构成理论都是对刑法规定的犯罪成立基本条件的归纳和总结。尽管在一般情况下，符合全部犯罪构成要件或犯罪成立条件的行为，就是应受刑罚处罚的犯罪行为。但是，不论是在中国刑法还是在外国刑法的适用过程中，都不排除中国刑法第13条"但书"规定的情况：一个行为，尽管完全符合法律规定的犯罪成立所必需的基本条件（刑法第13条中的表述是：依照法律应当受刑罚处罚），但根据案件的具体情况，只能得出不认为该行为是犯罪的结论。这种情况的存在说明，在各国刑法理论中具有主流地位的犯罪构成理论中所包括的犯罪成立条件，都应该是犯罪成立的必要条件，而不是认定犯

---

① 实际上，我们在设计司法考试时，完全可以撇开纯理论，而直接以法律规定的内容、法律用语的理解、法律规定的适用范围、具体事实的法律性质、具体案件的法律适用等问题作为考试的内容。

罪成立的充分条件。换言之，即使现行的犯罪构成理论是一种标准，它只能是认定犯罪成立必要条件的标准，而不是认定犯罪成立充分条件的标准。笔者认为，要想在运用犯罪构成理论指导实践的过程中，既能做到将"情节显著轻微危害不大的，不认为是犯罪"，又能保持犯罪构成各要件内容的确定性，将犯罪构成理解为犯罪成立的必要条件，而不是认定犯罪的标准，可能是唯一正确的选择。①

（本文原载于《现代法学》2010 年第 1 期）

---

① 由于在符合刑法规定的犯罪成立基本条件的情况下，决定一个行为不构成犯罪的因素，可能来自构成犯罪的不同方面（如主体尚未成年、存在可宽恕动机、客观危害轻微、被害人过错等），仅仅在任何一个犯罪构成要件中增加一个要素（如像"三阶层"理论那样，在"有责性"中增加"期待可能性"），都不可能真正地解决这个问题；如果像有的论者那样，将犯罪构成要件都理解为开放性的因素，无疑意味着每一犯罪构成要件都没有确定的内容，从而使犯罪构成理论无法指导人们理解认定犯罪的刑法标准。

行为无价值与结果无价值的关系

周光权[*]

行为无价值论与结果无价值论之争是中外刑法理论界普遍存在的基本立场之争，现在已渗透到犯罪论、刑罚论与许多具体犯罪的各个方面。在我国转型期的社会背景与犯罪论体系重构之争的理论背景下，研究行为无价值论与结果无价值论的基本问题可以更好地回应社会发展与司法实务的现实需求，推动刑法学各个具体理论的深入发展。

一　行为无价值论和结果无价值论的对立点

结果无价值论以法益侵害或危险作为违法评价的基准，从行为所引起的结果中去寻找违法评价的对象。结果无价值论的主要特色在于以下两方面。其一，重视结果。其主张刑法的目的是保护法益，违法性的实质是法益侵害或者制造危险。其二，违法是客观的，违法判断的对象是事后查明的客观事实。

对行为无价值论与结果无价值论的对立，学者们一般进行如下概括。平野龙一教授认为，如果肯定"国民应当遵循一定的价值基准实施行动，而刑法是对违反该价值基准的行为实施处罚，因此，刑法的任务是维持社会伦理"，便是"行为反价值论"。反之，如果以"存在价值基准各异的形形色色的人们为前提，认为刑法有必要保护人们的共同生活所必需的必要基本价值"，并且认为"刑法的存在是为了保

＊　周光权，清华大学法学院教授、博士生导师，全国人大法律委员会委员。

障价值基准各异的人们的共存，保护作为个人生存基础的生命、身体、自由、财产"，则是"结果反价值论"。① 前田雅英教授强调行为无价值论和结果无价值论的区别在于：前者主张保护的对象是道德、伦理，后者保护的是生活利益；前者认为违法评价的"静的对象"包括主观面，后者限于客观面；前者坚持违法评价的"动的对象"以行为为中心，后者以结果为中心；前者主张违法评价的时点应是行为时，后者限于结果发生时；前者认为刑法法规发挥的是行为规范的机能，后者认为是裁判规范的机能。②

应该说，平野龙一教授、前田雅英教授对行为无价值论的讨论都是以旧行为无价值论（伦理规范违反说）为素材的。但是，如果将规范定位于行为规范而非伦理规范，对行为无价值就可以有不同的理解：认为犯罪是违反行为规范进而侵害法益的行为，因此，要从包含意思在内的行为中探求违法评价的目标，而不能仅仅盯住事后出现的结果。行为无价值论意在强调刑法要以积极的姿态参与社会治理，重视通过对行为的禁止、制裁来凸显规范的重要性，进而实现一般预防目的。

在这个意义上，可以认为行为无价值论与结果无价值论在以下四个方面呈现对立。其一，违法性的本质是什么？究竟是法益侵害还是对行为规范、命令规范的违反？在并不存在行为侵害法益的危险时，能否仅根据行为的规范违反性进行处罚？例如，甲驾车正常行驶，致横穿马路的丙重伤，乙教唆甲驾车逃离现场，让其不救助被害人丙，后者最终死亡。因为规范对甲并无救人的期待，所以，即便存在丙后来死亡的后果，按照共犯从属性的法理，没有违反行为规范的教唆者乙也无罪。其二，主观要素是否对违法性有影响？在成立犯罪之际，

---

① 参见〔日〕平野龙一《刑法的机能性考察》，有斐阁，1984，第 16 页；〔日〕平野龙一：《刑法总论Ⅱ》，有斐阁，1975，第 212 页。

② 参见〔日〕前田雅英《刑法总论讲义》（第 4 版），东京大学出版会，2006，第 51 页。

是否应将重点放在行为的故意、动机与目的等主观要素之上。换言之，违法判断的"静的对象"是主观的因素还是客观的因素？或者说，是否应承认主观的违法要素？例如，按照行为无价值二元论，租赁汽车然后转手卖掉的，必须结合租车行为时的意思，才能确定行为具有诈骗还是侵占的违法性。其三，判断违法性的基准点、重点究竟在哪里？是行为还是结果？换言之，违法判断的"动的对象"是以行为为中心，还是以结果为中心？其四，违法性判断的逻辑是什么？是事前的还是事后的判断？判断的顺序是什么？是沿着行为—结果的顺序思考问题，还是根据结果进行反向判断？在这一点上，行为无价值论重视行为，强调从行为到结果的"顺向"思维逻辑。例如，在区别故意杀人罪和遗弃罪时，先考虑行为手段、案件发生场所的特殊性，再考虑法益侵害。结果无价值论则选择"逆向"思考。[①]

笔者赞成立足于行为规范违反说的行为无价值二元论，因此，就行为无价值论和结果无价值论的分歧而言，笔者的基本观点如下。其一，违法性的本质是行为规范的违反。同时，侵害法益也是违法性判断的根据之一，在没有法益侵害或危险时，不能仅根据行为的规范违反性进行处罚。其二，应当承认主观的违法要素。其三，判断违法性的基准点、重点是行为，在既遂犯、结果（加重）犯的场合，判断对象以行为为中心同时考虑结果。其四，违法性判断是事实判断。对行为危险性的判断应从行为出发。对客观结果归属的判断，应根据结果进行反向判断。

二　为什么仅有结果无价值是不够的

（一）从违法性论的发展史看，仅有结果无价值是不够的

在刑法理论史上，先有结果无价值论，后有行为无价值论。行为

---

① 周光权：《违法性判断的基准与行为无价值论——兼论当代中国刑法学的立场问题》，《中国社会科学》2008 年第 4 期。

无价值论的兴起与对客观不法论的反思有关。

今天，多数日本学者所坚持的结果无价值论，主要是早期的客观不法论。这种理论的特色是主张不法是对行为造成的客观"事态"变动进行评价。既然不法是行为对客观事件的干扰，那么其与个人的意思以及是否可以被归责无关。详言之，按照早期客观不法论的逻辑，其结果表现为如下方面。（1）刑法规范是评价规范，违法的永远是行为而非行为人，因为只有外在的行为才能造成生活秩序的困扰，这种结局和行为人的年龄、精神状态、心理状态缺乏内在联系，不法概念在这个意义上与责任能力无关。不法是行为人违反评价规范。法规范必须在对个人行为的对错进行评价之后，才能引导个人的行为，发挥其决定规范的作用。因此，刑法规范不可能首先是决定规范，其评价规范的特质和优先性必须得到充分重视。（2）不法的评价重点是外在的客观损害事实，而不是行为人实施了侵害法益的行为。因此，行为人的故意、过失与违法无关，对主观不法要素在违法性判断阶段完全不应考虑。（3）不法是行为人基于因果关系造成法益侵害。只要行为和结果之间是存在因果联系的，就能够认定行为具有违法性。故意、过失只是责任要素。

针对上述观点，通常的批评意见主要有以下几方面。（1）对某些犯罪（例如取得型侵犯财产罪）的不法性，明显需要结合非法占有目的等主观要素来加以说明。因此，结果无价值论（早期客观违法性论）所主张的违法是绝对客观的说法，不可能贯彻到底。（2）早期客观不法论赞成因果关系的条件说，过于机械，且无从区分刑法并不关心的自然现象和刑法所要惩罚的犯罪行为之间的界限，使得洪水将甲冲走和乙将丙推到江河中淹死在不法评价上相同——如果不考虑死亡是由人基于不法意思所引起，那么，甲、丙死亡就可以根据上述两种情况，分别解释为"洪水凶猛—甲落水—被淹死"，以及"乙推倒丙—丙落水—被淹死"，不法评价就都是针对被害人被水淹死的物理性、机械性因果历程的"回顾"。但是，这样的立场明显和现代刑法学价值评价程度不断提高的现实相悖。① 仅仅考虑结果就确定行为违法，实际上贯彻了宗教法上的"自陷禁区理论"（versari in re illicita）理论。该理论认为，如果行为人的行为不被允许，则必须对一切结果负责。行为人如果实施了不被允许的行为，犹如踏入禁区一般，必须对禁区范围内所发生的一切结果负责。这个理论一开始被用来决定神职人员是否不合教规，而应否被解职，后来意大利刑法继受了该规定，从而使之成为刑法上归责原则。② 纯粹结果无价值论的逻辑和自陷禁区理论具有一致性：只要造成结果，该结果又和行为有因果关联的，就是不法，至于行为是否违反规范才造成结果，在所不问。但这明显是不合适的结论。（3）完全不考虑行为的无价值与刑法规定不相一致。"大多数的犯罪，我们既否定其行为方式，也否定此行为所引起的结果，换言之，行为非价与结果非价同时呈现。少部分的犯罪，我们的抑制重点是行为方式本身，即行为非价，例如：抽象危险犯、未遂犯。"③ 不可否认，刑法分则的规定，重点展示了行为无价值的思路，主要表现在其规定了类型化的、可能侵害法益的行为模式来提示人类行为。对于这种类型化的法益侵害行为，在认定犯罪时必须加以审查。任何人类举止必须与刑法分则所规定的类型化行为模式相一致，才是刑罚处罚的对象，否则就应该排除行为的无价值。这是构成要件符合性判断的题中之义，也是罪刑法定原则的当然要求。

为避免结果无价值论的上述弊端，主观违法性论正式登场。该说认为，法规范发出命令或者禁止，对个人行为予以规制。但是，违反规范的行为并不都是违法行为，因为法规范只是对能够

---

① 周光权：《价值评价与中国刑法学知识转型》，《中国社会科学》2013 年第 4 期。
② 参见许玉秀《当代刑法思潮》，中国民主法制出版社，2005，第 695 页。
③ 林东茂：《刑法综览》（修订 5 版），中国人民大学出版社，2009，第 133 页。

理解规范的人产生效力，对于不能理解规范含义的人或者动物，规范毫无影响力。这样，个人的责任能力就是违法的前提。① 换言之，只有在个人能够理解规范的意义并且能够按照规范行事时，其违反规范的行为才能够被评价为违法。不法因此就是"归责"意义上的不法。②

应该说，主观违法性论的缺陷是显而易见的：一方面，不法判断是一种立足于客观事实以及法规范的判断，其必须是本于客观标准的价值判断，而不能是纯个人标准的判断；另一方面，违法和责任必须明确分开，而主观违法性论使得行为无价值论与人格责任论之间的关系纠缠不清。③

面对主观不法论的缺陷，Welzel 立足于目的行为论，倡导"人的不法论"（Personal Unrechtsauffassung），即对无责任能力者的行为可以进行违法性判断，使违法性和责任的区分得以实现。但是，对于动物、自然灾害所造成的损害，则不能像客观违法性论那样做违法性评价。Welzel 明确提出，对不法的判断，必须从人愿意支配、能够支配世界的意思出发。这样，故意就从责任判断阶段提前到违法性判断中——行为人侵害法益的目的意志对于违法性有决定性影响。行为无价值论就需要讨论两个层面的问题：客观上有逾越规范界限的行为，主观上在行为时具有故意。④

Welzel 理论的出发点是为了区别自然现象所引起的法益损害事实和刑法所关注的犯罪行为之间的界限。为此，他特别对早期客观违法

---

① 我国学者也有类似观点。对此，请参见张文、刘艳红《犯罪人理论的反思与重构：以犯罪人格为主线之思考》，载北京大学法学院刑事法学科群组编《犯罪、刑罚与人格：张文教授七十华诞贺岁集》，北京大学出版社，2009。

② 〔日〕大塚仁：《刑法概说总论》（第 3 版），有斐阁，1995，第 342 页；冷必元：《风险犯法益侵害的二元违法性评价》，《国家检察官学院学报》2014 年第 1 期。

③ 周振杰：《日本现代刑法思想的形成》，载陈兴良主编《刑事法评论》（第 29 卷），北京大学出版社，2011。

④ 参见陈璇《德国刑法学中结果无价值论与行为无价值论的流变、现状与趋势》，《中外法学》2011 年第 5 期。

性论的因果关系理论加以批评：对于某一行为在刑法上是否有意义，不应该仅仅从物理性、机械性因果历程的角度考虑，而要看人是否能够基于其意思支配外在世界。如果能够实现这种支配，刑法就需要对这种行为给予否定性价值评价。例如，洪水会淹死人，一个人将另外一个人推到大海中，也会淹死人。但是，刑法所要关心的，不是人落水，然后引起一系列生理反应（例如呼吸停止、心脏停止跳动，然后发生死亡后果），而是要关心一个人想要杀害他人，并基于其意思引起死亡后果的事实。如果不是行为人有杀害意思，并将这种意思现实化、具体化，他人的死亡就不会发生。因此，在进行不法评价时，就不能不考虑行为人基于其意思支配外在客观事实的因素。换言之，只有当行为人基于自身的意思实施特定行为时，法益损害才能归责于行为人。刑法所要惩罚的犯罪行为和自然力造成的损害之间的差异不在于后果的严重程度，而在于引起后果的原因：不法行为与人的意思及支配有关，不法评价不能脱离主观要素；自然力所引起的损害不是人为事件，不需要进行不法评价。也正是在这个意义上，我们需要特别重视行为概念，将其从自然意义上的身体动作中解放出来，赋予其特定的不法内涵。

Welzel 认为，不法同时具备行为无价值和结果无价值，但二者之间不是并列关系，行为无价值判断具有绝对优先的地位，结果无价值判断依附于行为无价值，其重要性不能与行为无价值相提并论。换言之，只有行为人实施应该受到否定性评价的行为，后续的法益损害才能归咎于行为人，也才有必要再讨论结果无价值。在所有的犯罪中，都存在行为无价值；但是，仅仅在部分犯罪中需要特别讨论法益问题。Welzel 的行为无价值概念，是事实评价和价值评价的统一：先从事实的角度确定规范评价的对象——行为，再从价值评价的角度对行为定性。例如，在抢劫罪中，行为人出于故意，使用暴力、胁迫压制他人反抗后强行夺取他人财物，这一行为是抢劫的判断对象；抢劫行为在刑法规范体系中被评价为违法，从而受到惩罚，这是对行为的规范的、价值的评价。因此，"无价值"是评价对象和否定性价值评价的统一体。

现代修正的客观违法性论，为在当今德国成为通说的行为无价值二元论所主张，其主要理论构想如下。其一，放宽不法判断的范围，在肯定结果无价值的前提下承认主观不法要素。其二，在违法性论中，对不法判断的对象和不法判断的基准分得很清楚。判断对象是构成要件行为，行为无价值论认为其同时包含外在行动与内在的"主观认知要素"，是主、客观要件的统一体。行为无价值二元论和结果无价值论都承认判断基准是从法秩序的角度审视构成要件行为，其必然是"客观的"价值判断，确定刑法禁止规范的适用对象时，不需要考虑行为人的归责能力。行为无价值二元论只不过是在客观的法益侵害之外，同时考虑主观意志内容是否得到实现，综合评价法益侵害的过程。这主要是因为，刑法规范将人的行为作为对象，构成要件所针对的是人的特定行为形态，因此，只有将行为无价值和结果无价值统合在一起，才能组成完整的不法概念。"结果无价值论忽视违反规范意味着行为无价值，仅以结果的发生认定不法，只能遭到对导致不法概念无限制扩大化的批判"。[①] 其三，肯定客观违法性论，就必须建立系统的对因果关系进行价值判断的理论。

（二）结合刑法立法和司法实务，可以看出仅有结果无价值是不够的

1. 从立法角度的分析

首先，利用法益侵害说难以解释侵害大致相同的犯罪在处罚上的巨大差异。例如，盗窃罪和故意毁坏财物罪的法定刑差别很大，后者的法益侵害性更大，但刑罚却较轻，在这里，立法主要考虑的是行为无价值，而不是单纯的法益侵害问题。一方面，是犯罪对于国民法情感、安全感的侵害程度；另一方面，是行为是

---

① 〔韩〕李在祥：《韩国刑法总论》，韩相敦译，中国人民大学出版社，2005，第98页。

否很容易被他人模仿，从而侵害公众认同的基本行为规范。此外，盗窃罪和贪污罪都是贪利且侵害占有的犯罪，但是，在同样数额下，刑法对前者似乎更为严厉，主要是因为盗窃行为一旦发生，公众能够直接感受到侵害的发生，规范有效性容易受到冲击，而后者不会使个人直接受害，在公众看来，规范认同感遭受侵害的感受不是那么直接和强烈，因此，处罚相对较轻。可见，刑法对分则中某些犯罪的态度，在结果无价值之外，显而易见地受行为无价值的影响。

其次，刑法分则的很多规定，行为无价值论的倾向性极其明显。第一，刑法分则中规定的大量非数额的"情节"，在少数情况下包括结果，但在多数情况下，是结果之外的社会影响等，是规范关系的体现，是对行为本身危险性程度而不是结果的强调，贯彻了行为无价值论的思路。第二，抽象危险犯的大量出现，使得行为规范违反是违法性本质的这一侧面得到突显。"损害的证明被放弃了……存在于法官的判断中者，不再是其行为的危险性，而是过去此行为入罪化时立法者的动机。"① 法益概念也在一定程度上被解消。按照罗克辛的说法，在抽象危险犯的外表之下，要处罚一个单纯是预备的犯罪行为，需要一个法益侵害原理之外的特别的评价，即针对预备犯、抽象危险犯提出特殊的"犯罪结构"，由"犯罪结构来补充法益原则"是十分必要的。② 中国近年来增设新罪时，不考虑后果或者情节，将实施一定举止的行为直接确定为犯罪（醉酒驾车构成危险驾驶罪、扒窃入罪等），走的都是这种路子。在这里，法益的重要性其实是退隐的。"抽象危险犯的规定越是增加，刑事处罚的范围就越是扩大，但其距

---

① 〔德〕Winfried Hassem：《现代刑法的特征与危机》，陈俊伟译，《月旦法学杂志》2012 年第 8 期。

② 〔德〕Claus Roxin：《法益讨论的新发展》，许丝捷译，《月旦法学杂志》2012 年第 12 期。

离法益侵害的距离'远近'并不一定直接受到影响。"① 第三，对很多犯罪，法益侵害性相同，但刑法按照行为手段（样态）的特殊性加以规定。典型的例子是以各种危险"方法"危害公共安全的犯罪、对非法出租出借公务用枪或配置枪支规定不同的罪名、走私对象不同时成立不同犯罪、对利用特殊手段实施的诈骗行为以合同诈骗罪或者金融诈骗等罪定罪处罚、按照（并不属于结果的）特殊主体分别规定渎职犯罪等。第四，有的刑法条文直接使用含有明显道德评价的字样，例如，在道路上追逐竞驶，立法上直接规定"情节恶劣"的，构成犯罪。而情节恶劣比情节严重所蕴含的道德评价内容更为丰富。第五，为数不少的分则条文设定"注意规定"，以提示行为样态。例如，盗窃信用卡并使用的，刑法规定以盗窃罪论处，这一规定的出发点显然是窃取这一行为样态，而不是法益最终被侵害的事态。

再次，刑事立法对绝大多数构成要件的规定，都使用了包含行为人主观目的、倾向的词语。例如，"诈骗"、"伪造"、"强迫"、"拒不退还"等，这说明故意以及其他足以影响行为的主观要素，已经在构成要件中得到体现，成为构成要件的重要组成部分。又如，故意杀人行为是基于剥夺他人生命的故意而实施的高度危险行为，与只是本着伤害意思实施的行为，单就客观表现而言，在很多场合都难以区别。因此，要判断故意杀人罪的客观违法性，还需要考虑基于故意的杀人行为的客观样态。再如，控制人质的行为，不联系索取债务的意思，就难以区分非法拘禁和绑架；伤害行为，不联系取得财物的主观意思，就难以区分故意伤害罪和抢劫罪；强拿硬要的行为，不联系寻衅滋事的意思，就难以区分抢劫罪和寻衅滋事罪；收购赃物的行为，根据事前有无通谋的行为样态，认定其违法性是盗窃还是掩饰、隐瞒犯罪所得。此外，对于洗钱罪，刑法将其规定在破坏社会主义市场经济秩序

---

① 王永茜：《论现代刑法扩张的新手段——法益保护的提前化和刑事处罚的前置化》，《法学杂志》2013 年第 6 期。

罪而非妨害司法秩序罪中，也是充分关注了其行为样态：行为发生在金融领域，在从事金融活动中实施，最终危害司法秩序。这些都说明立法上承认主观要素有区别于行为及其样态的独立存在价值。

最后，从世界各国犯罪化的角度看，犯罪圈不断扩大，主要是为了确立行为规范，而不仅仅是出于保护法益的考虑。因为一些轻微的违法行为，按照治安管理处罚法等行政法规进行处置完全可以保护合法权益。但是，刑法明显是为了树立行为"样板"，确立新的行为规范，而对犯罪圈进行扩大。

2. 从司法实务上看

一方面，结果不法仅仅能够提供认定既遂的形式标准。一般认为，既遂与未遂的区别，只是行为人所期待的、构成要件所决定的结果是否发生。但是，仅仅从结果出发去判断不法是否存在，视野太窄。例如，妨碍法院执行的犯罪，没有成功将被执行财产转移的，结果不法当然被否认；但被告人事前将财产转移成功，法院的执行行为尚未开始的，结果不法也被否定。因此，在违法性判断上，真正否定结果不法的并不是结果有没有发生，而是法院依法执行的行为是否存在。因此，结果不法不是决定行为不法的唯一指标。另一方面，有无处罚必要性，要考虑法益侵害，但也要考虑规范违反的程度，以及公众在危害行为实施当时所认同的主要观念。以此为背景，即便承认法益侵害说，也要考虑所有的法益侵害背后都体现主流的价值观念，都是规范关系强烈渗透的产物，甚至可以认为行为规范内在于法益侵害之中。唯其如此，何种法益需要保护，才能成为动态的东西。

因此，在实务上如果考虑司法过程的特质，考虑行为规范违反与法益侵害之间的紧密关系，就不能将法益看作是静止的东西，不能仅将法益侵害理解为犯罪本质的全部。"侵害"这一表述不得被自然而然地理解为对特定的行为客体的损害（例如理解为杀人或损害财物），

而是被理解为违反了应当受到法规范保护的观念价值的违法行为。^①
为此，在司法上就有必要把法益理解为动态的，和一定时期的法规范、
行为规范相一致的利益，把法益理解为社会关系的现实化，把法益侵
害和对共同体关系、规范关系的损害以及对社会的危害相勾连。在这
个意义上，可以说在法益侵害之外同时考虑规范违反、行为无价值就
是在所难免的。强调这一点，对于当下的中国司法实务尤为重要。中
国社会处于不断转型的时期，对犯罪的判断必须在结果无价值之外，
随时关注行为规范的导向，以及规范关系被破坏的程度，及时转变刑
法观念。而要做到这一点，仅靠结果无价值判断，试图以不变应万变，
是不太可能的。

（三）　如果仅有法益侵害没有规范违反也是不法，势必扩大处罚范围

按照行为无价值二元论，行为即便造成法益侵害，但没有违反规
范的，不是犯罪。乙不法侵害甲，甲正当防卫之后造成乙伤害，后者
流血不止，但甲明知此情形而不予以救助，导致先前的不法侵害人乙
死亡的，有的学者认为甲成立不作为的故意杀人罪。从形式上看，防
卫者有客观的防卫行为，死亡结果与其先前的行为有关，但是，其未
必由此就成立不作为杀人罪。这里的关键在于：甲应否被社会期待对
攻击者伸出援手？甲的行为似乎属于危险前行为，但是，该行为是法
秩序所许可的，是合法的危险前行为，该行为并不产生保证人义务。
"不法的攻击者必须预估遭到反击的后果，并自行承担后果。要求防
卫者必须救助攻击者，不法攻击者的地位将优越于陌生人（任何人对
于陌生人的危难，都没有刑法上的保证人地位，也因此并无救助义
务）。此外，恰当的防卫之后，如果认为对于不法侵害者具有保证人
地位，等于承认正当防卫者的法律地位形同防卫过当者，甚至承认正

---

① 〔德〕汉斯·海因里希·耶塞克、托马斯·魏根特：《德国刑法教科书》，徐久生译，中
国法制出版社，2001，第288页。

当防卫者等于违法的侵害者。这都不是对于正当防卫者的公正论断。"①

张明楷教授认为，防卫时导致不法侵害人重伤，没有过当，但由于不救助导致被害人死亡的，属于防卫过当。② 但是，其主张明显不合适。第一，制造不被允许的危险的是不法侵害人，防卫人所实施的是规范所允许的行为，其离开现场的行为也没有制造规范所反对的风险，先前的不法侵害人在实施其行为时，对于他人防卫造成自己损害的结局，不能说毫无认识、毫无准备，存在自我答责的可能性，因此，认为防卫者的不救助成立犯罪，没有考虑被害人危险接受的法理，明显缺乏客观归责或结果归属的观念。③ 第二，导致无止境的回溯性评价。按理说，每一个正当防卫人在遭受不法侵害时，只要制止了不法侵害，在紧急状态下保全自己之后，就可以离开现场，这是一个遭受不法侵害的防卫人的正常举止。法律不能强求每一个防卫者在离开现场之前还要观察不法侵害者是否有死伤危险，否则，就和正当防卫制度设立的初衷相悖。按照张明楷教授的逻辑，每一个防卫人在离开现场后，都应该反过去考察不法侵害人被反击后、防卫人离开现场时的伤情。一旦防卫时形成的结局较轻，防卫人不救助，在其离开后形成了重的结局，防卫人都具有不法性。按照这样的逻辑，必然造成司法判断上的难题，也会给防卫人附加过多的负担。第三，我国刑法第20条第3款规定了特殊防卫权，防卫人在遭受行凶、杀人、抢劫等不法侵害时进行反击，直接造成不法侵害人死伤的，是正当防卫。但按照张明楷教授的逻辑，防卫人遭受程度最高的暴力侵害时，直接将不法侵害人杀死的，成立正当防卫；在原本就可以通过杀死不法侵害人的方式进行防卫的场合，防卫人一念之间"手下留情"，不法侵害人身

---

① 林东茂：《刑法综览》（修订 5 版），中国人民大学出版社，2009，第 126 页。
② 张明楷：《刑法学》（第 4 版），法律出版社，2011，第 157 页。
③ 问题是，张明楷教授在（仅仅从名称上）拒绝客观归责概念的同时，也十分肯定结果归属的意义。参见张明楷《也谈客观归责理论》，《中外法学》2013 年第 2 期。

受重伤的，如果防卫人离开现场导致先前的不法侵害人死亡的，防卫人的不救助就成了故意杀人，必然会造成处理结论上的不均衡——防卫时下手重的系合法行为，下手轻的反而有罪。第四，规范不应该对防卫人提出不合理的要求。其实，刑法规定对中止犯、自首者减免处罚，已经揭示出：规范不能要求行为人犯罪后不离开现场，逃避侦查和审判只不过是"人之常情"，所以法律才特别对中止、自首的情形从宽处罚。同理，正当防卫以及故意、过失侵害行为导致他人重伤，产生生命危险的，即便其不救助被害人，也应该仅在先前的法益侵害限度内承担责任。逃离现场者先前的作为行为违反了规范，但其单纯逃离的行为谈不上违反了新的规范。行为人犯罪以后，就其违法和责任由国家在事后给予处罚即可，禁止他人逃跑、要求他人不跑然后必须救人的规范依据并不存在。正当防卫人从规范的意义上讲，更没有义务去救助先前的不正义者，"正义不必向非正义屈服"。

综上，仅仅考虑经验上、事实上的死伤结果这一侵害事实，不考虑造成法益侵害的规范违反行为及过程，刑罚处罚范围过大的危险始终存在。

三　如何实现行为无价值和结果无价值的统合

按照平野龙一教授的说法，犯罪是由行为和结果所组成的，无价值的行为通常会导致无价值的结果，反过来，无价值的结果也往往从无价值的行为中产生，从这个意义上讲，行为无价值论和结果无价值论只不过是一个问题的两个侧面。[①] 在实质的违法性判断中，需要同时考虑行为无价值和结果无价值。那么，在行为无价值二元论中，结果无价值的存在究竟有什么意义，是难以绕开的问题。

---

① 〔日〕平野龙一：《刑法的机能性考察》，有斐阁，1984，第17页。

张明楷教授指出："二元论关于结果在体系上地位的结论，与作为前提的命令规范论相矛盾。只要将效法规范理解为命令规范，将违法性理解为违反刑法规范，那么，由于结果不是命令的对象，结果便不能纳入违法概念之中。"① 因此，他认为，以行为规范论为前提，就只能采用一元论。行为无价值和结果无价值本质相异，行为无价值二元论却将其统合到违法概念中，存在方法论上的缺陷。②

的确，行为无价值二元论侧重于审查"行为时"对规范的违反这种行为无价值。但是，这和"事后的"作为外界客观变化这种结果的无价值，似乎是异质的东西，二者如何能够统合起来？结果无价值论者也大多会提出和张明楷教授相同的问题，会认为作为二元论前提的行为规范论，和行为实施后结果发生的构成要素并存的体系有内在矛盾。但是，笔者认为，结合侵害犯/危险犯的结果/危险与行为的关联性进行分析，就可以发现结果无价值能够融入行为无价值二元论中，从而取得自己的地位，二元论内部没有内在矛盾。

1. 侵害犯的规范形成过程

刑事立法如果要肯定一定利益的重要性，当然应该对侵害该利益的行为、事态给予否定评价。因此，侵害法益的行为，或者对结果有支配的行为，必须要加以禁止。不具有这种结果支配性的行为，如果也给予禁止，其正当性必然欠缺，也和法治国的机理相冲突。不过，在这里存在一个值得研究的问题：禁止规范只能对相应主体的动机、态度、行为加以规制、发生影响，侵害结果是行为开始实施之后才可能出现的事态，不是禁止规范记述的对象。由此，产生了行为和结果之间存在"时间差"和"多因一果"（对于行为人不能认识的结果或者事态，是否有必要在规范上禁止）的问题。

---

① 张明楷：《行为无价值论与结果无价值论》，北京大学出版社，2012，第 80 页。
② 张明楷：《行为无价值论与结果无价值论》，北京大学出版社，2012，第 277 页。

关于"时间差"的问题，应当如此解释：侵害结果是否发生的全部因素，在行为时已经存在。在侵害结果发生的场合，可以反过去认为，极有可能在未来的某一时点导致结果发生的所有行为或条件，都是刑罚要禁止的对象。换言之，可能导致侵害结果发生的行为，一开始就是不应该允许其发生的。

关于"多因一果"问题，由于认识能力的限制，在多种因素综合发生作用才出现结果的情况下，行为者对结果发生的全部条件并不能完全认识。因此，禁止对象要限定为行为人有故意的场合。从客观的侧面看，被禁止的行为有两种。类型之一：甲行为合乎规律地引起乙结果，行为时点即引起法益侵害的情形（例如，甲对准被害人心脏猛击数拳导致被害人死亡的）。类型之二：行为时点没有引起最终结果发生的法益侵害，但因为多种因素的介入导致结果发生的情形（例如，甲重伤乙，被害人在送往医院途中被丙撞死）。上述第二种类型也是刑法要禁止的。但是，这种禁止达到何种程度，对人的行动自由是否会造成不必要的限制，从而出现禁止过度，将超越个人认识能力界限的行为作为规范禁止的对象，是一个值得研究的问题。如果刑法禁止过度，不法论的出发点不仅与行为无价值论相悖，也一定会和结果无价值论有所偏离。

应该承认，对规范违反的存否，在绝大多数时候都是进行"事前判断"。但是，对结果犯的不法判断，要考虑实际的侵害，从"事后"的角度对结果的发生、具体的遂行行为究竟属于类型之一还是类型之二进行分析。现实的结果、行为造成结果发生的"具体过程"这两个问题被同时加以考察。行为人是否实施了现实地支配结果的行为、刑法所禁止的行为是否没有超越人的认识能力，都是事后加以判断的事情。结果不法，是行为人遂行的行为，从法益保护的观点看应该加以禁止。对于类型之一，从行为—结果的次序判断，似乎结论也没有问题。但对于类型之二，首先要（形式地）判断结果不法是否存在，再实质地根据客观归责的理念和逻辑判断行为不法是否存在，同时考虑到甲对于被害人的死亡是否既不能支配也没有预见可能性（行为无价值的判断）。如果不能将死亡结果归属于甲的行为，对于甲而言，该结果就不是禁止的对象。因此，在行为不法完全存在的场合，是否存在结果不法，要看后续发展的情况。对于类型之一，刑法的禁止规范有助于实现法益保护的目的，对甲的惩罚就在所难免。但是，对于类型之二，在行为的结果支配力不存在的场合，从法益保护的观点看该行为不需要禁止。当然，只要借助于客观归责论的下位规则，解释方法得当，就能够将行为规范违反的事前判断和对结果不法是否存在的事后判断统合起来解释，而不会使行为无价值二元论内部产生矛盾。

2. 危险犯中行为无价值和结果无价值的关系

前述的侵害犯，是对立足于事后判断的结果惹起行为的禁止。但是，在抽象危险犯中，将根据行为者的认识所实施的行为作为禁止的对象。即便坚持结果无价值论，该结果的无价值也是在行为的时点就被确定下来了。在危险犯中，结果无价值论者所采用的，其实是行为无价值的分析指标。

结合上述分析，可以得出以下结论。其一，不法判断应该从禁止规范的角度看行为人遂行的行为是否必然应该被禁止，来决定结果无价值。刑法所规范的对象和结果无价值之间具有内在同一性。结果无价值的内容要从禁止规范的要求出发加以判断。例如，甲醉酒后驾驶机动车，逆向进入对方车道，即便司机乙超速行驶撞上甲，导致甲死亡，这一结果不法也不能归属于乙的违章行为。从规范目的角度看，禁止超速的规范，所要防止的是司机在自己车道上与其他车辆发生交通事故，而不是为了防止司机撞击其他非法进入自己车道的逆行者。在本案中，虽然有甲死亡这一法益侵害结果，但其并不是规范所试图保护的法益，甲应该对自己的死亡负责，乙不构成交通肇事罪。其二，结果无价值的真正意义在于：对行为无价值进行事后"反向"的修正、检验，即二次检验，来决定行为是否具有现实的结果支配力，从法益保护的目的出发看某种行为是否真的应该被禁止。① 由此，法益理论和规范理论得到"统合"。换言之，结果无价值是行为无价值的证据及事后的修正。立足于行为时的第一次评价，在行为规范的构造内探讨结果的意义，根据这种第二次评价得出违法与否的结论，结果是行为效果的"投影"。其三，最为核心的一点是，不法和法益实害或者危险有关联，但结果一定是由违反行为规范的行为逻辑地、经验性地引起的，行为内含结果发生的高度盖然性，在这个意义上，法益与行为规范违反紧密关联，这也是不法必须以行为为核心来建立的理由所在。

四　德、日刑法学在行为无价值论上的差异及其原因

（一）学说史概览

将法益侵害/危险理解为违法性的结果无价值论，先于行为无价值论出现。在日本，赞成结果无价值论的代表性学者有泷川幸辰博士、佐伯千仞博士等。但是，今天在日本处于优势地位的结果无价值论，主要是在 20 世纪 50 年代以后，在批判行为无价值论的过程中不断成熟起来的。其中平野龙一博士是最有影响力的学者。这一理论也得到了内藤谦教授、中山研一教授、曾根威彦教授、西田典之教授、山口厚教授等人的支持，"如果说受到德国刑法学极大影响的日本刑法学有其自己特色的话，恐怕其最大的特色就在于结果无价值论在日本所占有的重要地位"。②

"从学派对立的关联性来看，在行为无价值论中存在着同时汲取

---

① 参见〔日〕松原芳博《评 Erich Samson〈刑法中结果无价值与行为无价值的关系〉》，《早稻田法学》2002 年第 1 期。

② 〔日〕山口厚：《日本刑法学中的行为无价值论与结果无价值论》，金光旭译，《中外法学》2008 年第 4 期。

所谓后期旧派和新派血统的东西，而结果无价值论基本上是继受着前期旧派传统的刑法理论。"① 在日本，行为无价值论有一个从道德主义向规范主义发展的过程。在 20 世纪 40 年代之前，主流的学说强调通过刑法来树立和维护国家的道德秩序，由此，小野清一郎将违法性理解为道义性，将不法行为理解为反道义行为，其违法性论充满着伦理的道义的内容。② 在 20 世纪 40 年代到 60 年代之间，最有影响力的学者团藤重光教授认为，虽然从法益侵害的观点来理解犯罪的见解有其可取的一面，但以此不能揭示犯罪规范含义，因此，应当对法益侵害才是犯罪本质的这种立场进行反思，在道德规范足以支持法秩序的限度内，将违法性与社会道德规范视为一体，从而形成特色鲜明的行为无价值论。③ 福田平、大塚仁、西原春夫、藤木英雄、板仓宏的行为无价值论都深刻留下了团藤刑法学的烙印。近年来，以井田良教授为代表的行为无价值论者开始从规范违反的角度理解行为无价值论。④

与行为无价值论在日本的命运不同，在德国，二元的行为无价值论成为通说，行为规范违反和法益侵害同时对违法性加以说明。⑤

（二）差异的背后

为何德国会坚持行为无价值二元论，而日本通说采用结果无价值论？笔者认为，大致的原因主要有以下几点。

第一，是国家治理的理念映射到刑法领域的影响。德国的治国理念高度认同黑格尔"国家就是理性本身"的思想，⑥ 其目标是建立"社会法治国"，强调国家利用法治手段实现积极干预，进而建构社会

---

① 〔日〕曾根威彦：《日本刑法理论的发展动向》，徐宏译，载赵秉志主编《刑法论丛》（第 33 卷），法律出版社，2013。

② 〔日〕小野清一郎：《犯罪构成要件理论》，王泰译，中国人民公安大学出版社，2004，第 113 页。

③ 〔日〕团藤重光：《刑法纲要总论》（第 3 版），创文社，1990，第 133 页以下。

④ 〔日〕井田良：《刑法总论的理论构造》，成文堂，2005，第 2 页以下。

⑤ 林钰雄：《新刑法总则》，台北元照出版有限公司，2011，第 226 页。

⑥ 单世联：《中国现代性与德意志文化》（上），上海人民出版社，2011，第 21 页。

秩序，因此肯定规范主义和国家主义。这种政治上的国家理性立场和行为无价值论天然地具有一致性。

在日本，第二次世界大战后的宪法强调自由主义和人权保障，对国家力量的强大本能地予以排斥，从而尽量用法益侵害这类客观的可观察事实来确定处罚界限，限制法官自由裁量权，肯定"个人自由主义"，从而认同结果无价值论。① 对此，西原春夫教授指出，这两种差别的背后是思想价值观念的不同——德国的目标是指向"社会的法治国家的思想"，与此相反，日本战后重视的是"基本的人权思想"。日本在很长的历史中，直到第二次世界大战结束前，既没有受到外国军队的攻击，也没有战败过，这在历史上是罕见的。正因为如此，日本国民对于因战败而受到的打击不知有多大。欧美战胜国以基本人权、自由、民主主义思想为中心的原理，在美国占领军的强有力的影响下，成为日本制定新宪法的基本原理，并且成为国民意识中信奉的金科玉律。与此相反，战败后的德国，战争的责任全部集中到法西斯身上，除此之外的战前的思想仍然维持着，再加之北欧等国家在实践中建立的福利思想和制度仍在延续，德国因而得以建构新的战后法治社会的国家形态。②

国家观的不同，导致德国采取更有利于实现社会治理的行为无价值论，违法判断为个人行为提供样板、指引，展示公权力积极的一面。日本则强调刑法规范是评价规范，违法性判断对象必须从客观化的角度限制司法权，以实现人权保障的目标。行为无价值论和结果无价值论的取舍也就在这里。

这充分说明，一个国家的刑法学采取何种立场，确实和该国的思想潮流、经济社会发展、犯罪态势等因素有关。认为日本采取结果无

---

① 〔日〕名和铁郎：《日本"学派之争"的现代意义——行为无价值论和结果无价值论的原点》，《法政研究》第 5 卷第 1 号（2000 年）。

② 〔日〕西原春夫：《刑法·儒学与亚洲和平——西原春夫教授在华演讲集》，山东大学出版社，2008，第 21 页。

价值论，中国也应当采取结果无价值论的观点，其实大可商榷。那种认为考虑历史、地域、语言、现状等因素，中国刑法学应该向日本学习的观点，[①] 也未必可靠。

第二，是受目的行为论影响的程度不同所致。德国是目的行为论的发源地，因此，学者们普遍认同将主观要素作为判断基础，承认人格不法论，并在此基础上承认结果无价值的评价意义和独立作用。但是，这样的理论基础在日本并不存在。因此，日本刑法学通说拒绝将主观要素放到违法性判断中，将行为无价值视作结果无价值的对立面，从而否认二者之间的互补关系。[②]

第三，工业化及社会进程的不同也决定了这一差异。德国在 20 世纪 60 年代后比日本更早进入后工业社会，需要重建规范。当时，犯罪的层次和社会混乱剧增，作为社会黏合剂的家庭和血族关系式微，造成社会阶层的变化、生育高峰，并使大量青年人有暴力犯罪倾向。对违反规范的行为进行惩罚的任务在德国比在日本更为迫切。这也是行为无价值论在德国更容易得到认同的原因之一。进入 21 世纪以来，随着社会危险性的加剧，特别是恐怖主义袭击、极端势力的猖獗，刑法的反应更为频繁和强烈，由此带来的影响是刑事立法活动"活跃化"，其直接后果是处罚的普遍化和早期化。这虽然可以从结果无价值论的角度解读为在立法上将抽象法益大量列入刑法的保护范围，将预备犯程度的抽象危险行为设定为处罚对象，但更可以从行为无价值论的角度解释为，此时刑法要保护的高度抽象化、精神化、宏观性的所谓法益，只不过是规范关系的体现，刑法意欲限制的是可能造成大规模侵害的行为，借以重建社会中的规范秩序。通过回应犯罪态势的新变化，行为无价值论积极参与社会治理、建构规范性的生活秩序的雄心得以

---

① 参见付立庆《主观违法要素理论——以目的犯为中心的展开》，中国人民大学出版社，2008，第 282 页。

② 李海东：《社会危害性与危险性：中、德、日刑法学的一个比较》，载陈兴良主编《刑事法评论》（第 4 卷），中国政法大学出版社，1999。

实现。因此，立法活跃化、处罚普遍化、处罚早期化在德国并未受到过多抵触。近年来，日本的刑法立法也在实现这种转向，这也间接说明行为无价值二元论的影响力在日本有逐渐增强并与结果无价值论分庭抗礼的趋势。在中国，国家治理一直竭力平衡好社会和个人的关系，但强调社会和谐、团结，建立社会主义国家的立场从来没有改变，这在总基调上和德国的选择更为接近，加上中国当下的社会处于高速转型期，行为规范的建构和通过规范指引个人生活的必要性、重要性始终存在，因此，采用行为无价值二元论而非单纯从结果无价值的角度思考问题，就应当是中国刑法学的适当抉择。

（本文原载于《政治与法律》2015 年第 1 期）

完善我国单位犯罪处罚制度的思考

黎　宏*

虽然世界各国都将单位实施的严重危害社会的行为定性为单位犯罪①并给予刑事处罚，但对单位犯罪应当如何进行处罚仍是一个难题。从 1997 年修正的《中华人民共和国刑法》（以下简称刑法）第 31 条的规定看，我国对单位犯罪采用两种处罚制度：（1）"双罚制"，即对单位判处罚金，并对其直接负责的主管人员和其他直接责任人员判处刑罚；（2）"单罚制"，即只对单位犯罪中负有直接责任的人员判处刑罚而不对单位判处罚金。但是，近年来这两种处罚制度受到了我国很多学者的质疑。为了对完善我国的刑法理论与指导司法实践有所助益，笔者下面拟在对我国刑法中所规定的单位犯罪处罚制度略做介评的基础上，就我国单位犯罪处罚制度的完善问题谈谈自己的看法。

一　"双罚制"介评

我国刑法规定的"双罚制"，是指在单位犯罪时既处罚作为单位组成人员的自然人也处罚单位自身的制度。具体来说，"双罚制"就是在单位犯罪时对单位判处罚金并对其直接负责的主管人员和其他直接责任人员判处刑罚。其中，直接负责的主管人员和其他直接责任人员既包括直接实施违法行为的从业人员，也包括并不直接实施违法行为的法定代

　＊　　黎宏，清华大学法学院党委书记、教授、博士生导师，中国刑法学研究会常务理事。
　①　　为行文方便，笔者在本文中将"单位"与"法人"等同，将"单位犯罪"与"法人犯罪"等同，其实两者之间是有区别的。

表人和中间管理层人员。例如，1997 年刑法第 179 条第 2 款规定的擅自发行股票、公司、企业债券罪就是"双罚制"的适例。

从比较法的角度看，我国刑法规定的"双罚制"实际上相当于外国刑法中规定的"三罚制"。外国刑法中规定的"双罚制"，是指在处罚单位之外还处罚单位中直接实施违法行为的从业人员，但不处罚未直接实施违法行为的法定代表人、中间管理层人员。如果在处罚单位之外，既处罚单位中直接实施违法行为的从业人员又处罚并未直接实施违法行为的法定代表人和中间管理层人员，那么就是所谓的"三罚制"。我国刑法学界对此没有做详细的区分，通常将既处罚单位又处罚其中的自然人的情形称为"双罚制"。

（一）"双罚制"的根据

为什么在单位犯罪的场合既要处罚其中的自然人又要处罚单位自身？这是对单位犯罪实行"双罚制"必须首先回答的问题。

虽然中外各国对单位犯罪的处罚多实行"双罚制"，但各国对单位犯罪实行"双罚制"的根据并不完全相同。一般认为，单位是拟制的人，不可能亲自实施犯罪。所谓单位犯罪，不过是将单位中自然人所实施的犯罪视为单位犯罪；对单位犯罪进行处罚，也只是探讨单位为什么要对其组成人员——自然人——的犯罪承担刑事责任以及在什么情况下承担刑事责任而已。这一点从外国刑法有关单位犯罪和处罚的一般规定中能够清楚地看出。[①]

然而，我国对单位犯罪实行"双罚制"的根据则不同。1997 年刑法第 30 条规定，单位犯罪是"公司、企业、事业单位、机关、团体实施的危害社会的行为"；同时，在对单位犯罪的处罚上，1997 年刑法第 31 条明文规定："单位犯罪的，对单位判处罚金，并对其直接负责的主管人员和其他直接责任人员判处刑罚。"上述规定意味着，我国的单位犯罪是指单位自身的犯罪，对单位犯罪进行处罚就是对单位自

---

① 参见黎宏《单位刑事责任论》，清华大学出版社，2001，第 3、315 页。

身实施的犯罪进行处罚。换言之，单位是对自己的行为承担责任，而不是替作为其组成人员——自然人——的行为承担代位责任。因此，在单位犯罪处罚的根据上，我国更偏重对单位有关责任人员为什么要承担刑事责任以及如何承担刑事责任的探讨，而不是对单位自身为何要承担刑事责任的探讨。

　　之所以会出现上述情况，是因为各国学者对单位犯罪的理解不同。外国学者一般是按照传统民法理论来理解单位犯罪的。按照传统的民法理论，单位是为实现一定目的而由人们按照自然人的形式所拟制的一种虚拟存在，单位的思想和行为都是通过其组成人员——自然人——来实现的。由于单位具有拟制人格的特征，因此，在肯定单位犯罪的国家中，一般都是从单位拟制人格的特征入手，通过对单位组成人员——自然人——的意思和行为的探讨来追究单位的刑事责任。例如，美国就是根据"上级责任原理"和"同一视原理"来追究单位的刑事责任。① 根据"上级责任原理"，单位所有从业人员的有关业务上的行为均无条件地转嫁给单位自身并成为追究单位刑事责任的根据；与此相对，根据"同一视原理"，只有单位的法定代表人或机关成员及高级管理人员的意志和行为才能被看作单位自身的意志和行为，并成为追究单位自身刑事责任的根据。以上两种原理虽然表现形式不同，但在通过单位中的自然人（而不是单位自身）的意志和行为来探讨单位自身的刑事责任方面却是完全一致的。单位犯罪，顾名思义，是指单位自身的犯罪。传统的单位犯罪和处罚原理仅强调单位和相对独立的单位组成人员的情况而完全不顾及单位自身的特征，从方法论上看，这种理论值得怀疑。另外，以个人意志和行为的特定为前

---

① 1962 年的《美国模范刑法典》所提倡的法人处罚原理对美国各州法院在法人犯罪的认定和适用方面具有重大的影响。该法典将根据成文法追究严格责任（无过失责任）的犯罪与普通法上的犯罪相区别，对前者适用"上级责任原理"，对后者则采用"同一视原理"。现在，美国多数州的法院在审理法人犯罪案件时不是采用"上级责任原理"就是采用"同一视原理"，或两者兼用。See Kathleen F. Brickey, Rethinking Corporate Liability under the Model Penal Code, 19 Rutgers L. J. 593（1987 - 1988）.

提来讨论单位的犯罪能力和刑事责任的单位犯罪处罚原理在司法实践中也存在各种各样难于操作的问题。因此，上述以自然人的特定为中介追究单位自身刑事责任的单位犯罪处罚原理近年来已受到广泛的质疑。[①]

相反，我国 1997 年刑法一直坚持"单位犯罪能力肯定说"。按照这种学说，"单位同自然人各自在意思表示形式上，虽有其不同特点，但任何一个单位，都有自己的决策机关，由单位的决策机关调动、指挥单位的活动，这很类似人的大脑，是单位活动的神经中枢。单位决策机关的命令和要求，决定单位活动的方向和形式，也决定这种活动的违法性和合法性。我们所说的单位犯罪，就是指由于决策机关的故意和过失给社会造成严重危害的行为。单位决策机关的意思表示，就是单位的意思表示。因此，承认单位犯罪，同犯罪构成理论要求行为人的主观心理状态并不矛盾"。[②] 正是受"单位犯罪能力肯定说"的影响，才出现了上述"双罚制"处罚根据上的差别。在 1997 年刑法的规定之下，企业、事业单位、机关、团体，为本单位谋取利益，经单位集体决定或者由单位负责人员决定实施的犯罪，就是单位自身的犯罪，就要受到处罚。因此，在我国刑法的语境下，为什么在处罚单位犯罪时必须处罚单位自身、如何处罚单位自身并没有成为一个有争议的问题。

即便如此，外国学者所面临的问题我国学者也仍然难以摆脱，只不过是其表现形式不同而已。既然单位犯罪是单位自身的犯罪，那么处罚单位自身就够了，为什么还要处罚单位的组成人员——自然人——呢？因此，在对单位犯罪实行"两罚制"的理论根据上，我国学者主要是围绕前述问题而展开的。为了解决这一问题，我国学者提

---

① See Pamela H. Bucy. Corporate Ethos: A Standard for Imposing Corporate Criminal Liability, 75 Minnesota L. Rev. 1104 – 1105; William S. Laufer, Corporate Bodies and Guilty Minds, 43 Emory L. J. 653.

② 陈广君：《论法人犯罪的几个问题》，《中国法学》1986 年第 6 期。

出了各种各样的学说，但都不尽如人意。①

笔者认为，对单位犯罪实行"双罚制"的理论依据做如下理解或许更合适一些，即现代社会中的单位已不再是传统意义上的人或物的集合，而是制定了一定规则、具有其内在运营机制、足以让其组成人员——自然人——不再具有具体个性而成为单位运转过程中的一个微不足道的组织体。这种组织体通过业务范围、政策、防范措施、目标以及组织结构等特征体现其存在。这些单位的法定代表人或单位机关成员与单位之间往往存在一种互动的关系：一方面单位的法定代表人或机关成员可以操纵、支配单位的一切活动；另一方面，单位的法定代表人或机关成员一旦取得其现在所处的地位之后就不得不受单位整体目标、政策等的支配。当单位整体目标、政策中含有刺激、鼓励或容许单位的法定代表人或机关成员实施犯罪的要素时，单位自身的因素也就成为导致单位犯罪的原因。同时，当单位的管理体制存在防范不足等体制上的缺陷以至单位的法定代表人或机关成员以及一般从业人员故意或过失实施业务上的犯罪时，单位自身的因素也就成为导致单位犯罪的原因。正因如此，单位自身对单位犯罪负有责任，应当受到处罚。但是，在单位犯罪的机制中，也绝不能忽视单位组成人员——自然人——的因素。因为单位毕竟是拟制的人，自然人在单位的活动中仍处于主导地位。单位的法定代表人和机关成员可以按照单位的决策程序在其职责范围内做出任何有关单位业务的决定，甚至改变现行的单位结构和政策。因此，在考虑单位的犯罪能力时，不应仅站在单位中自然人的立场上把单位犯罪类比为自然人犯罪，而应根据单位自身的特征，寻找对其进行谴责的根据。② 这样解释，也能合理地对我国的"单位犯罪能力肯定说"做出恰当的说明，彻底克服我国

---

① 具体而言，有"单位成员非单位犯罪主体说"、"两个犯罪主体说"、"双层机制说"、"连带责任说"、"单位责任与个人责任一体化说"、"双重主体说"等内容。参见黎宏《单位刑事责任论》，清华大学出版社，2001，第275～285页。

② 参见黎宏《单位犯罪的若干问题新探》，《法商研究》2003年第4期。

传统学说中有关单位犯罪实际上是其中自然人犯罪的观点的弊端。

（二）"双罚制"的内容

根据 1997 年刑法第 31 条以及刑法分则的有关规定，在单位犯罪的场合：首先，要对单位判处罚金。罚金，在我国刑法体系中属于附加刑，通常适用于比较轻微的犯罪。在司法实践中，人民法院在判处罚金时，通常会根据犯罪情节（违法所得数额、造成损失的大小等）综合考虑犯罪分子缴纳罚金的能力，以确定单位应缴纳罚金的数额。① 其次，对单位犯罪负有责任的有关单位成员要被追究个人责任。对单位犯罪负有责任的单位成员包括两类：一类是直接负责的主管人员，即在单位犯罪中起决定、批准、授意、纵容、指挥等作用的人员。这类人员一般是单位的主管负责人，包括法定代表人。另一类是其他直接责任人员，即在单位犯罪中具体实施犯罪并起较大作用的人员。这一类人员既可以是单位的经营管理人员，也可以是单位的职工，包括聘任、雇佣的人员。② 从刑法分则的规定看，我国对单位犯罪中单位成员的处理通常有以下两种方式：（1）处以与自然人犯罪相同的刑罚。例如，1997 年刑法第 164 条规定的对非国家工作人员行贿罪就是如此。根据该条的规定，单位犯该罪的，对其中直接负责的主管人员和其他直接责任人员，按照自然人犯本罪的情形处罚。我国刑法分则对绝大多数单位犯罪中单位成员的处罚都采用这种方式。（2）处以比自然人犯该罪更轻的刑罚。这又分为两种情况：1）与自然人犯该罪相比，所处主刑相同，但没有罚金刑。例如，1997 年刑法第 158 条规定的虚报注册资本罪就是如此。根据该条的规定，自然人犯该罪的，处 3 年以下有期徒刑或者拘役，并处或者单处虚报注册资本金额 1% 以上 5% 以下罚金。单位犯该罪的，对其中的自然人处 3 年以下有期

---

① 参见《最高人民法院关于适用财产刑若干问题的规定》第 2 条。
② 参见《最高人民法院关于印发〈全国法院审理金融犯罪案件工作座谈会纪要〉的通知》中关于"单位犯罪问题"的规定。

徒刑或者拘役，但不处罚金刑。2）不处罚金刑并且主刑也比较轻。例如，1997 年刑法第 153 条规定的走私普通货物、物品罪就是如此。根据该条的规定，自然人犯该罪的可以判处无期徒刑或者死刑，但单位犯此罪的，对其中的自然人所处的刑罚最高为 10 年以上有期徒刑。

　　在此必须说明的是，虽然 1997 年刑法规定的"双罚制"对单位犯罪中单位组成人员的处罚多数是比较严厉的，但在司法实践中，对单位组成人员的实际处罚并没有那么严厉。除上述刑法条文对因单位犯罪而受罚的责任人员直接规定处以较轻的法定刑外，即便是在法条明确规定单位犯罪的单位责任人员与自然人犯罪场合同样处理的类型中，也存在做例外处理的方式。这就是以司法解释的方式提高单位犯罪的成立条件，从而将很多应当受到处罚的情形排除在单位犯罪之外。例如，根据有关司法解释的规定，个人以转贷牟利为目的，套取金融机构信用资金高利转贷他人违法所得数额在 5 万元以上的，构成高利转贷罪。但是，单位高利转贷违法所得数额必须在 10 万元以上才构成犯罪。① 由此可见，单位成立高利转贷罪的标准比个人成立高利转贷罪的标准要高得多。类似的规定在其他司法解释中也大量存在。

　　有学者认为，正是由于存在上述现象，因此，单位犯罪有时成为帮助行为人逃避刑事制裁的一种重要辩护手段。② 也就是说，在单位出现违法行为需要追究某人的刑事责任时，其辩护人就会积极地将该人的行为说成是为了单位利益、经过单位法定代表人决定或者单位集体协商的单位行为。由于单位犯罪的成立标准较高或者处罚较轻，因此，做这样的辩护可以使该行为人由于达不到单位犯罪的成立标准而逃脱制裁或者受到较轻的处罚。

　　显然，出现这种现象是很不正常的。因为无论从哪个方面看，单位犯罪的社会危害性都远大于自然人犯罪的社会危害性。一般而言，

① 参见《最高人民检察院、公安部关于经济犯罪案件追诉标准的规定》第 23 条。
② 参见林荫茂《单位犯罪理念与实践的冲突》，《政治与法律》2006 年第 2 期。

刑法对具体行为社会危害性大小的评价从其设置的法定刑的轻重上就能看出来。从法定刑的角度看，单位犯罪的社会危害性显然要大于个人犯罪的社会危害性。因为在刑法分则所规定的单位犯罪中，除要求对单位的责任人处以与自然人犯罪相同的刑罚之外，对绝大多数单位犯罪都还要求处以罚金刑。另外，与自然人犯罪相比，单位犯罪多是通过业务活动实施的，在出现危害结果的情况下，其损害的范围广、数量大，不仅对人们的财产、身体健康造成难以估量的损害，而且还会败坏社会整体的道德水准并最终瓦解国家的法律秩序。因此，上述提高单位犯罪的成立条件、缩小单位以及单位责任人员处罚范围的做法，既违背了刑法的立法宗旨，也违背了罪责刑相适应的刑法基本原则。

二　"单罚制"介评

我国刑法中的"单罚制"，是指在单位犯罪之后只处罚单位的有关责任人员——自然人，而不处罚单位的制度。例如，1997 年刑法第 244 条规定的强迫职工劳动罪就是如此。虽然该罪的犯罪主体是单位，但最终受到处罚的却是单位中的自然人即"直接责任人员"。[①] 由此也可以看出，我国刑法规定的"单罚制"与外国法律所规定的"单罚制"并不相同。外国法律规定的"单罚制"，是指当单位犯罪时只处罚单位自身，而不处罚单位的自然人的制度。

在实行"单罚制"的情况下，我国刑法为什么肯定单位自身构成

---

① 在 1997 年刑法中，采用所谓"单罚制"的单位犯罪有以下罪名：资助危害国家安全犯罪活动罪（第 107 条规定）；重大劳动安全事故罪和大型群众性活动重大安全事故罪（第 135 条规定）；工程重大安全事故罪（第 137 条规定）；教育设施重大安全事故罪（第 138 条规定）；消防责任事故罪（第 139 条规定）；违规披露、不披露重要信息罪（第 161 条规定）；妨害清算罪（第 162 条规定）；违法运用资金罪（第 185 条规定）；强迫职工劳动罪和雇佣童工从事危重劳动罪（第 244 条规定）；出版歧视、侮辱少数民族作品罪（第 250 条规定）；挪用特定款物罪（第 273 条规定）；私分国有资产罪和私分罚没财物罪（第 396 条规定）。

犯罪又不对单位自身进行处罚而处罚单位中的自然人呢？据参与立法起草工作的专家解释："由于单位犯罪的复杂性，其社会危害程度差别很大，一律适用'双罚制'，尚不能准确全面地体现罪刑相适应原则和符合犯罪的实际情况。"① 有学者认为，我国刑法保留"单罚制"是因为：（1）对一些非贪利性犯罪如资助危害国家安全犯罪活动罪而言，罚金刑没有实际意义；（2）对单位犯罪一律处以罚金刑，会使犯罪单位中的无辜成员受到牵连；（3）对单位犯罪单纯适用罚金刑，可能会导致罪责刑不相适应。② 也有学者认为，对单位犯罪之所以规定"单罚制"是因为在有些情况下对单位进行处罚并无实际意义。例如，1997 年刑法第 396 条第 2 款规定的私分罚没财物罪的犯罪主体是司法机关、行政执法机关，对其规定罚金刑只会徒增财政机关的负担。又如，1997 年刑法第 162 条规定的妨害清算罪，有关单位的行为本身已经严重损害债权人或者其他人的利益，如果再对单位处以罚金，只会使债务偿还变得更加困难，从而不利于保护权利人的利益。③

笔者认为，将"单罚制"作为处罚单位犯罪的制度存在如下诸多弊端：（1）违反了近代刑法确立的个人责任原则。按照个人责任原则，任何人只能替自己的行为负责，而不得因为他人的犯罪行为承担连带责任或者代位责任。在"单罚制"之下，单位自身犯罪却让与单位属于不同人格主体的单位的直接责任人员承担刑事责任显然违反个人责任原则。④（2）处罚单位中的自然人能否抑制单位犯罪值得怀疑。有时单位犯罪并不是基于单位直接责任人员的主观愿望，而是单位自身的机制、目标、规则等驱使其这么做的，仅仅处罚单位的直接责任人员而不改变单位的内在结构，很难保证单位在下一任负责人的领导之下不犯罪。此外，在单位犯罪时，只处罚单位的直接责任人员而不

① 李淳、王尚新主编《中国刑法修订的背景与适用》，法律出版社，1998，第 43 页。
② 参见高珊琦《论单位犯罪单罚制之弊端及矫正》，《甘肃政法学院学报》2008 年第 3 期。
③ 参见李希慧主编《刑法总论》，武汉大学出版社，2008，第 216 页。
④ 参见王其生《单位犯罪刑罚设置反思与完善》，《今日南国》2009 年第 2 期。

处罚单位，有可能使单位通过牺牲其个别成员的手段来达到其犯罪目的；并且，如果单位的主管人员和直接责任人员被处罚而单位不受处罚，那么单位很有可能以种种借口为其说情，干扰司法活动。（3）"单罚制"在司法实践中的可操作性不强。在"单罚制"下，由于单位并不承担刑事责任，因此，在进行刑事诉讼时被侦查、拘留、逮捕的是单位中的自然人，而最终作为被告人参与审判活动的也是自然人。本来单位犯罪的主体应当是单位，但在刑事诉讼过程中以主体身份示人的却始终是单位的直接责任人员而不是单位自身。这样在诉讼程序上就不可避免地会遇到很多麻烦，如：单位不能行使申请回避、质证、辩护等权利；在单位直接责任人员出于各种考虑而认罪或者不认罪时，即便该行为违背单位的意志，单位也无法直接对该行为表达反对意见。另外，刑法学界对于单位直接责任人员的自首是否等同于单位的自首、某一直接责任人员的自首是否同时适用于其他直接责任人员的自首等问题也存在较大的争议。同时，在"单罚制"下，我国刑法对单位没有规定刑罚，而仅规定直接责任人员的自由刑与财产刑，但对单位犯罪的追诉时效又不能以对其直接责任人员的追诉时效为准，这样就会出现无法计算单位犯罪追诉时效的结果。① 正是由于存在上述困难，因此，现代绝大多数国家均不采用以处罚单位中的自然人来代替处罚单位的模式。②

笔者认为，我国刑法中事实上也不存在被科处"单罚制"的单位犯罪。其理由如下：（1）从罪刑法定原则的角度看，处罚直接责任人的犯罪不可能是单位犯罪。依照 1997 年刑法第 31 条的规定，公司等单位实施的危害社会的行为，法律规定为单位犯罪的，应当负刑事责任。换言之，成立单位犯罪，以该行为被"法律规定为单位犯罪"为前提。所谓犯罪，依照 1997 年刑法第 13 条的规定，是指危害社会、

---

① 参见高珊琦《论单位犯罪单罚制之弊端及矫正》，《甘肃政法学院学报》2008 年第 3 期。

② 参见黎宏《单位刑事责任论》，清华大学出版社，2001，第 3、315 页。

违反刑法、应当受到刑罚处罚的行为。这就是说，实施该行为的主体自身具有可罚性，受到刑罚处罚是决定危害行为是否成立犯罪的重要条件。而在"单罚制"下，作为行为主体的单位并未受到刑罚处罚，而受到处罚的是与单位具有不同人格的直接责任人员即自然人。既然如此，就不能说这样的犯罪就是 1997 年刑法第 30 条规定的"单位犯罪"。（2）认为被处"单罚制"的犯罪属于单位犯罪会不适当地缩小我国刑法中规定有"单罚制"条文的处罚范围。按照我国目前的刑法学通说，所谓单位犯罪，是指为了单位的利益，经单位集体决定或者单位负责人员决定而实施的危害社会的行为。① 具体而言，该种犯罪在主观上必须是为了单位的利益，客观上必须经过单位决定，否则就不是单位犯罪，就不得适用刑法分则中规定有"单罚制"的条文进行处罚。如此一来，就会将那些不符合上述条件的行为排除在上述条文的处罚范围之外，人为缩小上述条文的处罚范围。（3）将处罚直接责任人员的犯罪认定为单位犯罪是混淆单位实施的犯罪与单位犯罪两个不同的概念所致。单位犯罪是刑法上的概念，是指单位自身实施的、造成危害后果、具有过错、应当受到刑罚处罚的行为。依照各国刑法的规定，构成单位犯罪的一个重要特征是单位自身要受到刑罚处罚，否则就不是单位犯罪。因此，在判断是否为单位犯罪时，一个重要的标准就是看对单位自身是否进行处罚。而单位实施的犯罪则是一个犯罪学上的概念，是指单位集体决定实施的严重危害社会的行为。从单位犯罪就是单位"为了单位利益，经单位集体决定或者单位负责人决定实施的危害社会的行为"的意义上讲，单位实际上可以实施刑法规定的任何犯罪，包括杀人、放火、强奸等一般认为是自然人实施的犯罪在内。但是，这些犯罪从来都没有被认为是单位犯罪。由此不难看出，并非由单位实施的犯罪就是单位犯罪。单

---

① 参见张明楷《刑法学》，法律出版社，2007，第 131 页；李希慧主编《刑法总论》，武汉大学出版社，2008，第 212 页。

位实施的犯罪中只有一部分可以被认定为单位犯罪，即处罚了单位自身的那一部分犯罪。

三　完善我国单位犯罪处罚制度的建议

1997 年刑法颁布之后，我国刑法学界对处罚单位犯罪的规定颇有微词。有学者认为："在我国刑法体系中，罚金刑是附加刑，然而在单位犯罪中，罚金刑是对构成犯罪的单位适用的基本刑罚和唯一的处罚方法。这种单一的刑罚处罚方法与目前我国单位犯罪的多样性、复杂性、严重性等特点极不适应，有必要加以完善。"[1] 为此有不少学者提出了完善我国单位犯罪处罚制度的建议：（1）应将罚金刑由附加刑提升为主刑并规定罚金的具体标准。（2）明确对单位犯罪中负有直接责任的主管人员和其他直接责任人员的处罚标准。对上述两种人员的处罚，首先在处罚标准上不应低于对自然人犯罪的处罚标准；其次应根据各责任人在犯罪过程中所处地位、所起作用的不同分别规定不同的刑罚。（3）应增加其他刑罚种类，例如，对特别严重的单位犯罪可以规定解散单位；对犯罪行为较轻或具有特殊权力的单位可以采取 5 年内关闭或彻底关闭其一个或几个部门的处罚方式；对所有犯罪单位都剥夺其荣誉称号并予以公告，最大限度地降低其社会危害性。[2] 也有学者认为，解散单位、禁止营业、剥夺荣誉称号作为刑罚方法反映的是国家对单位犯罪的否定性评价，与行政领域、经济领域的吊销营业执照、停止营业的法律后果不同。作为刑罚的解散单位、禁止营业、剥夺荣誉称号具有更强的严厉惩罚犯罪，威慑犯罪分子及不稳定分子，教育广大公民的功能，因此，应成为惩罚单位犯罪的必要手段。[3]

---

[1]　吴鹏、苏晓伟：《关于完善单位犯罪刑罚制度》，《人民法院报》2003 年 3 月 3 日。

[2]　参见孔华、刘文义《完善我国单位犯罪刑罚制度的思考》，《黑龙江省政法管理干部学院学报》2002 年第 3 期。

[3]　参见张文等《单位犯罪若干问题再研究》，《中国法学》1994 年第 1 期；傅达林：《罚金刑：惩治单位犯罪有局限》，《检察日报》2001 年 1 月 30 日。

从表面上看上述建议的确具有一定的合理性：解散单位可以一劳永逸地防止其再犯罪，禁止单位营业也能促使单位在决定实施犯罪时反复考虑其利益得失，并且也有一些国家的刑法如《法国刑法典》就做了类似的规定。① 但是，笔者仍然觉得上述建议不尽如人意。现有的研究成果表明，现代社会中的单位犯罪有很大一部分不是基于单位的法定代表人或机关的自由意思决定而是由单位自身的组织构造、内部文化、奖惩制度等单位自身的因素所引起的。在这些因素引起单位犯罪时，如果仅靠对单位处以罚金、对其中的自然人处以刑罚、禁止单位从事一定活动之类的事后处罚，很难保证单位不再实施类似的犯罪。而上述建议完全没有考虑到这一点，其所提倡的单位犯罪的刑罚处罚方式完全忽视了引起单位犯罪的内部构造和制度因素，这不能不说是我国现行的单位犯罪处罚制度的一大缺憾。

美国学者克里斯妥法·D. 斯通（C. D. Stone）曾将对法人犯罪的制裁概括为 4 种类型，并对每种类型的制裁方法的优劣进行了分析。② 笔者认为克里斯妥法·D. 斯通的理论对我国单位犯罪处罚制度的完善颇具借鉴意义。克里斯妥法·D. 斯通认为，对法人犯罪的制裁可概括为如下 4 种类型。(1) 个人责任。这里所说的个人责任实际上是指对个人的处罚。它不是指在"双罚制"中对法人进行处罚的同时还对个人进行处罚的情况，而是指让个人对法人犯罪负代位责任的情况。克里斯妥法·D. 斯通认为，实质上可以视为企业自身犯罪的场合，对法人组织内的个人进行处罚也可以看作一种制裁，但这不是抑制法人犯

---

① 《法国刑法典》第 3 编第 1 章第 2 节专门规定了"适用法人之刑罚"，包括：罚金；对法人中的自然人处以 5 年以上监禁，法人予以解散；禁止法人从事某一种或者几种职业性或者社会性活动；将法人置于司法监督之下；排除参与公共工程；禁止公开募集资金；禁止签发支票以及使用信用卡付款；没收犯罪工具或者犯罪所得；张贴所宣判的决定或者通过新闻报刊或任何视听传播手段公布该决定。参见〔法〕卡斯东·斯特法尼《法国刑法总论精义》，罗结珍译，中国政法大学出版社，1998，第 708～710 页。

② See C. D. Stone, *Where the Law Ends: The Social Control of Corporate Behavior*, New York: Harper & Row, 1975.

罪的有效手段。因为法人内部责任分散，没有办法确认责任的主体是谁。各个从业人员只是忠实地履行被零碎分割的职责，他们对组织体的违法行为毫无知觉，即便有所察觉，也仅承担被零碎分割的责任。另外，特定个人的不法行为在很多场合是基于法人的内部规则或企业方针而实施的，并且，在许多情况下法人事先已做好在违法行为被发现后该让谁去做替罪羊的准备。因此，在这种情况之下，让个人受罚根本收不到制裁法人的效果。（2）剥夺各种权利。剥夺各种权利包括取消企业的全部营业资格或取消特定营业部门的生产、营业资格或停止某种产品的生产等等。采用该种制裁方法的弊端是，在社会影响程度太大的场合该种制裁方法往往无法实施。例如，当某种商品所占市场份额极大的时候，采用该种制裁方法无论是对企业自身而言还是对消费者来说都是沉重的打击。因此，该种制裁方法执行起来比较困难。（3）经济制裁。其具体包括，对单位课处罚金、判处赔偿损失或没收单位财产、对非营业单位剥夺其作为非课税对象的地位等等。这种制裁方法的弊端是，受制裁的单位往往会将其损失转嫁到第三者身上。例如，企业在被课处罚金的情况下很有可能通过提高产品价格的方式将损失转嫁到消费者身上。（4）对法人的内部结构进行干涉。因为不法行为产生的根源在于法人的内部结构，所以必须对法人的内部结构进行改革。具体做法是，要求在法人内部设立特别监督委员会，与此相应，改革法人内部的情报系统，将实现监督所必要的情报全部集中到特别监督委员会手中，同时完善监督报告制度。这种制裁方法具有实施制裁成本最低的优点，其缺点是将实施制裁的裁量权交给法人的法定代表人或机关往往会失去制裁的本来意义。克里斯妥法·D. 斯通还认为，法律制裁的方法在法人犯罪的规制中具有一定的局限性，对防止法人犯罪来说，最重要的一点是让法人意识到其自身的社会责任，而要实现这一目标就必须采取与法人组织体的特征相适应的制裁方法。在上述各种制裁方法中，对法人的内部结构进行干涉是最合适、有效的制裁法人犯罪的方法。

克里斯妥法·D. 斯通主张的对法人的内部结构进行干涉的法人犯罪制裁方式已经部分地在美国 1991 年 11 月开始实施的《组织体量刑指南》中得以体现。《组织体量刑指南》给在美国联邦法院被判定有罪的法人设计了 3 种刑罚：（1）刑事赔偿；（2）罚金；（3）保护观察。其中，保护观察就是在传统的法人处罚方法之外新增加的、带有对法人内部结构进行干涉意味的处罚方法。《组织体量刑指南》规定，法院对犯罪法人除判处刑事赔偿和罚金之外，还可以对法人判处 5 年以下的保护观察。保护观察通常体现为以下 3 种形式：（1）具体要求或限制法人变更其活动内容，以预防其将来犯罪；（2）为强化对法人活动的外部监督，命令法人分析其过去犯罪的原因并将结果公之于众；（3）促进其他量刑目的的保护观察。保护观察在没有特殊规定的情况下适用于美国所有联邦法中规定的犯罪，特别是在下列情况下必须判处保护观察：（1）为实施被害补偿、救济命令或社会服务命令所必要的场合；（2）对法人宣告了罚金等财产刑但法人不能一次完全缴纳，为保证其在一定期限内缴纳必须予以监视的场合；（3）拥有 50 名以上从业人员的法人，到量刑时止尚未制定守法规则的场合；（4）在法人因被追究刑事责任而被判刑的过去 5 年内，法人的从业人员或代理人曾实行过同种犯罪的场合；（5）在法人内的自然人因被追究刑事责任而被判刑的过去 5 年内，法人及法人内的某一部门的上级人员实施了同种犯罪行为的场合；（6）有迹象表明，为减少将来犯罪的可能性，确保法人的改造，必须实施保护观察的场合；（7）对法人的量刑中没有包括罚金的场合；（8）为确保实现 1984 年《量刑改革法》中所设定的四个量刑目的之一而必须实施保护观察的场合。[①] 保护观察的遵守事项由保护观察官及法院指定的专家参照判决前的调查决定，包括一般守法事项与特别守法事项两种。一般守法事项包

[①] 参见美国《联邦量刑指南》第 8 章的规定。

括，不再实施犯罪，缴纳罚金或赔偿损害、实施社会服务以及其他应当遵守的事项。特别守法事项包括，犯罪者自费详细公布其犯罪事实、有罪判决、量刑及补偿措施、定期向法院公布经营情况、定期或不定期向法院或保护观察官说明业务记录中的记载事项、成为诉讼当事人或经营状况恶化时通知法院、定期履行财产刑、制订守法规则等。上述规定表明，美国对法人犯罪不是一罚了事，而是针对不同的情况采取不同的处罚措施。并且，美国还有一个要求犯罪法人对其内部进行改造、消除产生违法犯罪行为环境的过程，犯罪法人要制定一个内容详尽的守法规则，以从制度上保证其今后不再犯罪。

相比之下，我国刑法对单位犯罪的处罚存在的最大问题就是没有将处罚方式与改造单位内部结构结合起来考虑。之所以会出现这种结果，主要是因为我国刑法学通说将单位犯罪看作"经单位集体决定或单位负责人决定实施的犯罪"，而完全没有考虑单位自身的特征在单位犯罪的认定和发生机制中所起的作用。实际上，在现实生活中，很多单位犯罪并不完全是由单位内自然人的某个决定所引起的，而是由单位固有的管理体制不完善或内部结构中存在某种缺陷而导致的。这种犯罪在我国现有的观念之下往往因为其与单位领导人的决定之间没有直接关系而难以被认定为单位犯罪；只能作为自然人犯罪而追究行为人的个人责任，或作为意外事件而不追究任何人的刑事责任。但是，对这种由于管理体制的不完善或内部结构上的缺陷而引发的重大危害行为，如果不追究任何人的刑事责任或仅追究行为人本人的刑事责任，那么不仅无法满足一般人的处罚感情，而且对犯罪单位本身也不可能产生太大的触动。因此，按照我国现行的单位犯罪理论将单位犯罪局限于"经单位集体决定或单位负责人决定实施的犯罪"，将无法处罚某些真正需要处罚的单位犯罪。

　　由此可见，处罚单位犯罪除了应处罚其中有关责任人员即自然人并对单位判处罚金等之外，还必须对引起或者放任犯罪发生的单位进行内部结构干涉。为了实现这一目标，在单位犯罪的处罚上应借鉴美国《组织体量刑指南》的相关规定，在现行的"双罚制"之外增加规定在单位犯罪的场合，还应对单位进行以下处罚：（1）责令停产、停业整顿；（2）吊销营业执照或者许可证；（3）禁止参与公共工程的投标和公开募集资金；（4）强制从事公益活动；（5）通过新闻媒体公开犯罪事实及审判结果；（6）将犯罪单位置于司法机关或司法机关指定机构的监督之下，并命令其在限期内建立防止再次发生犯罪的监督机制。

　　其实，上述处罚方法的某些内容在我国的相关法律、法规中已有所规定，只不过是作为行政处罚方法予以规定而已。例如，2006 年 3 月 1 日起实施的《娱乐场所管理条例》第 42 条规定："……没收违法所得和非法财物，责令停业整顿 3 个月至 6 个月；情节严重的，由原发证机关吊销娱乐经营许可证，对直接负责的主管人员和其他直接责任人员处 1 万元以上 2 万元以下的罚款。"2001 年 12 月 1 日起实施的《中华人民共和国药品管理法》第 74 条规定："生产、销售假药的，没收违法生产、销售的药品和违法所得，并处违法生产、销售药品货值金额二倍以上五倍以下的罚款；有药品批准证明文件的予以撤销，并责令停产、停业整顿；情节严重的，吊销《药品生产许可证》、《药品经营许可证》或者《医疗机构制剂许可证》；构成犯罪的，依法追究刑事责任。"笔者认为，在刑法中规定单位犯罪的行政处罚方法具有以下现实意义：（1）可以克服我国现行刑法对单位犯罪的处罚方法过于简单，一罚了事，对犯罪单位本身难以产生根本性触动的弊端。（2）可以克服禁止重复处罚原则所带来的弊端。从处罚效果看，吊销生产经营许可证、停业整顿等措施的效果并不比罚金的效果差，但由于受禁止重复处罚原则的限制，在对犯罪单位判处罚金后就不能对其进行更加有效的吊销生产经营许可证、停业整顿等行政处罚。为了避免这种结果的出现，对一些轻微的单位犯罪，也可以在刑法中规定一些行政处罚的方法，以弥补 1997 年刑法在单位犯罪处罚方面之不足。

（本文原载于《法商研究》2011 年第 1 期）

犯罪常态与量刑起点

张明楷*

一　理论前提

根据并合主义原理，刑罚的正当化根据是报应的正当性与预防犯罪目的的合理性。其中的报应是指"责任报应"，亦即，犯罪人基于自己的意志选择了犯罪行为，刑罚作为对其责任的清算具有正当性。[①]责任报应不仅以行为人具有责任为前提，而且由责任划定刑罚的上限。所以，当今社会的报应刑就是指责任刑。基于预防犯罪目的所裁量的刑罚，则是预防刑。

根据点的理论，[②] 在确定了与责任相当的具体刑罚（责任刑）之后，只能在责任刑之下考虑预防犯罪的需要。或者说，只能在责任刑之下，根据影响预防刑的情节确定宣告刑。例如，敲诈勒索数额巨大的法定刑为"三年以上十年以下有期徒刑"，倘若根据被告人的敲诈勒索数额等有责的不法事实，裁量其责任刑为 5 年有期徒刑，那么，各种影响预防刑的从轻与从重情节就只能在 3 年至 5 年有期徒刑的区间内起作用。即使被告人具有两个以上从重处罚的预防刑情节，最多也只能判处 5 年徒刑；超出 5 年的徒刑，就违反了责任主义。

显然，如果责任刑的裁量出现偏差，即使预防刑的判断相当准确，

---

　*　张明楷，清华大学法学院教授、博士生导师，中国刑法学研究会副会长。

　①　参见〔日〕松原芳博《刑法总论》，日本评论社，2013，第 2~5 页。

　②　参见〔日〕城下裕二《量刑基准の研究》，成文堂，1995，第 83 页以下；张明楷《责任主义与量刑原理》，《法学研究》2010 年第 5 期。

最终的宣告刑也不可能具有合理性。例如，甲以暴力相威胁抢劫了他人价值 300 元的财物。倘若将责任刑确定为 8 年有期徒刑，那么，即使认为甲是初犯且有悔改表现，可以减少 20%～30% 的刑罚，在 8 年徒刑之下考虑预防刑的结局，依然会使宣告刑过重。反之，乙以暴力抢劫了他人价值 3 万元的财物，且造成他人轻伤。如果将责任刑确定为 4 年有期徒刑，那么，即使乙是再犯，需要增加一定的刑罚，然而，在该责任刑之下从重处罚的结果，依然会使宣告刑过轻。所以，在整个量刑过程中，责任刑的裁量是至关重要的环节。

可以认为，责任刑是与责任相对应或者相当的刑罚。所谓与责任相当的刑罚，是与对不法的非难可能性程度相当的刑罚。由于犯罪的实体是不法与责任，[①] 责任是对不法的责任，所以，在被告人不具有责任减轻与责任加重情形的场合，与责任相当的刑罚，也可谓与有责的不法相当的刑罚。正如德国的 Horn 教授所言："'责任相当'刑，在绝大多数场合，即在责任没有减轻的场合，通常可以理解为'不法相当'刑。因此，只有行为人实现的不法的重大性，构成了刑罚的量。"[②] 概言之，在责任本身没有减轻与加重的场合，"刑罚与责任相当"和"刑罚与有责的不法"相当，是等同的含义，而且所确定的责任刑也是等同的。

但是，在行为人具有责任减轻事实时，则不是仅由有责的不法决定责任刑的量。因为责任划定了刑罚的上限，既然责任减轻，责任刑就必须相应减轻。例如，达到责任年龄的甲与乙分别故意杀害一人既遂，杀人手段相同，被害人的情形相同。就此而言，有责的不法是相同的。但是，倘若甲是具有完全责任能力的人，而乙是具

[①] 参见〔德〕乌尔斯·金德霍伊泽尔《论犯罪构造的逻辑》，徐凌波、蔡桂生译，《中外法学》2014 年第 1 期；〔日〕前田雅英：《刑法总论讲义》，东京大学出版会，2011，第 29 页；张明楷：《以违法与责任为支柱构建犯罪论体系》，《现代法学》2009 年第 6 期。

[②] 转引自〔日〕小池信太郎《量刑における消极的责任主义の再构成》，《庆应法学》2004 年第 1 号。

有限制责任能力的人，虽然二者有责的不法相同，但二者的责任程度不同。由于乙具有责任减轻的事由，故其责任刑必须轻于甲的责任刑。再如，A 与 B 走私的文物种类、数量等相同，均具备故意和其他责任要素。就此而言，二人有责的不法相同。但是，如若 A 已满 18 周岁，B 未满 18 周岁，那么，虽然二人有责的不法相同，但二人的责任程度不同。亦即，B 因为具有责任减轻事由，其责任刑轻于 A 的责任刑。

同样，当行为人具有责任加重事由时，即使不法程度没有增加，也会导致责任本身的程度增加，因而导致责任刑加重。例如，张三与李四各自杀害一人，不法程度相同且故意形式与内容相同，故有责的不法相同。但是，张三是基于报复动机杀害仇人，李四是因为看被害人不顺眼便杀人。李四的杀人动机，表明其非难可能性加重，因而导致责任加重。所以，虽然张三与李四的有责的不法相同，但责任本身的程度存在区别，故李四的责任刑重于张三的责任刑。由此可见，决定责任刑轻重的事实，包括两个方面的内容，一是有责的不法事实（有责任的法益侵害事实），二是表明责任程度的事实（已经作为定罪事实或者法定刑升格的事实进行评价的除外，下同）。有责的不法程度与责任本身的程度，就是罪行程度。

正确评价案件的罪行程度，是裁量责任刑的关键。经过比较才能鉴别。对一个具体案件罪行程度的评价，只有通过与其他案件相比较（参照标准）才能得出结论。显而易见的是，衡量罪行轻重，不可能以较轻的案件为参照标准，不能因为某人的罪行不是此类案件中较轻或者最轻的情形，就认定其罪行严重，进而确定较重的责任刑。同样，衡量罪行轻重，也不可能以具有减轻或者免除处罚情节的情形为参照标准，不能因为某人不具有减轻或者免除处罚的情节，就认为其罪行严重。例如，不能由于某人的罪行重于从犯、胁从犯、中止犯，就认定其罪行严重，从而选择较重的责任刑。同样，不能因为某被告人是成年人或者具有高智商，就认定其罪行严重。

衡量罪行轻重，应以犯罪的常态为参照标准。至于常态犯罪的罪行程度如何，则是另一回事（参见后述内容）。例如，倘若可以将罪行分为最轻、较轻、中等、较重、最重五个等级，则并不意味着常态犯罪必然属于罪行中等或者罪行较重的犯罪，而是需要根据刑法规定与统计资料得出结论。如果资料表明常态犯罪属于罪行较轻的犯罪，那么，比常态犯罪轻的，就属于罪行最轻的犯罪，略重于常态犯罪的，则属于罪行中等的犯罪。

本文的看法是，由于任何一种类型的犯罪都有常态，因此对罪行轻重的评价，只能通过与行为人所犯之罪的常态进行比较后得出结论，只有参照常态犯罪得出的评价结论，才能体现刑法的正义性。量刑时，应当按照犯罪的常态确定量刑起点，如后所述，由于常态犯罪属于相对较轻的犯罪，与常态犯罪对应的是法定刑中间刑偏下的刑罚乃至接近最低刑的刑罚；法官不得将犯罪的常态评价为罪行严重，进而适用较重的刑罚。

二　犯罪常态

犯罪常态，是指某种犯罪最通常的情形或者绝大多数的情形。犯罪常态并不是指某种犯罪的中间形态，或者说，不是指某种犯罪的中等罪行状态。由于任何一种犯罪都必然存在最通常的情形或者绝大多数的情形，所以，任何一种犯罪都有其常态。例如，基于报复、奸情等动机杀害一人，是常态的故意杀人罪；使用暴力、胁迫方法奸淫一名妇女，是常态的强奸罪。同样，在对被告人适用"携带凶器盗窃"的规定认定为盗窃罪时，不能将"携带凶器"认定为情节严重或者从重处罚的情节。因为在"携带凶器盗窃"这类犯罪中，"携带凶器"是常态。在适用刑法第269条的规定认定为事后抢劫时，不能将为了抗拒抓捕而使用暴力的行为评价为罪行严重，因为该行为也是事后抢劫的常态。被告人使用凶器造成他人重伤时，使用凶器也不是表明故意伤害罪行严重的情节，因为使用凶器同样是故意伤害罪的常态。再如，对正在执行公务的国家机关工作人员，使用暴力、胁迫方法，导致其公务不能履行，是常态的妨害公务罪；不能因为被告人使用暴力，就认定其罪行严重。犯罪的常态不等于犯罪的起点。换言之，犯罪的常态并不是指刚好达到犯罪成立标准的形态，而是在某种犯罪中最常见的形态。

犯罪的常态，只能就同一具体类型的犯罪而言，而不是就整体或者全部犯罪而言。例如，我们只能分别认识故意杀人罪的常态或故意伤害罪的常态，而不能将二者混杂在一起描述其中一种犯罪的常态。再如，我们只能分别了解盗窃罪的常态或抢劫罪的常态，而不得将二者杂糅在一起说明其中一种犯罪的常态。例如，甲基于报复动机杀害一人，与乙基于报复动机伤害一人（轻伤），分别属于故意杀人罪与故意伤害（轻伤）罪的常态。诚然，与乙的罪行相比，甲的罪行严重。但是，如果与其他故意杀人案件相比较，或者说在故意杀人罪中，甲的行为则不可能属于罪行严重。由于刑法对故意杀人罪规定的法定刑重于故意伤害罪，所以，在量刑时，只能根据故意杀人罪的法定刑对甲裁量责任刑，而不可能以甲的罪行重于乙的罪行为由，在故意杀人罪的法定刑内对甲从重处罚。概言之，在对具体犯罪量刑时，重在就同一种犯罪进行比较，而且应当与同一种犯罪中的绝大多数情形相比较。只有这样，才能使责任刑的裁量具有公正性。

犯罪常态，只能根据刑法规定与统计资料予以确定。所谓根据刑法规定，主要是指根据罪状（犯罪构成）的规定。犯罪构成是成立犯罪的最低起点条件，所以，如果某个案件事实刚刚达到犯罪的起点，就意味着该具体案件是这种犯罪中最轻的情形。加重的犯罪构成是成立加重犯罪的最低起点条件，因此，如果某个案件事实刚刚达到加重犯罪的起点，就意味着该具体案件的罪行是加重犯罪中最轻的情形。例如，刑法第 275 条规定："故意毁坏公私财物，数额较大或者有其他严重情节的，处三年以下有期徒刑、拘役或者罚金；数额巨大或者有其他特别严重情节的，处三年以上七年以下有期徒刑。"倘若数额较大的起点为 5000 元，那么，如果甲故意毁坏他人价值 5000 元的普通财物，则其罪行是普通的故意毁坏财物罪中最轻的情形，不能认为其罪行严重。同样，假定数额巨大的起点为 10 万元，那么，当乙故意毁坏他人价值 10 万元的财物时，则其罪行是加重的故意毁坏财物罪中最轻的情形，而不能认为其罪行极其严重。明确了普通犯罪与加重犯罪的最低起点，就可以进一步明确具体案件的罪行程度。

所谓根据统计资料，是指现实发生的某种具体案件中，绝大多数的罪行居于何种程度，必须有统计数据的证明。这种绝大多数案件的罪行状况，就是犯罪常态。例如，假定统计资料表明，故意毁坏财物罪中的绝大多数情形，是使用有形力毁坏他人价值 1 万元左右的财物，那么，这就是普通的故意毁坏财物罪的常态；于是，故意毁坏他人价值 8 万元财物的行为，便明显超出了常态。同样，如果统计资料显示，普通抢劫罪中的绝大多数情形是使用暴力、胁迫手段压制被害人反抗后，强取 500 元左右的财物，那么，这种情形就是普通抢劫罪的常态；于是，使用暴力手段致人轻伤并强取财物的行为，便超出了普通抢劫罪的常态。再如，假若统计数据表明，非法拘禁案的绝大多数情形是使被害人的人身自由被剥夺两天至三天，那么，这种情形就是非法拘禁罪的常态；于是，非法拘禁被害人一天的，则低于非法拘禁罪的常态。不难看出，以犯罪常态为参照标准，可以公平合理地评价各种具体犯罪的罪行程度。

由于犯罪的实体是不法与责任，所以，只有正确把握了犯罪的不法常态与责任常态，才能正确把握犯罪常态。不法常态，是指某种犯罪通常具有的不法程度或法益侵害程度。根据结果无价值论的观点，客观的构成要件要素是表明不法程度的要素。因此，需要根据客观要素评价和把握不法的常态。

　　结果是表明不法程度的重要要素。所以，正确评价什么样的结果是常态结果，什么样的结果是比常态犯罪更严重或者更轻微的结果，对于认识犯罪的常态具有重要意义。对常态结果的认识，需要根据构成要件的结果内容进行分析，而不能在抽象层面得出结论。例如，就故意杀人罪来说，杀害一人或者说致一人死亡是常态。虽然致一人死亡比致一人重伤、致他人财产损失的后果严重，但是，在法定刑相对较重的故意杀人罪中，致一人死亡并不是严重结果，只是常态结果。再如，就强奸罪而言，奸淫一名妇女既遂的结果就是常态结果。不仅如此，由于奸淫结果会导致妇女受到精神损害，所以，强奸行为给妇女造成精神损害，也是强奸罪的常态。再如，最高人民法院 2000 年 11 月 10 日《关于审理交通肇事刑事案件具体应用法律若干问题的解释》第 2 条规定，交通肇事导致死亡 1 人或者重伤 3 人以上，负事故全部或者主要责任的，或者导致死亡 3 人以上，负事故同等责任的，处 3 年以下有期徒刑或者拘役。据此，在负事故全部或者主要责任的情况下，导致 1 人死亡是交通肇事的常态结果。

　　反之，如果一个犯罪行为，不仅造成了构成要件结果，而且造成了构成要件外的、并非通常发生的结果，则属于超出了常态结果的情形。例如，行为人实施 A 罪行为，但在造成了 A 罪结果的同时，还造成了 B 罪的结果。如行为人在故意毁坏他人数额较大财物时，过失导致第三者重伤，该重伤结果超出了故意毁坏财物罪的常态，导致罪行超出常态。又如，行为人实施 A 罪行为，不仅造成了成立 A 罪所要求的构成要件结果，而且在结果的数量上多于成立 A 罪所要求的结果。如一个行为造成三人轻伤。其中一人轻伤是常态结果，另外两人轻伤超出了常态，使其罪行重于常态。再如，行为人实施 A 罪行为，不仅造成了成立 A 罪既遂所要求的结果，而且发生了更严重的结果。如一个伤害行为给被害人造成的重伤达到了最高等级，超出了常态的重伤程度，这便使其责任刑增加。[1]

对于行为的手段，应当围绕法益侵害判断其常态，而不应当以手段的反伦理性、行为无价值性为标准判断常态。换言之，在不法判断过程中，"不仅应考虑现实所产生的结果，而且也必须考虑行为方法、样态。但即使在这种场合，也是为了考虑行为方法、样态所具有的侵害法益的一般危险性，而不是考虑方法、样态本身的反伦理性、行为无价值性"。[2] 人们习惯于认为，用数十刀捅死一个人与开一枪打死一个人所造成的结果相同，但前者的手段更残忍，所以，违法性更严重。[3] 用数十刀捅死一个人，之所以超出了杀人手段的常态，并不是因为手段具有重大的反伦理性，或者手段具有行为无价值性，而是因为产生了数十个伤害结果;[4] 而开一枪打死一人时，并没有如此多的伤害结果。在此，依然是法益侵害结果增加责任刑，而不是行为方式本身增加责任刑。所以，通常所说的"手段残忍"应当是指手段造成或者可能造成严重的法益侵害结果。同样，在盗窃数额较大财物且数额相同的情况下，入户盗窃的责任刑应当重于单纯盗窃的责任刑，但这并不是因为前者的手段本身无价值，而是因为入户行为侵害了被害人的住宅安宁。

对于犯罪的行为对象与时空条件，也要围绕法益侵害的实质进行判断。例如，盗窃普通财物是盗窃罪的常态，而盗窃救灾、抢险款物则超出了常态，在其他情形相同的前提下，其罪行重于常态。同样，在一般社区或者商店、机关等盗窃，是盗窃罪的常态，但在地震灾区之类的地方盗窃，则超出了常态，就此而言，后者的罪行重于常态。

---

[1] 从成立犯罪的角度来说，这种结果并不是构成要件外的结果。但从责任刑的裁量来说，由于该结果多于构成要件所要求的结果，因而成为增加责任刑的情节。

[2] 〔日〕平野龙一：《刑法总论Ⅱ》，有斐阁，1975，第216页。

[3] 参见彭新林《酌定量刑情节限制死刑适用研究》，法律出版社，2011，第277页。

[4] 倘若只有一刀致人死亡，此外的数十刀均未接触到被害人身体，则不可能被认定为手段残忍。

责任常态，是指某种犯罪通常的非难可能性程度。根据结果无价值论的观点，故意与过失、目的与动机、责任年龄与责任能力、违法性认识的可能性与期待可能性，是责任要素。所以，需要从责任要素出发把握责任的常态。

故意作为定罪的根据，一般不可能成为增加责任刑的情节。但是，这只是就故意的常态而言，轻于常态的故意，则是减少责任刑的情形。例如，在故意犯罪中，绝大多数是直接故意，所以，直接故意是常态，不是增加责任刑的情节。反之，虽然间接故意与直接故意的法律地位相同，但一般来说，间接故意的非难可能性小于直接故意，因此，间接故意轻于常态，可以成为略微减少责任刑的情节。直接故意中的绝大多数情形都或多或少、或早或晚存在预谋，所以，预谋故意也是常态。但是，突发故意的非难可能性一般轻于预谋故意，因而有可能成为略微减少责任刑的情节。所以，司法实践将预谋作为从重处罚根据的做法，缺乏合理性。

疏忽大意的过失与过于自信的过失的相同点是具有预见可能性，二者均为常态。刑法理论通常还对过失进行其他分类，如业务过失与普通过失，重过失、一般过失与轻过失。在业务过失犯（如刑法分则第二章中的过失危害公共安全的犯罪）中，业务过失是常态；在普通过失犯中，普通过失是常态。但是，不管是在业务过失中还是在普通过失中，轻过失与重过失的非难可能性程度分别低于和高于常态过失的非难可能性。

当目的与动机不是成立犯罪必须具备的主观要素时，这种目的与动机是影响责任刑的情节。在各种犯罪中，目的非法或者目的不当、动机卑鄙或者动机不良是犯罪的常态，不应作为增加责任刑的情节。如果目的与动机能被一般人理解或者接受，因而值得宽恕，则低于常态。例如，在财产犯罪、经济犯罪中，非法占为己有的目的显然是常态，故不能将非法占为己有的目的作为财产犯罪、经济犯罪的严重形态。反之，为了救济穷人而实施财产犯罪、经济犯罪的，其非难可能性低于常态。再如，在故意杀人、故意伤害罪中，报复动机是常态，不能认为报复动机是卑鄙动机；甚至可以认为，报复动机是能被一般人理解的动机，其非难可能性轻于常态的动机。① 基于奸情、为了与第三者结婚而杀害配偶，也是常态。反之，无缘无故杀人、伤人，或者看对方不顺眼就杀人、伤人的，其非难可能性高于常态；大义灭亲的杀人、伤人，其非难可能性则低于常态。

已满 18 周岁且具有完全责任能力，是责任能力的常态；没有达到完全责任年龄或者已满 75 周岁，以及仅具有限制责任能力，是低于责任能力常态的情形，是减少责任刑的情节。

违法性认识的可能性既是故意犯的责任要素，也是过失犯的责任要素。首先，就故意的自然犯而言，知法犯法、明知故犯是常态。因为一般人虽然不知道具体的刑法条文，但通常知道哪些行为是刑法所禁止的犯罪。例如，杀人犯、放火犯、强奸犯、抢劫犯、盗窃犯、诈骗犯、贿赂犯等都是明知故犯、知法犯法。在某一类具体犯罪中，明知故犯、知法犯法也是常态。如果将知法犯法、明知故犯当作超出常态的情形，进而增加责任刑或者从重处罚，就意味着对所有的自然犯都要从重处罚。这显然不妥当。其次，就故意的行政犯或者法定犯而言，知法犯法、明知故犯也是常态。如果将明知故犯、知法犯法作为增加责任刑的情节，实际上是因为行为人知法而受到较重处罚，不知法却可以受到较轻的处罚。这难以被人接受。反之，行为人没有认识到自己行为的违法性，并且认为自己行为不违法（存在违法性的错误），但具有违法性认识的可能性（违法性的错误可以避免）时，其非难可能性减少，因而轻于常态。正如井田良教授所言："虽然具有违法性认识的可能性，但欠缺违法性的认识时，与对行为的违法性具

① 特别是被害人先前对行为人实施了不法、不当行为，行为人基于报复杀害被害人的，其动机的非难可能性明显轻于常态的动机。

有现实的认识的情形相比,一般来说,非难可能性的程度更低。而且,不容易产生违法性的意识时(违法性错误的回避可能性降低时),应当承认刑罚的减轻(向处断刑幅度的下方修正)。"①

具有期待可能性以及期待可能性大,是犯罪的常态。期待可能性降低,则使其非难可能性低于常态。一方面,"在一定的场合……特别是当行为人内在的根源性的冲动,远远强于对法所预告的苦害的恐怖之念时,反对动机的设定就是没有意义的。例如,在对生命的紧急避险这样的界限状态中,人的脆弱性与自我保存的本能是显著的"。② 在这种场合,应认定行为人没有期待可能性,因而宣告无罪。另一方面,当行为人具有实施犯罪的强大动因,而且能够被一般人"理解"或宽恕时,期待可能性就会明显减少,因而成为从轻或者减轻处罚的根据。在众所周知的许霆案中,③ 自动取款机的故障,不仅使许霆可以轻易获得不属于自己的金钱,而且其行为难以被银行与一般人发现,这一事实成为许霆实施盗窃行为的强大动因,使其产生反对动机的可能性有所减少。在此意义上说,许霆的非难可能性减少,因而可以减轻处罚。

以上是根据不法要素与责任要素,对犯罪常态所做的简要说明。显然,只有了解了犯罪常态,才能正确评价案件的罪行。例如,如果认为杀害一人是故意杀人罪的常态,就不会认为故意杀害一人的"罪行极其严重",因而会合理裁量责任刑。如果知道基于报复动机杀人

---

① 〔日〕井田良:《讲义刑法学·总论》,有斐阁,2008,第373页。

② 〔日〕青井秀夫:《法理学讲义》,有斐阁,2007,第59页。

③ 2006年4月21日21时许,被告人许霆到广州市天河区黄埔大道西平云路163号的广州市商业银行自动柜员机(ATM)取款,同行的郭某在附近等候。许霆持自己不具备透支功能、余额为176.97元的银行卡准备取款100元。21时56分,许霆在自动柜员机上无意中输入取款1000元的指令,柜员机随即出钞1000元。许霆经查询,发现其银行卡中仍有170余元,意识到银行自动柜员机出现异常,能够超出账户余额取款且不能如实扣账。于是,许霆在21时57分至22时19分、23时13分至19分、次日零时26分至1时06分三个时间段内,持银行卡在该自动柜员机指令取款170次,共计取款17.4万元。许霆告知郭某该台自动柜员机出现异常后,郭某亦采用同样手段取款19000元。同月24日下午,许霆携款逃匿。

是常态，就不会认为行为人的"动机卑鄙"，因而不会从重处罚。如果知道预谋故意、明知故犯、知法犯法是故意犯罪的常态，就不会因为被告人具有预谋故意或者明知故犯、知法犯法而增加责任刑。

但是，我国的司法实践常常未能正确评价罪行的轻重程度。一方面，司法人员习惯于将常态犯罪作为罪行（极其）严重的犯罪对待；另一方面，许多习惯性的表述（如后果严重、动机卑鄙、罪行极其严重等）也影响了法官对具体案件罪行的评价，导致裁量的责任刑畸重。

例如，有的法官指出："严重的故意杀人罪一般具备下列情形：从犯罪主体而言——犯罪人一贯蔑视国家法纪，不遵守秩序，为恶乡里，横行霸道的；负有法定义务的人，为逃避履行义务，而杀死权利人的；国家工作人员利用职务便利故意杀害他人的；集团或团伙杀人中的主犯，特别是涉黑涉恶案件中的首要分子或者重要主犯等。从犯罪动机而言——为泄愤、报复、嫉妒、消除竞争对手而杀人的；为毁灭罪证而杀人的；为图财害命而杀人的；为嫁祸于人而杀人的；出于奸情而杀人的等。从犯罪的客观方面而言——采用特别残忍的手段或者折磨被害人以增加其痛苦而杀人的，为实施其他严重犯罪而故意杀人或者故意杀人后再次实施其他严重犯罪的，故意杀人后焚尸、肢解尸体的；杀死孕妇，杀死多人的或多次故意杀人，严重危害他人人身安全和社会治安秩序的；由于被害人的死亡而造成其他严重后果的，犯罪后逃跑、抗拒抓捕、作伪证抵赖罪行的；在特殊的时间、地点杀人的等。从犯罪的对象而言——杀死直系血亲尊亲属，杀害儿童、老人的；杀害外国人、港澳台同胞、知名政治活动家或者科学家、特殊弱势群体如残疾人等。从社会治安形势而言——犯罪人罪行极其严重，判决时此类犯罪活动仍然十分猖獗，顶风作案的；民愤极大，如犯罪人恶贯满盈，群众强烈要求处死的等。"[①]

---

① 张忠斌：《关于几种罪名死刑适用的探讨》，《人民法院报》2009年11月25日，第6版。

其实，作者列举的大部分情形，都属于故意杀人罪的常态。例如，从杀人动机方面来说，为泄愤、报复而杀人，或者出于奸情而杀人，以及为毁灭罪证而杀人，都是故意杀人的常态。因为基于这些动机杀人，表明被告人不仅基于特殊原因杀人（不是无原因地杀人），而且所杀害的是特定被害人（不是杀害无辜的第三者），没有超出故意杀人的常态。又如，从事后行为来看，故意杀人后焚尸、肢解尸体，犯罪后逃跑、抗拒抓捕、作伪证抵赖罪行等，也是故意杀人罪的常态。因为犯罪人为了逃避刑罚处罚而实施毁灭罪证的行为，是犯罪人的"理性"，甚至是没有期待可能性的行为。再如，从杀人对象来看，生命是平等的，将杀害外国人、港澳台同胞、知名政治活动家或者科学家等作为严重的故意杀人罪，也没有任何根据。换言之，就故意杀人罪而言，基于特定原因杀害任何特定的人，都是常态。此外，上述观点还将罪行本身是否严重与被告人的特殊预防必要性大小混为一谈，使影响预防刑的情节成为影响罪行轻重的情节。如将"犯罪人一贯蔑视国家法纪，不遵守秩序，为恶乡里，横行霸道"，以及"判决时此类犯罪活动仍然十分猖獗，顶风作案"，"犯罪人恶贯满盈"等作为罪行严重的标准，就是将报应刑与预防刑相混淆的表现，也明显违反了责任主义。

至于具体判决将犯罪常态评价为罪行严重的现象，则屡见不鲜。

例如，被告人张某某因家庭琐事对其妻葛某产生杀害的恶念，并叫其女友被告人郭某某购买了铁锤、手套、皮鞋等作案工具。2004年7月23日晚上，被告人张某某在家中趁葛某准备睡觉时，持铁锤朝葛某头部猛击，致葛某当场死亡，随后被告人张某某将在外面等候的郭某某叫进家中对现场进行伪造。其中有证人证实，因张某某有外遇，葛某与张某某经常吵架。一审法院认定被告人张某某犯故意杀人罪，判处死刑，剥夺政治权利终身；被告人郭某某犯故意杀人罪，判处有期徒刑12年。宣判后，原审被告人张某某、郭某某不服，以量刑过重为由提出上诉；被告人张某某的辩护人亦提出量刑过重的辩护意见。二审法院的判决指出："上诉人张某某因有外遇，便生杀死妻子的恶念，在上诉人郭某某的帮助下持铁锤将妻子葛某打死，其行为构成故意杀人罪，且后果严重，动机卑鄙，实属罪行极其严重的罪犯，依法应予严惩。上诉人郭某某受上诉人张某某的安排，参与杀人预谋、准备作案工具并协助伪造作案现场，其行为亦构成故意杀人罪，应依法惩处。在共同犯罪中，上诉人张某某起主要作用，系主犯，依法应从重处罚；上诉人郭某某起辅助作用，系从犯，依法应从轻处罚。上诉人张某某、郭某某和辩护人所提量刑过重的上诉理由和辩护意见，无事实和法律依据，不予采纳。原判定罪准确，量刑适当，审判程序合法。据此，依照《中华人民共和国刑事诉讼法》第一百八十九条（一）项之规定，裁定如下：驳回上诉，维持原判。"①

　　然而，就故意杀人罪而言，致一人死亡的后果只是常态，致二人以上死亡才是故意杀人罪中的后果严重。因为经常与妻子吵架并且为了与第三者结婚而杀害妻子，这种动机也只是故意杀人罪中的常态，不能认定为动机卑鄙。综合考虑主客观方面的事实，也不能认定本案"罪行极其严重"。倘若本案属于罪行极其严重，那么，对"灭门案"恐怕就没有评价的词语了。此外，虽然张某某在共同犯罪中起主要作用，系主犯，但主犯不是从重处罚的理由，现行刑法没有规定对主犯从重处罚，故"依法应从重处罚"没有任何法律根据。如果按照主犯从重处罚，从犯从轻、减轻或者免除处罚的做法，在共同犯罪中，就没有处于中间（常态）的刑罚，这显然不能被人接受。

　　再如，某判决认定的事实是，被告人朱某于2014年3月6日20时50分许，酒后驾驶面包车，行驶至海安县雅周镇雅杭路蒋雅桥东侧地段，海安县公安局交通巡逻警察大队雅周中队执勤民警黄某及辅警周某、朱某示意其停车接受检查。被告人朱某为逃避处罚，不顾站于

①　（2005）云高刑终字第822号。

车前的民警黄某的安全，强行开车行驶，导致民警黄某被车前部顶住而后退摔倒，致头皮挫裂伤、左侧顶部头皮血肿。经南通市公安局物证鉴定室鉴定，黄某头部的伤情构成轻微伤。被告人朱某于次日主动至泰州市姜堰区公安局蒋垛交巡警中队投案，并如实供述了上述妨害公务的事实。案发后，被告人朱某与被害人黄某达成了赔偿协议，赔偿了被害人医疗费等各项损失合计人民币 19953.6 元，得到了被害人的谅解。辩护人以被告人事后坦白、没有前科、系初犯，而且犯罪后积极赔偿被害人的损失，取得了被害人的谅解为根据，建议对被告人朱某适用缓刑。但是，法院却做出了如下评判："关于辩护人所提对被告人朱某适用缓刑的辩护意见，本院评述如下：一、被告人朱某曾在案发当天饮酒，其阻碍民警执法就是为了逃避酒驾检查，其目的具有一定的违法性。二、被告人采取强行开车的手段抗拒检查，方式具有一定的暴力性，其行为严重损害了执法行为的权威性，破坏了执法人员的职业安全感，造成了不良的社会影响。综上，被告人不符合缓刑的适用条件，故辩护人该点辩护意见，本院不予采纳。"① 然而，对国家机关工作人员实施暴力、妨害公务的执行、损害执法行为的权威性，以及为了逃避警察检查的动机，都是妨害公务罪的常态。如果说这样的案件"造成了不良的社会影响"，要么是媒体的大肆渲染，要么是没有根据的臆断。

又如，某判决指出："被告人李金沙、李木金为谋取不正当利益，向国家工作人员及依法从事公务的人员贿送财物，情节严重，其行为构成行贿罪，应当追究刑事责任；被告人李金沙、李木金以牟利为目的，违反土地管理法规，非法转让、倒卖土地使用权，情节特别严重，其行为构成非法转让、倒卖土地使用权罪，应当追究刑事责任。公诉机关对被告人李金沙、李木金指控的犯罪事实及罪名成立。被告人李金沙、李木金犯行贿罪及非法转让、倒卖土地使

---

① （2014）安刑初字第 0174 号。

用权罪，应当实行数罪并罚。被告人李金沙身为国家公务员，知法犯法，应酌情从重处罚。"① 可是，如前所述，知法犯法是犯罪的常态。如果该知法犯法作为从重处罚的情节，就意味着常态犯罪都必须从重处罚。

由上可见，将犯罪的常态评价为罪行严重，必然导致量刑不合理。所以，司法机关应正确把握各种犯罪的常态，以犯罪的常态为参照标准评价具体案件的罪行程度，而不能将某种犯罪的常态评价为罪行严重。

三　量刑起点

最高人民法院《关于常见犯罪的量刑指导意见》（以下简称《量刑指导意见》）规定的量刑步骤是："（1）根据基本犯罪构成事实在相应的法定刑幅度内确定量刑起点；（2）根据其他影响犯罪构成的犯罪数额、犯罪次数、犯罪后果等犯罪事实，在量刑起点的基础上增加刑罚量确定基准刑；（3）根据量刑情节调节基准刑，并综合考虑全案情况，依法确定宣告刑。"显然，量刑起点的确定相当重要。如果量刑起点过高，就会导致责任刑过高，导致最终的宣告刑过重；反之，如果量刑起点过低，则会导致一些量刑情节（尤其是影响预防刑的情节）无法适用。

关于量刑起点的确定，刑法理论上存在林林总总的观点，② 在此先做简短评论。中线论认为，量刑起点在法定刑幅度的1/2处，从重在中线之上，从轻在中线之下。根据这种观点，不具有从重从轻情节的一般犯罪，对应的均为中间刑。但如后所述，事实并非如此。而且，中线论必然导致量刑过重，不符合罪刑相适应原则。分格论认为，在

---

① （2013）德刑初字第 230 号。
② 参见苏惠渔等《量刑方法研究专论》，复旦大学出版社，1991，第 78 页；周光权：《量刑基准研究》，《中国法学》1999 年第 5 期。王恩海：《论量刑基准的确定》，《法学》2006 年第 11 期。

法定刑幅度内再找出几个小格子，然后将具体案件分为轻轻、轻重、重轻、重重等若干等级，实行对号入座。但是，这种观点并不现实，因为如果排除了从轻与从重情节，法官基本上不可能区分出轻轻、轻重、重轻、重重的等级。形势论认为，应当根据治安形势的好坏确定量刑起点，在治安形势好或较好时，量刑起点可以和法定刑的下限重合，也可以将中线作为量刑起点；在治安形势不好时，要依法从重从快，量刑起点就可以和法定刑的上限重合或靠近上限的某一个定点。这种观点的可取之处在于，使量刑起点符合刑事政策的需要，有利于实现一般预防的目的。但是，根据治安形势确定量刑起点，一方面会导致预防刑超出责任刑的限制，因而会违反责任主义；另一方面会使消极的一般预防目的对量刑产生不应有的影响，侵害被告人的尊严。主要因素论认为，量刑起点应当以对犯罪的社会危害性大小起主要作用的因素为依据，并以调查统计的实例来论证。这种观点强调通过实证分析来确定量刑起点，但事实上不具有可行性。另外，如果在确定量刑起点时，已经考虑影响社会危害性的主要因素，就意味着基本上考虑了从轻与从重情节。但由此确定的刑罚并不是量刑起点，而基本上是责任刑本身。重心论认为，应当根据表明行为的社会危害性大小的一个主要因素确定量刑起点，这个因素就是抽象个罪的重心，与抽象个罪的重心相对应的刑罚就是量刑起点。可是，犯罪并不是只有一个重心，犯罪的实体是不法与责任，对量刑起决定性作用的也是不法与责任。单纯将不法作为重点，或者单纯将主观责任作为重点，要么导致没有责任的不法也影响量刑，要么陷入主观主义立场。危害行为论认为，将危害行为作为量刑起点，亦即，在不考虑任何情节的情况下，根据抽象个罪的行为的危害性确定量刑起点。然而，如果不联系结果的性质，就不可能判断行为的危害性。因为刑法上的危害行为并不在于其伦理意义，而在于其导致结果发生的危险性。单纯根据危害行为确定量刑起点，必然导致责任刑不符合报应原理。个案判决推导论认为，法律没有明确规定量刑起点，量刑起点的确定离不开实证分析的方法，应当通过对法院的个案判决考察去寻找量刑起点。显然，这种观点只不过是要求根据量刑经验确定量刑起点，并不具有实质性的意义。

由于《量刑指导意见》对常见犯罪规定了量刑起点的幅度，所以，《量刑指导意见》所称的确定量刑起点，实际上是指由法官根据具体犯罪的基本犯罪构成事实，比照抽象个罪的基本犯罪构成（既遂形态），在相应的量刑起点幅度内确定。[①] 显然，确定各种犯罪的量刑起点幅度的根据与在量刑起点幅度内确定具体量刑起点的根据，是完全相同的。问题是，量刑起点幅度应当对应于何种程度的罪行？或者说，应当根据何种罪行程度确定量刑起点幅度？

至为明显的是，要确定量刑起点幅度，就必须考虑犯罪的常态与法定刑的对应关系，亦即，常态犯罪与法定刑中的何种刑罚相对应？与常态犯罪所对应的刑罚就是量刑起点幅度，在此基础上，将具体案件与常态犯罪进行比较，进而确定具体案件的量刑起点与责任刑。

刑法分则所规定的法定刑均有较大幅度，并可能含有由轻到重的不同刑种。在该场合，并不意味着法官正确地选择了法定刑后，可以随意科处其中的任一刑罚，而是要考虑到法定刑的分配。亦即，法定刑由轻到重，其罪状与标明的类型或情节也是由轻到重，必须让轻刑与轻类型相对应、让重刑与重类型相对应。换言之，某个法定刑中有轻重不同的刑罚时，该法定刑的罪状同样包含轻重不同的类型或者情节；对属于较轻类型或者较轻情节的案件，只能适用法定刑中较轻的刑罚，而不得适用较重的刑罚，更不得适用最重的刑罚。

例如，刑法第236条第1款规定："以暴力、胁迫或者其他手段强奸妇女的，处三年以上十年以下有期徒刑。"联系该条第3款的规定可以看出，对于强奸妇女二人，强奸致人轻伤，以及强奸妇女二

---

① 熊选国主编《量刑规范化办案指南》，法律出版社，2011，第39~40页。

人且致二人轻伤的案件，也只能适用上述法定刑。显然，如果没有其他从重处罚的情节，对于强奸一人既遂没有致人伤害的，只能判处 3～4 年有期徒刑，而不能判处更重的刑罚。因为该行为刚刚达到适用上述法定刑的起点；对刚达到起点的犯罪，只能适用最低刑。如果判处更重的刑罚，就违背了立法精神，或者说实质上是违反刑法的。

再如，根据刑法第 263 条的规定，抢劫致人重伤、死亡的，"处十年以上有期徒刑、无期徒刑或者死刑"。这个法定刑有一个明确的幅度，与之相应，抢劫致人重伤、死亡的罪行也存在不同程度，所以，需要进行适当的分配。换言之，撇开其他情节不论，抢劫致人重伤、死亡至少可以分为四种情形：（1）抢劫过失致人重伤；（2）抢劫故意致人重伤；（3）抢劫过失致人死亡；（4）抢劫故意致人死亡。将法定刑的内容与罪状所包含的情形进行比较和分配，就可以得出如下结论：对第（1）（2）两种情形，只能适用有期徒刑；对第（3）种情形通常也只能适用有期徒刑，或者充其量在特殊情况下可能适用无期徒刑。只有第（4）种情形，才有可能（而不是必须）适用死刑。

人们习惯于认为，根据法条的文字表述，对于第（1）种情形也可以判处死刑。其实，这样的观点只是对法条文字的形式化解读，并没有把握法条的真实含义。"律法的字面意义与精神意义之间存在着人人皆知的区别，这种区别使人认识到，不管我们拥有什么样的集成法典的、一致同意的立法定义，都额外存在一种超越字面意义层面的道德和精神阐释。"[①] 仅仅按照字面含义解释刑法的做法，只不过是一种彻底的文本主义，但一种彻底的文本主义会导致荒谬的解释结论。换言之，不考虑法定刑的分配的做法，只是没有违反法条的文字含义，实质上违反了刑法。公平正义，是刑法的基本价值，如果对上述第

[①] 〔英〕拉曼·塞尔登主编《文学批评理论》，刘象愚、陈永国译，北京大学出版社，2000，第 306 页。

（1）（2）（3）种情形也判处死刑，明显违背刑法的公平正义。反之，只有考虑到法定刑的分配，将罪状所包含的轻重类型与法定刑的轻重程度进行对应性考量，才能实现刑法的公平正义。

　　总之，法定刑的下限对应的是最轻的犯罪，法定刑的上限对应的是最重的犯罪，于是，由低到高的法定刑，对应的就是由轻到重的犯罪。但法定刑的中间刑所对应的是思维或者想象中的中等程度的犯罪，而不是常态犯罪。因为现实生活中频繁发生的常态犯罪，并不是中等程度的犯罪，而是对应于法定刑中间刑偏下的位置。换言之，从经验上看，在大多数犯罪中，并不是常态犯罪占50%，较轻犯罪占25%，较重犯罪占25%（如果是这样，则应认为常态犯罪对应的责任刑是中间刑）；相反，常态犯罪一般占绝大多数（如80%左右），而且通常靠近起点犯罪。这在德国已经得到了统计资料的充分证明。[①] 我国的司法现状也能说明这一点。

　　例如，以普通抢劫罪为例，情节最轻的抢劫罪对应的是3年有期徒刑，情节最重的抢劫罪（如抢劫数额接近数额巨大且致二人以上轻伤）对应的是9年到10年有期徒刑。但在现实生活中，普通抢劫罪的常态则是使用暴力或者胁迫手段，抢劫他人价值几百元至几千元的财物（并且没有致人轻伤）。例如，北京市某区法院2014年上半年审理的抢劫案中，抢劫0元至500元的，占23%；抢劫501元至1000元的，占4%；抢劫1001元至2000元的，占23%；抢劫2001元至4000元的，占18%；抢劫4001元至1万元的，占14%；抢劫10001元至2万元的，占9%；抢劫2万元以上的，占9%。由于北京市抢劫数额巨大的起点为6万元，所以上述抢劫几百元至几千元的常态普通抢劫罪所对应的刑罚，显然不是6～7年有期徒刑，而只能是3年多到4年多的有期徒刑。

----

① 参见〔德〕Döling《量刑决定の构造》，小池信太郎译，载〔德〕Wolfgang Frisch、〔日〕浅田和茂、〔日〕冈上雅美编著《量刑法の基本问题》，成文堂，2011，第98页。

再如，在判处 3 年以下有期徒刑的盗窃案中，盗窃数额在 1000 元至 4000 元之间的占绝大多数。① 既然如此，数额较大的盗窃罪的量刑起点，就不是中间刑，而是中间刑偏下的刑罚乃至最低刑。

又如，北京市某区法院 2014 年上半年的贩卖毒品（绝大多数为甲基苯丙胺）案中，毒品数量为 0.01 克 ~ 5 克的占 78%，毒品数量为 5.01 克 ~ 10 克的占 5%。显然，属于绝大多数的常态的贩卖毒品罪，所对应的不是中间刑，而是中间刑偏下的刑罚。

同样，在故意伤害致人重伤的犯罪中，常态犯罪就是达到重伤程度或者略为严重的重伤，造成特别严重的重伤案件则较少。既然如此，故意伤害致人重伤的常态犯罪所对应的责任刑，也应当是中间刑偏下的刑罚，否则就会造成罪刑不均衡。故意杀人案中，绝大多数是杀害一人，杀害二人以上的是极少数。所以，常态的故意杀人罪（即以报复等动机故意杀害一人）所对应的刑罚，肯定不是死刑，而是 14 ~ 15 年有期徒刑，② 充其量是无期徒刑。因此，如果认为常态的故意杀人罪对应的是死刑，那么，就会造成两个方面的消极后果：一是导致对故意杀人罪的量刑过重；二是导致量刑不均衡、不公正。这刚好是我国的量刑实践所面临的两个问题。例如，我国对故意杀人罪没有减轻处罚情节的，一般判处死刑立即执行或者死缓，这样的量刑明显过重。再如，对于故意杀害一人与故意杀人多人（如灭门案）的，都判处相同的死刑，此般量刑并不公平。这是值得引起重视的现象。

从构成要件的形成来看，常态犯罪所对应的也是中间刑偏下乃至接近最低刑的刑罚。因为犯罪构成是对现实发生的绝大多数犯罪的描述与类型化，或者说，犯罪构成是对常态犯罪的类型化。反过来说，

---

① 参见唐亚南《盗窃罪量刑标准有待规范》，《检察日报》2014 年 10 月 15 日，第 3 版。

② 或许正因为如此，日本的裁判所对故意杀人罪中的 90% 左右仅判处有期徒刑。"二战"后至 70 年代，日本法官对 40% 以上故意杀人犯（杀婴的除外）判处 3 年以下自由刑；即使在 80 年代以后，日本法官对 30% 左右的故意杀人犯（杀婴的除外）判处 3 年以下自由刑（参见〔日〕原田国男《量刑判断の实际》（增补版），立花书房，2004，第 135 ~ 136 页。）

符合犯罪构成的行为，主要也是常态犯罪。如上所述，德国的统计资料充分证明了常态犯罪对应的是中间刑偏下的位置。但与德国刑法不同的是，我国刑法对犯罪不仅有质的规定，而且有量的规定。例如，即使非法获得财产的数额较小，在德国也成立财产犯罪，但在我国则不成立财产犯罪。这就决定了我国的某些常态犯罪所对应的刑罚完全可能是接近法定最低刑的位置。

《量刑指导意见》对常见的 15 种犯罪所确定的量刑起点，多数在中间刑偏下，但少数则从中间刑偏上开始。例如，《量刑指导意见》关于故意伤害罪的量刑起点，做了如下规定："构成故意伤害罪的，可以根据下列不同情形在相应的幅度内确定量刑起点：（1）故意伤害致一人轻伤的，可以在二年以下有期徒刑、拘役幅度内确定量刑起点。（2）故意伤害致一人重伤的，可以在三年至五年有期徒刑幅度内确定量刑起点。（3）以特别残忍手段故意伤害致一人重伤，造成六级严重残疾的，可以在十年至十三年有期徒刑幅度内确定量刑起点。依法应当判处无期徒刑以上刑罚的除外。"第（2）（3）种情形所规定的加重犯的量刑起点在中间刑偏下，但第（1）种情形所规定的基本犯的量刑起点，则是从中间刑偏上开始至拘役。如果从故意轻伤的常态来考虑，对于故意伤害致一人轻伤的，在一年以下有期徒刑、拘役幅度内确定量刑起点，可能更为合适。

在中间刑偏下确定量刑起点，对多数犯罪都是合适的，但对数额犯而言，则不一定如此。一方面，在刑法针对不同数额规定了不同法定刑，司法解释又明确规定了数额标准的情况下，需要根据被告人的犯罪数额确定责任刑。例如，假定盗窃罪的数额巨大标准是 5 万元至50 万元，那么，盗窃 25 万 ~ 30 万元的行为所对应的是 5 ~ 6 年责任刑。另一方面，当数额犯的常态不是处于中间刑偏下的位置，而是处于接近最低刑的位置时，则应当在接近最低刑的位置确定量刑起点。例如，《量刑指导意见》针对盗窃罪"数额较大"的情形规定，"可以在一年以下有期徒刑、拘役幅度内确定量刑起点"。这一量刑起点虽然在中间刑偏下，但相对于盗窃罪而言，仍显过高。这是因为，在适用"数额较大"法定刑的案件中，绝对多数的盗窃数额都在4000元以下（常态），这一数额大体上只是甚至不到"数额巨大"起点的1/10，而盗窃"数额巨大"的起点刑为3年有期徒刑，所以，盗窃"数额较大"的量刑起点应当是3个月左右的拘役。否则，就会导致责任刑的不公平。

　　总之，如果采用以既遂为模式的量刑起点，那么，与量刑起点对应的犯罪只能是该犯罪的常态情形；而常态犯罪并不是罪行程度居于中间程度的犯罪，而是比中间程度更轻的犯罪。所以，应当在法定刑的中间刑偏下的位置乃至接近最低刑的位置确定量刑起点（幅度）。

（本文原载于《法学评论》2015年第2期）

论严格限制死刑适用

陈泽宪 *

在一个仍然大量适用死刑的国度，企求立即废除死刑，无疑是个奢望。就我国法治发展水平和刑事法制状况而言，如何严格限制死刑的适用，是一个具有重大现实意义的理论和实践问题。

一 限制死刑的适用范围，如何界定"最严重的犯罪"

我国已经签署并有待批准《公民权利和政治权利国际公约》。该公约鼓励缔约国废除死刑并要求严格限制死刑。公约第 6 条第 2 款规定："在未废除死刑的国家，判处死刑只能是作为对最严重的罪行的惩罚"。联合国经济与社会理事会关于《保护面对死刑的人的权利的保障措施》第 1 条重申"在没有废除死刑的国家，只有最严重的罪行可判处死刑"，并进一步规定"这就理解为最严重的罪行之范围不应超出具有致命的或者其他极其严重之结果的故意犯罪。"

如何理解和界定"最严重的犯罪"，直接关系到对死刑适用范围的国际标准的认识。在政治、经济、法律、文化、伦理背景各不相同的国度，能否对什么是"最严重的犯罪"取得共识，也直接关系到在未废除死刑的国家，能否将死刑的适用范围缩减至最低限度。

根据《保护面对死刑的人的权利的保障措施》之规定，最严重的犯罪，应当是指致人死亡或者导致其他极其严重后果的故意犯罪。

---

* 陈泽宪，中国社会科学院国际法所所长、教授、博士生导师，中国刑法学研究会常务副会长。

（一）致人死亡的故意犯罪

故意杀人或者谋杀，毫无疑义应属于"致人死亡的故意犯罪"。但是，致人死亡的故意犯罪似乎不仅限于谋杀或故意杀人。例如，在故意伤害、抢劫、绑架等故意犯罪中，犯罪人使用暴力手段，而导致被害人死亡的情形，虽然犯罪人可能并不希望发生致人死亡的结果，但仍有可能被认为属于"致人死亡的故意犯罪"，从而被纳入可判处死刑的最严重犯罪的范围。中国刑法的有关规定正是如此。类似的情形还包括：放火、决水、爆炸、投放危险物质、劫持航空器而致人死亡的犯罪，甚至故意生产、销售假药而致人死亡的犯罪，也可判处死刑。

（二）具有其他极其严重后果的故意犯罪

这是一个比较含混和具有某种弹性的表述，而且显然是各种不同意见妥协折中的产物。对此能够加以明确的三个缺一不可的构成要素是：（1）故意犯罪。不包括造成极其严重后果的过失犯罪和严格责任犯罪；（2）结果犯或实害犯。不包括未发生现实的具体的危害后果的故意犯罪；（3）犯罪结果是除致人死亡以外的其他极其严重的后果。至于什么是"其他极其严重的后果"，国际公约和其他相关国际文件未做进一步的具体解释。在不同的国家、不同的人群，对此可能会有不完全相同的理解和认识。最为严格的解释，是联合国经济与社会理事会秘书长在关于死刑的第六个五年报告《死刑与贯彻〈保护面对死刑的人的权利的保障措施〉》中所论述的："致命的或其他极其严重的后果的含义倾向于暗示着这样的犯罪应该是危及生命的犯罪。在这个意义上，危及生命是行为的一种极为可能的犯罪。"[①] 遗憾的是该解释未被写入正式的国际法律文件。

中国刑法第 48 条规定："死刑只适用于罪行极其严重的犯罪分子"。从字面上看，该规定与《公民权利和政治权利国际公约》第 6

---

① 邱兴隆主编《比较刑法》（第 1 卷），中国检察出版社，2001，第 190 页。

条第 1 款的规定极其相似。中国刑法也没有对什么是"极其严重的犯罪"做进一步的明确解释。但从中国刑法分则众多可适用死刑的故意犯罪的具体规定来看，所谓"极其严重的犯罪"的范围，显然比《保护面对死刑的人的权利的保障措施》第 1 条对"最严重的犯罪"解释的范围，要更宽一些。关键的区别在于，所谓"极其严重的犯罪"并不局限于"具有极其严重的后果"。因此，犯罪情节极其严重（如某些危害公共安全罪）、犯罪数额极其巨大（如某些经济犯罪）、犯罪手段极其残忍（如某些侵犯人身权利罪）、犯罪客体极其重要（如某些危害国家安全罪）的故意犯罪，与犯罪结果极其严重的故意犯罪一样，都可能被认为属于"极其严重的犯罪"之范围。

从严格限制死刑适用的立场出发，中国刑法在界定"极其严重的犯罪"时，至少应当严格遵守《保护面对死刑的人的权利的保障措施》对"最严重的犯罪"的解释的最低标准，将那些不具有极其严重后果的故意犯罪，排除在适用死刑的范围之外。例如，对那些犯罪数额特别巨大但尚未造成极其严重后果的经济犯罪，不适用死刑。

二　尽可能不适用极刑：明智利用法定刑的可选择性

中国刑法中可适用死刑的约 70 种严重故意犯罪的法定刑均具有可选择性。其中，即使在结果或情节加重犯的场合，也只有三种严重犯罪（暴动越狱罪、聚众持械劫狱罪和劫持航空器罪）在后果或情节特别严重时，应当判处死刑。也就是说，法律没有规定任何一种罪名必须适用死刑，而是预留了可供选择的回旋余地。这就赋予司法机关极为重要的自由裁量权。因此，在尚不能于立法上大幅度削减死刑的情况下，对死刑案件具有管辖权的中、高级人民法院和最高人民法院，尤其是后者，能否明智地利用法定刑的可选择性，严格限制和减少死刑的适用，至为关键。

尤其应当强调指出的是，在死刑适用问题上，不宜通过司法解释采取比立法更严厉的立场，消除法定刑的可选择性，使死刑成为唯一的选择。最高人民法院和有的高级人民法院以往的某些司法解释实践令人担忧。例如，1987 年最高人民法院《关于〈贩卖毒品死刑案件的量刑标准〉的答复》这一司法解释文件中，确认了云南省高级人民法院提出的将贩卖一定数量以上毒品的案件绝对处死刑的量刑标准。

可见，法定刑的可选择性和法官较大的自由裁量权是一柄双刃剑，运用得当，可以限制和减少死刑的适用；运用失当，也会成为扩大死刑适用的弊端。就此而言，司法官的素质、法院行使审判权的独立程度、法官及公众的人权观与死刑观、死刑核准者掌握标准的宽严程度等，都将成为影响死刑适用多寡的重要因素。

三　允许"死而复生"：充分发挥死缓制度的减刑功能

判处死刑缓期二年执行，是中国刑法独具特色的一项死刑制度。它对于限制和减少死刑的最终执行，起到了重要的缓冲和筛滤作用。在法律上，被判处死刑缓期二年执行的犯罪人，在死刑缓期执行期间，如果没有故意犯罪，二年期满以后，减为无期徒刑；如果确有重大立功表现，二年期满后，减为 15 年以上 20 年以下有期徒刑；如果故意犯罪，查证属实的，由最高人民法院核准，执行死刑。从司法实践看，被判处死刑缓期二年执行的犯罪人几乎无不珍惜"死而复生"的最后机会，除极个别外，基本上在二年后都获得减刑而免于处死。这也从某种角度反映出，绝大部分罪犯，包括犯下极其严重罪行的罪犯，都具有一定程度的可改造性。

死缓不是一个独立的刑种，而是一种附条件减刑的死刑适用制度。因此，在审判最严重的犯罪案件时，即使在通过对上述法定刑的选择性的严格考量不得不判处死刑的情况下，如果没有极其充足的理由必须立即执行的，仍然应当尽量考虑判处死刑同时宣告缓期二年执行，以充分发挥死缓制度对于限制和减少死刑执行的特殊功能。

从许多已经废除死刑的国家的经验来看，在最终彻底废止死刑之前，大多都经历过虽然法律上保留死刑并在司法中有判处死刑的案例，但实际上长时期不执行死刑的历史阶段。在中国的死刑案件中，尽可能多地适用死缓，有利于尽可能早地进入实际不执行死刑的重要阶段，从而加快废除死刑的历史进程。

四　谁来决定生杀予夺：收回死刑核准权

1979 年通过的刑法和刑诉法规定，死刑案件除依法由最高人民法院判处的和依法由高级人民法院核准的判处死刑缓期二年执行的以外，都应当报请最高人民法院核准。1981 年 6 月 10 日，全国人大常委会通过《关于死刑案件核准问题的决定》突破了上述"两法"的规定。1983 年 9 月 2 日，全国人大常委会通过《关于修改〈中华人民共和国人民法院组织法〉的决定》，其中对死刑案件的核准权的行使规定做了修订。1983 年 9 月 7 日，最高人民法院根据该决定授权各高级人民法院行使对杀人、强奸、抢劫、爆炸以及其他严重危害公共安全和社会治安判处死刑的案件的核准权。此后，最高人民法院又先后授权云南、广东等省高级人民法院核准部分毒品犯罪死刑案件。

中国历史上向来十分重视由中央核准死刑案件。在古代（北魏、隋、唐等朝代）曾有死刑复奏制度，即判处死刑的案件，在执行前须奏请皇帝批准。明、清两代除十恶不赦的死刑立决案件外，对其他不立即执行死刑的案件，每年秋季要派高级官员会审。这种制度在明代称朝审；在清代，复审京师死刑案件称朝审，复核外省死刑案件称秋审。会审后的死刑案件，最后仍要报皇帝核准。[1]

如今部分死刑案件核准权的下放，严重削弱了死刑复核程序在限

---

[1]　杨春洗等主编《刑事法学大辞书》，南京大学出版社，1990，第 474 页。

制和减少死刑适用方面的作用，在学界和法律界引起了广泛而持久的质疑。1996 年修订的刑事诉讼法和 1997 年修订的刑法，没有认可上述下放死刑案件核准权的司法实践，并且明确重申"死刑由最高人民法院核准"的原则。但由于法院组织法的相关规定仍未修改，更由于最高人民法院自感无力承受繁重的死刑案件的核准工作，以致新刑法和刑诉法关于死刑由最高人民法院核准的规定得不到落实。

死刑案件核准权的下放，造成适用死刑的案件大量增加是无可置疑的。但更令人忧虑的是，一些错误的死刑判决很可能失去得到纠正的机会，这种错判包括定罪错误和量刑错误。从中外死刑案件的审判实践看，死刑案件的错判率极易高于其他罪案。以美国为例：对 1973 年至 1995 年期间美国死刑上诉案件的研究表明，死刑案件的错误率达 68%。在保留死刑的州中，90% 以上的州死刑判决错误率在 52% 以上，85% 的州错误率在 60% 以上，60% 的州错误率在 70% 以上。换言之，在这期间复审的数千桩死刑案件中，平均每 10 件中有 7 件被发现有严重的、可撤销判决的错误。在州法院剔出 47% 的死刑判决有严重缺陷之后，联邦法院又在剩余的死刑案件中发现 40% 的死刑判决有严重错误。这些错判中 82% 属于量刑错误，即轻罪重判；7% 属于被告人根本未犯据以判处死刑的犯罪。死刑判决的错误如此之多，以致专家们对在经过三级司法审查后能否发现全部错误，仍存严重怀疑。[1] 另据有关统计，美国在最近 20 年间，共有 102 名无辜者被判处死刑。[2]

就中国最高人民法院每年核准的死刑案件看，各高级人民法院报请最高人民法院核准的死刑案件，大约有百分之十几到百分之二十几的改判率。[3] 可见，死刑案件核准权的下放，会使相当一部分错误的

---

[1]　James S. Liebman, Jeffrey Fagan, Valerie West, "A Broken System: Error Rates in Capital Cases, 1973 – 1995," Columbia Law School, electronic publication.

[2]　www.deathpenalty.org.

[3]　胡云腾：《存与废：死刑基本理论研究》，中国检察出版社，1999，第 282 页。

死刑判决得不到及时纠正，其危害后果难以估量。

此外，许多学者认为，全国人大常委会1983年对《人民法院组织法》修订时所做的关于死刑核准权的补充规定，从立法者的权限看，其法律效力低于全国人民代表大会1996年和1997年通过的刑事诉讼法和刑法关于死刑核准权的规定。而且从新法优于旧法的原则来说，也应当以新刑法和刑事诉讼法的规定为准。因此，无论从法理的角度、司法实践的角度，还是从依法保护被告人及其家属合法权益的角度来看，由最高人民法院依法收回死刑案件的核准权，都是完全必要的。至于适当增加最高人民法院死刑复核工作人员，较之增加各高级人民法院死刑复核工作人员，即使从纯经济的角度看，孰优孰劣也是不难判定的。

五　信息公开与保密的权衡：公布死刑统计数据

我国每年到底有多少死刑案件？这是一个长期以来令外交官员尴尬、令学者困惑、令外界愕然的问题。据说死刑案件统计数属于需要保守的司法秘密。可是，法院既判案件数包括死刑案件数列为国家秘密的法律依据和必要性何在？实际原因很简单，无非是死刑案件数量太多，公之于世有损我国的国际形象。可是话又说回来，当今世界又有谁不知道中国刑法规定的可适用死刑的罪名最多，并且判处的死刑案件最多呢？因此，即使遵循世界各国之通例，如实公布每年的死刑案件统计数，天也塌不下来。公布死刑判决数和死刑执行数，至少有两点好处：其一，有利于就死刑对严重犯罪的威吓效果进行较全面的实证研究，从而为正确地认识死刑的功能和作用提供较为客观的科学的依据。其二，使死刑的适用置于整个社会乃至整个世界的监督之下，有利于严格限制和减少死刑。大家都知道死刑太多不好，死刑太多且又无助于从根本上扭转社会治安的严峻形势，则更不好。社会治安的根本方略在于真正下大力气落实综合治理的各项措施。尤其是我国签署及将来批准《公民权利和政治权利国际公约》之后，再过多地适用死刑，显然不能认为符合该公约关于限制死刑的原则精神。公布死刑案件数，有助于我国全面切实地履行公约规定的国际义务。

在我国限制死刑适用的第一步目标，应该是从目前超量适用死刑的非正常状态，逐步过渡到全国每年的死刑案件数约占全世界每年死刑案件数 1/5 的相对正常状态。即与中国人口占世界人口的比例大致相当。这不是一个很高的目标，它是通过努力完全可以而且应当达到的目标。因为一个在国际社会扮演越来越重要角色的日益强大的社会主义中国没有任何特殊的理由需要过多地适用死刑。

（本文原载于《法学》2003 年第 4 期）

网络犯罪的发展轨迹与
刑法分则的转型路径

于志刚 [*]

无论是对传统犯罪所做的司法解释，还是对新型的涉及网络的犯罪所做的司法解释，在关注对象上不外乎两个方面：一是定性方面，表现为对罪状表述的再解释；二是定量方面，表现为对入罪标准即犯罪定量标准的细化和明确。然而，近年来我国出台的一系列涉及网络犯罪的司法解释，包括 2013 年 9 月 10 日施行的《最高人民法院、最高人民检察院关于办理利用信息网络实施诽谤等刑事案件适用法律若干问题的解释》（以下简称《网络诽谤解释》），其主要目的在于解决传统犯罪在信息时代的"定量标准"即入罪标准和第二、第三量刑幅度的适用标准问题，而对于一些网络犯罪的"定性"问题则基本没有关注。这也是传统刑法能否用于制裁网络犯罪的困惑所在。客观地讲，如果传统刑法的条文体系和罪名体系由于具体法条中的"罪状"只能适用于现实空间而无法适用于网络空间，那么无论司法解释多么合理、多么具有可操作性，也无法将传统刑法引入网络空间，从而使目前颁行的一系列司法解释难以实际发挥作用。

要想让传统刑法的罪名体系能够适用于制裁网络犯罪，最根本的途径之一就是对具体罪状描述中的"关键词"的内涵和外延，结

---

* 于志刚，中国政法大学副校长、教授、博士生导师，中国刑法学研究会理事。

合信息时代和网络空间的特征做出与时俱进的解释，从而让整个刑法中罪状的描述和整个刑法分则的条文体系具有时代特征，进而让传统刑法的条文体系焕发新的生命力，能够延伸适用于信息时代和网络空间。

一　以对刑法分则条文做出的时代解释为基础

我国刑法分则的条文体系和罪名体系经过多次修正之后，无论是条文数量还是罪名数量都应该说基本能够满足我国现实社会的需要。目前，我国刑法典面临的最大问题是在整个社会快速进入信息时代的背景下刑法条文体系和罪名体系能否适用于网络空间。

（一）　我国刑法分则转型的根本出路不是重新立法而是重新解释刑法条文

传统犯罪日益网络化已是一个不争的事实，由此引发的传统刑法中的罪名体系和刑法分则条文的时代生命力问题不再是一个法理问题，而成为一个现实的司法态度问题：是承认传统刑法可以适用于网络空间，还是机械地坚持"罪刑法定"原则从而放弃我国现行刑法对网络空间的适用，重新构建一个全新的适用于网络空间的罪名体系？

无论是从时间成本还是从刑法法理上讲，实现信息社会刑法分则的时代转型，通过做与时俱进的解释去扩大刑法分则条文的适用范围，让整个刑法分则的条文体系和罪名体系既能够正常适用于现实空间，又能够延伸适用于网络空间，似乎成为唯一的选择。因此，通过做与时俱进的扩大解释去"释放"我国现行刑法分则条文的"内存容量"，让传统刑法的条文体系和罪名体系能够在网络空间生成一个同样具有完整体系和效力的罪名体系和条文体系，就成为我国刑法学界和最高司法机关的当务之急。

（二）重新解释我国刑法条文的基本方法是对罪状描述中的"关键词"做扩大解释

在传统刑法的罪状表述中，基于对公众可预测性的理解以及回应立法技术的要求，立法者使用了一系列刑法术语，如"公共场所"、"公私财物"、"个人信息"、"他人信件"等，笔者在本文中暂且称其为罪状描述中的"关键词"。罪状描述中的"关键词"过去只是罪名适用中的一个次要问题，但是，在信息时代尤其是在传统刑法延伸适用于网络空间的过程中，如何界定"关键词"的内涵和外延就成了一个非常重要的问题。换句话说，对"公共秩序"、"公共安全"、"财产"等"关键词"内涵和外延的解释往往影响到对特定罪名的选择和适用，甚至有可能成为确定罪与非罪、此罪与彼罪的基本依据。因此，如何解释这些"关键词"就成为传统刑法的罪名体系能否延伸适用于网络空间的关键。

目前，现实空间与网络空间之间的缝隙正在逐渐缩小，二者几乎成为融为一体的人类活动空间。即使如此，现实空间仍保留着其特有的属性，这也决定了在两个空间进行表达时需要进行"语言"转换。在我国刑法分则条文体系和罪名体系延伸适用的过程中，我国传统的刑法条文、罪名的术语选择和表达形式均来源于现实社会的习惯用语，这与网络空间中的"语言符号"有一定的差异。同时，受空间组合形态的影响，现实空间与网络空间在结构组成、表现形态等方面均存在重大差异，需要根据二者的差异对涉及罪名表达的"关键词"的词义做扩大解释甚至再解释，使我国传统刑法中的"关键词"在适用于网络空间时能够被社会公众和法律人群体共同接受，使生活现实、网络现实与法律术语在语言表达上保持一致，从而在观念上能够达成社会共识，最终实现使法律得以在现实空间与网络空间有效贯通的目标。

（三）扩大解释"关键词"含义的基本思路是把握网络犯罪的三种基本类型

虽然通过理论研究和出台司法解释的方式系统地解释"关键词"

的含义是我国未来应当重视的一项工作，但是无论是进行理论研究还是出台司法解释都必须明确理论研究的方向和做出司法解释的目的究竟是要解决哪一类问题或者说面对的是哪一类网络犯罪；否则，其实际效果就会大打折扣。

网络技术的发展，对于网络犯罪的发展规律和发案数量影响巨大。网络在"网络犯罪"中的地位经历了由"犯罪对象"到"犯罪工具"再到"犯罪空间"三个发展阶段。网络地位的不同，直接影响网络犯罪规律的形成和刑事政策的发展方向。换言之，从网络在网络犯罪中的地位看，网络犯罪的发展轨迹可以分为三个阶段：第一阶段，网络是作为"犯罪对象"出现的；第二阶段，网络是作为"犯罪工具"出现的；第三阶段，网络是作为"犯罪空间"出现的。

从网络犯罪的发展规律和发展阶段看，当前我国的网络犯罪刚刚发展到第三阶段；从网络犯罪的结构看，上述三种类型的网络犯罪在我国现阶段处于并存状态。但是，上述三种类型的网络犯罪在案发比例、涵盖的罪名范围、影响社会的广度和深度以及发案规律、未来消减方向等方面则有着完全不同的特点。因此，对我国现行刑法分则条文中"关键词"的解释应当根据网络犯罪的不同类型，重点关注那些具有代表性的"关键词"，通过对"关键词"做扩大解释而使产生于农业社会、成熟于工业社会的刑法条文和罪名体系在信息社会也能够得到准确、有效的适用。

二　当网络作为犯罪对象时对"关键词"含义的解释应从"技术性"向"规范性"转变

虽然对于网络作为犯罪对象的网络犯罪类型通过"有权解释"去扩大"关键词"的内涵和外延在未来仍有必要，但是它已不再是最重要的解释方式。从现阶段看，我国现行的司法解释显然不够完善，其具体表现为：没有根据现实需求和时代变化重点关注规范性的"关键词"，而是在"执着"、滞后地解释"技术性"的关键词。

（一）当网络作为犯罪对象时对"关键词"含义的解释应当发生转变

网络最初是以人们"冲浪"、娱乐平台的形式出现的，并且，计算机信息系统、网络本身也迅速成为犯罪分子攻击的对象。在第一代互联网时期，网络本身成为犯罪的对象，此时的网络犯罪基本上等同于"计算机犯罪"。面对此种犯罪情形，刑法的唯一反应就是增设新罪名，严厉制裁攻击系统、制作和传播破坏性程序的犯罪行为，我国现行刑法中的非法侵入计算机信息系统罪、破坏计算机信息系统罪等主要罪名的设立均源于这一阶段。后来，随着作为犯罪对象的"网络"从计算机信息系统逐渐扩大到计算机网络，刑法视野中的与网络相关的犯罪也逐渐从"计算机犯罪"演变为"网络犯罪"。由于这一个阶段解决网络犯罪问题的根本之道是构建全新的罪名体系，因此这一阶段新犯罪圈的划定界限是明显、清楚的。以此为背景，纯粹的计算机网络犯罪在我国刑法中最早出现的是 1997 年刑法第 285 条规定的非法侵入计算机信息系统罪、第 286 条规定的破坏计算机信息系统罪。这些罪名是随着社会的发展为保护人们日益扩张的生活利益而增设的。

但是，在网络作为犯罪对象的阶段，立法解释、司法解释所解释的几乎都是"技术性关键词"的含义，如 2011 年 9 月 1 日施行的《最高人民法院、最高人民检察院关于办理危害计算机信息系统安全刑事案件应用法律若干问题的解释》（以下简称《系统安全解释》）就是如此。客观地讲，1997 年刑法第 285 条、第 286 条均未对其犯罪对象做出明确的界定，给司法实务部门在办案的过程中带来不少困惑。司法实务部门亟须有权机关对"计算机病毒"、"恶性计算机病毒"、"应用程序"、"数据"、"计算机系统"、"计算机信息系统"、"侵入"等技术性较强的术语的含义做出明确的解释。应该说,从当时的时代背景和案发特点看,有权解释专注于"技术性关键词"含义的解释可以理解,也符合现实需求。同时,由于网络技术的发展和创新速度极快,要想让我国刑法条文所采用的"技术性关键词"能够"涵盖"更多的技术范畴也只能通过对"技术性关键词"进行解释来实现,因此,对"技术性关键词"进行解释在今天和未来仍然有其必要性,如《系统安全解释》虽然对"系统"、"程序"、"工具"做了技术性解释,但是没有对"数据"等技术性较强的术语做出解释。正因如此,《网络诽谤解释》第10条规定:"本解释所称信息网络,包括以计算机、电视机、固定电话机、移动电话机等电子设备为终端的计算机互联网、广播电视网、固定通信网、移动通信网等信息网络,以及向公众开放的局域网络"。实际上,上述对于"信息网络"的解释已经是第二次解释了,而之所以要对"信息网络"做第二次解释,是因为考虑到"三网融合"的技术背景和网络发展的背景已经与上一次司法解释对"网络"含义的解释不太相容。

可是,直到今天,有权机关基本上还没有对我国刑法条文中"关键词"的"规范性"含义结合网络的发展背景做出解释,这也是影响我国刑事司法效益的重要因素。应该说,当网络成为犯罪对象时,有权机关对"关键词"的关注和解释仍有必要,但是对其解释的重点应适当做出调整。

(二)对网络犯罪中"规范性关键词"的含义做扩大解释日益紧迫:以系统"控制权"含义的司法解释定位相矛盾为例

过去10余年来,我国一直比较重视对刑法分则条文中涉及网络犯罪的"技术性关键词"含义的解释,而忽视对"规范性关键词"含义的解释,而这一点恰恰是我国有权解释忽视第一代互联网与第二代互联网本质差异的反映。

今后对网络犯罪中"技术性关键词"的含义进行解释将不再是我国有权解释关注的重点，而对网络犯罪中"规范性关键词"的含义进行解释将成为我国有权解释的中心任务。例如，2011 年《系统安全解释》第 1 条第 2 款规定："明知是他人非法控制的计算机信息系统，而对该计算机信息系统的控制权加以利用的，依照前两款的规定定罪处罚。"该解释第 7 条规定："明知是非法获取计算机信息系统数据犯罪所获取的数据、非法控制计算机信息系统犯罪所获取的计算机信息系统控制权，而予以转移、收购、代为销售或者以其他方法掩饰、隐瞒，违法所得 5000 元以上的，应当依照刑法第 312 条第 1 款的规定，以掩饰、隐瞒犯罪所得罪定罪处罚。"同样是"控制权"，在他人"加以利用"时，仍然认定为"非法控制"，此时尚不属于财产，但是当他人予以"转移、收购、代为销售"时《系统安全解释》就将其定性为"掩饰、隐瞒"，此时，就具有由定性为"赃物"向定性为"财产"转变的可能性。这一略显冲突的司法解释表明，在计算机信息系统作为犯罪对象时，对计算机信息系统的"控制权"是仍然属于非法控制行为的犯罪对象还是属于"财产"的一种类型，我国刑法学界尚未达成共识，司法解释的定性也存在矛盾。因此，很有必要通过对网络犯罪中"规范性关键词"的含义做统一的解释来解决作为犯罪对象的计算机信息系统使用权、控制权是不是财产的问题。当前，在我国的司法实践中还存在着很多类似的问题，究其根源就在于最高司法机关在颁布相关的司法解释时没有真正弄清其解释的究竟是网络犯罪中的"技术性"关键词的含义还是"规范性"关键词的含义。

应当指出的是，要实现我国刑法分则在信息时代整体转型的目标，对网络犯罪中的"关键词"的含义做与时俱进的解释不失为一个最佳方法。不过，无论最高司法机关颁布司法解释的目的是制裁和应对哪种类型的网络犯罪，对网络犯罪中"关键词"含义的解释应当从仅仅注重"技术性关键词"含义的解释向主要关注"规范性关键词"含义的解释、兼顾"技术性关键词"含义的解释转变；否则，其所出台的司法解释都无法收到预期的功效。

三　当网络作为犯罪工具时对网络犯罪中"关键词"的含义应做扩大解释

当网络作为犯罪工具时，通过有权解释对网络犯罪中"关键词"的含义进行"增容"就变得非常必要。

（一）当网络作为犯罪工具时对网络犯罪中"关键词"的含义做扩大解释之意义

互联网从"1.0"时代迈入"2.0"时代直接导致了网络犯罪的类型发生急剧改变，即由以网络、计算机信息系统为犯罪对象快速转变为以网络、系统为犯罪工具。换言之，犯罪分子开始利用网络技术的优势（如通信的便捷性、主体的虚拟性等）来实施传统犯罪。由于这一阶段网络犯罪中的"网络"开始变得仅具有工具属性（极少再作为犯罪对象出现），因此，此种情形下的网络犯罪实际上就是利用网络来实施某些传统犯罪。也正因如此，传统的刑法条文和罪名体系基本上可以继续适用，通过对网络犯罪中"关键词"的含义做一定的扩大解释就可以解决大部分网络犯罪问题，而不需要对传统的罪名体系进行更新。应该说，1997 年刑法第 287 条对于利用计算机（虽然没有提及源于网络）实施犯罪的提示性规定便是源于此种理解的产物。实际上，对于网络作为"犯罪工具"的问题已经有刑事法律对其做了专门的解释，如 2000 年 12 月 28 日全国人民代表大会常务委员会通过的《关于维护互联网安全的决定》。认真研读这一规范性文件不难发现它其实是解决对于利用网络作为"犯罪工具"实施传统犯罪该如何定性的问题。不过，它对于"网络作为犯罪工具"的网络犯罪如何适用传

统刑法条文所做的解释大多只具有宣示性意义。但是，对于"网络作
为犯罪工具"的网络犯罪能否适用既有刑法条文的"关键词"，有权
解释仍未做出明确的规定，尤其是对应当如何理解"财产"的内涵和
外延人们至今仍未达成共识。换言之，对于"网络作为犯罪工具"的
网络犯罪，有权解释要在对"关键词"含义的解释上有所作为就必须
在对基本概念含义的解释上有所突破。

**（二）当网络作为犯罪工具时对网络犯罪中"关键词"含义做扩
大解释的路径：以"财产"一词为例**

无论是农业社会、工业社会还是信息社会，"财产"的含义都需
要随着社会的不断发展而不断丰富。信息技术的发展既给人类带来
了巨大的生活和工作便利，又承载了无限的经济利益，同时还导致
当前的网络犯罪出现逐利性。如果局限于过去对刑法条文中"财产"
或者"财物"一词含义所做的解释，那么网络空间中的许多经济利
益将得不到充分、合理的刑法保护，而这又会反过来制约信息社会
的发展。

1. 对我国刑法条文中"财产"一词的梳理

从我国刑法的章节体系看，"财产"一词出现在刑法总则最后一
章"其他规定"以及刑法分则第五章章名"侵犯财产罪"等规定之
中。虽然刑法总则中首先使用了"没收财产"这一术语，但是刑法总
则并没有对"财产"的含义做出明确的规定。

从对刑法中"关键词"的含义进行解释的角度看，1997 年刑法第
91 条从所有者和用途的角度规定了公共财产的范围，但是并没有对
"财产"的含义做出界定，该法第 92 条通过采用列举加兜底规定的方
式在一定程度上界定了私有财产的外延，从基本的生活资料、生产资
料到随着市场经济的发展而出现的股份、股票和债券等，范围不断扩
大，同时，该条还使用了"其他财产"的用语从而给刑法理论界和司
法实务部门在未来根据经济社会的发展变化对"财产"一词做与时俱

进的扩大解释留下了空间。从刑法分则的规定看，虽然在其他章节没有再明确使用"财产"一词，但是在具体的刑法条文中仍然大量使用了"财产"一词，尤其是在第三章"破坏社会主义市场经济秩序罪"中。值得关注的是，虽然我国刑法分则第五章的章名使用了"财产"一词，但是在该章所有 13 个罪名 15 个条文之中并未在犯罪对象上使用"财产"一词，而是统一使用了"财物"一词，只在最后一条使用了"劳动报酬"一词。刑法条文如此使用"财产"和"财物"自然会导致人们对刑法用语的理解发生分歧。虽然在对盗窃罪的历次司法解释中，对于作为犯罪对象的"财物"一词含义的解释不断扩张，从"有形物"扩张到"无形物"，但是在新型财产形式不断涌现的信息时代，对"财产"这一关键词的含义如何做扩大解释显得更加重要。

2. "财产"一词在信息时代争议领域的变迁和解释的方向

在信息时代，人们关于"财产"一词的争议领域和争议方向并不是一成不变的，而是伴随着技术的进步和社会的发展而变化的。

（1）侵犯网络"财产"的方向已从"虚拟财产"向财产的"使用权"变化。在信息时代，虚拟场域的出现和与之伴随的经济发展，导致人们对"虚拟财产"的法律性质由存在争议到逐渐承认其合法性。特别是在互联网从"1.0"时代迈入"2.0"时代之后，随着网络由"现实的虚拟性"向"虚拟的现实性"的转变，虚拟财产的虚拟属性获得了人们的普遍认可，其财产属性也逐渐得到了承认。现在，人们在研究虚拟财产时遇到的最大问题是对侵犯虚拟财产"使用权"的行为该如何定性的问题。

从传统刑法理论看，"使用盗窃"针对的是有形物品的使用权；而在信息时代，"使用盗窃"针对的则主要是网络空间虚拟财产乃至"非虚拟"的数字化财产的使用权。当前发案率较高的盗用网络资源的方式有：非法占用他人的网络空间和网络带宽、盗用上网信号、盗用运算能力和存储空间、盗用计算机系统的使用时间或者使用权、窃用他人计算机的存储容量等等。至于前面探讨过的侵犯计算机信息系统的"控制权"行为实际上是侵犯"使用权"行为的一种形式。然而,我国传统刑法对于"使用盗窃"行为该如何定性至今仍未做出明确的规定,① 使如何制裁"使用盗窃"行为成为制裁网络犯罪过程中出现的一个日趋扩大的"真空地带"。

信息时代财产所有权能中的网络产品和网络服务等领域的"使用权"变得越来越重要,甚至可能会日益成为所有权的核心要素。刑事立法和刑事司法应当充分回应此种趋势。实际上,相关的司法解释已经做了类似的尝试:根据司法解释的规定,对于侵犯计算机信息系统"控制权"行为的制裁,无论是按照"非法控制计算机信息系统罪"定性,还是按"掩饰、隐瞒犯罪所得罪"定罪,本质上都是对"使用盗窃"行为的严厉制裁,只是由于在逻辑上不能自洽才出现了罪名选用和套用上的自相矛盾。因此,无论是对于通过"僵尸网络"建立的"控制权"及其交易市场,还是对于其他侵犯"使用权"的犯罪产业链,亟须构建一整套足以制裁"使用盗窃"行为的规则体系,而在信息时代类似规则体系的构建又只能依赖于有权解释的快速出台。

(2)大数据时代解释"财产"与"财物"的含义面临挑战。大数据时代意味着海量的数据规模、快速的数据流转和动态的数据体系、多样的数据类型。在当前大数据逐步深入社会生产生活领域的背景下,大数据自身的经济价值获得了空前的放大。

我国刑法中的"犯罪所得"与"没收财产"是相对应的两个概念:犯罪所得是行为人通过犯罪行为所获得的一切财产,具有

---

① 我国刑法规制的"使用盗窃"行为实际上只在"挪用公款罪"等几个挪用型罪名中存在,除此之外,对于"使用盗窃"行为,无论是立法部门还是司法部门都对其持回避的态度,以致利用刑法规制"使用盗窃"行为的目标难以实现。

违法性质；而没收的财产是行为人个人所有的财产，具有合法性质。但是，二者对应的财产范围是一致的。仍以"数据"与"控制权"的关系为例，既然司法实务部门已经承认计算机信息系统"数据"、计算机信息系统"控制权"为犯罪所得，那么也就意味着"数据"和"控制权"本身也是财产。《系统安全解释》第7条规定："明知是非法获取计算机信息系统数据犯罪所获取的数据、非法控制计算机信息系统犯罪所获取的计算机信息系统控制权，而予以转移、收购、代为销售或者以其他方法掩饰、隐瞒，违法所得5000元以上的，应当依照刑法第312条第1款的规定，以掩饰、隐瞒犯罪所得罪定罪处罚。"我国最高司法机关的权威人士对该司法解释的出台背景做了如下说明："一是计算机信息系统数据、控制权是一种无形物，属于'犯罪所得'的范畴，理应成为掩饰、隐瞒犯罪所得罪的对象。将计算机信息系统数据、控制权解释为犯罪所得，符合罪刑法定原则。二是做出这种解释，也是司法实践的现实需要。从危害计算机信息系统安全犯罪的现状来看，掩饰、隐瞒计算机信息系统数据、控制权的现象十分突出，不予以打击将无法切断危害计算机信息系统安全犯罪的利益链条，难以切实保障计算机信息系统安全。"[1] 此外，从刑法体系看，1997年刑法第312条规定的掩饰、隐瞒犯罪所得罪的上游犯罪应该涵盖除洗钱罪的上游犯罪以外的所有犯罪，也适用于危害计算机信息系统安全的犯罪。[2] 可见，如果不承认计算机信息系统"数据"、"控制权"具有财产的性质，那么就意味着不能将其作为犯罪所得对待，也就不能保护以此为基础的诸多法益。

因此，不管对"数据"等信息时代的新型财产形式如何在刑法中

---

① 杨维汉：《两高司法解释：收购代销黑客"赃物"担刑责》，《北京晨报》2011年8月30日。

② 参见张军主编《解读最高人民法院司法解释之刑事卷》（下），人民法院出版社，2011。

进行定位，它所具有的财产性质都是无法改变的。结合信息时代财产形式日益丰富的时代背景，可以对"财产"、"财物"做出统一的解释，将信息时代的新型财产形式确定为 1997 年刑法第五章"侵犯财产罪"的保护对象。[①]

四　当网络作为犯罪空间时对网络犯罪中"关键词"的含义依然需要进行扩大解释

（一）当网络作为犯罪空间时对网络犯罪中"关键词"含义解释的现状

伴随着人们对网络空间依赖度的日益增强，网络空间和现实空间并存的局面快速形成。网络在网络犯罪中的地位也从犯罪对象、犯罪工具转变为犯罪空间。在信息时代，所有的犯罪都可以在网络空间实施，并且可以实现线上与线下互动、现实空间与网络空间过渡。网络空间的存在，使得传统犯罪由现实空间一个发生平台增加为现实空间和网络空间两个发生平台，一个犯罪行为既可以是全部犯罪过程都发生于网络空间，也可以是同时发生于网络空间和现实空间两个空间。网络犯罪第一阶段与第二阶段的差异在于：虽然网络犯罪的类型实际上并没有发生变化，都是传统犯罪的网络化，但是在网络作为犯罪工具的第二阶段，利用网络、计算机实施的传统犯罪基本上只是网络因素、计算机信息系统因素介入传统犯罪而已，传统的定罪量刑标准等规则体系基本上没有发生变化，网络只是犯罪的一个手段，网络犯罪针对的仍然是现实社会的法益。可是，在网络犯罪的第三阶段，网络作为一个犯罪空间开始出现一些完全不同于第二阶段的犯罪现象，它成为一些变异后的犯罪行为的独有温床或土壤，一些犯罪行为离开了网络可能根本就无法生存或者根本就不可能产生令人关注的危害性，如散布网络谣言的行为。此类犯罪行为从本质上看仍然是传统犯罪，

[①]　当然，也不排除借鉴其他法域的经验而做出不同的立法界定和选择。

不过，它属于传统犯罪的异化。虽然我们有可能套用传统的罪名体系对网络作为犯罪空间的犯罪进行规制，但是如果不做扩大解释，那么传统的罪名根本无法适用于规制此类犯罪行为。两个犯罪平台并存的现实迫使我们必须找到让传统刑法能够适用于两个平台的解释路径和适用规则。

面对网络成为犯罪空间的现实，通过有权解释对网络犯罪中"关键词"的含义进行扩大解释就变得极为迫切。例如，当前最迫切需要做出解释的就是"公共场所秩序"一词的含义。如果能够对信息时代"公共场所秩序"的含义做出合理的解释，那么就会对数十个传统犯罪罪名的适用产生深远的影响。可是，《网络诽谤解释》第5条只是解决了利用网络辱骂、恐吓他人、起哄闹事行为的定性问题，而没有系统地对"公共场所秩序"的规范性含义做出与时俱进的解释。

（二）当网络作为犯罪空间时对网络犯罪中"关键词"的含义也应做扩大解释：以寻衅滋事罪中的"公共场所"一词为例

当网络作为犯罪空间时对网络犯罪中的代表性关键词"公共场所"的含义做扩大解释，无疑会为传统刑法条文适用于网络空间起到示范作用。

1. 信息社会的时代背景对扩大解释"公共场所"含义的影响

在信息时代，网络空间成了与现实空间衔接、互动和并列的另一场域。突飞猛进的信息技术深刻地改变着传统的社会形态。传统社会的典型特征是互信，彼此的身份很容易被识别和认知。而网络社会是一种全新的社会形态，网络空间具有技术性和虚拟性特征，只有掌握一定信息技术的人才能在网络空间中利用更多的网络资源，拥有更大的话语权和影响力。其中，"技术性"意味着网络空间中群体的积聚更加容易，但是该群体的联系是模糊、松散的；"虚拟性"意味着网络空间中的交流并不一定真实可信，以至许多人处于观望的状态。日新月异的网络技术和网络资源总是被犯罪分子率先利用，网络空间是第二空间，拥有无限的潜力，不管是"一对多"的网络违法犯罪的典型模式，还是"多对一"、"多对多"的犯罪帮助模式，都显示网络空间对犯罪分子而言具有巨大的潜能，而这恰恰是对网络空间乃至传统社会场所的巨大冲击。从这种社会意义上讲，网络空间已经成为公共场所。

2. 从实体法和程序法上看网络空间可以被视为"公共场所"

论证网络空间是公共场所的关键在于论证网络空间是场所，因为网络平台面向的是不特定的多数人，它的公共性是不言而喻的。那么，我们应该如何论证网络空间是场所呢？

（1）从程序法上看网络空间已被认定为场所。从刑事案件的办理程序看，网络空间被认定为场所由来已久。例如，2013 年 1 月 1 日施行的《公安机关办理刑事案件程序规定》第 209 条规定："发案地派出所、巡警等部门应当妥善保护犯罪现场和证据，控制犯罪嫌疑人，并立即报告公安机关主管部门。执行勘查的侦查人员接到通知后，应当立即赶赴现场；勘查现场，应当持有刑事犯罪现场勘查证。"根据传统的刑事侦查学可知，犯罪现场指犯罪分子已实施或正在实施犯罪的地点和遗留有与犯罪行为相关的工具、物品、痕迹和其他物证的场所；计算机网络犯罪的现场，特指实施计算机网络犯罪行为的一切活动空间，它既包括犯罪分子实施犯罪行为的地理空间和物理载体，也包括犯罪分子实施犯罪行为过程中发出的所有控制信息和经过的全部网络节点。① 那么，网络犯罪的现场如何确认呢？将整个网络空间作为犯罪的现场已经为司法实践和司法文件所承认，并且人们对此已基本达成共识。例如，我国公安部于 2005 年发布的《计算机犯罪现场勘验与电子证据检查规则》第 3 条规定："计算机犯罪现场勘验与电子

---

① 参见向大为、麦永浩《论犯罪现场及电子物证勘验》，《信息网络安全》2010 年第 11 期；张彩云：《网络犯罪中电子证据有关问题之探析》，《当代法学》2003 年第 7 期。

证据检查包括：（1）现场勘验检查。是指在犯罪现场实施勘验，以提取、固定现场存留的与犯罪有关的电子证据和其他相关证据。（2）远程勘验。是指通过网络对远程目标系统实施勘验，以提取、固定远程目标系统的状态和存留的电子数据……"

（2）从实体法方面看网络空间也已被认定为场所。从相关的刑事实体法看，网络空间已经被认定为场所。例如，2010年2月4日施行的《最高人民法院、最高人民检察院关于办理利用互联网、移动通讯终端、声讯台制作、复制、出版、贩卖、传播淫秽电子信息刑事案件具体应用法律若干问题的解释（二）》第3条规定："利用互联网建立主要用于传播淫秽电子信息的群组，成员达三十人以上或者造成严重后果的，对建立者、管理者和主要传播者，依照刑法第三百六十四条第一款的规定，以传播淫秽物品罪定罪处罚。"这里的"群组"包括QQ群。而这里的"传播淫秽物品罪"就是扰乱社会管理秩序的犯罪。有权威专家认为："我们国家刑法规定的传播淫秽物品犯罪主要是两个要件：第一个要件是要求在公共的场所进行传播，第二个要件是情节严重，比如多次传播、数量比较大、传播人数比较多，甚至后果比较严重。"[①] 在该罪中，网络中的"群组"就是"公共场所"。在现行司法解释中，无论是2005年5月13日施行的《最高人民法院、最高人民检察院关于办理赌博刑事案件具体应用法律若干问题的解释》，还是2010年9月3日施行的《最高人民法院、最高人民检察院、公安部关于办理网络赌博犯罪案件适用法律若干问题的意见》，都将赌博网站与传统的赌博场所视为赌场。在当今社会，网络空间已经成为人类活动的"第二空间"，几乎与现实空间一样给人们提供了相同条件的活动场所，人们在网络空间几乎可以做在现实空间想要做的一切事情，如看病、学习、交友、娱乐、工作都可以在网络空间进行。因此，

---

① 转引自《淫秽电子信息犯罪司法解释的权威解读》，http：//www.legaldaily.com.cn/zbzk/content/2010－02/28/content_ 2093758. htm？node＝7012。

在信息时代承认网络空间的公共场所地位，将网络空间秩序纳入社会秩序、公共秩序的范畴就变得理所当然。

五　对刑法分则中与网络犯罪相关"关键词"的含义做扩大解释的路径选择

（一）解释的形式：司法解释、立法解释和单行刑法

从解释的形式看，在信息时代对刑法分则中与网络犯罪相关"关键词"的含义做扩大解释的路径有三种：司法解释、立法解释和单行刑法。这三种路径的作用各不相同，并且它们的出台成本是递增的，而适用频率是递减的。

（1）常态化的解释路径是出台司法解释。司法解释的出台成本尤其是时间成本相对较低，对绝大部分与网络犯罪相关"关键词"的含义的解释只需要出台司法解释就可以完成，因此，应当在积累一定的司法案例和总结司法实践经验的基础上及时出台统一的司法解释，以规范全国的司法实践活动。

（2）不得已而为之的解释路径是出台立法解释。自 2000 年以来，全国人民代表大会常务委员会共制定了 9 个立法解释。其中，既有对具体条款的"技术性、规范性关键词"做的解释，也有对涉及刑法具体章节甚至整个刑法的有关术语做的解释。由于立法解释已形成较为成熟、多样的机制，因此在信息时代对相当一部分"关键词"，如果通过司法解释根本无法突破"关键词"本身的含义，那么就应当考虑通过立法解释来解决相关的问题。

（3）集中认可的解释路径是制定单行刑法。通过集中认可的方式对基本能够达成共识的"关键词"的含义进行解释，对于信息时代常见多发的案件中的刑法术语与生活用语予以统一现实意义重大。2000 年 12 月 28 日通过的《全国人民代表大会常务委员会关于维护互联网安全的决定》（以下简称《决定》）第 4 条规定："……有下

列行为之一，构成犯罪的，依照刑法有关规定追究刑事责任……（二）非法截获、篡改、删除他人电子邮件或者其他数据资料，侵犯公民通信自由和通信秘密"。该条规定实际上是对我国刑法中"信件"的含义做了扩大解释，涵盖了信息时代的"电子邮件或者其他数据资料"。《决定》第1～4条共列举了15类犯罪行为，第5条采用兜底条款的方式规定了其他犯罪，从而链接到一系列刑法条文的多个罪名，也间接解释了多个刑法条文的关键词。它既宣示了"通信自由和通信秘密"在信息时代的应有之义，又对"知识产权"、"淫秽书刊、影片、音像、图片"等关键词在信息时代的含义做了扩大解释。今后，在恰当的时候，通过出台类似单行刑法一次性地进行大批量"关键词"含义的规范性解释很有必要。

（二）司法解释指向的对象是刑法分则条文中的"关键词"而非犯罪行为具体指向的物

在上述三种解释路径中，立法解释通常只针对法条和法条术语进行解释，目标指向明确；"解释型"单行刑法指向的对象基本上也是如此；而司法解释指向的对象往往会偏离刑法分则条文中的"关键词"而直接指向具体犯罪行为涉及的物，从而带来解释效益过低、适用范围过窄的问题。仍以"数据"、"控制权"为例，虽然二者被解释为"犯罪所得"，但是由于这一司法解释不是对刑法分则条文中"关键词"的含义进行解释，因此，即使"数据"、"控制权"被解释为"一种无形物"，进而被解释为属于"犯罪所得"的范畴，[①]其也只是一种犯罪现象中的常见指向物，而非现行刑法分则条文中的"关键词"，此时，如果犯罪行为直接侵害的是"网络资源"等其他无形物，那么对行为人仍难以适用1997年刑法第312条的规定定罪处罚。

---

① 参见张军主编《解读最高人民法院司法解释之刑事卷》（下），人民法院出版社，2011。

（三）解释方式的创新是关注刑法分则章节中与网络犯罪相关的"关键词"和"通用词"

1. 应关注刑法分则章节中的"关键词"：以危害公共安全罪中的"公共安全"一词为例

过去司法解释、立法解释指向的对象往往局限于刑法条文中的关键词，可是如果想要建立现行刑法由现实空间进入网络空间的通道，那么就必须对刑法分则若干章节中与网络犯罪相关的"关键词"的含义做出解释。

（1）"公共安全"的规范体系与理论背景。在信息时代，刑法中的"公共安全"问题已成为我国学术界和实务界关注的焦点问题。但是，仅解释 1997 年刑法第 114 条、第 115 条中的"公共安全"的含义并不能解决信息时代的公共安全问题。如果敢于尝试解释 1997 年刑法章节名称中的"公共安全"的含义，那么很有可能获得较大的实践效益。从刑法分则的章节看，一般认为，1997 年刑法第 114 条、第 115 条规定的"以危险方法危害公共安全"采用的是"列举＋概括"的立法模式，因此，其他"危险方法"必须是与"放火、爆炸、决水、投放危险物质"4 个术语表述的行为具有同质性的方法，即在行为性质特征、危害结果特征、行为与危害结果的关系特征等方面属于同一类型的方法。立法者之所以没有将这些危险方法列举出来是因为在立法之初这些危险方法还不常见。这两个条文之后的条款分别规定的是破坏交通工具、交通设施、电力设备、易燃易爆设备等社会基础设施的犯罪，劫持航空器、船只、汽车等危害公用设施的犯罪，以及破坏广播电视设施、电信设施等信息设施的犯罪。可见，在"危害公共安全罪"一章中，立法者是先根据行为方式的特殊破坏性来规定危害公共安全的罪名，然后根据对象的公共性来规定危害公共安全的罪名的。对此，有学者指出："显然，规定在危害公共安全罪中的犯罪，并不都是侵害、威胁生命、身体的犯罪。例如，刑法第 124 条规定的破坏广播电视设施、公用电信设施罪以及对应的过失犯罪，通常并不直接侵害和威胁人的生命、身体，而是扰乱了公众生活的平稳与安宁。在当今社会，如果某种行为使得多数人不能观看电视、不能使用电话，就会使公众生活陷入混乱。刑法第114条、第115条所规定的犯罪，也包括对公众生活的平稳与安宁的保护。"① 同时，2005年1月11日施行的《最高人民法院关于审理破坏公用电信设施刑事案件具体应用法律若干问题的解释》第1条规定，"……（一）造成火警、匪警、医疗急救、交通事故报警、救灾、抢险、防汛等通信中断或者严重障碍，并因此贻误救助、救治、救灾、抢险等，致使人员死亡一人、重伤三人以上或者造成财产损失三十万元以上的；（二）造成二千以上不满一万用户通信中断一小时以上，或者一万以上用户通信中断不满一小时的；（三）在一个本地网范围内，网间通信全阻、关口局至某一局向全部中断或网间某一业务全部中断不满二小时或者直接影响范围不满五万（用户×小时）的；（四）造成网间通信严重障碍，一日内累计二小时以上不满十二小时的；（五）其他危害公共安全的情形"，属于1997年刑法第124条规定的"危害公共安全罪"。在对这一解释是否合理进行论证的会议上，专家们对修改软件、数据的行为是否危害公共安全的行为也进行了讨论，认为上述解释中所说的"破坏"包括功能性的破坏。有权威专家认为，上述解释正确、及时地反映了社会现实的不断变化，符合立法精神和刑法学原理，体现了司法解释的价值。②

（2）信息时代"公共安全"的含义应当包括信息网络的正常运行。信息时代的公共安全法益应当包括公众生活平稳和安宁的内容。由于以电话网为代表的电信网、以有线电视为代表的广播电视网和以互联网为代表的计算机通信网三大网络技术功能趋于一致、业务范围

---

① 张明楷：《刑法学》，法律出版社，2011，第603页。

② 参见张军主编《解读最高人民法院司法解释之刑事卷》（下），人民法院出版社，2011。

趋于相同，因此，信息时代公众生活平稳和安宁的内容既包括广播、电视、电话的正常运行，也包括计算机通信网络的正常运行。在信息时代，无论是主动攻击网络信息系统还是被动地防御攻击，都有可能影响公众生活的平稳和安宁。正因如此，有学者提出，应当将故意传播恶性计算机病毒的行为纳入危害公共安全罪中予以规制，破坏计算机系统、通信网络情节严重的，应当加重处罚。① 可见，无论是从1997 年刑法第二章"危害公共安全罪"的体系结构看，还是从信息时代的技术发展背景与前景看，抑或从已有的利用信息技术危害信息时代公众生活的平稳与安宁的现实情况看，信息时代公共安全法益的内容已经扩容，制裁危害公共安全的行为范围必须扩张，因此，应对"公共安全"这一"关键词"的含义做扩大解释。须指出的是，需扩大解释的是我国刑法分则章名之中的"公共安全"而非1997 年刑法第114 条"以其他危险方法危害公共安全"中的"公共安全"；否则，在行为方式上就有类推解释之嫌。

2. 对刑法分则罪名体系中与网络犯罪相关"通用词"的含义也应做扩大解释：以"公共秩序"一词为例

一般认为，秩序是有条理、有组织地安排各个构成部分以求达到正常运转或良好外观的状态。在我国刑法分则中有两章规制的是破坏"秩序"的犯罪行为："破坏社会主义市场经济秩序罪"和"妨害社会管理秩序罪"。刑法分则第 6 章第 1 节规制的是扰乱公共秩序的行为，第 1 节可谓第 6 章的概论或者"兜底"节，凡是不好归于其他 8 节的罪名基本都留在了第 1 节，虽然它的体系杂乱，但是涵盖了其他 8 节调整规范的 8 类"社会秩序"，包括"社会秩序"、"公共秩序"、"公共场所秩序"、"交通秩序"、"经济、社会生活秩序"等。一般而言，要严格界定上述各种秩序的内涵和外延基本上不太可能。因为它们彼此之间存在包容与交叉的关系，在不同的语

---

① 参见皮勇《论我国刑法中的计算机病毒相关犯罪》，《法学评论》2004 年第 2 期。

境下其含义并不相同。正因如此，以上秩序一般被统称为社会秩序、公共秩序。

"公共秩序"的含义是随着社会领域的不断扩张和深化而变化的，秩序规则也随之日益精细化。信息时代的网络兼具虚拟性和现实性，尤其是随着"三网融合"进程的加快，网络几乎融入社会生活的方方面面，网络的开放性、交融性和复杂性日益突出，虚拟空间与现实空间更加紧密地结合在一起。网络空间已成为人们重要的生活、工作平台，人们的行为既有在现实空间中实施的，也有在网络空间中实施的，还有同时跨越两个空间实施的，随之而来的是行为的影响、后果将不再局限于现实空间，因为两个空间已经越来越紧密地联系在一起，甚至有时难以区分。因此，网络空间中的行为及其影响、后果以及现实空间中的行为在网络空间中的影响、后果都应当进入刑法的评价体系。目前，行为人在网络空间中编造、传播谣言等违法犯罪活动猖獗，网络谣言已经成为一种社会公害，既严重侵害了公民的合法权益，又严重扰乱了网络公共秩序，直接危害了社会的稳定。①《网络诽谤解释》第 5 条第 2 款规定："编造虚假信息，或者明知是编造的虚假信息，在信息网络上散布，或者组织、指使人员在信息网络上散布，起哄闹事，造成公共秩序严重混乱的，依照刑法第二百九十三条第一款第四项的规定，以寻衅滋事罪定罪处罚。"这一司法解释尝试通过对"公共秩序"的含义做扩大解释，向全面承认网络空间秩序的现实性迈出了一大步，值得肯定。我国未来的司法解释还应当对"秩序"这一通用词的含义做出与时俱进的统一解释。

产生于农业社会、成熟于工业社会的传统刑法学理论及刑事立法在信息社会日益呈现明显的体系性滞后，与此同时，科技的迅猛发展也使传统刑法学理论和刑事立法滞后于现实的可能性越来越大。面对

---

① 参见刘军涛《公安机关集中打击网络有组织制造传播谣言等违法犯罪》，http://www.mps.gov.cn/n16/n1237/n1342/n803715/3872798.html。

网络技术的不断升级以及其介入传统犯罪层面的不断深入，经验总结型的被动反应式传统立法模式、传统刑法学理论已经显得越来越力不从心，无法对不当运用网络技术的行为做出及时、恰当的评价。因此，增强既有刑法条文的生命力，扩大刑法的适用空间，明确网络在网络犯罪中的地位以及网络犯罪的具体类型，通过出台有权解释来扩大与网络犯罪相关"关键词"的含义可谓意义重大而深远。

（本文原载于《法商研究》2014 年第 4 期）

毒品犯罪的挑战与刑法的回应[*]

莫洪宪[**]

一 引言

自启蒙运动以来，除少数极端的历史时期之外，限制国家刑罚权、保障人权，一直是刑法领域内的主旋律。深受封建刑法恣意性、残酷性[①]以及"二战"期间集权主义刑法折磨的人们，希望找到一种合理的办法来限制刑罚权。正是这种努力，催生了现代刑法的重要原则，例如罪刑法定原则、责任原则、人权保障原则。今天，占主导性地位的学说认为，刑法在保护法益的同时，也保护犯罪人的自由，刑法也是犯罪人的大宪章，[②] 不过，近年来，人们深切感受到，正常生活所面临的侵扰并非只来自国家的暴力，来自非国家的力量，例如恐怖犯罪、有组织犯罪、大型的环境污染事故以及毒品犯罪等，也能给个人生活带来巨大的甚至是毁灭性的冲击。[③] 因而，民众对国家权力呈现出提防与期待并存的矛盾心理。这也正是困扰刑法学多年的难题，即在人权保障与法益保护之间找到合适的平衡机制。一条可供借鉴的思路是，根据不同的犯罪对正常生活的侵扰程度划分不同的领域，并根据这种划分在具体的情形之下把握人权保障与法益保护之间的平衡；

---

* 本文为武汉大学自主科研项目（人文社会科学）研究成果，得到"中央高校基本科研业务费专项资金"资助。

** 莫洪宪，武汉大学刑事法研究中心主任、教授、博士生导师，中国刑法学研究会副会长。

① 参见马克昌主编《近代西方刑法学说史略》，中国人民公安大学出版社，2008，第 1 页。
② 参见张明楷《外国刑法纲要》，清华大学出版社，2007，第 6 页。
③ 参见〔德〕乌尔斯·金德霍伊泽尔《安全刑法：风险社会的刑法危险》，刘国良编译，《马克思主义与现实》2005 年第 3 期。

至少，我们很难找到一条能够贯穿于整个刑法领域的保障与保护机能的统一标准。笔者希望能够结合毒品犯罪这一世界性的难题，分析刑法在反毒品犯罪过程中能够以及应当扮演的角色，以期为人权保障与法益保护之间的平衡提供一些思路。本文将从毒品犯罪现象这一犯罪学的基点出发，以毒品犯罪预防这一政策性的目的为导向，分析刑法在反毒品犯罪中的角色和地位。

二　目前毒品犯罪现象的特征

（一）毒品犯罪的市场化特征

在规范的意义上，毒品是一种违禁品，我们无论如何都不会认可毒品市场。但无论是否在应然的层面承认其存在，现实生活意义上都存在一个非法毒品市场。毒品生产、供应以及消费，已经形成了一个环环相扣的、遍布全球的毒品供需市场。

1. 毒品市场的结构

一个完整的市场，须具备生产、运输、销售、消费等环节。围绕毒品这一违禁品，这些组成市场的环节都已经具备。处在最上游的是毒品的制造，即毒品的生产、加工等。从目前的形势来看，传统毒品原植物的种植、加工，主要在境外的"金三角"、"金新月"等地带。新型毒品的生产已经开始转移到境内或者公海上，冰毒、摇头丸的制作，已经从广东、福建等地逐渐蔓延至内地十几个省份，国内的化工医药企业也逐渐加入了制毒的行业。毒品的运输包括毒品的走私和毒品在境内的运输。当前毒品运输的主要路线是从我国西南边境，经云南、贵州进入广东、武汉、上海等地。同时，我国又是域外毒品供销的过境地之一，例如美国的毒品消费也部分需取道中国边境和中国香港。毒品的销售，是指向毒品中间商或者消费者出售毒品的行为。当前，毒品的销售既包括大型毒品犯罪团伙之间的交易，也包括毒品消费者与毒品经营者之间的零售。现在的毒品销售呈现国内国外勾结、逐级分销的模式，形成了大型的毒品传销网络。毒品的消费，则是指毒品的吸食与注射。从消费市场看，当前的吸毒者主要是无业人员、社会闲散人员，并开始发展至企业员工、个体老板以及演艺人士，毒品消费群体已经开始从社会底层向社会中高层延伸。[①]

2. 毒品市场的作用机制

所有的市场（无论是合法市场还是非法市场）的动力都来自利益，毒品犯罪的最终驱动力，当然也是毒品本身带来的巨额非法利益，而这些利益最终来自毒品的消费者。与合法市场不同的是，毒品在生理以及心理层面对消费者形成了近乎绝对的控制。一旦成为毒品的消费者，基本没有"理性消费"或者选择退出的余地。这就让毒品市场有了稳定（并逐步上升）的利益来源，无论消费者的经济状况如何，这一市场都不愁利益的来源问题，"毒瘾"是最完美的担保。在毒瘾发作之时，无论是通过合法还是非法的手段，毒品的消费者都会想尽一切办法筹集资金维持毒品的消费。而只要有丰厚、稳定的利益，无论存在多大的风险，都会有生产、经营者涌入这一领域。这表明，毒品市场非常顽固，且具有强劲的发展动力。

毒品市场的运行，也受市场规律的影响。"市场"作为一种主导力量，影响着非法毒品市场的格局和利益分配。通常情况下，毒品市场内的利益分配，与非法市场参与者所承担的成本成正比。与合法市场的唯一不同在于，刑法的介入让毒品市场中增加了另一种影响因子——刑罚的风险。由于毒品生产、制造、运输的自然成本非常低，而刑罚作为最严厉的法律后果，就成了毒品市场中最高昂的成本。这一特征决定了：不能单纯将"毒品"这一物质作为衡量毒品犯罪的标准，而必须将毒品的物理性特质与风险成本的承担结合起来考虑。如仅从物质层面分析，毒品的生产者自然是毒品领域的最大"贡献者"，

---

① 有关毒品市场各环节现状，可参见莫洪宪《毒品犯罪死刑制度的发展与国情》，《法治研究》2012 年第 4 期。

因为他们实现了毒品从无到有的转变；但实际上，"金三角"毒品种植者所扮演的角色可能远远比不上将毒品从边境运送至武汉这样的毒品消费地的犯罪分子。按这种思维模式分析，生产毒品并不一定重于运输毒品，贩卖毒品并不一定重于走私毒品。毒品犯罪危害性的轻重，与行为所承担的成本成正比；这恰好与毒品犯罪市场中的毒品价值对应起来，行为所承担的成本越高，所导致的毒品升值额也就越大，其危害性也就越大。

3. 毒品市场的维持体系

当前，毒品市场存续的维持性因素主要包括以下几方面。第一，丰厚的利益。这种利益，最终来源于吸毒者，来源于毒品和毒瘾对吸毒者近乎绝对的控制。这种丰厚、稳定的利益，让毒品市场能够稳定、长期地存在。有了利益作为基础，整个市场也因此有了经济基础来争取更多的维持性因素。第二，暴力。毒品市场的非法性，导致了它们不仅没有国家权力的保护，还必须时刻面对国家权力的打击。在这种状况之下，他们用巨额的经济利益为自己寻求保障，即寻求暴力的保障。当然，他们也可能非法地打入国家权力内部。在笔者所主持的毒品犯罪项目调查的过程中，就发现过司法人员利用警车为他人运输毒品的案例。第三，技术支撑。在市场机制的引导之下，毒品市场也一直在寻求技术支撑。这种技术支撑既可能与新型毒品的制造相关，也可能与反侦查相关。例如，多靠境外供给的传统毒品走私受到严厉打击，在内地通过化学合成的新型毒品就会涌现；"金三角"的路线被封锁之后，"金新月"的新航线就得以开辟。一旦司法打击在传统路线上得到强化，毒品市场就会自动引导开辟新航道。第四，国际障碍与政治阻力。当前的毒品犯罪不仅利用市场规律、技术条件，同时也会利用复杂的国际政治环境。当前，"金三角"、"金新月"等地区的国家政局不稳，当地政府无力打击毒品犯罪，加上国际上的封锁、特殊的地理条件，为毒品市场提供了良好的环境。① 这些因素，也成了毒品市场的维持性因素之一。

4. 毒品市场的稳固与发展

围绕着毒品，已经形成了一个非常完善的非法市场。该市场成型多年，且相对而言非常稳定。利益的存在、市场化的运作，决定了毒品犯罪会根据刑罚策略的发展变化而进行调整。虽然司法打击能在局部对毒品市场造成一定的影响，但这种打击也已被作为成本纳入毒品非法市场的体系之内。即便司法打击在策略上做出某些调整，或者反毒品的形势在某种程度上发生变化，毒品市场也具有自动调节的能力。因而，在犯罪与反犯罪的斗争中，犯罪是主动的一方。例如，传统的毒品犯罪模式比较单一，即由境外的毒品种植基地（"金三角"）作为生产者，境内的毒品犯罪则主要体现为走私、运输与贩卖。这种单一化的特征，不利于对抗侦查。这一传统模式的"缺陷"日趋明显之后，毒品市场迅速进行了自我调整，不仅传统毒品的来源有了转移（"金新月"、东部海岸线的进口渠道），新型毒品的研发与生产也大量涌现。当前的毒品生产周期更短，也更容易隐蔽在境内的某些小作坊、制药厂及公海的轮船等难以控制的空间，且与消费群体更加接近，危险性更高。

（二）毒品犯罪的组织化、系统化运行

由于毒品犯罪现象依附于毒品市场，毒品从生产到消费的整个环节，往往需要跨越遥远的空间距离，突破重重的阻力，这些任务显然是单个犯罪分子或者犯罪组织难以完成的。因而，毒品犯罪的实施模式也有别于杀人罪等传统犯罪，它不再体现为一个个独立的行为，而是体现出组织化与系统化的特征。

毒品犯罪的组织化运行，指毒品犯罪往往以有组织犯罪的形式呈现。不过，毒品犯罪的组织性也有自己的特性，它表现出一种"外松

---

① 赵翔等：《毒品问题研究——从全球视角看贵州毒品问题》，中国人民公安大学出版社，2005，第 67 页。

内紧"的组织形式。在毒品犯罪组织的外围，主要是毒品市场的中下层人物，如毒品的直接生产者、承担毒品运输的"马仔"、毒品零售过程中的跑腿等。这种外围结构非常松散，且流动性非常高。上层结构与他们保持着单向性的联系，他们只能被动地听从上层结构的指挥安排，而无法主动地联系上层人物，有关毒品犯罪组织内部结构的信息，他们也一无所知。同时，他们与同阶层的其他毒品犯罪人物也没有多少联系。因而，从外观看来，其行为往往表现为单个的犯罪。在经济利益上，他们是"受剥削"的阶层，从毒品犯罪中获得的利益非常有限。同时，由于他们直接与毒品接触，在当前以毒品为主要侦查线索的侦查模式下，他们所面临的风险非常高。但在侥幸心理的驱动和利益的诱惑之下，他们往往会铤而走险实施毒品犯罪。因而，他们属于典型的"风险敏感型"的犯罪分子，只要他们确认了高惩罚概率的存在，便会抑制犯罪的冲动。

　　毒品犯罪中的上层人物主要起着统领、组织、协调作用，构成了毒品市场中的核心角色。毒品市场的上层人物很少直接接触毒品，这样有助于他们避开侦查的视线；同时，这一核心结构相对而言非常稳定，以防止过高的流动性引发信息的泄露及随之而来的安全隐患。他们是毒品市场中利益的主要瓜分者，属于市场中的"剥削阶级"。由于毒品市场的核心结构很少直接接触毒品，同时市场的上层结构和底层人物之间存在隔离措施，当前的侦查手段其实很难对他们造成影响，因而他们受到惩罚的概率很低。在毒品生产、供应的核心领域，各犯罪者之间具有紧密的市场性联合，不同的犯罪人或者犯罪组织负责不同地区不同阶段的犯罪活动。共同的利益和共同的生存空间——毒品市场，让他们紧密地联系在一起，共同应对司法机关的打击。毒品市场中上层之间的联系，不仅让其相互之间容易交换反侦查的信息，更让非法市场本身的完善机能得到了足够的强化。某一环节被司法机关摧毁，其他犯罪分子利用对内部情形的了解，能够非常迅捷地补充相关漏洞，因而局部的打击对整个毒品市场的影响微乎其微。

　　毒品犯罪的系统化运行，是指具体毒品犯罪行为依附于毒品市场。因而，各毒品犯罪和罪犯，都在机能上紧密地联合了起来。在机能上，各毒品犯罪之间能够紧密结合，并相互配合、弥补。不同的毒品犯罪分子，分别承担毒品市场运行过程中不同环节的任务。也就是说，每个毒品犯罪行为，都构成了毒品市场存续的重要组成部分；所有罪犯，根据市场分工，承担着毒品市场的不同角色；同时，承担同一角色的毒品犯罪主体，在毒品市场之内，具有非常强的流动性和高度的可替代性。这在毒品的外围结构体现得尤为明显，由于底层人物具有非常高的可替代性，即便被打击，对于整个非法毒品市场的结构而言，也不会造成实质性的伤害，会有另一批的底层人物迅速补上；被牺牲掉的底层人物和毒品所代表的价值，会通过市场机制迅速转移给毒品的消费者。因而，毒品犯罪形成了一种上层稳定严密、下层松散灵活的结构。在这种意义上，整个毒品犯罪就如漂浮在大海上的轮船，而其下层组织就如浩瀚的海水，即便司法打击赶走了一波又一波的底层人员，对于庞大的"泰坦尼克"而言，影响仍非常有限。抽刀断水水更流，传统司法的"利剑"在这里遇上了难以克服的障碍。而且，即便特定的毒品犯罪的上层人物被捕或者部分核心结构被摧毁，由于承担相同角色的毒品罪犯之间的高度的可替代性，这里留下的空缺也会随着市场机制的引导，很快为其他的罪犯或者犯罪组织填补上。只要存在毒品的需求，就一定会有毒品犯罪和毒品罪犯，有毒品罪犯也就必然会重新形成内部和外部结构。

　　以下，本文将结合毒品犯罪这两方面的主要特征来分析刑法在反毒品犯罪过程中能够扮演的角色。

三　刑法在毒品犯罪面前的困境

　　前述犯罪学层面的结论，必须在刑法领域内引起重视，否则刑法对毒品犯罪的回应就是一种"例行公事"，对整体的毒品犯罪的预防难以起到大的作用。因而，必须在刑事政策的层面反思当前面对毒品犯罪的刑法。

（一）刑法无法根治毒品犯罪

如前所述，毒品犯罪以市场化的方式运行，市场运行的根本动力在于利益，而在切断毒品犯罪的利益根源这一问题上，刑法是无能为力的。吸毒者生理上的毒瘾，只能依靠医疗手段解决；心理上的毒瘾，要靠自制力、积极向上的生活、心理治疗等方式来缓解。这都是刑法难以实现的。而且，当前的刑法在介入吸毒行为时，还会遇上规范障碍，因为目前中国的刑法没有将毒品吸食或者注射的行为规定为犯罪。

毒品犯罪根源的限制与切断，最终只能靠社会措施的介入。例如，戒毒所就比监狱更有效，因为在戒毒所中可以采取医疗措施治疗吸毒者在生理层面对毒品的依赖，另外戒毒所的社会负面效应要低于监狱，对戒毒人员的负面心理影响也会小一些。在解救吸毒者这一问题上，毒品替代药物的研发与使用，也是一种非常有效的办法。毒品的替代物，能够缓解毒瘾带来的痛苦，又能逐渐减轻吸毒人员对毒品的依赖。不过，毒品替代药物也一定要建立合理的管理制度。首先价格必须低廉，或者完全免费发放；其次，在发放的过程中必须确保吸毒人员的隐私，不要将这一药品的发放与任何强制措施或者名誉上的负面效果联系起来。只有这样，替代药品才能够形成足够的竞争力，将吸毒人员从毒品罪犯的钳制中"吸引"过来。

对于那些有可能沦为底层毒品犯罪分子（如毒品原植物种植者、马仔、跑腿等）的社会成员，社会措施也可以很有效地介入。由于他们只是为了微薄的经济利益而走上犯罪的道路，给他们提供其他追求经济利益的选择，就能将他们从毒品犯罪的边缘"争取"到正当职业中来。例如，对毒品原植物种植区采用替代种植的方式，就能有效地减少毒品原植物的种植量；给社会底层人员提供更好的就业机会，马仔、跑腿的"劳动力市场"就会急剧减少。在毒品犯罪高发地区（如云南），甚至可以考虑围绕"反毒品"这一主题建立一系列产业，如药品研发与制造产业、毒瘾戒除的医疗与服务行业等。当然，这需要大量的资金投入，但传统的刑法运行也需要大量的投入；将资金投入社会政策层面，比投入传统刑法领域更加有效，因为它不是被动地应对，而是主动地出击。

通过这些社会措施，可以清晰地感受到毒品市场与合法市场之间的竞争。毒品市场通过毒瘾的钳制、非法利益的诱惑获取消费者与市场底层的参与人员；而社会措施则通过医疗技术、替代药物、正当的社会生活争取吸毒者和处于非法市场边缘的群体。这是非法市场与合法市场之间的一场没有硝烟的战争，在这里看不见刑法的威严，但社会措施的效果完全有可能比刑法更好。

（二）侦查的难题

毒品犯罪市场化运作以及组织化、体系化的特征，决定了对抗毒品犯罪的第二重困境，即侦查的难题。刑法的适用，以侦查机关能够通过侦查搜取的证据再现犯罪事实并将罪犯羁押为前提。否则，所有刑法上的规定都是一纸空文。但如前所述，当前的难题正在于，真正对毒品市场具有决定性意义的犯罪事实和罪犯，侦查力量显得无能为力。

当前的侦查力量难以打入毒品市场的高层。处于毒品市场高层的毒品犯罪分子，往往并不直接接触毒品，而毒品的侦查主要是以毒品为线索进行的。但接触毒品的，往往处于毒品市场的底层。当然，一旦得知毒品犯罪底层的信息并抓获底层的犯罪分子，就基本上获得了一种线索，通常情况之下，通过这种线索就可以打入犯罪的高层。但在毒品犯罪中，这种思路也面临着另外一种障碍。因为毒品犯罪的底层和高层之间，联系往往是单向度的，下层人物无法主动联系上层人物。同时，上层的人物随时在背后监测着毒品犯罪底层人物在司法打击上的命运。此时，一旦司法力量出动，上层人物就能迅速采取隔离措施，让司法打击被隔离在最小的范围之内，将损失最小化。即便能够深入高层，也不一定能够对毒品市场造成毁灭性的打击。因为毒品犯罪依附于毒品市场而存在，不是依附于特定的个人或者组织而存在。因而，即便司法打击能够从实质意义上取缔某一犯罪组织，其市场份额也会迅速被其他的毒品组织所瓜分，毒品犯罪将依然持续。这是面对毒品犯罪之时，我国刑法所面临的困境。

四　刑法对毒品犯罪的回应

如前所述，刑法无法从根本上解决毒品犯罪的问题，但这并不意味着刑法应该退出毒品犯罪领域。在毒品问题面前，刑法自然应该谦抑，但它不能缺席。为了更有效地利用刑法制度在某种程度上抑制毒品犯罪，应当合理地调整刑法的适用策略，以便在有限的范围内，更有效地适用刑法抑制毒品犯罪。

（一）刑法在治理毒品犯罪中应保持谦抑，但不应缺席

首先，当前的刑法学者应该认识到刑法在毒品犯罪面前的不足。毒品犯罪领域内的重刑主义思潮仍然存在。[1] 但根据前面的分析可知，刑法不能根除毒品犯罪的根源，也不是最有效的对抗毒品犯罪的措施，甚至连仅仅为毒品的运行造成障碍这种效果，都是有限的。因为毒品市场的体系化运行，让主要针对个案发生作用的刑法，无法充分施展拳脚。

其次，毒品犯罪的原动力在于吸毒者，因而所有毒品犯罪的症结也在于吸毒。但这并不意味着应当以刑法来规制吸毒行为，[2] 因为刑法也无法解决吸毒者的问题。吸毒者之所以被毒品控制，根本的原因

---

[1]　这在最高人民法院《全国法院审理毒品犯罪案件工作座谈会纪要》中有所体现。

[2]　赞成吸毒行为犯罪化的观点，可参见骆寒青《对设立吸毒罪的设想》，《云南警官学院学报》2006 年第 2 期。

在于毒品本身对吸毒者心理和生理的钳制。他们吸毒，更多是一种不得已的选择，而不是一种基于自由意志的选择。而凡不存在自由意志的地方，刑罚就应该隐退。因为刑罚是对行为人基于自由意志而违法的一种谴责，而保安处分以预防将来的危险为本质。吸毒的问题，更多要靠治疗，而不是靠惩罚。因而，当前解决吸毒问题，也应更多依靠戒毒这种类似于保安处分或者社会措施方面的手段。

可见，在毒品犯罪面前，刑法的能力是相当有限的，因而刑法必须谦抑。当然，理解刑法的谦抑，也必须注意两方面的问题。一方面，谦抑并不意味着缺席。面对毒品犯罪，刑法仍有非常重要的意义。刑法的存在，能增加毒品犯罪行为所面临的风险。而这种风险，由于涉及财产剥夺、自由、生命，与毒品犯罪能够带来的财产利益相比，无论是从特殊预防还是从一般预防的角度观察，都仍然是有意义的。另一方面，刑法的谦抑必须有社会措施的跟进。在处理刑法与其他社会措施之间的关系时，必须让其他社会措施先行，然后才能让刑法逐步退出。否则，刑法的退让就会造成犯罪预防的松弛或者缺位。因而，刑法的谦抑原则，不是一种主动的宣示，而是通过社会措施替代刑法而实现的结果。

现阶段，中国在社会层面对抗毒品犯罪的努力还不充分，因而刑法仍扮演着重要的角色。有了刑法的存在，毒品市场的运行就会遇到阻力；刑法越致密，毒品市场的运行就越艰难。但由于毒品犯罪的特殊性，传统的刑法也要根据毒品犯罪的特征进行调整，以期这一预防手段变得更加公正、有效。

（二）从严厉处刑到严格执法

刑法的最终目的在于通过预防犯罪来保护法益。因而，在毒品犯罪领域适用刑法，也应当结合毒品犯罪的特征，让刑法的适用为毒品犯罪的预防贡献力量。从制度层面看，我国刑事立法不仅针对毒品犯

---

① 参见陈家林《外国刑法通论》，中国人民公安大学出版社，2009，第687页。

罪规定了非常严厉的刑罚（高至死刑），而且整个罪名系统非常严密，不仅规定了直接的毒品犯罪的罪名，还围绕这些核心的毒品市场行为规定了外围犯罪（包庇毒品分子罪、非法持有毒品罪等）的罪名。可见，从严厉与严密的角度分析，我国当前的毒品刑事制裁制度可谓非常完善。但预防的效果不完全在于纸面的制度是否严厉，更在于实践中的执行是否严格。毒品犯罪的核心问题恰好是处罚的概率低，在这种状况之下，就有必要将更多的力量集中在惩罚的概率而非刑罚的严厉性之上。无论在书面上多么完美，只要无法落实，刑法就只是文字。因而，如何将刑法贯彻到实处，是必须解决的问题。从整个诉讼的过程来看，妨碍刑法实现的因素，主要是侦查方面的问题，即无法呈现犯罪事实、抓捕犯罪人、在司法上证实犯罪嫌疑的存在。因而，应当对症下药，想办法调整当前刑法的策略，让刑法的运行从注重刑罚的严厉转向惩罚概率的提升。这就要从毒品犯罪侦破难的原因出发，分析出路之所在。

要增强侦查的力量，需要重视侦查力量的扩容。当然，这种扩容不一定是粗放型的（即扩大缉毒队伍），因为粗放型的扩容毕竟需要大量的投入，其提升的空间非常小。更应当提倡的是侦查结构的扩容，即将社会上中立的甚至犯罪方面的力量争取到侦查力量这一边来。从成本上来看，将部分罪犯争取到反犯罪的一方来，具有重要的意义，也具有实现的可能性。首先，这些人参与了犯罪，对犯罪事实有比较清晰的了解。其次，他们需要通过为侦查贡献力量的方式减轻自己的责任。在这里，坦白、自首、立功制度必须得到较大幅度的使用。这些制度在侦破毒品犯罪中的地位必须被提升，应当提升它们对应的刑罚宽缓幅度。

在提升这种宽缓幅度的时候，当然会面临不少观念上的障碍。在传统的观念看来，行为人的刑事责任更多应当由行为的社会危害性程度决定，行为之后的情节虽然在量刑的时候可以予以考虑，但其作用仍是有限的，其地位远低于罪中量刑情节。[①] 但刑法总则所规定的制度，在适用上并不是必须完全遵循同一标准，根据每种或每类犯罪所面临的不同的挑战，总则性制度的把握也完全可能且应该有不同的侧重。毒品犯罪的特征决定了治理毒品犯罪最大的症结是侦查问题，因而就必须将更多的资源投入侦查环节。同时，毒品犯罪没有直接的被害人，报应方面的直接推动力并不强烈，增强坦白、自首、立功等行为带来的宽缓幅度，并不会引发民众心理上的障碍。因而，在毒品犯罪领域，牺牲一定程度的刑罚严厉性以救济惩罚的概率，并不至于引起太大的负面效果，且能大幅度提升反毒品犯罪的有效性。

在这里，尤其要强调的是立功制度。在毒品犯罪中，可以将立功分为两种类型。一种是纵深型的立功，即立功者提供的犯罪线索或者帮助抓捕的罪犯，相对于立功者自己的行为或地位而言，层次更高，对毒品市场的运行更重要。这种立功在现实中更难以实现，更有利于在实质意义上打击毒品市场，因而个案中对具有这种立功的被告人，也应该给予更大幅度的刑罚宽缓。另一种是扩散型的立功，即被告人提供的侦查线索，指向在毒品市场结构中与自己地位相当或者比自己地位更低的罪犯。由于这类信息对毒品市场体系带来的打击有限，因而对这种立功，应限制其宽缓幅度。

除了侦查力量的扩容，还需要扩张当前可以使用的侦查手段，这主要涉及特殊侦查手段的使用。在毒品犯罪领域，当前值得关注的是技术侦查。所谓技术侦查，是指侦查机关针对特定的侦查对象，采取伪装或隐瞒身份、目的、手段的方法，运用一些科学技术手段，暗中搜集证据和线索，以揭露和证实犯罪的一种具有隐蔽性和强制性的侦查措施。[②] 在这里，我们会面临两难的选择。如果放开对技术侦查的

---

① 参见马克昌主编《刑罚通论》，武汉大学出版社，1999，第 354 页。
② 参见陈浩《毒品犯罪的秘密侦查问题研究——毒品犯罪秘密侦查手段的立法完善探讨》，《黑龙江省政法管理干部学院学报》2010 年第 8 期。

限制，会有助于增强侦查能力。不过，放开对技术侦查的限制，就会给公民的自由带来威胁。但如果完全摒弃这种措施，我们的共同生活同样会被肆虐的毒品犯罪侵犯，而且其程度并不一定低于公权力。基于毒品犯罪的侦查最关键的症结在于毒品犯罪的组织化运行，因而，笔者认为，技术侦查所得出的证据，只有在涉及毒品犯罪高层人物的情形下才能适用。在针对底层犯罪分子的案件中，技术侦查所取得的证据，一律不得适用。通过这种方式，或许能够尽量在刑法的保护与保障功能之间保持平衡。

（三）从形式公正到有效性：以毒品流向消费者过程的作用决定刑罚

公正理念，是刑法领域尤其被强调的原则。罪责刑相适应原则，就是这一理念在刑法领域中的体现。这一原则实际上既包含了公正的一面，也包括了功利的一面，因为"罪责刑"中的"责"，就包含了预防的必要性。[①] 但在实践运行的过程中，这一原则功利的一面往往被忽视，只剩下公正的一面，甚至往往沦为形式公正主义。在毒品犯罪的司法领域，这一倾向尤其明显。在这一理念的影响下，当前的毒品犯罪的刑法运用，更多是毒品数量中心主义的，即完全将刑罚的轻重与毒品的数量结合起来。在公正的层面分析，决定刑罚轻重的应该是行为的社会危害性程度。毒品的量只是衡量毒品犯罪社会危害性的一方面，甚至是并不重要的一方面。所有的毒品犯罪，其实质都是为了使毒品流向吸毒者，因而犯罪行为的社会危害性也应当结合行为对这一过程所做的"贡献"进行分析，毒品的量则无法全面反映犯罪行为对毒品市场的"贡献"。例如，在中国云南边境查获的1500克毒品，与在武汉娱乐场所查出的1500克毒品，所代表的社会危害性就完全不同。另外，将1500克毒品从云南边境的甲地运往乙地，如果没能对毒品靠近消费者做出市场意义上的"贡献"，哪怕毒品在空间上跨越了千山万水，其社会危害性也并不比将该毒品从武汉市郊带向市中

---

① 参见张明楷《新刑法与并合主义》，《中国社会科学》2000年第1期。

心的娱乐场所更严重。在毒品犯罪中，同一毒品从生产到最终对吸毒者造成危害的整个过程，是由毒品市场体系来承担的。但侦查往往只截取了其中的一个小小的片段，并将整个体系的责任完全加在了特定的被抓捕的罪犯身上。这显然是不公正的，同样也是没有效率的。

因而，具体毒品犯罪的刑罚确定，必须在市场的框架中进行分析，即通过分析具体毒品犯罪行为在该毒品流向消费者的过程中的地位来决定最终的刑罚。这看似完全不具有可操作性，但毒品犯罪是市场化的犯罪，行为对毒品流转所做的"贡献"往往能够通过特定毒品在非法市场中的"价值变化"体现出来，因而，可以将行为所涉毒品在非法市场中的"升值数额"作为量刑的标准，这不仅便于操作，也更加符合实质的公正观念，且由于它直接与毒品犯罪的动力即利益挂钩，刑罚的预防效果也将更加明显。在操作层面，行为人对特定批量的毒品所做的"贡献"，往往与行为人获得的利益成正比，因而，可以直接以行为人在毒品犯罪中所获得的或应当获得的收益作为量刑的标准。当然，在极端情形之下，行为人可能获得高于或者低于毒品市场平均价格的收益，在这种情形之下，可以以毒品市场上通常的标准确定对行为人的刑罚。这种方式将有利于真正实现毒品犯罪刑法适用上的公正。

以行为人所获得的或者应当获得的收益作为量刑的基础，也有利于实现毒品犯罪体系内的公正。毒品市场内部，存在严格的等级划分。虽然所有的毒品罪犯都是非法利益的捞取者，但其中也存在"剥削者"和"被剥削者"之分。操纵特定地区毒品产销、流转的核心人物，往往退居幕后，通过操纵市场获取高额的利润。而真正与毒品直接接触的人，往往都属于底层的人物，例如毒品原植物种植者、运输的直接承载者或者零售中的跑腿。他们直接与毒品接触，冒着最高的风险，获得的非法利益却是最少的。当然，整个毒品市场体系中，真正完全被压榨的是吸毒者；受毒瘾的钳制，他们的财产乃至生命最终都会被毒品所攫取。① 在这种等级森严的市场结构中，由于吸毒者不构成犯罪，处于毒品市场底层的罪犯成为了最靠近司法打击的人。目前的很多毒品案件，经常以抓捕毒品市场底层的人物作为终结点。从表面看，如此结案似乎没有什么不妥当，有毒品存在，犯罪嫌疑人又被逮捕，可谓人赃并获。但从毒品犯罪预防的层面来看，在这里结案基本上不会对毒品市场造成太大的影响。首先，底层人物的可替代性非常强，因而即便抓获一批，又会有另一批跟上来。其次，底层人物往往是掌握信息最少的人，"立功"等宽缓化处理措施对他们而言没有太大的适用余地，因而会造成严重的不公平。最后，他们往往只是为了获得一点微薄的利益，抱着侥幸心理走上了犯罪道路，属于"风险敏感型"的罪犯，惩罚概率的意义远重于刑罚的严厉性。因而，应当以相对轻缓的刑罚对待毒品犯罪的底层人物，而重点打击处于毒品市场中上层的核心角色。如果以毒品犯罪行为的收益作为量刑的标准，就有助于实现实质意义上的公正，真正将严厉的刑罚分配给那些处于毒品市场顶层的罪犯，而对底层的毒品犯罪参与者则适用轻微的刑罚。

以行为人的收益作为标准裁量刑罚，也有助于协调不同地区的毒品犯罪刑罚裁量的标准。毒品犯罪的刑法处理，往往涉及地区之间的平衡问题，因为不同省份甚至同一省份的不同地区，在量刑标准上都有很大的差异。对这一差异的存在，仅在规范刑法学层面进行思辨，很难得出一个确定的结论。而在非法市场的框架之下分析毒品犯罪，以行为人所获的报酬作为量刑的标准，问题就能迎刃而解。

当然，以行为人所获的收益或者应当获得的收益作为标准裁量刑罚，因为操作方便，所需要的司法成本更低。但当前反毒品犯罪面临

① 他们也可能通过犯罪或家庭连带将部分财产上的负担转移给社会。有关毒品犯罪引发的社会问题，可参见赵翔等《毒品问题研究——从全球视角看贵州毒品问题》，中国人民公安大学出版社，2005，第 109 页。

的最大的问题，不在于刑罚裁量阶段，也不在于行为人获得的或者应当获得的收益的确定，而在于毒品犯罪事实的侦破、犯罪分子的抓捕、具体行为人或者行为背后的体系性打击。因而，在毒品罪犯已经归案的情形之下，调查行为人获得的收益或者应当获得的收益，并不会增加太多的司法成本。而这一微薄的投入，将使刑罚适用更加公平，也更具效率。

目前，司法实务对毒品量的重视程度依然很高。这不仅仅体现在刑罚裁量层面，也体现在反毒品的绩效评估之上，司法机关往往将缴获的毒品量作为反毒品成果的衡量标准。不过由于毒品的供需以市场的方式运行，即便毒品被缴获，只要市场结构没有受到动摇，就会有其他地方的毒品补充过来。据《法制日报》报道，山西省晋中市打掉一个控制该地区60%至80%毒品供应贩卖的犯罪团伙后，毒品价格涨了3倍。[①] 这也从一个侧面说明，以毒品本身为中心的司法，根本无法给毒品市场带来实质的损伤；毒品被缴获后，市场仍将运行，只不过毒品缴获增加的成本最终转移给了毒品消费者。而由于消费者没有选择的余地，他们无论如何必须消费，价格的上涨让他们的吸毒资金更加紧缺，这反倒增加了吸毒者犯罪的可能性。因而，如果不着眼于毒品市场的结构性创伤，而只重视毒品本身，刑法的实效就会大打折扣。基于这一原因，结合毒品市场衡量犯罪的严重性，将视线从毒品的量转移到行为对市场的实质影响上来，是刑法面临的迫切任务。而这一转变，需要更新司法观念，从形式公正的司法走向以有效性为中心的司法。

五　结语

毒品犯罪，作为当前最严重的犯罪之一，既是考验各国刑法保护

[①] 参见《我国新型毒品违法犯罪活动出现五大变化》，http：//news.163.com/05/0920/12/1U3HAF6A0001122E.html。

功能的试验场，也是各国人权保护状况的试金石。但刑法更多与其他社会制度紧密联系在一起，因而在运用各种刑法理论时，不能脱离社会现实与社会需要；刑法理论更多是社会现实与社会需要的归纳，而不是个人理想的制度化。从这一视角看待刑法的文明就会发现，作为刑法根本追求的诸多原则，都是需要通过社会实践层面的努力去争取的结果。文明，不应当只促使我们批判现实，更应当促使我们改变现实。刑法的文明的实现，往往需要刑法之外的社会措施提供必要的前提，这就要求刑法学者具有开阔的视野与包容的心态，刑法学者不能只是刑法规范的学习者。

（本文原载于《政治与法律》2012 年第 10 期）

行贿犯罪执法困局及其对策

李少平[*]

行贿犯罪是受贿等职务犯罪的重要诱因和源头，已成为当前滋生腐败的突出问题。长期以来，由于"重受贿轻行贿"观念导向的作用，行贿犯罪惩治不力的现象一直存在。此种现象，既冲击了"从源头上治理腐败"的正确理念，又反过来助长了贿赂案件的多发势头。如何破解行贿犯罪惩治不力等执法困局，遏制行贿犯罪向多领域、多行业不断蔓延的态势，是当前亟待思考的问题。

一 行贿犯罪执法困局的现实表征

行贿犯罪，是指为谋取不正当利益，给予国家工作人员，公司、企业人员或者其他人员以财物的行为。在我国刑法上，行贿犯罪包括有五个具体罪名：一是刑法第 389 条规定的行贿罪，即为谋取不正当利益，给予国家工作人员以财物的行为。二是刑法第 391 条规定的对单位行贿罪，即为谋取不正当利益，给予国家机关、国有公司、企业、事业单位、人民团体以财物，或者在经济往来中违反国家规定，给予各种名义的回扣、手续费的行为。三是刑法第 393 条规定的单位行贿罪，即单位为谋取不正当利益而行贿，或者违反国家规定给予国家工作人员以回扣、手续费，情节严重的行为。四是刑法第 164 条规定的对非国家工作人员行贿罪，即为谋取不正当利益，给予公司、企业或

---

[*] 李少平，最高人民法院副院长，北京师范大学刑事法律科学研究院特聘教授。

者其他单位的工作人员以财物，数额较大的行为。五是刑法第 164 条
第 2 款规定的对外国公职人员、国际公共组织官员行贿罪，① 即为谋
取不正当利益，给予外国公职人员或者国际公共组织官员以财物的行
为。如果将腐败现象中的贿赂犯罪作为一个整体来观察，则除了索贿
情形外，行贿是"因"，受贿是"果"；没有行贿，就没有受贿。从这
个意义上说，遏制贿赂犯罪必须从惩治行贿犯罪入手；行贿犯罪惩治
效果之好坏，对国家反腐大局影响广大。然而毋庸讳言，长期以来，
对于行贿犯罪的惩治已经陷入难以破解的执法困局。其现实表征有很
多，现择其要者述之。

（一）　司法机关对行贿犯罪惩治不力

1. 职务犯罪案件中大量行贿人未被追究刑事责任

虽然早在 20 世纪末"两高"就下发了《关于在办理受贿犯罪大
要案的同时要严肃查处严重行贿犯罪分子的通知》（以下简称《通
知》），要求各地司法机关坚决打击严重行贿犯罪分子，但实际执行效
果却并不理想。现实中，令人无法理解的现象一再出现：受贿者因贪
入狱，数额特别巨大者甚至被判处死刑，而行贿人依然逍遥法外。例
如，国家食品药品监督管理局原局长郑筱萸利用职务上的便利，为 8
家企业在药品、医疗器械的审批等方面谋取利益，直接或通过其子、
其妻非法收受上述单位负责人的财物，折合人民币价值共计 649 万余
元，郑筱萸因此被判处死刑，但该 8 家企业及相关人员均未被追究刑
事责任。杭州市原副市长许迈永多次索取、收受 14 名企业负责人贿
赂，共计 1.45 亿余元，被判处死刑，但主动向许迈永行贿数额高达数
千万元的多名企业负责人均未被追究刑事责任。湖南省郴州市原纪委
书记曾锦春受贿 3151.84 万元，被判处死刑，当地某商人向曾锦春行
贿 16 次，共计 240 余万元，案件侦查过程中，该商人 3 次被传唤，3
次被释放，最终不了了之。类似上述案件，不胜枚举。

---

①　根据《中华人民共和国刑法修正案（八）》第 29 条规定增设的罪名。

2. 人民法院审理的行贿犯罪案件数远远低于受贿犯罪案件数

据统计，2009 年至 2013 年，全国法院受理一审行贿犯罪①案件共计 12821 件，生效判决人数 12364 人；受理一审受贿犯罪②案件共计 53843 件，生效判决人数 48163 人。行贿犯罪案件收案数仅为受贿犯罪案件的 24%，行贿犯罪案件的生效判决人数仅为受贿犯罪案件的 26%。③ 从实践中遇到的案件情况来看，往往一个受贿案件对应的行贿人少则几人，多则数十几人甚至数百人。例如，沈阳"慕马系列受贿案"中，向沈阳市原市委书记慕绥新行贿的行贿人多达 56 人（含单位），向沈阳市原常务副市长马向东行贿的行贿人多达 75 人（含单位）。④ 如果将这一实际情况考虑进去，未被追究刑事责任的行贿人比例将更高。出于法律规定、体现政策等多方面的原因，行贿犯罪案件的数量比受贿犯罪案件少一些属于正常，但作为与受贿犯罪具有对合关系的一类犯罪，对 3/4 强的行贿行为未追诉难以做出合理的解释。

3. 人民法院判决的行贿案件刑罚适用量过低，缓免刑适用率过高

2009 年至 2013 年人民法院判决生效的案件，行贿犯罪案件中宣告无罪的共 8 人，无罪率为 0.06%；判决适用缓刑和免予刑事处罚的共 9261 人，缓、免刑适用率为 75%；判处重刑的⑤共 379 人，重刑率为 3%。受贿犯罪案件中宣告无罪的共 53 人，无罪率为 0.11%；判处适用缓刑和免予刑事处罚的共计 24030 人，缓、免刑适用率为 50%；

---

① 统计数据所指"行贿犯罪"包括 5 种具体罪名，即行贿罪，对单位行贿罪，单位行贿罪，对公司、企业人员行贿罪和对外国公职人员、国际公共组织官员行贿罪，其中对外国公职人员、国际公共组织官员行贿罪尚无进入审判程序的案件。

② 本文所论"受贿犯罪"包括 4 种具体罪名，即刑法第 385 条规定的受贿罪、刑法第 387 条规定的单位受贿罪、刑法第 388 条之一规定的利用影响力受贿罪和刑法第 163 条第 1 款规定的非国家工作人员受贿罪。

③ 本文使用的统计数据，均系由最高人民法院研究室统计办公室提供；注明出处的除外。

④ 参见苗有水、刘树德《在大案要案的背后——媒体关注与司法审判的对白》，江苏人民出版社，2005，第 134～149 页。

⑤ 指 5 年以上有期徒刑和无期徒刑。

判处重刑的①共 16868 人，重刑率为 35%。二者相比，行贿犯罪案件的缓、免刑适用率高出受贿犯罪案件约 25 个百分点，重刑率比受贿犯罪案件低约 32 个百分点。虽然行贿犯罪的法定刑低于受贿犯罪，尤其是其中的对单位行贿罪的法定最高刑只有 3 年，单位行贿罪法定最高刑为 5 年，理论上行贿犯罪中可适用缓刑和判处 5 年以下有期徒刑的概率大于受贿犯罪，但上述数据也在一定程度上反映了行贿犯罪量刑偏轻的事实。

有学者从"北大法宝"上下载了 135 份行贿案件判决书，就行贿案件的量刑状况进行了研究：样本中的 148 名被告人，被定罪免刑的 17 人，占 11.5%；被处以拘役并宣告缓刑的 4 人，占 2.7%；被处以拘役的 7 人，占 4.7%；被处以有期徒刑并宣告缓刑的 48 人，占 32.4%；被处以有期徒刑 6 个月至 5 年的 41 人，占 27.7%；被处以有期徒刑 5 年至 10 年的 20 人，占 13.5%；被处以有期徒刑 10 年至 15 年的 8 人，占 5.4%；被处以无期徒刑的 3 人，占 2%。可见，在行贿案件的量刑中，定罪免刑、适用缓刑、判处拘役或 5 年以下有期徒刑为量刑结果的主要部分，数量为 117 人，占 79%，判处 5 年以上有期徒刑直至无期徒刑的较少，只有 31 人，占 21%。② 其中，轻刑率为 79%，缓免刑率为 46.6%。这些裁判文书，充分反映了行贿犯罪处罚轻缓的状况。

（二）惩治行贿犯罪刑事政策模糊不清

刑事政策是社会政策的组成部分，刑事政策之明智与否，直接关系到对犯罪引起的社会问题的治理效果。惩治行贿犯罪的刑事政策，是国家根据行贿、受贿犯罪的变化和特点而形成的对于行贿犯罪实施预防和处理的观念、原则、方针、策略的总称。在与贿赂犯罪做斗争的执法实践中，政出多门，存在模糊不清甚至相互矛盾的状况。具体

---

① 指 5 年以上有期徒刑直至死刑。

② 参见董桂文《行贿罪量刑规制的实证分析》，《法学》2013 年第 1 期。

表现在以下方面。

1. 刑法关于行贿犯罪的规定体现了对行贿犯罪的"特殊宽宥"政策

（1）1997 年修订的刑法规定了行贿犯罪的 5 种具体罪名，均以"为谋取不正当利益"为构成要件，与受贿犯罪要求以"为他人谋取利益"为构成要件相比，行贿犯罪的入罪条件更为苛刻，这使得部分行贿人以"正当行贿"的名义脱逃法网。（2）刑法对行贿犯罪设置了远远低于受贿犯罪的法定刑。将行贿罪与受贿罪配置的法定刑罚量相比较，前者不到后者的 50%。比如，甲向国家工作人员乙行贿 15 万元，乙收受，则甲可能受到的惩罚是 5 年以下有期徒刑，而乙可能受到的惩罚是 10 年以上有期徒刑。（3）刑法对行贿犯罪设置了特别的出罪条款，降低了行贿行为构成犯罪的可能性。刑法第 389 条第 3 款规定："因被勒索而给予国家工作人员以财物，没有获得不正当利益的，不是行贿。"据此，在受贿方实施索贿行为的案件中，行贿人的行贿行为不构成犯罪。（4）刑法对行贿犯罪设置了宽大无边的从宽处罚条款，使不少行贿行为失去了被追诉的条件。刑法第 390 条第 2 款、第 164 条第 4 款均规定：行贿人在被追诉前主动交待行贿行为的，可以减轻处罚或者免除处罚。适用这一规定，不要求行贿人投案自首，却使其享受了比投案自首更大的宽宥空间。上述规定，充分表明立法者"重受贿轻行贿"的政策思想。从打击行贿犯罪服务于查处受贿犯罪的意义上看，有学者称这种政策为"非对称性刑事政策"。①

2. "两高"的《通知》隐含了"打击行贿服务于查处受贿"的政策

1999 年"两高"下发的《通知》要求各级司法机关"严肃查处严重行贿犯罪"，并提出了"从源头上遏制和预防受贿犯罪"的政策。但是，从依法查处犯罪的角度看，《通知》至少有两点值得质疑：一是为什么仅提"在办理受贿犯罪大要案的同时"，办理一般的、常规

---

① 钱小平：《惩治贿赂犯罪刑事政策之提倡》，《中国刑事法杂志》2009 年第 12 期。

的受贿犯罪案件时，不应当严格依法惩处行贿犯罪吗？二是为什么仅提"严肃查处严重行贿犯罪"，情节一般、数额一般的行贿犯罪就不应当严肃查处吗？可见，在下发《通知》当时，"两高"制定"依法严肃惩处行贿犯罪分子"的刑事政策时存在一定的顾虑。《通知》还指出："在查处严重行贿、介绍贿赂的犯罪案件中，既要坚持从严惩处的方针，又要注意体现政策。""要讲究斗争策略，注意工作方法。要把查处受贿大案要案同查处严重行贿、介绍贿赂犯罪案件有机地结合起来，通过打击行贿、介绍贿赂犯罪，促进受贿犯罪大案要案的查处工作。"可以看出，上述"既要"与"又要"其实是一对矛盾；查处行贿犯罪的目的，最终落在"促进受贿犯罪大案要案的查处工作"上。有学者将此刑事政策归纳为"有利于打击受贿的刑事政策"。①

3. 纪检监察机关、检察机关和人民法院在查办行贿犯罪案件中奉行不同的刑事政策

2011 年 5 月，最高人民法院相关负责同志在全国法院刑事审判工作座谈会上强调指出，必须"牢固树立受贿、行贿打击并重的观念，从根本上扭转对行贿犯罪打击不力的局面"。此后，"两高"联合出台了《关于办理行贿刑事案件具体应用法律若干问题的解释》（以下简称《解释》），对行贿罪的"情节严重"、"情节特别严重"、"使国家利益遭受重大损失"的认定标准进行了明确界定，且对适用从轻、减轻、免除处罚以及适用缓刑、免予刑事处罚的条件进行了严格规定，变"柔性司法"为"刚性司法"。无疑，提出"打击行贿与打击受贿并重"的政策思想，对于转变行贿犯罪打击不力的状况具有十分积极的意义。但问题是，2011 年后人民法院受理的行贿犯罪案件并未显著增加，近年来对于行贿犯罪的查办和惩处仍严重乏力。《解释》虽然严格限制了对行贿犯罪适用从轻、减轻、缓刑、

---

① 吴斌、余作泽：《宽严相济的行贿罪刑事政策探析》，《黑龙江政法干部管理学院学报》2013 年第 6 期。

免予刑事处罚，但《解释》施行后的 2013 年，行贿一审案件占受贿案件的比例仅比 2012 年增长了 0.3 个百分点，缓、免刑率甚至还上升了 0.3 个百分点。

据笔者分析，其中原因在于，处于查办案件一线的侦查工作人员并未秉承"打击行贿与打击受贿并重"的政策思想去办理贿赂犯罪案件。从纪检监察部门制发的文件中可以看到这样的提法：现阶段对受贿和行贿不宜完全同等对待，打击受贿是第一位的，应当在确保受贿行为得到有效惩治的大前提下，逐步加大对行贿行为的打击力度。近年来，纪检监察机关对于行贿案件的立案数和处分人员数分别只占同期受贿案件的 9.3% 和 13.1%。检察机关侦查贿赂犯罪案件的执法思路也是如此："只要行贿人积极配合侦查，如实交代问题，侦查部门就会根据具体情况对行贿人或立即释放，发给释放证明，或撤销强制措施，或撤销案件。"① 实践表明，检察机关立案侦查的行贿罪案件数量远远低于受贿罪案件数量。检察机关披露的统计数据显示，2010 年和 2011 年全国检察机关立案侦查贪污贿赂案件和行贿案件的绝对数量相差悬殊。2010 年立案侦查贪污贿赂案件为 18224 件，但立案侦查的行贿犯罪嫌疑人却仅为 3969 人；2011 年立案侦查贪污贿赂案件为 18464 件，立案侦查行贿人数也只有 4217 人，行贿犯罪嫌疑人与贪污受贿案件立案侦查比例分别为 21.8% 和 22.8%。② 虽然 2011 年较 2010 年立案侦查的行贿犯罪嫌疑人人数同比增长了 6.2%，但对行贿罪的打击力度总体上仍无多大改观。如有学者收集了浙江省某基层检察院 2005 年 7 月至 2010 年 7 月的案件数据。5 年间该院共立案侦查受贿案件 36 件，其中提起公诉 31 件；共立案侦查行贿案件 8 件，其中 7 件做撤案处理，1 件做出不起诉决定。一个受贿案件中往往有多个行贿

---

① 冯斌：《论宽严相济刑事政策在实践中的异化——以行贿人实质上的非犯罪化为视角》，《河南警官学院学报》2012 年第 6 期。
② 数据来自最高人民检察院 2010 年度和 2011 年度工作报告。

人，该院5年间立案侦查的36起受贿案件中，行贿人数量超过百人，但是90%的行贿人都被作为证人处理。① 据扬州市人民检察院统计，2006年至2010年4月，扬州市两级检察机关共立案查办行贿犯罪案件70件73人，仅占贿赂犯罪案件总数的26.4%，查处行贿、受贿案件的比例为1:4。2009年、2010年、2011年，常州市两级法院审结受贿案件的被告人人数分别是70人、76人、63人，但同期审结行贿案件的被告人人数却为3人、10人、7人。②

（三）惩治行贿犯罪面临的法律技术难题

1. 行贿人获取的"不正当利益"难以追缴

刑法第64条规定："犯罪分子违法所得的一切财物，应当予以追缴或者责令退赔。"《解释》第11条规定："行贿犯罪取得的不正当财产性利益应当依照刑法第六十四条的规定予以追缴、责令退赔或者返还被害人。因行贿犯罪取得的不正当财产性利益以外的经营资格、资质或者职务晋升等其他不正当利益，建议有关部门依照规定予以处理。"但在实际执法中，剥夺行贿人已经获取的不正当利益难度很大——既有法律界限把握方面的难度，又有实际执行方面的难度。事实上，大多数行贿单位和行贿人员获得的不正当利益得不到追缴，即使小部分案件中采取了追缴措施，也无法追缴到位。

2. 单位行贿和公款行贿难以被追究刑事责任

一些担任领导职务的党政干部和企业负责人动用公款行贿的现象较为严重。这些人用公共资源拉近关系，其出发点看似为了本地区、本部门、本单位的"公共利益"，实则"公私兼顾"，甚至"化公为私"，行受贿双方都得利，既切割了党和国家的利益，也容易使受贿人认为是一种正常的"灰色收入"。由于单位行贿定性难、处理难、

---

① 参见王显祥、吴小兵《谈行贿惩治与反腐困境》，《贵州警官职业学院学报》2012年第5期。

② 参见田洪友《论加大对行贿犯罪的处罚》，《法制与社会》2013年第1期（下）。

落实责任难，因此单位行贿案件多、追究少。如湖南衡阳贿选窝案，近 70 人被追究刑事责任，其中有 50 余名被告人按破坏选举罪追究刑事责任，但以行贿罪被追究刑事责任的人却屈指可数。该案中，单位行贿、公款行贿现象十分严重，但只有 1 人被认定单位行贿罪。由于单位行贿、公款行贿情况复杂，参与决策的人员权力分界模糊，不正当利益归属不清，司法机关只好适用滥用职权罪、玩忽职守罪对部分责任人员追究刑事责任。

二　行贿犯罪执法困局造成的不良后果

（一）行贿人屡被放纵的现象已经引起公众不满

众多行贿人未被追责引发了社会舆论的广泛批评。例如，有媒体透露，在河南省教育厅审计处原处长冯哲受贿、巨额财产来源不明案中，法院判决认定 35 项受贿事实，涉及的河南省 12 个市，共计 50 名行贿人，却大多未被追究刑事责任；行贿人中不乏县教育局局长、教育局教研室主任等国家公职人员，有的"照旧做官"。① 还有些案件，受贿与行贿之间极其不平衡的处理结果，引来了学界抨击。例如，广州海监局原局长金天宝利用审批转让土地、发包工程、续租房产之机，收受贿赂 80 余万元，被判处有期徒刑 15 年，而行贿 50 万元的海南三亚某公司经理等多名行贿人均未被定罪。对于这些案件，有学者评论：对行贿犯罪打击不力，有损法律公正，并会给社会造成"行贿无罪"的错觉。②

（二）行贿人有恃无恐，导致贿赂犯罪有增无减，并不断向多领域、多行业蔓延

执法实践中对行贿犯罪网开一面，是出于从严查办受贿者，从而

---

① 刘英团：《对行贿人也要惩罚》，《人民日报》2013 年 11 月 27 日。
② 谢望原、张宝：《从立法和司法层面加大对行贿罪的惩治力度》，《人民检察》2012 年第 6 期。

有效遏制贿赂犯罪发生的初衷。可是，贿赂犯罪的发展态势表明，希望通过宽纵行贿分子来预防腐败，结果却是事与愿违的。如前所述，行贿是贿赂因果链条中的"因"，是腐败的源头。不堵塞腐败之"源"，而寄希望于"腐败之河"自动干涸，显然违背了事物的因果规律。实践经验告诉我们，不少行贿人逃脱惩罚后，产生侥幸心理，有恃无恐，继续行贿。例如，海南省东方市原市委书记戚火贵在20世纪90年代末因犯受贿罪被判处死刑，行贿人有东方市八达公司经理陈有慧、东方经纬旅业发展公司经理王仕杰和东方市建设开发总公司经理张生豪等人。其中，陈有慧向戚火贵行贿60余万元，王仕杰向戚火贵行贿5万元，张生豪向戚火贵行贿3万元。[①] 1999年9月，陈有慧因犯行贿罪被海南省东方市人民法院判处有期徒刑二年，缓刑二年；当时，检察机关未对王仕杰、张生豪立案侦查。2003年至2010年间，此三人又对东方市国土环境资源局、建设局的多名官员行贿，导致他们因受贿而被追究刑事责任。行贿人得不到有效惩罚，容易导致贿赂泛滥。行贿人极少受到法律制裁，使得行贿在我国事实上已经成为成本最低、风险最小、利润最大的手段，人们遇事首先想到的就是行贿。[②] 在行贿与受贿的对合关系中，有行贿，必有受贿，指望受贿一方通过拒贿来遏制贿赂犯罪的发生，完全是不切实际的幻想。

有学者颠倒了行受贿双方的因果关系，提出"受贿产生行贿"的理论。他们认为，"行贿的成功离不开受贿。从贿赂犯罪侵犯的客体看，只有受贿者收受了行贿人财物后，才形成了贿赂；受贿者不收财，权钱交易没有达成，也就不是贿赂了"。因此，他们得出的结论是"没有受贿，也就没有行贿"。[③] 此种理论把惩治腐败的希望寄托在官员拒腐的意志力上，在严酷的犯罪现实面前，这种理论显得有些苍白

[①]　参见（1998）琼刑终字第184号刑事裁定书。
[②]　参见文东福《刑事政策视野中的行贿罪》，《中国刑事法杂志》2004年第4期。
[③]　卢勤忠：《行贿能否与受贿同罚》，《人民检察》2008年第14期。

无力：假定这种理论成立，则贿赂犯罪应该越来越少或者销声匿迹。可是，贿赂犯罪蔓延的现实却正好相反。近年来，贿赂犯罪有增无减，且不断向多领域、多行业蔓延是个不争的事实。受权力寻租观念的影响，贿赂犯罪涉案领域由传统权重部门逐渐转向建筑、水利、医药、供电、学校、房地产等重点行业、重点领域。权力集中部门和岗位的贿赂犯罪高发、频发，利用人事权、执法权、审批权、监管权谋取私利的现象比较严重；资金密集领域和行业的贿赂犯罪现象普遍，工程建设、金融证券、教育科研、医疗卫生、社会保障等领域的贿赂犯罪增多；土地和矿产资源领域贿赂犯罪突出，在资源承包出让、开发利用、经济补偿和环境保护等环节利益输送现象时有发生。与此同时，贿赂犯罪数额亦不断增长。据统计，2013 年处级以上干部贿赂犯罪案件涉案金额巨大，平均 300 余万元，其中数额在 1000 万元以上的就有 30 人之多。可见，在某些领域，贿赂成风已成为一种常态。应该说，行贿人没有得到应有的惩罚是其中的重要原因之一。

（三）对行贿人"无限宽宥"破坏了社会公平正义

公平正义是一个秩序正常的社会公众的普遍道德心态。恶行一旦得不到惩罚，这种道德心态就会受到损害。前已述及，行贿直接引起受贿，两者是具有对合关系的行为，理论上称之为"对合行为"或"对向行为"。所谓对合行为，是指必须基于双方主体之间的对应行为才能实施或完成的危害行为。缺少任何一方的行为，另一方的行为就无法实施或不能完成。① 行贿行为与受贿行为之间在功能上具有对向性，即双方行为主体分别实施各自的行为，两者彼此补充，相互呼应，形成统一的整体；在成罪条件上，两者具有依存性，即一方的实施或完成以另一方的存在为条件。比如，如果行贿人缺乏行贿的故意，则受贿方即便事实上已经接受了财物，也不构成受贿罪；反过来，如果受贿方不具备利用职务之便为对方谋取利益的条件，或者不具备受贿

---

① 参见刘仕心《论刑法中的对合行为》，《国家检察官学院学报》2004 年第 6 期。

罪所要求的主体资格，则行贿方不会实施或者不能完成行贿犯罪；倘若受贿方拒绝接受财物，则行贿方无法达到行贿犯罪的既遂状态。行受贿双方的对合关系，要求立法者对两者配置大致相当的刑罚量，也要求执法者对两者一视同仁，否则即背离了公平正义原则。这是因为，其一，刑罚是国家对于犯罪行为社会危害性的反应，并服务于预防犯罪的目的。行贿与受贿之间的依存关系，说明两者在犯罪的性质、特点、程度、规律上存在相似性和关联性，这就决定了刑罚在对两者做出反应时必须讲究协调性和一致性。唯有如此，才能对贿赂犯罪起到从整体上进行预防的作用。其二，具有对向关系的行贿行为与受贿行为之所以成立犯罪，是不同主体的两个行为共同侵害"职务行为之廉洁性和不可交易性"这一法益的结果。这就表明刑法设置大致相当的刑罚处罚两种行为的必要性。打击任何一方而放纵另一方，都是对公平正义的否定。

因而从理论上讲，行贿和受贿两种行为被追究刑事责任的数量应当大致相当。然而前文所列数据所揭示的两者之间的差距明显超出了正常范围，明显暴露了立法者和执法者对于行贿行为的无限宽宥。正如有论者指出的，"行贿与受贿存在明显的因果关系。如果仅仅严惩受贿而宽宥行贿，也就意味着只打击了犯罪的'果'而忽略了'因'，这同样会对社会公平正义造成损害"。①

三　形成行贿犯罪执法困局的原因分析

笔者认为，行贿犯罪执法困局是以下多个方面原因综合促成的结果。

（一）社会心理方面的原因

社会上普遍存在对行贿行为表示同情、宽容的心理，突出地表现为以下几种：（1）认为行贿的社会危害性不如受贿严重。不少人认

---

① 刘英团：《对行贿人也要惩罚》，《人民日报》2013年11月27日。

为，受贿人是身份犯，特点是出卖权力，给国家和相关单位的威信、声誉和形象造成恶劣影响的同时，还往往给国家和单位利益造成严重侵害，因此其社会危害性要远远大于行贿犯罪。（2）认为行贿人属于社会弱势群体。有的人认为，在贿赂犯罪中，受贿方手握国家权力，属于强势者，占主导地位；腐败的问题主要还是出在某些国家工作人员有贪利之心，而行贿方则是权钱交易的受害者，属于弱势群体。（3）认为宽宥行贿犯罪有利于增大受贿者的犯罪风险，有利于在一定程度上遏制贿赂的发生。由于贿赂总是发生于无第三者在场的空间，贿赂双方都不是被害人，无任何一方告发；又由于贿赂双方的行为都构成犯罪，故任何一方都不想东窗事发，导致行贿人和受贿者之间自然而然地形成了一种相互"信任"关系。有学者认为，这种关系"导致贿赂案件难以侦破，而且导致受贿者肆无忌惮，贿赂犯罪愈演愈烈"。因此他们提出"行贿罪去罪化"的设想，即只打击受贿而不打击行贿。由此一来，受贿人惧怕告发而不敢受贿，起码不敢轻易受贿。行贿人惧怕对方不收受而不敢行贿，双方处在囚徒困境，可在很大程度上遏制贿赂的发生。① （4）认为行贿人是迫不得已而行贿。还有人认为行贿人总是被逼无奈才"出此下策"。有的甚至认为行贿行为是市场经济发展的"润滑剂"，是承揽工程、开发项目的"通行证"，是解决困难、化解矛盾的"潜规则"，是行贿者维护自身权益付出的"必要代价"。在此观念引导下，新闻媒体重视对打击受贿的报道，忽视对行贿行为的谴责和对于行贿社会危害性的揭露。这样的舆论导向，不但让行贿者胆大妄为，而且让更多清白的人踏入行贿者的行列却没有罪恶感。②

（二）立法方面的原因

我国关于行贿犯罪的立法还存在诸多缺陷，影响了对行贿犯罪的

---

① 邹小琼：《浅谈行贿罪的去罪化之意义》，《法制与社会》2013 年第 3 期（下）。
② 王显祥、吴小兵：《谈行贿惩治与反腐困境》，《贵州警官职业学院学报》2012 年第 5 期。

惩治效果。主要表现在以下方面。

1. 刑法对于行贿、受贿犯罪构成要件的差异性设置阻碍了部分行贿行为入罪

依照刑法规定，行贿犯罪的 5 个具体罪名在构成要件方面具有一个共同特征，就是在犯罪主观方面均要求"为谋取不正当利益"或者"为谋取不正当商业利益"。理论上看，"正当"与"不正当"是哲学和伦理学上的概念，从法律角度对其进行界定是存在难度的，因而"不正当利益"的认定在司法实践中历来都是一个难题。尤其是随着社会生活日新月异地发展，利益日趋多元化，使得正当利益与不正当利益之间的界限越来越难以分清，很难用一个确定或固定的标准将两者截然分开。这样，很可能使一些行贿人巧立名目、寻找借口，变不正当利益为"正当"利益，增加了案件查处的难度，使大量行贿行为得不到应有的查处。此外，立法者对于具有对合关系的行贿犯罪与受贿犯罪在构成要件方面实行差异性设置，本身就不具有合理性。

2. 刑法对行贿罪设置了不合理的特别出罪条款和从宽处罚条款，使大多数行贿人免除了被追究刑事责任的风险

这些条款包括刑法第 389 条第 3 款、第 390 条第 2 款、第 164 条第 4 款等。需要研究的是，刑法第 390 条第 2 款所指的"被追诉前"应当如何理解？在《解释》颁布前，这个问题的答案是不明确的。有的侦查人员认为只要行贿人在被提起公诉之前如实交代的，均可以减轻或者免除处罚，致使大量的行贿人得不到严肃处理。《解释》第 13 条规定："刑法第三百九十条第二款规定的'被追诉前'，是指检察机关对行贿人的行贿行为刑事立案前。"众所周知，大部分职务犯罪案件最先由纪检监察机关进行调查，依照《解释》的规定，只要行贿人在这一调查阶段交代了行贿事实，将来进入司法程序后都有被免除处罚的可能，至于是否"主动交待"，则是办案机关灵活把握的范畴。这样操作的结果是，上述从宽处罚条款在实践中往往被作为不追究刑事责任的依据，而不仅仅是减轻或免除处罚的依据。

3. 刑法对行贿犯罪法定刑的设置以及相关追诉标准的规定，使行贿人较易达到适用缓刑的条件从而被判处缓刑

刑法对受贿犯罪设置了极其严厉的法定刑，如国家工作人员受贿5000 元的，即构成受贿罪；受贿数额在 10 万元以上的，处 10 年以上有期徒刑；国家工作人员受贿罪的法定最高刑为死刑，非国家工作人员受贿罪的法定最高刑为有期徒刑 15 年。相比之下，行贿犯罪的法定刑则轻得多：行贿罪的法定最高刑为无期徒刑，对非国家工作人员行贿罪和对外国公职人员、国际公共组织官员行贿罪的法定最高刑均为有期徒刑10 年；对单位行贿罪与单位行贿罪均只有一个量刑档，法定最高刑分别为有期徒刑 3 年和 5 年。同时，刑法没有明确行贿犯罪的定罪量刑数额标准，《解释》将行贿数额 1 万元设为行贿罪的起刑点；根据《最高人民检察院关于行贿罪立案标准的规定》要求，在情节一般的情况下，"个人行贿数额在十万元以上、单位行贿在二十万元以上的"才符合对单位行贿罪的追诉标准，"行贿数额在二十万元以上的"才符合单位行贿罪的追诉标准。可见，不论是个人行贿者还是单位行贿的责任人员，均较易因法定的从轻、减轻处罚情节而达到适用缓刑的条件。

4. 刑法和行政法衔接不够紧密，致使不少领域的行贿行为因缺乏具体规定而难以进入司法程序

在我国，虽然大量行政法规对行贿行为规定为违法，但据不完全统计，除《反不正当竞争法》、《海关行政处罚实施条例》和《公民出境入境管理法实施细则》明确规定了对行贿违法行为的处罚种类、处罚标准外，绝大多数行政法规只是概括地表述为"应当依法给予行政处罚"，"对涉及行贿违法犯罪的，要移送司法机关依法追究刑事责任"。这势必导致大量行贿行为被忽略，一些应当移送司法机关的行贿案件不仅未受到刑事追究，甚至未作为行政违法案件处理。

（三）司法方面的原因

1. 司法能力不足导致贿赂案件的侦破对行贿人口供的高度依赖，最终使行贿人得以"享受优待"

贿赂犯罪的特点是缺乏旁证，大多数是在"一对一"的情况下发生，这对侦破受贿案件并取得有力的定罪证据增加了难度。办案机关通常的做法是通过向行贿人宣示从宽政策以获得其陈述，从而得到关于贿赂事实真相的关键性证据，以此作为受贿案件的突破口。当前，贿赂犯罪活动日益呈现高智能化、隐蔽化的态势，犯罪分子的反侦查能力不断增强。相对而言，检察机关、纪检监察机关办案措施仍然比较单一、传统和落后，大多数还是依靠突破言词证据的调查方法进行。虽然修订后的刑事诉讼法规定检察机关对于"重大贪污、贿赂犯罪案件"可以采取技术侦查措施，但限于装备条件和技术水平，具体执行中尚有许多困难。长期以来，一些数额巨大的贿赂犯罪案件，行贿人的供述常被办案机关视为从轻处罚甚至立功的情节，导致行贿分子在被起诉前已被取保候审。在此前提下，法院审判人员习惯于"配合"纪检、检察机关办案，往往倾向于从宽处理。

2. 一些地方出于"维稳"等因素考虑，对行贿人网开一面

在许多影响重大的窝案、串案的办理过程中，为避免产生过大震荡或者对地方经济产生重大影响，人为划线，对一定数额下的行贿行为不予追究，导致相关人员不仅未被追究刑事责任，甚至升迁也未受影响，造成了极坏的社会影响。目前的司法实践中，很少单独查处行贿犯罪，通常的做法是通过查处受贿连带处理行贿。有的贿赂犯罪案情复杂、牵涉人员多、社会影响大，一些地方党委、政府为了维持社会稳定，制定了相关政策，对行贿人员减轻或者免予处罚。比如，有的行贿人在当地是有影响的企业负责人，一旦对其依法处罚，必然影响当地经济发展、税收收入及人员就业，因而只要求交待情况、认清问题，就对这些企业人员不予追究行贿罪的刑事责任、减轻处罚适用缓刑或者免于刑事处罚。也有些案件，牵涉一个地方或者同一机关多名干部，出于全局考虑，党委、政府往往会采取"给政策、给出路"的做法，甚至于"法外施恩"，不予追究。

3. 在相关司法解释出台以前，行贿犯罪的定罪界限和量刑标准不够明确

在《解释》施行前，并没有相关的规范性文件对行贿罪"情节严重"、"情节特别严重"、"使国家利益遭受重大损失"的标准做出过明确的规定，导致理解适用的不统一，尤其是经济水平发达地区，检法机关对"情节严重"、"情节特别严重"的数额标准掌握得很高，导致对行贿案件的量刑偏轻。同时，在大多数行贿案件中，都有纪检部门和检察机关出具的行贿人在被追诉前主动交待行贿行为的说明，这些说明被法院采信的概率几乎是百分之百，使得对行贿人减轻或者免除处罚就有了法律依据。此外，在具体案件中，行贿人谋取的利益是否正当，边界并非总是非常清晰。在一些案件中，当遇到对"为谋取不正当利益"等入罪要件把握不准的情况时，法院一般会根据有利于被告人的原则，对被告人从宽处罚，判处缓刑或者免予刑事处罚。还有一些案件，法、检两家对于行贿犯罪认定意见不一致，但迫于案件被抗诉或承办法官被指控渎职的压力，法院一般不轻易做出无罪判决，而是定罪，但做出缓刑或免予刑事处罚的判决。

四 破解行贿犯罪执法困局之对策

（一）刑事政策方面：大力倡导"惩办行贿与惩办受贿并重"的方针

在规制和查办贿赂犯罪的立法、执法领域，应当旗帜鲜明地提出"惩办行贿与惩办受贿并重"的刑事政策，抛弃"重受贿轻行贿"的习惯性思维。立法和执法机关应当认识到，依法惩处行贿犯罪是从源头上遏制和预防受贿犯罪以及其他各种犯罪的重要环节，具有标本兼治的双重意义。执法部门要坚持把查处行贿犯罪与查处受贿犯罪统一起来，做到同步部署、协同查处和严肃执法，着力解决只查受贿、不办行贿，或者查了行贿就查不出受贿等突出问题。与此同时，应当加强对查办行贿犯罪的重要性、必要性和重大典型案件的宣传，争取社会各界及广大人民群众的理解和支持。

（二）立法方面：修正行贿犯罪的刑法规定

1. 修正刑法关于行贿犯罪的构成要件

科学地设置行贿犯罪的具体构成要件，对于司法机关正确、有效地打击行贿犯罪具有关键性的意义。基于"打击行贿与受贿并重"的思想，笔者建议对于刑法规定的行贿犯罪的构成要件做出如下修正。

第一，删除"为谋取不正当利益"要件。行贿犯罪的这一要件极大地缩小了行贿行为的入罪范围，致使许多行贿行为被排除在犯罪圈外。对于这一要件，刑法理论界一直存在"保留论"和"取消论"之争。[1] 笔者赞成取消论，理由主要有：（1）行贿行为，无论其目的正当与否，均侵害了国家工作人员或者非国家工作人员职务行为的不可收买性即廉洁性，都具有社会危害性，从而具有可惩罚性。也就是说，贿赂行为本质上是一种权钱交易，行贿人不管是为了谋取不正当利益还是为了谋取正当利益，都是以贿赂来换取国家工作人员或非国家工作人员的职权，都侵犯了职务行为的公正性和社会对职务行为公正性的信赖。行贿人谋取利益的正当与否并不影响行贿行为的本质，不能决定行贿行为的性质。（2）"为谋取不正当利益"的要件与我国已经参加的《联合国反腐败公约》（以下简称《公约》）相违背，且不符合当今世界惩治贿赂犯罪的立法惯例。[2] 《公约》第15条的规定包含了对行贿罪的规制。《公约》对贿赂本国公职人员只要求"直接或间接向公职人员许诺给予、提议给予或者实际给予该公职人员本人或者

---

① 参见曾杨、廖运学《浅析行贿犯罪中的"谋取不正当利益"》，《法制与社会》2013年第4期（上）；刘敏：《行贿罪研究》，中国政法大学2007年硕士学位论文，第29页。

② 参见阮传胜《论我国刑法关于行贿罪规定的立法完善——以解决与〈联合国反腐败公约〉的冲突为视角》，《求实》2012年第2期。

其他人员或实体不正当好处，以使该公职人员在执行公务时作为或者不作为"，并未要求"谋取不正当利益"，私营部门内的贿赂亦同。《公约》只对贿赂外国公职人员或者国际公共组织官员以及影响力交易中的行贿行为才要求行贿人具有获得不正当好处的主观要件。

德国、法国、意大利、日本、俄罗斯以及美国等国的刑法（典）对行贿犯罪的主观目的除了强调行贿者是针对某种职务（职责）行为，即意图收买某种职务（职责）行为外，并不要求其谋取利益的性质是不正当的。部分国家刑法甚至把行贿人寻求受贿人违背法律、职责义务作为或不作为规定为一项加重处罚情节。与《公约》和其他国家的刑法规定相比较，我国现有对行贿犯罪的法律规定编织的法网不够严密，由此产生的最为直接的后果是不能体现有罪必罚。一旦犯罪与受惩罚的联系变弱，刑罚的特殊预防和一般预防功能都将大大降低。在这种情况下即使法律规定了重刑，但由于犯罪应受惩罚的可能性变小，罪犯的侥幸心理增强，犯罪屡禁不止，刑事制裁效果不佳。因此，要改善当前对行贿犯罪打击偏弱的状况，需要进一步严密行贿犯罪的法网，增加追究刑事责任的风险。虽然《最高人民法院、最高人民检察院关于办理商业贿赂刑事案件适用法律若干问题的意见》和《解释》均对"不正当利益"做出了规定，扩大了"不正当利益"的范围，但行贿犯罪的构成要件并未有实质性的变化，且在司法实践中，"不正当利益"的认定仍具有一定难度，会对行贿犯罪的认定造成严重影响。鉴于我国是《公约》的成员国，从长远看，有必要在这一问题上保持与《公约》的一致性。

第二，扩充行贿犯罪的行为方式，在"给予"之外增加"许诺给予"和"约定给予"作为行贿犯罪的具体行为。现行刑法关于行贿犯罪的各个条款均规定"给予"国家工作人员、相关单位或者其他人员为行贿手段。实践中，对尚未实际给予而许诺给予或者与受贿方约定给付的行为是否可以入罪存在争议。理论上看，实际给予国家工作人员以财物的行为，固然具有社会危害性，而承诺给予和约定给予的行为同样侵犯了国家工作人员、非国家工作人员职务行为的不可收买性，其社会危害性同样不可低估，因此笔者认为也应当同样按犯罪处理。《公约》第 15 条、第 16 条规定的行贿犯罪的行为方式包括许诺给予、提议给予和实际给予。[①]《公约》的立法模式是当今世界不少国家和地区的成功做法。如《德国刑法典》第 334 条第 1 款规定："以公务员、对公务负有特别义务的人员或联邦国防军士兵已经实施或者将要实施的、因而违反或者将要违反其职务义务的职务行为作为回报，向其本人或第三人提供、许诺或给予利益，处……"[②] 这种立法模式具有明确和全面的优势，值得我们仿效。

2. 增设罚金刑和资格刑，完善行贿犯罪的刑罚体系

行贿犯罪属于贪利型犯罪，但我国刑法对行贿犯罪设置的经济处罚手段非常薄弱。刑法对行贿罪没有设置罚金刑，除了"情节特别严重"的可以并处没收财产外，没有其他经济制裁手段。这一问题在其他行贿犯罪中也同样存在，在对单位行贿罪中，刑法只规定了犯罪主体是单位的，对单位判处罚金，个人对单位行贿的，则没有任何可以采取的财产刑；在对非国家工作人员行贿罪中，刑法只规定了行贿数额巨大的并处罚金，对行贿数额较大的则未做规定。虽然《解释》通过规定对"不正当利益"的处置来弥补刑法对行贿犯罪刑罚设置上的缺陷，但实践中，对"不正当利益"数额的计算本身就是个难题，且对违法所得的追缴与财产刑也是两个不同的概念，前者属于对违法所得的处理，后者是对被告人合法财产的剥夺，是一种刑罚，所以《解释》的规定并无法从根本上解决这一问题。针对行贿犯罪财产刑处罚力度不足的现状，应当根据行贿犯罪的动机、特点增设罚金刑。为使

[①]　参见国家预防腐败局办公室、外交部条法司编《〈联合国反腐败公约〉履约审议工作资料汇编（2013 年 3 月）》，中国方正出版社，2013，第 9 页。

[②]　《德国刑法典》（2002 年修订），徐久生、庄敬华译，中国方正出版社，2004，第 168 页。

行贿人在经济上得不偿失，有效抑制其贪财图利的动机，从而更好地发挥财产刑的报应与预防的功能，还应在增设罚金刑的基础上，进一步对罚金的数额予以明确。此外，有必要对行贿犯罪增设资格刑，以剥夺其通过行贿犯罪所取得的利益和再次犯罪的可能。总之，当前对行贿犯罪刑罚的完善不应一味地提高法定刑，而是应合理配置刑种和刑度，使刑罚真正发挥惩罚和预防犯罪的功效。

3. 完善行贿犯罪的从宽处罚规定

刑法第 390 条第 2 款、第 164 条第 4 款规定的行贿人在被追诉前主动交待行贿行为的，可以减轻处罚或者免除处罚，在成立标准上明显低于自首，在从宽处罚幅度上大于自首，是"坦白从宽"政策的高度体现，同时也是针对行贿犯罪在查处受贿犯罪中的特殊作用而做出的一定妥协与让步。客观上看，这一规定在很大程度上对相关受贿案件的破获和定罪量刑起到了重要作用，但同时也是造成行贿犯罪缓、免刑率保持高位的原因。办案机关甚至以此为依据，将不追究刑事责任作为条件换取行贿人的如实供述，这一规定实际上已经成为行贿不作为犯罪处理的出口。因此，有必要对刑法第 390 条第 2 款、第 164 条第 4 款的规定进行重新评估并加以调整。这些条款规定的情形，从行贿者的角度看，性质类似于自首，但从宽程度应低于自首；从对受贿案件破获的作用来看，其性质类似于立功，但不能满足立功的条件。因而，对于"行贿人在被追诉前主动交待行贿行为"的从宽幅度，可以比照刑法关于自首和立功的原则修正刑法规定：在一般情况下，可以从轻或者减轻处罚；特殊情况下可以免除处罚。

4. 完善配套法律、行政法规的规定，加强行、刑衔接

鉴于大多数行政法规对于行贿违法行为的法律责任未做明确规定，因此，有必要对相关法律、行政法规关于行贿的法律责任进一步完善，加强行政法与刑法、行政执法与刑事司法的衔接，形成对行贿违法犯罪行为的严密法网和全面有效的预防惩治体系。

（三）执法方面：提升查办贿赂犯罪的执法能力

1. 拓展贿赂犯罪侦查手段，并增加科技含量

贿赂犯罪行为的隐秘性特点，决定了行贿人供述是确定受贿犯罪的关键性证据。一旦不能获得嫌疑人口供，案件就无法突破。但是，若以不追诉或减轻、免除处罚为条件换取对受贿案件的证言，必然造成对行贿犯罪惩处不力。为此，提升贿赂犯罪的侦查水平，着力于以科技手段、通过客观性证据来突破案件就显得非常迫切。具体举措有：（1）不断拓宽技术侦查手段在侦破贿赂犯罪案件中的运用范围。由于贿赂犯罪发现难、取证难、固定证据难的问题十分突出，运用一般侦查措施往往难以奏效。技术侦查措施集秘密性、技术性以及收集证据的顺时性和直接性于一体，可以大大提高收集证据的能力。侦查机关在案件侦查过程中，应当利用好刑事诉讼法第 148 条第 2 款关于对贿赂犯罪使用技术侦查措施的规定。借鉴其他国家和地区的先进经验，力争在侦查技术上取得突破，提高办案机关掌握和固定关键证据的能力。同时，办案机关和办案人员应进一步提升侦查能力、讯问水平、庭审水平，扭转过于依赖行贿人口供、忌惮行贿人翻供的状况。（2）重视客观性证据的收集、固定和运用，减少贿赂犯罪案件犯罪嫌疑人、被告人翻供的机会。应当充分学习和利用近年来突飞猛进的互联网技术，通过手机短信、网路监控、微信、微视等渠道，积极探索电子数据收集、运用的措施和方法，并讲究网上侦查和网下侦查相结合，加快侦查方式和办案模式的科技化转变。（3）赋予司法机关更多的办案手段，如建立案件信息查询平台，打破部门壁垒，提高突破案件的信息获取能力。应当大力推动信息主导型侦查方式，依托现代信息科技进步的有利条件，运用单位代码、人口、车辆、民航、金融、房地产、水电煤气等各类信息查询平台以及话单分析、数据恢复、心理测试等侦查技术，不断提高侦查能力。

2. 严格司法，杜绝"法外施恩"

司法工作人员应当充分认识行贿犯罪的危害性，准确理解和适用刑法和司法解释，确保执法尺度的统一。具体要求有：（1）严格执行《解释》对行贿罪"情节严重"、"情节特别严重"、"使国家利益遭受重大损失"等量刑情节标准的规定，不得在没有任何从宽处罚情节的情况下，对行贿人减轻处罚，杜绝有法不依。（2）对于刑法第390条第2款、第164条第4款规定的行贿人在被追诉前主动交待行贿行为的，可以减轻处罚或者免除处罚，要准确理解"被追诉前"和"主动交待"。《解释》未将"被追诉前"限定在"立案前"（包括纪检监察机关的立案和检察机关的刑事立案），而是将其限定在"刑事立案前"，这样界定虽然带来了多数行贿犯罪被减轻、免除处罚甚至不被追诉的后果，但仍有严格把握的空间。一是对"主动交待"应当严格掌握，必须体现出主动性。二是对于在行贿人被追诉前主动交待行贿行为的，对其是否追诉，是减轻处罚还是免除处罚，必须结合行贿数额即行贿行为本身的严重程度和行贿人在相应受贿案件调查中所起的作用综合判断，避免从宽处罚的随意性。（3）慎重适用缓刑、免予刑事处罚等非监禁刑。监禁刑对犯罪具有特有的惩治、教育和预防功能。对行贿犯罪适用非监禁刑要以犯罪事实为基础，严格按照刑法、《解释》以及《最高人民法院、最高人民检察院关于办理职务犯罪案件严格适用缓刑、免予刑事处罚若干问题的意见》规定的缓、免刑条件和程序执行。把从宽处理与民意基础紧密联系起来，认真纠正非监禁刑的不当适用，避免造成负面社会效果。（4）严格定罪标准，对于犯罪构成要件认定缺乏罪证、把握不准的案件，应当坚持疑罪从无原则，对该宣告无罪的坚决宣告无罪。不能因顾忌案件被抗诉等因素，以缓刑和免予刑事处罚做平衡手段，做出留有余地的有罪判决。

五　行贿犯罪认定的疑难问题辨析

如前所述，实践中之所以存在行贿犯罪惩治不力的现象，原因之一是惩治行贿犯罪的法律界限不清。鉴于此，研究解决行贿犯罪司法认定中存在的疑难问题，对于破解行贿犯罪的执法困局具有十分重要的意义。

（一）关于行贿犯罪构成要件的两个问题

1. 关于"不正当利益"的解读

刑法理论界对于行贿犯罪中"不正当利益"的界定，历来有"非法利益说"、"手段不正当说"、"受贿人是否违背职务说"、"不应当得到的利益说"等不同说法。① 为消除司法争议，《解释》第 12 条规定："行贿犯罪中的'谋取不正当利益'，是指行贿人谋取的利益违反法律、法规、规章、政策规定，或者要求国家工作人员违反法律、法规、规章、政策、行业规范的规定，为自己提供帮助或者方便条件。违背公平、公正原则，在经济、组织人事管理等活动中，谋取竞争优势的，应当认定为'谋取不正当利益'。"这是"两高"第三次② 对"谋取不正当利益"做出解释，也是在最为广泛的意义上对"谋取不正当利益"所做的适用解释。

根据"两高"关于"谋取不正当利益"的一系列解释，笔者认为，"不正当利益"应当包括以下利益。（1）违法利益。即根据法律、法规和国务院各部门规章规定不应当获得的利益。（2）违背政策的利益。（3）手段上的非法利益。即要求国家工作人员违反法律、

① 参见谭智华、眭欧丽《行贿犯罪中"不正当利益"的形态问题研究——兼论对"为谋取不正当利益"要件的修正》，《法律适用》2011 年第 12 期。

② 第一次是 1999 年 3 月 4 日下发的《最高人民法院、最高人民检察院关于在办理受贿犯罪大要案的同时要严肃查处严重行贿犯罪分子的通知》。该《通知》指出："'谋取不正当利益'是指谋取违反法律、法规、国家政策和国务院各部门规章规定的利益，以及要求国家工作人员或者有关单位提供违反法律、法规、国家政策和国务院各部门规章规定的帮助或者方便条件。"第二次是 2008 年 11 月 20 日发布的《最高人民法院、最高人民检察院关于办理商业贿赂刑事案件适用法律若干问题的意见》。该《意见》第 9 条规定："在行贿犯罪中，'谋取不正当利益'，是指行贿人谋取违反法律、法规、规章或者政策规定的利益，或者要求对方违反法律、法规、规章、政策、行业规范的规定提供帮助或者方便条件。在招标投标、政府采购等商业活动中，违背公平原则，给予相关人员财物以谋取竞争优势的，属于'谋取不正当利益'。"

法规、规章、政策、行业规范的规定，采取违背法律或者政策的手段，为自己提供帮助或者方便条件而获取的利益。（4）不公平利益。即在招标投标、政府采购等商业活动中，违背公平原则，给予相关人员财物以谋取竞争优势而获取的利益。（5）不公正利益。即行为人违背公平、公正原则，在经济、组织人事管理等活动中，谋取竞争优势而获取的利益。可以看出，《解释》极大地挤压了"正当利益"的存在空间，一定程度上解决了以往司法实践中因"谋取不正当利益"认定界限不明而造成的法律适用困难。但是，由于社会上存在的各种"利益"本身的复杂性，司法认定上的纷争并未因此而彻底消解，上述后三种利益认定的把握在具体案件中就会有很大的难度。

第一，"手段上的非法利益"的非法手段是否包含行贿行为本身？笔者认为，回答应当是否定的。如果将行贿手段本身作为一种不正当的手段去考量，则不再存在"正当利益"的解释空间，这显然违背了刑法的立法本意。例如，被告人甲向当地公安机关户籍管理部门申请换发第二代身份证，跑了六趟、耗费将近半年时间均未办成，每次总是被告知"需要提交补充材料"、"需要等待"；甲无奈，为了争取早点领到新的身份证，向户籍科长行贿人民币1万元。此例中，甲虽然采取行贿的手段腐蚀了国家工作人员，但因其行贿行为实施的前提是遭遇了当地公安机关户籍管理部门的"懒政"，一种本来就应在正常期限内获取的确定利益，被相关工作人员的拖延、刁难所搁置，故其谋取的利益不属于"不正当利益"，其行为不构成行贿罪。

第二，某种利益处于竞争性程序之中，利益的最终落实尚不确定，而行为人采取行贿手段以获取竞争优势的，是否应认定为"谋取不正当利益"？笔者认为，这种利益通常属于不确定利益。所谓不确定利益，是指利益的实体内容合乎法律规定，但利益的归属在行贿人实施行贿行为时尚不确定。换言之，行为人所谋取的利益是法律、法规、政策所允许的，任何人采取合法、正当方法或通过正当途径均可以获取的利益，但该种利益的取得具有一定的竞争性，行贿人实施行贿的目的就是在竞争中轻松胜出。根据《解释》等规定，此种情形应当认定为"谋取不正当利益"。但是，由于"公平、公正原则"、"竞争优势"等概念的模糊性，实践中处理具体案件时应当认真把握。例如，被告人乙与他人发生经济纠纷，向某基层人民法院起诉。当乙向该院立案庭工作人员提交诉状后，该院迟迟不予立案。于是乙向该院立案庭庭长行贿1万元，提出"尽快立案"的要求。此例如何评判，实践中争议较大。笔者认为，此例中乙的行为与上例中甲的行为虽然表面上看具有一定的相似性，但实质上具有不同的性质：乙申请立案，面临一种具有竞争性的诉讼程序；根据民事诉讼法等相关程序法的规定，立案是有条件的，存在立案与不予立案两种可能；乙试图通过行贿手段影响立案法官在程序性决策上做出有利于自己的判断，应当认定为"谋取不正当利益"。可见，在司法程序中发生的案件，"正当利益"的适用空间非常有限。这里值得注意的是，假定"有案必立"已成为法定制度，再假定当事人在遭遇"懒政"时向立案法官行贿且其目的仅仅是要求在法定期限内立案，那么该行贿行为就不应当被解释为"谋取不正当利益"。在《解释》起草过程中，有一种观点认为，应当将"司法活动"与"经济、组织人事管理等活动"并列予以规定，以便将任何向法官、检察官等司法工作人员行贿的行为都认定为"谋取不正当利益"，但此观点没有为《解释》所确认。因此，向法官、检察官等司法工作人员行贿的行为，在特定情形下可能被认定为谋取"正当利益"，如仅仅要求司法工作人员在法定期限内完成某一诉讼行为而不影响司法公正的。但是，这样解释的空间非常狭窄。

第三，在经济、组织人事管理等活动中，行为人自认为依照合法程序必然获得某种利益，但因担心主管人员可能因偏袒他人而做出不利于己的决策，于是实施行贿行为的，是否应认定为"谋取不正当利益"？例如被告人丙之子报考某单位公务员，笔试和面试成绩均名列第一。在最后的"政审"、体检阶段，丙听说名列第二名的考生家长"关系发达"，可能在"活动"，于是向招录单位负责人行贿，要求"公平、公正处理"。此例中，虽然丙表面上是意在促成工作人员职务行为的公正性，但其行为属于《解释》规定的"违背公平、公正原则"，在组织人事管理等活动中"谋取竞争优势"的行为，应当认定为"谋取不正当利益"。如果不这样解释，则任何行贿人都可以找到一套漂亮的说辞而脱逃法网。

由上可见，"正当"与"不正当"的界限在实践中有时比较模糊，难以厘清。以上所举数例，凡是可以解释为"谋取正当利益"的，都是在通常情况下难得一见的"特例"。试想，要是真正存在一种确定的可得利益，谁还愿意行贿呢？倘若"有案必立"已成为制度，哪个当事人还愿意向立案法官行贿？因此，从立法角度看，取消"为谋取不正当利益"这一违背常理且难以把握的要件是明智之举。

2. 关于"财物"范围的认定

根据刑法第 389 条等条款的规定，行贿犯罪的"贿赂"范围是"财物"。对于"财物"的理解，理论界有一种观点认为，财物仅限于有形实体存在的金钱和物品，不包括财产性利益，更不涵盖其他非财产性利益。[①] 理论上也有主张涵盖财产性利益的，或者主张涵盖非财产性利益的。[②] 所谓财产性利益，是指除金钱和物品之外的，可以用金钱进行价值衡量的利益，如提供免费出国旅游、免除债务等。所谓非财产性利益，是指财物和财产性利益之外的任何利益，如迁移户口、

---

① 参见赵凯《论我国惩治行贿犯罪的不足及其制度完善》，《法制博览》2012 年第 10 期。

② 参见胡锦波《行贿犯罪相关问题研究》，《法制博览》2012 年第 11 期。

调动工作、提升职务、安置就业、提供女色等利益。关于"财物"的范围问题，"两高"发布的《关于办理商业贿赂刑事案件适用法律若干问题的意见》已经有了定论：包括有形财物和财产性利益，但不包括非财产性利益。该《意见》第 7 条规定："商业贿赂中的财物，既包括金钱和实物，也包括可以用金钱计算数额的财产性利益，如提供房屋装修、含有金额的会员卡、代币卡（券）、旅游费用等。具体数额以实际支付的资费为准。"当然，从刑法条文字面意义来看，这个问题毕竟是不明确的，因而《中共中央关于全面推进依法治国若干重大问题的决定》指出，要完善惩治贪污贿赂的法律制度，把贿赂对象由财物扩大到财物和其他财产性利益。下一步，期待立法机关通过发布立法解释或者修正刑法来落实四中全会决定。

（二）关于"感情投资"和"事后感谢"的处理

1. "感情投资"是否构成行贿犯罪

实践中经常遇到的一种情形是，有的行为人出于联系、笼络国家工作人员之目的，经常向其赠送大量财物，却没有提出要求国家工作人员为自己谋取利益的具体请托。这种情况，通常称为"感情投资"。可以说，任何投资都是企求回报的，"感情投资"也不例外，只是时机尚不成熟。"感情投资"者可能希望国家工作人员有朝一日给予更大的"回报"。基于这一因素，有学者提出"完全可以将感情投资解释成一种行受贿行为"。[①] 倘若将接受"感情投资"的国家工作人员的行为认定为受贿罪，则对方就成立行贿罪。笔者认为，将"感情投资"认定为行贿罪，在现行刑法框架下存在解释论上的障碍。

第一，在没有具体请托事项的前提下，"感情投资"难以与职务行为相挂钩。最高人民法院于 2003 年 11 月 13 日下发的《全国法院审

---

① 刘岩：《浅议受贿案件的两种疑难情形——"感情投资"与"潜规则"》，载顾军主编《职务犯罪的理论与司法实践》，法律出版社，2009。

理经济犯罪案件工作座谈会纪要》指出："为他人谋取利益"包括承诺、实施和实现三个阶段的行为；只要具有其中一个阶段的行为，如国家工作人员收受他人财物时，根据他人提出的具体请托事项，承诺为他人谋取利益的，就具备了为他人谋取利益的要件。明知他人有具体请托事项而收受财物的，视为承诺为他人谋取利益。据此，对"为他人谋取利益"的解释，实际上仍以"具体请托事项"为基础。如果没有"具体请托事项"，接受"感情投资"者不成立受贿罪。相应地"投资人"也不构成行贿罪。笔者认为，这样解释是合理的，因为依照通说，受贿罪的认识因素要求主体必须明知索取或收受贿赂是利用职务便利实施的。而在"感情投资"型行贿过程中，甚至连工作人员一方当时都不知道行贿人向自己进行"投资"的具体目的，即何时以何种方式在何事项上向"投资人"提供帮助。在这种情况下，谈不上"利用了职务上的便利"收受他人财物。

第二，"感情投资"不能充足收受财物一方的受贿故意。受贿罪的成立要求行为人认识到自己是在为他人谋取利益或者是允诺为他人谋取利益，但在"感情投资"过程中，"投资人"并未提出任何请托事项，只是为了将来办事方便做前期投资，有时甚至是想通过这种送礼形式先与国家工作人员搭上关系，逐步培养"感情"，在获得该国家工作人员的信任之后，再做进一步"投资"。在此情形下，"投资人"一方事先没有要求国家工作人员为其谋取不正当利益；而作为收受财物的一方，国家工作人员也不可能认识到自己是在为他人谋取利益或允诺为他人谋取利益，因而不能认定其主观上具有受贿的故意。

第三，"感情投资"的下一步行动具有不确定性。"感情投资"从本质上讲没有丧失以利易权的特征，但是作为接受一方的国家工作人员在接受对方"投资"的同时，对于未来是否利用职务上的便利为当事人谋取利益，更多的是一种不确定的认识状态。在这种情况下，权利交易呈现的是一种模糊状态，这明显与贿赂犯罪的法定构成要件不吻合。

2. "事后感谢"是否构成行贿犯罪

有的行为人在要求国家工作人员为其谋取不正当利益时并未给予财物，也没有提出给予财物的意思表示，但在事成之后，出于感谢而向对方贿送财物。此种情形是否构成行贿罪？笔者认为，如果行为人在要求国家工作人员为其谋取不正当利益时并未产生给予财物的意图，事后的确是出于感激心理向对方表示酬谢，则不宜认定为行贿罪。相应地，对方的行为也不构成受贿罪。当然，从常理判断，仅仅出于感激心理而送钱送物的，通常不会数额太大。对于那些事后贿送的数额巨大的贿赂案件，应当着力查明事前有无约定，双方之间有无权钱交易的默契，避免被表面现象所蒙蔽。

（三）行贿犯罪与其他犯罪的界限

1. 如何区分行贿罪与单位行贿罪

根据刑法第 393 条的规定，所谓单位行贿罪，是指单位为谋取不正当利益而行贿，或者违反国家规定，给予国家工作人员以回扣、手续费，情节严重的行为。由于刑法第 393 条规定了独立的单位行贿罪，因此刑法第 389 条规定的行贿罪的主体仅限于自然人。那么，行贿罪与单位行贿罪的区别就在于犯罪主体。如果搞清楚单位行贿罪的"单位"包括哪些经营实体，也就基本划清了两者的界限。

笔者认为，单位行贿罪中的"单位"，不仅包括国有公司、企业、事业单位、机关、团体，而且包括集体所有制企业、有限责任公司、外商独资企业、私营公司，还包括村民委员会、居民委员会、村民小组、商会、律师事务所等依法成立的组织。如此诠释，是合乎《最高人民法院关于审理单位犯罪案件具体应用法律有关问题的解释》的。具有法人资格的一人公司是否能够成为单位行贿罪的主体？回答应当是肯定的，这已经是学界通识。值得注意的是，可能成为单位行贿罪的主体，并不意味着以该单位名义实施的行贿行为都应当按照单位行贿罪处理。这是因为，刑法第393条规定，"因行贿取得的违法所得归个人所有的"，应当以行贿罪论处。可见，区分行贿罪与单位行贿罪，除需要分清犯罪主体的性质外，还要看某一具体案件的两个方面：一是行贿意志的代表性；二是行贿所得利益的归属性。不能代表单位意志或者利益归属于行贿者个人的，均应按个人行贿行为认定。

2. 如何区分行贿罪与介绍贿赂罪

介绍贿赂罪，是指向国家工作人员介绍贿赂，情节严重的行为。该罪在客观方面表现为在行贿人与国家工作人员之间进行引见、斡旋、撮合，促使行贿与受贿得以实现。通常情况下，介绍贿赂的行为表现为以下两种形式。其一是受行贿人之托，为其物色行贿对象，疏通行贿渠道，引荐受贿人，转达行贿的信息，为行贿人转交贿赂物，向受贿人传达行贿人的要求。其二是按照受贿人的意图，为其寻找索贿对象，转告索贿人的要求等。正因如此，在第一种情形下，难以分清行贿罪与介绍贿赂罪的适用界限；在第二种情形下，容易混淆受贿罪与介绍贿赂罪。

从本质上讲，在上述第一种情形下，介绍贿赂行为是一种行贿帮助行为。既然介绍贿赂的实行行为是行贿的帮助行为，那么在司法实践中，就应当按照想象竞合犯的法律适用原则，即选择重罪予以认定。由于刑法第392条规定介绍贿赂罪的法定有期徒刑仅为3年以下，故应当以行贿罪的帮助犯追究刑事责任。这样解释，事实上限缩了介绍贿赂罪的适用空间，加大了对于此类不法"中介"行为的打击力度。那么，在何种情形下应适用介绍贿赂罪刑法进行处理？笔者认为，以下三种情形应当按照介绍贿赂罪定罪处罚。（1）介绍者属于与行受贿双方均无事前意思联络和利益共同关系的"中间人"，介绍行为不能认定为行贿或受贿任何一方的共同行为。（2）介绍者虽然受行贿人方面的委托，从行贿人一方出发寻找受贿者并在双方之间进行沟通联系，但与行贿人所谋取的不正当利益并无共同关系，不能按行贿罪的共犯处理。（3）介绍者虽然受受贿行为人方面的委托，从受贿者一方出发寻找行贿人，并在双方之间进行沟通联系，但始终未与受贿者形成对于贿赂财物的"共同占有"关系，① 或者未参与分赃的，不能按受贿罪的共犯处理。

（本文原载于《中国法学》2015 年第 1 期）

---

① 参见最高人民法院于 2003 年 11 月 13 日下发的《全国法院审理经济犯罪案件工作座谈会纪要》，根据该文件关于"共同受贿犯罪的认定"的要求，共同占有贿赂财物是共同受贿犯罪的成立条件。

下编
刑事诉讼法学

《刑事诉讼法》的核心观念及认同

汪建成*

刑事诉讼法治的现代化是刑事诉讼立法和刑事司法良性互动的结果。促进这一理想状态达成的因素很多，其中最为关键和最为重要的是先进思想观念对刑事诉讼立法和刑事司法的指导。我国新修订的《刑事诉讼法》就是在一些重要观念的指导下进行立法的，许多条文的修改和增设都是这些观念所追求价值的直接体现；《刑事诉讼法》的有效贯彻实施同样离不开这些观念的指导，只有坚守这些观念，才能准确把握《刑事诉讼法》的基本精神和立法原意，才能面对纷繁复杂的司法实践，严格执行《刑事诉讼法》的规定。

影响刑事诉讼立法和刑事司法的观念很多，程序法定观念、人权保障观念、证据裁判观念、正当程序观念和诉讼效益观念居于核心地位。其中，程序法定观念反映了刑事诉讼立法和司法之间的差异；人权保障观念体现了对刑事被追诉者以及全体社会成员权益的维护；证据裁判观念决定了司法裁判的过程及其正当性根据；正当程序观念折射了《刑事诉讼法》的程序法本质属性；诉讼效益观念揭示了程序的正当化和司法资源之间的紧张关系及其解决路径。

修订后的《刑事诉讼法》实施一年多来，从整体上看实施效果较为良好，但有些方面的实施效果不甚理想，个别地区甚至以各种方法和借口规避《刑事诉讼法》的规定。例如，虽然刑事诉讼法修订后律

---

* 汪建成，北京大学法学院教授、博士生导师，中国刑事诉讼法学研究会副会长。

师会见难的问题得到了很大改观，但仍有一些地方的看守所在律师会见问题上设置障碍，有调研报告就介绍了全国 11 个省市的 16 个看守所对律师会见设立的种种限制①。这无疑会使《刑事诉讼法》的执行力大打折扣。"徒法不足以自行"，② 法律制定出来以后的有效贯彻实施，不仅取决于立法中要贯彻正确的观念，更取决于这些观念被执法者、司法人员乃至社会公众接受和认同。良性的制度能够培育和养成正确的观念，正确的观念亦能推动良性制度的建立和运行。在当前刑事诉讼基本制度已经确立的前提下，正确观念的建立和夯实也应当引起人们的高度关注。纸面的、普遍性的法律向现实的、个案中的法律的转化，是通过执法者和司法者乃至社会公众的具体行为实现的。而行为是在一定的思想意识支配下进行的，思想意识水平的高低决定了人们行为的价值取向。执法者、司法者只有认同正确的思想观念，才能建立起对待法律的正向态度，积极投身到法律的学习和执行中，投身到执法环境的改善与执法保障措施的构建中。

一　程序法定观念

程序法定观念，是现代法治国家原则派生出的一个重要观念。在刑事法领域，法治的基本内涵是指已经制定的刑事法律能够得到有效贯彻实施的法律良性运行状态。衡量刑事法治水平的高低，不能以是否存在刑事法典作为依据，而应当考察刑事法典得到遵守的情况。

刑事司法权由实体意义的刑事处罚权和程序意义的刑事追究权共同构成，支撑刑事法治的思想观念也必然会出现实体意义上的罪刑法定观念和程序意义上的程序法定观念的分野。罪刑法定观念已经深入

---

① 《新刑事诉讼法实施状况调研报告（2013 年第一季度）》，http：www. sqxb. com/content/details 19_ 3037. html。

② 《孟子·离娄上》第 1 章。

人心，往往以"法无明文规定不为罪，法无明文规定不处罚"这一朴素而形象的语言所表达，并且其基本精神写入了许多国家的刑法典。而程序法定观念则受"重实体、轻程序"的传统思维定势影响而未引起足够的重视。

然而，欲达刑事法治之理想状态，仅有实体层面的罪刑法定是不够的，还必须辅之以程序层面的程序法定，因为国家刑罚权是不可能也不应当自动运用到任何具体个人身上的。相反，只有通过国家的刑事追诉和审判活动，国家刑罚权才能真正得以实现。因此，程序法定观念的塑造和勃兴，是实现刑事法治的必然选择。"法定原则并非仅仅约束有关规定犯罪以及犯罪人之责任与重罪、轻罪及违警罪之刑罚的法律。因为，本义上的法律，也就是立法权力机关通过的法律，还确定着有关刑事诉讼程序的规则并创设新的法院制度；只有法律才能确定负责审判犯罪人的机关，以及它们的权限，确定这些法院应当遵守什么样的程序才能对犯罪人宣告无罪或者作出有罪判决。所有这一切，都要由立法者细致具体地做出规定。"[1]

程序法定的基本含义是，国家执法和司法机关的职权及其追诉犯罪的程序，只能由立法机关所制定的法律预先明确规定；任何执法和司法机关及其工作人员都不得超出法律设定的职权进行刑事诉讼活动，也不得违背法律规定的程序任意决定诉讼的进程。简言之，"法无明令不可为"是程序法定的基本内核。

程序法定观念追求的是立法权对司法权的制约，而不是依从。法国思想家孟德斯鸠曾指出："如果司法权与立法权合二为一，则将对公民的生命和自由施行专断的权力，因为法官就是立法者。"[2] 程序法定观念主张通过由立法机关制定的法律，来明确限定国家司法机关的

---

① 〔法〕卡斯东·斯特法尼等：《法国刑事诉讼法精义》（上册），罗结珍译，中国政法大学出版社，1999，第10页。

② 〔法〕孟德斯鸠：《论法的精神》（上卷），许明龙译，商务印书馆，2009，第167页。

权限及其追究和惩罚犯罪的程序，以"避免发生任何专断行为，以便受到追诉的个人能够进行自我辩护，防止个人受到不公正的有罪判决，或者说，避免犯罪人遭到法院的错误判决"。① 程序法定观念坚守的是形式理性，而不是实质理性。形式理性是一种逻辑判断，实质理性是一种价值判断。在一个法治国家，实质理性应当在立法过程中贯彻，将实质正义的内容写入法典之中；司法活动中则只能强调形式理性，即对法律的逻辑推演与运用。我国有学者指出，法治和人治的分水岭就在于司法活动中是否坚守形式理性。人治社会中也有法，甚至可能存在相当完备的法律体系。有法与无法并不能区分法治与人治，关键在于这种法是否在司法活动中得到了切实的贯彻。② 形式理性和实质理性都需要在刑事法治中坚守，只不过，实质理性只能在立法中体现，而形式理性则必须在司法中贯彻。对刑事诉讼而言，实质理性就是立法中要坚持整体制度的价值平衡，如立法上坚持犯罪控制和人权保障的平衡，坚持公平和效益的平衡，等等；而形式理性要求在司法中坚持对法律的无条件遵守，不得以任何借口拒绝执行立法。

程序法定观念呼唤的是对《刑事诉讼法》的信仰，而不是漠视。哈特指出，任何一个法体系都包含某些人或团体所发布的以威胁为后盾的命令，这些命令大致上受到服从，且被规范的群体大体上相信：当违反这些命令时，将会被制裁。③ 这一论述包含的一个重要思想就是：法律是一种带有强制力的普遍性命令，法律必须被遵守，并且可以通过强制力而被遵守。但是如果仅有强制力，而没有一个信仰法律的文化，没有一个守法的传统，那么法律的遵守将变得十分没有效率。"法律必须被信仰，否则它将形同虚设。它

① 〔法〕卡斯东·斯特法尼等：《法国刑事诉讼法精义》（上册），罗结珍译，中国政法大学出版社，1999，第10页。
② 参见陈兴良《刑事法治论》，中国人民大学出版社，2007，第7页。
③ 参见〔英〕哈特《法律的概念》，许家馨、李冠宜译，法律出版社，2011，第23~24页。

不仅包含有人的理性和意志，而且还包含了他的情感，他的直觉和献身，以及他的信仰。"① 我们强调树立程序法定观念，就是要在刑事法律领域营造一种自觉遵守法律、践行法律的社会风尚。它的本质是在事前自觉遵守法律，而不仅仅是在事后对违法行为进行追究。它是一种从内心产生的对法律的信仰，而不是一种迫于压力对法律的被动遵从。

强调程序法定观念，必须认真审视我国司法解释的状况。《刑事诉讼法》修订后，最高人民法院、最高人民检察院和公安部为实施《刑事诉讼法》，相继出台了各自的司法解释或者规定。其中，《最高人民法院关于适用〈中华人民共和国刑事诉讼法〉的解释》（以下简称《最高法解释》）共计 548 条，最高人民检察院制定的《人民检察院刑事诉讼规则（试行）》（以下简称《最高检规则》）共计 708 条，公安部制定的《公安机关办理刑事案件程序规定》（以下简称《公安部规定》）共计 376 条。这些解释或者规定统一于 2013 年 1 月 1 日与修订后的《刑事诉讼法》同时生效执行，形成了刑事诉讼法典之外的另一庞大的刑事诉讼法律渊源。这一现象已经引起部分学者的警惕和批评。有学者指出：司法解释日益增多、内容庞杂，呈现出主动性、创制性、专断性的特征，出现了"立法化"的倾向。②

从法理上讲，上述做法侵犯了本应由立法机关所独享的立法权。虽然程序法定并不排斥法官对《刑事诉讼法》进行司法解释，但只有当法律运用到个别场合时，才根据他对法律的诚挚理解来解释法律。③而如果超出这一范围，司法机关和执法机关制定普遍的抽象性规则，便是对立法权的侵犯，是对程序法定观念的公然违背。

从法律依据上来看，这种做法缺乏法律依据。《中华人民共和国

---

① 参见〔美〕伯尔曼《法律与宗教》，梁治平译，中国政法大学出版社，2003，第 3 页。
② 袁明圣：《司法解释"立法化"现象探微》，《法商研究》2003 年第 2 期。
③ 参见张志铭《法律解释操作分析》，中国政法大学出版社，1998，第 233 页。

宪法》没有规定检察院或法院可以进行法律解释，而在其第 67 条将
"解释法律"规定为全国人大常委会的一项职权。《中华人民共和国立
法法》第 42 条也规定法律解释权属于全国人大常委会。司法解释合法
性的唯一依据，可能就是 1981 年通过的《全国人民代表大会常务委员
会关于加强法律解释工作的决议》，该决议规定："凡关于法律、法令
条文本身需要进一步明确界限或作补充规定的，由全国人民代表大会
常务委员会进行解释或用法令加以规定。凡属于法院审判工作中具体
应用法律、法令的问题，由最高人民法院进行解释。凡属于检察院检
察工作中具体应用法律、法令的问题，由最高人民检察院进行解释。"
但即使是这一看上去有部分授权的规定，也仅限于对"具体应用法
律、法令的问题"做出司法解释，而且只能由最高人民法院和最高
人民检察院进行，并没有对公安机关进行授权。

从具体规定的内容上看，各机关解释或者规定中，有些内容明显
违背《刑事诉讼法》的规定，存在法外自我扩充授权现象，已有不少
学者对此进行了有针对性的评述。[①] 由于篇幅所限，本文在此选取几
个条文作为分析样本。

样本 1：关于行政机关收集证据的使用问题。《刑事诉讼法》第
52 条第 2 款规定："行政机关在行政执法和查办案件过程中收集的物
证、书证、视听资料、电子数据等证据材料，在刑事诉讼中可以作为
证据使用。"《最高检规则》第 64 条第 3 款规定："人民检察院办理直
接受理立案侦查的案件，对于有关机关在行政执法和查办案件过程中
收集的涉案人员供述或者相关人员的证言、陈述，应当重新收集；确
有证据证实涉案人员或者相关人员因路途遥远、死亡、失踪或者丧失

---

① 详细内容可参见中国刑事诉讼法学研究会 2013 年年会交流论文——陈卫东：《立法
原意应当如何探寻：对〈人民检察院刑事诉讼规则（试行）〉的整体评价》；韩旭：
《限制权利抑或扩张权力——对新刑诉法"两高"司法解释若干规定之质疑》；胡
铭：《技术侦查：模糊授权抑或严格规制——以〈人民检察院刑事诉讼规则〉第 263
条为中心》。

作证能力，无法重新收集，但供述、证言或陈述的来源、收集程序合法，并有其他证据相印证，经人民检察院审查符合法定要求的，可以作为证据使用。"对照这两个条文，后者无论在收集证据的主体上还是在证据的种类上都突破了前者的规定。

样本 2：关于鉴定人应当出庭而不出庭的问题。《刑事诉讼法》第 187 条第 3 款规定："公诉人、当事人或者辩护人、诉讼代理人对鉴定意见有异议，人民法院认为鉴定人有必要出庭的，鉴定人应当出庭作证。经人民法院通知，鉴定人拒不出庭作证的，鉴定意见不得作为定案的根据。"《最高法解释》第 86 条第 2 款规定："鉴定人由于不能抗拒的原因或者有其他正当理由无法出庭的，人民法院可以根据情况决定延期审理或者重新鉴定。"对照这两个条文，后者明显有违前者规定的立法原意。

样本 3：关于发回重审后的审判法院和审判组织问题。《刑事诉讼法》第 228 条规定："原审人民法院对于发回重新审判的案件，应当另行组成合议庭，依照第一审程序进行审判。"《最高法解释》第 21 条规定："第二审人民法院发回重新审判的案件，人民检察院撤回起诉后，又向原第一审人民法院的下级人民法院重新提起公诉的，下级人民法院应当将有关情况层报原第二审人民法院。原第二审人民法院根据具体情况，可以决定将案件移送原第一审人民法院或者其他人民法院审判。"对照这两个条文，后者既改变了前者所规定的审判法院和审判组织，又默许了《刑事诉讼法》没有在本阶段赋予检察机关撤诉职权而检察机关予以撤诉的违法做法。

也许，中国现实国情会成为回应上述质疑的重要依据，但法律与现实国情和现实生活的结合，只能在立法过程中而不是在司法过程中去实现。我国新修订的《刑事诉讼法》的各种条款也正是在充分考虑我国国情的基础上制定的。尽管在立法过程中，基于利益选择和价值追求的不同，必然会产生学术观点上的争论，但是，一旦立法在全国人大通过并且生效实施，就应当无条件地予以遵守和执行，这些争论就必须画上句号。在司法过程中，不能再以"中国国情"为借口，阻挠法律的实施或对法律进行曲解。如果允许司法过程中进行第二次利益选择和价值平衡，那么人们难以养成对法律的信仰，法律的权威也必将丧失殆尽。

二　人权保障观念

在刑事诉讼中，国家公权力与公民个人权利发生直接的碰撞和对话，因此人权保障的重要性不言而喻。刑事诉讼中的人权保障观念源远流长，贝卡里亚早在其经典之作《论犯罪与刑罚》中，就明确提出了对刑讯的反对："要求一个人既是控告者，同时又是被告人，这就是想混淆一切关系；想让痛苦成为真相的熔炼炉，似乎不幸者的筋骨和皮肉中蕴藏着检验真相的尺度……这种方法能保证使强壮的罪犯获得释放，并使软弱的无辜者被定罪处罚。"[①] 贝氏的论述主要强调使用刑讯逼供等侵犯人权的手段，极有可能造成冤假错案，不利于正确地惩罚犯罪。如果说他的人权保障观念还带有一定的功利性目的，那么第二次世界大战以后的一系列国际公约，如《世界人权宣言》、《公民权利和政治权利国际公约》等，将反对酷刑、反对不人道待遇、获得公正审判的权利、无罪推定原则等内容公开宣告，则更加强调人权保障的独立价值，体现了人类的人权保障观念上升到一个较高的境界。发展至今，人权保障被赋予了十分丰富的内涵。田口守一教授将人权保障分为消极和积极两个方面，指出犯罪嫌疑人、被告人不仅有不受国家机关非法侵害的权利（消极的人权保障），而且可以在涉及自己的刑事案件中积极主张自己的

---

① 〔意〕贝卡里亚：《论犯罪与刑罚》，黄风译，中国法制出版社，2005，第38~39页。

权利（积极的人权保障）。①

　　修订后的《刑事诉讼法》在人权保障水平上得到了很大提升。其最鲜明之处是第 2 条增加了"尊重和保障人权"的内容，并将其作为《刑事诉讼法》的任务之一确定下来。这是 2004 年"国家尊重和保障人权"写入宪法以来，第一次在部门法中规定"尊重和保障人权"。除此之外，刑事诉讼中的各项具体制度也相应提高了人权保障水平。主要有以下内容：在辩护制度中，辩护人的诉讼权利增加，例如《刑事诉讼法》第 38 条赋予律师全面阅卷权，阅卷范围由以往的部分材料扩大到全部案件材料，第 39 条赋予律师申请调取有关证据的权利，防止有利于被告人的证据被遗漏；在逮捕的审查批准程序中，增加了人民检察院讯问犯罪嫌疑人、听取律师意见的规定；在证据一章中，第 50 条规定了"不得强迫任何人证实自己有罪"；在死刑复核程序中，扩大了律师的参与权；在特别程序中，增设未成年人刑事案件诉讼程序、依法不负刑事责任的精神病人的强制医疗程序，以加强对特殊人群的保障；等等。

　　上述这些规定都是为了提高刑事诉讼人权保障水平而设定的，应当自觉贯彻到《刑事诉讼法》的实施中去。然而，人权保障条款虽然写进了《刑事诉讼法》中，人权保障观念却远没有深入人心。为保证上述人权保障条款能够真正得到贯彻落实，树立和坚守人权保障观念，有必要注意以下几个问题。

　　第一，不能泛化人权的概念。实践中，人们经常以保障被害人和其他社会成员的人权为由，否定对刑事被追诉者人权保障的重要性。这无疑泛化了人权的概念，对于落实人权保障条款不利。人权有其特定的内涵，其主旨在于强调国家公权力应当依照法律的授权和程序运行，而不能超出法律的授权或者违背法律规定的程序对公民个人的基

---

① 参见〔日〕田口守一《刑事诉讼的目的》，张凌、于秀峰译，中国政法大学出版社，2011，第 48 页。

本权利恣意侵犯，从这个意义上讲，无公权力运行便无须言人权。因此，不能说某一个公民个人侵犯了另一个公民的人权，只能说某一个公民侵犯了另一个公民的人身权、财产权等具体权利。① 这种权利的侵犯可以通过司法途径予以救济，而无法也不应该通过人权保障条款来解决。相反，在刑事诉讼中，作为国家公权力的司法权的作用对象当然是刑事被追诉者，而不是被害人和其他社会成员，因为刑事诉讼是实现国家刑罚权的活动，刑罚权的承受者只能是刑事被追诉者，而不可能是被害人和其他社会成员。只有当掌握国家刑罚权的执法者和司法者不按照法律的授权和法律规定的程序恣意侵犯被追诉者的基本权利时，才构成对人权的侵犯。《刑事诉讼法》所规定的人权保障条款正是基于此而设定的。如此看来，公民个人的权利和人权是两个不同的概念，两者的实现途径和保护方式是不同的，不能泛化人权的概念，将两者对立起来，作为抵制刑事诉讼贯彻人权保障条款的理由。

第二，应当正确解读犯罪控制和人权保障并重的提法。司法实践中存在的另一种现象是以犯罪形势比较严重、犯罪控制的呼声较高为理由，拒绝执行人权保障条款，并且往往冠之以犯罪控制和人权保障并重的名义。犯罪控制和人权保障的确是刑事诉讼的两大基本价值目标，而且这两个价值目标应当兼顾，我国有学者就将刑事诉讼的直接目的概括为犯罪控制和人权保障的统一。② 从宏观上讲，刑事诉讼确实应当兼顾犯罪控制和人权保障两大基本价值目标，而在具体的制度安排上则不能处处要求二者都兼顾，应该对某一价值目标有所侧重。在任何时候都强调犯罪控制和人权保障的统一，可能会导致两种价值目标都难以落实。整体来看，此次《刑事诉讼法》修改，犯罪控制和

---

① 例如，公民A盗窃了公民B的手表，我们不能说A侵犯了B的人权，而只能说A侵犯了B的财产权；而如果公安机关非法扣押了B的手表，则可以说公安机关侵犯了B的人权。

② 参见宋英辉《刑事诉讼目的论》，中国人民公安大学出版社，1995，第84~88页。

人权保障两方面都得到了加强，但在具体制度构建上又对这两种价值各有侧重：有些侧重人权保障，如未成年人刑事案件诉讼程序，非法证据排除规则等；有些则侧重犯罪控制，如技术性侦查措施，犯罪嫌疑人、被告人逃匿、死亡案件违法所得的没收程序等。既然立法上对这两种价值做出了选择，在司法实践中就不应对那些旨在加强犯罪控制的制度严格执行，而对那些旨在加强人权保障的制度却存在偏见，以各种借口阻挠其实现。而且，在适用那些侧重人权保障的规则时，要着重进行人权保障，对于犯罪控制的价值只能尽量兼顾，有时甚至要牺牲犯罪控制的价值。例如，在非法证据排除规则中，其核心价值不在于保证证据的真实性，而在于即使证据是真实的，如果其非法取证手段达到法律规定予以排除的程度，也要放弃采用这一证据，因为人权保障是这一制度的侧重价值。

第三，应当明确刑事诉讼中人权保障的受益者是全体社会成员。在司法实践中还有一种现象，即一旦强调人权保障，便认为是在保护罪犯，并以此为理由，拒绝人权保障条款的执行。虽然刑事诉讼中人权的主体是犯罪嫌疑人和被告人，但这并不意味着刑事诉讼中人权保障的受益者仅仅是犯罪嫌疑人和被告人。[1] 刑事诉讼中的人权保障是为了全体社会成员的利益。这一论断可以从以下四个方面加以理解。（1）任何人都是潜在的犯罪主体。"天生犯罪人"和"永恒守法者"的天然划分是不科学的，这两者之间的界限往往是模糊的、可转化的。对于经济犯罪、职务犯罪等法定犯，行为人很多时候是在对刑罚后果和犯罪收益进行成本收益分析之后，做出的选择；而对于杀人罪等自然犯，也存在"激情杀人"、"激情犯罪"的现象，一个合法的公民转瞬之间即可滑入犯罪的旋涡。（2）风险刑法理论扩大了公民入罪的风险。随着现代科技的发展，风险成为现代社会的重要特征，传统刑法

---

[1] 参见汪建成《冲突与平衡——刑事程序理论的新视角》，北京大学出版社，2006，第117~118页。

也逐步向风险刑法发展。"从基本立场看，风险刑法理论侧重安全（秩序）而非自由，侧重行为无价值而非结果无价值；从具体主张看，风险刑法理论试图通过刑事立法和刑事司法层面的扩张来控制风险，化解风险社会的危机。刑事立法层面的扩张主要体现为法益保护的前置化，比如增设预备犯、着手犯、行为犯、持有犯、危险犯，预备行为的独立化，未遂行为的既遂化。刑事司法层面的扩张主要体现为归责原则和因果法则的扩张，比如严格责任的适用。"① 受风险刑法理论的影响，我国刑法典将危险驾驶罪和生产销售有毒、有害食品罪等一批抽象危险犯纳入刑法打击范围，增加了个人成为刑事诉讼被追诉方的风险。（3）每个人都可能受刑事侦查活动的侵犯。从广义上来看，侦查程序也是刑事诉讼程序的一个有机组成部分。随着恐怖活动犯罪、黑社会性质的组织犯罪、毒品犯罪的发展，监听、通信截留等技术侦查手段在刑事诉讼中广泛采用，这些侦查活动的开展有一个广泛筛选的过程，如不合理规制，对每一个公民的基本权利都有可能构成侵犯。（4）由于各种主客观原因，公检法机关在某些情况下会错误地对公民进行立案、侦查、追诉，每个合法公民都有可能被错误地卷入刑事诉讼中。可以说，在现代社会，任何人都是潜在的刑事诉讼被追诉方，都有可能被卷入刑事诉讼程序当中，成为国家机器"拷问"的对象。这时，法律所设定的人权保障条款就会对其发生作用。正是在这个意义上，刑事诉讼人权保障的受益者是全体社会成员，绝不仅仅是刑事被追诉者。

总之，人权保障观念的树立和坚守，既是《刑事诉讼法》立法变革的基本要求，又是实施《刑事诉讼法》的基本保障。只有从根本上消除上述种种对人权保障的误解，才能使人权保障的观念深入人心，《刑事诉讼法》中所规定的各种人权保障条款，才能真正转化为广大执法者和司法者的自觉行动。

---

① 南连伟：《风险刑法理论的批判与反思》，《法学研究》2012 年第 4 期。

三　证据裁判观念

刑事诉讼不是现场表演，刑事案件的亲历者只能是被告人、被害人与目击证人，事实裁判者则是案件的非亲历者；刑事诉讼也不是科学发现，不能在没有期限的条件下进行各种科学实验，不可能期待刑事诉讼像科学发现那样精确。这两个原因决定了刑事诉讼中对案件事实的认定只能是再现，而再现事实的唯一科学手段就是坚持证据裁判主义，只有通过证据所再现的案件事实才能获得司法的权威。司法实践中很多错案也从反面表明了证据裁判主义的重要性。有学者通过对20世纪80年代以来我国发生的50起刑事错案进行实证分析，得出的结论是：只有2起不存在证据问题，另外48起都存在两种以上的证据问题。① 可以说，证据问题上出错是导致冤假错案的一个主要原因。而防止证据出错，最为重要的一点就是要在办案过程中树立证据裁判观念，严格坚守证据裁判主义。

证据裁判主义就是强调在案件审理中要使用证据认定案件事实，并正确使用证据作为定案的依据。田口守一教授曾经分析了证据裁判主义的两种含义：第一种含义从历史意义上否定所谓的神明裁判，即认定事实必须依据证据，其他任何东西都不是认定事实的根据；第二种含义是规范意义上的，即据以裁判的证据必须具有证据能力，而且只有经过调查之后才能认定构成犯罪核心内容的事实。②

修订后的《刑事诉讼法》在证据制度上进行了许多重大变革，如：完善了证据的定义和种类，确立了举证责任制度，建立了非法证据排除规则和程序，细化了证明标准的内容，增加证人出庭和证人保护制度，等等。这些规定无疑在贯彻证据裁判主义上前进了一大步，

① 参见何家弘、何然《刑事错案中的证据问题——实证研究与经济分析》，《政法论坛》2008年第2期。
② 参见〔日〕田口守一《刑事诉讼法》（第5版），张凌、于秀峰译，中国政法大学出版社，2010，第267页。

然而立法的规定只是一个起点，要使这些立法规定落实到办理具体案件的实践中，则仍然有很长的路要走。

坚持证据裁判观念，应当强调证据收集和使用的客观性、全面性。这一方面要求我们在证据收集、使用过程中不能对不同证据带有不同看法，而是既要收集不利于被告人的证据，也要收集有利于被告人的证据；既要对不利于被告人的证据进行审查，又要对有利于被告人的证据进行审查。另一方面，不能只从假设的事实去寻找证据，而对有矛盾的证据视而不见。如果只是片面收集支持自己假设的证据，而忽视与自己假设相矛盾的证据，有可能导致在错误的假设与错误的方向上越走越远，最后很难再现案件的真实情况。

坚持证据裁判观念，应当侧重证据能力规范的使用。本次《刑事诉讼法》的修订涉及多个证据能力方面的问题，不仅非法证据排除规则正式入律，而且意见证据规则、最佳证据规则和有限的传闻证据规则也初步形成。过去的司法实践对证据的证明力比较重视，而对证据能力则很少考虑。今后应当高度关注证据能力，对于不具备证据能力的证据，绝不允许进入证据裁判的视野，更不得作为定案的根据。

坚持证据裁判观念，应当注意证据的综合运用。一方面，要着重审查证据之间是否相互印证、是否形成一个完整的证据锁链；另一方面，要有证明标准意识，着重审查全案证据是否排除合理怀疑。前一方面强调"证立"（相互印证），后一方面强调"排伪"（排除合理怀疑）。《刑事诉讼法》第53条第2款对"确实、充分"的证明标准进行了解释：（1）定罪量刑的事实都有证据证明；（2）据以定案的证据均经法定程序查证属实；（3）综合全案证据，对所认定事实已排除合理怀疑。这非但没有降低，反而提高了证明标准，因为新的证明标准注意到了证据综合运用中"证立"和"排伪"两个方面。很多时候，缺乏证据的综合运用，缺乏对合理怀疑的排除，就会导致冤假错案的发生。一些冤假错案的产生，很重要的原因就是缺乏对证据的综合运用，只是紧紧盯住被告人的口供不放；而且缺乏证明标准意识，缺乏对"合理怀疑"的认识，对于明显存在"合理怀疑"的疑点证据，法庭没有予以足够重视。

坚持证据裁判观念，应当慎用司法证明的替代方法。推定是刑事诉讼最重要的一种司法证明的替代方法，也是最应当被重视的一个问题。证据裁判主义要求用证据并经司法证明去认定事实，对推定事实不经司法证明即予以认定，在某种程度上是对证据裁判主义的一种突破。刑事诉讼中的推定十分复杂，许多问题还处在理论探讨阶段，正如有学者指出的那样，"所谓推定概念及其内涵在法学界长期处于不确定状态"。[①] 对于推定的适用更应十分谨慎，必须坚持两个基本前提。一个前提是法律中存在明确的推定规范。必须有法律的明确规定，才可以适用推定。否则，必须严格按照诉讼证明的要求，对每个证明对象逐个证明，以得出有关事实，而不能凭臆想的"推定"去"跳跃性"地认定事实。实践中通常把推定等同于推理，其实是忽略了两者的区别：推理是一种逻辑分析方法，属于司法证明的范畴；推定是法律对某种价值的理性选择，是司法证明的例外，没有法律明确规定则不能适用。另一个前提是必须对基础事实进行充分、严格的证明。例如，在巨额财产来源不明罪中，检察机关对于行为人的国家工作人员主体身份、财产与合法收入存在巨大差额这些基础事实必须严格证明，否则，不能得出这些收入来源非法的推定事实。

坚持证据裁判观念，应当践行判决理由制度。判决理由包括事实认定和法律适用两个方面，与证据裁判观念相关的是前者。自由心证原则要求法官心证的过程必须公开，法官的裁判文书因此必须重视对事实问题的说理。判决必须建立在通过理性思维形成并检验的理由基础之上；要求书面解释判决理由可以使判决过程更为合理化，而且受

---

① 〔德〕普维庭：《现代证明责任问题》，吴越译，法律出版社，2006，第72页。

到上诉法院的监督。① 如果判决书的说理不充分，会影响当事人、社会公众对司法的信任。我国司法判决文书往往忽视对于事实问题的说理，对于所认定的事实，不说明心证形成过程，而只是简单地进行列举"本庭查明以下事实……"。另外，对于辩方提出的看法，法庭不予采纳的，也不在判决书中说明不予采纳的理由，而往往只是简单地说一句"与事实不符，不予采纳"。判决书对于事实问题的书写应当注意以下两个问题：第一，所认定的事实与所依据的证据必须清楚写明，并且这种事实与证据之间的关联性必须用一种清楚明了的语言表达出来；第二，不予认定的事实也必须写明理由，充分表明法庭不予采信的原因。

坚持证据裁判观念，应当严格遵守证明责任规范。《刑事诉讼法》第 49 条明确规定："公诉案件中被告人有罪的举证责任由人民检察院承担，自诉案件中被告人有罪的举证责任由自诉人承担。"《刑事诉讼法》第 195 条也规定了证据不足、指控的犯罪不能成立的无罪判决方式。证明责任规范虽然不是认定案件事实的首选规范，却是认定疑案事实的最佳规则。因此，在司法实践中，对于证据不足、事实真伪不明的案件，应当依据证明责任的规范，确定证明责任承担方败诉，宣告被告人无罪。应当坚决摒弃长期存在的疑案从轻、留有余地的习惯做法。

四　正当程序观念

"正当程序"（due process）思想最早可追溯到 1215 年英国大宪章，其第 39 条规定："非经贵族的合法审判，或有法律上的依据，任何人皆不得遭到逮捕、监禁、剥夺财产、褫夺公权、流放或其他任何妨碍或控诉。"正当程序概念本身最早出现在 1354 年爱德华三世第 28

---

① 参见〔德〕托马斯·魏根特《德国刑事诉讼程序》，岳礼玲、温小洁译，中国政法大学出版社，2004，第 149 页。

号法令第 3 章中："未经法律的正当程序进行答辩，对任何财产和身份的拥有者一律不得剥夺其土地或住所，不得逮捕或监禁，不得剥夺其继承权和生命。"后来，该思想在美国得到进一步升华，美国联邦宪法第 5 条和第 14 条修正案中均规定：不经正当法律程序，不得剥夺任何人的生命、自由或财产。

丹宁勋爵认为正当程序是"法律为了保持日常司法工作的纯洁性而认可的各种方法"，[①] 谷口安平教授认为"合乎程序正义的程序就是正当程序"。[②] 正当程序观念的核心强调必须通过合法、正当的程序，才可以对公民的基本权利予以褫夺。刑事诉讼中的正当程序至少应当包含以下几个要件：（1）要有中立的裁判官审理；（2）要同时听取控辩双方的意见；（3）辩方能够实质公平地参与诉讼；（4）刑事诉讼程序要公开、透明。

此次《刑事诉讼法》修改，在程序的正当化上做了积极努力。不仅《刑事诉讼法》的条款数量大大增加，更为重要的是，程序规则的可操作性大大增强。这主要体现在以下几个方面：（1）许多规则的运行程序得到细化。例如在非法证据排除规则中，规定非法证据排除程序的两种启动方式，并明确规定由人民检察院对证据收集的合法性予以证明，且需要证明到确实、充分的程度。（2）新增条文的例外边界比较清楚，原则和例外的关系更加明晰，降低了程序法规则的模糊性。例如，侦查期间律师会见在押的犯罪嫌疑人是一项原则，但是也有例外，有些案件律师会见犯罪嫌疑人需要侦查机关批准。对于这个问题，新旧《刑事诉讼法》采取了完全不同的立法例。原《刑事诉讼法》采取的是"规则 + 裁量"的立法例，第 96 条第 2 款规定涉及国家秘密的案件需要经侦查机关批准，可以发现"涉及国家秘密"是一个非常模

---

① 〔英〕丹宁勋爵：《法律的正当程序》，李克强、杨百揆、刘庸安译，法律出版社，2011，"前言"，第 2 页。

② 〔日〕谷口安平：《程序的正义与诉讼》，王亚新、刘荣军译，中国政法大学出版社，2002，第 4 页。

糊的概念，很有可能导致"例外"成为"原则"；现行《刑事诉讼法》采取的是"规则＋特例"的立法例，第37条第3款将例外情形限定在危害国家安全犯罪、恐怖活动犯罪、特别重大贿赂犯罪三类案件。如此明确和清晰的例外规定，从根本上解决了例外规定的普遍化适用问题。（3）增加了许多程序性违法后果条款，使得违法成本上升。例如，第58条规定："对于经过法庭审理，确认或者不能排除存在本法第五十四条规定的以非法方法收集证据情形的，对有关证据应当予以排除。"第187条第3款规定："公诉人、当事人或者辩护人、诉讼代理人对鉴定意见有异议，人民法院认为鉴定人有必要出庭的，鉴定人应当出庭作证。经人民法院通知，鉴定人拒不出庭作证的，鉴定意见不得作为定案的根据。"（4）一审程序、二审程序与死刑复核程序在程序正当化上都进行了相应的完善。例如，增加了证人、鉴定人出庭的规定，以增强庭审的实质对抗性；明确列举了二审程序中应当开庭审理的案件范围，以改变二审程序开庭率过低的现状；[①] 死刑复核程序适度诉讼化，增加了讯问被告人和听取辩护律师意见的规定；等等。

可以看出，此次《刑事诉讼法》修改，从不同的侧面增强了程序的可操作性。但是，如何将立法精神贯彻到实践中去，还需要在司法实践中提高对正当程序的价值认同。

正当程序将法治和人治区分开来，程序在一定程度上是法治的根基。美国联邦法院威廉姆·道格拉斯法官曾说："权利法案的大多数条款都是程序性条款，这一事实绝不是无意义的，正是程序决定了法治与恣意的人治之间的基本区别。"[②] 有学者也指出，"缺乏完备的程

---

① 根据学者的实证调查，原《刑事诉讼法》实施过程中，即使在某些发达地区，上诉案件开庭率最高时也就10%左右，而且呈下降趋势。参见陈光中主编《中国刑事二审程序改革之研究》，北京大学出版社，2011，第8页。

② 参见季卫东《法律程序的意义——对中国法制建设的另一种思考》，《中国社会科学》1993年第1期。

序要件的法制是难以协调运作的，硬要推行之，则极易与古代法家的严刑峻法同构化。其结果，往往是'治法'存、法治亡"。[1] 可以说，是否存在正当合理的法律程序，是否严格依照设定的程序办事，是法治和人治的主要区别。

正当程序对限制公权力的滥用具有重要意义。"所有拥有权力的人，都倾向于滥用权力，而且不用到极限绝不罢休。"[2] 针对滥用权力的问题，孟德斯鸠提出的解决方案是以权力制约权力。权力间的分立和制衡，对于从体制上保障自由，具有十分重要的作用，因为"立法权和行政权如果集中在一个人或一个机构的手中，自由便不复存在"，"司法权如果和行政权合并，法官就将拥有压迫者的力量"。[3] 其实，除了依靠权力间的相互制约，还可以通过程序的细化来限制权力的行使，达到防止权力滥用的目的。如果我们仅仅规定某一种权力由某一机关行使，而不规定行使这一权力所应当遵循的程序，那么这种权力行使的后果是十分可怕的。例如，如果仅仅规定执行逮捕的权力由公安机关行使，而不规定逮捕时必须出示逮捕证、逮捕后立即送看守所、逮捕后 24 小时内进行讯问等具体程序，那么逮捕权的行使也难免会陷入恣意。通过这种精细化的规则设计，可以对权力进行分化、细化，发挥程序自身对于权力进行规范、约束的作用。如果说公权力是河流中的激流，那么程序就如同河流两岸的堤坝，为公权力的运行设置了边界，防止公权力越权、泛滥。

正当程序不仅保护诉讼参与人，同时也在保护执法者自身。在刑事诉讼实践中，有一个极为流行的观点：程序仅仅保护诉讼参与人，对执法者来说却增加了其执法负担。这种观点是片面的。首先，按程序办事，可以避免很多错案发生；即使有时无法避免，也可以在今后

---

① 季卫东：《法律程序的意义——对中国法制建设的另一种思考》，《中国社会科学》1993 年第 1 期。

② 〔法〕孟德斯鸠：《论法的精神》（上卷），许明龙译，商务印书馆，2009，第 166 页。

③ 〔法〕孟德斯鸠：《论法的精神》（上卷），许明龙译，商务印书馆，2009，第 167 页。

可能的错案追究中尽可能保护执法者。不同的检察官、法官的法律水平与对案件的认识水平，可能存在差别，但对程序的认识则应当有同样的标准。程序是办案经验的总结，按照法定的程序办案至少能够减少错案的发生。即使有时错案无法避免，但如果案件程序上没有瑕疵，也可以对执法者构成一重保护。比如，合议庭合议中少数意见要记入笔录，司法人员要善于利用这一程序规定，敢于表达自己的少数意见。其次，程序保护执法者的另一个表现在于，程序可以有效吸纳公众对司法的不满，减少信访现象的发生。英美国家的司法裁判比较容易获得公众认同的一个重要原因就是其精良的程序设计：被告人诉讼权利在诉讼中获得充分保障；律师的参与权在诉讼中可以尽情施展；证人、专家证人积极出庭接受交叉询问；陪审团的制度设计增强了公众对司法的信任……程序的意义不仅仅在于防止错案发生，更在于让正义以看得见的方式实现，让被害人受伤的心灵获得抚慰，让被告人不羁的灵魂受到法律的洗礼。如果公众对案件有所不满，其情绪在公平、公开的程序中也可以得到释放，可以说，刑事诉讼程序是调和公众对司法不满的稀释剂。① 因此，程序不仅可以保障诉讼参与人的权利，而且可以吸纳公众不满，减少信访现象的发生，以最终树立司法的权威。

总之，正当程序有其自身独立的价值。虽然，从总体上说正当程序的设计有利于实体公正的实现，因为程序本身也是对诉讼规律和案件事实认知规律的反映，"正如平等保护条款所提醒我们的那样，宪法合理性包括程序公平和实体公平两个方面，而且这两者往往是紧密交织在一起的"。② 也正是从这个意义上讲，理论界才有实体公正与程序公正并重的提法。但是，不能回避的一个现实问题是，有时两者之间会发生冲突。正当程序观念所强调的就是要尊重正当程序的独立价

---

① 参见汪建成《论刑事诉讼程序》，《法学评论》2000 年第 2 期。

② 参见 Akhil Reed Amar, *The Constitution and Criminal Procedure：First Principles*，New Haven：Yale University Press，1997，p. 38。

值，程序公正应当优于实体公正。正如最高人民法院常务副院长沈德咏所言："这里强调程序公正优先，不是说程序公正比实体公正更重要，而是说要高度重视程序公正的独立价值。从一个案件的处理过程看，客观上程序公正是先于实体公正而存在的，更为重要的是，程序公正作为一种'看得见的正义'，对于人格尊严的保障、诉讼的公开、透明、民主以及裁判的终局性和可接受性等方面，都具有更深层次的独立价值和意义。"①

五　诉讼效益观念

程序的正当化和诉讼成本之间往往呈现一种反比例关系，即诉讼程序越正当，诉讼成本就越高，而在特定的时间点上，一国的刑事司法资源是恒定的。因此，强调程序的正当化所带来的一个无法回避的问题就是诉讼成本的上升，这与司法资源的有限性之间构成巨大的紧张关系。美国学者威廉姆·匹兹曾观察到，在美国烦琐的诉讼程序可能会造成诉讼资源的浪费，他指出："有些被指控犯有轻微罪行的被告人被审前羁押数月之久，有时羁押的时间比最终被判刑期还长。"②因此，如何处理这种紧张关系，是世界各国刑事诉讼制度构建过程中不得不面对的问题。

解决这一问题的根本出路在于树立诉讼效益观念，实现司法资源的优化配置。为此，各国普遍采取了繁简分流的制度设计，即对于那些被告人不认罪的案件，通过严格的正当程序予以解决，不惜投入大量的司法资源；而对那些被告人自愿认罪的案件，则通过各种速决程序解决。美国的正当程序非常复杂，但是真正使用这一程序的案件很少，在90%以上的案件中，被告人都是认罪的，并经由辩诉交易程序

---

① 沈德咏：《树立现代刑事司法观念是正确实施刑事诉讼法的必由之路》，http：//www. court. gov. cn/xwzx/yw/201206/t20120605_ 177331. htm。

② 参见 William T. Pizzi, *Trials without Truth*, New York：New York University Press, 1999, p. 1。

解决。① 英国的治安法院程序、德国的略式命令程序以及日本的简易处罚令程序等，也都很好地起到了案件分流的作用。

我国过去的刑事司法实践存在比较严重的平均用力现象，简易程序范围过于狭窄，鼓励被告人自愿认罪的机制亦没有建立，不得不将大量的司法资源投入被告人认罪的案件以及轻微刑事案件中。而对那些重大的被告人不认罪的案件，程序又很粗陋，案件质量难以保证。

对于这一问题，修订后的《刑事诉讼法》从两个方面做了较好的解决：一方面，通过辩护权的扩张、强制措施的规范化及严格适用、证人出庭和强制作证制度的建立、庭前会议的引进、二审开庭审判范围的明确、二审发回重审次数的限制、死刑复核程序的准诉讼化，以及包括非法证据排除规则在内的大量证据规则的确立，使普通程序更加正规、严密和规范；另一方面，又通过简易程序的范围扩展到基层法院审理的被告人自愿认罪的全部刑事案件中、轻微刑事案件和解程序的建立等制度和程序设计实现了案件的繁简分流，据此可以极大地节省司法资源。

然而，传统的思维定势存在着巨大惯性。面对法律制度的巨大变革，我们的执法者和司法者的观念并没有完全转移到诉讼效益的轨道上来。一方面，辩护权的行使仍未得到充分保障，非法证据排除极少适用，超期羁押现象并没有从根本上杜绝，刑讯逼供现象仍有发生，证人出庭的比例仍然不高，死刑核准的比例呈反弹和上升趋势。凡此种种，充分说明正规程序在司法实践中的运行效果远没有达到立法者所预想的程度。另一方面，人们对实现案件分流的简易程序和刑事和解程序又心存芥蒂，不敢大胆使用，以致这些程序设计的功效大打折扣。

为使诉讼效益观念深入人心，消除人们的思想顾虑，使得《刑事诉讼法》已经建立起来的案件分流机制能够顺畅运行，有必要突出强

---

① 参见宋冰编《读本：美国与德国的司法制度及司法程序》，中国政法大学出版社，1998，第 393 页。

调几个问题。

首先，要保证犯罪嫌疑人、被告人认罪的自愿性。在简易程序中，如何保证被告人是自愿认罪，是一个十分重要的问题，因为司法实践中确实存在犯罪嫌疑人、被告人"被迫认罪"的现象，这种现象在审前程序中表现得尤为明显。如果在简易程序中，犯罪嫌疑人、被告人认罪是非自愿的，就会背离任何人不被强迫自证其罪原则，使得制度设计背离立法者的初衷。特别是在简易程序适用范围扩大的背景下，一大批比较严重的犯罪也有可能被纳入简易程序中，如何防止被告人"被迫认罪"，关系到犯罪嫌疑人、被告人的切身利益。在这些程序的运行中，应建立一种自愿认罪的审查机制，保证犯罪嫌疑人、被告人认罪的自愿性。美国联邦法院在接受被告认罪之前，一方面必须审查被告认罪声明是否为自愿，是否为强暴胁迫或不当承诺的产物，另一方面，法院必须确认被告了解其所认之罪行及其所放弃的权利。①

我国应当借鉴美国做法，在《刑事诉讼法》简易程序中确立对于自愿认罪的多重审查机制。(1)庭审正式开始之前，法官要亲自询问被告人认罪是否出于自由意志，是否受到胁迫或变相胁迫，并告知被告有权声明无罪，有权接受法院普通程序的审理。(2)如果被告否认认罪的自愿性，则及时转为普通程序；如果被告承认认罪的自愿性，则法官必须亲自告知被告认罪所可能产生的法律后果（包括实体法上所认之罪的性质和刑期，以及程序法上所可能导致的程序简化和权利克减），并确信被告了解其含义。(3)在此之后，法官应当再次询问被告是否自愿认罪，如果此时被告否认认罪的自愿性，应及时转为普通程序；如果此时被告仍坚持认罪具有自愿性，则法庭可以确认其认罪的自愿性、真实性，但仍应告知被告有权在简易程序中委托辩护人，对于可能判处较重刑罚的被告人，法庭可以考虑为其指定辩护人。

其次，在简易程序中，要保证当事人享有适当的程序参与权。我

---

① 参见王兆鹏《美国刑事诉讼法》，北京大学出版社，2005，第 538~539 页。

国修改后的简易程序适用范围比很多国家宽泛：在德国，简易程序只适用于判处一年以下自由刑的案件;① 在日本，适用简易程序不得判处自由刑，而且罚金的最高数额不得超过 50 万日元。② 在我国，许多比较严重的犯罪案件都可能适用简易程序审理，法官在简易程序中拥有很大的量刑裁量权。针对这一问题，此次《刑事诉讼法》修改也相应加强了简易程序的正当性，如人民检察院应当派员出庭，可能判处三年以上有期徒刑的应当组成合议庭，等等。除了这些措施以外，在简易程序中，还应当从以下几个方面保障当事人的程序参与权。（1）应当听取辩方对量刑的意见。一旦确认被告人属于自愿认罪，法庭审理的重点就应当由事实问题转向量刑问题，这时，法庭就应当听取辩方提出的量刑请求及与量刑有关的事实和材料，并予以重视，合理的请求应当在量刑上得到体现。（2）辩护人的参与权要予以充分保障，简易程序已经对许多诉讼环节进行了简化，如果没有辩护人的参与，被告人合法权益很难得到保护。德国简易程序中，对于可能判处六个月以上有期徒刑的被告人，法院需要为其指定一名辩护人。③ 在我国简易程序中，逐步考虑为比较严重案件中没有委托辩护人的被告人指定辩护人，也应当是一个发展方向。目前，至少应当在被告人已经委托了辩护人的案件中，充分保障辩护人的诉讼权利。（3）在简易程序中，被告人最后陈述环节不能省略，这是保障被告人参与权的重要内容。

最后，审级制度要保持适度的灵活性。审级制度构建是否合理影响着司法资源能否得到有效配置。一审法院应当在一审中坚持进行充分的事实审：严格贯彻直接言词审理原则，提高证人、鉴定人的出庭

---

① 参见〔德〕克劳思·罗科信《刑事诉讼法》（第 24 版），吴丽琪译，法律出版社，2003，第 568 页。
② 参见〔日〕松尾浩也《日本刑事诉讼法》（下卷），张凌译，中国人民大学出版社，2005，第 324 页。
③ 〔德〕克劳思·罗科信：《刑事诉讼法》（第 24 版），吴丽琪译，法律出版社，2003，第 568～569 页。

作证率；对有争议的事实、证据问题充分调查、质证；保障控辩双方的程序参与权，充分听取控辩双方在争议问题上的意见；落实非法证据排除规则，并在证据排除的程序启动、证明标准上实现控辩双方的实质平等；法官只依据庭审情况认定证据和事实，保证对证据的全面审查；等等。因为一审法院与案件和当事人联系最为密切，是最适宜解决事实问题、证据问题的法院，如果一审法院将事实问题解决好，则上级法院可以花更多精力实现审级制度的公共性目标。从审级制度的远景规划上看，在一审法院进行充分事实审的基础上，应当对死刑案件、有重大法律意义和普遍指导作用的案件以及涉及地方保护主义的案件，构建有弹性的三审制。对死刑案件设置三审程序，目的在于从程序上进一步控制死刑的适用，适应刑罚和缓化的国际潮流；对有重大法律意义和普遍指导作用的案件设置三审程序，目的在于通过较高审级的法院统一法律适用，并逐步由较高审级法院构建一批指导性案例；对涉及地方保护主义的案件设置三审程序，主要是针对司法实践中广泛存在的司法地方保护主义现象，用审级制度防止地方政府用刑事手段干预民事活动、经济活动。对于死刑案件的第三审程序，可以采取强制上诉制；对于后两类案件，可以采取上诉许可制，在经历两审之后，有选择性地进行三审。

六　结语

"立法的作用是有限的。将所有的法治理想统统塞进一部成文法典当中是一个不可能实现的幻想。"[1] 法治的真正实现需要立法和司法的共同作用，如果司法实践中不能遵守法律，那些倾注了立法者美好理想的愿景，将难以在司法实践中真正实现。

每一部法律都或多或少面临执行力的问题，这是法治理想主义与现实主义难以回避的矛盾。但是，不同部门法在司法实践中体现出不

---

① 参见汪建成《刑事诉讼法再修订过程中面临的几个选择》，《中国法学》2006 年第 6 期。

同的约束力特点。以刑法和刑事诉讼法为例，刑法往往比刑事诉讼法更容易得到实施和执行。在一般意义上来说，刑法属于授权性规范，而刑事诉讼法属于限权性规范。每一个刑法条文都暗含着国家刑罚权的设立，是一种对公权力的授权；而每一个刑事诉讼法条文都为国家刑罚权划定行使的边界，暗含着对公权力的限制。刑法的规制对象是所有公民个人和组织，而刑事诉讼法的规制对象主要是从事刑事诉讼活动的各个公权力机关。在刑法的实施过程中，受到约束、制裁的是触犯刑法的犯罪嫌疑人、被告人，公权力机关无须面临刑法上的不利后果；而在刑事诉讼法的实施过程中，公权力机关往往会有一种掣肘之感，如果违反了刑事诉讼法，公检法机关有可能会面临刑事诉讼法所规定的程序上的制裁。正是在这个意义上，刑法的贯彻和执行，由于公权力机关的配合较为积极而容易得到落实；而刑事诉讼法的贯彻和执行，由于公权力机关天然具有一种心理上的抵触态度，在实践中容易受到曲解，甚至排斥。

刑事诉讼法在司法实践中执行力的不足，是所有司法实务人员与刑事诉讼法学人必须面对的现实。对于刑事诉讼法中那些"宣言性条款"，即只规定了假定和行为模式，而没有规定法律后果的条款，需要司法人员自觉遵守；对于那些规定了法律后果的条款，也同样离不开司法人员转变固有错误观念和对上述观念的认同，在司法实践中自觉适用这些"制裁性条款"。立法者所意图表达的刑事法治理想，不可能通过一次修法就得以实现。这需要司法实务工作者乃至全社会思想观念的转变。本文提到的几种观念，虽然已经在刑事诉讼立法中得到了充分的体现，但欲使这些观念深入人心，转化成刑事司法过程中人们严格遵守和执行刑事诉讼法的自觉行动，则需要一个过程。这一过程虽然漫长，却是任何一个国家法治化进程中都无法跨越的阶段。

（本文原载于《中国社会科学》2014 年第 2 期）

刑事诉讼制度变迁的实践阐释

左卫民*

当代中国刑事诉讼制度无疑正经历一场深刻的变化。细心的观察者可能发现，变化并不完全源于国家宏观层面的统一部署实施，也不纯粹来自立法机构或司法机构的独立行动或单线推进，而是多种主体的互动博弈与合力推动。进入 21 世纪以来，中国刑事诉讼制度变迁的这种"奇特组合"越来越明显，整体上呈现主体多元化、途径多样化、形式互动化以及方式回应性等特征，一条中国式的道路似乎正在显现与形成。

在刑事诉讼制度不断调整的背景下，这一局面背后的很多问题都值得深入探讨。正如哈特彼得斯所言，在某种意义上，法律领域是意义和符号领域，是由有关互动形成、再生产和予以改变的，是活动的过程，在许多活动和交往中，这种符号和意义被正式制度化或未被制度化。[①] 因此，我们需要探知不同主体的活动如何生产与改变刑事诉讼制度。本文所做的工作就是为了更好地揭示并理解中国刑事诉讼实践的这些变化，关注的核心问题是：当下促成中国刑事诉讼制度变迁的实践主体及作用方式是什么、这些主体的活动产生了何种后果、中国刑事诉讼的实践为何会出现这些变化以及这些实践形式的可能走向。换言之，一条中国式的道路是否正在形成以及如何形成。

---

* 左卫民，四川大学法学院教授、博士生导师，中国刑事诉讼法学研究会副会长。

① 参见〔德〕伯恩·哈特彼得斯《法律和政治理论的重构》，载〔美〕马修·德夫林编《哈贝马斯、现代性与法》，高鸿钧译，清华大学出版社，2008，第 138 页。

需要强调的是，本文虽然强调"中国道路"，但这只是从现实的角度而言，并不意味着在理论上就存在"中国道路"，也不意味着由此形成的刑事诉讼制度必然是"中国模式"的刑事诉讼制度。其实，基于现代刑事诉讼制度的基本原理，未来中国刑事诉讼制度必然是与现代法国家存在很多共同性的。当然，这并不排除中国可能通过独特的制度设计来实现现代刑事司法的原理与价值。① 另外，虽然本文将中国刑事诉讼的实践作为一种社会现象进行观察与理解，但并不属于社会学意义上的研究。因此，在研究进路与方法上，本文并不打算采用社会学的实证思路，而更多地将从中国社会与政治变迁的角度，借用政治学与法社会学的理论资源，进行分析与解释。

一　当代中国刑事诉讼的实践主体与形式

综观 1996 年以来的刑事诉讼实践，学界的共识是变革成为主旋律。但需要指出的是，变革的推动主体及其作用方式与此前有很大不同。整体而言，参与刑事诉讼实践，进而塑造刑事诉讼制度的主体日益多元化与复合化，其具体方式与诉诸的技术手段也呈现多样性与丰富性的发展趋势。② 对此，笔者分述如下。

1. 立法机构

毫无疑问，立法机构一直都是参与并影响中国刑事诉讼实践最为重要的主体之一。当下，它主要通过制定、修改或解释法律的形式，引导中国刑事诉讼制度的发展方向，提供权威的程序结构与运作方

---

① 比如，中国刑事诉讼实践中所建构的一些证明力规则，其实就有排除非法证据的效果。这显然与法治发达国家通过非法证据排除规则来排除非法证据有明显的不同。关于这方面的详细讨论参见李训虎《证明力规则检讨》，《法学研究》2010 年第 2 期。

② 在严格意义上，参与刑事诉讼的实践主体并不等于塑造刑事诉讼制度的主体，更不等于决定刑事诉讼制度的主体，后两者更多是指司法机关与立法机关。但考虑到无论是何种属性的主体，只要参与刑事诉讼的实践，实际上都可能直接或间接地影响刑事诉讼制度的具体运作或未来走向，本文在具体行文中并没有进行严格区分，而是在一种宽泛意义上使用刑事诉讼的实践主体。

式。一方面，立法机构通过制定面向未来的法律对既有的法律制度加以改造，引领刑事诉讼法律制度的变革。1996 年的刑事诉讼法就是这方面的典型，它规划了中国刑事诉讼制度未来的架构，尤其是庭审制度的样态。2007 年的律师法也属于此类情况。另一方面，立法机构通过解释法律，以弥补法律的概括、歧义与模糊等不足。如在 1996 年的刑事诉讼法通过之后，针对实施过程中存在的一些争议，全国人大常委会法制工作委员会（以下简称法工委）会同最高人民法院、最高人民检察院、公安部、国家安全部、司法部共同制定了《关于刑事诉讼法实施中若干问题的规定》。

从当代立法实践来看，立法机构善于把握全局，尤其善于在利益集团或国家部门之间进行利益与意见的协调。所以，立法总体上以较为稳妥的速度向前推进，激进的东西并不多见。但相比于以前，近年来立法机构的实践有如下值得注意的特点。一方面，立法的指导思想有所变化。随着法治理念逐步确立，法治要素和中国未来发展需要得到进一步重视，这使得面向未来的改革式立法增多，创造式立法的频率明显加快，如前面提到的 1996 年的刑事诉讼法、2007 年的律师法以及 2001 年的法官法、检察官法。这些法律大多是对已有法律的修正甚或否定，重在确立实践中未有的新程序与新制度，且它们时常是借鉴性的，往往需要一定的配套改革。但这也可能使立法与现实的冲突加剧。另一方面，立法机构中专职立法部门的意志凸显，这主要体现为法工委的作用更为突出，法律草案的形成大都由法工委主导，尤其是法工委刑法室。[①] 与此相关，在法工委的主导下，立法机构的立法前期活动增多，这主要是法工委一般都会在草案的形成过程中展开大

---

① 这也表明，立法的专业性要素得以强调，外行式立法向内行式立法转化。事实上，自十届全国人大以来，整个立法机构的专业性逐步增强。一个可资说明的例证是，自十届全国人大尝试"专职常委"后，十一届全国人大"专职常委"的人数继续增加，尤其是吸收了部分专门的法律工作者。参见陈欢《全国人大增设专职常委　候选人名单已进入相应省份》，《21 世纪经济报道》2008 年 2 月 20 日。

范围的调研、座谈等活动。由上可见，立法机构已成为刑事诉讼制度变迁最为重要、最为根本的推动主体之一，甚至在某种程度上也成为国家机构中最为积极、最为开明的一个变革主体。这与英美国家由法院尤其是最高法院承担刑事诉讼制度变革推手的特点明显不同。①

2. 司法机构②

在当代中国刑事诉讼实践中，司法机构非常引人注目。与 1950～1980 年趋于严格执行上级尤其是中央的司法政策与制度不同，当代特别是 1990 年以来，它们在观念上似乎已经不再把自己仅仅定位于单纯的制度执行者，而更多地开始注意通过自己的行动来推动刑事诉讼制度的发展，越来越多地变成了制度构建者。

第一，中国各层级的司法机构是刑事诉讼规则重要的生产者与续造者。这不仅表现在最高级别的司法机构通过制定司法解释，填补法律空隙，澄清法律模糊之处，甚至在法律缺位时创设可供适用的规范，也表现在最高级别以下的各级司法机构通过制定法律适用与程序操作的规范，解决刑事诉讼法律实践中的疑难问题，并规范刑事诉讼程序的具体运作。无论是司法机构哪种形式的实践，它们事实上都在重构或生产刑事诉讼规则与结构，进而推动着刑事诉讼制度的发展。这一作用在中国刑事诉讼立法整体较粗疏、缺乏可操作性且情势不断变化的背景下，更是突出。这表明，中国各层级的司法机构不仅是具体个案的解决者，也是一般规则的实际制定者。

第二，中国各层级的司法机构是刑事诉讼制度改革的实际推动者与践行者。1996 年以来，司法机构的作用有所扩大，它们正通过多种

---

① 值得注意的是，最近若干年来，中央政法委对刑事诉讼立法的影响力明显增强；特别是在统领司法改革后，中央政法委事实上介入了诸多刑事程序的活动，成为一个不容忽视的官方主体。如最近颁布的《关于办理死刑案件审查判断证据若干问题的规定》和《关于办理刑事案件排除非法证据若干问题的规定》两个刑事证据规则，中央政法委即发挥了重要的领导作用。

② 本文所说的司法机构是在最为宽泛的意义上使用的，包括公、检、法等负责具体执行刑事诉讼法的国家机关。

方式推进刑事诉讼制度的变迁。一是由最高司法机构在全国层面进行的制度创新。1996 年以来，尤其在最高决策层首肯司法改革后，最高司法机构纷纷在各自的刑事程序环节独立或联合进行各种制度创新。前者如最高人民检察院在 2009 年将省级检察院以下自侦案件批捕权上升一级的改革，这一改革是为了初步解决职务案件的侦捕分离，制约与控制检察机关而进行的制度创新；后者如 2003 年最高人民法院、最高人检察院与司法部基于诉讼效率的考虑，在全国推行"被告人认罪案件"庭审程序简化的改革，这实际上是一种提高诉讼效率、缓解案件负担的制度创新。二是地方层级司法机构在局部地区所进行的试点或试验性改革。① 相比前一种形式，这种局部地区试点与试验性质的实践在各地相当活跃，各种改革举措层出不穷，用令人眼花缭乱来形容此间的情形或许并不夸张。有些试点与试验性的实践推动着刑事诉讼制度的发展，如宁波市北仑区检察院推行的"审查逮捕听取律师意见制度"，② 但部分举措事实上突破了现有法律的界限，③ 以至于有论者发出了"司法改革乱象丛生"④ 的呼声，甚至最高司法机构也不得不进行干预⑤。

3. 诉讼参加人

近十几年来，官方对个体主体性地位的认同与尊重明显提高。相应地，个体主张权利的自我意识与自我努力日渐活跃。在这些因素的影响与作用下，包括当事人与律师在内的诉讼参加人已成为刑事诉讼中有着鲜明意识与重要利益诉求的能动主体，他们正在利用自己的行

① 在中国刑事司法改革领域中，地方司法机构的实践，尤其是一些试点与试验性的改革举措，开始被中央司法机构认可与推广。

② 曾祥生、路虞霖：《宁波北仑："东方大港"亮点闪耀》，《检察日报》2009 年 11 月 23 日。

③ 如重庆市沙坪坝区人民法院推行的"暂缓判决"制度似乎违背了法律的规定。参见张力《重庆首次对未成年人暂缓判决　4 嫌疑人获考察机会》，《重庆时报》2004 年 12 月 17 日。

④ 张东超：《立法建议不等于法律规范》，http：//guancha. gmw. cn/content/2007 - 09/03/content_ 665018. htm。

⑤ 比如，2004 年最高人民检察院针对有些地方检察院推行的"暂缓起诉"改革，专门发布了《暂缓起诉没有法律依据不宜推广》的通知。

为改变着刑事诉讼制度的面目。他们往往通过诉讼中权利的行使与诉讼外社会与政治性的行动影响个案，改变规则，从而直接或间接地推动着刑事诉讼制度的变迁。尤其是 21 世纪以来，他们的作用更加突出。

观察 1996 年以来的刑事诉讼实践，令人印象深刻的是当事人正在运用种种正式与非正式的方式向司法机构积极表达自己的权利诉求。就正式方式而言，主要是当事人在既定的程序空间之内，直接或通过律师、其他代理人的帮助，向司法机构主张程序权利与实体权利。这种看起来微小、日常的实践却是当事人通过参与刑事程序运作推动刑事诉讼制度发展不可忽视的力量，它们往往可以影响、改变刑事诉讼制度尤其是刑事庭审制度的实践形态。① 而当事人参与刑事诉讼实践的非正式方式主要包括上访与抗争等，其中有的合法合理，有的也可能带有非法与无理的性质。这种权利表达常常直接与剧烈，所形成的冲击力强，它们直接构成了某种意义上的"日常反抗"。由于其往往直接由个案引发，带给相关司法机构的压力也更大，因此它们直接地推动了刑事诉讼制度的发展。

由上可见，传统上服从式、受支配的当事人正在转变成为积极、主动的当事人，正在"为权利而斗争"，试图影响与改变个案的处理。然而，无论当事人何种形式的权利表达实践，事实上形成了当事人与司法机构之间某种意义上的"博弈"式的互动与"讨价还价"式的交涉。一旦形成合意，当事人的诉求往往会得到司法机构不同程度的尊重与响应。当这样的尊重与响应累积到一定程度时，可能会诱发司法

---

① 值得注意的是，当事人的这种实践也可能有一定的消极意义，尤其是对刑事司法法治秩序建构的影响。比如，在部分职务犯罪案件中，当事人或其律师利用自己的关系网络，在程序内外所进行的各种非正式的行为，对刑事诉讼程序运作过程与结果的影响不可小觑。有统计表明，法院对贪官判处免刑和缓刑的比例，从 2001 年的 51.38% 递增至 2005 年的 66.48%；渎职侵权案件判处免刑和缓刑的比例，从 2001 年的 52.6% 递增至 2005 年的 82.83%。参见赵信《罚得准罚得狠：要让贪官真正受罚》，《检察日报》2009 年 3 月 23 日。

机构既定"认知框架"与行为模式的改变,从而为刑事诉讼制度的变迁埋下契机。

相比于当事人,律师的实践所产生的作用更为实质,这主要通过两种形式表现出来。

首先,通过行使诉讼权利而参与具体的刑事诉讼实践。这是律师参与刑事诉讼实践最基本、最普遍的形式,也是律师作用发挥最根本的形式。因为它不仅将刑事诉讼法从"书面上的法"转换成了"行动中的法",而且在一定程度上也约束了司法机构的行为,并在当事人与司法机构之间架设了沟通的桥梁,进而直接塑造了刑事诉讼的制度形态。就实践而言,律师的活动方式首先表现为更为坚决与全面地行使法律规定的诉讼权利,尤其是某些传统上行使较少甚或少见的权利,这实际上改变了现实的诉讼形态,使诉讼过程的对抗性意味更足。此外,律师还利用"关系"等微观层面的技术与机制来获取更为有利的运行架构与诉讼结果。由于律师在很大程度上是基于当事人的利益,在既定的程序框架之内与司法机构交往,司法机构需要对律师的行为进行回应。因此,与当事人的权利诉求表达实践类似,一旦个案中的律师帮助行为积累到一定的程度,也会诱发司法机构"认知框架"与行为模式的制度性改变,从而推动刑事诉讼制度的发展。

其次,基于改善自身执业环境、谋取执业利益的目的而进行的话语实践。实际上,自1979年恢复辩护制度以来,律师一直在利用各种途径发出自己的声音,以期改善执业环境,扭转刑事辩护的种种困局。但这种实践在20世纪90年代以后变得强劲起来,不仅表达途径与方式更加多样,而且内容更具实质性与挑战性。现在律师在继续传统表达方式的同时,已开始利用网络、主流媒体等话语平台获取道义的支持,以拓展执业空间。如果说20世纪90年代律师话语实践的内容多表现于抽象的法治精神与律师价值的话,那么当下的实践则是直指具体权利的落实与保障。例如,经过律师界多年的努力,赋予律师更多权利的新律师法在 2007 年颁布；重庆李庄案的辩护律师陈有西直接指出，他之所以要加入辩护，主要是因为他认为"此案是律师权与警察权交锋的绝好机会"。① 另外，近期律师的话语实践甚至还包含了人权化与国际化的因素，如一些公益维权律师的实践活动。

4. 知识精英

20 世纪 90 年代以前，知识精英对刑事诉讼的作用并不突出，多起到宣传性的普法与教育作用。但随着国家对法治与知识阶层的重视，以及知识精英自我意识的觉醒，知识精英作为刑事诉讼实践的独特主体迅速形成并不断壮大，成为刑事诉讼制度重要的塑造者与推动者。这在某些公共知识分子中表现得更为明显。知识精英参与刑事诉讼实践的形式越来越多样化，所起的作用也越来越直接，他们孜孜以求的或许就如卡内冈所言的那样——希望未来颁布的法律能够体现自己的某些思想。② 1990 年以来，知识精英参与刑事诉讼实践，进而塑造刑事诉讼制度的主要形式有以下几种。

第一，通过各种形式的教学与研究活动进行现代刑事诉讼理念的启蒙，从而在观念上影响司法机构的执法活动，以及在意识形态上影响中国刑事诉讼制度的发展方向。知识精英起初的实践是在自己的学术研究过程中，不断地引介法治发达国家的刑事诉讼法理念和制度，以期影响立法者、司法者与社会公众；而后通过各种形式的讲座、授课、培训等形式，面向上述对象直接传播刑事诉讼的现代理念与精神；在媒体发达之后尤其是网络兴起后，知识精英又开始通过这些载体，就某些特定案件或问题发表自己的看法，宣扬刑事诉讼的现代性理念与精神，对社会公众甚至是司法机构都有重大影响。

---

① 赵蕾：《李庄案：法庭内外的较量》，《南方周末》2010 年 1 月 7 日。
② 参见〔比〕R. C. 范·卡内冈《法官、立法者与法学教授——欧洲法律史篇》，薛张敏敏译，北京大学出版社，2006，第 153 页。

第二，直接或间接地参与刑事诉讼立法。以 1996 年刑事诉讼法的修改为契机，知识精英开始从侧面的"普法者"逐步转变为直接影响立法、参与立法的"实践者"。知识精英影响或参与立法的主要形式是介入立法机关、司法机关组织的专家意见听证会或咨询会，积极提供各种改革意见或方案。近来更是发展出了知识精英参与相关立法草案起草这种直接参与立法的形式，如 2007 年的新律师法就有学者参与了前期草案的起草工作。另外，值得一提的是，知识精英还以一种特有的实践影响刑事诉讼制度的变迁，这就是系统地提出未来刑事诉讼法典的理想方案，如陈光中、徐静村主持的课题组分别提出了各自理想的刑事诉讼法典。

第三，通过与司法机构的合作或接受司法机构的邀请，参与刑事诉讼制度的具体改革。如果说知识精英前两种形式的实践着眼于从宏观理念与整体制度影响中国刑事诉讼制度的话，那么知识精英这种形式的实践则立足于从中观、微观层面累积刑事诉讼制度的点滴改进。就实际情况来看，这种实践主要有两种形式：一是主动寻求与司法机构合作进行刑事诉讼相关制度的试点、试验性改革。它往往直接针对刑事诉讼某一具体制度，按照事先设计的方案，在某一个或某几个司法机构进行试点或试验，然后对实施的结果进行评估，最后提出相应的改革方案。典型的如樊崇义教授主持的课题组与北京市海淀区、河南省焦作市、甘肃省白银市公安机关合作进行的讯问犯罪嫌疑人律师在场、录音、录像制度的试验性改革。[①] 二是接受司法机构的邀请，利用自己的专业知识为司法机构执行相关制度出谋划策或提出相关制度的具体实施方案，如西南政法大学相关学者曾为重庆市沙坪坝区人民检察院贯彻新律师法而提供各种咨询与建议。[②]

[①] 参见李丽《中国政法大学调查显示：多数警察讯问时不希望律师在场》，《中国青年报》2006 年 4 月 11 日。

[②] 参见黄秀丽《保障律师权不能只靠修法　自下而上改革或是新方向》，《南方周末》2009 年 9 月 23 日。

5. 代表民间力量的各类主体

各类代表民间力量的主体参与刑事诉讼实践在 20 世纪 90 年代以后才开始出现，但进入 21 世纪尤其是最近几年呈迅猛发展之势，他们从以前刑事诉讼制度具体制定与实施过程中的"沉默者"、"旁观者"与"接受者"，一跃成为刑事诉讼制度发展的参与者与影响者。很多事件表明，代表民间力量的各类主体正在成为"新意见阶层"，逐步构成了刑事诉讼制度制定与实施的"压力集团"。[①] 可以说，正是他们的参与性实践使得很多司法机构乃至立法部门等决策机构处于从未有过的紧张与惕厉之中，警示着它们恪守基本的司法伦理与公平正义。这期间所形成的效应改变了司法机构与社会的关系模式，并使得各类代表民间力量的主体开始成为刑事诉讼制度发展的"助推器"。从已有的实践来看，以下两类主体的具体实践值得注意。

第一，社会公众对刑事诉讼热点问题与案件的持续关注，并由此发表"意见"。20 世纪 90 年代以来，社会公众对刑事诉讼中的热点问题与重大案件表现出了极大的热情，我们在其中都能听到社会公众的"意见"，也能发现他们对刑事诉讼实践所产生的实际影响。比如，社会公众对"刘涌案"的关注在很大程度上导致最高人民法院的改判；"刑讯逼供"的顽疾之所以能在某种程度上得到治理与社会公众持续不断的"民意"表达有关。在网络普及后，社会公众又开始利用这一平台，公开对刑事诉讼中的热点问题与案件发表"意见"。这些"意见"经过传播，迅速汇成强大的"意见洪流"，对刑事诉讼实践产生的影响不可低估。

第二，媒体，尤其是主流媒体与市场性媒体对相关案件的披露、报道，以及对现行刑事诉讼制度的反思性评论。媒体深度介入刑事诉讼是最近几年社会力量参与刑事诉讼实践的重要特点。这主要表现在两个方面：一是大胆地披露与深度报道社会中的热点案件或事件，尤

---

① 必须承认，民间力量的介入对中国刑事诉讼制度的实质性影响，可待观察后做进一步评估。

其是一些对冤假错案与争议极大的案件的报道。由于这些报道与以往更多表扬性与宣传性的报道有很大不同，而且这些媒体的受众面广、影响力大，媒体这种实践形式直接将具体的刑事诉讼实践暴露在了公众的视野之中，并由此酿成了巨大的"舆情民意"，以至司法机构不得不进行相关制度与行为的调整。① 二是媒体开辟专栏，定期刊载一些关于现行刑事诉讼制度的反思性评论文章。这是媒体参与刑事诉讼实践的另一重要形式，如《南方周末》的"法眼"栏目。这些文章由于短小精悍、通俗易懂、文字激扬，往往能激起更大的社会反应，继而或是迫使司法机构规范自身的案件处理行为，或是诱致司法机构着手改变某些不合理的制度。比如，在广州"许霆案"之后，很多媒体刊登了一些有关中国量刑程序的评论性文章，它们实际上加快了最高人民法院推行量刑程序改革的步伐。

　　基于各自的立场与权力技术资源不同，上述主体影响和推进的层面各有侧重。总体而言，立法机构所运用的技术是制定宏观的框架性规范，从整体上引领刑事诉讼制度的发展方向，主导刑事诉讼制度宏观层面与基本构造的发展；司法机构则是制定中观与微观的操作规范以及创新性地进行制度改革试点，影响或直接塑造刑事诉讼制度的实践样态；诉讼参加人在个案中与司法机构的互动博弈往往能影响甚至改变司法机构的行为，从而间接地塑造刑事诉讼的实践面貌；知识精英通过意识形态的启蒙与提供改革建言的方式，有限但又直接地影响刑事诉讼制度的走向；各种民间力量虽然在多数情况下只能影响个案，作用却非常强大与深刻，有时候甚至是决定性或接近决定性的。比较而言，官方主体尤其是中央层面的主体对刑事诉讼制度长期、宏观和重大的制度变迁发挥着正式与显性的影响，在一定程度上可以说它们的作用力更大、更强。但各类非官方主体的影响与作用仍不可忽

---

① 必须承认，受多种复杂因素的影响，媒体在影响刑事诉讼制度方面，还有一定的限度。考虑到中国政治层面的变化，尤其是民主化因素的增强，未来媒体的作用值得期待。

视，他们也可以利用一些独特的权力技术影响制度变迁的方向与实际面相，甚至是立法本身。

另外，还需明确，无论是个案程序的运行，还是具体实践举措的推行乃至立法整体上的变化，均非单一主体所能绝对掌握的，在很大程度上是多种主体博弈的结果，尽管其具体作用的大小和方式可能有所不同。比如，近年来媒体关于死刑案件的冤假错案的系列报道，既引发了公众和知识分子的持续关注与讨论，也触发了司法机关行为模式的调整，甚至还直接加速了《关于办理死刑案件审查判断证据若干问题的规定》和《关于办理刑事案件排除非法证据若干问题的规定》这两个证据规则的出台。但是，由于各方现实利益的考量与长期目标定位的不同，甚至有时针锋相对或大相径庭，这一过程在整体上犹如一场拔河比赛，各方主体经常从不同方向较劲、用力，其结果往往就是吉登斯所说的"意外之果"，有时甚至是一种矛盾的、扭曲的混合之物。长期观之，它们作用的大小与互动方式也将处于漫长的演进过程。

二　中国刑事诉讼实践多样化的深层分析

从上面的讨论中，可以发现，由于多种主体的实践参与，当下中国的刑事诉讼制度正在发生深刻的变化，这种变化在相当程度上源于多种主体复合、交叉的作用与共同推进。也许我们不得不承认，以往由绝对的单一主体主导刑事诉讼制度变迁的格局已不复存在，不论是宏观制度的形成、中观规范的确立还是微观样貌的呈现，都是多种主体在发挥作用，而其间也表现出了明显的互动性与响应性。观察这一过程，以下几点值得注意。

第一，主体的国家性向社会性过渡，国家全面垄断刑事诉讼制度变革的局面正转向开放。长期以来，中国法治建设一直由国家推动，或者说国家占据绝对的主导地位，刑事诉讼制度的建设也是如此。但上文的分析却表明，除了代表国家的立法机构与司法机构之外，近十几年来，一些代表社会性因素的主体开始参与刑事诉讼制度的建设，并成为推动刑事诉讼制度变迁的重要力量。由于有了更多主体的参与，而且这些主体有着不同的诉求与行为方式，因此以往完全由国家垄断刑事诉讼制度运作与变革的局面事实上已被打破，刑事诉讼制度的变革具有了鲜明的开放性色彩，不同的主体均能表达自己的意见，影响刑事诉讼制度的发展。

第二，主体的中央性向地方性发展。1996 年以前，决定中国刑事诉讼制度发展的是中央层面的相关主体，即最高立法机构与司法机构。但最近十多年的实践显示，地方各层级的司法机构在推动中国刑事诉讼制度的发展上所起的作用越来越大，它们不再只是制度执行者，同时也是制度的续造者与再生产者，甚至还是制度本身的创新者。这意味着推动中国刑事诉讼制度发展的主体属性已开始从中央性向地方性过渡，而刑事诉讼制度的发展也由此呈现中央与地方共同推动的局面。

第三，主体的知识性与专业性增强。前文分析表明，当下包括最高司法机构在内的各层级司法机构的实践正在影响与推动中国刑事诉讼制度的变迁，且作用愈发明显。这意味着推动刑事诉讼制度变革的主体具有了更多的专业性和知识性，因为相比于立法机构而言，它们的"专家色彩"更浓，刑事诉讼的制度与实践知识更为丰富。即使是立法机构近年也在朝更加专业化与知识化的方向发展。另外，知识精英的深度实践更是显示了中国刑事诉讼制度变迁过程中知识性和专业性因素的增强。可以说，刑事诉讼的"技术专家"已在相当程度上开始引导中国刑事诉讼制度的发展。

第四，机制的单一化向多元化转变，并呈现多种主体互动的特点。1996 年以前，中国刑事诉讼制度变革的基本方式是最高立法机构制定和修改法律及最高司法机构发布司法解释，整体变迁机制较为单一。

但当下刑事诉讼制度变革的机制非常多元，这其中不仅有最高司法机构与地方各层级司法机构主导的制度创新，也有诉讼参加人与司法机构的互动博弈，还有知识精英的不断"启蒙"与改革建言，以及民间力量的"压力推动"。更重要的是，这些不同主体的不同实践还能形成互动，且互动趋势越来越明显。无论是诉讼参加人的权利诉求，还是知识精英的反思性评论，甚至是民间力量的意见，都可能得到立法机构与司法机构的响应。

在相当程度上，上述论析勾画出了中国刑事诉讼制度最近十多年变迁的基本图景。如同整个中国的政治、经济与社会的变迁一样，这一图景并非完全自觉与自发形成，而是有着自身内在的深层逻辑。"作为我们社会世界组成部分的法律是意义领域和符号领域，也是社会关系和社会活动领域，在该领域中涉及法律条件得以形成和具体法律导向的活动得以发生的全部法律关系。"① 受惠于此，笔者将从更为广阔的政治与社会层面探寻此中的内在逻辑，以期相对客观地揭示这一复杂历史过程的发生学原理。

第一，政治层面的一些变化为多重主体的实践开辟了政治空间。法律的国家研究视角揭示出了现代主权国家在现代法律秩序形成中的重要作用，这被波齐称为"政治的法律化"②。杰汀霍夫更是直接指出，法律制度的设计、修订或者模仿都旨在适应主权国家的运作和巩固主权国家。③ 这意味着法律从来没有脱离国家政治而独立存在，相反它深嵌其中。同样地，中国刑事诉讼制度变迁中出现的这些情况，在很大程度上也源于中国政治层面的一些变化。

---

① 〔德〕伯恩·哈特彼得斯《法律和政治理论的重构》，载〔美〕马修·德夫林编《哈贝马斯、现代性与法》，高鸿钧译，清华大学出版社，2008。

② 〔美〕贾恩弗朗哥·波齐：《国家：本质、发展与前景》，陈尧译，上海世纪出版集团，2007，第82页。

③ 参见〔美〕A. 杰汀霍夫《国家形成与法律变迁：国际政治的影响》，刘辉译，载〔意〕D. 奈尔肯、〔德〕J. 菲斯特编《法律移植与法律文化》，高鸿钧等译，清华大学出版社，2006，第141页。

首先，治理方式的变化。有学者指出，自改革开放以来，中国经历了从用革命方法治理到用行政方法治理的转变，而现在正过渡到用政治的方法进行社会治理。① 行政的治理方法依靠技术官僚通过集权的方式对国家与社会进行管理；政治的治理方法强调阶层的政治参与，它是一种有限政治，权力的空间有所收缩，让渡一些空间给社会团体，其主要内容是协调、调和与政治讨论。② 正是由于行政治理方式在中国的全面确立，我们才看到了执政党的意志直接影响刑事诉讼制度的情形日趋减少，即使要发挥影响，也需要通过一定的技术装置予以转换；与之相应，刑事诉讼的各类"技术专家"在刑事诉讼制度变迁中的作用日益凸现，他们的实践往往能直接改变或决定刑事诉讼制度发展的方向，甚至是具体的制度样态。

其次，政治合法性来源与维持机制的转变。韦伯指出，从来没有任何支配关系自动将其延续的基础，限制在物质、情感和理想的动机之上。每个支配系统都企图培养与开发其"正当性"。③ 所以，寻求政治合法性的新基础成为过去二十多年中国改革的主题之一。④ 随着中国经济、社会和政治环境的变化，原来作为政治合法性获取与维持基础的传统意识形态渐趋瓦解，传统"奇理斯玛"的权威也在溃败之中。相应地，正当性的维持机制必须进行调整。当下政治合法性的谋求更多转向了一些现代性权力正当性的论证机制，其中重要的有民主、"以人为本"的意识形态等。在政治合法性新论证机制潜移默化的影响下，国家权力机构主动或被动地开放了刑事诉讼制度如何发展的讨论与行动空间，包括各种民间力量与诉讼参加人在内的多种主体均可以参与到刑事诉讼制度发展中来，有关刑事诉讼制度如何发展的

---

① 参见郑永年《中国模式：经验与困局》，浙江人民出版社，2010，第66页。
② 参见郑永年《中国模式：经验与困局》，浙江人民出版社，2010，第67页。
③ 〔德〕马克斯·韦伯：《经济与历史　支配的类型》，康乐等译，广西师范大学出版社，2004，第299页。
④ 参见郑永年《全球化与中国国家转型》，郁建兴等译，浙江人民出版社，2009，第56页。

公共讨论渐成气候。甚至在某些时候，国家权力机构还主动吸纳部分民间力量参与刑事诉讼制度的实施与发展决策，而且这些主体的诉求也能得到国家权力机构的尊重与响应，如最高人民法院的司法解释草案开始向社会公众征求意见。

最后，政治权力结构的变化。政治权力结构是指权力系统中各构成要素及各层级之间构成的相互关系形式、权力结构的优化变动，它随着社会经济的发展变化而相应地发生嬗变。① 自改革开放以来，中国政治结构的变化既是深刻的，也是多方面的，其中重要的是中央与地方关系的变化，即中央将相当部分权力下放，地方从而获得了一定的自主性，某种程度上的"联邦主义"已在中国形成。这种变化带来的后果一方面是增强了地方的自主性，地方形成了强烈的发展动力；另一方面也使得权威开始从中央向地区或地方转移，地方分享了部分政治权力，② "刑事诉讼程序规则更紧密地触及一个国家的政治组织，政治制度的改变往往能够对刑事裁判的形式产生深刻与迅速的影响"。③ 因此，政治权力结构上中央与地方权力关系的变化也触发了司法系统中中央与地方关系的变迁，即中央层面司法机构的权威不再是绝对的，地方性司法机构的独立性与自主性有所增强。④ 正是中央层面司法机构权威的相对化，以及地方性司法机构独立性的增强，才使得地方性司法机构在刑事诉讼事务上有了更为自由的行动选择，地方各层级司法机构开始与最高立法与司法机构分享刑事诉讼制度如何变迁的影响力。这一方面凸显了地方各层级司法机构在刑事诉讼制度变迁中的重要性，另一方面也表明中央层面司法机构的影响力由此而有

---

① 参见杨光斌《政治学导论》，中国人民大学出版社，2007，第49页。

② 参见王绍光、胡鞍钢《中国政府汲取能力的下降及其后果》，《二十一世纪》1994年第1期。

③ 〔法〕卡斯东·斯特法尼等：《法国刑事诉讼法精义》，罗结珍译，中国政法大学出版社，1998，第66页。

④ 当然，现代刑事司法原理所强调的上下级司法机构之间的独立性逐渐被接受也是其中不可忽视的因素。

所减弱。

第二，中国社会层面的一些变化。从历史社会学的角度来看，根植于社会的法律必然会随着社会的变迁而不断变化，历史上每一次重大的社会变革都会引起法律的嬗变。从这个意义上来说，法律记录了社会变迁，而社会变迁同样可以作为解释法律变迁的依据。就刑事诉讼制度的变迁与社会的关系而言，博登海默就指出，刑事程序的演变发生于变革中的社会环境，并且是对处于变革中社会环境的响应。①对于中国刑事诉讼实践的变化，以及由此引发的中国刑事诉讼制度的变革，我们也可以从社会变革的角度进行解释。不过，在本文的议题之内，笔者在此仅强调中国社会两个方面的变化。

首先，社会结构的演变。30 多年的改革开放引发了传统社会结构与经济结构的解体，并将所有社会成员纳入了一个社会动员的过程中，从而使得社会结构不断分层与分化。这一变化带来的结果是中国从一致性社会变成了多元社会，不同的社会阶层由此而出现，介于国家与民众之间的社会团体以及具有较大政治与经济影响力的精英集团也开始成长。由于这些新崛起的社会阶层对公共事务的积极参与，以及他们本身的影响力，国家再也无法绝对地垄断公共事务的决策权，反而在某些情况下还不得不考虑他们的意见与声音，甚至主动寻求与他们的合作。在这种背景下，由于"刑事诉讼程序与这个社会的每一个成员的日常生活都保持着比任何其他领域的法律更为紧密的关系"，②越来越多的社会阶层开始介入刑事诉讼制度的实践，他们渴望自己的主体地位得到肯定、意见表达得到尊重、基本权利得到保护。所以，我们才看到多元意见与多种利益渗透进了当下中国刑事诉讼的实践，中国刑事诉讼制度变迁的路向与推动主体也在发生重大变化。

---

① 参见〔美〕戴维·J. 博登海默《公正的审判：美国历史上的刑事被告的权利》，杨明成等译，商务印书馆，2009，第 53 页。

② 〔美〕戴维·J. 博登海默：《公正的审判：美国历史上的刑事被告的权利》，杨明成等译，商务印书馆，2009，第 5 页。

由于各种社会力量的形成与定型，体制的变革已越来越置身于一个多元化的社会环境之中，这种多元化的社会力量，特别是其中的强势群体，已经构成改革进程中的重要因素。①

其次，信息社会在中国的兴起。种种迹象表明，中国正步入信息社会的时代。各种信息技术的普及，尤其是互联网的发达为社会的信息传播、公众意见的表达与沟通，提供了重要的工具与平台，一个所谓的"电子化的公共领域"正在中国悄然兴起，并产生了巨大的社会与政治效应。在中国的当下，网络既是非制度政治参与的重要管道，本身也是一种公共舆论，甚至还作为了虚拟空间与现实空间的互动形式。② 更为重要的是，互联网时代的政治意象正呈现前所未有的态势：自下而上、发散式、多向式、集聚化与互动化的政治参与方式与话语表达正在突破传统的单向式、集中化、精英化与灌输式的政治传播模式。③

中国社会的这一深刻变化，极大地影响了中国刑事诉讼制度，尤其是具体程序运作的过程与结果。因为互联网为更多的主体参与刑事诉讼实践以及设置公共讨论的议题提供了资源与管道，多元化的意见与看法能够得到表达，并可以迅速传播与积累，从而将更多的个体卷入了刑事诉讼的公共讨论中。同样也是因为互联网巨大的舆论声势，公众的很多意见才更易得到国家机构的尊重与响应。我们很难想象，如果不是在信息社会的条件下，公众对刑事诉讼制度的影响能以"意见压力"的形式发挥出来，公众能够通过自己的实践来参与刑事诉讼制度的形塑。事实上，近年来一系列个案的处理与制度的变化往往始于媒体的最初报道，再经网络的传播与网民的

---

① 参见孙立平《现代化与社会转型》，北京大学出版社，2005，第 250 页。
② 参见黄荣贵《互联网与抗争行动：理论模型、中国经验及研究进展》，《社会》2010 年第 2 期。
③ 参见陈潭《网络时代的政治意象》，http：//guancha. gmw. cn/content/2010 – 05/12/content_ 1119266. htm。

评论，而后媒体进一步报道，最终使其演变成为全国性的"公共事件"，并由此得到了中央与地方的响应和处理。这正如很多研究公共领域的学者所指出的那样，"信息技术与互联网促进了政治参与，以及政府与人民之间的直接联系，有助于传统精英民主向大众民主参与转变"。①

第三，全球化或国际化因素的冲击。改革开放已不可避免地将中国拖入了全球化的进程。"全球化是一个确立国际体系的过程，它趋向于规则、价值观和目标的统一。"② 不参与这个过程，发展中国家将进一步被边缘化与外围化。正是在此背景下，我们看到了中国近期包括法律制度在内的一系列变革。事实上，最近关于国际情境下的国家法律变迁的研究也指出，国际情境不仅是一种变革观念的源泉，也是刺激法律制度革新的原动力。③ 问题是全球化如何影响了中国刑事诉讼的实践，进而导致中国刑事诉讼制度发生着深刻的变迁。事实上，全球化在促进中国经济发展的同时，也带来了大量的压力，还引发了中国国家的深刻转型。笔者以为，全球化这方面的效应及其所隐含的后果，才是全球化导致中国刑事诉讼实践深刻变迁的深层原因。

按照郑永年的观点，全球化及其伴随的压力迫使中国必须在国家体系方面进行变革，即有选择地输入西方式的国家产品，以重建国家体系。④ 在全球化的压力下，中国具有了变革包括刑事诉讼制度在内所有法律制度的动力，因为只有这样，才能实现全球化时代所要求的法律趋同，中国才能更好地融入国际社会。正是在这一意义上，法律制度的适应性调整除了在国内产生影响之外，在国际领域也具有象征

---

① 郑永年：《中国模式：经验与困局》，浙江人民出版社，2009，第140页。

② 郑永年：《中国模式：经验与困局》，浙江人民出版社，2009，第27页。

③ 参见〔美〕A. 杰汀霍夫《国家形成与法律变迁：国际政治的影响》，刘辉译，载〔意〕D. 奈尔肯、〔德〕J. 菲斯特编《法律移植与法律文化》，高鸿钧等译，清华大学出版社，2006。

④ 郑永年：《中国模式：经验与困局》，浙江人民出版社，2009，第39~41页。

意义。① 一旦国家具有了变革法律制度的动力，国家才能思考接受各种关于刑事诉讼制度如何发展的话语表达，很多基于推动中国刑事诉讼制度发展的国际化实践便有了某种正当性的基础，并还能获得政治权力的认同。

三　中国刑事诉讼实践的未来

上文的分析揭示出，由于中国政治与社会的变化与全球化的冲击，中国的刑事诉讼实践正在发生流变，制度变迁的具体方式与以往也有很大的不同。众多主体的参与及其所采用的策略以及所产生的实际影响，已使得中国的刑事诉讼实践不再是一个单纯的"法律问题"，更多的时候演变成了具有深刻意蕴的"社会问题"与"政治问题"。法律正是在搅得很混的水中而不是在相对平静的水中，依靠着混乱和秩序这两种因素提供动力。② 正是因为有了来自不同主体所提供的动力，中国的刑事诉讼制度正在发生深刻转型，一种初具中国式现代性气质的刑事诉讼制度正在通过不同主体的实践被塑造。然而这并不意味着现代性的刑事诉讼制度将如期而至，因为这些"发展制度规则的人们的主要目标乃是获得针对其他行为人的策略优势，如此得来的制度可能是有社会效率的，也可能是无社会效率的"。③ 不仅如此，这些主体的实践本身也不无问题，它们在某些时候可能构成了中国现代性刑事诉讼制度形成的障碍，其中以下几点值得注意。

第一，立法精英、知识精英与公众之间并没有形成有效与有序的沟通格局。立法精英尤其是知识精英，对刑事诉讼制度的体验与考虑

---

① 〔美〕A. 杰汀霍夫《国家形成与法律变迁：国际政治的影响》，刘辉译，载〔意〕D. 奈尔肯、〔德〕J. 菲斯特编《法律移植与法律文化》，高鸿钧等译，清华大学出版社，2006。

② 参见〔美〕吉尔兹《地方性知识：事实与法律的比较分析》，邓正来译，载梁治平主编《法律的文化解释》，生活·读书·新知三联书店，1994，第 128 页。

③ 〔美〕杰克·奈特：《制度与社会冲突》，周伟林译，上海人民出版社，2009，第 41 页。

多重于逻辑上的自洽、程序正义以及规则对未来社会的预期和未来社会变革的前瞻，但公众对刑事诉讼制度与事件的体验往往来自日常生活和作为普通人的感情。因此，他们对法律规则与制度的体验在某些时候将不可避免地发生抵牾，这表明，形成一种沟通与弥合公众情感和精英认知的制度管道非常必要。但遗憾的是，中国目前并不完全存在这样一种充分运作且有效的机制。所以，我们经常看到公众情感和精英认知在刑事诉讼实践中形成了巨大的张力。

第二，公众的情感与公共舆论并没有得到完全良性的散发。随着社会自主空间的扩大，尤其是信息社会的兴起，无论是公众情感的表达还是公共舆论的传播，都获得了前所未有的发展，社会大众正以一种前所未有的姿态涌入公共领域，表达诉求，参与管理，以至有论者认为中国已进入"大众政治"① 的时代。在刑事诉讼的实践中，我们同样看到了公众与媒体活跃的身影，情感与意见的表达甚为引人注目。但中国目前缺乏很好的响应与吸收公众情感与意见的程序性机制，使得它们在某些时候并没有得到良性的散发，甚至演变成一种"民粹主义"的情感宣泄，任意冲击刑事司法实践。尤其值得指出的是，当下包括媒体在内的各种情感与话语的表达有时既带有一些非专业性与反法治化的因素，也包含了激进法治的要素，这也是我们必须予以正视的。

第三，司法机构的某些实践潜藏着一定程度上的功利主义动机。② 如前所述，司法机构的自主性创新行动在中国刑事诉讼的实践中越来越多。很多创新实践源于实践理性，不仅具有相当的合理性，也发展了刑事诉讼制度。但不容忽视的是，一些实践背后隐藏的是司法机构功利主义与机构本位的考虑，并体现了中短期的利益取向。

---

① 周汝江、陈家刚：《大众政治的兴起与现代国家的型构》，《湖北社会科学》2009 年第 11 期。

② 其实，诉讼参加人也有类似问题。以律师为例，我们可以发现当下律师的刑事执业存在以下两个方面问题：一是律师行动策略的"勾兑化"；二是律师案件代理的选择化与利益化。

这要么表现为司法机构出于部门利益而进行某种"扩权式"的实践创新，典型的如河南郾城区检察院实行的"检察官走进合议庭"的公诉机制改革；① 要么表现为单纯地出于"求政绩"的考虑，而推行一些本身于刑事诉讼制度建设无多大实质性意义的改革，例如扬州市邗江区检察院试行"开庭证据材料不移送法院"的类似起诉书一本主义的改革。②

第四，立法机构、司法机构，尤其是某些知识精英，在发展刑事诉讼制度上依然秉持"目的—手段方法论"。"目的—手段方法论"否定把政策和法律建立在由经验推断出的理性基础之上，而是建立在决策者的价值判断基础上，这暗含着一种独裁主义的观点，也限制了对不断变化过程中多样性的回馈。③ 从中国刑事诉讼的实践来看，立法与司法精英，尤其是知识精英通常先基于各自既定的价值理念，确定他们的目标（一般是按照域外法治国家刑事诉讼制度的样态来确定目标），然后采取一种"拿来主义"的态度提出可能的解决方案。但在确定目标的过程中，他们并没有充分考虑与响应中国刑事诉讼实践的经验，甚至完全排除或漠视它们的存在，因此，很难保证他们的解决方案能取得预期的效果。1996 年刑事诉讼法所确定的带有对抗式因素的庭审制度就深刻地说明了这一点。此外，立法与司法精英以及知识精英往往并没有充分证明所提方案的正当性与可行性，而是基于预先假定的价值合法性，这助长了刑事诉讼制度发展中的"独断主义"倾向，也限定了公众的参与。

但无论怎样，以下两个方面必须肯定：一方面，当下多种主体的实践已经造就了不同主体在中国刑事诉讼制度生产过程中互相交往的

---

① 参见张东超、郑琳娅《错位的监督　检察官焉能走进合议庭》，《人权》2003 年第 5 期。

② 参见徐李华、冯勇军、朱静《扬州邗江区检察院试行开庭前证据材料不移送法院　起诉书一本主义防止法官先入为主》，《法制日报》2007 年 8 月 10 日。

③ 参见〔美〕安·塞德曼、罗伯特·塞德曼《发展进程中的国家与法律——第三世界问题的解决与制度变革》，冯玉军、俞飞译，法律出版社，2007，第 79～80 页。

格局，初步形成了刑事诉讼制度如何发展的公共讨论与正式权力机构之间沟通和协调的场景。按照哈贝马斯的观点，现代社会的法律是在交往活动中被生产，合法之法形成于公共讨论与制度化的协调机制。[①]正是基于此，笔者才认为中国当下的刑事诉讼实践具有了生产现代性刑事诉讼制度的潜质。另一方面，几乎完全不同于以往法律移植方式的变革路径已初步形成，这就是多种主体的互动博弈，以及基于实践理性的试点与试错，其中既有国家宏观层面的统一推进，也有制度日常微观层面的实践。这契合诺斯所强调的制度变迁方式，即制度变迁更多地属于自组织系统的自我演化过程，作为内生和演进的系统，制度变迁是在不确定条件下当事人在集体学习、模仿、试错和创新活动中共同知识与信念形成、演化的结果。[②]现在的问题是，我们应该如何克服前述种种问题，延展多种主体的实践，发展出一些新的技术和方式，特别是常规性的技术手段，来促使制度变迁的科学性以及刑事诉讼制度回应社会需求的及时性、充分性。

在此，先有必要展望本文所提及的五种主体在未来中国刑事诉讼制度变迁方面的作用。首先，立法机构与司法机构仍将处于主导地位，即成为诺斯所说的制度变迁的"关键行动者"[③]，他们的实践仍将是中国刑事诉讼制度的重要推动力。其次，由于知识精英往往以域外法治国家为师，忽视中国的实际需要，也没有透彻地把握中国的实践，其作用似乎已发展到了顶点，继续发展和超越不太现实，最多只是维持，甚至有可能回落。再次，受中国民主化进程的影响、政治式治理方式的确立以及公众主体意识的进一步勃兴，代表民间力量的各类主体将有更多的管道与方式介入刑事诉讼的实践，由此他们的作用也将持续扩大，成为刑事诉讼制度塑造的一种看不见但又不能忽视的力量。最

[①] 〔葡〕皮埃尔·古本提夫：《通过哈贝马斯交往行为的概念探讨法律的生产》，载〔美〕马修·德夫林编《哈贝马斯、现代性与法》，高鸿钧译，清华大学出版社，2008。

[②] 参见〔美〕道·诺斯《制度变迁理论纲要》，张帆译，《改革》1995年第3期。

[③] 姚洋：《制度与效率：与诺斯对话》，四川人民出版社，2002，第278～282页。

后，由于诉讼参加人影响刑事诉讼制度变革受很多因素的影响，其地位会进一步提高，但在可以预期的时间内，他们的处遇不会得到完全有效的改善，所以，其作用在整体上不可能出现质的扩展，不过仍可期待律师发挥更为积极的作用。

在上述认识之下，对于未来各种主体参与刑事诉讼实践的"理想型"方式与途径，笔者做如下论述。

尽管当代很多法律社会学家强调法律是被生产出来的，而不是由立法者所创制的，[①] 但他们并没有完全排除立法者的作用，只不过立法者在他们的理论脉络中变成了法律生产者之一，而且立法者还必须与其他社会力量进行充分的互动与交涉。对于中国刑事诉讼制度的发展而言，立法机构的立法实践仍将是中国刑事诉讼制度发展的重要形式之一，但相比于既有的立法实践，未来中国的立法机构更应该注意与其他社会力量沟通和商谈，让更多的主体参与立法的过程，以形成一种哈贝马斯意义上的"协商式立法实践"。[②] 由于这种立法实践可以容纳社会不同主体的意见，各种主体之间还能进行对话与协商，这既避免了前文所指出立法过程中存在的独断与漠视社会经验的问题，也能形成有效与正当的刑事诉讼法律制度。

在推动中国刑事诉讼法律制度发展的过程中，司法机构的实践仍值得重视，尤其是司法机构在不违背基本法律原则前提下开展的局部改革试点与制度创新。这种实践与中国经济、社会领域改革中的"基于实践的试验—适应决策"方法具有共同性，[③] 完全可以灵活地用于刑事诉讼制度的进一步改革。就未来而言，司法机构的这种试点性改革与创新，一方面要避免前文所指出的"目的—手段方法论"的内在

[①] 〔葡〕皮埃尔·古本提夫：《通过哈贝马斯交往行为的概念探讨法律的生产》，载〔美〕马修·德夫林编《哈贝马斯、现代性与法》，高鸿钧译，清华大学出版社，2008。

[②] 〔美〕戴维·拉斯穆森：《有效之法如何可能》，载〔美〕马修·德夫林编《哈贝马斯、现代性与法》，高鸿钧译，清华大学出版社，2008，第67页。

[③] 参见黄宗智《跨越左右分歧：从实践历史来探寻改革》，http：//www. lishi yushehui. cn/modules/topic/detail. php？topic-id＝286。

缺陷，具体的方案不仅要经过充分地论证与讨论，还要充分考虑社会公众的意见，更要注意吸收实践性经验，对具体实践保持足够的回馈性，必要时还可以考虑与知识精英和立法机构合作；另一方面，试验与试点改革的进路可以考虑采纳"问题—解决方法论"，①即具体的每一步都运用资料，由经验推导出理性，并通过监控具体方案的实施来不断地改进方案。

巴尔指出，在刑事诉讼中运用哈贝马斯的商谈伦理学进行实践—法律商谈，可以促进刑事法律的合法性。②尽管巴尔的论证出发点是刑事法律的道德伦理基础，并更多侧重于刑事法律的实体问题，但他所强调的司法机构与诉讼参加人在程序空间商谈，却给出了诉讼参加人常态化与制度化地影响刑事诉讼制度发展的思路。因为把刑事诉讼程序制度化为实践—法律商谈过程，每个参与人都可以提出议题，并可以运用令人信服的论证力量来反驳或支持任何规范的主张。③从建构稳定与有序的刑事诉讼法律秩序的角度而言，未来诉讼参加人的实践应从当下更多属于非常规的权利诉求表达与博弈向正常商谈实践转变，把诉讼参加人与司法机构之间在程序内的商谈和各自主张的论证作为推动刑事诉讼制度发展的重要动力之一。毫无疑问，这有待于诉讼参加人各种程序权利表达途径的制度化建构与实际保障。

尽管前文指出知识精英在未来刑事诉讼制度发展中的影响力可能下降，但他们仍能继续推动中国刑事诉讼制度的发展。在未来，知识精英可以更多地展开关于刑事诉讼制度如何发展的学术性争论，通过

---

① 〔美〕安·塞德曼、罗伯特·塞德曼：《发展进程中的国家与法律——第三世界问题的解决与制度变革》，冯玉军、俞飞译，法律出版社，2007，第 86～97 页。
② 参见〔荷〕彼德·巴尔《商谈伦理学与刑事诉讼中的人权》，载〔美〕马修·德夫林编《哈贝马斯、现代性与法》，高鸿钧译，清华大学出版社，2008，第 123～124 页。
③ 〔荷〕彼德·巴尔：《商谈伦理学与刑事诉讼中的人权》，载〔美〕马修·德夫林编《哈贝马斯、现代性与法》，高鸿钧译，清华大学出版社，2008。

自己的反思性努力形成哈贝马斯意义上的"全国性法范式",[①] 真正成为引领刑事诉讼制度如何发展公共讨论的"意见领袖"。这就要求知识精英首先要彻底摆脱学院式的教条思维模式,超越某种在很大程度上已经固化的"新意识形态法学"的研究思路,[②] 真切地面对中国刑事诉讼的具体实践,以解决"中国问题"为出发点来思考中国刑事诉讼的未来发展。当然,当下已经形成的参与立法和执法以及与司法机构合作进行改革性试点等形式,仍可以作为未来知识精英参与刑事诉讼实践的重要手段。

四　结语

本文的讨论突出了这样一个问题,即在法律是被生产的现代性观念之下,[③] 中国当代刑事诉讼实践是如何在各种主体的作用下展开的,并且着重探讨了通过各种主体的实践活动可否促成中国刑事诉讼制度的现代性转型。从本文的讨论来看,笔者肯定了这种可能性,但强调了为现代法律社会家所一致认可的观点——在法律的生产过程中,各种社会主体需要互动,需要不断地进行交往性的讨论与沟通。[④] 具体而言,未来中国刑事诉讼制度的变迁需要多方参与尤其是社会公众与被告人、被害人等的参与,在理性思考的基础上进行公开讨论,并注重学者的建言和各级司法机构的试点与试验性改革经验。

---

① 〔德〕尤尔根·哈贝马斯:《在事实与规范之间——关于法律和民主治国的商谈理论》,童世骏译,生活·读书·新知三联书店,2003,第348页。

② 参见左卫民《范式转型与中国刑事诉讼制度改革——基于实证研究的讨论》,载《中国法学》2009年第2期。

③ 〔葡〕皮埃尔·古本提夫:《通过哈贝马斯交往行为的概念探讨法律的生产》,载〔美〕马修·德夫林编《哈贝马斯、现代性与法》,高鸿钧译,清华大学出版社,2008。

④ 〔葡〕皮埃尔·古本提夫:《通过哈贝马斯交往行为的概念探讨法律的生产》,载〔美〕马修·德夫林编《哈贝马斯、现代性与法》,高鸿钧译,清华大学出版社,2008。

　　行文至此，笔者必须重申，中国当下刑事诉讼的实践状况一方面表明了中国法治的进步，另一方面也凸现了中国法治进程的复杂性及其所遭遇的特殊问题。如何在公开、平等、讨论、长期与整体的角度下促进中国的法治，值得深入思考。这既取决于宏观社会、政治背景的变化，也受制于中国法治实践者的觉悟。而对中国刑事诉讼法治而言，我们需要立法机构、司法机构、诉讼参加人、知识精英以及代表民间力量的各类主体很好地利用已经发展出来的技术方式和机制，并且不断摸索新的技术与机制，在理性互动的基础上共同协力。笔者期待中国未来刑事诉讼制度的变迁更加理性与有效，一种"中国式"的制度变迁道路在实践中不断形塑且成功达致。

（本文原载于《中国法学》2011 年第 2 期）

比较法视野下的中国特色司法独立原则

陈光中*

司法独立（judicial independence），是国际通行的法律术语，为国际法律文件所惯用。其含义一般是指法院和法官的审判独立。司法独立是近代西方资产阶级革命的产物，是司法制度发展到一定阶段的进步成果，也是现代国家的一项重要法治原则。本文拟从比较法的视角，对中国特色的司法独立原则做初步的探讨。

一 司法独立的域外考察

作为国家权力运行的重要原则，司法独立之理念源于权力分立与制衡的思想。古希腊先哲柏拉图、亚里士多德都在其著作中阐释了权力制衡的观点；作为西方法治主义奠基人之一的洛克则率先较为详细地阐述了分权理论，他认为政治权力应划分为立法权、行政权和外交权，并由不同的部门执掌。第一次明确提出三权分立主张的是法国启蒙思想家孟德斯鸠，他主张在国家权力中应当赋予司法权一席重要之地，并明确指出："如果司法权不同立法权和行政权分立，自由也就不存在了。如果司法权同立法权合而为一，则将对公民的生命和自由施行专断的权力，因为法官就是立法者。如果司法权同行政权合而为一，法官便将握有压迫者的力量。"①

随着资产阶级革命的胜利和现代法治理念的发展，司法独立原则

---

* 陈光中，中国政法大学终身教授、博士生导师，中国刑事诉讼法学研究会名誉会长。

① 〔法〕孟德斯鸠：《论法的精神》（上册），张雁深译，商务印书馆，1997，第 156 页。

不仅在美、英、法、德、日等西方法治发达国家得以确立，也成为亚、非、拉诸多国家的一项重要的宪法性原则。考察各国宪法规定，可以发现，司法独立原则在各国宪法条文的具体表述上存在着较大差异。概括起来主要有如下几种不同的表达方式。

第一，宪法中未对"司法独立"进行明文规定，仅以三权分立为国家权力框架规定司法权属于法院，此类型主要存在于英美法系国家的宪法之中，包括美国、英国、加拿大、澳大利亚等国家。以美国为例，1787 年《美利坚合众国宪法》第 3 条第 1 款规定："合众国的司法权属于最高法院以及由国会随时下令设立的低级法院。"[①] 虽然在宪法文本上没有明确规定"司法独立"，但司法权与立法权、行政权的分立本身就意味着司法权独立于立法权与行政权存在，并在不受二者干预的情况下运行。可以说，司法独立实质上是三权分立理论的应有之义。然而，正如任何制度的形成都不是一蹴而就的，美国的司法独立也经历了从法律规定到实际确立的曲折历程。在这一过程中，有两个判例对于司法独立的确立而言是极为重要的，即马伯里诉麦迪逊案[②]和蔡斯弹劾案。[③] 马伯里诉麦迪逊一案开启了美国联邦最高法院对

[①]　本文所引用的现行宪法条文均出自《世界各国宪法》，中国检察出版社，2012。

[②]　1801 年，时任美国总统的亚当斯在卸任前紧急任命了一批"午夜法官"（Midnight Judges），但前国务卿马歇尔的疏忽，导致包括马伯里在内的一部分人的任命状未能及时发出，继任的总统杰斐逊命令国务卿麦迪逊扣押这批委任状。马伯里依据《1789 年司法条例》第 13 条（该条规定联邦最高法院具有针对联邦官员提出的执行令案件的初审管辖权）将麦迪逊诉至联邦最高法院，要求法院命令其发出委任状。审理此案的最高法院大法官马歇尔裁定马伯里应该获得委任状，但同时首次运用司法审查权，以该案中所援引的《1789 年司法条例》第 13 条违反了联邦宪法关于最高法院初审管辖权的规定无效而将案件撤销。

[③]　塞缪尔·蔡斯于 1796 年至 1811 年任美国联邦最高法院大法官，是马歇尔法院的成员，因其政治立场与当时掌权的杰斐逊党人不合，1805 年遭到了杰斐逊党人的弹劾，杰斐逊党人试图通过弹劾来免除蔡斯的职务。对塞缪尔·蔡斯进行指控的根据是他担任大法官时的行为，而远不是宪法所规定的"严重犯罪和不当行为"。实际上，人们普遍认为这次弹劾是有政治目的的。蔡斯审判本身以无罪宣判告终，因为杰斐逊党派中有足够多的参议员为被告的论辩所说服，从而使得定罪的投票没有达到宪法规定的多数。参见〔美〕伯纳德·施瓦茨《美国最高法院史》，毕洪海等译，中国政法大学出版社，2004，第 61 页。

联邦法律进行合宪性审查的先例，赋予了法院对立法及行政机关的制衡权，在实质上确立了法院的司法独立地位。其意义正如学者所言："司法上拒绝适用法律以及这种权威的程度和范围可视为司法独立程度的指示器……美国在历史经验的基础上，有时假设，没有司法审查，就无真正的司法独立。"① 蔡斯弹劾案之所以在司法独立层面上具有重要意义，不仅仅是因为蔡斯是美国历史上惟一一位遭到弹劾的联邦最高法院法官，而且在于此案宣告了杰斐逊党人"试图利用弹劾这一武器来使司法部门屈从于他们的意愿"。② 这一政治权力干预司法独立计划的破产，保障了法官任期，巩固了法官的独立地位。对此，首席大法官威廉·伦奎斯特指出，"不能说蔡斯审判的意义是夸张其辞"。③ 要是蔡斯大法官被撤职的话，整个宪法结构所依赖的司法机关的独立将不可能实现。作为一个历史问题，蔡斯的无罪判决宣告了基于政治理由被撤销法官职务的危险已经结束。④ 历史学家们经常指出参议院对蔡斯免职的失败是司法独立的胜利，并创设了法官不能因其在法官席上陈述了政治观点就被免职的先例。⑤

　　具有不成文法传统的英国原来没有类似美国式的宪法，1998 年英国《人权法案》附表 1 第 6 条第 1 款中仅规定裁决个人的公民权利和责任或对其提起任何刑事控诉时，每个人均有权在合理的时间内接受由一个依法成立的、独立的、中立的法庭公平、公开的审理。

　　第二，在宪法中明确规定司法权独立，主要规定法院独立或法官

---

① 〔美〕H. W. 埃尔曼：《比较法律文化》，贺卫方、高鸿钧译，清华大学出版社，2002，第 225～226 页。
② 〔美〕伯纳德·施瓦茨《美国最高法院史》，毕洪海等译，中国政法大学出版社，2004，第 61 页。
③ 〔美〕伯纳德·施瓦茨《美国最高法院史》，毕洪海等译，中国政法大学出版社，2004，第 61 页。
④ 〔美〕伯纳德·施瓦茨《美国最高法院史》，毕洪海等译，中国政法大学出版社，2004，第 61～62 页。
⑤ 〔美〕克米特·L. 霍尔主编《牛津美国联邦最高法院指南》（第二版），许明月等译，北京大学出版社，2009，第 150 页。

独立。这是世界各国宪法中采用的主流方式，包括德国、日本在内的大陆法系国家普遍采用此种形式。如《德意志联邦共和国基本法》第97条第1款规定："法官独立行使职权，只服从法律。"《日本国宪法》（昭和宪法）第76条规定："一切司法权属于最高法院及按照法律规定设置的下级法院。""所有法官依良心独立行使职权，只受本宪法及法律的约束。"《俄罗斯联邦宪法》第118条第1款和第120条第1款分别规定："俄罗斯联邦的司法权只能由法院行使。""法官独立，只服从俄罗斯联邦宪法和联邦法律。"《大韩民国宪法》第101条第1款规定："司法权属于由法官组成的法院。"第103条规定："法官根据宪法、法律和良心独立审判。"《卡塔尔国永久宪法》第130条规定："司法权独立。司法权由不同种类与等级的法院行使，法院根据法律作出判决。"第131条规定："法官独立。除了法律，任何权力都不得凌驾于法官的判决之上。任何主体均不得干预司法程序。"《沙特阿拉伯王国治国基本法》第46条规定："司法机关是独立机关。判决时，除了伊斯兰教法，没有其他机关可以凌驾于法官之上。"《南非共和国宪法》第165条"司法权"规定："共和国的司法权赋予法院。法院是独立的并且只受宪法及法律的限制，其必须公正无惧地，不偏不倚地、无偏见地适用宪法和法律。任何个人或国家机构不得干涉法院的运作。国家机构必须通过立法以及其他措施协助及保护法院以确保法院的独立、公正、尊严、开放及效率。法院发出的命令或决定拘束其所适用的所有人及国家机构。"

值得注意的是，一些社会主义国家宪法关于司法独立原则的规定也极为鲜明，如《古巴共和国宪法》第122条规定："法官独立行使审判权，只服从于法律。"《越南社会主义共和国宪法》第130条规定："法官和陪审员独立审判，只服从法律。"这些社会主义国家并非实行三权分立的政治体制，说明司法独立可以"姓社"，并非只"姓资"；也并非必然与三权分立挂钩。

第三，部分国家在强调法院、法官独立的同时，也涉及检察机关及其他相关司法主体的独立。如《意大利共和国宪法》第 104 条第 1 款规定："司法部门构成独立自治的体系，不从属于其他任何权力。"第 108 条规定："法律规定有关司法组织和法官的规则。法律保障特别法院法官的独立性，同时也保障检察官及参与司法审判的非司法机关人员的独立性。"《南非共和国宪法》第 179 条第 2 款规定："国家立法应当确保检察系统在行使权力时无私无惧、不偏不倚或没有歧视。"

在确立司法独立原则的同时，一些国家在宪法中建立了相应的保障机制。一是规定法官任期固定。对此，汉密尔顿曾指出："除使司法人员任职固定以外，别无他法以增强其坚定性与独立性；故可将此项规定视为宪法的不可或缺的条款，在很大程度上并可视为人民维护公正与安全的支柱。"① 法国 1958 年宪法第 64 条第 4 款规定："法官终身任职"。《德意志联邦共和国基本法》第 97 条第 2 款规定："专职法官和按照计划最终任用的法官在任职期届满前，只能在依据法律规定的理由和方式作出司法裁判后，方可违背其本人意愿予以免职，或予以长期或暂时停职、调职或令其退职。可通过立法规定终身制法官的退休年龄。法院机构或法院辖区发生变更时，法官可被调至其他法院任职，或退职，但应保留其全部薪酬。"《阿根廷国家宪法》第 110 条规定："国家最高法院大法官和地方法院法官，凡秉公执法的，均可一直任职……"二是规定保证法官薪金及法院经费。正如汉密尔顿所言："最有助于维护法官独立者，除使法官职务固定外，莫过于使其薪俸固定。就人类天性之一般情况而言，对某人的生活有控制权，等于对其意志有控制权。在任何置司法人员的财源于立法机关的不时施舍之下的制度中，司法权与立法权的分立将永远无从实现。"② 俄罗斯

① 〔美〕汉密尔顿、杰伊、麦迪逊：《联邦党人文集》，程逢如、在汉、舒逊译，商务印书馆，1980，第 392 页。

② 〔美〕汉密尔顿、杰伊、麦迪逊：《联邦党人文集》，程逢如、在汉、舒逊译，商务印书馆，1980，第 396 页。

联邦宪法第 124 条明确规定："法院的经费只能来自联邦预算。联邦预算对法院的拨款，应当能够保障法院依照联邦法律的规定，充分和独立地行使司法权。"《阿根廷国家宪法》第 110 条规定："法官依法律领取薪金，且在职期间其薪金不得降低。"《美利坚合众国宪法》第 3 条第 1 款规定："最高法院和低级法院的法官，如果尽忠职守得继续任职，并应在规定的时间获得服务报酬，此项报酬在其继续任职期间不得减少。"三是规定法官不得被任意罢免。《日本国宪法》（昭和宪法）第 78 条规定："法官除经法院认定为因身心的障碍不适合执行职务的情形外，非经正式弹劾不得被罢免。对法官的惩戒处分不得由行政机关作出。"《大韩民国宪法》第 106 条第 1 款规定："非因弹劾或被判处监禁以上的刑事处罚，法官不得被罢免；非因惩戒处分，不被处以停职、减薪及其他不利的处分。"

在成为现代法治国家公认的宪法性原则的基础上，司法独立原则进一步成为国际性条约、文件中的重要内容。1948 年 12 月 10 日通过的《世界人权宣言》第 10 条规定："人人完全平等地有权由一个独立而无偏倚的法庭进行公正的和公开的审讯，以确定他的权利和义务并判定对他提出的任何刑事指控。"1966 年 12 月通过的《公民权利和政治权利国际公约》第 14 条做了大致相同的规定。进入 20 世纪 80 年代以来，国际社会对司法独立问题给予了更大的关注，并相继通过了一系列有关司法独立的专门性文件：1982 年国际律师协会第 19 届年会通过了《司法独立最低标准》；1983 年在加拿大魁北克蒙特利尔举行的司法独立第一次世界会议通过了《司法独立世界宣言》；1985 年意大利米兰举行的第 7 届联合预防犯罪和罪犯待遇大会通过了《关于司法机关独立的基本原则》；联合国经济及社会理事会于 1989 年通过了《关于司法独立的基本原则：实施程序》。这些文件对司法独立的内涵，对司法机关与其他国家机关、执政党及新闻媒体的关系，对法官的资格、任免、任期、权利与义务，以及对司法机关内部的关系做了系统、全面的规定。例如，《关于司法机关独立的基本原则》第 22 条对司法独立的内涵规定为："司法机关应不偏不倚、以事实为根据并依法律规定来裁决其所受理的案件，而不应有任何约束，也不应为任何直接间接不当影响、怂恿、压力、威胁、或干涉所左右，不论其来自何方或出于何种理由。"所有上述这些国际文件对世界各国确立与健全司法独立的原则和制度，具有重要的指导意义与参考价值。而且这些文件中的一部分对联合国成员国具有约束力。[①] 至此，司法独立作为一项国际司法准则得到了正式牢固的确立。

二　司法独立是司法规律的必然要求

司法独立原则被确立为现代法治和宪治的一项重要原则，乃是司法规律的必然要求，具体言之，可从以下三个方面来分析。

（一）司法独立是实现司法公正的首要保障

公正是人类社会追求的首要价值目标，司法公正是实现社会公正的重要体现和重要保障。司法公正包含程序公正和实体公正两个维度，前者指办理案件过程中所体现的公正，后者指案件实体的结局处理符合公正要求。司法公正是司法追求的核心价值目标，是司法的灵魂和生命线。

司法独立之所以是司法公正的首要保障，从程序上说，是因为它是程序公正的一项主要内容。早在古罗马时代产生的自然正义理念，对审判程序提出了两项基本要求，即"任何人不得在涉及自己的案件中担任法官"和"必须听取双方当事人的陈述"。[②] 中国古代司法也有"两造具备，师听五辞"[③] 的要求。在当代，"法官负有对公民的生命、自由、权利、义务和财产作出最后判决的责任"，更必

---

① 参见李步云、柳志伟《司法独立的几个问题》，《法学研究》2002 年第 3 期。
② 〔美〕伊丽莎白·A. 马丁：《牛津法律词典》，蒋一千、赵文伋译，上海翻译出版公司，1991，第 328 页。
③ 《尚书·吕刑》。

须保证法官站在中立、独立的立场上处理案件，这样才能使得作为"法律帝国王侯"的法官在司法中真正发挥保障实现社会正义的重大作用。

从实体上说，法官独立是准确认定案件事实、正确适用法律的必要保证。众所周知，案件事实发生在过去，只有借助于证据才能全部或部分地还原案件事实真相。对证据的审查判断贯穿于刑事诉讼全过程，其中最重要的是法庭审理阶段。我国刑事诉讼法第 193 条第 1 款规定："法庭审理过程中，对与定罪、量刑有关的事实、证据都应当进行调查、辩论。"从认识论的层面看，证据的审查判断程序是审判人员对案件事实的认识逐渐深化，从感性认识上升到理性认识的过程。法庭审理过程中，难免存在当事人的虚假陈述以及证人的虚假证言，只有通过法庭审理过程中的举证、质证、交叉询问、辩论，法官才能对其陈述的真实性得出更加可靠的判断。这也就是刑事诉讼中直接原则的意义所在。"直接原则乃指法官以从对被告人之讯问及证据调查中所得之结果、印象，才得作为其裁判之基础。"[①] 法官对各个证据的真伪的判断以及综合全案证据对案件事实的认定，只能依靠法官内心的独立、自由的分析、判断，而不能由上级或其他人员越俎代庖。

（二）司法独立是树立司法权威的必要条件

司法权威作为一种特殊的权威类型，是指司法在社会生活中所拥有的令人信从的地位和力量。司法权威源于法律权威，是衡量一个国家法治建设程度的重要尺度。在法治社会，法律具有至上性和权威性，但法律的至上性和权威性需要法官在法律实施过程中加以体现和维护。而法官的独立性对于司法权威的维护显得极为重要。其原因主要有二。

---

① 〔德〕克劳思·罗科信：《刑事诉讼法》（第 24 版），吴丽琪译，法律出版社，2003，第 117 页。

其一，法官作为法律的实施者，只有保持自身独立和中立才能够不屈服于外界的干扰和压力，做到如马克思所讲的"法官除了法律就没有别的上司"，[①] 从而有能力、有勇气、有信心执法如山，正确地适用法律，实现司法公正，进而维护法律的统一性和权威性。

其二，我们应该承认，法官是人而不是神，在适用法律的过程中不可能做到"万无一失"，难免会出现这样那样的错误和瑕疵。对于较为严重的错误，需要通过法定程序加以纠正，以此来维护司法的权威性。因为司法的权威从根本上说是建立在司法公正的基础上的，如果案件经常发生错误，司法的公信力、权威性就无法树立。但是对于一些较小的瑕疵，反复的纠错改正也不利于维护司法的稳定性以及司法裁判的公信力。此时如果法官在审判中保持独立和中立，即使在实体裁判上存在一些小的瑕疵，不改判也能够获得当事人和社会大众的理解和谅解，从而达到维护司法权威的效果。

（三）司法独立是法官职业化的题中之义

法律作为一种国家制定、认可的行为规范，是由一系列专门的规则体系组成的，知识性、专业性很强。在商品经济形成之前社会生活比较简单、纠纷性质比较单一，对法律职业人员的专业性要求不高。而在商品社会，对他们的专业性技术性要求越来越高，正如西方法学家所说的："早期法律秩序通常能够在没有通过适当训练而获得实体法规与诉讼程序知识的专家们的情况下得以维持。但是，当社会变得愈来愈复杂时，法律规范也变得愈来愈具有抽象性和普遍性，因为只有这样它们才能协调组成社会的各种集团的利益与价值。由于同样的原因解决纠纷或对其可能的解决方式提出建议的工作变得更为困难，更需要专门的训练。这时，几乎在所有社会中都出现了一个界限明确

---

① 《马克思恩格斯选集》（第 1 卷），人民出版社，1972，第 76 页。

并形成独立阶层的集团，即法律专家。"① 可见，伴随着人类社会的逐步发展，社会分工日益细化，人类知识的"无限化"趋势与个体认识能力的有限性现实之间矛盾的持续扩大客观上要求一种专门研习法律知识的群体的存在，法律职业化应运而生。法律职业化的内涵十分丰富，包括专业的法律知识、法律思维、法律职业道德等诸多方面。法律职业者（法律共同体）包含了法官、检察官、律师、法学家诸多职业群体，法官是其中最具有代表性的。司法活动职业化的关键在于法官职业化，司法独立则是法官职业化的题中之义。

法官之所以需要独立，不仅是由于法官必须具有丰富的专业法律知识，而且需要在长期的司法实践中形成一种有别于社会大众的法律思维方式。所谓法律思维就是"依循法律逻辑，以价值取向的思考、合理的论证，解释适用法律"。② 英国上诉法院首席大法官爱德华·科克认为："法官具有的是技术理性，而普通人具有的是自然理性，对法律的认识有赖于在长年的研究和积累的经验中才得以获得的技术。"③ 以刑事案件审判为例，职业法官在审判过程中，应当秉承无罪推定与疑罪从无的司法理念，而社会公众更可能被仇视犯罪的情绪所支配而期望做出不利于被告人的判决。当然，我们也不能把法官的法律思维绝对化、神秘化，而应当把法律思维与大众（普通）思维结合起来。正因为如此，司法应当把职业法官与陪审法官加以结合，两方面取长补短、互相补充。

三　中国特色司法独立的特点与改革展望

我国司法制度的建设既要借鉴吸收西方法治国家的经验，又不能

---

① 〔美〕H. W. 埃尔曼：《比较法律文化》，贺卫方、高鸿钧译，清华大学出版社，2002，第86~87页。
② 王泽鉴：《法律思维与民法实例：请求权基础理论体系》，中国政法大学出版社，2001，第1页。
③ 季卫东：《法治秩序的建构》，中国政法大学出版社，1999，第200页。

照搬西方，而应当立足中国实际形成与中国政治体制相适应的司法制度，司法独立原则也是如此。我国宪法第 126 条规定："人民法院依照法律规定独立行使审判权，不受行政机关、社会团体和个人的干涉。"第 131 条规定："人民检察院依照法律规定独立行使检察权，不受行政机关、社会团体和个人的干涉。"我国人民法院组织法、人民检察院组织法以及刑事诉讼法等三大诉讼法都有着与宪法同样的规定。这些规定形成了中国特色社会主义的司法独立原则。

（一）中国特色司法独立原则的主要特点

根据我国宪法及法律规定，中国特色司法独立原则与西方国家比较具有如下主要特点。

第一，司法独立的主体不同。西方国家所讲的司法独立是法官个人的独立，即"法官独立行使职权，只服从法律"，① 并通过一系列制度保障法官独立裁判。我国的司法独立是法院、检察院作为整体的独立，而不是作为个体的法官、检察官的独立。法院和检察院内部分别设审判委员会和检察委员会，前者作为审判组织对重大案件的处理具有决定权，后者在检察长的主持下讨论决定重大案件。根据我国法律规定，独立审判的主体有三种法定的审判组织，即独任法官、合议庭和审判委员会。其中合议庭是主要审判组织。少数疑难、复杂、重大的案件根据法律是由合议庭主动提请审判委员会讨论的，刑事诉讼法第 180 条规定："对于疑难、复杂、重大的案件，合议庭认为难以作出决定的，由合议庭提请院长决定提交审判委员会讨论决定。"② 可见，在我国，合议庭是主要审判组织。

第二，司法机关的上下级关系不同。西方国家的司法机关一般

---

① 《德意志联邦共和国基本法》第 97 条。

② 《最高人民法院关于适用〈中华人民共和国刑事诉讼法〉的解释》第 178 条规定："合议庭审理、评议后，应当及时作出判决、裁定。拟判处死刑的案件、人民检察院抗诉的案件，合议庭应当提请院长决定提交审判委员会讨论决定。对合议庭成员意见有重大分歧的案件、新类型案件、社会影响重大的案件以及其他疑难、复杂、重大的案件，合议庭认为难以作出决定的，可以提请院长决定提交审判委员会讨论决定。"

仅指法院，各级法院是独立的，互相之间是审级上的上下级关系。在我国，上下级法院之间也是相对独立的，是监督与被监督关系。检察院上下级之间是领导与被领导关系。根据人民检察院组织法第 10 条第 2 款规定，最高人民检察院领导地方各级人民检察院和专门人民检察院的工作，上级人民检察院领导下级人民检察院的工作。

第三，司法独立的程度不同。考察域外各国宪法文本及司法实践可以发现，域外之司法独立较少受外界制约，即法官独立审判，只服从宪法和法律，其他任何权力不得干预法官的审判。我国法院和检察院依法独立行使审判权和检察权，不受其他行政机关、团体和个人的干涉，其独立性是相对的。首先，司法机关要接受党的领导。党领导社会主义各项事业建设是我国的一项宪法原则，司法机关也必须接受党的领导。其次，司法机关要接受权力机关的监督。按照宪法第 128 条和第 133 条规定，人民法院和人民检察院由各级人民代表大会产生，向同级人民代表大会负责并报告工作，接受人民代表大会的监督。

（二）确保中国特色司法独立的几点思考

我国 1954 年宪法规定了人民法院、人民检察院独立行使职权只服从法律的司法独立原则，后来经过多次政治运动，特别是经历了"文化大革命"，遭到了批判和完全否定。"文革"之后的 1982 年宪法重新恢复了司法机关依法独立行使职权的规定，虽然在实施过程中存在一定的困难和阻力，但总的来说还是在曲折中得到了维护。

中共十八大报告中强调要"进一步深化司法体制改革，坚持和完善中国特色社会主义司法制度，确保审判机关、检察机关依法独立公正行使审判权、检察权"。结合现阶段司法独立原则实施中存在的实际问题及十八大报告中深化司法体制改革的精神，笔者认为应当通过改革进一步理顺以下几方面的关系以确保司法机关依法独立行使职权。

1. 司法机关与党的领导的关系

在我国，司法机关必须坚持党的领导，这是毋庸置疑的。但党的领导主要应当是政治上和组织上的领导以及方针、路线的领导，原则上党不能干预对具体案件的审理。早在 1979 年《中共中央关于坚决保证刑法、刑事诉讼法切实实施的指示》中党中央就明确指出："加强党对司法工作的领导，最重要的一条，就是切实保证法律的实施，充分发挥司法机关的作用，切实保证人民检察院独立行使检察权，人民法院独立行使审判权，使之不受其他行政机关、团体和个人的干涉"，并明确宣布"中央决定取消各级党委审批案件的制度"。1986 年《中共中央关于全党必须坚决维护社会主义法制的通知》进一步明确："司法机关党组提请党委讨论研究的重大、疑难案件，党委可以依照法律和政策充分发表意见。司法机关应该认真听取和严肃对待党委的意见。但是，这种党内讨论，绝不意味着党委可以代替司法机关的职能，直接审批案件。对案件的具体处理，必须分别由人民检察院和人民法院依法作出决定。"然而时至今日，地方党委特别是地方政法委仍然在搞协调办案。由政法委协调办案、拍板定案，显然存在着严重弊端。一是违背了宪法规定的法、检、公三机关办理刑事案件"分工负责、互相配合、互相制约"的原则，通过协调使三家实际上变成了一家。二是违背了司法的亲历性，造成"审者不判、判者不审"的不合理现象，加大了冤案、错案的风险。如佘祥林、赵作海等冤、错案的酿成，都与当地政法委直接干预有关。三是政法委对因其插手发生的错案不承担任何法律责任，违背了权责相结合的原则。何况现在一些地方的政法委书记或副书记是由公安机关负责人兼任，由政法委协调案件并决定处理结果，无异于将公安机关置于法院、检察院之上。基上，笔者认为应当取消地方政法委协调案件的做法，但对于全国性的大案要案或社会影响重大的个别案件，党中央与中央政法委有权直接或者委托省级政法委进行协调处理，以使这类案件的办理最大程度地符合司法公正与国家大局利益的统一。①

2. 司法机关与权力机关的关系

根据我国宪法规定，人民法院、人民检察院由各级人民代表大会产生，向同级人民代表大会负责并报告工作，接受人民代表大会的监督。对于人大监督法院、检察院工作的具体方式，根据 2006 年制定的《中华人民共和国各级人民代表大会常务委员会监督法》第二章"听取和审议人民政府、人民法院和人民检察院的专项工作报告"的规定，人大常委会对法院、检察院的工作监督，主要是采取听取和审议两院的专项工作报告、执法检查和视察等形式，没有规定对具体案件的审判可以进行直接干预。实践中，人大常委会委员或人大代表个人对具体案件的处理有意见的可以向两院反映，两院应认真对待、秉公处理，但不是必须接受。应当说，目前权力机关与司法机关的监督与被监督的关系，从立法和司法两个层面来看都是比较正常的，应当予以坚持。

3. 司法机关与行政机关的关系

行政权力干预司法权力根源于行政权的扩张本性。沃尔夫甘·许茨尝言："行政侵犯司法，特别是侵犯法官的独立，在任何时代都是一个问题！"② 在我国，虽然宪法第 126 条明确规定人民法院依法独立行使审判权，不受行政机关之干涉，但司法实践中法院和法官根本无法抵制来自行政机关的干预，行政干预司法的案例屡见不鲜。例如，重庆市就出现过"史上最牛公函"：重庆市一工业园区管委会就当地养殖户与爆破公司的诉讼，给一审法院发出措词强硬的公函，要求"一审（法院）不应采信（西南大学司法鉴定所的）错误鉴定结论，应作出驳回原告诉讼请求的判决"，并公然警告法院不要"一意孤

---

① 关于政法委原则上不宜协调决定案件的看法，参见笔者在《政法论坛》2011 年第 1 期上发表的《关于司法权威问题之探讨》一文。

② 〔德〕沃尔夫甘·许茨：《司法独立——一个过去和现在的问题》，李士彤译，《环球法律评论》1981 年第 4 期。

行"。原以为胜算在握的养殖场业主等来的却是与公函要求相符的判决。① 由此可见行政权对司法权的干预已达到何种猖狂的地步，而造成这种不正常局面的根源在于司法保障体制的严重缺陷。在我国，地方法院经费基本上由同级地方财政拨付，法院的财政预算是同级政府财政预算的组成部分；地方法院法官的职位也要受到同级政府编制的约束。这种人事、财政上的受制使得法院根本无法摆脱同级行政机关的强势干预。为此，党的十六大报告曾强调要"改革司法机关的工作机制和人、财、物三者管理体制，逐步实现司法审判和检察同司法行政事务相分离。"笔者认为，应当参考中共十六大报告的精神，改革现行的法院、检察院财政保障机制，改由中央和省两级划拨，同时逐步将地方法院、检察院的人事管理权由同级地方党委和政府管理改为由上级党委和政府管理。

4. 上下级法院之间的关系

在我国，人民法院上下级之间是监督与被监督的关系。宪法第127条第2款规定："最高人民法院监督地方各级人民法院和专门人民法院的审判工作，上级人民法院监督下级人民法院的审判工作。"上级人民法院对下级人民法院的监督不是通过对具体案件的直接指示实现的，下级人民法院对其正在审理的案件有权独立做出裁判。上级法院应当也只能通过二审程序、审判监督程序、死刑复核程序维持下级法院正确的判决和裁定，纠正下级法院错误的判决和裁定来实现监督。实践中，上级法院有时对下级法院正在审理的案件做出指示，下级法院更经常在做出裁判前向上级法院请示。这种指示或请示汇报现象明显违背了宪法、法律的规定。最高人民法院曾多次发出通知，禁止这些不正常现象，例如，2007年《最高人民法院关于完善审判工作监督机制促进公正司法情况的报告》中指出："最高人民法院严格禁止下级法院就个案的事实认定和如何处理进行请示，确保诉讼当事人有效行使上诉权利，确保下级

---

① 杨万国：《法院判决前接到政府"警告函"》，《新京报》2010年6月28日。

法院的审级独立和二审的审级监督功能。"但因涉及业绩考核等种种情况，改革效果不甚理想，下级法院的法官为了避免上诉案件被改判，往往先请示上级法院的法官，而后再做出判决。这种做法实际上取消了二审程序的职能。因此，必须重新制订科学合理的业绩考核办法，以杜绝一审法官请示二审法官的违法做法。

5. 法院内部合议庭与院长、庭长的关系

在我国，对合议庭独立审判的阻碍不仅来自法院外部，也存在于法院内部，这就是具有浓厚行政色彩的院长、庭长审批案件以及庭务会议讨论决定案件制度。

按照法律规定，合议庭是我国法院审理各类案件的基本组织形式。法院院长、各业务庭庭长作为法院内的领导除履行一定的行政管理职责，也参与对具体案件的审理。法官法第 6 条规定："院长、副院长、审判委员会委员、庭长、副庭长除履行审判职责外，还应当履行与其职务相适应的职责。"但是，"现实中，庭长、院长对审判工作的组织、协调、指导、监督的职责往往被浓缩或异化为对案件的把关权和对裁判文书的审核签发权。"[①] 这就是所谓院、庭长审批案件制度。这种做法，事实上将庭长、院长的管理、监督权变成了不具有法律依据的审批权，削弱乃至架空了合议庭的审判职权。为此，最高人民法院在 1999 年制定的《人民法院第一个五年改革纲要（1999～2003）》中指出要建立符合审判工作方式规律的审判组织形式，"在审判长选任制度全面推行的基础上，做到除合议庭依法提请院长提交审判委员会讨论决定的重大、疑难案件外，其他案件一律由合议庭审理并作出裁判，院、庭长不得个人改变合议庭的决定。"2002 年 7 月通过的《最高人民法院关于人民法院合议庭工作的若干规定》第 16 条规定："院长、庭长可以对合议庭的评议意见和制作的裁判文书进行审核，但是不得改变合议庭的评议结论。"后续的《人民法院第二个五年改

---

① 江必新：《论合议庭职能的强化》，《法律适用》2000 年第 1 期。

革纲要（2004～2008）》和《人民法院第三个五年改革纲要（2009～2013）》都继续强调要"加强合议庭和主审法官的职责"。令人遗憾的是，这些文件未能消除实践中习以为常的院长、庭长审批案件现象，法律所欲达到的扩大合议庭权力的目的也未能得到真正落实，个别法院甚至出台专门的文件肯定这种没有法律依据的做法。如江苏省盱眙县人民法院出台了《关于明确院、庭长审批审核案件权限的若干规定》，加强以院、庭长为主体的微观个案管理，明确分管院长、庭长在直接指导办案、直接指导法官等方面的管理职责，以制度形式将院、庭长在定案把关、裁判文书签发等方面的管理职责固定下来，督促其履行对个案的微观管理。① 其他地方的法院也有类似的规定。

　　所谓庭务会议决定案件制度，是指对于合议庭无法做出裁决的案件或某些重大案件，由庭长召集副庭长、审判员组成庭务会议，讨论决定案件结果；对于庭务会议的决定，合议庭原则上应当执行。这种做法也大量存在于司法实践中，个别法院、法庭甚至要求所有案件都必须经过庭务会议讨论决定。② 为纠正这种损害合议庭独立审判的错误做法，2009 年 12 月制定的《最高人民法院关于进一步加强合议庭职责的若干规定》明确了可以由审判长提请院长或者庭长决定组织相关审判人员共同讨论的案件范围，同时强调这些案件的"讨论意见供合议庭参考，不影响合议庭依法作出裁判"。

　　院长、庭长审批案件和庭务会议讨论决定案件的制度违背了司法的亲历性，是对合议庭独立审判的严重阻碍，而且没有任何法律依据，因而，必须加以废除。但就现实而言，立即废除这两项制度存在一定难度。一是我国法官整体职业素养不够高，而且不平衡，

---

① 刘瑞祥、刘志超：《提升审判质量的探索与实践——以审判管理为视角》，淮安市中级人民法院网站，http://fy. huaian. gov. cn/web/fy/2011/11/23/2532164. html。

② 《重机制严管理提质效　互助法院民一庭七项措施助力审判管理》，据该文介绍，青海省互助土族自治县人民法院民一庭规定对所有判决的案件全部经过庭务会议讨论，严把案件事实、法律适用、证据关，同时，有利于廉政监督，杜绝案件不廉、不公问题。青海平安网，http://www. qh. xinhuanet. com/qhpeace/2011 - 03/29/content_ 22400301. htm。

完全由合议庭独立办案难以保证案件质量。二是合议庭完全独立，难以抵制种种法外因素的干扰。因此，笔者认为院、庭长审批案件和庭务会议决定案件制度的取消难能一步到位，应当有一个准备条件的过程，而且应当与司法机关健全防腐败防外界干扰的机制同步进行。

6. 司法独立与法官职业稳定性的关系

要确立中国特色司法独立，还应当保障法官职业的稳定性。法官办案，需要坚守法律，维护正义，难免得罪当事人、得罪领导，或者受到社会舆论的指责。因此，只有保障职业稳定性，法官才能顶住压力，坚持秉公办案。如果案件未办完，法官帽已丢了，独立办案就会沦为一句空话。结合中国国情和国际经验，必须考虑以下两个问题。

第一，强化法官的身份保障，尽量摆脱被有关权力单位和领导人任意调动或撤职的可能性。罢免法官须有法定事由并经严格法定程序是诸多法治国家和地区保障司法独立性的重要途径。如在美国，一名联邦法官，除因叛国罪、贿赂罪或者其他重罪和轻罪，或者法官未忠于职守（如职务上的故意妄为，故意并且坚持不尽职责，习惯性的品行不断，以及其他破坏司法行政，使司法机关声名狼藉等）的事由外，还须经严格的弹劾程序并经参、众两院通过，才能被剥夺其法官资格。[①] 又如在日本，法官只有在渎职、玩忽职守或犯有严重损害法官威望的过错的情况下，才能被弹劾。一般情况下，法官的判决不妥，是不能成为被罢免的理由的。其实，在法官的身份保障方面，我国香港地区已取得了成功的经验。按照《中华人民共和国香港特别行政区基本法》的规定，香港法院的法官除了因身体或精神等原因而无力履行职责，或者因为行为不检等而不宜继续担任法官外，不被免职。而

---

① 参见〔美〕卡尔威因·帕尔德森《美国宪法释义》，徐卫东、吴新平译，华夏出版社，1989，第 138~140 页。

且，免职须依法定程序进行。① 香港这种做法对司法独立的保障卓有成效。根据2010年世界经济论坛的报告，就司法独立而言，香港在139个国家和地区中排行第15，是亚洲最优秀的地区之一。② 笔者认为，我国应该通过立法对法官的身份保障做出规定。具体而言，应当明确规定法官一经人民代表大会及其常委会选举和任命，不得被任意免职、撤职、调离或降低工资待遇。只有在法官因身体或精神原因不能履行职责，或因触犯国家法律或其他行为不检造成影响而不宜担任法官的情况下，且须经严格法律程序，才能对法官进行调离、免职、撤职或降低工资待遇。当然，担任领导职务的因工作需要调动另当别论。

第二，进一步提高法官的薪酬与待遇水平，这是保障法官职业稳定性的重要途径。从国外经验来看，给予法官相对较高的薪酬与待遇水平是诸多现代法治国家的通行做法。例如，在美国，一项调研结果显示，2002年联邦地区法院法官的税前年收入为15万美元，上诉法院的法官年收入为159900美元，最高法院大法官的年收入为184400美元。破产法官和审裁法官的年收入比地区法院的法官要少10%左右。远远超过2004年美国公务员人均年薪酬约7万美元的水平。③ 又如在日本，法官的月工资最低等为93.7万日元，④ 与处长级公务员之

---

① 《中华人民共和国香港特别行政区基本法》第89条规定："香港特别行政区法院的法官只有在无力履行职责或行为不检的情况下，行政长官才可根据终审法院首席法官任命不少于三名当地法官组成的审议庭的建议，予以免职。香港特别行政区终审法院的首席法官在无力履行职责或行为不检的情况下，行政长官才可任命不少于五名当地法官组成的审议庭进行审议，并可根据其建议，依照本法规定的程序，予以免职。"

② 康殷：《香港司法独立世界排第十五》，凤凰网，http: //news. ifeng. com/hongkong/detail - 011_ 10/06/9656694_ 0. shtml。

③ See *Survey of Judicial Salaries*, Vol. 27, No. 1, published by the National Center for State Courts, available at www. nc-sconline. org.

④ 据统计，在1999年，日本最高法院的院长月工资为230.4万日元，最高法院法官的月工资为168.2万日元，东京高等法院院长的工资为161万日元。高等法院的法官及地方法院院长、地方法院的法官、家庭法院的院长、家庭法院的法官的月工资标准分为八等，最低等为93.7万日元。参见日本国最高法院事务总局编《日本的裁判》，法学书院，1999，第117页，转引自冷罗生《日本现代审判制度》，中国政法大学出版社，2003，第230~233页。

工资水平相当。① 回视我国，我国法官的工资标准等同于行政机关公务员的工资标准，薪酬一直处于相对较低的水平。尽管近年来法官与公务员一样经历了多次加薪，但较之国内其他阶层仍属较低水平。这很难留住优秀法官人才，使部分法官流失，影响法官的职业稳定性。因此，我国应当适度提高法官的薪酬与待遇水平，原则上略高于相同等级的公务员，以增加法官的职业认同感和荣誉感，保障法官职业的稳定性。

（本文原载于《比较法研究》2013 年第 2 期）

---

① 按照日本国家人事院公布的 2003 年公务员工资标准，处长级公务员月薪约为 95.83 万日元。参见盛立中《国外公务员每年能够赚多少钱》，《世界新闻报》2005 年 3 月 24 日。

从"应当如实回答"到
"不得强迫自证其罪"

樊崇义 *

我国刑事诉讼法的再修改正在进行。再修改的讨论中关于是否增加规定"不得强迫自证其罪",即"不得强迫任何人证明自己有罪或者作不利于自己的陈述",人们争议最大,看法不一。不过多数人认为,根据我国民主与法治的进程,增加规定"不得强迫自证其罪"的条件已经成熟。笔者认为,"不得强迫自证其罪"一旦进入刑诉法典,我国现行刑事诉讼法第 93 条关于"犯罪嫌疑人对侦查人员的提问,应当如实回答"的规定应予废除。这一立一废,必将对我国刑事法治产生极其深刻的影响,它不仅意味着我国刑事诉讼将真正实现从传统向现代转型,也预示着我国刑事诉讼制度与刑事司法国际准则之间的差距将大大缩小一步。

一 关于"应当如实回答"

所谓"应当如实回答",按照通常理解,"就是实事求是地回答,是就是,非就非,既不无中生有,又不避重就轻;既不夸大其词,也不故意缩小"。① 对此,学界往往又将之称作"如实陈述义务"。对于这一义务,1979 年刑事诉讼法第 64 条做了明确规定,即"被告人对

---

* 樊崇义,中国政法大学诉讼法学研究院教授、博士生导师,中国刑事诉讼法学研究会顾问。

① 陈光中主编《刑事诉讼法学》(新编),中国政法大学出版社,1996,第 287 页。

侦查人员的提问，应当如实回答"。根据这一规定，对于侦查人员的讯问，被告人负有如实陈述义务，而不能保持沉默、拒绝陈述或者做虚假陈述。1996 年刑事诉讼法为明确被刑事追诉者的诉讼地位，科学地区分了 "犯罪嫌疑人" 和 "被告人"，在第 93 条中将原刑事诉讼法第 64 条中的 "被告人" 改为 "犯罪嫌疑人"，其他内容没做任何变化，即 "犯罪嫌疑人对侦查人员的提问，应当如实回答。" 虽然如此，无论是理论界还是实务部门，都认为这一要求当然地适用于检察人员、审判人员对犯罪嫌疑人、被告人的讯问，即 "在起诉、审判阶段，被告人对检察、审判人员的讯问，也应当如实回答"。①

不过，对于刑事诉讼法第 93 条的规定，理论上还有另外一种理解，即 "如实回答" 只是否定了犯罪嫌疑人撒谎的权利，立法文本的含义并不是说犯罪嫌疑人负有 "如实陈述义务"。因为刑事诉讼法第93 条关于讯问犯罪嫌疑人的程序分为两个部分：第一是 "首先讯问犯罪嫌疑人是否有犯罪行为，让他陈述有罪的情节和无罪的辩解"；第二是 "然后向他提问"，"犯罪嫌疑人对侦查人员的提问，应当如实回答"。据此，只有在犯罪嫌疑人已经 "陈述有罪的情节或者无罪的辩解" 的基础上，立法才要求犯罪嫌疑人如实回答。② 也就是说，犯罪嫌疑人的 "如实陈述义务"，是以他陈述了有罪的情节和无罪的辩解为前提的。或者说，如果犯罪嫌疑人对于侦查人员的提问已经做了有罪的陈述或者无罪的辩解，他就要负 "如实陈述义务"。

笔者认为，这种理解是有一定道理的。立法规定犯罪嫌疑人对侦查人员的提问，应当 "如实" 回答，而不是 "应当回答"，这就意味着，对侦查人员的提问，犯罪嫌疑人有选择是否回答的权利，但如果他选择了回答，即 "陈述有罪的情节或者无罪的辩解"，此时他就负

---

① 蔡墩铭主编《两岸比较刑事诉讼法学》，台湾五南图书出版有限公司，1996，第 101 页。
② 参见樊崇义主编《刑事诉讼法实施问题与对策研究》，中国人民公安大学出版社，2001，第 343 页。

有"如实"回答的义务。如果做如此解释,就等于赋予了犯罪嫌疑人沉默权。很显然,立法的原意不是这样的。立法的原意是:对侦查人员的提问,犯罪嫌疑人不仅都要回答,而且必须如实回答。也就是说,刑事诉讼法第93条在规定"如实陈述义务"的同时,也否定了犯罪嫌疑人的沉默权以及做虚假陈述的权利。

按照"如实陈述义务"的要求,有罪的犯罪嫌疑人、被告人将向公安司法人员提供自己能够提供的证据或者证据线索,并要如实供认自己的罪行。这在实践中使他们陷入了极为不利的境地,并给刑事诉讼实务至少造成了以下两个方面的恶劣影响。

一方面,助长了过分倚重口供的倾向。犯罪嫌疑人、被告人的陈述通常有两大作用:一是引导作用,二是印证作用。公安机关往往看重口供的引导作用,以便发现新的证据线索或者新的事实情况;检察机关和审判机关则主要侧重于口供的印证作用,以便在审核认定证据时与案件中的其他证据相互印证,从而确认案件事实。① 正是口供的这种特殊作用,导致实践中过于倚重口供。而立法关于"如实供述义务"的规定,则为公安司法人员取得口供提供了法律依据,立法与实践的这种相互作用,加重了公安司法人员对口供的依赖。

另一方面,导致了刑讯逼供的发生。虽然我国刑事诉讼法严禁刑讯逼供,但在实践中,由于口供在发现证据和认定案情方面具有特殊的证据价值,侦查人员为了破案,不惜动用刑讯手段逼取口供,这甚至被认为是侦查破案的最有效途径。应当说,"如实陈述义务"与警察暴力并无必然的联系,如在实行沉默权的英美等国,警察暴力也时有发生。但是,立法关于"如实供述义务"的规定却为刑讯逼供这种非法取证行为提供了借口和便利条件,② 有人甚至将之称作刑讯逼供

---

① 参见陈光中等主编《联合国刑事司法准则与中国刑事法制》,法律出版社,1998,第271页以下。

② 樊崇义主编《刑事诉讼法实施问题与对策研究》,中国人民公安大学出版社,2001,第343页。

的 "毒树之根"。①

　　鉴于对 "如实陈述义务" 的深刻认识，早在 1993 年开始的刑事诉讼法修改建议稿起草过程中，就有专家提出把 "嫌疑人和被告人享有保持沉默的权利" 作为一项重要修改方案列入建议稿，但此项建议最终没有被立法机关采纳，修改后的刑事诉讼法仍规定了犯罪嫌疑人向侦查机关的 "如实陈述义务"。② 对真理的认识和接受总是需要一个过程。经过十多年的研究分析和反复实践，尤其是对 "沉默权" 和 "不得强迫自证其罪" 及相关问题的讨论，人们充分认识到了 "如实陈述义务" 的危害，如果这次刑事诉讼法的修改规定了 "不得强迫自证其罪"，应当说完成了对这一真理的认识和接受过程，这将是我国刑事诉讼制度更加科学、更加民主的一大标志。

二　"不得强迫自证其罪" 的确立

　　"不得强迫自证其罪"（nemo tenetur seipsum prodere）通常被视为一项权利或者特权，往往被称为 "反对自证其罪的权利"（right against self-incrimination）或者 "反对自证其罪的特权"（privilege against self-incrimination），③ 在我国有时也被译作 "不受强迫自证其罪的特权"、"反对强迫自我归罪的特权"、"不被强迫自证其罪的特权"、"拒绝自我归罪的特权"、"拒绝自陷于罪的特权" 或者 "反对强迫性自我归罪的特免权" 等等。④ 作为普通法的一个重要原则，它通常被认为来源于 "任何人无义务控告自己"（nemo tenetur seipsum accusare）的古老格言。按照这一格言，如果一个人回答政府机构的提问将会暴露于自证其罪所造成的 "真实的和可估计到的危险" 之中，

---

① 参见易延友《毒树之根岂可不挖?》，《南方周末》1998 年 6 月 5 日。
② 参见陈瑞华《刑事审判原理论》，北京大学出版社，2003，第 244 页。
③ 陈光中等主编《联合国刑事司法准则与中国刑事法制》，法律出版社，1998，第 271 页。
④ 参见王进喜《刑事证人证言论》，中国人民公安大学出版社，2002，第 143 页。

他有权拒绝提供证据。① 而作为近代刑事诉讼制度重要组成部分的
"不得强迫自证其罪"，一般认为，它源于 1639 年英国著名的"李尔
本案"，该案迫使英国于次年在法律中率先确立了这一规则。② 也有人
认为，直到 18 世纪后期，该特权才在普通法国家的刑事诉讼中得到承
认。③ 但不管怎样，现在它已成为一项重要的国际刑事司法准则。不
仅很多国家的宪法和刑事诉讼法典中确立了这一原则，联合国有关法
律文献中也进行了确认。如联合国《公民权利和政治权利国际公约》
第 14 条第 3 款规定："在判定对他提出的任何刑事指控时，人人完全
平等地有资格享受以下的最低限度的保证：……（庚）不强迫作不利
于他自己的证言或强迫承认犯罪。"④《联合国少年司法最低限度标准
规则》（《北京规则》）第 7 条、世界刑法学协会第 15 届代表大会《关
于刑事诉讼法中的人权问题的决议》第 17 条、《美洲人权公约》第 8
条等，都有关于任何人不受强迫自证其罪原则的规定。⑤

应当说我国刑事诉讼立法对任何人不受强迫自证其罪是持肯定态
度的，如刑事诉讼法第 43 条明确规定："严禁刑讯逼供和以威胁、引
诱、欺骗以及其他非法的方法收集证据。"最高人民法院《关于执行
《〈中华人民共和国刑事诉讼法〉若干问题的解释》第 61 条、最高人
民检察院《人民检察院刑事诉讼规则》第 140 条、第 265 条均做了类
似规定。2001 年 1 月 2 日，最高人民检察院还向全国检察院系统发出
通知，要求"各级人民检察院要严格贯彻执行有关法律关于严禁刑讯
逼供的规定，明确非法证据排除规则。……发现犯罪嫌疑人供述、被

---

① 参见王以真主编《外国刑事诉讼法学参考资料》，北京大学出版社，1995，第 427 页。
② 在该案中，李尔本（John Liburne）在法庭上拒绝宣誓作证，并提出："任何人都不得发
誓折磨自己的良心，来回答那些将使自己陷入刑事追诉的提问，哪怕是装模作样也不
行。"王以真主编《外国刑事诉讼法学参考资料》，北京大学出版社，1995，第 427 页。
③ John. H. Langbein, "The Historical Origin of the Privilege against Self-incrimination at Common
Law," *Michigan Law Review*, Vol. 92, No. 5, 1994.
④ 程味秋等主编《联合国人权公约和刑事司法文献汇编》，中国法制出版社，2000，第 92 页。
⑤ 参见樊崇义等《刑事诉讼法修改专题研究报告》，中国人民公安大学出版社，2004，第
143 页。

害人陈述、证人证言是侦查人员以非法方法收集的，应当坚决予以排除，不能给刑讯逼供等非法取证行为留下余地"。这表明我国立法和司法解释对强迫公民自证其罪的行为持严厉否定的态度，也表明我国刑事法制中已经体现了不得强迫自证其罪原则的基本精神。① 事实上，1998 年我国政府对于《公民权利和政治权利国际公约》的签署已经充分表明了我国对这一原则的接受，而接下来的问题就是如何将公约的这一重要内容转为国内法。

　　早在我国政府签署《公民权利和政治权利国际公约》之前，已有学者呼吁要在我国刑事诉讼法中"确立反对强迫自证其罪的规则"，即在刑事诉讼法总则中规定："任何人都不受强迫作不利于自己的陈述，除本法另有规定外不得因犯罪嫌疑人、被告人沉默或者拒绝陈述作不利于他的推断。"同时废除第 93 条中关于"如实供述义务"的规定，并建立反对强迫自证其罪的配套措施等。② 也有学者考虑到我国的具体条件和实际困难，提出"三步走"方案，即：第一步，禁止刑讯逼供，认为只有刑法和刑事诉讼法中禁止刑讯逼供的规定并不足以消除这种现象，而应当采取切实措施防止刑讯逼供的发生；第二步，赋予被告人沉默权；第三步，实行任意自白规则。③ 我们也曾主张直接将《公民权利和政治权利国际公约》第 14 条第 3 款（庚）项的规定纳入我国刑事诉讼法总则中，规定：任何人在受任何刑事指控时，不被强迫作不利于他自己的证言或强迫承认犯罪。④ 在 2006 年陈光中教授主编的《中华人民共和国刑事诉讼法再修改专家建议稿与论证》中，建议在第 12 条增加规定："不得强迫任何人证明自己有罪或作其他不利于自己的陈述。"⑤ 在学者们研究成果的基础上，经过反复讨论

---

① 参见宋英辉主编《刑事诉讼原理》，法律出版社，2003，第 98 页。
② 陈光中等主编《联合国刑事司法准则与中国刑事法制》，法律出版社，1998，第 272 页。
③ 参见杨宇冠《论不强迫自证其罪原则》，《中国法学》2003 年第 1 期。
④ 樊崇义等：《刑事诉讼法修改专题研究报告》，中国人民公安大学出版社，2004，第 143 页。
⑤ 陈光中主编《中华人民共和国刑事诉讼法再修改专家建议稿与论证》，中国法制出版社，2006，第 6 页。

和比较，我国刑事诉讼法修正案明确规定"不得强迫自证其罪"的条件业已成熟。

三　"不得强迫自证其罪"与诉讼人权的保障

"不得强迫自证其罪"是一项重要的人权保障原则，也是国际刑事司法准则确立的赋予被告人在刑事诉讼整个过程中所享有的一项权利或者特权，其基本价值在于防止蹂躏肉体、精神折磨等酷刑取证这种践踏人权的行为发生。因此，有些国家甚至将之作为一项宪法性权利予以保障，如《日本国宪法》第38条规定："任何人都不受强迫作不利于自己的供述。通过强迫、拷问或威胁所得的口供，或经过不适当的长期拘留或拘禁后的口供，均不得作为证据。"美国联邦宪法第5修正案规定："任何人……不得被强迫在任何刑事案件中作为反对自己的证人。"这被美国联邦最高法院确定为"基本的和不可剥夺的人权"。① 德国联邦宪法法院则宣称：公民在对自己不利的刑事诉讼程序中拒绝积极合作的权利，是从基本法的第1条和第2条所保障的人的尊严和自由引申而来的，并且是法治国家概念的组成部分。②

在普通法上，"不得强迫自证其罪"存在证人特权和被告人特权两种形式。在这里，重点是后者，即被告人不得被强迫自证其罪。按照英美学者的解释，在不得被强迫自证其罪原则下，犯罪嫌疑人、被告人享有两项权利：一是犯罪嫌疑人、被告人对于是否陈述享有不受强迫的权利；二是犯罪嫌疑人、被告人对于是否陈述及是否提供不利于己的陈述享有自由权。③ 前者实际上就是自白任意性规则，后者则是所谓的沉默权规则。这两项规则对于保障犯罪嫌疑人、被告人个人

---

① 〔美〕彼得·G. 伦斯特罗姆编《美国法律词典》，贺卫方等译，中国政法大学出版社，1998，第208页。

② 参见〔德〕托马斯·魏根特《德国刑事诉讼程序》，岳礼玲、温小洁译，中国政法大学出版社，2004，第79页。

③ Ronald Joseph Delisle and Don Stuart, *Learning Canadian Criminal Procedure*, Third edition, Carswell Thomason Professional Publishing, 1994, p. 354.

的自由和尊严均具有极其重要的意义。

自白任意性规则又称非任意自白排除规则，虽然它与不得强迫自证其罪有不同的原理、内容和功效，但前者往往被视为后者的保障性规则。① 自白任意性规则要求只有基于自愿的自白才能采纳作为定案的根据；缺乏任意性或者具有非任意性怀疑的口供，不论其原因是什么，均不具有可采性。② 按照该规则，凡是出于暴力、胁迫、利诱、违法羁押或者其他不当方法获取的自白不得采纳为定案的根据。因为这种自白是在侵犯了被告人的基本人权且违背被告人意志自由的情况下做出的，因而是无任意性可言的。对此，日本曾有判例指出：在警察局用暴力进行带有肉体痛苦的讯问所获得的自白，没有任意性；此后向预审人员和检察人员供述的自白，无法断定是受前一阶段警察长期不法关押的影响还是逼供获得的，应当否定这种自白的证据能力。③

关于沉默权与不得强迫自证其罪原则的关系，学界有不同认识，有的学者将两者视为一体，④ 有的学者强调不得强迫自证其罪原则具有独立的含义，⑤ 有的学者则认为两者互为表里，沉默权实际上是以消极形式反对自证其罪的行为。⑥ 应当说，沉默权与不得强迫自证其罪原则在内涵和外延上确实存在着一些差别，⑦ 但两者在保障人权问题上有着共同的价值基础：排斥自我弹劾。真实诚可贵，人权价更高。在刑事诉讼中，按照有的学者的说法，如果"公权力强迫被告承认犯罪，无异强迫被告在自己头上戴枷锁"。⑧ 这显然违反人类理性，属过于残酷而不人道的行为。沉默权与不得强迫自证其罪原则在尊重和保

---

① 陈光中等主编《联合国刑事司法准则与中国刑事法制》，法律出版社，1998，第 276 页。
② 参见卞建林主编《证据法学》，中国政法大学出版社，2000，第 484 页。
③ 参见〔日〕田口守一《刑事诉讼法》，刘迪等译，法律出版社，2000，第 249 页。
④ 参见卞建林等《英国对沉默权的限制》，《比较法研究》1999 年第 2 期。
⑤ 参见刘根菊《在我国确定沉默权的几个问题之研讨（上）》，《中国法学》2000 年第 2 期。
⑥ 陈光中等主编《联合国刑事司法准则与中国刑事法制》，法律出版社，1998，第 275 页。
⑦ 参见宋英辉《不必自我归罪原则与如实陈述义务》，《法学研究》1998 年第 5 期。
⑧ 田正恒：《刑事被告人之沉默权》，《法令月刊》第 39 卷第 2 期。

障人权以及遏制这种不人道行为方面发挥着同等的作用，它能够有效防止犯罪嫌疑人、被告人遭受肉体摧残和精神折磨等不人道或有损人格尊严的待遇，避免沦落为协助警察、检察官追诉犯罪的工具，能够有效地维护犯罪嫌疑人、被告人作为人的基本权利，包括"我们不愿意让那些尚未确认有罪的人屈从于自我控告、伪证或不体面的三难选择的痛苦所带来的折磨"。[①]

我国宪法修正案确立了"国家尊重和保障人权"原则，保障人权也是公认的刑事诉讼目的之一。实践证明，要把该项原则和目的具体落实到刑事诉讼过程中，仅靠在刑事诉讼法中规定"严禁刑讯逼供"是远远不够的。不得强迫自证其罪原则的确立，无疑会促进保障人权目的的实现，使刑事诉讼中漠视人权的状况发生根本性改变。

四　"不得强迫自证其罪"与刑事政策的调整

一般来说，"如实供述义务"是与"坦白从宽、抗拒从严"的刑事政策一脉相承的。"不得强迫自证其罪"原则的确立，则意味着我国长期奉行的"坦白从宽、抗拒从严"的刑事政策将发生重大调整。

"坦白从宽、抗拒从严"的刑事政策产生于我国革命政权发展到一定规模、内部反革命分子和严重的刑事犯罪分子等敌对势力猖獗的时期，但形成比较系统的刑事政策则是在新中国成立以后。[②] 在20世纪80年代开始实施的"严打"斗争中，最高人民检察院很注重发挥这一刑事政策的作用，在《关于在严厉打击刑事犯罪中具体应用法律的若干问题的答复》中特别指出："坦白从宽，抗拒从严，是我们党的一贯政策。在这次严厉打击刑事犯罪的斗争中，仍要坚持按照犯罪

---

① Murphy v. Waterfront Commission of New York，378 U. S. 52（1964）. 转引自〔美〕彼得·G. 伦斯特罗姆编《美国法律词典》，贺卫方等译，中国政法大学出版社，1998，第208页。

② 1956年1月31日，董必武同志在全国政协第二届二次会议上所做的《关于肃清一切反革命分子问题的报告》中指出：镇压与宽大相结合的政策，这就是坦白从宽、抗拒从严、立功折罪、立大功受奖的政策。

分子的不同表现，区别对待。"在这一政策下，犯罪嫌疑人或者被告人因其犯罪行为被公安司法机关传唤、讯问时或者在被采取强制措施后，或是法庭审理过程中，如果能够如实交待自己的罪行就能得到宽大处理，包括从轻、减轻或者免除刑罚处罚；相反，如果犯罪嫌疑人或被告人对公安司法人员的讯问采取不予配合的态度，不如实回答或者做虚假陈述，拒不认罪，顽抗到底，就要受到严厉惩罚。

应当说，在特定历史时期，"坦白从宽、抗拒从严"政策的实施，对于巩固我国国家政权、维护社会稳定确实起到过重要作用。实践中，面对"威逼"和"利诱"的双重压力，[①] 犯罪嫌疑人、被告人往往会放弃抵抗，如实供述自己的罪行，甚至协助公安司法人员侦破其他刑事案件。这对于瓦解罪犯心理防线、加快破案进度、打击违法犯罪行为发挥着重要作用。但是，在社会关系已经发生重大变革的今天，法治观念已深入人心，这一政策的某些内容已不符合刑事法治的要求，尤其是它所固有的内在逻辑矛盾及其造成的消极后果决定了必须对这一政策做出相应的调整。因为在"坦白从宽，抗拒从严"政策的背后，隐藏的是"有罪推定"的思想和观念：如若无罪，坦白什么？要是没罪，何来抗拒？很显然，所谓的"坦白"与"抗拒"，都是以"有罪推定"为前提的，犯罪嫌疑人一旦被抓，那就意味着一定是有罪的，有罪就必须老实招供，否则就是抗拒，抗拒就得从严惩处。这种"强盗式"的司法逻辑明显与现代司法文明所倡导的"无罪推定"原则南辕北辙。此外，正是由于这种"有罪推定"的逻辑，造成了重口供而轻其他证据的倾向，进而导致刑讯逼供现象以及冤假错案的发生。

也许正是由于认识到"坦白从宽、抗拒从严"政策的逻辑矛盾及

---

① 事实上，在国家追诉氛围下，"警察局的关押环境和复杂的讯问手段（本身）就构成了警察迫使犯罪嫌疑人讲话的不可否认的力量"。参见〔美〕乔恩·R. 华尔兹《刑事证据大全》，何家弘等译，中国人民公安大学出版社，1993，第166页。

其消极后果，几年前，武汉市公安局、抚顺市检察院、北京市铁路看守所等悄悄将这八字布告从看押室墙上撤下，代之以山水画或者《犯罪嫌疑人权利义务告知书》。对此，香港《大公报》曾报道说，撤下"坦白从宽，抗拒从严"不仅仅是简单地放弃一句口号，而是内地人权保障事业的又一个进步，标志着司法理念的重要转变。① 但是，部分地方撤下这八字布告只是一种自发的个别行为，具有很大的随意性，"不得强迫自证其罪"原则的确立，将为这一刑事政策的调整提供法律依据和制度保障。

按照"不得强迫自证其罪"原则，犯罪嫌疑人、被告人享有不被强迫的权利以及陈述自由权，这就意味着公安司法人员不能强迫犯罪嫌疑人、被告人"坦白"，并且犯罪嫌疑人、被告人"不坦白"也不能被视为态度不好，或者主观恶性深、人身危险性大，更不能以此作为其抗拒国家法律的依据而受到严惩。也就是说，"抗拒"不得从严。因为在"不得强迫自证其罪"原则下，犯罪嫌疑人、被告人享有是否陈述的选择权，他完全可以选择不陈述而拒绝回答公安司法人员的提问。也就是说，依据"不得强迫自证其罪"原则，犯罪嫌疑人、被告人在刑事诉讼中没有与公安司法人员合作的义务。按照德国学者的解释，在此情况下，"被告人不仅可以保持沉默，而且可以说谎，通过否认、歪曲事实真相以试图避免自证其罪或逃避受到定罪的后果，并且这样做时，被告人不会被指控有伪证罪而受到处罚"。② 不过，笔者认为，在"不得强迫自证其罪"原则下，犯罪嫌疑人、被告人享有陈述自由权，他可以选择陈述，也可以拒绝陈述，但他一旦选择了陈述，就不能再做虚假陈述。因为此种情况下，已经给予了他充分的人权保障，既然他放弃了这一特权而选择陈述，就不得虚构事实而误导侦查

---

① 参见《我国司法理念渐变　坦白从宽抗拒从严悄然退位》，中国新闻网，2003 年 12 月 10 日。

② 〔德〕施密特：《德国刑事诉讼法概述》，转引自陈瑞华《刑事审判原理论》，北京大学出版社，2003，第 243 页。

或者审判。

决不因事后行为加重对过去犯罪的评价。[①] 因而"抗拒"不得从严，但"坦白"可以从宽。当然，这里的"坦白"必须出于犯罪嫌疑人、被告人的完全自愿。前文所讲的"坦白从宽"，是"有罪推定"下的一种"利诱"，对于犯罪嫌疑人、被告人而言，有一种明显不当的心理压力，是"两害相权取其轻"的一种不得已选择，它与"不得强迫自证其罪"原则是格格不入的。而"不得强迫自证其罪"原则并不反对犯罪嫌疑人、被告人自愿地"坦白"，并且两者在获取真实口供方面有着共同的价值基础。在很多学者看来，坦白从宽对于"获取真实口供"的意义是显而易见的；[②] 而"不得强迫自证其罪"特权也正是服务于"可靠性"的目标。[③] 既然犯罪嫌疑人在没有任何压力的情况下自愿如实供述自己的罪行，说明他有认罪悔改的表现，同时也减轻了侦查人员破案的难度，降低了诉讼成本，也就应该从宽处理。否则，将真的会造成"坦白从宽，牢底坐穿；抗拒从严，回家过年"的不正常现象。

五　"不得强迫自证其罪"与诉讼结构的转型

"不得强迫自证其罪"根源于对抗式诉讼的土壤，作为被告人在刑事诉讼中的一项特权，"经常被引用作为抗辩式和讯问式司法制度的主要区别"。[④] 在美国学者看来，它"代表着一种社会偏好，即偏好刑事诉讼为中立的对抗式而不是纠问式"。[⑤] 笔者也认为，"不得强迫

[①] 参见张明楷《刑法格言的展开》，法律出版社，2003，第 60 页以下。
[②] 参见陈卫东等《论沉默权与坦白从宽》，《河南省政法管理干部学院学报》2005 年第 1 期。
[③] 参见〔美〕阿希尔·里德·阿马《宪法与刑事诉讼基本原理》，房保国译，中国政法大学出版社，2006，第 131 页。
[④] 〔美〕爱伦·豪切斯泰勒斯·黛丽等：《美国刑事法院诉讼程序》，陈卫东等译，中国人民大学出版社，2002，第 69 页。
[⑤] 〔美〕彼得·G. 伦斯特罗姆编《美国法律词典》，贺卫方等译，中国政法大学出版社，1998，第 208 页。

自证其罪"原则与对抗式诉讼结构有着内在的契合性。

　　首先，"不得强迫自证其罪"原则承认和尊重犯罪嫌疑人、被告人诉讼主体地位，这正是对抗式诉讼结构的前提。在纠问式诉讼结构下，被告人在诉讼中不是诉讼主体，而是诉讼客体，没有诉讼权利，只是被拷问的对象。① 在此情况下，犯罪嫌疑人、被告人完全沦为了国家追诉机关强制下的实现他人目标的工具。而对抗式诉讼强调犯罪嫌疑人、被告人是独立的诉讼主体，他被视为一个具有尊严性的个体，被作为人格主体看待。② 按照程序主体性原理，在整个刑事诉讼过程中，犯罪嫌疑人、被告人均拥有程序性主体地位，并享有相应的程序主体权。

　　其次，"不得强迫自证其罪"原则强调控辩双方的平等诉讼地位，这是对抗式诉讼结构的基础。"不得强迫自证其罪"原则所赋予犯罪嫌疑人、被告人与追诉方平等的诉讼地位在刑讯合法化的纠问式诉讼下是绝对不可能的，而控辩平等是对抗式诉讼的当然要求。对抗式诉讼承认参与刑事诉讼的各方主体在诉讼上具有完全平等的法律地位，尤其是作为被追诉对象的犯罪嫌疑人、被告人和国家追诉机关之间的平等性。对此，有的学者指出，"对反社会行为者给予法律上的适当待遇似乎是自相矛盾的，但它在意识形态和政治上的积极意义就是，绝对地认可反社会个人在刑事诉讼中的平等和尊严，他在诉讼当中是一个与控诉方地位平等的主体，而不是任人摆布的客体"。③

　　再次，"不得强迫自证其罪"原则注重犯罪嫌疑人、被告人诉讼防御权，这也是对抗式诉讼结构的重要内容。在纠问式诉讼中，以拷打方式逼取被告人供述往往是家常便饭，且被告人往往也得不到律师

---

① 参见李心鉴《刑事诉讼构造论》，中国政法大学出版社，1992，第84页。
② 参见〔日〕团藤重光《刑事诉讼中的主体性理论》，宋英辉译，《外国法学译丛》1989年第2期。
③ 参见〔斯洛文尼亚〕卜思天·儒佩基奇《从刑事诉讼法治透视反对自证有罪原则》，王铮等译，《比较法研究》1999年第2期。

帮助的权利。① 而在"不得强迫自证其罪"原则下，犯罪嫌疑人、被告人凭借此项特权，可以拒绝回答追诉方的提问，追诉方不能强迫犯罪嫌疑人、被告人提供可能使其陷入不利境地的陈述或其他证据，法官也不得因此而使其陷入不利境地或者做出对其不利的裁判。这与对抗式诉讼不谋而合，对抗式诉讼不仅承认犯罪嫌疑人、被告人的沉默权，为了增加他的防御能力，还通过政府提供免费的律师来保障犯罪嫌疑人、被告人获得律师帮助权，增强其对抗追诉机关非法侵害的能力，以改变他在诉讼中的劣势处境。

　　我国传统意义上的刑事诉讼结构在总体上属于职权主义，② 1996年刑事诉讼法的修改吸收了当事人主义的对抗制因素，但并没走上当事人主义诉讼模式，仍然是以职权主义为主，其特色在于审前程序和审判程序在结构上是完全不同的：审前程序由于缺乏中立法官的参与，可以说是一种控辩直接的不平等对抗程序，或者说是一种侦控机关的单方追诉程序；审判程序在结构上形成了控、辩、审三方组合形式，但它们之间的关系非当事人主义或者职权主义，因为公诉人的法律监督权的存在、司法权的非至上性、控辩双方的不平等性以及被害人的当事人化等已将典型意义的诉讼结构模式彻底打碎。"不得强迫自证其罪"原则的确立，意味着犯罪嫌疑人、被告人诉讼主体地位及相应的诉讼权利将得到全面承认和制度保障，这必然将对现有的刑事诉讼结构产生强大的冲击，促使其转向以平等对抗为基础的当事人主义诉讼。

六　"不得强迫自证其罪"与侦查模式的转变

　　关于我国的侦查模式，一般认为是一种"口供本位主义"，即

---

① Mrijan Damaska, "Evidentiary Barriers to Conviction and Two Models of Criminal Procedure: A Comparative Study," *University of Pennsylvania Law Review 121* (1973).

② 李心鉴《刑事诉讼构造论》，中国政法大学出版社，1992，第 164 页。

"由供到证"的侦查模式。虽然立法上规定了"重证据，重调查研究，不轻信口供"，但在司法实践中，基本上是以口供为突破口或者切入点，侦查机关往往是在掌握了一定的犯罪线索以后，立即讯问犯罪嫌疑人，然后再以犯罪嫌疑人的供述为线索收集其他证据。如果收集的其他证据与犯罪嫌疑人的口供有出入，就继续讯问犯罪嫌疑人。整个刑事侦查活动基本上都是围绕犯罪嫌疑人的口供来进行的。实际部门把这一侦查模式形象地比喻为"挤牙膏"，挤一点查一点，挤多少查多少。[①]

在口供本位主义下，口供是"证据之王"，侦查活动的中心就是拿口供，只要有了犯罪的线索或一定的举报，就启动各种强制性措施，采用先抓人后取证的侦查方法，如果犯罪嫌疑人承认犯了罪，就万事大吉；如果犯罪嫌疑人不认罪，侦查人员急于拿下口供，常常会实施刑讯逼供，或者采取骗供、诱供的手段。因此，口供本位所造成的弊害是显而易见的，它不仅违背了刑事诉讼的客观规律，侵害了当事人或其他诉讼参与人的诉讼权利、人身权利和民主权利，也使案件的质量失去保障，仅以口供定案，必然造成冤假错案。

鉴于对"由供到证"侦查模式弊端的认识，笔者曾呼吁将我国侦查模式由"口供本位"转向"物证本位"。这一主张虽然对我国的侦查工作产生一定的推动作用，但由于各种复杂的原因，实践中并没有根本摆脱口供主义的思维模式，偏重口供观念依然存在，刑讯逼供现象时有发生。但无论如何，刑事侦查发展的客观规律决定了"口供本位"必将为"物证本位"所取代，"由供到证"的侦查模式必定走向"由证到供"的侦查模式。"不得强迫自证其罪"原则的确立，正为这种历史性转变提供了契机。

如前文所述，"如实供述义务"最大的隐患就在于助长了过分倚

---

①　樊崇义主编《刑事诉讼法实施问题与对策研究》，中国人民公安大学出版社，2001，第300页以下。

重口供的倾向，并导致了刑讯逼供的发生，而"不得强迫自证其罪"原则，其重要价值就在于促使侦查人员降低对口供的依赖。因为在该原则下，犯罪嫌疑人享有拒绝陈述的权利。这样，侦查人员将失去以强迫手段获取口供的依据。也就是说，"不得强迫自证其罪"原则的确立，使得侦查人员获得口供的机会具有了很大的不确定性。在侦查过程中，如果犯罪嫌疑人祭起"不得强迫自证其罪"大旗，将迫使侦查人员改变偏重口供的观念，转而投入使用技术侦查措施，或者建立健全侦查信息网络系统，以便获取侦查破案所需要的证据材料。这样一来，"物证本位"取代"口供本位"就成为顺理成章的事情了。

七　"不得强迫自证其罪"与证据制度的完善

"不得强迫自证其罪"是一项重要的人权保障原则，同时它构成了"一项明智的和有益的证据规则"。[①] 在美国，它作为一种宪法原则，通过有关判例被具体化为包括米兰达规则在内的一系列的证据规则。[②] 这对以自由心证为基础的英美证据制度产生着深刻影响，并推动着英美证据制度的不断发展。我国证据制度虽然与英美证据制度有着不同的法律基础和价值取向，但某些具有科学性的证据规则并不是为特定的社会制度设计的。随着"不得强迫自证其罪"原则的确立，我国证据制度必将会得到不断完善和发展。

首先，转变证据价值观。刑事诉讼价值是多元的，除了发现事实、正确适用实体法这一工具性价值外，还存在着正当程序这种程序自身的内在价值。两者总的来说具有一致性，但有时也会发生冲突。"不得强迫自证其罪"的权利配置则体现了刑事诉讼的正当程序和实质真实之间的基本矛盾。[③] 它在保护犯罪嫌疑人、被告人的同时，也"强

---

① 〔美〕彼得·G. 伦斯特罗姆编《美国法律词典》，贺卫方等译，中国政法大学出版社，1998，第 208 页。

② 参见姚莉《美国判例中不受强迫自证其罪的特权及其相关规则》，《法学》2001 年第 12 期。

③ 陈光中等主编《联合国刑事司法准则与中国刑事法制》，法律出版社，1998，第 278 页。

调发现真相"。① 不过，它是同刑事诉讼注重程序之正当性联系在一起的，也是同以实体真实为绝对价值目标的刑事程序相对脱离的结果。② 在它看来，只有犯罪嫌疑人、被告人的陈述是出于完全自愿的情况下，该陈述才具有可靠性，才有助于发现真相。因此，"不得强迫自证其罪"原则的确立，将意味着对真相的追求不能以侵犯犯罪嫌疑人、被告人的基本人权为代价。即在追求案件的客观真实时，不能以牺牲法律的正当程序为代价。这也就预示着，在运用证据的价值选择上，要从过去客观真实、实质合理的证据观，转变为法律真实、形式真实的证据观。

其次，进一步加强控诉方的举证责任。按照证明责任原理，在刑事诉讼中，提供证据证明被告人有罪的责任由控诉一方承担，控诉方不得采用酷刑和其他非法方法收集证据；被告人有辩护的权利，却没有证明自己无罪的义务，不能因为被告人不能或者没有证明自己无罪而认定被告人有罪。③ "不得强迫自证其罪"完全符合这一原理。在"不得强迫自证其罪"原则下，"禁止政府要求一个人非自愿地作为反对他自己或者提供反对他自己的证据。去控告并承担证明责任乃是政府的责任，被告人不能被强迫协助政府履行这一责任"。④ 该原则被认为"是对抗制中的基本原则"。它要求"政府企图对某人进行惩罚时，必须摆出由政府直接获得的证据，不得强迫嫌疑犯提供对其本人进行判罪的证据"。⑤ 与此相适应，"它禁止对被告人拒绝供认进行评论"，"不要从被告在逮捕后拒绝与警察谈话，或者在庭审时拒绝作证中得

---

① 〔美〕阿希尔·里德·阿马《宪法与刑事诉讼基本原理》，房保国译，中国政法大学出版社，2006，第 164 页。

② 宋英辉主编《刑事诉讼原理》，法律出版社，2003，第 102 页。

③ 参见卞建林主编《刑事证明理论》，中国人民公安大学出版社，2004，第 187 页。

④ 《布莱克法律大辞典》（第 5 版），美国西部出版公司，1979，第 1220 页。

⑤ 〔美〕卡尔威因·帕尔德森：《美国宪法释义》，徐卫东、吴新平译，华夏出版社，1989，第 229 页。

出任何结论"。① 我国 1996 年刑事诉讼法的修改，加强了控诉方的举证责任，但由于犯罪嫌疑人、被告人负有"如实陈述义务"，致使他们事实上承担着证明自己有罪的责任，并负担着为刑事追诉官员提供指控证据的义务。②"不得强迫自证其罪"原则的确立，将从根本上改变这一状况。从此以后，控诉方只能主动担负起收集证据并证明犯罪嫌疑人、被告人有罪的全部责任，而不能再强迫犯罪嫌疑人、被告人供述或者提供证明自己有罪的证据，也不能再把破案的希望寄托在获取犯罪嫌疑人、被告人认罪的口供上面了。

再次，完善非法证据排除规则。在普通法上，自证其罪的概念仅仅适用于主体之间进行交流时所产生的信息，而不适用于事物性质的东西以及通过谈话的结果找到的东西。即不得强迫自证其罪原则仅保护具有言词性或语言交流性的证据，而不适用于一个人的身体构成或者实在证据与物证的来源。③ 但在现代西方国家，这一概念可以用来指代从被告人身上获得的任何事物，包括在侦查程序中获得的所有在被告人参加的情况下产生的证据，甚至是通过被告人陈述发现的实物证据。④ 也就是说，作为不受强迫自证其罪特权的适用范围，不仅包括导致自我归罪的陈述，而且包括所有可能导致自我归罪的其他证据。⑤ 在我国，从立法上看，已经确立了非法证据排除规则，即凡是以刑讯逼供、威胁、引诱、欺骗等非法的方法收集的犯罪嫌疑人、被告人供述、被害人陈述、证人证言，均不得作为指控犯罪的证据。⑥

---

① 〔美〕彼得·G. 伦斯特罗姆编《美国法律词典》，贺卫方等译，中国政法大学出版社，1998，第 208 页以下。

② 陈瑞华：《刑事审判原理论》，北京大学出版社，2003，第 244 页。

③ 〔美〕乔恩·R. 华尔兹《刑事证据大全》，何家弘等译，中国人民公安大学出版社，1993，第 170 页。

④ David M. Pacicco and Lee Stuesser, *Essential of Canadian Law: The Law of Evidence*, Irwin Law, 1996, p. 154.

⑤ 宋英辉：《不必自我归罪原则与如实陈述义务》，《法学研究》1998 年第 5 期。

⑥ 参见《最高人民法院关于执行〈中华人民共和国刑事诉讼法〉若干问题的解释》第 61 条、《人民检察院刑事诉讼规则》第 265 条。

据此，对于上述非法言词证据，应予以排除，但对于非法实物证据的排除问题，则不置可否。随着"不得强迫自证其罪"原则的确立，这一问题将得到明确的回答。根据该原则，不仅非任意性供述要排除，非法手段取得的供述也要排除；不仅非法的供述要排除，强迫犯罪嫌疑人、被告人提供的证明其有罪的其他证据也要排除，包括非法搜查、扣押取得的实物证据和以"毒树之果"形式存在的衍生证据。

最后，健全证人作证制度。在"不得强迫自证其罪"下，除犯罪嫌疑人、被告人享有不被强迫自证其罪的特权外，这一特权也适用于证人，即如果证人作证将使自己陷入归罪境地时，他有权拒绝作证。有资料显示，英国 1969 年审理查理斯国王时就将该特权扩大到了证人，美国联邦最高法院 1924 年判决宪法第 5 修正案规定的反对自我归罪特权同样适用于证人。[1]《意大利刑事诉讼法典》第 198 条第 2 款则明确规定："证人无义务就他可能因之而承担刑事责任的事实作证。"笔者认为，在我国适用这一原则时，当然也应包括证人，如果被传唤作证的证人认为其证言或者对被提问的问题的回答具有潜在性归罪的危险时，也可以引用该条款而拒绝作证。这样，立法在强调证人出庭作证的义务的同时，也为其提供了一种最低限度的保护。

八　结语

古希腊智者普罗泰戈拉曾说过，人是万物的尺度。[2]承认并尊重每一个人的尊严和自由是"不得强迫自证其罪"原则的核心价值。在该原则下，犯罪嫌疑人、被告人拥有作为人的人格尊严，享有人最基本的说话的自由。因此，反对自证其罪特权被誉为"是人类在通向文明的斗争中最重要的里程碑之一"。[3]美国联邦最高法院曾郑重地指

---

① 王进喜：《刑事证人证言论》，中国人民公安大学出版社，2002，第 145 页。

② 参见〔英〕罗素《西方哲学史》（上卷），何兆武、李约瑟译，商务印书馆，1963，第 111 页。

③ R. H. Helmholz, "Origins of the Privilege against Self-incrimination: The Role of the European Ius Commune," 65 *New York University Law Review* 962（1990）.

出："第五修正案中反对自我归罪条款反映了我们的许多基本价值和最高尚的精神。"① 这充分表达了它对美国刑事诉讼乃至美国人的政治生活所具有的重要意义。许多西方国家与美国一样，通过刑事诉讼法甚至宪法确立了这项法律原则，并通过一系列的诉讼规则或者证据规则将之具体化和规范化，为被刑事控告者和证人提供了充分的人权保护。可以说，"不得强迫自证其罪"原则的确立，为现代刑事司法的民主性和文明性奠定了坚实的基础。

孔子曰：仁者，人也。中国有两千多年的文明史，作为中华主流文化的儒学蕴含了丰富的人文精神，不仅要"爱人"，而且要"泛爱众"，这种以人为本的思想也体现了中华文化尊重人、爱护人的理念。但两千多年的刑事司法史却充满着刑讯逼供，"无供不录案"，反映出的是对人的尊严、自由和权利的漠视。不过，历史终究是历史，痛定思痛，"国家尊重和保障人权"终于在 21 世纪初被提升到了宪法高度，具体落实的首先应当是刑事诉讼。我们盼望刑事诉讼法的修改不负众望，在我国刑诉法典中确认这一世界性的法律原则，这对当前进入艰难时期的中国刑事司法改革而言，其重要意义不言而喻。

（本文原载于《法学研究》2008 年第 2 期）

---

① Murphy v. Waterfront Commission of New York, 378 U. s. 52 (1964). 转引自〔美〕彼得·G. 伦斯特罗姆编《美国法律词典》，贺卫方等译，中国政法大学出版社，1998，第 208 页。

我国刑事强制措施的功能回归与制度完善

卞建林[*]

一　刑事强制措施的概念解读

从哲学范畴来看，功能是事物作用于他物的能力，亦即系统作用于环境的能力。功能不应孤立地被理解为一种静态的概念描述或者内容陈述，其取决于事物自身的内部构造或者结构并与之互成动态影响，"结构—功能分析"亦是社会学中最为重要的方法论之一。厘清刑事强制措施的功能，也就首先需要对刑事强制措施的概念、结构等予以明晰。

在许多国家和地区，强制措施所涵盖的范围都较为宽泛，几乎包括所有干预或者限制公民基本权利的行为。在德国，强制措施包括对人格自由权之侵犯、对生理权之侵犯、对财产权之侵犯、对住宅权之侵犯、对通信秘密权之侵犯、对职业自由权之侵犯以及对信息自主权之侵犯，且实施侵犯的职权单位不仅包括法官、检察官以及检察官的辅助机关，还包括不属于检察官辅助机关的警察及每个国民。[①] 在俄罗斯，诉讼强制措施分为三类，即拘捕、强制处分和其他诉讼强制措施。拘捕是短期剥夺犯罪嫌疑人的自由以查清其身份并解决是否需要对其适用强制处分等；强制处分是通过限制刑事被告人（特殊情况下亦包括犯罪嫌疑人）的人身自由以制止其实施妨碍具体刑事案件诉讼

---

　*　卞建林，中国政法大学诉讼法学研究院教授、博士生导师，中国刑事诉讼法学研究会会长。

　①　参见〔德〕克劳思·罗科信《刑事诉讼法》（第 24 版），吴丽琪译，法律出版社，2003，第 273 页。

行为的可能性；其他强制措施则是为诉讼程序顺利推进以及生效裁判正确执行创造条件。在我国台湾地区，强制处分是指违反受强制的诉讼主体的意思而干预或者剥夺其基本自由与权利，包括对人身自由之剥夺、对身体不可侵犯性之干预、对居住自由权之干预、对秘密通信自由之干预以及对财产权之剥夺。①

我国刑事诉讼中的强制措施则是指公安机关、人民检察院和人民法院在刑事诉讼过程中，为了保证诉讼的顺利进行，依法对犯罪嫌疑人、被告人以及现行犯采取的在一定期限内暂时限制或者剥夺其人身自由的法定强制方法，并在刑诉法中设有专章予以规定，包括拘传、取保候审、监视居住、拘留和逮捕五种类型。而搜查、扣押、查封、冻结等对财产权的强制处分以及监听、监控等对隐私权的强制处分则均被划归至"侦查"章节之中作为强制性侦查行为予以规制。② 关于我国强制措施的内涵与外延，理论界批评之声此起彼伏，大多数观点都认为当前法定强制措施仅限于限制和剥夺犯罪嫌疑人、被告人人身自由的五种类型显得过于狭窄，与法治国家强化人权保障的理念相脱节，并进而提出了相应的改革主张：有论者提出应当将所有用于办理刑事案件的人身强制方法统一作为刑事强制措施加以规定；③ 有论者则主张以基本权利是否受到侵犯为标准来界定刑事强制措施，将搜查、监听等强制性侦查行为也纳入强制措施范围之内，从而突出强制措施的本质特征；④ 还有论者在支持应当将搜查、扣押等对物的强制措施纳入刑事强制措施体系的基础上，提出应探索限制经营、停止经营等符合我国目前实际情况的对单位犯罪嫌疑人、被告人的强制措

---

① 参见林山田《刑事程序法》，台湾五南图书出版有限公司，1998，第170页。
② 监听、监控等对隐私权的强制处分在我国现行刑诉法中并无专门条文予以规范，但在《修正案（草案）》中已经将其作为技术侦查的部分内容纳入"侦查"专章之中。
③ 参见孙长永《比较法视野中的刑事强制措施》，《法学研究》2005年第1期。
④ 参见杨雄《刑事强制措施实体化倾向之反思——以预防性羁押为范例》，《政法论坛》2008年第4期。

施，使刑事强制措施体系更趋完整。① 为调和关于强制措施内涵与外延所存在的争议，"强制性措施"这一概念应运而生，并被用以包容和丰富强制措施的相关内容，具体包括对人身自由的强制性措施、对物的强制性措施以及对隐私权的强制性措施三个方面。② 笔者认为，对财产权的强制处分以及对隐私权的强制处分，考虑到其强制干预基本人权的内在属性，无论是否类属于强制措施，都应当在立法上参照强制措施的规范理念予以严格控制进而保证其能够依法、谦抑进行，国际上已有许多成熟先例可循，这也是我国刑事诉讼立法应当努力完善的重要内容。至于我国强制措施的具体涵义，为符合现行法律体系的规范逻辑以及理论实务部门的用语惯例，目前而言还是以对公民人身自由的强制处分为宜，此亦本文的研究立基所在。

二　诉讼保障与人权保障：我国刑事强制措施的双重功能

我国刑事强制措施较其他国家而言呈现出更为明显的单一性特征：首先是适用主体单一，即只能由办理刑事案件的公安司法机关适用，其他机关和个人无权实施强制措施；其次是适用对象单一，即只能适用于犯罪嫌疑人、被告人以及现行犯和重大嫌疑分子，而不能对其他诉讼参与人以及诉讼以外的人适用；最后是适用目的单一，强制措施立足于保障刑事诉讼活动的依法顺利进行，而非用以进行实体制裁或者替代侦查行为。基于这种单一性特征，我国刑事强制措施主要具备如下两种功能。

（一）诉讼保障功能

所谓诉讼保障功能，是指刑事强制措施用以保障刑事诉讼活动的顺利进行，或者说用以排除刑事诉讼活动的不当妨碍。强制措施的诉讼保障功能具体体现为两个方面：一是保证被追诉人能够始终参与刑

---

① 参见宋英辉《完善刑事强制措施的理念与总体构想》，《人民检察》2004 年第 17 期。

② 参见卞建林主编《刑事诉讼法学》，科学出版社，2008，第 284 页。

事诉讼程序以及法院裁判的结果能够得到执行，如果被追诉人拒不到案或者有自杀或逃跑可能的，则构成适用强制措施的事由；二是保证公安司法机关能够依法顺利进行案件事实和证据的调查认定工作，如果被追诉人有毁灭、伪造、变造证据或者串供、干扰证人作证可能的，则构成适用强制措施的事由。诉讼保障功能是刑事强制措施的原初功能，设置刑事强制措施的主要目的即在于保障侦查、起诉、审判以及执行等诉讼活动能够顺利推进，而这也是刑事强制措施能够获得正当性的基础所在。考察世界主要国家和地区的强制措施制度，诉讼保障都被视为强制措施尤其是羁押性强制措施的主要功能。我国台湾学者林山田指出："强制处分虽然无可避免地限制或者剥夺个人之自由与权利，但并非对于受强制者个人之处罚，而只是为达下列目的之强制措施：（1）确实掌握犯罪嫌疑人或被告，使其确实得以在场，始终参与刑事程序；（2）发掘或保全刑事证据；（3）确保刑事诉讼程序之顺利进行；（4）确保审判结果之执行，以建立刑法与刑事程序之威信。"①

（二）人权保障功能

"在刑事诉讼领域，秩序价值包含两种含义：其一是通过追究犯罪以恢复社会秩序；其二是追究犯罪的活动必须是有序的，不得导致无序状态。"② 如果将诉讼保障作为强制措施唯一功能的话，那无疑等于认可国家机关仅凭追诉需要而任意地、无节制地对公民人身自由等基本权利加以恣意干预和侵犯，其结果不仅导致刑事诉讼的无序和混乱，更会使得强制措施特别是羁押性强制措施被过度适用，因为处于羁押状态的被追诉人无论是在生理上还是心理上都更易受到控制。此外，按照无罪推定的基本原则，被追诉人在被依法判决有罪之前在法律上处于无罪状态，对居于无罪状态的被追诉人适用强制措施以限制

---

① 参见林山田《刑事程序法》，台湾五南图书出版有限公司，1998，第170页。
② 〔英〕彼得·斯坦、约翰·香德：《西方社会的法律价值》，王献平译，中国人民公安大学出版社，1990，第38页。

或者剥夺其人身自由，完全是基于追诉犯罪的考量而对被追诉人课以容忍义务的无奈之举，但是这种容忍义务必须是有限度的。赋予强制措施以人权保障功能显然是调和上述矛盾的当为之道。强制措施的人权保障功能应当至少从两个方面予以体现：一是强制措施的内容设计必须体现对被追诉人人权的充分尊重与保护，除确有必要外不得强制处分公民人身自由且这种处分必须符合国际通行的人权保障基本要求；二是适用强制措施过程中违反人权保障的行为必须得到制裁，人身自由遭受不当强制处分的被追诉人必须能够得到有效救济。

为实现强制措施的人权保障功能，有三项最为重要的原则应当在强制措施制度中得到确立，即程序法定原则、比例原则和令状原则。程序法定原则是现代程序法的基石，被视为刑事诉讼的首要原则，并早在法国 1789 年《人权宣言》中即获宪政层面的确立。《人权宣言》第 7 条指出："除非在法律所规定的情况下并按照法律所指示的手续，不得控告、逮捕或拘留任何人。"程序法定原则一方面要求强制措施的种类、适用主体、条件、对象以及程序等具体内容必须由法律预先明确规定，否则不能予以适用，这亦是法律可预见性的内在要求；另一方面则要求强制措施必须依据业已明确规定的法律进行，国家机关不能违反法律的既有规定适用强制措施，否则可能因违法行为承受程序性制裁。比例原则是国家干预公民基本权利时所必须遵守的基础原则，即国家行使权力、干预公民基本权利所使用的"手段"与所欲达到的"目的"之间必须合乎比例，抑或说具有相当性关系。比例原则在肯定国家公权力行使的前提下，通过强调权力行使必须审慎、必要且预先进行利益衡量进而实现法律对基本人权的保障，使得国家权力对公民的干预降低到最低限度。令状原则要求除特殊情形以外对被追诉人适用强制措施应当预先经由司法官员判断许可并签发令状，并在执行强制措施时出示相应令状。与令状原则相关联的就是司法审查制度，即由经法律授权行使司法权力的审判官或者其他官员对强制措施的合法性、必要性进行审查以决定是否适用。令状原则和司法审查制度通过将强制措施的决定权交由具有独立性和中立性的司法官员行使来保证强制措施的适用更加审慎，使被追诉人的人权保障更为坚实。

（三）我国刑事强制措施的功能误区

1. 惩罚教育功能

强制措施与刑罚制裁以及行政处罚不同，其作为一种程序性保障措施，适用目的主要在于保障刑事诉讼活动的依法、顺利进行，而不具备惩罚犯罪的实体性功能。但在司法实践中，强制措施的实体化倾向却普遍存在，最为典型的就是将强制措施作为对犯罪嫌疑人、被告人的一种惩罚手段以及对其他人的一种威慑来予以运用，"公捕大会"等惩罚性适用强制措施就是例证。如果说强制措施的惩罚功能尚不能为理论界所肯定的话，那么其教育功能似乎获得了较为广泛的支持。有论者还将强制措施的教育功能细化为对被采取强制措施本人的教育、对社会上不稳定分子的教育以及对公众的鼓舞教育三个方面。[①]客观来讲，通过对被追诉人适用强制措施在有些情况下确实具有一定的教育效果，但这只是强制措施的附带效应，如果将其视为强制措施的功能甚至主要功能则难免有失偏颇，且有纵容强制措施实体化之嫌，对正确、谦抑适用强制措施具有消极影响，亦不符合立法对强制措施的基本定位以及无罪推定、人权保障等刑事诉讼的基本原则。

2. 刑罚预支功能

刑罚预支功能的误用主要体现在羁押的适用方面。由于羁押可以折抵刑期，办案人员往往借此抱有将犯罪嫌疑人、被告人"先行羁押再予折抵"的心态，这不但为其办理刑事案件提供了极大方便，亦造成了貌似实质公平的假象。[②] 除却刑罚与强制措施二者的性质存在根本差异而不能加以混同以外，将刑罚预支作为强制措施的功能可谓危

---

① 参见李忠诚《刑事强制措施功能研究》，《法制与社会发展》2002 年第 5 期。

② 参见林钰雄《刑事诉讼法》，中国人民大学出版社，2005，第 265 页。

害极大：第一，如果被追诉人最后可能被认定无罪，那么司法机关是否可能因其已经承受的羁押而将错就错地进行判决？第二，即使被追诉人最后被认定有罪，那么司法机关是否可能对照其已经羁押的期限来予以量刑而避免刑期短于羁押期限所带来的国家赔偿问题？对于后者，司法实践中的"实报实销"做法已经做出了生动说明。

3. 证据发现功能

强制措施的证据发现功能在司法实务中极易引起混淆。从一定程度来说，强制措施确实具有发现证据的功能，但其应当从属于诉讼保障功能且只能通过如下两个方式予以实现：一是公安司法机关强制被追诉人到案接受讯问，并在此期间内收集是否应当将其予以羁押的证据；二是公安司法机关适用强制措施保全相关证据，防止被追诉人毁灭、伪造、变造证据以及串供和干扰证人作证。除此之外，由于强制措施不同于强制性侦查行为，不应再行作为证据发现的手段予以适用，即公安司法机关不能再行通过强制措施来为其案件侦破工作提供便利并将强制措施作为侦查替代行为来获得相关证据，特别是犯罪嫌疑人、被告人的供述，因为这种做法已经不再符合强制措施保障诉讼的初衷。[1]

4. 犯罪预防功能

强制措施的犯罪预防功能主要表现在预防性羁押，[2] 即以被追诉人可能再行犯罪而将其予以羁押。从强制措施的目的与宗旨来看，强制措施的适用只是着眼于被追诉人存在妨碍刑事诉讼顺利进行的可能，而并非着眼于被追诉人再行犯罪的可能；从无罪推定的基本内容来看，对于一个尚未实施犯罪行为的被追诉人加以羁押，以被追诉人过去所犯之罪来推定其未来之犯罪，有实施有罪推定之嫌。尽管存在

---

① 林钰雄：《刑事诉讼法》，中国人民大学出版社，2005，第 263 页。
② 预防性羁押在国外主要适用于有反复实施同一犯罪可能的情形，但在我国的适用情形却包括再犯新罪的可能以及有危害国家安全、公共安全或者社会秩序的危险。

上述争议，预防性羁押仍为德国、法国等法治国家刑事诉讼立法所肯定并被纳入刑事强制措施的体系之中，其主要还是考虑到"这样的羁押理由能使得特别需要保护的国民不受极可能发生的重大犯罪之侵害"。① 与此同时，承认预防性羁押的国家和地区大都会在预防性羁押的适用要件方面相较其他强制措施做出更为严格的规定，如限定为可能反复实施同一犯罪且对可能再犯的罪名予以详细列明，以尽可能限制其适用，此当为我国所借鉴。

概言之，惩罚教育功能和刑罚预支功能实属于强制措施功能异化的情形，是将强制措施这一程序性保障措施予以实体化适用的错误做法。证据发现功能和犯罪预防功能则是强制措施功能泛化的表现：证据发现在本质上从属于诉讼保障功能，且不能与侦查行为的证据发现功能相混淆；犯罪预防是基于保护特殊利益而附加给强制措施的例外功能，必须受到严格限制。

三　我国刑事强制措施的立法修改

刑事强制措施是刑事诉讼最为重要的制度之一，历来为立法者所关注和重视。我国 1996 年修改的刑事诉讼法就以较大篇幅对强制措施制度进行了修正，使得我国刑事强制措施制度得到显著进步。时至今日，刑事诉讼法正式施行已近十五年，其间执法环境以及犯罪情况发生很大变化，宪法先后历经两次重要修正，贯彻宽严相济的刑事政策、强化人权保障成为时代主题，司法体制和工作机制改革亦稳步推进并成效显著。在此背景之下，十一届全国人大常委会第二十二次会议初步审议了《中华人民共和国刑事诉讼法修正案（草案）》（以下简称《修正案（草案）》）并向社会公开征集意见。《修正案（草案）》的主要亮点之一就是对刑事强制措施再次进行了较大幅度的修改，以满足

---

① 〔德〕克劳思·罗科信：《刑事诉讼法》（第 24 版），吴丽琪译，法律出版社，2003，第 285 页。

司法实践的切实需要、因应刑事司法的发展趋势，具体修改内容简要分述如下。

（一）完善监视居住措施

虽然监视居住和取保候审都是用以限制犯罪嫌疑人、被告人人身自由的强制措施，但二者限制自由的程度并不相同，立法原本也是意欲通过这种强制程度的差异性来体现出强制措施的层次性。但是，现行刑诉法对监视居住和取保候审规定了相同的适用对象和适用条件，仅仅是在遵守义务以及执行场所上有所区别，且具体选择何种场所（住处或者指定的居所）执行监视居住随意性较大，这就造成了实践中适用监视居住的"两难"境地：若是将犯罪嫌疑人、被告人置于住处执行监视居住，囿于执行机关人力、财力以及条件的限制，犯罪嫌疑人、被告人实际上很难得到严格有效的监控；若是将犯罪嫌疑人、被告人置于指定的居所执行监视居住，由于"指定的居所"其具体含义并不明确，监视居住易于被办案机关异化为变相羁押，考虑到监视居住的期间较长等因素，其实际强制效果较拘留甚至逮捕而言更重。

鉴于上述监视居住的适用困境，《修正案（草案）》对监视居住制度进行了以下修改：第一，将监视居住作为逮捕的替代措施并规定与取保候审不同的适用条件，即监视居住适用于符合逮捕条件，但患有严重疾病、生活不能自理的，怀孕或者正在哺乳自己婴儿的，因为案件的特殊情况或者办理案件的需要而采取监视居住措施更为适宜的，以及羁押期限届满但案件尚未办结需要采取监视居住措施的情形；第二，将监视居住同时作为取保候审的补充措施，即对于符合取保候审条件，但犯罪嫌疑人、被告人不能提出保证人，也不能交纳保证金的，也可以监视居住；第三，为保证监视居住的效果能够顺利实现，规定执行机关可以采取电子监控、通信监控、不定期检查等监视方法对被监视居住人进行监督，并增设被监视居住人应当将身份证件、旅行证件、驾驶证件交执行机关保存的资格限制规定；第四，对监视居住的执行场所进行细化，即监视居住原则上应当在犯罪嫌疑人、被告人住处进行，无固定住处的可以在指定的居所进行，涉嫌危害国家安全犯罪、恐怖活动犯罪、重大贿赂犯罪且在住处执行可能有碍侦查的经上一级检察机关或者公安机关批准也可以在指定的居所执行，但不得指定在羁押场所、专门的办案场所执行监视居住；第五，考虑到指定居所监视居住对犯罪嫌疑人、被告人人身自由限制较大，规定除无法通知或者涉嫌危害国家安全犯罪、恐怖活动犯罪，通知可能有碍侦查的情形以外，应当把监视居住的原因和执行的处所通知被监视居住人的家属，并明确被监视居住人的委托辩护权以及检察机关的监督义务。

（二）完善逮捕要件和审查逮捕程序

准确把握逮捕要件是正确适用逮捕措施的前提和基础。长期以来，司法实务机关围绕逮捕要件特别是逮捕必要性进行了一系列的改革和探索并取得了不少成效。根据现行刑诉法的规定，逮捕要件包括三个方面：一是证据要件，即有证据证明有犯罪事实；二是刑罚要件，即可能判处徒刑以上刑罚；三是必要性要件，即采取取保候审、监视居住等方法尚不足以防止发生社会危险性而有逮捕必要。在这三个要件中，最难为司法实务机关所掌握也最容易引起混乱的当属逮捕必要性。何谓"不足以防止发生社会危险性而有逮捕必要"？要件标准过松会导致逮捕羁押率的居高不下以及司法资源的较大浪费，要件标准过严又易导致强制措施保障诉讼顺利进行的既有目的无法实现。为解决司法实践中对于逮捕要件理解和适用混乱的问题，《修正案（草案）》细化规定为：可能实施新的犯罪的；有危害国家安全、公共安全或者社会秩序的现实危险的；可能毁灭、伪造、隐匿证据，干扰证人作证或者串供的；可能对被害人、举报人、控告人实施打击报复的；可能自杀或者逃跑的。此外，《修正案（草案）》还将特定重罪以及特定被追诉人列入了逮捕事由，即对证据证明有犯罪事实，可能判处 10 年有期徒刑以上刑罚的，或者可能判处徒刑以上刑罚，曾经故意犯罪或者身份不明的犯罪嫌疑人、被告人，应当予以逮捕。

规范审查逮捕程序是正确适用逮捕措施的重要环节。针对审查逮捕程序在现行立法中较为薄弱以及在司法实践中操作混乱的现象，《修正案（草案）》对检察机关审查批准逮捕的程序予以了明确和细化，规定检察机关审查批准逮捕可以讯问犯罪嫌疑人、询问证人等诉讼参与人并听取律师的意见，如果出现对是否符合逮捕条件有疑问、犯罪嫌疑人要求向检察人员当面陈述或者侦查活动可能有重大违法行为的情形则应当讯问犯罪嫌疑人，如果辩护律师提出要求则应当听取辩护律师的意见。同时，为防止不必要羁押和超期羁押，《修正案（草案）》还规定了检察机关在逮捕后对羁押必要性进行审查的义务，要求检察机关对于不需要继续羁押的应当建议予以释放或者变更强制措施。

（三）完善强制措施制度的其他内容

除上述修改以外，《修正案（草案）》还对强制措施的其他内容予以了完善，以满足公安司法机关的办案需要，同时注意对被追诉人的人权保障。第一，适当延长拘传时间，在原则不得超过 12 小时的基础上增加规定案情重大、复杂且需要采取拘留、逮捕措施的不得超过 24 小时；第二，丰富了被取保候审人的义务，增加被取保候审人应当在住址、工作单位和联系方式发生变动时予以及时报告的义务，增加可以要求被取保候审人不得进入特定场所、不得与特定人员会见或者通信、不得从事特定活动的行为限制规定以及将旅行证件、驾驶证件交执行机关保存的资格限制规定；第三，将辩护律师介入刑事诉讼的时间提前至犯罪嫌疑人被侦查机关第一次讯问后或者采取强制措施之日起；第四，规定应当保证拘传犯罪嫌疑人必要的饮食和休息时间；第五，规范犯罪嫌疑人被拘留、逮捕后不予通知家属的情形，将"有碍侦查"的情形限定只适用于"涉嫌危害国家安全犯罪、恐怖活动犯罪等严重犯罪"。

四　完善我国刑事强制措施制度的若干建议

总体而言,《修正案(草案)》的修改强化了我国强制措施体系的层次性和系统性,明确和细化了强制措施的适用条件与程序,丰富了强制措施的内容,总体上体现了控制犯罪与保障人权相统一的立法指导思想。但同时应该看到,与国际刑事司法准则的基本要求和法治发达国家的普遍做法相比,《修正案(草案)》对强制措施的修改亦存在一些不足和有待商榷之处,有些修改甚至可谓不合理、不科学。囿于篇幅限制,本文择其要者论述如下。

(一)完善强制措施制度的整体思路

完善强制措施制度应当具备"三种视野":一是宪治视野。刑事强制措施制度的设计与实施从根本上均涉及宪法有关公权力行使和私权利保护的规定,只有坚持以宪法为根据来探讨刑事强制措施的改革与完善才具有正当性和合法性,也易于获得社会不同利益群体的普遍认可。二是实践视野。完善刑事强制措施,必须正视当前我国司法实践尤其是侦查实践的真实状况和问题,在此基础之上开展对策化研究,分析原因,寻找对策,解决问题。三是国际视野。刑事强制措施作为与公民基本权利密切相关的一项制度,已为许多重要国际人权条约所明确规范并形成了一系列相关的国际刑事司法准则,我国刑事强制措施制度的完善必须努力与国际刑事司法准则的基本要求接轨与呼应。

以实现强制措施的诉讼保障和人权保障双重功能为主线,在秉持宪治视野、实践视野和国际视野的基础上,笔者认为,我国刑事强制措施制度完善的方向和目标为:第一,健全刑事强制措施制度以强化其层次性,形成一套强制力轻重有别、选择性丰富多元并且能够适用于不同案件需要的刑事强制措施体系；第二，将强制措施从整体上区分为羁押措施和非羁押措施，明确"非羁押措施为主，羁押措施为辅"的强制措施适用原则，丰富羁押替代措施的种类并实行权利化改造，优化羁押措施和羁押替代措施之间的衔接与变更；第三，严格并限制羁押措施的适用，确立程序法定原则、比例原则和令状原则，建立完整的司法审查与救济制度。

（二）设置独立的羁押程序

我国实行"捕押合一"的模式，羁押成为逮捕的必然后果，逮捕的实施即意味着相对人将在相当长一段时间内被剥夺人身自由，而羁押则缺乏明确的法律地位以及单独的适用程序。虽然《修正案（草案）》试图在审查批准逮捕程序中引入犯罪嫌疑人、证人、辩护律师等多方诉讼参与人以保证逮捕措施的审慎适用，但逮捕和羁押混同这一问题的症结仍未能得到彻底改变。笔者主张，应当从根本上对我国的逮捕制度进行改革，逮捕和羁押是不同的强制措施，具有不同的法律后果，适用于不同的诉讼情形，应当对逮捕与羁押明确加以区分，实现逮捕和羁押相分离，将逮捕定位于羁押的前置程序，实行"逮捕前置主义"，继而设置独立的羁押程序，以控制羁押的适用。这种以逮捕为前置的羁押制度，一方面能够适当放宽逮捕的适用条件，以满足侦查机关侦查犯罪的现实需要，另一方面能够严格羁押的适用条件和程序，通过强化羁押的司法审查来规范和控制羁押措施的适用。

1. 羁押的审查

基于逮捕和羁押相分离的设想，羁押的审查与批准应当包含三个方面的内容。

首先，对逮捕的审查批准。检察机关在收到公安机关的逮捕申请之后，应当对被追诉人是否符合逮捕要件进行严格的书面审查。经审查批准逮捕的，检察机关应当签发逮捕令状并交由公安机关执行，逮捕令状应当明确被逮捕人、逮捕事由和执行时间等。

其次，逮捕后对被逮捕人是否予以羁押的审查。公安机关逮捕犯罪嫌疑人之后，认为需要对其予以羁押的，应当在逮捕之后的法定时间内（例如 24 小时）向检察机关提出羁押申请。检察机关应当对羁押的事实依据、法律依据和羁押必要性进行审查。羁押审查应当以聆讯的方式进行，检察机关应当告知犯罪嫌疑人所涉嫌的犯罪事实以及罪名，告知其有权委托律师作为辩护人。审查时应当讯问犯罪嫌疑人并听取其辩护律师的意见，可以要求办理案件的侦查人员到场说明情况，陈述羁押的理由与必要性。检察机关经审查后，应当根据具体情况做出批准羁押、不批准羁押或者予以取保候审、监视居住等决定。

最后，羁押后对羁押必要性的审查。检察机关批准羁押之后，仍应当定期对羁押的必要性进行审查，对于因情况变化而不需要继续羁押的，应当及时解除羁押措施；需要采取其他强制措施的，亦应做出相应决定。

2. 羁押的期限

检察机关批准羁押的，应当签发羁押证并载明羁押期限。羁押期限即将届至，公安机关认为有继续羁押之必要，需要延长羁押期限的，应当在期限届满的 7 日前向检察机关提交延长羁押的申请，检察机关按照羁押审查程序做出是否延长羁押的决定，决定继续羁押的同样应当载明延长期限。如果羁押期限届满且公安机关没有向检察机关申请延长羁押期限或者申请未被检察机关批准的，应当及时解除对犯罪嫌疑人的羁押。

超期羁押是羁押的一个突出问题，我国司法实践中检察机关纠正超期羁押主要采取侦查监督的方式进行，即检察机关认为公安机关存在超期羁押的，不能直接做出决定或采取解除措施，而是通过侦查监督的方式来要求公安机关予以纠正。这种做法与宪法、法律赋予检察机关的职权并不符合，甚至可以说偏离了宪法和法律关于逮捕的权力配置。根据宪法第 37 条规定，检察机关享有对逮捕的批准和决定权，而公安机关只有逮捕执行权。① 即在任何情况下，公安机关都不享有决定逮捕的权力。犯罪嫌疑人之所以处在羁押状态下，完全是基于检察机关批准逮捕权的效力所在，即犯罪嫌疑人因检察机关批准而被羁押。如果羁押期限届满且又未获延长，则检察机关的批准逮捕权至此即效力终结，再无法定理由或法定授权对犯罪嫌疑人继续羁押而只能解除其羁押状态。换言之，侦查期间只要检察机关不继续行使其批准逮捕权以延长羁押期限，则羁押期限届满即无正当理由对犯罪嫌疑人继续实施羁押，检察机关无须通过行使侦查监督权来建议公安机关解除或者变更强制措施。同理，羁押期间检察机关通过羁押必要性审查认为不应当继续羁押的，应当直接解除羁押措施而非仅仅建议予以释放，这是检察机关批准逮捕权的既有内容。关于羁押期限的另一问题就是将羁押期限与办案期限予以混同。羁押期限与办案期限是两个性质完全不同的概念：前者着眼于是否存在羁押事由，一旦羁押事由不复存在则羁押期限即行届满，而不论案件办理是否结束；后者则是公安司法机关用以办理刑事案件的期限总和，包括侦查、审查起诉以及审判期限。

3. 羁押的场所

检察机关批准羁押的，由公安机关将犯罪嫌疑人送交看守所予以羁押。《修正案（草案）》进一步从法律层面明确了看守所的羁押场所地位，要求公安机关逮捕后应当立即将被逮捕人送看守所羁押。鉴于司法实践中看守所管理体制弊端所引起的诸多问题，曾有学界呼吁对

① 我国宪法第 37 条规定："中华人民共和国公民的人身自由不受侵犯。任何公民，非经人民检察院批准或者决定或者人民法院决定，并由公安机关执行，不受逮捕。禁止以非法拘禁和以其他方法非法剥夺或者限制公民的人身自由，禁止非法搜查公民的身体。"

看守所进行中立化改革，将看守所从公安机关独立出来，划归为司法行政部门领导，其理由主要如下：一是看守所在体制上属于公安机关领导和管理，这使看守所不可能在侦查机关与被羁押人之间保持应有的中立性；二是基于看守所和侦查机关实现追究和惩罚犯罪的共同目标，看守所对侦查机关的侦查行为乃至违法行为，包括超期羁押在内，往往会提供相应的便利。① 毋庸置疑，从体制上实现看守所中立化的改革建议具有相当的合理性，但目前实现这一目标似乎难度较大，正在进行的看守所条例修改亦并未涉及"侦羁分离"的内容。② 鉴于这一现实，笔者认为看守所中立化的理念重在实质而非形式。即看守所虽然归公安机关管理和领导，但是其作为法定羁押场所必须独立于侦查部门。在职能方面，看守所作为羁押执行场所，其职能亦须符合强制措施功能设定的基本要求，即诉讼保障与人权保障。加强被羁押人人权保障是看守所改革的方向和重点，应当保障被追诉人在羁押期间与其近亲属和辩护律师的会见通信权，从制度上排除在看守所进行刑讯逼供等违法取证行为的可能，如实现讯问的物理隔离和录音录像、规范提外审程序、建立独立医生制度等。在外部监督方面，应当强化检察机关的监所监督职能，明确检察机关驻所机构进行监督的方式、程序和责任，探索建立巡回驻所监督机制。同时，提高看守所的公开性和透明度，注意发挥社会和媒体对看守所的监督作用。

4. 羁押的救济

我们目前尚不存在完全意义上的羁押救济程序，仅仅是规定被追诉人及其法定代理人、近亲属或者辩护人对于超期羁押的有权要求解除强制措施，这不仅在司法实践中收效甚微，亦是与国际通行做法存

① 参见陈光中、张小玲《中国刑事强制措施制度的改革与完善》，《政法论坛》2003 年第 5 期；孙长永：《比较法视野中的刑事强制措施》，《法学研究》2005 年第 1 期；徐静村、潘金贵：《我国刑事强制措施制度改革的基本构想》，《甘肃社会科学》2006 年第 2 期；等等。

② 参见王丽娜《在押人员判决前有望见家属》，《京华时报》2011 年 3 月 9 日，第 8 版。

在很大差距。笔者认为，应当借鉴我国台湾地区针对羁押设置的"准抗告"制度，建立对检察机关羁押决定的救济程序。检察机关批准羁押而被羁押人不服该决定的，有权向上一级检察机关提请复核，上一级检察机关应当立即复核并做出是否变更的决定，维持羁押决定的应当告知被羁押人理由。羁押期限尚未届满，但是被羁押人认为羁押事由已经消灭的，有权请求检察机关再行对羁押必要性进行审查并做出是否继续羁押的决定。羁押期限届满后仍处于羁押状态的，被羁押人及其近亲属以及辩护人有权要求羁押执行机关立即解除羁押措施；羁押执行机关拒不解除的，检察机关应当命令解除，并视情形对超期羁押的违法行为做出相应处理决定。

（三）完善羁押替代措施

1. 丰富羁押替代措施的种类并实现权利化改造

我国强制措施制度的一个重要问题就是羁押替代措施过于薄弱，公安司法机关在羁押与释放被羁押人之外并不存在很大的选择空间：拘传主要用以强制被羁押人到案接受讯问，拘留则主要适用于案情紧急的现行犯和重大嫌疑分子，取保候审相对适用较多但现实约束力不强，监视居住难以执行且易于演变为变相羁押，除此之外办案机关缺乏其他选择。这种羁押替代措施的选择困境成为我国司法实践中羁押率过高的一个现实因素。未来在对现有羁押替代措施加以修改完善的基础上，也应当积极借鉴国外立法经验创设其他限制人身自由程度不同、轻重有别的羁押替代措施，如定期报告行踪、限制从事特定活动、强制接受医疗检查与治疗等，并实现羁押替代措施的权利化改造，即除法律规定的特殊情形以外，被追诉人都有权向公安司法机关申请适用取保候审等羁押替代措施而不被羁押或解除羁押。

2. 完善监视居住制度

我国的监视居住制度历来为理论界所诟病，司法实务中适用率亦不高，主张取消监视居住的观点不在少数。有论者从三个方面详细论述了取消监视居住的理由：一是监视居住与变相羁押之间的界限难以把握，执行难度大；二是监视居住极大地增加了执行机关的诉讼成本，不符合诉讼经济原则；三是监视居住适用条件模糊，适用率低，实践价值不大。① 诚然，监视居住确实存在实用性较差以及执行起来不好把握等诸多问题，但鉴于我国目前羁押率依然较高以及羁押替代措施明显不足的现实局面，保留监视居住制度无疑能够在羁押与取保候审之间形成一种有效缓冲和过渡机制，在丰富公安司法机关适用强制措施选择的同时也有助于扩大羁押替代措施的适用，实现诉讼保障与人权保障的平衡。关键问题在于如何完善现有的监视居住制度，以使其能够切实发挥应有效用。

《修正案（草案）》将监视居住定位于羁押替代措施的立法意图值得肯定，这一定位可以从两个方面进行理解：一是监视居住适用于符合羁押条件但又存在不适宜进行羁押的情形；二是监视居住适用于不符合羁押条件但是需要采取强制措施的情形。总的方向，应当是限制和减少羁押措施的适用。但仔细研读后不难发现，《修正案（草案）》关于监视居住的具体规定存在如下问题：第一，监视居住的功能定位模糊，既想将监视居住作为羁押替代措施以减少羁押的适用，又把监视居住作为类羁押或准羁押措施；既想将监视居住与取保候审区分，又把监视居住作为取保候审的补充措施。第二，指定居所监视居住立法任意性过大、适用的范围广、持续的时间长、缺乏外部监督等，很有可能在具体实施中被扩大适用，歪曲适用，甚至异化为类似 1996 年刑事诉讼法修改前的收容审查制度，使法律规定的强制措施体系受到冲击，徒具形式。侦查机关完全可能规避法律规定的提请批准逮捕程序，转而采用指定居所监视居住。第三，鉴于指定居所监视居住的秘密性和随意性，极易导致变相羁押，进而使本次立法修改可能取得的

---

① 徐静村、潘金贵：《我国刑事强制措施制度改革的基本构想》，《甘肃社会科学》2006 年第 2 期。

其他进步，如逮捕后必须立即送交看守所予以羁押、讯问必须在看守所内进行、讯问时同步录音录像、非法证据排除规则等，在实施中全都化为泡影，客观上为刑讯逼供、超期羁押等违法行为大开绿灯。

笔者认为，完善监视居住必须严格坚持其羁押替代措施的立法定位，目的是限制和减少羁押的适用。为此应当做出如下修改：第一，监视居住的适用对象为符合羁押条件但是不适宜进行羁押的，以及不符合羁押条件但是需要采取监视居住这一强制措施的被羁押人；第二，监视居住的实质是非羁押，因此不能完全剥夺被监视居住者的人身自由，不能形成变相羁押或实质羁押；第三，规范监视居住的执行场所，取消指定居所监视居住的规定，对于有住处的被追诉人必须在其住处执行监视居住，对于没有固定住处又确实需要对其采取监视居住的则可以在工作单位、居住社区或特定的公共场所进行；第四，缩短监视居住的期限，以不超过三个月为宜；第五，强化被监视居住人的权利保障，明确被监视居住人有权会见其亲属和聘请的律师，而且无须经过办案机关的批准，被监视居住人及其聘请的律师有权申请取消监视居住等。

（本文原载于《中国法学》2011年第6期）

职务犯罪侦查中强制措施的立法完善

宋英辉[*]

检察机关侦查的职务犯罪案件特点十分突出：（1）犯罪嫌疑人往往具有一定社会地位和相当广泛的社会关系；（2）许多职务犯罪少有物证、书证等言词证据以外的证据；[1]（3）犯罪嫌疑人多数具有较强反侦查能力；（4）与一般刑事案件比较，职务犯罪许多情况下与地方利益有密切关系；（5）公务人员利用职务实施的违法、违纪或犯罪案件，查办的主体具有多元化特点。职务犯罪案件的上述特点，决定了职务犯罪侦查强制措施的适用，应当具有与一般刑事案件不同的某些特殊性。然而，我国 1996 年修改刑事诉讼法时，虽然将职务犯罪与非职务犯罪的强制措施进行了一定程度的区分，[2]但总体而言，两者的共性远远多于特性。从刑事诉讼法的实施来看，职务犯罪侦查中强制措施的适用在实践中遇到了更多的困难，存在一系列亟待解决的突出问题。本文以寻求惩罚犯罪与保障人权平衡为思路，基于实证研究获得的数据，剖析我国职务犯罪侦查中强制措施中的基本问题，在梳理学术界和实务界争议焦点的基础上，从立法完善的角度提出制度性

---

* 宋英辉，北京师范大学刑事法律科学研究院教授、博士生导师，中国刑事诉讼法学研究会副会长。

① 这种状况影响着检察机关对强制措施的正确适用。其主要表现为两个方面：一是导致检察机关难以及时、有效地采取强制措施；二是迫使检察机关将强制措施作为收集有罪供述的手段。

② 例如，对于犯罪嫌疑人"犯罪后企图自杀、逃跑或者在逃的"、"有毁灭、伪造证据或者串供可能的"，检察机关可以决定拘留。在拘留期限上，立法规定了 10 日的一般期限和特殊情形下延长 4 日的特殊期限。

方案。

一 职务犯罪侦查强制措施适用中存在的问题

对职务犯罪侦查中强制措施存在问题的考察，主要解决的是五种强制措施的法律功能在职务犯罪侦查中实现的状况如何。一般来说，影响强制措施功效的因素主要是：有关强制措施的法律规范自身的完备性和合理性；刑事诉讼法规定的强制措施以外的相关制度、程序与强制措施适用的协调性，其能为强制措施适用提供的支持与保障状况；属于刑事诉讼法调整以外的其他与强制措施适用相关的制度及其运作状况；办案人员的有关认识等。在此，具体从以下两个维度加以分析：一是五种强制措施适用中的突出问题，主要分析其在职务犯罪侦查中被遵守、执行、适用及立法原意被实现的状况和程度；二是五种强制措施适用中的相关问题，主要是适用的独立性，与相关制度或措施的协调关系等。下文以调研数据与信息加以实证分析。①

（一）五种强制措施适用中的突出问题

1. 拘传

在职务犯罪侦查中，拘传处于一种较为尴尬的境地，检察机关要么只是传唤犯罪嫌疑人，要么直接适用拘留或逮捕，极少拘传。调研显示，在2000年至2004年五年内，A地和B地人民检察院均未在职务犯罪侦查中适用拘传。其中，在诸多妨碍拘传适用的因素中，最为

---

① 调研数据与信息均来源于"职务犯罪侦查中强制措施的立法完善"课题组《职务犯罪侦查中强制措施的立法完善调查报告》。2005年7月至2006年2月，课题组对浙江省×市、河南省×县、云南省×市和××市人民检察院、国家检察官学院高级检察官培训班部分检察人员进行了调研，包括数据与信息采集、专门座谈等；在浙江省、江苏省、河北省各选择一地区针对检察机关反贪污贿赂局、公诉科，法院刑庭法官及辩护律师等人员发放《职务犯罪侦查中强制措施调查问卷（司法人员卷）》600份，收回560份（浙江183份，江苏182份，河北195份）；在浙江省、山西省各选择一地区针对政府公务员、村干部、乡镇企业经营者、法学院师生发放《职务犯罪侦查中强制措施调查问卷（非司法人员卷）》280份，收回256份（浙江138份，山西118份）。文中以A地、B地等表示所调研的地区。

关键的是办案人员对拘传法律功能的理解：拘传到底是强制到案的措施，还是获取口供的措施。12 小时的拘传期限经常被办案人员抱怨"太短"，主要在于未将拘传理解为强制到案的措施，而是用以"突破案件"。此外，在办案人员看来，适用传唤而不是拘传，更多考虑的是职务犯罪中犯罪嫌疑人的身份与地位，以照顾其"面子"。

与拘传适用率低相映衬，有些地方在拘传适用中存在违反和规避法律的情形：一是变异的连续拘传。虽然刑事诉讼法第 92 条规定了不得以连续拘传的方式变相拘禁犯罪嫌疑人，但由于没有明确规定两次拘传之间的间隔时间，有的办案人员借此实行变异的连续拘传。① 二是违法延长拘传期限。有的办案人员故意以讯问前的时间不计算入讯问期限等方式延长拘传期限。

2. 取保候审

在职务犯罪侦查中，检察机关一般倾向于尽量少适用取保候审。② 妨碍取保候审适用的主要因素有：（1）由于在取保候审决定权上采取核准主义，而非严格准则主义，检察人员借此形成一种羁押偏好。羁押被认为在突破案件、获取证据来源等方面对办案具有极大的便利，其结果便是在取保候审的自由裁量中排斥取保候审这一非羁押措施的适用。（2）职务犯罪的犯罪嫌疑人反侦查能力和对抗适用强制措施能力强。在犯罪嫌疑人逃匿的情况下，缺乏对脱逃人及其保证人的有效制裁手段，③ 这使检察人员在适用取保候审时顾虑重重。（3）取保候审可能带来职业负担和风险。譬如，取保候审工作量要远大于羁押；

---

① 譬如，在 12 小时期限届满后暂时释放被拘传人，等其出门走八步时，即再一次将其拘传，俗称"八步半"。

② A 地 2003 年、2004 年在非职务犯罪侦查中取保候审人数与立案人数的比值分别为 361/1087（即 33%）、389/1331（即 29%）。但在同期职务犯罪侦查中，取保候审人数与立案人数的比值为 1/8（即 13%）、2/13（即 15%）。

③ 对于被取保候审人逃匿的，追逃机制不健全，事后制裁不力，一些职务犯罪嫌疑人逃匿（尤其是外逃）后，利用非法收益"享受生活"，比较取保候审后被定罪判刑者，存在典型的"失信者的机会成本小，守信者的守信成本大"的问题。

实际办理期限相对较长，影响结案率等。同时，适用取保候审时存在被取保候审人逃匿的风险，犯罪嫌疑人一旦逃匿，会影响办案人员的考评、工作能力评估成绩等。

即使在一些地域职务犯罪侦查中适用取保候审比例较高，也不是无罪推定和权利保障等诉讼原则获得普遍认同的结果，而是以下因素在起作用。其一，"立案指标"对取保候审适用的冲击。检察机关每年要进行自上而下的考核，其中职务犯罪立案数量是一个重要的绩效指标。为了完成甚至超越该指标，检察机关往往放宽立案条件，提升立案数量，但由其带来的风险是因错误拘留、逮捕引发的赔偿及因错案导致的责任追究。采取取保候审可以缓解这种矛盾关系，既提升了立案数量，又可避免因错误拘留、逮捕引发的赔偿。其二，对行贿人等取保候审条件的异化。在立法未放宽对行贿人等取保候审条件的情形下，一些取保候审个案成为检察机关与行贿人之间"协商"的产物，检察人员往往对主动坦白交待受贿人的行贿人允诺适用取保候审，而疏于对人身危险性、涉嫌犯罪轻重及对抗强制措施能力的判断。

除了取保候审适用率外，在职务犯罪侦查中，保证方式的有效性问题也十分突出。基于犯罪嫌疑人非诚信的一般性推定，检察机关往往通过财保并收取较高数额保证金以防止其违反法定义务，这导致的后果是：取保候审形式单一，保证金担保的占案件总数的多数；存在收取高额保证金现象。①

取保候审的执行状况也不容乐观。由于职务犯罪侦查中取保候审的决定权和执行权相分离，公安机关对职务犯罪案件取保候审的执行基本上放任不管，不加约束，其中绝大多数案件实际上都由检察机关侦查部门自己进行。在执行中，主要依靠电话联系或者叫其定期到检

---

①　在 A 地人民检察院 2000 年至 2004 年职务犯罪侦查中，针对立案的 75 名犯罪嫌疑人，适用财保的比例高达 90%；保证金数额普遍较高，最低的也在 5 万元以上，多数案件都是 10 万元，最高的达 50 万元。这与当地公务员工资水平差距悬殊。当地公务员的平均月正常收入在 2000～4000 元。

察院报告情况等传统方式，难以对被取保候审人是否遵守法定义务实行有效监控。

3. 监视居住

在职务犯罪侦查中，绝大多数办案机关基本不适用监视居住，使通过监视居住在拘留、逮捕和取保候审之间设置一种衔接性强制措施，以减少羁押率的立法初衷基本落空。调研显示，2000 年至 2004 年，A 地人民检察院适用监视居住的仅为 1 人，B 地适用监视居住人数为 0。

虽然一些检察机关在职务犯罪侦查中也适用监视居住，但其法律功能发生了异化。由于在职务犯罪侦查中监视居住的决定权和执行权相分离，公安机关对职务犯罪案件监视居住的执行也基本上放任不管；一些检察机关为了规避拘传 12 小时法定期限的束缚，借公安机关监视居住的手续即"委托函"——写明公安机关委托反贪局执行监视居住——来达到延长控制犯罪嫌疑人时间的目的。

在职务犯罪侦查中，适用监视居住最为突出的是执行地点问题。据刑事诉讼法第 57 条的规定，执行监视居住的场所是被监视居住的犯罪嫌疑人、被告人的住处，无固定住处的执行场所是执行机关指定的居所。应当说，立法明确了执行地点以"固定住处"为原则，但办案人员往往将"固定住处"与"指定居所"理解为并列关系，并多选择在"指定居所"执行。其理由是：如果严格按照法律的规定适用监视居住，难以防止犯罪嫌疑人利用各种手段干扰侦查、毁灭或伪造证据。所以，许多检察机关将监视居住的执行地点选择在便于控制的地方（通常在宾馆或酒店），派人轮流看管，同吃同住，昼夜监视，不准其外出。这种执行方式实际上异化为变相监禁，不仅侵犯人权，而且也增加了检察机关和犯罪嫌疑人的经济负担。①

---

① 作为潜规则，在一些地方，监视居住所在的宾馆或酒店费用由犯罪嫌疑人支付。

4. 拘留

在职务犯罪中拘留被广泛使用，其主要作用体现为严格控制嫌疑人人身、获取证据信息、查明案情。[①] 根据刑事诉讼法第61条第4项、第5项规定，拘留适用于犯罪嫌疑人"犯罪后企图自杀、逃跑或者在逃的"、"有毁灭、伪造证据或者串供可能的"，而对于缺乏监听等技术侦查手段和有效控制能力的检察机关来说，上述判断的做出无疑具有极强的主观性和随意性，缺乏准确性和及时性。

在拘留适用中，关于期限的问题争议最大。许多办案人员抱怨拘留羁押期限过短。但这种紧张关系的实质在于：许多检察机关将侦查阶段的调查取证活动前移，人为提高拘留、逮捕的标准，甚至与定罪标准持平，俗称"够拘就够捕就够判"，这无疑使得拘留之后的提请批准活动和审查逮捕活动异化成"审判活动"。不难发现，拘留作为一种紧急措施的立法预设被曲解，这种背离无疑加重了拘留羁押期限的负荷。为此，检察机关往往由自侦部门与批捕部门共同使用14天期限，来缓解拘留期限的"局促"。有的检察机关没有完整地理解刑事诉讼法第61条、第69条和第132条的规定，机械适用第69条，出现适用30天提请审查批捕期限的情形。

法律上拘留决定权和执行权相分离，但在实践中，公安机关由于人力有限等因素，往往乐于将拘留的执行权转给检察机关。而许多检察人员也乐于接受拘留执行权，因为在向公安机关取得拘留证或将犯罪嫌疑人交付看守所后，可能发生走漏风声、教唆与检察人员对抗方法、串供等泄密问题。

5. 逮捕

逮捕在司法实践中适用广泛，问题最为突出。在职务犯罪侦查中，审查批捕的虚化是其中最为突出的问题之一。一方面，检察机关自侦

---

① 在2000年至2004年五年内，A地和B地被羁押（包括拘留和逮捕）的人数与立案人数的比例分别为78%和67%。

自捕自诉，批捕中的内部制约机制形同虚设，难以起到监督作用；另一方面，一些检察人员惩罚性地适用逮捕。在检察机关控制犯罪嫌疑人人身能力和收集证据水平较低的情况下，逮捕最有利于严格控制嫌疑人人身、获取证据来源。

针对逮捕的权利救济缺乏有效的变更和救济程序。在犯罪嫌疑人被逮捕后，法律只规定了犯罪嫌疑人有申请取保候审的权利，并没有规定此权利行使的具体程序和救济方法，因而犯罪嫌疑人被逮捕之后申请变更为取保候审异常艰难。对于原先符合逮捕条件，逮捕后条件变化而不需要继续羁押的，检察机关缺乏自动审查机制和变更机制。刑事诉讼法对延长羁押期限的条件规定得不够明确，决定过程又缺乏透明度，造成实践中延长期限任意化。[①] 另外，辩护律师的程序参与有限。在职务犯罪侦查中，检察机关采取内部审批的程序决定逮捕，犯罪嫌疑人、律师的意见难以反映或被重视。一些检察机关往往以案情需要保密为名阻挠律师在侦查阶段的法律帮助活动；许多犯罪嫌疑人聘请了律师，实际上只是起到帮助申请取保候审、在犯罪嫌疑人及其家人间互报平安的作用。[②]

对于一些应当做出绝对不起诉、证据不足不起诉决定的案件，由于检察机关批捕部门已经批捕，对犯罪嫌疑人做出绝对不起诉、证据不足不起诉可能引起赔偿问题，一些检察机关往往因而做出酌定不起诉处理，用以规避因错误逮捕引起的赔偿问题。律师及犯罪嫌疑人往往抱怨检察机关作为法律监督机关利用自身的公权力掩盖自身公权力适用错误，进而怀疑司法的公正性。

（二）与强制措施适用相关的几个问题

从强制措施法律规范适用的支持系统分析，有诸多因素影响强制

---

① 在 A 地人民检察院 2000 年至 2004 年职务犯罪侦查中，有 52 人被逮捕，其中平均羁押期限为 99 天，最长一例达到 424 天。

② 以 A 地近五年内职务犯罪侦查中犯罪嫌疑人聘请律师状况来看，犯罪嫌疑人缺少律师帮助的现象比较严重，其中，2004 年 13 名犯罪嫌疑人没有一人聘请律师。

措施功效的发挥，在此仅剖析三个方面的问题。

1. 侦查手段问题

法律关于强制措施的规定不是自身孤立地运作，而是需要在一定制度、程序提供支持和保障的前提下才能发挥作用。其中，收集证据、获取相关信息的手段是否充分，是至关重要的。

我国立法和传统诉讼理论没有关于任意侦查和强制侦查的划分，[①]不论法律还是理论都要求检察机关严格按照法定的侦查方法在立案后进行侦查。1996 年修改刑事诉讼法时，一个基本思路是严格限制检察机关的侦查权，以便使其在法律监督方面发挥更大作用。其结果，使得检察机关在职务犯罪侦查中，不能及时获取证据和相关信息，严重影响检察机关对具体情况判断的准确性和对犯罪嫌疑人的控制能力。

2. 检察机关依法独立适用强制措施的体制保障问题

依照宪法和刑事诉讼法，人民检察院依法独立行使检察权，据此，人民检察院亦应依法独立适用强制措施。但是，由于我国现行体制（人事、财政等）方面的原因，在职务犯罪侦查中，依法独立适用强制措施时的问题相当突出，主要表现在以下三个方面。

其一，汇报、请示规则。依照 1999 年 9 月 17 日最高人民检察院《关于检察机关反贪污贿赂工作若干问题的决定》："坚持查办要案的党内请示报告制度。要案初查，需要接触被查对象或者进行必要调查前，要向党委主要领导同志报告，立案要向党委请示。"该条文的出台，被认为具有加强党对司法工作领导、维护地方稳定、防止错案等预设价值；而且，在地方党委的支持下，职务犯罪案件的侦查在人力、物力、财力上表现出相对顺畅的实效性。然而，办案人员普遍抱怨的是，这一汇报、请示规则存在不可忽视的干扰检察机关独立办案、妨

---

① 在日本，强制侦查是指不受侦查人意思的约束而进行的强制处分。任意侦查是指以受侦查人同意或承诺为前提或者不对受侦查人的意志产生强制而进行的侦查。对于任意侦查，法律没有特别限制，即使法律没有明文规定，原则上也可以采取适当的方式进行；对于强制侦查，则只要刑事诉讼法上没有具体的规定，就不得进行。

碍有效惩治职务犯罪的弊端。职务犯罪案件针对的就是具有行使公共职权的国家工作人员，特别是党政机关担任要职的人员，有的案件经过汇报、请示后，发现犯罪嫌疑人已得到有关信息出逃。更为严重的问题是，对其中的泄密行为难以追究，更缺乏有效的制裁手段。

其二，官员庇护与权力斗争问题。由于体制方面的原因，检察机关难以依法独立行使职权，使得在职务犯罪侦查中，许多犯罪嫌疑人，尤其是担任一定职务的官员，往往受到其他官员庇护，对其适用强制措施，尤其是拘留和逮捕时，一些地方的主要领导以犯罪嫌疑人是"地方能人"为借口，直接指示不让继续查办；一些犯罪嫌疑人周围的"关系网"也纷纷向刑事诉讼活动渗透，开展公关活动或者施加压力。[1]

其三，人大干预问题。在一些职务犯罪侦查个案中，人大的个案监督未能发挥其权力监督和个案权利救济的功能，反而异化为人大代表的一种对抗强制措施适用的特权，即犯罪嫌疑人及其亲属往往利用职务的便利影响人大决定，使人大机构在只听"一面之词"的情况下，加以审查并提出监督意见，[2] 从而给检察机关适用强制措施带来障碍。

3. "双规"、"两指"问题

如何正确认识并理性处理"双规"、"两指"与五种法定强制措施的关系，是完善强制措施体系必须面对的一个急迫问题。[3]

应当说，"两指"作为《中华人民共和国行政监察法》规定的措施，"双规"作为执政党依据《中国共产党纪律检查机关案件检查工作条例》采取的措施，与刑事诉讼法规定的强制措施本不具有交叉关

---

[1] 从 A 地近 5 年职务犯罪案件侦查的比例来看，已查处的职务犯罪的涉案主体多为一些国有企业人员和普通公务员，具有一定级别的党政官员比较少。

[2] 这种审查是进行程序性审查，还是进行实体审查，抑或是其他形式的审查，学术界和实务界说法不一。

[3] 学术界曾就"双规"、"两指"与强制措施的关系进行了热烈的讨论，它们限制、剥夺涉案人的人身自由并调查其涉案事实，这一点学术界和实务界已经基本上取得共识，但是否属于强制措施，以及究竟称为"实际运行的强制措施"、"法外强制措施"抑或"法外强制性措施"等，学者意见不一。

系。它们在适用对象、适用条件、适用时间上存在诸多差异，其中最为明显的是，"双规"适用于违反执政党纪律的党员，"两指"适用于有违反行政纪律嫌疑的人员；只有在"双规"、"两指"中发现涉嫌职务犯罪并移交检察机关时，才发生承接关系。然而，这种关系在司法实践中经常被转化为交叉关系，其中，最为关键的因素是，"双规"、"两指"在获取案件信息、收集证据能力等方面弥补了五种强制措施的"软肋"。就是说，纪检、监察机关在适用"双规"和"两指"时，往往查证国家工作人员涉嫌构成贪污、受贿等职务犯罪的基本证据和信息；检察机关由于立案前的初查阶段缺乏有效措施查证有关证据和信息、在立案后相关的技术侦查手段和获取证据手段不足，遂产生对纪委和监察机关"双规"、"两指"的依赖，检察机关因此大大减轻了后续刑事诉讼程序负担，也避免了错误立案、错拘错捕的危险。

更为核心的问题是，"双规"、"两指"在适用条件、对象、程序、权利救济等方面与强制措施仍存在很大差距。其一，尽管"双规"、"两指"中规定了"不得对其实行拘禁或者变相拘禁"，但由于长期以来没有明确时间期限，对涉嫌人员在特定地点可能因工作需要进行长期审查，客观上造成长期拘禁的后果。其二，一些机关根据"双规"和"两指"处理案件时具有专断效力。譬如，一些纪委、监察机关在处理涉嫌职务犯罪案件时，掌握尺度较宽，对符合刑事立案标准的案件未能依法移交检察机关；有的涉嫌职务犯罪案件经纪委、监察机关处理后，以"一事不再理"为由不让检察机关"再理"，使许多符合刑事立案标准的案件不能进入司法程序。

二　完善职务犯罪侦查强制措施立法的构想

完善职务犯罪侦查强制措施立法的基本思路是：寻求惩罚犯罪与保障人权的平衡，立足我国现实，增强强制措施法律规范的可操作性，并解决好强制措施适用的外部条件。以此为思路，本文从以下两个维度提出强制措施立法完善的方案：一是五种法定强制措施本身的立法完善，侧重于对司法实践中的突出问题提出制度性解决方案；二是相关措施和制度的改革完善，侧重于协调法定强制措施与相关制度的关系。只有同时解决好这两个方面的问题，才能使强制措施在职务犯罪侦查中发挥应有的作用。

（一）五种法定强制措施的立法完善

1. 明确拘传的法律功能和相关期限

在拘传中，期限是争论的核心问题，实务界多主张"适当延长说"，学术界多主张"国际接轨说"。笔者认为，解决职务犯罪侦查中拘传期限问题的关键，在于完善检察机关收集证据的手段，提高收集证据和相关信息的能力。在职务犯罪侦查中，拘传的期限宜维持现状。针对实践中规避法律延长拘传期限问题，可采取以下方案加以约束。

第一，明确规定两次拘传的间隔时间和开始时间。具体可以规定，两次拘传的时间间隔不得少于12小时。不得以连续拘传的方式变相拘禁犯罪嫌疑人。拘传开始的时间，从犯罪嫌疑人到案时计算。

第二，明确规定时效制度。即期限届满的，强制措施效力自然消失。办案人员拒绝让犯罪嫌疑人离开的，将面临涉嫌非法拘禁的控告。这一制度不仅可适用于拘传，还可适用于其他强制措施。

2. 对取保候审进行权利化改造并附加义务

解决取保候审的适用困境，关键在于对其进行权利化改造，即强调取保释放作为附条件的权利这一基本属性和作为非羁押的强制候审措施。

第一，取保候审制度的改革应基于无罪推定原则、自由理念和权利保障原理，保障犯罪嫌疑人权利的行使和救济。在职务犯罪侦查中，为实现权利化改造，针对上述突出问题，可采取以下方案：（1）改变取保候审决定权中核准主义现状，实行核准主义与严格规则主义相结合。具体而言，将取保候审划分为权利型和裁量型两种类型。即作为一般原则，只要符合法定条件，即应当适用取保候审；对禁止情形应当明确规定不得取保候审。此外，法律还应规定，检察机关根据具体情况，对是否取保候审享有一定的裁量权。对污点证人、行贿人，有立功等表现的，适当放宽取保候审条件。[①]（2）明确规定禁止收取过高的保证金，且在保证金的交纳方式上规定可交纳货币（包括外币）和其他财产。（3）对检察机关拒绝做出取保候审决定的，犯罪嫌疑人及其近亲属、辩护人应有权申请同级人民法院审查。人民法院裁定应当取保候审的，检察机关应当执行。（4）对于纯粹为完成立案指标而降低立案标准，进而对犯罪嫌疑人采取取保候审、酌定不起诉作为规避错误拘留、错误逮捕的，被取保候审人可申请有关机关（如上一级人民检察院或人民法院）审查，被酌定不起诉人可向上一级人民检察院申诉。[②]

第二，作为一项附条件权利，应规定特定情形下对职务犯罪的犯罪嫌疑人适用人保和财保并行的方式，以提高保证效力；同时，可赋予检察机关自由裁量权，并责令被取保候审人承担法定义务和一定的附加义务。譬如，不得离开住所，[③] 扣押护照、驾驶证等有效证件，禁止会见特定人员等。此外，应当将职务犯罪侦查中取保候审的执行权赋予检察机关；在有效监控犯罪嫌疑人方面，可以根据需要采取多种形式，包括要求有关人员定期报告、实行电子手段进行监控等。

在取保候审中，应当强化对违反取保候审法定义务的追责机制，其中最重要的是对逃匿行为的处理。对逃匿的制裁方式可根据具体情况加以规定：（1）变更取保候审为逮捕；（2）没收保证金或并处罚

---

① 关于取保候审条件的探讨，参见宋英辉、雷小政《取保候审适用条件的司法困境及其制度性解决——寻求事实与规则之间的互动》，载陈光中主编《诉讼法理论与实践》（2005年诉讼法学年会论文集），中国方正出版社，2005。

② 问题的核心在于，应取消上级检察机关针对下级检察机关的一系列不合理的考评制度，譬如，立案指标。立案指标在司法实践中，因违反诉讼规律造成的负面影响以及对犯罪嫌疑人的权利侵害要大于促进办案人员立案积极性的价值。

③ 许多国家和地区规定了限制住居制度。譬如意大利"住所逮捕"、奥地利"命令居住"、俄罗斯"不得远出的具结"、我国台湾地区"限制住居"等。附带限制住居可作为我国取保候审改革中增设的一个附加条件，即在职务犯罪中，除了法律规定的"不得离开居住的市、县"外，还可基于特定案情需要要求特定犯罪嫌疑人不得离开其住所。

款，罚款数额可包括追逃成本；（3）构成脱保记录，终身禁止取保；（4）对于情节严重、性质恶劣的脱保案件，检察机关可以指控其脱保罪，与原涉嫌犯罪数罪并罚。对被取保候审人逃跑行为有过错的保证人，可根据具体情况适用下列制裁方式：（1）在财保中没收保证金，在人保中予以罚款；（2）在刑事附带民事诉讼中，承担民事连带赔偿责任；（3）构成保证过错记录，将终身禁止其作为保证人或本身被取保；（4）司法拘留；（5）根据事实，已经构成犯罪的，检察机关可以指控保证人不履行保证义务罪，由检察机关立案侦查。

3. 改造监视居住的措施

鉴于职务犯罪侦查中监视居住执行权转嫁、执行的实效性差、执行地点杂乱、执行成本高昂、异化为变相拘禁等突出问题主要是立法缺陷造成的，因而提出以下方案。

第一，监视居住应被明确为犯罪嫌疑人免受羁押的一项重要制度。尽管我国学术界有废除监视居住的主张，但笔者认为，监视居住可适用于以下场合：需要采取强制措施但又不符合羁押和取保候审适用条件的；[①] 应取保候审但无适格保证人或难以提供保证金的；犯罪嫌疑人在办案机关所在地没有固定住处的。[②]

第二，将职务犯罪侦查中的监视居住执行权交由检察机关行使。具体而言，可由检察机关的司法警察负责执行。为避免检察机关滥用权力，法律可以规定：在监视居住中，执行机关有变相拘禁或其他侵犯人权现象的，被监视居住人及其近亲属、辩护人等有权向同级人民法院或上一级人民检察院申请救济；对于变相拘禁的，被监视居住人有权通过国家赔偿程序获得救济。

第三，在监视居住的执行地点上，应明确固定住所优先原则。另

---

① 根据本文方案，可能判处 10 年以上有期徒刑的可作为取保候审一禁止条件；但在一些特殊个案中，可裁量适用监视居住。

② 参见陈光中、张小玲《中国刑事强制措施制度的改革与完善》，《政法论坛》2003 年第 5 期。

外，为解决监视居住执行地点杂乱、执行成本高昂问题，可建立专门的执行监视居住场所，作为固定住所优先原则的补充。相对于"宾馆、酒店"，专门的执行监视居住场所可节省人力、物力，且方便统一管理。应强调的是，该专门场所具有一定的活动范围，符合日常居住生活条件，安装了电子监控设施。与行政拘留所、看守所等不同的是，犯罪嫌疑人可在其中自由活动，可以会见一定范围的亲属及律师，但对其与近亲属及律师之外人员的联系可做出限制。

第四，对于在固定住所执行监视居住的，检察机关可以采取必要的监控措施。

第五，为有效保障人权，解决"变相拘禁"问题，对于在专门监视居住场所执行监视居住的，可将期限限制至半个月，特殊情形可延长至一个月。

4. 从制度上保证拘留的功能得以发挥

第一，拘留作为紧急情况下临时性控制人身自由的措施，在适用中，最突出的问题是因适用上的偏差而被异化为侦查手段，进而出现职务犯罪中适用30天拘留期限的问题。对此，除了改变"够拘就够捕就够判"等司法习惯和思维模式，进一步细化拘留适用的紧急性情形以增强可操作性外，法律还应明确规定适用30天拘留期限为程序违法，并追究超期羁押责任。

第二，在检察机关证据收集手段和能力提高的前提下，宜以人权保障为导向进一步缩短拘留期限。

第三，针对拖延拘留执行、执行权转嫁、泄密等问题，在职务犯罪侦查中，应将拘留的执行权赋予检察机关行使。

第四，为了避免决定权和执行权集中带来的弊端，对拘留不服的，犯罪嫌疑人及其近亲属、辩护人等可向同级人民法院申请司法审查。

此外，拘留的法律完善，离不开逮捕条件的相应完善，同时也需要对国家赔偿制度进行完善，使其相互协调。

5. 完善逮捕条件并强化逮捕程序中的权力制约

在职务犯罪侦查中，逮捕作为最严厉的羁押措施，可谓强制措施立法完善的核心。

第一，为解决立法中逮捕条件的笼统性、原则性及实际运用中逮捕的惩罚性问题，可对逮捕条件进行具体化改造。具体来说，在职务犯罪中，根据犯罪的轻重，可将涉嫌可能判处 5 年以上有期徒刑、无期徒刑、死刑的作为逮捕的条件之一；根据必要性原则，可具体设定如下条件：（1）有证据足以表明有继续犯罪、逃跑、自杀、干扰作证、毁灭证据、伪造证据或者串供可能的；（2）在被采取其他强制措施期间继续犯罪、逃跑、自杀、干扰作证、毁灭证据、伪造证据或者串供的；（3）累犯。

第二，要解决权力制约不足的问题。在权利的事先救济中，可规定在逮捕决定前的听取意见和听证程序；在权利的事后救济中，可规定事后申请司法审查权和上诉权。

在权力制约方面，学界关于职务犯罪中逮捕决定权的完善主要有"维持现状说"、"转交法院行使说（司法令状主义和司法审查）"、"转由上一级检察院行使说"、"事后司法审查说"等。[①] 笔者认为，在职务犯罪侦查中，逮捕决定权的配置应区分长远视角和近期视角。从长远来看，逮捕决定权统一归由法院行使比较妥当，但需具备如下前提：一是宪法中取消检察机关关于逮捕的决定权的规定；二是人民法院依法独立行使职权的状况得到改善；三是法官司法理性普遍达到法治要求。

从目前现状来看，在宪法保留检察机关逮捕决定权的大前提下，宜维持逮捕决定权现状。但是，可补充犯罪嫌疑人及其近亲属、辩护人等事后向同级人民法院申请司法审查及向上一级人民法院上诉的救

---

① 参见陈光中、张小玲《中国刑事强制措施制度的改革与完善》，《政法论坛》2003 年第 5 期；晏向华：《批捕权不宜由法院行使》，载陈光中主编《诉讼法理论与实践》（2005 年诉讼法学年会论文集），中国方正出版社，2005。

济程序。

作为权力制约的重要手段，可规定针对逮捕羁押的定期审查制度。人民法院对于欠缺合法性的逮捕，原先符合逮捕条件、逮捕后条件变化成不符合逮捕条件的，可做出撤销逮捕或变更为取保候审、监视居住的决定。

（二）强制措施与侦查手段关系的协调

如上所述，强制措施功能能否有效发挥往往取决于检察机关收集证据和获取相关信息的能力。因此，如何协调强制措施与侦查手段的关系，便成为完善职务犯罪强制措施立法不得不考虑的问题。协调强制措施与侦查手段的关系，可以从长远规划和现实方案两个方面进行考虑。

1. 长远规划

在强制措施种类上，应适当扩展，并坚持这样两个维度：一是在适用对象上，不应局限于被追诉人，可规定对证人的拘传、对第三人住宅的强制搜查等强制措施，可促进强制措施法律功能的整体有效发挥。二是在适用客体上，应当扩展到人身自由权利、财产权、隐私权等宪法规定的基本权利，即将强制措施定位于对公民基本权利的干预，将搜查、扣押、监听等措施规定为强制措施。这样，自上可以承袭宪法对刑事诉讼程序尤其是强制措施的规范作用，从而使公民的基本权利在强制措施适用中获得真正的完全的尊重，自下可以明晰我国传统诉讼理论关于侦查手段与强制措施之间的模糊关系。

2. 现实方案

在维持我国刑事诉讼法规定的强制措施与侦查措施总体格局的情况下，应在强化强制措施权利救济和权力制约的基础上，妥善协调我国侦查手段与强制措施之间的关系，进一步规范和丰富侦查手段。

与域外相比，我国当前的侦查手段显得落后与保守，应从以下方面加以完善。

（1）确立特殊侦查手段和完善普通侦查手段。特殊侦查手段，包括电子侦听、电话监听、电子监控、秘密拍照或录像、秘密监视（跟踪侦查和守候监视）、密搜密取等；[①]普通侦查手段，除了刑事诉讼法已有规定的措施外，还应当进一步完善和丰富，包括要求犯罪嫌疑人申报财产、限制转移财产（如预防性扣押）、限制犯罪嫌疑人出境、复制银行账目、要求有关单位和人员提供证据、要求有关单位协助侦查等。[②]规定特殊侦查手段，丰富普通侦查手段，在我国职务犯罪侦查中可发挥三个显著的功效：客观上有利于检察机关惩罚犯罪；将特殊侦查手段适用程序和条件法定化，有利于人权保障；实现与联合国反腐败机制接轨。《联合国反腐败公约》第50条第1款规定了"特殊侦查手段"的适用："各缔约国均应当在其本国法律制度基本原则许可的范围内并根据本国法律规定的条件在其力所能及的情况下采取必要措施，允许其主管机关在其领域内酌情使用控制下交付和在其认为适当时使用诸如电子或者其他监视形式和特工行动等其他特殊侦查手段，并允许法庭采信这些手段产生的证据。"其中，关于"电子或者其他监视形式"以及"其他特殊侦查手段"可用以完善我国职务犯罪中特殊侦查手段的建构。[③]

（2）必须解决立案程序、初查活动与侦查及强制措施之间的紧张关系。根据法律及传统诉讼理论，在立案以前不得采取强制措施，在初查阶段亦不得适用限制、剥夺人身自由及涉及财产权的强制性措施。这种立法设计和理论是建立在对一般刑事犯罪案件的认识基础之上的，与职

---

①　在此，立法应禁止在贿赂案件中采取诱惑侦查的方式。刑事诉讼程序应以促进行政廉洁为目标，而非诱发或提供机会使其犯罪。在贿赂犯罪率高发社会，诱惑侦查可能引发政治地震，严重影响政府运作及其声誉。

②　参见周其华《贪污贿赂犯罪侦查措施立法比较》，《中国刑事法杂志》1996年第6期；资罪：《论贪污贿赂案件中的技术侦查手段》，《国家检察官学院学报》1999年第2期；张建明：《国外反腐败的秘密侦查手段》，《八桂侨刊》2003年第4期。

③　根据《职务犯罪侦查中强制措施的立法完善调查报告》，在司法人员卷中，针对"在职务犯罪侦查中是否应当设计一些特殊强制措施（或特殊侦查手段）"，在江苏、浙江、河北三地分别有77%、67%、83%的受调查人员选择"是"；在非司法人员卷中，对于是否"赋予检察机关具有像香港廉政公署那样的一些特殊强制措施（或特殊侦查手段）"，选择"是"的比例在山西高达90%，在浙江占78%。

务犯罪侦查实践的现实要求脱节，因而对于缺乏证据和信息获取能力的检察机关来说，无疑是一个制度和观念的瓶颈，迫使其不得不依赖于纪委、监察机关办案。笔者认为，在立法上应淡化职务犯罪立案程序和初查阶段对有关强制性措施的绝对限制，应当使检察机关在初查阶段拥有必要的侦查手段，以增强其获取相关信息和监控有关人员的能力。

（3）为避免人权保障的旁落，使强制措施和强制性侦查手段得到正确适用，应当规范侦查手段的适用条件和程序。其一，在立法宗旨上，应当坚持特殊侦查手段限制原则，具体包括重罪原则（可限定为可能判处7年以上有期徒刑的犯罪或者证据单薄，不适用该手段难以收集证据的重大案件）、必要性原则（在启动条件上可限定为普通侦查方法难以达到侦查目的；在结束条件上可限定为收集到必要证据，达到适用强制措施的证据条件）、合法性原则（可限定为遵循法定授权、法定案件范围和法定程序）；其二，在立法授权上，可规定特殊侦查手段由上一级检察机关批准，普通侦查手段由办案检察机关负责人批准；其三，在权利救济上，应当允许被采取强制措施的人向上一级检察机关申诉、向人民法院申请司法救济等。

此外，应当强调侦查活动以任意侦查为原则、以强制侦查为例外的理念。

（三）强制措施与"双规"、"两指"关系的调整

规定特殊侦查手段，丰富普通侦查手段，提高检察机关获取证据的能力，为进一步解决检察机关对"双规"和"两指"的依赖提供了现实路径。缺乏上述两个前提条件，完全杜绝检察机关对"双规"和"两指"的依赖只能是"纸上谈兵"。当然，为明晰当前"双规"、"两指"与强制措施的关系，应当解决以下问题：其一，在"双规"和"两指"适用中，明确它们与强制措施在适用对象、适用条件、适用时间上的区别；其二，纪委、监察机关在"双规"和"两指"中发现构成犯罪的，应移交检察机关；其三，明确"双规"和"两指"的

适用期限及权力制约和权利救济机制；其四，明确检察机关不得与纪检、监察机关的职责混同。

（四）强制措施适用独立性的保障机制

针对职务犯罪的调查、控诉和审判不受政治、经济或者其他任何不适当的干涉，这已是各国达成的基本共识。建构我国职务犯罪侦查中强制措施适用独立性的保障机制，核心在于完善相关制度和措施以纠正和预防法律执行上的偏差、观念上的误区以及排除其他因素的影响。对此，提出如下几点建议。

1. 在我国司法体制未进行大调整的情况下，实行职务犯罪侦查一体化

当前，检察机关独立行使检察权的原则和程序法定原则应得到强调。削弱职务犯罪侦查中检察机关独立行使检察权，破坏程序法定原则，往往伴生职务犯罪恶化状况或人权侵害现象，有碍于法治国形成的进程。实行职务犯罪侦查一体化，具体而言，可以考虑强化职务犯罪侦查机制的整体性，在最高人民检察院设全国职务犯罪侦查指挥中心，在一定级别的检察院设立职务犯罪侦查指挥中心。对于职务犯罪案件，案发地检察机关应向上级检察机关的指挥中心报告。上级检察机关的指挥中心可以统一协调案件的侦查，既可以指挥下级检察机关职务犯罪侦查部门对案件进行侦查，也可以决定将案件移送其他下级检察机关职务犯罪侦查部门侦查，必要时可以直接进行侦查。检察机关的职务犯罪侦查指挥中心侦查案件，可以调用下级检察机关的办案人员。这种方式，符合法律确立的检察机关上下级关系，也与我国现行司法体制没有冲突。

2. 该问题的根本解决，有赖于我国司法体制的改革

这种司法体制改革，可以真正强化党的领导，可以在检察机关的人事任免和经费保障方面为其依法独立行使职权提供制度性支持。在我国司法体制改革之前，应改造"要案汇报制度"并废止"汇报、请示规则"。在当前，为根治干扰办案及泄密行为，应引入针对干扰办案的引咎辞职制度并追究泄密者包庇罪的刑事责任；为避免职务犯罪侦查异化为权力斗争的场域，应强化对检察人员的程序性制裁和相关的惩戒制度，防止办案人员沦为某些权力者的"代言人"或"保护伞"。

人大作为权力机关，其固有的职权一般只就普遍问题做出抽象的适用性规则；人大的监督绝不能异化为个别人大代表的一种对抗强制措施适用的特权。为了避免一些人大个案监督对职务犯罪侦查的不当干扰，应当规范人大监督，最为主要的是明确人大监督的三个基本原则：事后监督原则、集体监督原则、程序监督原则。由于人大监督不能对案件提出具体处理意见，只能启动某审查合法性的刑事程序，所以程序监督原则是最为核心。

（五）强制措施适用中的异地协作和刑事司法协助机制

当前职务犯罪的一个突出特点是，跨地区、跨国（境）犯罪趋势日益明显，犯罪手段也不断国际化，许多职务犯罪嫌疑人外逃并转移大量赃款，危害十分严重。而我国刑事诉讼法关于职务犯罪的规定偏重于本地型犯罪，对国内跨地区犯罪的执行和协作机制规定笼统、可操作性差；同时，职务犯罪立法基本是内向型的，主要着眼于我国内部诉讼活动，缺乏外向型视角，主要表现为缺乏国际刑事司法合作的规定。

在国内，必须赋予跨地区司法机关协助机制以更强的执行力，以对抗地方保护主义等跨地区司法机关协助的障碍。为此，针对异地执行拘留、逮捕中出现的泄密、索取办案经费等行为，应建立申请惩戒程序，受理该申请的主体机关可为执行机关和协助机关的共同的上一级检察机关；对于构成包庇罪等刑事犯罪的，应依法予以追究刑事责任。同时，在职务犯罪中，金融查账往往是证据收集和调查的核心内容之一，直接影响立案以及逮捕等强制措施的适用，应当明确银行业的"为储户保密"原则不能对抗有关反腐败犯罪机构的调查，尤其是外地反腐败犯罪机构的调查。

对于跨国（境）职务犯罪，应在强制措施适用中强化刑事司法协助机制，最为核心的内容包括犯罪信息情报交流、缉捕或遣送犯罪嫌疑人、调查取证等。从国际视角看，各国正试图建立统一的反腐败法律机制，加强国际协助和多边合作。我国已签署《联合国反腐败公约》，其中涉及的国际合作机制，包括引渡、司法协助、刑事诉讼的移交、执行合作、联合侦查和特殊侦查手段等内容，对于进一步完善和改革强制措施适用中跨国（境）司法协助机制提供了现实路径。对此，我们主张，在我国批准该公约后，立法应专门设立针对职务犯罪侦查与强制措施适用的司法协助的内容。

（六）程序性制裁机制和程序性辩护制度的确立

强制措施适用的制裁程序，可分为两个维度：一是只针对办案人员违反法定程序行为的制裁；二是针对被追诉人违反法定程序行为的制裁。前者对于强制措施适用的根本意义在于促进强制措施在干预公民基本权利时遵循程序法定原则，并不得实施程序违法行为侵犯公民基本权利，否则面临制度性的不利后果。后者对于强制措施适用的根本意义在于督促被追诉人履行法定义务、保证强制措施法律功能的实现。后者已在前文关于取保候审逃匿行为的处理中阐释，这里主要探讨针对办案人员违反法定程序行为的制裁。[①]

为保证职务犯罪侦查中强制措施的正确适用，应确立程序性制裁措施：对于少数严重违反法定诉讼程序，继续进行诉讼已丧失正当性的案件，可终止诉讼；对那些通过侵权方式获取的证据，应建立排除规则；对那些与收集证据没有直接关系的行为，可宣布绝对无效或者相对无效（如强制措施时效制度）。[②] 同时，在程序性制裁的配套制度

[①] 在英美法系，程序性制裁的对象即程序性违法，包括非法搜查、非法扣押、非法窃听、非法使用警察圈套等违反法定程序的行为。程序性制裁的方式即程序性违法的法律后果，包括终止诉讼、撤销原判、排除非法证据、诉讼行为绝对无效、诉讼行为相对无效、从轻量刑等主要方式。

[②] 参见陈瑞华《程序性制裁制度研究》，《中外法学》2003 年第 4 期；陈永生：《刑事诉讼的程序性制裁》，《现代法学》2004 年第 1 期；陈瑞华：《程序性辩护之初步考察》，《燕山大学学报》（哲学社会科学版）2005 年第 1 期。

上，应特别强调建立程序性违法的司法审查制度。需要特别指出以下几点。（1）完善犯罪嫌疑人的程序性辩护权，即申请法庭宣告检察人员存在程序性违法行为的辩护，实际是一种通过诉权的方式寻求对官方侵权行为实施程序性制裁的辩护形式。（2）正确分配程序性制裁的举证责任。对合法性的证明原则上应由检察机关承担举证责任。如果检察机关不证明或不能证明，法院就应推定其行为为非法，并给予相应的程序性制裁。必要时，法院可依职权进行调查。（3）合理确定程序性制裁的证明或释明标准。如果举证责任由检察机关承担，由于其取证能力较强，证明标准应相对较高；如果由当事人释明，由于其取证能力较弱，只需形成一定怀疑即可。

构建针对办案人员的程序性制裁机制，还有一个突出的现实问题，即如何协调与错案责任追究制度的关系，这是职务犯罪侦查中检察人员依法适用强制措施时保障自身权利的重要机制。在实践中，无论是否存在违法行为或主观上有无过错，都追究办案人员的客观性责任。笔者认为，在强制措施的适用上，应根据无过错即无责任的一般原理，明晰国家、公民、办案人员三者之间责任的具体分配。在职务犯罪侦查中，非因违法行为而是因法律条文、事实认定在法律运行中的不确定性导致的错拘、错捕，只能适用国家赔偿以保障人权，而不应再行追究办案人员的责任；对于办案人员无过错而是因为无法预料的情况导致犯罪嫌疑人逃脱或实施其他妨碍诉讼进行行为的，也不应追究办案人员的责任或影响其考评成绩。[①]

（本文原载于《中国法学》2007 年第 5 期）

---

① 参见雷小政、许新光《刑事错案界定中的焦点问题及其评述——关于"案件"、存在性和判断标准》，《研究生法学》2005 年第 4 期。

论建立以一审庭审为中心的
事实认定机制

龙宗智*

刑事诉讼是一个动态过程，这一过程，在学理上可以划分为三条相互关联的延伸线，即公诉、程序的展开以及心证的形成。① 公诉是前提，刑事程序的推展是条件，围绕公诉进行诉辩对抗以及程序推进过程中逐步形成裁决者对案件事实的认定（心证），即为诉讼的落脚点和目的。由于诉讼是围绕法官建立心证展开的，而法官建立心证的主要空间是法庭，因此以审判为中心，以庭审为重点，是诉讼的题中应有之义。不过，因错漏难免，心证形成不应当是一次决定便不可变更的，因此而有上级审，包括二审、复核审、再审等，以纠偏救济。但就心证形成、事实确认而言，上级审的功能相对于一审是有限的。由此可知，合理的诉讼事实确认机制，应当以一审庭审为中心。

以一审庭审为中心，是一个关系性命题，它包含三方面的主要论点：其一，在侦查、起诉、审判的事实认定行为链中，应当以审判为事实认定的决定性环节；其二，在审理、裁判的多种行为中，应当以庭审即法庭审判为中心和决定性环节；其三，在一审与二审、复核审和再审的审级体制中，应当以一审为重心和事实判定最为重要的审级。而这三点具有不可分割的内在联系。

---

* 龙宗智，四川大学法学院教授、博士生导师，中国刑事诉讼法学研究会副会长。
① 刑事诉讼中的动态理论，参见〔日〕松尾浩也《日本刑事诉讼法》（上卷），丁相顺译，中国人民大学出版社，2005，第 3 页。

前述本文中心思想即所包含的具体内容，应当说体现了诉讼的规律。亦即刑事诉讼的事实认定，本应以审判为中心、庭审为中心、一审为中心，而不应当以庭前程序为中心、庭下活动为中心、上级审为中心。然而，上述反诉讼规律的做法，在某种程度上正是中国刑事案件事实认定机制的现实，而且目前随着司法行政化趋势的加强，呈更为强化的态势。如果不解决刑事案件事实认定结构与机制的问题，就不能提高刑事案件的办案质量，不能有效地防止冤假错案的发生。

一　事实认定为何应以一审庭审为中心

（一）审判是事实认定的中心环节

诉讼产生于当事人不同的事实叙述和诉讼主张，因此，确定案件事实并在此基础上适用法律，是诉讼的基本任务。在民事程序中，诉讼即为审判，当事人的一切诉讼活动围绕法官的心证和法律适用的意见进行，因此，以审判为中心，是不言而喻的。但刑事诉讼则有所不同。刑事诉讼的目的，是国家刑罚权的实现，为此，国家侦查与控诉的机关担当调查证据查明案件事实并在此基础上提出控诉的职责。因此，在审前阶段，就形成一个较长时期的搜集证据查明案件事实的过程，包括刑事侦查（调查）搜集证据和审查起诉确定事实的过程，之后才进入审判。而审判，则是中立和独立的法院，对审前程序获得的证据以及控诉方主张的事实进行审查，以便权威性地确认案件事实并适用法律对案件做出实体处理。这就使刑事诉讼的事实认定形成两个不同的阶段，即审前阶段和审判阶段。

从形式上看，审判是在侦查—起诉—审判的事实认定行为链中的最后一个环节，是所谓"三道工序"的最后一道工序，审判是确定案件事实的权威性活动，因此势必成为事实认定的中心环节。然而，诉讼的实际运行则可能出现另一场景——对于由侦查搜集、起诉补充的证据，法院照单全收，尤其是法院不再对原始证据进行直接的审查，而只需审查由侦查方已经收集在案的各种形式证据，而且对控诉方确认的案件事实不予质疑或基本不予质疑，审判成为具有相当形式化的作业，审判的实质审查和独立判定（事实）的功能难以有效发挥。这种情况下，刑事诉讼是侦查中心主义而非审判中心主义。

侦查中心主义的主要价值是治罪效率。首先，它是有效率的。因为它直接和充分地利用了侦查的成果，避免了审判阶段进行实质性证据调查的复杂甚至缺乏效率的活动。其次，它是治罪（致罪）性的。因为刑事案件发生，法益已经受到损害，如不确定行为人并予以定罪，侦查活动就会受到否定。

侦查中心主义的主要问题在于，其单面构造使刑事程序丧失了诉讼的结构与机制。

诉讼是原被告和裁决者三方组合形成的一种结构，原被告之间的诉讼对抗，由中立和独立的第三方进行裁决，因此，对抗和判定，是诉讼的基本法则。如果刑事诉讼仍然是一种诉讼，则须仍然保持这种三方组合的关系并实行对抗与判定的法则。而侦查中心主义则将刑事诉讼处理为一种由侦查到起诉再到审判的工序性作业，以线性关系代替"三角构造"，"诉讼"实已不再成立。

刑事程序中侦查中心主义的成立，必须有三个方面的支持条件。一是对侦查的高度信任。认为侦查警官和检察官在专业素质、道德修养上是值得高度信任的，因此，对其工作成果应当充分肯定。二是对辩护功能的贬低甚至否定。认为嫌疑人、被告人总是狡辩的，辩护人则往往是因其雇佣关系而从事对案件处理无积极意义的活动，甚至常常是颠倒黑白的。因此，侦查中心主义只承认在必要时听取辩方意见，而不承认诉讼的平等对抗性质。三是对定罪效率的强调以及对可能出现错误的容忍。由于治罪的热情不可能不影响对事实的冷静而理智的判定，高效率的定罪，必然要承受一定的代价。治罪程序代替诉讼，即以单面证据奠定案件基础、将单面主张确认为事实结论，而诉讼的兼听、辩论与质疑精神不再存在，其直接后果，是较大地增加了事实误判的可能性。因此，侦查中心主义属于控制犯罪的程序模式而非正当程序或人权保障型程序模式，这种逻辑关系，应当说是毋庸置疑的。

而以审判为中心，则呈现出不同的程序质素与图景。首先，它警惕庭前程序的可错性。为防范侦查的偏向与取证人员在品质和专业能力上的弱点，它对侦查内容及侦查结论采取实质审查原则。为此，需要控诉方重演取证过程，以便法院能够对证据和事实进行实质性审查。其次，审判中心尊重三方组合的诉讼构造，认为控辩方出于不同角度的叙事及论证，是发现事实真相的有效方式。而就诉讼价值而言，审判中心并不否定效率的重要，但也同样强调程序的防错意义，因为权利保障同样是诉讼的重要价值。

侦查中心主义与审判中心主义各有其价值意义，但如果承认刑事司法应当尊重和保障人权，确认现代刑事司法既要打击犯罪又要保障人权的价值取向，那么，结论就是必须承认刑事诉讼应当采审判中心主义模式而非侦查中心主义模式。这是因为，一方面，审判中心主义并不否定侦查取证的意义，它尊重侦查的专业性而绝不希望能够越俎代庖。而在另一方面，审判中心主义认为审判程序是确认争议事实并在此基础上做出案件处理的最适当的程序。因为就刑事案件的事实认定而言，审判环节具有两个基本要素，使审判能够最有效地发现真相。

第一，主体要素。审判主体是中立的，他既不属于控方也不属于辩方，这种对控辩双方的超越性使他获得能够客观观察并认识案件事实的条件。审判主体是专业的，他也许不是收集证据的高手，但他应当是善于判断事实的，因为他受到的训练和他从事的工作都培养他这种能力。审判主体也应当是智慧而高明的，因为判断事实、解决争议的主体应当比争议双方更有智慧，更有权威。因为我们不应当将自己的纠纷交给一个我们所不信任，既无智慧也无威信的主体。不过这一点较之前两点带有较大的或然性，它取决于司法的制度安排。

第二，机制要素。审判是在控辩双方在场的情况下通过诉讼程序确定事实解决纠纷，具有能够更为准确地判定事实的机制性要素。其一，审判的三方组合及其互动，保证了"兼听则明"，可以防止"偏听偏信"；其二，审判的公开性，使其能够受到有限监督，避免"暗箱操作"；其三，回避、指定管辖等审判制度，可以防止任何主体"成为自己案件的法官"；其四，审判的程序运行制度，是实现准确与公正必要的制度设置，也是个案纠纷判断与处置上人类智慧的体现。

因此，在确认权利价值、关注利益平衡的现代社会，诉讼，包括刑事诉讼，事实认定乃至案件处置，应当以审判为中心。

（二）庭审是审判活动的重心和决定性环节

审判中心，是相对于侦查（控诉）中心而言的，但审判本身是一个复杂的过程，其活动也是多样化的——法庭审判是一种形式，此外还有各种庭下的审判活动。如庭前与庭后的阅卷（把握证据确定事实），院、庭长对审理和裁判的指导，审判委员会研究和确定案情，以及法院外部施加的影响并成为具有实质意义的审判行为等。本文的主张是：在各种审判活动中，庭审无疑应当成为中心环节。主要理由如下。

第一，以庭审为中心，是审判中心的逻辑推演。对于事实认定，审判中心相对于侦查中心的优越性，主要是通过庭审体现的，因此，确认审判中心，必然在逻辑上推导出庭审中心。因为，只有庭审，才能通过听证与辩论有效实现对不同主张和根据的"兼听"。而庭下审判则完全可能是选择性的，甚至是片面的；只有庭审，才能保证诉讼的公开性，从而防止"暗箱操作"。因为公开审判，就是指的公开庭审，而院、庭长的指导（指示），审判委员会的研究以及外部力量的影响，通常是不可能公开的；只有庭审，才能贯彻回避原则，防止利益冲突。而其他审判活动，如审判委员会研究案情，即使有的成员并不熟悉该项业务而在专业上不合格，有的成员人在场而心不在场，有的甚至对该案存有偏见等，当事人都无权要求其回避，因为在这种情况下，以实现主体公正性为目的的回避制度丧失效用。同样也只有庭审，才能通过集中的、严格的程序安排，保证诉讼的公正与效率。而庭下活动则因缺乏严格程序约束，具有较大的随意性，难以保障公正与效率。

第二，以庭审为中心，是审判特性的必然要求。就事实认定而言，审判最重要的特性是亲历性，即事实判定者直接接触和审查证据，直接听取控辩意见及其依据并做出判断。对证据与事实的亲历性即直接感知，能够使事实判断者掌握丰富与生动的信息内容，而这些信息内容是形成合理心证最重要的保证。而此种亲历性，是其他审判活动难以具备的。如庭下阅卷活动，法官接触的是案卷材料，而这些材料的主要内容，是各种笔录。而笔录，是侦查取证人员对直接人证提供情况的一种转述，它不可避免地被过滤甚至加工，不仅一部分陈述的内容被直接过滤掉，而且陈述时的语调、表情等丰富的信息（情态证据）也无以存在。而且，对笔录这类"死的信息"无法进行质证。而不质证做出证据判断，已经违反了证明的规律。当然也不能否认，目前情况下，庭下阅卷对于防止在法庭上证据信息的遗漏和扭曲，对于检验、校正和加强法官的心证，有其积极的意义，不过，其作用应当只是辅助的，而不应起决定的作用，否则，审判程序就失去意义，法官心证形成的合理渠道因此而被虚置。

审判委员会对案件事实听取汇报并做出决定，其事实判定实际上是建立在"传闻"之上。因为审判委员会，至少是其中多数成员，既没有听审，也没有看卷，他们对案件事实的判断，基本上是基于案件承办法官的汇报。这种汇报，不是第一手的材料，甚至不是如笔录这样的"二手材料"，而是法官根据一手材料和二手材料所确认并讲述的"故事"。而且这种汇报也不能实现证据与事实的质证，因为原始人证不在场，而且控辩双方也不在场。可见，由于这些条件限制，审判委员会会议不是判定案件事实最适合的空间。认定案件事实，如果不以庭审为中心，而以审判委员会活动为中心，不符合事实认定的规律。

（三）一审是事实审最重要的审级

对一、二审两个审级的意义，在学理上有不同认识，即"一审集中（中心）主义"与"二审集中（中心）主义"。"注重第一审之审判，而第一审之审判为全部刑事审判程序之最重要者，则称为第一审集中主义；反之，注重第二审之审判者，则称为第二审集中主义。"①

在制度与学理上有重视二审的主张，是因为二审有一些一审所不具备的有利条件。普遍认可的是：二审法官作为高审级法官，资历更长，素质更高，经验更为丰富，而且身处上级审，视野更为开阔，因此能够更为准确地把握案件的事实和法律问题。此外，不同的国家还有一些其他的有利条件。如在有的国家，一审审理采独任制，而二审采合议制，二审审判组织形式更有利于防止审判错误。在有的司法制度中，由于司法不独立，一审处于案发当地，审判更容易受当地各种社会因素的影响，而上级审则可消除或降低这种影响，因此公正审判的条件优于一审。

不过，就事实审审理而言，通说认为："事实审理于第一审为中心"。②

从比较法的角度看，"有权利就有救济"，因此二审程序是对一审程序的必要救济。然而，救济内容与范围却因法律和事实问题的不同而有区别。二审对一审法律问题的救济系全面救济，体现出普遍性和深刻性；而在事实审方面则是有限救济，体现出重视和尊重一审审理的一般理念。事实审理上二审救济的基本原理，是考虑一审程序的正当性程度，一审程序的正当性程度越高，二审的事实审救济范围就越

---

① 蔡墩铭：《刑事审判程序》，台湾五南图书出版有限公司，1992，第 166 页。

② 蔡墩铭主编《两岸比较刑事诉讼法》，台湾五南图书出版有限公司，1996，第 368 页。

小。因此无论是英美法系还是大陆法系，凡是严格遵循正当程序的重罪案件审判，如美国的陪审团审判的一审案件，英国的刑事法院审理的一审案件，德国州法院和州高等法院审理的一审案件，其二审审理都不再进行事实审。① 在法国，对重罪法庭判处的案件和部分违警罪案件不能上诉，因为重罪法庭是由 3 名法官和 9 名陪审员共同审判的，是人民的审判，且该判决不需要说明理由。② 而在较低级的法院，采用正当性不高的程序所审理的案件，才允许进行重复的事实审理。

正是由于普通程序中二审救济在事实审方面的有限性，事实审以一审为中心，是由普遍的立法例所体现的一般原则。而且，历来重视上诉审功能，司法制度具有"科层制"特征的大陆法系国家，在司法改革中也将强化一审、限制二审的事实审功能，作为改革的方向。例如，德国在 2002 年，一改将上诉权作为公民基本权利和二审做重复的事实审理的传统，将上诉程序重构为一种救济机制，即错误控制与纠正机制，实现了上诉程序的功能转化，审级制度的内部机理也发生了改变。③

以一审为事实审的中心和重心，理由主要有两点。

其一，不同审级的不同启动条件和功能决定了一审的重要性。因为对起诉案件，一审是必审，二审是可审。未经一审，就不能进入二审，因此一审是基础。而二审是由任意性上诉权启动，"案件未经当事人上诉时，只有第一审之审判，并无第二审之审判，此所以应特别重视第一审之审判"。④

而且从功能上看，一审是回应全部公诉与辩护的主张的全面审理

---

① 美国司法制度中复杂的遴选陪审员制度、集中"开庭日"审判和以言词辩论为特征的证据制度，决定了美国的审判活动高度集中在一审。美国宪法修正案第 7 条规定："任何业经陪审团审判之事实，除依照习惯法之规定外，不得在合众国任何法院中重审。"
② 参见宋建潮、耿景仪、熊选国《德国、法国司法制度之比较》，《人民司法》2000 年第 3 期。
③ 参见齐树洁《德国民事司法改革及其借鉴意义》，《中国法学》2002 年第 3 期。
④ 蔡墩铭：《刑事审判程序》，台湾五南图书出版有限公司，1992，第 166 页。

和充分审理，而二审及以上审级是纠错审、救济审，虽然不可或缺，对部分案件能够发挥重要的防错纠错功能，但毕竟属于救济性审理，难以实现其保障案件质量的基础性作用。而只要有坚实可靠的一审审理，案件质量即可保障。

其二，在事实审方面，一审（主要是指一审庭审）具有最好的审判条件。这是在事实审方面强调一审重要性的实质性理由。证据裁判主义要求依靠证据认定案件事实，而一审提供的证据信息相对尔后的审级具有可靠性、干净性和内容全面性的特点。

证据信息的可靠性，主要是指一审审理时间离案件发生时间比较近，案件信息较为可靠。"证据，易因时间之经过失其真实性。"① 一方面，就涉及人证的主观印象痕迹而言，离发案时间越近，印象越清晰，而随时间推移将会增加模糊性。另一方面，就物证与其他证据而言，时间较近也有利于发现、固定与提取，否则，将增加毁损灭失及模糊化（如各种印痕随时间推移日益模糊）的可能性。

证据信息的干净性，是指首次审判的基本要求是证据尤其是人证的不受干扰，因此比较"单纯和干净"。例如，对于证人，在出庭作证时应当隔离于法庭，被告、被害人如果提供陈述，也应当尽量让他们首先独立陈述，再让他们作为诉讼当事人和参加人接触其他证据。共同被告，则应首先独立供述，然后再相互对质并参加其他证据的举证、质证。因此，一审的证据信息，更多来源于证据源而较少受到其他证据信息的影响。反之，一审后的审判，被告人、被害人、证人、鉴定人及勘验检查人员等，因直接或间接地经历了一审，了解了一审的相关信息，再次作证更容易受到其他证据信息的影响，尤其是被告人、被害人这类与案件有利害关系的作证主体。

信息内容的全面性，则意味着一审系全面审理，需要充分调集各方面的证据，全面地分析案件的证据和事实。而一审以后的审理无论

---

① 陈朴生：《刑事证据法》，台湾海天印刷厂有限公司，1979，第62页。

是否采用全面审理原则，但由于一审的基础性作用，实际上均为重点审理，重点围绕上诉（抗诉）理由，对有争议问题进行重点审理，而对无争议问题则往往仅做一般审查、形式审查。可见其审查的问题和调查的证据是有重点的，也是较为有限的。信息内容的有限性，也使二审及其他后续审在事实审理上的作用受到限制。

二　重塑诉讼中心具有重要的现实意义

本文所强调的重视审判、重视庭审和重视一审的思想，既是理论推导的结果，更是改善中国刑事案件事实认定机制的需要。因为这一问题不仅历来没有得到很好的解决，而且目前在司法活动的行政化趋势加强的情况下，存在的问题日益突出，需要及时矫正。

（一）侦查决定论的特征未改且有加强趋势

我国刑事诉讼的基本结构具有典型的双重结构的特征。一重是控辩审三方组合形成的三角结构，也就是对抗与判定的基本诉讼构造；另一重是侦、诉、审互动关系形成的线性构造，即公、检、法三机关在刑事诉讼中分工负责、互相配合、互相制约的结构。这种线性构造，具有"司法一体化"特征；因该构造中的主体是国家刑事司法机关，配合制约均在三机关之间发生，就使嫌疑人、被告人的地位相对客体化。而且，因为三机关地位平行而不承认司法至上与审判中心，使侦查的地位得到强调。从职能功用看，线性结构认可侦查和起诉在诉讼结构中的独立地位和保障审判质量的重要作用，由于审理对象是侦查的结果，因此实际上有侦查中心论的倾向。这里可以在某种意义上采用所谓的"工序论"的观点，即审判工序的质量取决于侦查、起诉工序提供的合格工件，因此在刑事诉讼中，须强调庭前准备尤其是侦查的意义和作用。在有高质量的侦查和精密的起诉审查的情况下，审判实际上是结合辩护性意见对侦查结果的一种再审查，而且这种工序性关系不可避免地使第一道工序即侦查所获证据成为法庭审判的基础

（当然法庭也可以否定这些证据或其中部分内容）。

中国刑事诉讼的两重构造既有互补作用，又有明显的矛盾。例如在控辩审形成的三角结构中，法院"居于其间、踞于其上"，因此而呈现"司法至上"与"审判中心"。而在线性结构中，审判的功能是检验侦查的结果，由于"司法一体化"的作用、诉讼配合的要求以及"制约"功能的相互性，其审查检验的实质性不足，作用十分有限。这种矛盾性，使两重结构呈现此消彼长的"逆向损益"关系。

中国刑事诉讼两重构造的冲突及其协调结果，在总体上显出线性结构较为强势。其根本原因在于，在政治一体化基础上的"司法一体化"，是中国刑事司法制度和程序构造的基础。而且，线性构造也比较适合传统的重视犯罪控制的刑事司法价值观与政策的要求。

而在近年来，线性构造仍得到强化，因此，侦查决定论的趋势未改且更为明显。这与司法政治方面的一体化增强有关，也是因为在维稳压倒一切的方针政策之下，公安机关具有强势地位而且侦查权十分强大。加之司法改革以"加强监督"为重心，作为控诉机关（且为职务犯罪侦查机关）的检察院对法院的监督权增强，而法院的独立地位和中立性受到进一步的限制，其公信力与权威性被削弱。在这些因素的作用下，审判的中心地位以及在事实认定机制中的决定性作用受到进一步挑战，更加难以确立。

然而，忽略刑事司法的三面关系及诉讼构造，忽视法院对侦查的实质性审查功能，会使刑事程序因线性构造过于强大而变成单面的治罪过程，而使刑事司法程序的防错与人权保障功能受到压抑，使刑事司法的公正性受到质疑。这一点已经为实践所证明。前些年发现并披露的一些重大冤错案件，如杜培武案、佘祥林案等，固然有一些偶然性的因素，但究其根本，在于审判未能有效发挥其实质性的审查与决定功能，而使有问题的侦查证据成为定案根据，使根据不足的侦查结论成为判决意见。总结经验与教训，检讨诉讼构造，在国家确认与保障人权的宪法要求与社会呼声之下，需要强化审判的功能，从而更为准确地认定案件事实。

（二）法院审判活动，呈现庭上功能弱化、庭下功能增强的趋向

司法活动是个体化的、独立的作业，因此，司法独立意味着法官独立，包括心证独立和裁决独立。前者意味着法官独立地对案件事实做出判断。然而，我国法律规定了法院独立而非法官独立的原则，同时，作为制度跟进，设立了审判委员会讨论决定个案处理的制度，以及院长、庭长审核裁判文书，主持讨论疑难案件等具有行政指导意义的制度。这些制度，在相当程度上限制了法官对案件事实的独立心证。

而从近年来的情况看，上述强化行政指导作用的制度没有被削弱，反有加强倾向。这种状况的产生，与在政法工作中加强党的领导，注重服务大局有关，也直接受到司法体制中强化"司法一体化"趋向的影响。因为，领导关系的强化也必然是法院内部行政指导作用的增强。而在服务大局的方针下，裁判应当体现政治、社会与法律三个效果的要求，也使中国司法权力配置体系中处于较高层级的领导者对个案处理的行政指导加强。因为在国家机关的信息传递链上，领导者能够更充分地掌握案外社会与政治信息，同时因为他们与在一个地区或一个方面把握大局的党政领导有较为直接的联系，一般说来更能理解"大局"的要求，也具有优于其他法官的评估个案处理"三个效果"的条件。由于这些原因，从总的情况看，法官的个案判断与处置权有所削弱而审判委员会与院、庭长影响事实认定及案件处理的能力增强，因而使庭审功能削弱庭下功能增强。

庭审功能的削弱，也同我国审判方式改革不彻底有关。1996年刑事诉讼法的修改，为了强化庭审功能，解决"庭前实体审，庭审走过场"的问题，调整了案件移送方式，废止了庭前全卷移送并由审判法庭做实体审查，以决定是否具备"案件事实清楚，证据确实充分"的开庭条件，实行公诉机关向法院移送"证据目录、证人名单、主要证据复印件或者照片"的做法，从而形成虽不排除法院在庭前的实体审查，但仍可基本实现庭前审查以程序审为主，由此保障庭审实质化的目的。但在刑事诉讼法没有明确规定的情况下，最高人民法院、最高人民检察院等六部委于 1998 年下发的《关于刑事诉讼法实施中若干问题的规定》第 42 条规定，检察机关对于在法庭上出示、宣读、播放的证据材料，应当当庭移交法院，或者在休庭 3 日内移交。对于在法庭上出示、宣读、播放未到庭证人的证言的，如果该证人提供过不同的证言，检察机关应当在休庭 3 日内，将"该证人的全部证言"移交法院。根据这一规定，闭庭后，检察机关会将全部侦查卷宗以及侦查、公诉机关补充的证据材料移送法院，形成了庭后移送卷宗以及法官庭下阅卷的实际做法。

庭后阅卷，形成所谓"庭后默读审判"的审判方式，造成两个方面的问题。一是冲击了庭审实质化的审判方式改革目标。陈瑞华教授称，"检察官庭后移送卷宗材料的做法，则无疑会促使法官不再重视那种简单、草率的法庭审理过程，而专注于法庭审理结束后的'阅卷'。这不禁令人担心，1996 年改革所设定的发挥庭审作用、促使法庭通过庭审过程来形成裁判结论的立法初衷，在这种庭后移送卷宗制度的冲击下，还能在多大程度上实现？"[1] 应当承认，庭后阅卷对法官形成心证的作用，因不同的案件不同的法官而有所不同，但总的说来，它必然降低庭审对法官心证形成的作用。二是将未经法庭调查的证据移送法院，对法官心证发挥作用，违背了司法的规律。任何证据，未经法庭质证和辩论，不能作为定案的根据，这是认证的基本要求。诉讼卷宗中相当一部分证据材料未经法庭举证和质证，因此不具备可采性。但卷宗移送和庭后阅卷制度使这些证据材料可能发挥对法官心证的影响，这就在实质上违背了认证的要求。而且由控方汇集的这些证

---

[1]　陈瑞华：《刑事诉讼的中国模式》，法律出版社，2008，第 117 页。

据材料，通常是控诉性材料，具有单面性而非控辩两面性的特点，可能产生片面强化法官有罪心证的作用。

不过，笔者并不赞成过分贬低庭后移送和阅卷制度，而认为它也具有某种相对的合理性。① 因为控方在法庭上的举证是选择性的，而案卷的内容可能更为全面，信息更为丰富；在庭上的时间是有限的，庭后的阅卷能延长时间，辅助和检验法官的判断。而对于准备作为定案根据而在庭审时又未调查的证据，还可以根据最高人民法院《关于执行〈中华人民共和国刑事诉讼法〉若干问题的解释》第 152 条的规定，"决定恢复法庭调查"，交付法庭质证。由此可见，庭后移送和审阅案卷，是一种利弊互见的做法。不过，如何保证庭审的实质化，防止和减弱庭后阅卷的消极影响，是我们需要进一步思考和解决的问题。

（三）在审级体制中，伴随行政性关系强化，存在对一审重视不足、信任不够的问题

在审级体制中，各级法院均为独立的审判实体，上下级法院之间只是审判上的监督关系，而非行政性的上命下从。然而，受统揽型的国家权力机构的影响，我国上下级法院之间总是存在一定程度的行政关系，而请示报告、内部决定与批复等制度体现了上下级法院的这种关系。

由于行政关系是一种上命下从的纵向关系，其预设的前提是上级机关更为重要，上级机关更为高明和正确，相应地决定权集中于上级，而下级则是上级指示的执行机构。正是由于法院上下级关系的行政化，在某种程度上，形成了过分看重上级法院的作用而忽略下级法院的情况。同时也在一定程度上形成了下级法院对上级法院的依赖，如重大疑难案件不敢自行审判，总要向上级法院请示汇报，有了上级法院的"尚方宝剑"，下级法院才放心。

---

① 参见龙宗智《刑事庭审制度研究》，法律出版社，2001，第 236～239 页。

　　这种以行政性的上下级关系处理审级问题，导致一种对下级法院不太信任的倾向，使得改变一审法院的事实认定，或以事实不清为由发回重审的情况在有些地方较为普遍。而在指导思想上，似有过分强调二审、再审以及复核审的救济功能的倾向。例如，最高人民法院在死刑案件复核中，就提出"一审是基础，二审是关键"的指导思想，而且这一指导思想有时也被一般地适用于其他案件的审理，无论是事实认定，还是法律适用，尤其强调二审对保障审判质量的关键作用。

　　近年来，由于法院系统总体上加强了请示汇报制度等行政性制度，① 上级法院的功能包括在事实认定机制中的作用进一步增强，更多的案件主要不是通过庭审确定事实，而是通过请示、汇报、内部研究的活动解决问题，下级法院对上级法院的依赖性增强。

　　上述三个方面的情况，其症结在于司法行政化，以行政属性代替司法属性，以行政程序遮盖司法程序，从而形成一种较为典型的所谓"科层式"的司法程序模式。达玛什卡教授称："这种科层式程序的独特之处在于其结构被设计为一系列前后相继的步骤，这些程序步骤渐次在镶嵌于上下级链条中的官员们面前展开。初审判决并不是一个焦点，其重要性不足以使先前和此后的决策黯然失色。案件的卷宗是整个程序的神经中枢，整合着各个层次的决策。如果在一个案件从一个步骤向下一个步骤的过程中发生了信息阻隔或丢失的情况，导致主持后一个步骤的官员无法读取前一步骤留下的书面记录，整个科层式程序就会失去方向。将程序行动等同于处在官方直接监控下的行动也是科层式司法程序的一项特征。将任何程序措施委托给外部人士去执行都是不妥当的，甚至是引起反感的。私人程序活动在科层式权力组织

---

① 如最高人民法院在《人民法院第三个五年改革纲要（2009～2013）》中，就明确提出要求："加强和完善上级人民法院对下级人民法院的监督指导工作机制"，同时提出上级人民法院对下级人民法院实施"司法业务管理"等具体的做法。

中的辞典中是一个自相矛盾的词组。"①

　　然而，将司法程序行政化的做法违背了诉讼的规律，从而导致了不利的司法效果。

　　第一，人权保障价值未能彰显，无罪推定难以贯彻。在"一体化"趋势加强，侦查决定论延续且有所强化的情况下，法院审判尤其是庭审对于控诉事实的审查过滤功能减弱，其必然后果是抑制刑事审判的人权保障功能，导致无罪推定难以贯彻，以致我国刑事审判中无罪判决率极低。② 有的法院几年来未做出一起无罪判决（个别案件告知公诉机关撤回起诉）。尤其对重大、敏感案件，即使定罪证据不足，法院也很难做出事实不清、证据不足的判定。过低的无罪判决率，是不符合刑事诉讼规律的。因为刑事诉讼是一个动态的过程，是一个三方互动的作用过程，在审判阶段出现新的、辩护性证据，冲击甚至打破原有的控诉证据体系，是正常的诉讼现象。而且，中立且独立的法院，客观地审查证据，过滤证据材料，重构事实，不可避免地在某些案件上会有不同于控方的事实认定。因此，在维持一个较高的定罪率的情况下，对部分案件否定控诉意见也应当是诉讼的常态，它体现了一种符合规律的诉讼生态。但侦查中心论使审判的实质性作用降低甚至缺失，也必然有碍刑事诉讼价值目标的实现。

　　第二，违背诉讼规律，损害事实认定机制。不是以庭审为中心，而是以庭后阅卷、内部讨论、请示汇报等庭下活动为重点，至少在事实认定机制上，违背了规律。因为案件事实认定，应当建立在对程序的亲历、对证据的直接审查、对控辩质证意见的充分听取的基础上，庭下的活动，只能对事实认定发挥某种辅助性作用，而不应也不能决

---

① 〔美〕米尔伊安·R. 达玛什卡：《司法和国家权力的多种面孔》，郑戈译，中国政法大学出版社，2004，第85～86页。

② 根据肖扬院长2006年11月在第五次全国刑事审判工作会议上的报告，自1997年9月第四次全国刑事审判工作会议以来，全国法院9年间共判决宣告41038人无罪，占生效判决人数的0.66%。

定案件事实。如果轻重倒置，势必妨碍对事实的正确认定，难以真正符合"案件事实清楚、证据确实充分"的判决要求。实践中还有一种错误认识，似乎程序越多，把关越多，事实认定就越准确，案件质量就越能得到保证。因此，一些案件在不同层级由检、审机构的不同主体反复看卷，似乎要从案卷中看出问题。然而，脱离庭审，在案卷上下功夫、做文章，不仅有悖于事实认定规律，还可能强化侦查决定论，不能客观全面地认定事实。

第三，避开规则控制，妨碍程序公正。庭审活动，在程序上具有公开与公正的价值。一方面，它通过举证、质证、辩论，以及法官的认证、评判等诉讼活动，将审判置于社会监督之下，既能防止腐败，也可促进法官心证形成的合理性与正当化。另一方面，法庭审判通过严格的程序控制，保障程序公正，并以此促进实体公正。如回避制度防止任何人"做自己案件的法官"，证据和质证规则可以防止举证和质证的无序及误导，辩论安排使裁判方能够充分听取不同的意见。而庭下审判活动，缺乏公开性，也在相当程度上避开了程序控制。如审判委员会讨论决定案件，成为集体法官（可以说院长是主审），但当事人不能要求回避，甚至不知道自己的案件经哪些人被如何确定的。而案件在内部的请示汇报，更是对相关情况秘而不宣。这些做法显然有悖于审判程序的公开、公正的要求。应当说，这些年来，法院公信力不高，人民群众对判决常有疑虑，与审判活动的公开性与公正性不足有较大关系。

第四，浪费司法资源，降低诉讼效率。对庭审重视不够，就要在庭后下功夫，而请示、汇报等活动也会降低效率。尤其是对一审重视不足，信任不够，势必加大二审乃至再审与复核审的事实审责任，案件被反复审判，浪费司法资源，降低诉讼效率。而且由于不符合诉讼规律，即使加大了资源投入，也难以取得较好的司法效果。例如，对死刑案件，由于强调二审是关键，因此最高人民法院要求二审必须开庭，而且有争议的重要证人和被害人应当出庭。开庭是必要的，但证人出庭则是可研究的。因为一审没有证人必须出庭的要求，仍然依据刑事诉讼法第 157 条的规定，大量使用书面证言，对二审程序，却规定有争议的、对定罪量刑有重大影响的证人和被害人应当出庭，这种反差，似有轻重倒置之嫌。因为首先应当规定一审庭审中有争议的重要证人、被害人必须出庭，而不能采用宣读书面陈述的方式代替，以保证一审庭审对重要证据的有效质证，① 实现事实审理者对证据的直接感知。证人在一审出庭陈述并经质证后，原则上可以采用法庭记录代替其二审出庭。由于一审庭审是公正、有效的法空间，而且开庭时间距离发案时间较近，且因隔离原则而避免了信息干扰，因此，有争议的案件的重要证人应当出庭，出庭后的法庭记录，可以作为二审审理的依据。由于二审不具备一审的有利条件，因此，证人、被害人出庭的必要性降低。可见，在一、二审程序设计上的轻重倒置，可能损害审判的公正与效率。

三　尊重现实，区别案件类型与司法任务，确立不同的司法应对方式

本文所强调的审判中心、庭审中心、一审中心的思想，应当说在学理上论证其正当与合理性并非特别困难，有些观点已长期被学界主张，但司法实践并无明显改进，究其原因，是现行对程序设置和运行具有决定作用的司法体制存在局限性。既有"司法一体化"，又有公安的强势，还有控诉机关兼法律监督的制度，最后是无所不在的行政关系对法院运行机制的高度渗透，这些根本性的因素，势必在较大程度上限制一审庭审的功能。然而，司法制度与任何社会制度的构建一

---

① 只有对原始人证才能有效质证，而对书面陈述这类"死的证据"可由控辩双方发表意见，但不能通过交叉询问等方式揭穿不实，事实裁判者也无法在作证和质证时对证人察言观色，辨别真伪。

样，需要追求合理性与有效性。个案的处置、冲突的解决，必须"以事实为根据"，而在兼顾其他社会价值的基础上能够有效发现事实真相的制度与机制，应当成为司法制度的选择。以一审庭审为中心的制度与机制，正是有利于发现真相同时兼顾人权保障等法益的合理制度，因此即使有实施的困难，也需要努力建立和完善。不过，考虑到与司法体制存在的某些内在冲突，需要注意协调性，注意现实可行性，采取一种相对合理的办法，推进这一机制。为此，需要注意以下三点。

第一，注意目标明确的前提下区别情况，分步推进。一审庭审为中心的思想及其所含三点具体内容，虽然属于事实发现的技术性问题，但与司法的构造紧密关联，司法制度的现代化，是从根本上调整事实认定机制的前提。而司法制度的现代化程度，又与国家依法治国的进程同步。而在我国这样一个缺乏法治传统的国家实现法治，确实任重道远。因此，一审庭审为中心的改革，只能分步推进，否则，在缺乏制度环境与条件支持的情况下，"欲速则不达"。

分步推进，可以采取先易后难的办法；不过，审时度势，也不妨先从难处下手。这取决于决策者的判断和决心。一般说来，首先在条件比较欠缺的情况下，先易后难是现实选择。相比之下，在法院系统内部重视和加强一审是最便于操作的一步。因为一审一般是在基层法院，少数在中级法院，加强一审法院建设和重视并加强一审，是法院建设的基础性工作，容易获得共识。因为加强基层基础，历来是我国政权建设的指导思想，所谓"基础不牢，地动山摇"。其次是在审判活动中充分重视庭审，这要困难一些，因为目前的状况，加强对审判法官的监督、加强审判的集中性和行政指导是趋势，重视与加强庭审，与这一趋势有冲突。但毕竟在法院内部操作，为遵循司法规律，防止冤假错案，加强庭审有一定的可行性。最难的一步是破除侦查决定论，确立审判中心。因为这涉及司法结构与司法权力资源配置关系的变化，也可能影响主政者社会控制目标的实现程度，可以说牵一发而动全身，因此最为困难。但是如不改革，必然妨碍司法制度的有效性以及人权保障功能的实现，而出现事实认定上错误，甚至出现冤假错案，与执政目标不符，是谁也不愿见到的。因此在考虑一些缓冲措施的情况下推进这种改革，也并非全无可能性。

第二，区别司法任务性质，强调一审庭审功能，主要是强调其事实发现的功能。考虑中国现实，在法律适用、政策把握方面，尤其是所谓"法律效果与社会效果相统一"问题上，则应注意不要过分强调一审庭审的作用。

司法任务可分为认定事实和适用法律两个方面，即所谓"以事实为根据，以法律为准绳"。两方面的任务不能截然分开，但确实有所区别。认定事实，强调亲历性、直接性，以获得丰富的证据信息，同时通过诉讼双方的质辩使"事实越辩越明"，因此，庭审是最合理、最有效的事实发现空间。但法律适用则不同，庭审的意义在于对法律适用可以展开辩论而使法官能够"兼听则明"，但并不强调"直接"与"亲历"，因为法律适用意见的口头表达与书面表达并无实质区别。而书面表达还可以避免"急不择言"等言词表述的弊端而使表达更为准确。因此，对法律适用、案件处理问题，在有措施防止表达意见不准确的情况下，以庭后讨论的方式解决并不背离司法规律。同时，也要考虑中国的司法现实。中国目前的刑事司法受刑事政策影响较大，受政治影响较大，受社会影响较大，对于需要充分考虑法律适用社会效果乃至政治效果的案件，合议庭视野可能有局限性。因为法院的院长、庭长由于其所处位置及获得相关信息的渠道不同，可能对司法的外部性问题的判断，具有某些有利的条件。有鉴于此，在中国现实环境与条件的限制下，将事实认定机制与法律适用机制做适当区别，是具有相对的现实合理性的做法。

而在上、下审级的关系上，也有必要区别司法任务性质。事实问题，主要在一审解决，一审以上的审级要十分慎重地对待一审的事实判定，防止轻率否定一审确认的事实。但在法律适用和案件处理上，则可以更为强调上级审的把关功能。因为上级审视野更为宽广，在法律的统一适用标准把握上具有有利的条件。同时，上级审较为超脱，可以在一定程度上避免地方因素对案件处理的影响。而在中国目前司法的人、财、物为地方制约的情况下，地方因素对案件处理的影响还是比较普遍的。

第三，区别案件的争议性与严重性，以不同的司法方式对待不同的案件。日本田口守一教授在列举不同的刑事案件形态后指出："对应上述多种多样的刑事案件特点，必须建立多样化的刑事司法体系。"① 他将刑事程序多样化作为刑事诉讼的基本观点之一。这对我们很有启发意义。可以说，1996 年刑诉法修改以来中国刑事程序的一项主要进步，就是根据案件的多样性实行程序分流，从而兼顾诉讼的公正与效率。在建立审判中心的问题上，注意案件的不同样态，采取不同方式对待十分必要。即在案件总量中对占大多数的事实清楚、无争议或基本无争议的案件，以及比较轻微的刑事案件，仍然采用侦查中心的诉讼方式，以信任侦查取证和控诉意见为基础，用简化审理的方式解决，其中部分具备条件的案件还可以进行刑事和解。另外，则只对较为严重的，而且是有争议的案件按照程序正当化要求，采用审判程序进行较为彻底的实质审理，对这类案件的审判基本符合审判中心主义的要求。实际上，这一思路已有初步的效果。随着最高人民法院收回死刑案件复核权，死刑程序的正当化包括法院审理实质性已经加强。下一步，可以进一步发展这种改革成果，通过严格程序以及贯彻证据规则，进一步实现对有争议、较严重的刑事案件审判的实质化，进一步实现刑事程序中心和重心由侦查到审判的移转。

---

① 〔日〕田口守一：《刑事诉讼法》，刘迪等译，法律出版社，2000，第 1 页。

四　加强审判作用，限制庭前活动的"预审"与 "代审"功能

对有争议、较严重的刑事案件实现审判实质化，需要做出相应的制度安排，集中到一点，是适度阻断侦审连接，以保证审判的有效性。

所谓侦审连接，是指由侦查形成的证据能够直入审判并取得定案依据资格。如侦查机关对被告人供述、被害人陈述，以及证人证言制作的笔录在审判中具有证据能力；侦查人员的现场勘验、侦查实验、人员或物品辨认以及搜查等侦查活动的笔录具有证据能力；侦查机关派员或聘请专家所做的鉴定结论在审判中也当然具备证据能力等。由于侦查中形成的证据材料在审判中具备作为定案依据的资格即证据能力，侦查中的收集和审查证据实际上具有"预审"和"代审"的功能。这是指侦查机关在证据收集过程中的审查实际上被看作审判机关的先期审查即预先审判，而且在相当程度上代替了审判者对证据的直接审查。因为只有侦查机关，才直接面对原始人证、物证和现场，而审判机关只能审查以各种笔录为代表的"二手证据"。侦审连接之下的审判逻辑，建立在信任侦查机关的直接审查及其"预审"和"代审"功能之上。

要使庭审真正成为查明事实的空间，使审判能够发挥实质性的作用，就必须在相当程度上阻断侦审连接，使侦查由"预审"和"代审"回归"控诉的准备"。这就要求侦查活动的成果主要是为公诉所利用，而在法庭上，控诉方原则上必须提供原始性证据，以便能够有效质证，并使法庭能够进行实质性的审查，从而使庭审成为有实效性的法空间。

实现上述要求的主要办法，是在诉讼法和证据法上建立并切实贯彻"直接、言词原则"以及"传闻排除规则"。"直接、言词原则"是大陆法的要求，而"传闻排除"是英美法的规则，前者具有原则指

导意义，后者更具操作性。而在制度融合的潮流之下，学理上已经可以在同一程序体系中，将前者作为指导原则、将后者作为证据规则来处理，这样做也比较符合目前包括我国在内的许多国家和有的地区的诉讼制度所显示出的融合性特征。

"传闻排除"，是"直接、言词原则"的具体体现。所谓"传闻"，是不能对陈述者进行有效质证的陈述性证明材料，包括侦查人员所做的各种笔录，以及由某人转述的话。排除传闻，就是要求对案件相关事实做出陈述者到法庭陈述并接受质询。这一要求，是阻断侦审连接最重要的措施，也是实现审判实质化及庭审实效性最重要的保障。

不过，对侦审连接的阻断须得适度，传闻规则的适用也必须限制在一定范围内，否则会损害诉讼的效率，而在中国这种一体化程度很高，而侦查十分强势的司法体制中，更不具备可行性。因此，即如笔者已经提出的，法律只是要求在有争议案件中，对定罪（死刑案件也包括量刑）有重大影响的证人出庭作证并接受质询。同时对诉讼对方同意其不出庭或对不出庭无异议的，也可以用笔录代替出庭。① 但这种出庭要求必须严格，如不出庭，禁止宣读侦查询问笔录作为证据。

侦审连接的阻断，还涉及包括勘验笔录、侦查实验笔录在内的各种侦查笔录在审判中的运用以及侦查机关提供的鉴定结论在审判中的使用问题。这些笔录和结论，均属于"人的陈述"，因此均适用"传闻排除规则"。从法理上讲，勘验等直接审查证据的活动应当由法官直接实施，只是因为勘验可能涉及专业性知识，法官有必要聘请具有这种知识与能力的专家进行，这种授权并不排除必要且可能时法官对现场的直接勘验。不过，各种侦查笔录系对侦查活动的客观记载，一般情况下具有可信度，可参照"特信文书"适用传闻规则的例外规定，在无争议的情况下，直接用作法庭证据。如有争议，则应要求侦

---

① 参见龙宗智《书面证言及其运用》，《中国法学》2008 年第 4 期。

查人员出庭作证和接受质证。必要时应重新进行该项活动并制作笔录。至于侦查机关提出的鉴定结论，则可进行形式审查，如果鉴定程序与主体合法，辩方对鉴定意见与结论没有异议，可以直接采纳为定案依据。如有异议且有一定根据，法院则应选择中立的鉴定机构重新做出鉴定。

侦审连接的阻断，不仅依靠证据规则，而且需要调节控审关系，以保障证据规则的应用及审判功能的发挥。为此需要改变刑事程序中公检法流水作业的线性结构，强化控辩审三方组合即三角结构，从而使审判成为诉讼的中心环节。为实现这一目的，需要将检察机关的监督与公诉功能适度分离，遵循诉讼规律，控诉方应尊重审判权威，维系控辩平等，从而保证公正合理的审判空间的形成。[①]

五　发挥庭审对事实认定的决定作用

以庭审为审判活动的中心，也需要做出相应的制度安排与调整。除了以上关于保障庭审实质化的措施以外，在审判制度与机制方面，需要解决以下几个问题。

（一）坚持和完善主审法官制，加强合议庭责任

庭审功能的强化与合议庭及主审法官责任的强化是相辅相成的关系。应当进一步明确合议庭作为基本审判单位的功能、权力与责任，当前合议庭的功能只能强化，不能削弱。最高人民法院《人民法院第二个五年改革纲要（2004～2008）》第 26 条要求："建立法官依法独立判案责任制，强化合议庭和独任法官的审判职责。院长、副院长、庭长、副庭长应当参加合议庭审理案件。逐步实现合议庭、独任法官负责制。"也许是尊重现实，最高人民法院《人民法院第三个五年改革纲要（2009～2013）》不再提"法官依法独立判案责任制"与"合议庭、独任法官负责制"，但仍然要求："完善合议庭制度，加强合议

---

① 参见龙宗智《中国法语境中的检察官客观义务》，《法学研究》2009 年第 4 期。

庭和主审法官的职责。"为遵循司法规律，强化合议庭与主审法官职责、权力与责任的改革措施应当继续推进。同时，必须提高审判法官的地位和权力。没有法官权威，就没有审判的实质化，刑事审判就难以避免成为对侦查结果照单全收的过程。有些人以为，只要加强监督，不怕法官审判不公。如果强化了监督，案件判错了可以纠正，出现司法腐败也可以揭露惩治。这一观点从理论上似乎可以成立，但由于司法是一种个体化的作业，司法的特征是亲历性，由程序亲历而获得必要的案件信息，而缺乏这一亲历性的监督主体常常难以有效掌握相关信息。而且在司法活动中，司法主体有相当的自由裁量权，在裁量权范围内，很难判断权力是否滥用。因此，防止司法腐败，保证案件质量，最重要的是加强司法队伍建设和制度建设，使司法人员不愿贪和不能贪，而不能过分地依赖监督与惩戒机制使其"不敢贪"。我国司法改革要取得成效，要建立公正、高效、权威的司法体制，就必须加强审判环节，必须提高审判法官的素质、权力和地位。因为审判是司法程序链的最后环节，它处置纠纷、解决冲突，如果没有这一环节功能的加强、运作的改善，没有审判法官素质、权力与地位的提高，就不可能产生公正、高效、权威的司法结果。

（二）建立、完善"听审"制度，同时限制审判委员会与院、庭长在案件事实认定上的权力

此处所谓"听审"，是指审判委员会成员以及院长、庭长旁听审判。最高人民法院《人民法院第二个五年改革纲要（2004～2008）》第 23 条，就审判委员会制度改革提出："改革审判委员会审理案件的程序和方式，将审判委员会的活动由会议制改为审理制。"第 24 条还要求："审判委员会委员可以自行组成或者与其他法官组成合议庭，审理重大、疑难、复杂或者具有普遍法律适用意义的案件。"从操作上分析，审判委员会虽系审判组织，但并非直接审理案件的审判主体，因此除了其委员参加合议庭审理案件外，审判委员会对案件的审理只能是一种"听审",即集体旁听合议庭的审判。审判委员会活动由会议制改为审理制,使审判委员会活动比较符合诉讼规律,有利于克服合议庭与审判委员会两种审判组织并存的情况下,"审而不判,判而不审"的固有弊端。然而,审判委员会"听审"的要求操作起来比较困难,因为其成员多为院长、庭长,他们的审判管理和其他行政事务繁忙,难以抽出时间全程参与拟研究案件的庭审,而且需要在事实上把关的案件往往比较复杂,审理时间也比较长。因此,从可行性上考虑,应将审判委员会听审的案件限于认定案件事实有疑难的少数重大案件,而且,除个别需要全体成员听审外,原则上可以采取分管院长、庭长听审的做法。如果组成专业性审判委员会,应当尽量安排专业审判委员会成员对事实审有疑难的案件听审。

鉴于审判委员会活动采审理制而不采会议制在操作上的困难,也是为了尊重合议庭的判断,确立庭审中心,需要限制审判委员会和院、庭长在事实认定上的权力。应当明确规定并保障事实判断出自庭审的审判原则,除非审判委员会全体或其委托的成员旁听了庭审,原则上不得改变合议庭对事实的认定。从而实行事实认定由合议庭负责,而法律适用及案件处理由审判委员会把关的制度。这一原则也适用于处理合议庭与院、庭长的关系。不过由于院长、庭长并非审判组织,因此,更需防止其越位而侵夺合议庭的审判权力。

(三) 坚持庭审质证原则,限制庭下阅卷的作用

如前所述,法官庭下阅卷,对于全面掌握相关信息,防范庭审举证的片面与局限,以及延伸对案件的审查思考空间,还有积极的作用,因此不能因其有弊端而予否定。但是,要防止其弊端,维系庭审对于心证形成的关键性作用,还须完善制度,这里主要涉及两个问题。第一,恢复法庭调查的问题。庭下阅卷,遇到两种情况必须恢复法庭调查,而不能直接由合议庭做出处理。一种情况是拟将阅卷发现的某些未经庭审的证据材料作为定案依据,按照质证原则,合议庭必须恢复

法庭调查，对该证据进行质证。另一种情况是庭下阅卷发现某些证据有问题，某些事实不清楚，需要进一步调查核实，也必须再次开庭。不过具体处置方式根据情况而有所不同。有的需要告知控辩一方或双方，重新对特定问题举证质证；有的符合刑事诉讼法第 158 条的规定，需要法庭采用法定手段进行庭外调查的，则应在庭外调查后再开庭并由控辩双方对新证据进行质证。第二，防范未举证质证的案卷材料影响法官心证。与前述开庭重新质证的"有形化"情况不同，部分未质证案卷材料仍然可能发挥对法官心证"无形的"影响。亦即法官虽然在判决中并不列举未质证材料，但其心证的形成，受到了这些未质证材料的影响。在实践中，这种影响很难避免，因为庭后阅卷是普遍的、必要的实践，而阅读众多的与案件有关的材料，法官对案件的判断很难不受一定程度的影响。而且由于其影响于"无形"，在案卷设置和移送制度不能废除的情况下，这种影响的防止较为困难。但为尽量防止负面效应，一方面需要依靠法官的素质和经验，来防止这种单面的又未质证的证据材料发挥不适当的心证影响作用；另一方面则应贯彻一项制度性要求，即刑事裁判尤其是有争议案件的刑事裁判必须展开心证形成的过程，即以经验法则和逻辑法则对个别证据、证据组及整体的证据进行必要的分析，进而说明事实认定的依据。这种心证展开的过程，可以促使法官自我审视心证的内容、根据及其合理性并做适当调校，同时，也使控辩双方、上级法院、诉讼当事人以及公众能够对法官心证进行检查和监督。

（四）认真制作庭审笔录，并将其作为最重要的证据材料

这是实现审判中心主义十分重要的技术性工作之一。如果不以庭审记录中反映的证据材料为主要依据，而是以庭前形成的案卷材料为判案依据，就仍然是侦查中心而非审判中心，而且庭审的意义就不重要了。同时，一审的意义也在一定程度上丧失了。因为上级审法院又以侦查案卷为依据进行审判，并不关心一审庭审的举证质证。因此，实现建立一审庭审为中心的事实认定机制，需要认真对待一审庭审笔录，以庭审笔录作为一审裁判的主要依据，以一审庭审笔录作为二审审判的重要基础。由于我国历来缺乏审判中心主义的理论与实践，因此对审判记录的重要性，无论在学理上（包括各种诉讼法教科书中）还是在实践中均未给予必要的重视。而审判记录的重要性，尤其对于上诉的意义，为国外较发达的诉讼制度所肯定。华尔兹教授称："每一个经验丰富的公诉人和辩护律师在开始其刑事诉讼之时便认识到其可能在审判中败诉，……在着手参与案件审判时就必须同时完成两项不同的任务。首先，他必须竭尽全力在审判阶段胜诉。从本质上说，这意味着他必须在证据和辩论的帮助下说服事实认定者相信其诉讼意见的正确性。其次，由于任何律师都不能绝对肯定自己会在审判阶段胜诉，所以他们必须尽一切可能制作出能向复审法院表明下级法院未主持正义的审判记录。"① 因此，强调一审庭审的中心作用，需要借助于完整可靠的审判笔录。不过，审判笔录的重要性是以庭审的实质化为条件的，如果一审仍以案卷笔录为中心进行审理，庭审简单地成为宣读各种笔录的场所，审判笔录大量记载的是"参见侦查案卷第某卷第某页至某页"，那么，审判笔录的意义也就明显降低。②

六　重视一审作用、加强一审功能

重视一审作用、加强一审功能，主要是针对事实审而言。为此可以考虑采取以下措施。

---

① 〔美〕乔恩·R. 华尔兹：《刑事证据大全》，何家弘等译，中国人民公安大学出版社，1993，第 32~33 页。

② 陈瑞华教授在调研中发现："一审法院所做的审判笔录只是简单地记录了公诉方所宣读的侦查案卷的卷册、页码，而丝毫没有记载相关的案卷笔录内容。无论是多达二十人的证言笔录，还是六名同案被告人的庭前供述笔录，甚至公安机关所做的其他笔录类证据材料，其内容都没有在法院审理笔录中有任何记载。"转引自陈瑞华《刑事诉讼的中国模式》，法律出版社，2008，第 163 页。这种庭审笔录实际上反映了侦查中心的司法现实，既难做检验一审裁判的依据，又难成为上诉审的审理依据。

（一）规范请示汇报制度

禁止下级法院就证据和事实问题向上级法院请示汇报，禁止上级法院干涉下级法院对案件事实的认定。内部请示汇报制度不规范，导致上下级法院关系不正常，是中国法院制度中长期存在的弊端，一直受到学界乃至实务界的批评。[①] 最高人民法院也曾做出一定努力解决这一问题。如最高人民法院《人民法院第二个五年改革纲要（2004～2008）》第12条要求："改革下级人民法院就法律适用疑难问题向上级人民法院请示的做法。对于具有普遍法律适用意义的案件，下级人民法院可以根据当事人的申请或者依职权报请上级人民法院审理。上级人民法院经审查认为符合条件的，可以直接审理。"然而，由于近年来司法独立性包括审级的独立性缺乏保障以及内部关系上行政性有所强化，内部请示汇报的情况仍然较为普遍，而且不限于法律适用问题。由于目前案件争议最突出的是证据与事实问题，因此，一部分案件的证据与事实问题也作为内部请示汇报的内容。下级法院希望上级法院表态，以防止二审被改判。针对存在的问题，最高人民法院《人民法院第三个五年改革纲要（2009～2013）》就"改革和完善上下级人民法院之间的关系"提出了要求，其中包括："规范下级人民法院向上级人民法院请示报告制度。"[②]

在目前中国司法活动的行政化问题由于环境与条件限制不可能做出根本性调整的情况下，对内部请示汇报问题亦应区分情况予以解决。在严格限制法律问题请示汇报的同时，应当重申并严格执行禁止就事实和证据问题向上级法院请示汇报，禁止上级法院干涉下级法院的事实认定。如果下级法院证据采信和事实认定有问题，应通过二审

---

① 这种请示汇报制度损害了不同审级法院的独立性，而且导致两审变一审，审级制度虚置，还强化了下级法院的依赖思想。参见陈光中主编《刑事诉讼法实施问题研究》，法律出版社，2000，第4页。

② "二五纲要"将请示报告限于法律适用，同时立足于改革与替代，而"三五纲要"则只是要求"规范"请示报告制度，采取了对请示报告制度比较宽容的立场。不过如何"规范"，亦有文章可作。

审理程序解决，而不应当在一审期间以非程序的方式处理。这里需要注意事实和法律相交叉的问题。一方面，事实的确定对法律上疑难问题的解决有时具有重要作用；另一方面，相关法律规定对案件事实具有塑造的作用。这是因为规范与事实之间并没有不可逾越的界限，而法院确认的案件事实，系"要件事实"，即法律规范与自然事实相结合，并以法律上的构成要件"剪裁"自然事实后形成的事实。[①] 因此，案件的事实因素与法律因素存在一种必然的联系，不能截然分开。例如，一起侵财案件，以盗窃定罪或以侵占定罪，所吸纳的事实要素是不相同的。但是，这种交叉性并不影响证据事实问题不请示的原则。因为即使将事实与法律相关问题一并向上级法院汇报，上级法院可以从法律相关性上提出事实认定意见，但不应当对证据运用与心证形成做出指示。也就是说，上级法院只需关注案件事实的法律相关性，而不需关注案件事实的证据相关性。

　　不过，有原则就有例外——设置例外是为应对特殊情况。笔者认为，对事实认定问题在某些特殊的情况下允许向上级法院请示。这主要是指案件受到当地干扰，法院难以下判，[②] 请示汇报意在"为了打鬼，借助钟馗"。遇到这种情况，下级法院必须对事实问题有明确的意见，请示汇报只是为了通过上级法院检验并确认这种判断的正确性，以抵御地方的影响。这是目前司法环境之下不得已的做法。今后随司法环境的改善，这一做法亦应废止。

（二）适当调整资源配置，将事实审重心放在一审

　　鉴于事实审重心在一审，在加强一审责任的同时，也需适当调整资源配置，使一审审理具有更好的审理条件。如对证人以及鉴定人出

[①]　如日本学者指出，"构成要件，是一种将社会生活中出现的事实加以类型化的观念形象，并且进而将其抽象为法律上的概念，如此一来，它就不是具体的事实"。〔日〕小野清一郎：《犯罪构成要件理论》，王泰译，中国人民公安大学出版社，2004，第 11 页。

[②]　由于目前法院接受地方领导，人、财、物还受制于当地，因此如有当地强力干扰，案件实难判决。

庭问题，应当建立和落实有争议案件的重要证人或关键证人在一审必须出庭的制度。如果证人在一审已经出庭作证、质证，二审可以不出庭，而以一审记录作为证据。只有在一审应出庭证人未出庭的情况下，才需要在二审要求其必须出庭。同时，对鉴定、勘验、检查等取证行为，也应当对一审提出明确、严格的要求，一旦一审已经完成这些取证行为，如无法定理由和合理根据，二审不必重复进行。总的说来，一审普通程序需要强调其正当性与严格性，而二审程序则总的体现"程序救济"的性质。

（三）慎重对待一审法院的事实判断，慎用发回重审和二审改判

事实审以一审为重心，要求上级法院慎重对待一审法院的事实判断。而在司法实践中，因事实问题发回重审的情况不少，因为发回重审既可以体现上级法院的严格把关，又可以转移改判可能产生的矛盾，还可以规避上级法院的审判责任，因此实践中有一部分发回重审存在随意性。如对审判虽有瑕疵，但不需发回重审的案件发回重审，甚至对二审法院已经开庭做实体审理的案件发回重审等。针对存在的问题，最高人民法院《人民法院第三个五年改革纲要（2009～2013）》提出，"规范发回重审制度，明确发回重审的条件，建立发回重审案件的沟通协调机制。"人民法院应当切实推进这一改革，克服或减少发回重审的随意性①。目前某些案件的二审或再审改判也存在一定的随意性，也应当采取措施予以克服。

（四）全面加强基层基础建设，增强一审法院司法能力

重视一审，尤其是在案件事实问题上强化一审责任，这一观点容易获得认同，然而，在实践操作上却往往出现问题。有的法院领导认为，我们知道一审的重要性，但是现在的问题是一审法院受到诸多限制，一审质量参差不齐，因此我们不能不强调上级法院的监督指导作

---

① 实践中也存在因发回重审或改判会影响下级法院及承办法官的业绩评价，故上级审有错不纠的情况，因此，在这方面也要注意坚持原则，通过发回或改判依法纠正一审的错误。

用，以保证案件的质量。也许正是由于这一考虑，最高人民法院《人民法院第三个五年改革纲要（2009～2013）》明确提出："加强和完善上级人民法院对下级人民法院的监督指导工作机制，明确上级人民法院对下级人民法院进行司法业务管理、司法人事管理和司法行政管理方面的范围与程序，构建科学的审级关系。"应当说，法院领导的顾虑是有根据的，加强上级法院的监督指导作用无疑有积极的作用。然而，我们也应当注意，如果一审质量不能保障，通过二审来调整和救济，其作用是有限的，这不仅是考虑诉讼的效率，而首先是考虑一审对事实审有最好的审理条件，要保证案件的事实审质量，不能不将重心放在一审。因此，解决审判质量尤其是事实审质量的问题，不能过多地寄希望于二审，而应当主要通过全面加强基层基础工作，提高一审法院的司法能力以及优化其审理条件来解决。为此，法院的改革，最基本的一项内容，仍然是加强基层基础工作，以保障一审质量。加强基层基础，是一项系统性的工作。要求法院改革应以担负主要审判任务尤其是一审审判职能的基层法院和中级法院为重心，从各个方面全面加强法院建设，包括：优化职权配置，加强经费保障，同时要特别注重基层法院和中级法院的法官队伍建设；提高进入法官队伍的门槛，努力提高在职法官素质，改善待遇，培养法官的责任感与荣誉感；要加强审判组织建设，健全合议庭制度，强化法官尤其是主审法官的责任。按照中央部署，最高人民法院拟制的《人民法院第三个五年改革纲要（2009～2013）》对这些问题已经有全面的解决方案，关键是在抓好落实，尤其是在基层落实。

（本文原载于《中国法学》2010 年第 2 期）

论量刑建议

朱孝清[*]

我国的量刑建议自 20 世纪末发轫以来，已经走过了十余年的历史。其间，试点地区的检察院开展了许多有益的探索，积累了相当多的经验。特别是将"规范自由裁量权，将量刑纳入法庭审理程序"规定为司法体制和工作机制改革的一项重要内容后，作为该项改革组成部分的量刑建议工作更是在很多检察院展开。研究量刑建议，对于指导量刑建议工作正确开展，促进量刑规范化，完善刑事诉讼制度和理论，都具有重要意义。

一 量刑建议的理论依据、效力及意义

（一）量刑建议的理论依据

量刑建议又称"求刑建议"，是指检察院在刑事诉讼中对被告人应当判处的刑罚依法向法院提出的建议。从这一概念可知，量刑建议的场域是刑事诉讼，量刑建议的主体是检察院，量刑建议的对象是法院，量刑建议的内容是所起诉的被告人应当判处的刑罚。

"量刑建议"与"求刑"并不是完全相同的概念：量刑建议是求刑的主要方式，求刑并不都通过量刑建议来表现。从司法实践情况来看，求刑主要有以下几种方式：第一种方式是检察院只在起诉书和公诉词中说"被告人的行为触犯了刑法第 × 条规定，已构成 × 罪，依法

---

* 朱孝清，全国政协常委、社法委副主任，中国法学会副会长，最高人民检察院前任副检察长。

应当追究刑事责任"，并请法院"依法判处"。第二种方式是在第一种方式的基础上，请求从重、从轻或减轻处罚。第三种方式是在前两种方式的基础上，提出比第二种方式更为具体但又有一定幅度或选择余地的量刑意见。第四种方式则比第三种方式更为明确具体，在刑种、刑度、执行方式等方面都是确定的，没有幅度和选择余地。上述第一种方式是求刑的最简单、最基本形态，它除了指明应适用的法律条文、请求法院在该法条规定的刑罚范围内量刑外，别无其他更具体的内容。这种求刑的最简单形态尚不属于"量刑建议"，因为如果将其算作"量刑建议"，那就意味着量刑建议是伴随着刑事起诉而产生的老事物，这与人们认为量刑建议是新事物而加以研究的情况不符。而后三种求刑方式，则除了指明应适用的法条外，还有具体的建议内容，因而属于量刑建议。根据所建议刑罚的具体明确程度，我们可以依次将它们称为概括的量刑建议、相对确定的量刑建议、绝对确定的量刑建议。

　　检察院之所以有权就其所起诉的被告人应当判处的刑罚向法院提出建议，是因为其享有刑事公诉权。刑事公诉权是检察院在刑事诉讼中对涉嫌犯罪的被告人向法院提出控告，请求认定犯罪、追究刑事责任的诉讼权力。公诉权可分为审查起诉权、起诉权、不起诉权、抗诉权等权能，其中起诉权在实体内容上可分为定罪请求权和量刑请求权。① 定罪请求权，就是检察院请求法院判决确认被告人的行为构成犯罪的诉讼权力；量刑请求权又称求刑权，是指检察院请求法院对被告人处以刑罚的权力。定罪请求权与量刑请求权二者不可分割，相辅相成，共同构成实体内容上的起诉权。其中定罪请求权是量刑请求权的前提，检察院只有请求法院对被告人的行为确认犯罪，才能请求法

---

① 起诉权在程序内容上还包括程序适用请求权，如根据刑事诉讼法第 174 条第 1 项的规定，人民检察院对依法可能判处 3 年以下有期徒刑、拘役、管制、单处罚金的公诉案件，事实清楚、证据充分的，可以建议人民法院适用简易程序。

院对被告人量刑；量刑请求权则是定罪请求权的自然发展和目的，检察院请求法院对被告人确认犯罪，就是为了进而请求对被告人追究刑事责任。

　　量刑请求权作为国家赋予检察院的一项权能，需要通过一定的形式表现出来，其表现形式之一就是量刑建议。检察院通过量刑建议这种形式来行使量刑请求权，请求法院对被告人判处具体的刑罚。因此，量刑请求权是量刑建议的权力来源和存在的根据，量刑建议则是量刑请求权的表现形式。

　　有观点认为，量刑权是法院独享的权力，检察院提出量刑建议是对法院审判权的侵入。笔者认为该观点值得商榷。首先，刑事诉讼的任务是查明犯罪事实和犯罪人，实现国家的刑罚权。而国家刑罚权由制刑权、求刑权、量刑权和行刑权构成，它们通常分别由立法机关、检察机关、审判机关、刑罚执行机关行使。可见，求刑权与量刑权是相互独立和并列的两项权力，故量刑建议不涉及侵入量刑权问题。其次，按照诉审分离、法院不告不理的现代诉讼原则，起诉与审判具有前后相继的关系，检察院如不起诉（含求刑），法院的审判权就不能启动，起诉权只是"链接"了审判权，而没有侵入审判权。再次，量刑建议仅供法院量刑时参考，法院是否采纳建议及如何量刑全由法院依法独立做出决定。封建社会的皇帝尚且允许臣子提出建议，还经常问"众爱卿有何高见"，怎能设想在民主文明的现代诉讼制度中还不允许起诉机关对判刑提个"合理化建议"呢？

（二）量刑建议的效力

　　量刑建议作为一种"建议"，对法院的量刑并无约束力，法院没有义务按检察院的建议量刑，但量刑建议仍具有以下效力。

1. 启动量刑程序

　　法院的审判权作为一项被动的权力，并不能主动地行使，只有当检察院、自诉人将刑事案件起诉至法院后，法院才能启动审判程序。

与起诉权在实体内容上分为定权请求权与量刑请求权相适应，法院的审判程序也可分为定罪程序和量刑程序，前者解决被告人是否有罪和构成何罪的问题，后者在前者的基础上进而解决对被告人判处何种刑罚的问题。如果检察院没有向法院求刑，法院就不能启动量刑程序；如果检察院向法院提出了量刑建议，法院在认定被告构成犯罪的前提下，就必须启动量刑程序。有些国家的庭审没有设置单独的量刑程序，并非其不具有量刑程序，只不过该程序与定罪程序合而为一罢了。

2. 制约量刑裁判

这种制约主要体现在以下三个方面。一是限定量刑权的范围，法院只能就检察院所起诉并提出量刑建议的被告人和罪行判处刑罚，而不能对另外的人和事判处刑罚。二是提醒法院审慎量刑，制约其自由裁量权。尽管量刑建议对法院没有约束力，但当检察院认为法院量刑裁判不当时，则有权提出抗诉。可见，量刑建议是以日后有可能提出抗诉为后盾的。三是在判定被告人构成犯罪的前提下，法院必须对量刑建议做出回应，即必须对被告判处一定的刑罚，并充分说明理由；如果法院没有采纳检察院的量刑建议，则应对不采纳的理由做出具体说明。

3. 明确证明责任

检察院将被告人诉至法院并提出量刑建议后，就对自己所建议的内容负证明责任，如果不能证明或证明不力，就要承担量刑建议得不到法院支持和采纳的不利后果。

4. 预设监督标尺

量刑建议反映了检察院对量刑的预期。检察院无论是作为案件的起诉者还是审判的监督者，当法院对案件做出量刑裁判后，自然要将法院所量的刑罚与自己原先的预期进行对比衡量，看看法院裁判与自己预期存在多大的差距，是法院的裁判不适当还是自己的建议不适当，抑或二者都有不尽适当之处，并进而决定是否对法院的量刑裁判提出抗诉。因此，量刑建议为检察院在日后开展量刑监督预设了一根标尺或曰"参照系"。虽然预设的这根标尺不一定准确，但它毕竟为判后的量刑监督预设了一个依据。可见，量刑建议不仅"链接"法院的量刑裁判，而且"链接"检察院的量刑监督。

（三）量刑建议的意义

1. 量刑建议有利于提高量刑的公开性、公正性和公信力

首先，量刑建议有利于提高量刑的公开性。我国现行的庭审程序虽然以对抗为特征，但这种对抗主要围绕被告人的行为是否构成犯罪及构成何种犯罪这一问题展开。然而资料表明，检察院所起诉的案件法院做有罪判决的占99%以上，其中被告人认罪的也占绝大多数，故就绝大多数案件来说，庭审所要解决的主要问题不是定罪，而是量刑。但恰恰对这最主要的量刑问题，目前庭审的透明度很低，与量刑结果有利害关系的诉讼各方对量刑决策过程参与度不高，既难以向法院提出各自掌握的量刑事实和情节，并由此展开辩论，又难以提出各自的量刑意见，以至有的学者认为当前量刑裁判是"暗箱操作"，有的学者则认为"我国法院的量刑过程其实是通过一种'办公室作业'的行政决策方式来完成的……与量刑结局有着密切关联的公诉人、被害人、被告人则被排除在量刑的决策过程之外"。[①] 而量刑建议的开展则有利于使量刑程序诉讼化，它使控辩对抗、法官居中裁判的诉讼格局从原来的定罪拓展到了量刑，这不仅使检察院的量刑建议及其理由"说在明处"，而且为被告人乃至被害人发表量刑意见开拓了空间。因为根据控辩对等原则，庭审程序既然给控方发表量刑建议提供机会，就不能不给辩方就量刑问题做辩解和发表意见提供机会；而被害人作为犯罪结果的直接承受者和诉讼当事人，如果他想在庭上就量刑问题发表意见，同样应当给他提供机会。这样，量刑程序就一改原先的

---

① 陈瑞华：《论量刑程序的独立性——一种以量刑控制为中心的程序理论》，《中国法学》2009年第1期。

"暗箱操作"状况和"行政决策"方式，公开性大大增强。

其次，量刑建议有利于提高量刑的公正性。量刑公正包括量刑程序公正和量刑实体公正。俗话说："阳光是最好的防腐剂"，"公正要以看得见的方式实现"。量刑程序公开性的增强，公诉人、被告人、被害人由原先"被排除在量刑的决策过程之外"进到了过程之内，这无疑有利于量刑的程序公正。量刑的实体公正来源于法院对量刑事实的客观、全面、准确的了解，来源于对诉讼各方意见的兼听。量刑建议使公诉人、被告人、被害人参与量刑决策过程，从不同角度为法院提供充分的与量刑有关的事实、意见及理由，这无疑有利于法院客观、全面、准确地了解量刑事实和诉讼各方意见，从而实现量刑的实体公正。

再次，量刑建议有利于提高量刑的公信力。这除了前述的量刑的公开性和公正性必然有利于提高公信力外，还因为与量刑结局有利害关系的各方亲身参与了量刑的程序，亲身经历了量刑裁判产生的过程，这自然有利于他们减少对量刑的不可捉摸感和怀疑；因为诉讼各方都听取了相对方提供的事实证据和量刑意见及理由，这自然有利于公诉人全面准确地把握量刑的事实和情节，有利于被告人深化对自己罪行对国家、社会和被害人所造成危害的认识，有利于有过错的被害人深化对自己过错的认识，从而促使他们换位思考，消减己方原来的片面认识，增进对法院正确判决的认同；因为量刑建议促使法院在判决中加强量刑说理，这不仅有利于增强量刑裁判的说服力，而且有利于挤压极少数法官利用量刑自由裁量权进行权力寻租的空间。这些，无疑都有利于提高量刑的公信力。而上述量刑公开性、公正性和公信力的提高，自然有利于提高量刑裁判的质量和效果，减少检察院和被告人对量刑裁判的抗诉和上诉，从而节省司法成本，并促进审判权威的进一步树立。

2. 量刑建议有利于保障当事人的诉讼权利

刑事诉讼法是保障人权法，诉讼权是公民权利的重要方面。因此，保障当事人的诉讼权利有重要的意义。特别是在当前公开、透明、信息化的社会条件下，公民的权利意识明显增强，他们不再满足于知悉或者被动地接受案件处理的结果，而是要求知悉案件处理的过程；不仅要求参与与自己有关的诉讼，而且要求在诉讼中表达自己的意见；不仅要求实体公正，而且要求程序公正。有的甚至"不争馒头争口气"，仅仅为了诉讼权利得不到尊重和保障而上访上诉。量刑建议拓展了当事人参与诉讼的空间，使他们由原来基本上被排除在量刑程序之外变为进入量刑程序之内，有权围绕量刑问题进行举证、质证和辩论，有权发表量刑意见及理由，有权知悉法院量刑裁判的理由、根据以及自己意见不被采纳的原因，这无疑保障了当事人的诉讼权利，并进而促进了诉讼的民主和进步。

3. 量刑建议有利于强化对量刑裁判的制约监督

量刑建议不仅使检察院自身参与了量刑程序，而且为当事人参与量刑程序、提出量刑意见创造了条件。检察院和当事人的量刑建议、意见对法院虽无约束力，但法院如不采纳且无正当理由，检察院和当事人就有可能依法分别提出抗诉和上诉，[①] 也就是说，检察院和当事人对量刑提出的建议、意见，是以日后有可能提出抗诉或上诉为后盾的，这对法官的自由裁量权无疑是一种制约，它有助于督促法院谨慎用权，充分考虑检察院和案件当事人的建议、意见，准确裁量刑罚。

与此同时，量刑建议还有利于强化对量刑的法律监督。首先，量刑建议为量刑监督预设了一根标尺，这实际上是为量刑监督预做了准备。"凡事预则立，不预则废"，这种有准备的监督自然要比没有准备的监督主动得多。其次，检察院要提出量刑建议，就必须对各种量刑事实、情节做深入的了解；在庭审中通过量刑调查和辩论，检察院对量刑事实、情节的掌握就更为准确全面，这有利于检察院对判后是否

---

① 刑事诉讼法规定，被害人如不服法院量刑裁判则有权请求检察院提出抗诉。

提出抗诉做出正确的决策，并使这种决策建立在坚实、可靠的基础之上。再次，量刑建议促使公诉人高度关注量刑裁判，这有利于防止公诉人因权力寻租或殆于履行量刑监督职责而该提出抗诉却不提出抗诉；又有利于防止乱抗诉，如果法院量刑在检察院建议的幅度之内，检察院就不能因各种干扰、说情或被害人缠访而随意动用抗诉权，从而确保抗诉的准确和公正。

4. 量刑建议有利于促使检察院在严峻挑战面前提高公诉质量和水平

量刑建议充实了公诉的内涵，从原先主要关注定罪拓展到既关注定罪又关注量刑，从而促使检察官对全案进行综合考量：既重视对定罪事实、证据的审查，又重视对量刑事实、情节的审查；既重视法律、政策在定罪上的适用，又重视法律、政策在量刑上的适用；既重视情、理、法以及法律效果、政治效果、社会效果在定罪上的统一，又重视它们在量刑上的统一；如此等等。与此同时，量刑建议还给检察院带来新的压力和严峻的挑战。首先，量刑建议给检察院增加了不少的工作量，从而加剧了案多人少的矛盾。其次，量刑建议容易造成检察院"败诉"率高的感觉。在开展量刑建议工作前，控辩双方的争辩主要围绕被告人是否构成犯罪及构成何种犯罪而展开，由于检察院诉前严格审查把关，案件经庭审和律师辩驳被"颠覆"（判无罪）的很少，易使起诉取得好的效果。但开展量刑建议工作后，量刑问题成了多数案件中控辩双方争辩的焦点。检察院建议的刑罚被"颠覆"和"轻处"的概率大大提高，这在客观上容易造成检察院"败诉"、律师"胜诉"的感觉。再次，量刑建议容易使检察院陷入尴尬。由于种种原因，检察院建议的刑罚被法院调整的可能性比所指控的犯罪被判无罪的可能性要大得多。如果法院的这种"调整"幅度较大或所占比例较高，检察院难免陷入尴尬。最后，量刑建议容易使检察院成为敏感案件的"风口浪尖"。敏感案件一般是指社会各界关注或者认识分歧较大的案件。随着网络媒体的发展，公众监督案件办理的力度明显加大，敏感案件也明显增多，其定性和量刑都成为公众关注的焦点。就量刑来说，由于量刑建议在前，量刑裁判在后，量刑建议总是先于量刑裁判被公开，故量刑建议客观上为法院裁量刑罚放了个"试探性气球"，以便法院全面考虑量刑事实、情节及公众对量刑建议的反应，来斟酌决定裁判的刑罚，这既有助于法院的正确量刑，也有助于法院减少量刑风险，减轻外界对量刑裁判施加的压力。但就检察机关来说，量刑建议必然率先成为公众对敏感案件关注的一个焦点，有时甚至成为风口浪尖。上述要求、压力和挑战，必然迫使检察机关苦练内功，下大力气提高公诉的质量和公诉人水平，并审慎地决定量刑建议工作的原则、步骤和措施，从而经受住量刑建议所带来的压力、风险和挑战。

二　量刑建议的域外考察

量刑建议源于外国，故对外国的量刑建议制度加以考察分析，对于建立我国的量刑建议制度不无裨益。

（一）大陆法系国家的量刑建议制度

大陆法系国家的检察机关一般都有权提出量刑建议。在法国，检察官基于维护社会利益或者公共利益的职责，在法庭上可以发表关于被告人有罪、无罪以及量刑轻重的各种公诉意见，这种公诉意见"包含对犯罪事实的陈述，并且提出证据以及通常都提出适用刑罚的要求"。[①] 在德国，在举证程序终结后，"首先检察官对举证结果进行总结，并提出定罪和量刑的意见"。"虽然法典并未（对此）作出明确规定，但检察官有义务进行总结陈述，并提出量刑建议；在实践中，检察官的量刑建议经常被视为是适当量刑的上限；法庭倾向于或者采纳

---

① 〔法〕卡斯东·斯特法尼等：《法国刑事诉讼法精义》，罗结晶译，中国政法大学出版社，1998，第135页。

建议的刑期，或者在其以下判刑。"① 德国检察官还可以在处罚令程序中提出量刑建议。所谓处罚令程序是指检察机关对认为可以判处资格刑、罚金和一年以下有期徒刑缓刑等刑罚的轻微案件，向管辖法院提出处罚令的申请，法院经书面审理后以处罚令代替判决的程序。② 据统计，目前德国通过处罚令程序处理的案件约占 50%。③ 此外，德国检察官还通过与辩护律师协商、交易的方式促使法庭快速处理一些重大刑事案件，这种协商通常不涉及定罪，而只针对量刑。双方达成的协议"不仅对检察院和法院的决定、裁判产生影响，而且在某种意义上还具体操纵了这些决定和裁判"。④ 在韩国，检察官在司法实践中通常很明确地提出量刑建议。例如，1996 年，在韩国汉城地方高等法院审理前总统全斗焕、卢泰愚腐败案的过程中，汉城地方检察官直接向法院提出判处死刑的要求。当汉城地方高等法院一审只判处二人无期徒刑后，汉城地方检察机关随即向最高法院提出抗诉。最高法院经审理，改判二人死刑。最后还是通过金咏三总统的特赦令才免除了二人的刑事责任。⑤ 当然也有少数国家禁止检察官提出具体的量刑建议，如在奥地利，根据该国刑事诉讼法第 225 条的规定，在庭长宣布证明程序结束后，检察官首先发言，提出证明结论，指出并论证被告人应负的法律责任所适用的法律条文，但不应就法定刑标准之内的具体量刑提出请求。在南斯拉夫，该国刑事诉讼法第 430 条规定，检察官在公诉发言中，应就从轻和从重处罚的情节提出自己的建议和解释；检察官不能提出关于刑罚轻重的具体建议，但可以建议法院判处警告处

---

① 〔德〕托马斯·魏根特：《德国刑事诉讼程序》，岳礼玲、温小洁译，中国政法大学出版社，2004，第 144 页。

② 参见陈岚《西方国家的量刑建议制度及其比较》，《法学评论》2008 年第 1 期。

③ 参见庞良程《量刑建议制度可行性研究》，《国家检察官学院学报》2002 年第 4 期。

④ 〔德〕约阿希姆·赫尔曼：《〈德国刑事诉讼法典〉中译本引言》，载《德国刑事诉讼法典》，李昌珂译，中国政法大学出版社，1995，第 4 页。

⑤ 参见杨兴培、王寨华《论刑事诉讼中公诉机关的量刑请求》，《法学》1999 年第 1 期。

分和缓刑。①

（二）英美法系国家的量刑建议制度

在英美法系国家，检察官并无提出量刑建议的传统。在英国，量刑被认为是法官专有的权力，检察官没有量刑建议权。在量刑程序中，皇家检察官可以陈述被告人的前科和影响被告人人格的各项事实材料，可以提醒法官注意被害人遭受的损失及其后果，还可以提示法官关于量刑的法律规定和高等法院的判例指导，但不能提出具体的量刑建议，即不能争辩对于被告人应当或不应当适用某一特定的刑罚。②在 20 世纪 60 年代开始辩诉交易的做法后，控辩双方可以与法官就被告人的量刑问题行沟通和讨论，辩护律师可以发表关于被告人的量刑意见，但控方却不能提出量刑建议。法官通常会接受控方的轻罪指控，做出相对于无罪答辩场合轻得多的量刑。③在原属英联邦国家的澳大利亚，采取了同英国一样的做法，起诉律师就量刑问题所能做的最多是提请法官注意适用的量刑原则，并且对被告方减刑意见的不正确之处提出反驳，但不能要求法官判处被告人某一特定的刑罚。④

美国与英国一样本无量刑建议的传统，后基于同犯罪做斗争的需要产生了量刑建议。"二战"后，美国由于犯罪率高涨，而当事人主义诉讼模式却效率低下，不能适应控制犯罪的需要。为了提高诉讼效率，辩诉交易制度应运而生。所谓辩诉交易，就是检察机关对于那些证据有欠缺的案件，以降格指控、建议法院处以较轻刑罚等为交换条件，来换取被告人做出认罪答辩，控辩双方达成协议后，法院不再对该案进行实质性审判，而仅在形式上确认双方协议的内容。对辩诉交易案件，法官一般都会同意检察官的量刑建议。资料表明，美国以辩

---

① 参见曹振海、宋敏《量刑建议制度应当缓行》，《国家检察官学院学报》2002 年第 4 期。
② 参见麦高伟、〔英〕杰弗里·威尔逊主编《英国刑事司法程序》，姚永吉等译，法律出版社，2003，第 430 页。
③ 陈岚：《西方国家的量刑建议制度及其比较》，《法学评论》2008 年第 1 期。
④ 曹振海、宋敏：《量刑建议制度应当缓行》，《国家检察官学院学报》2002 年第 4 期。

诉交易处理的案件占90%以上。此外，对经审判确认有罪的案件，检察官也可以提出量刑建议。① 当然，检察官是否提出量刑建议、对什么样的案件提出量刑建议，通常由检察官根据案件的具体情况自行决定。

（三）混合型诉讼模式国家及其他有大陆法系传统国家的量刑建议制度

在兼具大陆法系与英美法系特点、被称为混合型诉讼模式的日本、意大利，检察官同样享有量刑建议权。在日本，求刑是检察官"论告"（检察官就事实和适用法律发表总结性意见）的结论和落脚点；检察官向裁判官提出量刑建议，既是权利，也是义务。检察官求刑的范围不仅包括主刑，同时也包括附加刑，一般要求有具体的刑名、刑期、金额、没收物、价格等的明示。检察官如果认为执行犹豫（缓刑）对改造被告人更为有利，也应当在求刑中明确提出。例如，1997年该国东京地方法院在审理东京地铁"沙林"毒气案的主犯林郁夫时，东京地方检察厅就对林郁夫提出了无期徒刑的量刑建议。② 在意大利，在处刑令程序中，为了换取被告人的有罪答辩，检察官可以就量刑与被告人协商，提出较为轻缓的具体的量刑建议。根据该国刑事诉讼法第459条的规定，检察官可以要求法院适用相对于法定刑减轻直至一半的刑罚。③

在历史上具有大陆法系传统、原属于苏联重要组成部分的俄罗斯的刑事诉讼法典第246条第5项规定："国家公诉人提交证据和参加证据的审查，就指控的实质以及就法庭审理过程中产生的其他问题陈述自己的意见，向法院提出关于适用刑事法律和对受审人处罚的建议。"④ 但从该国刑事诉讼法第292条和第299条规定来看，检察官只

① 曹振海、宋敏：《量刑建议制度应当缓行》，《国家检察官学院学报》2002年第4期。

② 参见冀祥德《构建中国的量刑建议制度》，《法商研究》2005年第4期。

③ 陈岚：《西方国家的量刑建议制度及其比较》，《法学评论》2008年第1期。

④ 《俄罗斯联邦刑事诉讼法典》，黄道秀译，中国政法大学出版社，2003，第186页。

可提出减轻、加重处罚的建议，而不能提出应该处以何种刑罚的具体建议。

这里需要指出的是，除了检察官提出量刑建议之外，在有些国家，某些组织也可以向法院提出量刑建议。如美国、英国都有"缓刑官"，他们既负责监督缓刑的执行，又负责对已被确定有罪但有可能判处缓刑的被告人进行科刑前的调查。缓刑官主要调查犯罪人的情况，如悔罪情况、一贯表现、前科劣迹、家庭状况、被害人对其态度等，在此基础上，对该犯罪人是否适合判处缓刑做出评估，并向法院写出包含有量刑建议等内容的调查报告。如果缓刑官没有提出缓刑建议，则法院不得判处缓刑。又如美国为了体现对可能判处死刑案件的慎重，设立了有别于普通量刑程序、专门适用于已被确定有罪且有可能判处死刑的被告人的"独立量刑审判程序"。该程序借鉴了定罪程序的做法，由陪审团参与听证，并由陪审团向法官提出对被告人是否适用死刑的建议，然后由法官宣布实际的量刑。① 上述缓刑官是作为中立者和专门人员为了帮助法院正确量刑而开展调查，其向法院提出的调查报告和量刑建议有点像专门人员就某一专业问题所做的鉴定意见，它与检察官作为控方所提的量刑建议大不相同；上述美国陪审团参与可能判处死刑案件的量刑听证并提出量刑建议，其所履行的是审判职能而非检察职能。由于本文研究的量刑建议特指检察院向法院就量刑问题所提的建议，因而上述两种量刑建议均不属于本文研究的范围，故在此不做研究。

（四）对域外量刑建议制度的分析

综观域外的量刑建议制度，大多数国家的检察机关有权提出量刑建议，但由于各国在诉讼结构、理论基础、法律文化、制度传统等方面存在差异，故在权限范围、具体做法等方面不尽相同。经分析，似

---

① 参见陈瑞华《定罪与量刑的程序关系模式》，《法律适用》2008 年第 4 期；陈岚：《西方国家的量刑建议制度及其比较》，《法学评论》2008 年第 1 期。

可得出以下粗浅的认识。

1. 大陆法系国家检察机关的量刑建议权总体上大于英美法系国家

世界上多数国家的检察机关拥有量刑建议权，其中大陆法系国家以及有大陆法系传统的国家的检察机关一般有量刑建议权。英美法系国家的检察机关本无量刑建议传统，美国因辩诉交易而伴生了量刑建议，并进而将量刑建议拓展到了非辩诉交易程序。然而英国却没有因为美国对辩诉交易案件可以提量刑建议而随风起舞，检察官对辩诉交易案件也不能提出量刑建议。正如一位英国律师所说："在我们现在的制度下，起诉人无权而且从来也无权向法院提出恰当判刑的意见，起诉人被排除在判刑过程之外，原因是那是法院与犯人之间的事情，大陆法系国家那种起诉人建议判决或要求特定判决的原则，对我们普通法系来说遭到了完全的反对。"[①]

为什么两大法系在量刑建议问题上有此分野？这是值得我们思考的。照理说，英美法系实行当事人主义的诉讼模式，指控犯罪原先被认为是当事人的私事，当事人在诉讼中拥有较大的自主权，控辩激烈对抗、法官居中裁判是这种诉讼模式的主要特点，因而行使控诉职能、被视为刑事原告的检察官应该拥有比大陆法系国家的检察官更大的量刑建议权。而大陆法系国家由于实行职权主义的诉讼模式，在诉讼中特别是庭审中法官主动行使职权，控辩对抗一般没有像英美法系那样激烈，检察官职能相对弱化，因而检察官行使量刑建议权似可较为消极和节制。然而，实际情况却与诉讼模式的逻辑相悖。对此，连英国学者对本国检察官无权提量刑建议一事也觉得十分困惑："在普通法中，法官判决是以对抗制为基础的，但是到了量刑时，该制度却奇怪地被抛弃。"[②]

---

① 龙宗智：《检察官庭审活动比较研究》，载龙宗智《相对合理主义》，中国政法大学出版社，1999，第346页。
② 转引自龙宗智《刑事庭审制度研究》，中国政法大学出版社，2001，第341页。

　　造成两大法系大异其趣的上述现象的原因，目前还鲜有研究。笔者认为，这可能是基于两大法系以下三个方面的差异。（1）法官权威的差异。英美法系国家实行判例法，法官既是案件的裁判者，又是造法者，因而其生效判决具有天然的权威。大陆法系国家实行成文法，法官必须严格依照成文法律判案，成文法律具有至上性和绝对的权威，而法官的判决却并不具有天然的权威，如果其符合法律，则具有权威，如果不符合法律，则不但不具有权威而且要加以纠正。显然，英美法系国家法官的权威性要比大陆法系的法官大，因而英美法系法官在量刑问题上具有一定的独占性，即只允许检察官就量刑的事实、情节及理由进行举证和辩论，而不让检察官在量什么刑、量多重刑的问题上"说三道四"。（2）审判监督职能的差异。如前所述，大陆法系国家具有权威的是法律，法官裁判是否具有权威要视其是否符合法律。为了维护法律权威，防止法官擅断和损害法治，国家需要有个机构来监督法官的裁判。由于检察官既熟悉案情又熟悉法律，因而让其监督审判是最佳的选择。因此，大陆法系国家检察官都拥有审判监督权。而英美法系国家法官的生效裁判具有法律的属性，因而其检察官的审判监督权一般较为有限。大陆法系国家检察官既然有权监督法官的裁判（含量刑裁判），就自然有权在起诉和出庭支持公诉时提出量刑建议。（3）检察官与法官地位的差异。总体上说，世界各国的检察官都是国家和社会公益的代表，大多具有行政官和司法官的双重属性，都要履行客观公正义务，都要维护社会公平正义和国家法制的统一。但是，大陆法系国家的检察官在司法官属性、履行客观公正义务及维护社会公平正义和国家法制统一的责任等方面，总体上要强于英美法系国家的检察官。英美法系国家的检察官在刑事诉讼中一般被视为当事人，而大陆法系国家的检察官却大多不属于当事人，他们大多被视为准司法官，有的还被法律直接规定为司法官，有的被称为"法律的守护神"，因而其地位、薪酬等方面有的与法官没有什么差别，有的虽有差别但也没有像英美法系国家的差别那样大。大陆法系国家检察官同法官几近比肩的地位也为其在量刑问题上与法官"讨价还价"提供了资本。

2. 法院对辩诉交易案件的量刑建议采纳率高

辩诉交易程序得以推进的一个重要条件，就是检察官经与辩方协商后提出的定罪量刑意见能得到法院支持和认可。否则，检察官在被告人面前就显得言而无信，因而就难以在以后的案件上继续与被告人谈判交易，于是，辩诉交易程序就难以进行，检察机关、法院的工作量就会大大增加。因此，法院必须与检察机关达成默契，对辩诉交易案件的量刑建议予以认可。

3. 量刑建议的方式大多不做限定，而实际执行则以相对确定的方式和概括的方式为主

凡检察机关有权提量刑建议的国家，除少数国家规定不得提出很具体的建议外，大多数国家对量刑建议的方式不做限定。但在实际执行中，即使是对建议的方式未做任何限制的国家，也以提出相对确定的量刑建议和概括的量刑建议为主，而只对极少数案件提出绝对确定的量刑建议，对有些案件则不提量刑建议。如在美国，该国检察官业务管理中心的调查报告称：仅有70%的检察官在一半以上的重罪案件中提出量刑建议。[1] 多数国家之所以以相对确定的量刑建议和概括的量刑建议为主要方式，主要是因为在案件起诉或发表公诉意见时，检察官对辩方掌握的量刑事实、情节及量刑辩护意见还不清楚或不完全清楚，要提出绝对确定的量刑意见有一定困难，如果把建议的刑罚说得太确定，难免带来被动。当然，对少数案件也有可能提出绝对确定的量刑建议，这主要是检察官对量刑的事实、情节都很清楚，犯罪情节特别严重、必须处以重刑乃至极刑的案件，或者情节轻微、可以处以非监禁刑的案件，而对介于特别严重和轻

---

① 参见〔美〕约翰·杰科比《美国检察官研究》，美国马萨诸塞州希思公司，1980，第124页。

微之间、应当判处监禁刑的案件，由于法定刑幅度大，一般不提绝对确定的量刑建议。

4. 提出量刑的建议的时机，大陆法系国家一般在法庭调查终结之时，英美法系国家则在量刑程序中

在大陆法系国家，庭审并无定罪程序与量刑程序的划分，而只有法庭调查与法庭辩论的阶段划分，因而量刑建议一般在法庭调查终结、公诉人发表总结性意见之时。而美国等英美法系国家，由于庭审明确划分为定罪程序与量刑程序，两个程序之间有一定的间隔，量刑活动只有在被告人被确定有罪或自己认罪之后才能进行，因而量刑建议必须在量刑程序中才能提出。

三　量刑建议的制度设计

鉴于量刑建议给检察院带来的严峻挑战，量刑建议工作宜遵循"积极稳妥、循序渐进、确保质量"的原则来开展，量刑建议制度宜采取"边探索、边总结、边规范"的方法逐步加以确定和完善。从各地试点和理论研究情况看，量刑建议制度的相关内容似可做如下设计。

（一）量刑建议的范围

量刑建议的范围是指检察院提出量刑建议的案件范围。对此，当前主要有以下几种观点：第一种观点认为，只要经过检察院认真审查，所有公诉案件都能提出量刑建议。[1] 第二种观点认为，对控辩双方对定罪的事实、证据没有争议的案件可以提出量刑建议；对控辩双方对定罪的事实、证据存在较大争议的案件，应当避免提出量刑建议，以防量刑裁判与量刑建议不一致而将检察机关推入尴尬地位。[2] 第三种观点认为，对适用普通程序以及普通程序简化审理的案件，可以充分

---

① 参见徐清《小议检察机关量刑建议权》，《犯罪研究》2005 年第 4 期。
② 参见王跃凤《检察机关量刑建议权若干问题探讨》，《法商研究》2008 年第 1 期。

行使量刑建议权，对于适用简易程序的案件，可以暂时不提量刑建议。① 第四种观点认为，应以被告人认罪案件、未成年人案件和无受害人案件为主要范围，尽量避免有受害人的案件。②

笔者认为，基于量刑建议权系起诉权组成部分的原理，检察院有权对提起公诉的所有案件都提出量刑建议，而不应有范围的限制。但在实际工作中，鉴于目前量刑建议还在试点，多数检察院还缺乏经验，故应根据"由易到难、逐步扩大"的原则来确定一个时期量刑建议的范围，而不宜一下子就对所有案件都提出量刑建议。据此，一般可按以下顺序确定量刑建议的范围：先被告人认罪案件，后被告人不认罪案件；先控辩双方对案件事实、证据无争议的案件，后控辩双方有争议的案件；先简易程序和普通程序简化审理的案件，后普通程序的案件；先案情简单的案件，后案情复杂的案件；先一般案件，后重大案件；先常见案件，后偶见案件；先单罪案件，后数罪案件；先有办理经验的案件，后无办理经验或经验较少的案件。从办案人员上来划分，一般可以先办案经验丰富、办案质量有保证的人员所办的案件，后其他人员所办的案件。

（二）量刑建议的方式

量刑建议的方式是根据所建议刑罚的具体程度来划分的。前已说及，从当前试点情况看，量刑建议主要有以下三种方式：第一种是概括的量刑建议，它在指明量刑应适用的刑法条款的基础上，仅提出从重、从轻、减轻处罚等原则性的建议；第二种是相对确定的量刑建议，即在法定刑幅度内提出具有一定幅度但又小于法定刑幅度的量刑建议；第三种是绝对确定的量刑建议，即所建议的刑罚没有幅度，明确提出应判处的具体刑罚，包括刑种、刑期及执行方式等。③

---

① 参见王顺安、徐明明《检察机关量刑建议权及其操作》，《法学杂志》2004 年第 5 期。
② 转引自樊崇义、杜邈《检察量刑建议程序之建构》，《国家检察官学院学报》2009 年第 5 期。
③ 参见王军、吕卫华《关于量刑建议的若干问题》，《国家检察官学院学报》2009 年第 5 期。

量刑建议应采取哪种方式？笔者认为应当因案而宜，既要尽力而为，力求明确具体；又要确保质量，避免造成被动。因为一般来说，要使量刑建议取得制约法院量刑裁量权的预期效果，量刑建议应力求明确、具体。但在许多情况下，要提出明确具体的量刑建议又存在许多困难，因为它要受以下因素的制约。（1）受诉讼阶段的制约。量刑建议一般提出于起诉或出庭支持公诉之时，其时，检察院对辩方所掌握的事实、证据及意见还不了解或不完全了解。显然，在这一诉讼阶段，要提出明确、具体的量刑建议特别是绝对确定的量刑建议，在有些案件中还有困难。（2）受检察院对案件事实、情节等掌握程度的制约。案件的事实、情节是决定量刑的基本依据，但与前述的诉讼阶段相适应，检察院在提出量刑建议时所掌握的案件事实、情节及其证据有时是不够客观、全面、准确的，在极少数的情况下甚至可能是错误的。（3）受认识能力、水平和认识角度的制约。人的认识能力、水平难免存在局限；认识的角度不同，得出的结论就可能存在差异。检察官也不例外。案件之所以只有经过庭审和控辩对抗才能做出裁判，其原因之一就是经过多角度的审视和不同意见的交锋，有利于人们对事实的认识符合客观实际，使所持的理由接近真理。检察官提量刑建议时，辩方的事实、证据尚未展示或未完全展示，控辩双方的观点尚未交锋，检察官此时认识能力、水平的局限性及认识角度的片面性恐难以完全避免。（4）受法院裁判的制约。量刑建议都要接受法院量刑裁判的制约和检验，内容具体的量刑建议特别是绝对确定的量刑建议，很容易与法院的量刑裁判出现差异，而如果经常出现差异甚或差异经常较大，"则不但会挫伤检察官提出量刑建议的积极性，而且会影响量刑建议的严肃性和权威性，从而可能动摇量刑建议制度存在的基础"。①

---

① 徐汉明、胡光阳：《我国建立量刑建议制度的基本构想》，《华中科技大学学报》（社会科学版）2008 年第 5 期。

　　基于以上理由，量刑建议应以相对确定的量刑建议为原则，以绝对确定的量刑建议和概括的量刑建议为补充。因为相对确定的量刑建议既便于适应上述诸方面的制约，又"便于法院在听取控辩双方意见并斟酌各种量刑情节后确定具体的刑罚"，"便于法院在确定刑罚时全面衡量，兼顾各方利益"。①

　　根据量刑建议的上述原则，笔者认为：

　　第一，对于建议判处有期徒刑、拘役、罚金等具有幅度的刑罚的，一般可提出相对确定的量刑建议。其中建议判处有期徒刑的，可在犯罪行为相应的法定刑档次的幅度内确定建议的幅度，如：法定刑幅度在 3 年以下的，建议幅度一般不超过 1 年；法定刑幅度大于 3 年小于 5 年的，建议幅度一般不超过 2 年；法定刑幅度大于 5 年的，建议的幅度一般不超过 3 年。②

　　第二，对检察官全面掌握了量刑的法定、酌定情节，建议适用某一绝对确定的刑罚有绝对把握的少数案件，可以提出绝对确定的量刑建议。例如，对符合上述条件的下列案件，可以提出绝对确定的量刑建议。（1）对极少数罪行极其严重的案件，可以提出判处重刑的绝对确定的建议。如对罪大恶极、不杀不足以平民愤的案件，可以提出判处死刑立即执行的建议；对罪大恶极、应当判处死刑，但又不是必须立即执行的，可以提出判处死刑缓期二年执行的建议；对罪行极其严重，但不是非杀不可的，可以提出判处无期徒刑的建议。但对罪行极其严重的多数案件来说，提出绝对确定的量刑建议较难达到"有绝对把握"的程度，且易致被动，故一般可提出概括的量刑建议。（2）对虽应判处有期徒刑或者拘役，但符合缓刑条件的，可以明确提出缓刑的建议。

　　第三，对建议判处罚金、没收财产、剥夺政治权利等附加刑的，

---

① 宋英辉语，转引自张敬博《量刑纳入庭审程序后检察机关如何推行量刑建议制度》，《人民检察》2009 年第 17 期。

② 参见王军、吕卫华《关于量刑建议的若干问题》，《国家检察官学院学报》2009 年第 5 期。

由于影响罚金和没收财产的数额、剥夺政治权利的年限的因素较多，庭审中某些因素发生变化的可能性也较大，因而一般可以只提出刑种，待取得经验后再具体化。

第四，对数罪并罚的案件，一般可仅对被告人所涉嫌的每一个个罪分别提出量刑建议，而不对应执行的刑罚提出量刑建议。因为如果数罪都应判处有期徒刑，检察院建议的刑期都有一个幅度，那在"总和刑期以下、数罪中最高刑期以上"斟酌建议的刑罚时，就会遇到数个刑期幅度如何相加的难题，如果每个犯罪所建议的刑罚与法院裁判的刑罚都存在一定的差距，那数个差距相加的总和就比较大，这难免会招致公众对量刑建议或量刑裁判的质疑，从而影响办案的效果。当然，如果检察院认为有把握，也可对应执行的刑罚提出相对确定的量刑建议。

第五，对少数难以或者不便于提出相对确定量刑建议或绝对确定量刑建议的案件，也可提出概括的量刑建议。

（三）量刑建议的时机和形式

量刑建议的时机和形式是指在哪个诉讼环节、以何种形式（口头抑或书面）提出量刑建议。对量刑建议的时机，当前主要有以下几种观点。（1）应当在检察院审查起诉结束、向法院提起公诉时提出。其主要理由是：量刑建议权与定罪请求权一样都是求刑权的一种，在提起公诉时一并提出，保持了求刑权行使的完整性，构成一项完整的诉的指控；检察院的起诉是国家审判活动的启动程序，在我国刑事诉讼定罪程序与量刑程序一体的机制下，检察院不能人为地将其分割为定罪与量刑两个阶段；从控辩对抗的诉讼原理来看，控方的定罪、量刑证据都必须给辩方一定的质证与抗辩准备时间，如果检察官在法庭辩论阶段才提出量刑建议，等于剥夺了被告人及其辩护人的质证权与抗辩权，这不符合控辩平等对抗原理的要求。[1]（2）应当在法庭调查之

---

[1]　冀祥德：《构建中国的量刑建议制度》，《法商研究》2005 年第 4 期。

后法庭辩论之初提出。其主要理由是：经过法庭调查，控辩双方对对方出示的证据进行了充分的质证，被告人的犯罪事实、量刑情节已经基本上显现出其本来面目，此时提出量刑建议，立足于充分的证据证明，应该有足够的说服力，也比较客观、准确，易为法官接受。同时，由于有接下来的法庭辩论阶段，辩方有足够机会对检察官的量刑建议提出异议，为己方的合法权益进行辩论。[①] 而且，我国目前没有建立证据展示制度，庭审前不可能全面了解案件的事实和证据，故为保证量刑建议的严肃与准确，量刑建议的最佳时机应当在法庭调查后的法庭辩论阶段。[②]（3）应当区分不同情况做出规定，其中又有两种观点：一种是按照犯罪嫌疑人是否认罪来区分，犯罪嫌疑人认罪、事实比较清楚的，在起诉时提出，其他的则在法庭辩论阶段发表公诉词时提出；另一种是按照庭审程序来区分，简易程序的一般在起诉时提出，普通程序的一般在法庭辩论阶段发表公诉词时提出。[③] 此外，也有的认为应当在庭审后宣判前提出量刑建议。[④]

笔者认为，考虑量刑建议的时机，宜坚持以下原则。（1）利于准确建议原则。建议只有准确，才能起到制约法院裁判的作用。如果在起诉时提出量刑建议，由于该时检察院还不了解辩方将提出的事实、证据及辩护意见，因而有可能影响量刑建议的准确性，特别是被告人不认罪的案件，犯罪事实的认定说不定还存在一定变数，更有可能影响量刑建议的准确性。而如果选择在法庭调查之后提出量刑建议，由于检察官所掌握的事实、情节已较为全面，因而有利于量刑建议提得准确。（2）公开、透明原则。量刑建议的意义之一就是使量刑程序公开、透明，使量刑裁判公正、有公信力。而量刑程序公开、透明必然包含量刑建议对被告方的公开、透明。量刑建议不仅仅是给法院的，

[①] 汪建成观点，参见《专家学者纵谈量刑建议制度》，《检察日报》2008 年 4 月 3 日，第 3 版。

[②] 参见张金锁《量刑建议应当全面推行》，《检察日报》2008 年 4 月 3 日，第 3 版。

[③] 参见王军、吕卫华《关于量刑建议的若干问题》，《国家检察官学院学报》2009 年第 5 期。

[④] 参见秦奕明《量刑建议存在的必要性及可行性》，《法治快报》2008 年 5 月 6 日，第 5 版。

而且同时是要告诉被告方的，因为只有告诉被告方，让其参与到量刑辩论中来，才能实现量刑的公开、透明和公正。因此，检察院无论在什么时机采取何种形式提出量刑建议，都要告诉被告方，其中当庭口头提出建议的，被告方自然能够知悉；庭审前或庭审中书面提出建议的，法院应将量刑建议副本送交被告方，对多被告的案件，法院应将检察院对全案各被告人的量刑建议送交每一位被告人，以便各被告人知悉自己在全案中的地位，从而进行针对性的答辩。（3）确保辩护时间原则。即提出量刑建议的时机要有利于被告方充分行使辩护权。

根据以上原则，量刑建议的时机可以公诉人是否出庭为标准加以确定。（1）对公诉人不出庭的简易程序案件，应当在起诉时提出量刑建议。（2）对公诉人出庭的简易程序案件和普通程序案件，一般在法庭调查结束、法庭辩论开始时发表公诉词中提出量刑建议。对其中被告人认罪且被告方对案件性质、事实、情节都没有异议，检察机关对量刑有把握的，也可在起诉时提出量刑建议。（3）对在起诉时提出了量刑建议，经庭审调查以至庭审辩论，公诉人认为要修正原量刑建议的，要及时对原量刑建议加以修正。

至于量刑建议的形式，可分书面和口头两种。为了体现量刑建议的严肃和慎重，原则上应采取书面的形式；采取书面形式有困难的，例如，在庭审中发现原提出的书面形式的量刑建议不当，需要加以修正的，可采取口头的形式。其中书面形式以"量刑建议书"为宜，即使量刑建议是在起诉时提出，也不主张在起诉书中写量刑建议，而在起诉书之外另写"量刑建议书"为宜。因为根据我国现行庭审方式，起诉书一般较为简约，而量刑建议却要充分阐述理由。同时，如在起诉时提出量刑建议，该建议存在在庭审中被修正的可能性，起诉书作为很严肃的法律文书，应尽量减少被修正的可能性，少数案件确需对起诉书的某些内容加以修正的，也应经过规范的程序。例如，经庭审，公诉人认为不构成犯罪或者需要变更起诉的，公诉人应当依法申请撤回起诉，报经检察长同意后分别做出不起诉或变更起诉的决定。而变更量刑建议大多在庭审中采取口头的方式，如在起诉书中写量刑建议，则势必出现起诉书中的部分内容被公诉人口头变更的情况，这似乎不尽合适。

（四）量刑建议的决策和修正

量刑建议的决策在实体上应当以事实为根据、以法律为准绳，坚持罪刑法定、法律面前人人平等、罪责刑相适应的基本原则，根据犯罪的事实、性质、情节和对社会的危害程度；在程序上要根据承办人提出意见、部门负责人审核、检察长或检察委员会决定的规定。

这里需要研究的是，量刑建议要不要把刑罚适当提重一点？有观点认为，"取法其上，得乎其中；取法其中，得乎其下"。庭审中控辩双方对量刑争辩的过程，有点像商品交易中的讨价还价，检察院的量刑建议无论是重是轻，辩方都要"砍价"，检察院只有把"价码"适当开高一点，才能到达内心所希望的判决。正像美国学者约翰·郎拜因在评论德国量刑建议时说："德国检察官的量刑建议与最终刑罚大多较为接近，但法官倾向于对检察官的建议作一定的修正。一项调查表明，在570个案件中，与检察官建议相比，法庭判刑较重的占8%，较轻的占63%。然而这一调查也指出，在审判官倾向于把刑罚判得低于检察官建议的情况下，检察官宁肯要求判处较重刑罚，这样，审判官的较轻刑罚也许正合其心意。"① 同时，控方把刑罚建议得重一点，法院判决比检察院所建议的稍轻一点，这既有利于检察机关做被害人工作，也有利于被告人服判。

笔者认为，上述观点表面上似乎有一定的道理，其实值得商榷。（1）量刑建议贵在准确、适当。我国检察院不仅仅是公诉机关，更是

---

① 〔美〕约翰·郎拜因：《比较刑事诉讼：德国》，美国明尼苏达西方出版公司，1997，第68页。

法律监督机关，负有客观公正义务和维护法律统一正确实施的职责；"以事实为根据、以法律为准绳"是必须遵循的办案原则。故应严格依照刑法的基本原则和量刑规定提出量刑建议，并把建议搞准确、搞适当。（2）公正性和公信力是检察院树立权威、平衡被害人与被告人之间关系、化解社会矛盾的根本和基础，量刑建议也如此。如果有意抬高建议的刑罚，则不利于树立量刑建议的权威和公信力。（3）从办案效果来说，检察院建议的刑罚与法院裁判的刑罚之间的差异越小，越有利于树立整体的司法权威，越有利于促使当事人息诉服判；差异越大，越会增加矛盾和猜疑。故检察院、法院都应分别为准确建议和准确裁判而努力，而不能各打小算盘，玩弄小"技巧"。就检察院来说，不宜故意将建议的刑罚抬高、加重。

量刑建议决策于开庭之前，难免会有一部分不符合经法庭调查后的案件实际，而需要加以修正。然而根据法律规定的精神，检察院对案件的重要决策如批准逮捕、决定起诉或不起诉、决定量刑建议等，其权力都在检察长或检察委员会，因而量刑建议如需修正，其决定权也应在检察长或检察委员会。为此，有些试点单位由检察长赋予公诉人一定的机动权，允许其在一定的范围内修正量刑建议；需修正的内容超出授权范围的，建议休庭，待报请检察长同意后再恢复法庭审理，提出修正后的量刑建议。也有些试点单位遇有需要修正原内定的量刑建议的，就改提概括性的量刑建议或干脆不提量刑建议；如果量刑建议已在开庭前提出去则建议休庭，报请检察长同意后修正量刑建议。

笔者认为，修正量刑建议既要依照法律规定的检察院的决策程序，又要考虑诉讼效率，尽可能不用或少用"建议休庭"，因为休庭势必造成法官、检察官、诉讼参与人等一系列人员的再次出庭和法庭服务人员的再次张罗，从而浪费诉讼资源，影响诉讼效率。据此，提以下三点建议。（1）赋予公诉人一定的机动权。例如，凡不改变刑种，只是改变执行方式的（如死刑改为死缓，有期徒刑实刑改为缓刑），或者有期徒刑只是在与犯罪行为相应的法定刑幅度内加以增减的，可由公诉人根据庭审调查后的事实真相加以修正；而对改变刑种或超越与犯罪行为相应的法定有期徒刑幅度的，仍应报检察长决定。也可根据干部的素质和水平，将公诉人分为若干等级（如 AAA 级、AA 级、A 级），等级高的赋予其较大的机动权，等级低的赋予其较小的机动权。（2）原定的量刑建议尚未提出，需修正的部分超出检察长赋予的权限的，改提概括性的量刑建议。（3）原定的量刑建议已经提出，需修正的部分超出检察长赋予的权限的，建议法院休庭，待请示检察长后再提出修正后的量刑建议。

实际上，上述第三种情况会很少出现甚至不会出现，因为根据笔者前面的设计，庭审前提出量刑建议仅仅适用于公诉人不出庭的简易程序的案件，既然公诉人不出庭，也就不存在认为需要修正量刑建议的问题。

四　量刑建议对诉讼制度等的影响

作为量刑程序的启动者，量刑建议的开展必然会对量刑程序乃至诉讼制度等方面产生影响，需要我们去改革、健全或完善。

（一）改革庭审程序

量刑建议拓展了量刑辩护的空间，促进了量刑程序的诉讼化，提高了量刑程序的公开性和透明度，必然促使庭审程序进行改革，从而使量刑程序在庭审中具有应有的地位。

庭审程序如何改革，当前主要有两种观点。一种观点认为，应将庭审分为定罪与量刑两个互相分离的程序（以下简称"分离式庭审程序"），即先确定被告人定罪问题，经过法庭调查和法庭辩论以及被告人陈述后，合议庭休庭对被告人定罪问题进行评议，对被告人是否有罪给出一个结论，然后开庭宣布合议庭决定，如果认定被告人有罪，庭审转入量刑程序。其理由主要是：（1）定罪程序与量刑程序在目的、审理对象、关注重点、证据规则等方面都有明显的区别。①（2）分离式量刑程序能有效缓解辩护难的困境，有利于保障人权。因为定罪程序与量刑程序如不分离，做无罪辩护的被告人及其辩护人往往陷入左右为难的尴尬境地：如果不做从轻量刑的辩护，就无法促使法庭注意那些有利于被告人的量刑情节；如果辩论中提出从轻量刑的意见，又势必与前面所做的无罪辩护意见相悖。同时，在分离式量刑程序模式下，许多对被告人不利但与定罪没有必然关系的量刑事实，如前科、累犯等，在定罪程序中将不被允许提出，而被限定在量刑程序之中，这在一定程度上可以避免法官产生被告人有罪的先见。（3）分离式庭审程序有利于定罪、量刑两个程序集中精力解决各自不同的问题，促进庭审中两个程序的专业化，还有利于全面地调查与量刑有关的信息，从而准确地裁量刑罚。②

　　而另一种观点则主张在庭审中建立相对独立的量刑程序，即在法庭调查、法庭辩论等阶段保障量刑活动的相对独立性，在法庭调查过程中先调查犯罪事实，后调查量刑事实；在法庭辩论过程中先辩论定罪问题，再辩论量刑问题。这里的"相对独立"有两层意思：第一，它是独立的，即量刑事实调查独立于犯罪事实调查，量刑辩论独立于定罪辩论；第二，这种独立是相对的，并不一定非要截然分开不可，例如在法庭辩论阶段，公诉人发表公诉词时可以同时就定罪问题和量刑问题（包括量刑建议）一并发表意见，而不一定非要将二者分开不可。据悉，最高人民法院持的是这种观点。

　　笔者认为，从理论和逻辑上分析，上述第一种观点是正当和合理

---

① 该观点认为，定罪程序与量刑程序，在目的上，前者要解决的是被告人是否有罪的问题，后者要解决的是对被告人如何量刑的问题；在审理对象上，前者是与定罪有关的事实、证据，后者是与量刑有关的事实、证据；在关注重点上，前者是事（即犯罪行为），后者是人（行为人的个人情况）；在证据规则上，前者严格，后者较为自由。

② 参见陈卫东《量刑程序改革的一个瓶颈问题》，《法制资讯》2009 年第 5 期；陈瑞华：《论量刑程序的独立性——一种以量刑控制为中心的程序理论》，《中国法学》2009 年第 1 期。

的，但也并非其他的模式就不正当不合理，且如照该观点实行，目前似有一定的困难。（1）对定罪程序和量刑程序，当前英美法系国家实行分离式的庭审模式，大陆法系国家实行一体的庭审模式，其主要原因在于审判组织结构的差异：英美法系国家审判普通程序案件实行陪审团制，陪审团负责定罪，法官负责量刑，当陪审团确定被告人有罪后，才进入由法官主宰的量刑程序。而大陆法系国家无论定罪还是量刑都由法官负责。可见，英美法系国家审判权中定罪权与量刑权的分割，是其庭审中定罪程序与量刑程序相分离的主要原因。我国法官享有完全的审判权，无论是定罪程序还是量刑程序都由法官主持，且由同一审判组织做出裁判，故不存在定罪程序与审判程序必须分离的决定性因素，况且大陆法系定罪程序与量刑程序一体的庭审模式在很多国家存在，这也说明这两个程序并不是非分离不可。虽然，大陆法系国家一些诉讼法学家也主张以英美法为借鉴，将审判程序一分为二，且一些大陆法系国家也确在借鉴英美法系的诉讼模式，但仍不能得出非将审判程序一分为二、舍此别无他途的结论。我们建立相对独立的量刑程序，实际上也已是对英美法系分离式庭审模式合理因素的借鉴。（2）我国是审判机构依法独立审判而不是法官独立审判。根据法律规定，对于疑难、复杂、重大的案件，合议庭认为难以做出决定的，应提请院长决定提交审判委员会讨论决定，审判委员会的决定合议庭必须执行，这是我国审判制度与外国的一个重要区别。采取定罪与量刑相对独立的庭审程序，对需要报请审判委员会讨论的案件，只需报请一次即可，审判程序也无须中间停顿。而如实行定罪与量刑相分离的庭审程序，遇有在定罪问题上需要报请审判委员会讨论的案件，庭审程序必须中途停顿若干天，待审判委员会讨论后再恢复庭审进入量刑程序，且有的案件不能排除需再次提请审判委员会讨论的可能。这势必造成诉讼资源的更多消耗，并影响诉讼效率。（3）当前我国处于刑事犯罪高发期，据统计，1999 年至 2009 年 10 年间，检察机关起诉的刑事案件数和被告人数分别增加了 61.33% 和 73.85%，而公、检、法办案人员却所增无几，不少地方案多人少矛盾非常突出。英美法系国家分离式庭审模式所需司法成本甚大，该模式在犯罪高涨期仍能存续，是以 90% 以上案件通过辩诉交易方式加以快速处理为前提的，而我国目前尚无这种高效处理案件的替代性措施。在这种情况下，如果实行分离式庭审程序，检察院、法院人员紧张的状况将会进一步加剧，其结果，不仅会影响司法人员的健康，而且会影响审判和检察的质量。总之，设计庭审的程序模式，不能不考虑我国处于刑事犯罪高发期的实际，不能不考虑我国审判机制及简易程序范围与外国特别是英美法系国家的区别，不能不考虑外国特定的程序模式所赖以生存的土壤和条件。基于以上理由，笔者主张在庭审制度改革中实行相对独立的量刑程序。

实行相对独立的量刑程序，要注意把握以下要点。（1）要注意犯罪事实调查与量刑事实调查的有机衔接。有些案件事实既是定罪事实又是量刑事实，如影响犯罪构成的犯罪数额、犯罪次数、犯罪后果等。故法庭调查实际上分为"犯罪事实调查"和"与犯罪事实无关的量刑事实调查"这两个相对独立的阶段。由于有些量刑事实在犯罪事实调查阶段已做调查，故在犯罪事实调查结束后，审判人员应首先归纳在犯罪事实调查阶段已经查明的量刑事实，并告知公诉人、当事人、辩护人、诉讼代理人不再在量刑事实调查中对这些证据进行重复举证和质证。（2）要注意简化被告人认罪案件的犯罪事实调查和辩论程序。对适用简易程序案件和其他被告人认罪案件，特别是被告人对犯罪事实没有争议的案件，庭审可以简化对犯罪问题的事实调查和辩论，而主要围绕量刑问题进行调查和辩论。（3）要充分保护被告人的辩护权。相对独立的量刑程序设计的初衷之一，就是切实保障被告人在量刑问题上充分发表意见的权利，故对被告人的辩护权必须予以充分保护。对被告人不认罪案件，法庭应当告知其有权对量刑进行辩护，提出从轻、减轻、免除处罚的意见和理由，并将告知情况记录在卷。无论是法庭调查阶段还是辩论阶段，法庭都应把最后发言的机会留给被告人，而不能以公诉人发言告终。（4）要合理安排量刑事实调查的顺序。一般先由公诉人就其掌握的量刑事实举证并接受质证；后由被告人及其辩护人就其掌握的量刑事实举证并接受质证；再由到庭参加诉讼的被害人及其诉讼代理人向法庭提交量刑事实证据并接受质证；最后由向法庭提交了量刑社会调查报告的代表宣读调查报告并接受质证。（5）要高度重视量刑事实、证据的收集、调取和调查。被告人及其辩护人确因客观原因未能收集的量刑证据申请法庭调取的，法庭认为有必要的，可以依法调取；当事人及其辩护人、诉讼代理人申请新的证人到庭、调取新的证据、申请鉴定或重新鉴定，法院认为有必要的，应当同意；法院发现影响量刑的情节有遗漏或者事实不清的，可以建议检察院补充侦查；在法庭辩论过程中，法庭发现新的量刑事实，认为需要调查的，审判长可以宣布恢复法庭调查，待查清事实后继续法庭辩论。

（二）　制定量刑建议标准

随着量刑建议的开展，必须制定量刑建议在实体上的标准。近年来，我国理论界和实务界对量刑方法有不少研究和探索，除传统的经验量刑法（即综合估堆式量刑方法）外，还提出了层次分析法、数学模型法、定量分析法以及电脑量刑法等方法。但无论是采用哪种量刑方法，检察院都应制定量刑建议标准。因为只有制定较为科学并切实可行的量刑建议标准，检察院才能准确地提出量刑建议。

制定量刑建议标准，必须研究以下基本问题。（1）量刑建议的指导原则；（2）量刑建议的基本方法，如确定基准刑的方法，量刑情节调节基准刑的方法，确定建议刑的方法等；（3）常见量刑情节包括常见法定量刑情节和常见酌定量刑情节对量刑的影响等。由于本文研究的主要是程序问题，故笔者不对这些问题做具体阐述。又由于检察院量刑建议与法院量刑所遵从的原则、依据、方法一致，故法院的量刑标准实际上就是检察院的量刑建议标准，故检察院可以会同法院制定量刑标准特别是某些常见罪名的量刑标准，以供检察院、法院共同执行。

（三）加强对量刑事实的调查

无论是量刑建议还是量刑程序，其最终目的都是准确量刑，而准确量刑的基本前提是对量刑事实有较全面的掌握。从量刑建议试点情况来看，庭审前对量刑事实的调查越全面越充分，量刑的效果就越好。然而，由于现行刑事诉讼程序包括庭审程序都重定罪轻量刑，因而各诉讼环节以及有关诉讼主体对量刑事实调查往往重视不够。故加强对量刑事实的调查实为量刑建议工作开展后的一项重要任务。

1. 加强对量刑事实的调查，首先要明确量刑事实的范围

量刑事实主要包括三方面的内容：一是被告人的犯罪情节，如未遂、中止、自首、立功、惯犯、累犯、在共同犯罪中的地位作用、认罪态度、退赃情况等；二是被告人的个人情况，如犯罪原因、一贯表现、前科劣迹、成长经历、社会交往、家庭情况、受教育状况、帮教条件、再犯罪风险等；三是被害人的情况，如被害人受犯罪侵害的情况、受害后果，获得赔礼道歉、经济赔偿的情况及其所表现出来的惩罚欲望，被害人有无过错及过错大小等。[①] 此外，在一些特殊的案件中，还有一些特殊的量刑事实。

2. 加强对量刑事实的调查，必须明确对量刑事实的举证责任

量刑事实的举证责任与犯罪事实的举证责任有所不同，犯罪事实的举证责任全由控方承担，被告方不负举证责任。而量刑事实的举证实行"谁主张谁举证"的原则，除检察院要对自己的量刑建议举证外，被告人、被害人也要对自己向法庭提出的量刑意见负举证责任。

---

① 陈瑞华：《论量刑程序的独立性——一种以量刑控制为中心的程序理论》，《中国法学》2009 年第 1 期。

3. 加强对量刑事实的调查，必须明确调查的责任主体

第一，侦查机关要加强对量刑事实的调查。在我国，侦查机关对所侦查案件的事实负全部的调查责任。要切实改变目前侦查机关重定罪事实调查轻量刑事实调查甚至不将量刑事实调查列入侦查视野和职责范围的状况，纠正那种认为"两个基本"（即"基本事实清楚、基本证据确实充分"）仅指定罪事实和证据而不包括量刑事实和证据的认识误区，切实担负起对量刑事实的调查责任。在向检察院移送起诉时，必须移送量刑事实和证据。特别是根据中央政法委、中央维稳工作领导小组关于"两减少、两扩大"（对初犯、偶犯、未成年人犯、老年犯中一些犯罪情节轻微的人员，依法减少判刑，扩大非罪处理；非判刑不可的，依法减少监禁刑，扩大非监禁刑和缓刑）的原则，公安机关在移送上述案件时，不仅要提供量刑事实和证据，而且如果公安机关认为不宜判处非监禁刑和缓刑的，则要向检察院提供不宜判处非监禁刑和缓刑的证据。检察院发现公安机关提供的量刑情节有遗漏或者事实不清的，可以退回补充侦查。第二，检察院要加强对量刑事实的调查。对于公安机关侦查不足、检察院又可以自行补充侦查的量刑事实，要进行补充侦查。第三，被告方、被害人方要负责调查自己所主张的量刑意见所依据的事实、证据。第四，要动员社会组织的力量进行量刑事实调查。特别是对未成年人犯罪案件，侦查机关在侦查案件时，可以聘请由"关心下一代委员会"或者"未成年人保护委员会"牵头，由共青团、妇联、基层司法行政机构的社区矫正人员、律师及其他人员参加的组织，就被告人的量刑情节特别是被告人的个人情况及与被害人关系等情况进行调查，对被告人是否适于判处非监禁刑和缓刑等提出意见，并写出"社会调查报告"。第五，法院要加强对量刑事实的调查。法院查明量刑事实的途径主要是充分发挥控辩机制的作用，让控辩双方提供尽可能多的与量刑有关的事实情节。但是，我国的法官在庭审中不完全是消极的裁判者，必要时也要依职权进行

量刑事实的调查，如在控辩双方提供的量刑事实存在矛盾、难以排除时，辩方确因客观原因未能收集到量刑证据请求法院调取，且法院认为确有必要调取时，对被告人是否可以适用缓刑难以把握时，法官也需进行必要的调查，对是否可以适用缓刑问题也可委托公信度高的社会调查组织进行调查，以便为正确量刑提供可靠的事实依据。

（四）建立证据开示制度

我国修改后的刑事诉讼法借鉴了英美法系当事人主义的庭审方式，但没有借鉴作为当事人主义庭审方式重要前提条件的证据开示制度，从而影响了控辩双方特别是辩方在庭前对对方所掌握事实证据的了解，影响了控诉和辩护的质量，也影响了庭审效率。要开展量刑建议工作，建立证据开示制度的紧迫性就进一步显示出来。建立证据开示制度，有利于控辩双方在庭前掌握对方所掌握的事实证据，从而使控方更准确地指控犯罪和提出量刑建议，辩方更准确地进行定罪和量刑辩护，从而提高公诉和辩护的质量；有利于在庭审中简化控辩双方没有异议证据的举证、质证程序，从而提高庭审效率；有利于庭审突出重点，主要围绕控辩双方存在争议的问题进行调查和辩论，防止证据"突袭"，从而提高庭审质量和效果，促进准确裁判（包括准确量刑）。因此，应在修改刑事诉讼法时规定证据开示制度，并就证据开示的原则、时机、程序等做出具体规定。

（五）完善刑事辩护和被害人权利保护

由于种种原因，目前我国律师为刑事公诉案件提供出庭辩护的比例不高。这一状况在量刑建议开展后如果仍不改变，将使一些案件的被告人陷入更不利的境地，因为在没有律师提供辩护的情况下，如果检察院不提量刑建议，则被告方仅在定罪问题上无法进行有效防御；而检察院一旦提出了量刑建议，则被告方不仅在定罪问题上无法进行有效防御，而且在量刑问题上也无法进行有效防御。这种状况并不是检察院所愿意看到的，也违背了建立量刑建议制度拓展被告人辩护权的初衷，故必须采取有力措施强化刑事辩护工作。一要理顺修改后的律师法与刑事诉讼法的关系，切实落实律师阅卷权、会见权、调查取证权和在法庭上发表辩护意见的法律豁免权；二要完善律师管理、激励机制和刑事辩护收费制度，调动律师受理刑事案件的积极性；三要完善刑事辩护律师法律援助制度；四要加强律师职业道德教育，防止和减少无良行为，防止因个别律师的毁灭伪造证据、妨害作证行为而影响律师的公信力，并进而影响政法机关对律师执业的支持和阅卷权、会见权、调查取证权等权利的维护；五要完善政法机关对律师在刑事辩护中有关权利的保障，对违反法律规定，妨害律师行使法定权利情节严重的，应追究有关人员的行政、纪律责任。

被害人作为犯罪危害的直接承受者和诉讼当事人，其诉讼权利如果得不到保护，"不仅不利于刑事诉讼顺利进行，也不利于修复其身心和物质损害，可能带来缠讼、上访甚至私力救济、报复社会等问题，不利于社会稳定"，① 故必须高度重视并完善被害人的权利保护。被害人在刑事诉讼中处于公诉辅助者的地位，在追诉犯罪上与公诉人的目标具有一致性。因此，检察院在审查起诉、考虑量刑建议时要充分听取被害人对定罪量刑的意见，充分吸收其合理主张；对其不合理的要求，要耐心解释说明，取得其对检察机关定罪量刑意见的理解和支持。

但另一方面，被害人与公诉人的诉讼利益又不完全一致，公诉人无法完全代表被害人的利益，也无法充分体现其自由意志。因为公诉人作为国家和法律利益的代表，要承担客观公正义务，提起公诉的目标是追求公正、适当的刑事处罚，维护公平正义和法律统一实施，而不可能像被害人那样一味地强调从重情节，要求法院科处重刑。因此，除了检察院要注意听取被害人的意见外，被害人有必要独立地参与量

---

① 张敬博：《量刑纳入庭审程序后检察机关如何推行量刑建议制度》，《人民检察》2009 年第 17 期。

刑程序，独立地提出本方的量刑意见，并对法院的量刑裁判施加本方的影响。[①] 同时，被害人对量刑事实往往有独特的视角和了解，如对犯罪的手段和情节，对犯罪给其身心、物质、家庭等方面造成的危害等，其了解和感受往往较为真切和深刻。让其参与量刑程序的举证、质证和辩论，有利于控辩双方和法院全面了解量刑事实，从而有利于控方准确提出量刑建议，辩方正确行使辩护权利，法院正确地做出量刑裁判，也有利于被害人的情绪得到宣泄、权利得到维护。

（六）推行量刑说理制度

本文所说的"量刑说理"，是指参与量刑程序的各方都对己方所提出的量刑主张或做出的量刑裁决充分说明理由。故它包括检察院的量刑建议说理，当事人及其辩护人、诉讼代理人的量刑意见说理，法院的量刑裁判说理。量刑建议和量刑意见只有持之于理，才有说服力，也才能被法院采纳；量刑裁判只有持之于理，才能公正，才有公信力，被告人也才能服判。故量刑说理是增强量刑建议和量刑意见的说服力，提高量刑裁判的公正性和公信力，促使被告人认罪服判，使办案取得良好效果的重要一环。俗话说："以理服人"、"把理说在明处"、"有理走遍天下"。日常生活如此，刑事诉讼更是如此，推行量刑说理制度十分重要。

推行量刑说理制度，一方面要求量刑程序的参与者即检察官、被告人及辩护人、被害人及诉讼代理人分别就自己提出的量刑建议、量刑辩护意见和量刑意见充分说明事实依据、法律依据、政策依据及其理由，以供法官参考和对方质证、辩驳。此外，控方与辩方、被害人方与被告人方认为对方提出的量刑意见（建议）站不住脚而给予反驳时，也要充分说明理由，以理服人。另一方面，量刑程序的主持者即法官也要对其量刑裁判充分说理。量刑裁判说理一般包括以下内容：

[①] 陈瑞华：《论量刑程序的独立性——一种以量刑控制为中心的程序理论》，《中国法学》2009 年第 1 期。

（1）已经查明的量刑事实及其对量刑的影响；（2）是否采纳公诉人、被告人及其辩护人、被害人及其诉讼代理人的量刑意见及其理由；（3）法院的量刑理由和法律依据。总之，只有推行量刑说理制度，使参与量刑程序的各方都充分说理，以理服人，量刑程序才具有理性，量刑裁判才能做到情、理、法的有机统一，才能实现"案结事了心服"，从而取得好的办案效果。

（本文原载于《中国法学》2010 年第 3 期）

刑事诉讼法学研究的转型

——以刑事再审问题为例的分析

王敏远*

"科学不仅能够进步，而且在她进步时，能够改变思路"。[①] 当科学研究到了"改变思路"的时候，通常意味着研究的转型。在这个意义上可以说，在一定的阶段，研究的转型既是科学研究进步的标志，也是继续进步的前提。改革开放以来，我国的法学研究在进步的过程中，已经发生了不止一次的转型。现在法学研究的转型已经成为学术研讨会的主题，法学的不同学科对研究转型问题都有话说，说明我国目前的法学研究已经到了需要通过转型以寻求发展的阶段。

所谓法学研究的转型，可以从两个层面理解，一是基本观念的转变，二是研究方法的改变。不论是否基于自觉，学术研究的转型通常是因为原有的研究难以为继。而原有的研究难以为继，应是指原有的基本原理、原来的研究方法，不能有效地应对新的问题，难以完成理论应承担的使命。这种局面的出现，或者是因为基本原理需要补充甚至更新，或者是研究方法需要调整。对于我国现在的刑事诉讼法学来说，这两种情况同时存在，因此，笔者认为，刑事诉讼法学研究也面临着转型的问题。在此，试以刑事再审[②]问题的研究为例，对我国

---

* 王敏远，中国社会科学院法学所研究员、博士生导师，中国刑事诉讼法学研究会副会长。

① 〔美〕埃斯克·阿西莫夫：《不羁的思绪》，江向东、廖湘彧译，上海科技教育出版社，2009，第191页。

② 我国的刑事再审程序，按照刑事诉讼法的规定应称为"刑事审判监督程序"。在此，为简便叙述之需要，笔者将其称为刑事再审。

刑事诉讼法学研究的转型问题进行分析,以期有助于推动刑事诉讼法学研究的转型。之所以选择刑事再审为例进行分析,是因为我国刑事再审这个疑难问题的研究,典型地反映了学术研究需要转型以及在转型中应当特别注意的问题。需要说明的是,本文重点围绕刑事诉讼法学研究的转型问题,因而不是对刑事再审问题的系统研究。

一 30 年来我国刑事诉讼法学关于再审问题研究的两个阶段

以 1979 年颁布刑事诉讼法为起点,我国构建了较为完整的刑事再审制度。从刑事再审制度的结构来看,1996 年修改刑事诉讼法之后,虽然增加了一些内容,但基本未发生变化。然而,实践情况却发生了很大的变化。这种变化虽是悄然发生的,却十分醒目。从数量上来看,20 世纪 80 年代,全国每年的刑事再审案件大多在 6 位数,并呈逐渐下降的趋势;到 90 年代,已降到每年 5 位数;21 世纪以来,全国刑事再审的案件仅 4 位数;2003 年以来,全国每年的刑事再审案件均未超过 4000 件,最近两年甚至不足 3000 件。如果对比 30 年来全国刑事案件总数逐渐增加的情况,刑事再审案件所占比例下降的趋势就更加明显了。从再审的结果看,经再审改判的情况也在逐渐减少。2000 年以来,我国刑事再审案件的改判率许多年未超过 40%。[①]

我国刑事诉讼法学界对刑事再审问题的研究的变化,同样醒目。从 20 世纪 80 年代初到 90 年代后期,我国刑事诉讼法学界对刑事再审均予以正面解读。学界的通说认为,我国的审判监督程序,从审查范围的全面性、申诉权利的广泛性、监督职权的普遍性等方面来看,对于纠正已经发生法律效力的判决、裁定中的错误,采取了职权主义的、主动的态度,同那种所谓的"官无悔判"、"法言难改"的资产阶级法

---

① 详见相关年份的最高人民法院公报,最高人民法院、最高人民检察院历年向全国人大所做的工作报告以及法律年鉴等。

学观点是完全不同的。①"忠实于事实真相，忠实于法律制度，实事求是，有错必纠是我国刑事诉讼始终坚持的方针。即使判决、裁定已经发生法律效力，但一经发现有错误，不论是在认定事实上还是在适用法律上，也不论是对原被告人有利的还是不利的，都要通过审判监督程序重新审理，加以纠正，从而使无辜受罚者得到平反昭雪，轻纵的罪犯受到应得的惩罚，这就从法律程序上有力地保证这一方针的实现。"②

自 1998 年我国签署《公民权利和政治权利国际公约》（以下简称《公约》）以来，其中明确规定的禁止双重危险原则逐渐被学界认识和肯定。鉴于我国司法实践中长期存在的通过再审做出对被告人不利判决的做法，与禁止双重危险原则明显不符，刑事诉讼法学界对我国刑事再审制度开始质疑甚至批判。学界越来越多的人主张应理性地对待"实事求是、有错必纠"的指导思想，认识到其在刑事再审中的局限性，应使其与司法公正、人权保障、程序的安定性等现代化的司法理念相结合，以指导刑事再审程序的改革。③ 以禁止双重危险原则为基础完善或重建我国刑事再审制度的观点，逐渐成为理论界的主流观点。

在前述的第一阶段，理论界对刑事再审制度的讨论，大多局限于解释何为需要再审的认定事实、适用法律"确有错误"的情况。此时，刑事诉讼法学理论对刑事再审的研究，主要是解读、解释法律的规定。而在第二阶段，理论界对刑事再审制度的研究，因为引入了禁

---

① 参见陈光中主编《中国刑事诉讼程序研究》，法律出版社，1993，第 334 页。

② 陈光中主编《刑事诉讼法学》，中国政法大学出版社，1996，第 420 页以下；另参见卞建林主编《刑事诉讼法学》，法律出版社，1997，第 423 页以下。

③ 有代表性的论文如陈光中、张建伟《联合国〈公民权利和政治权利国际公约〉与我国刑事诉讼》，《中国法学》1998 年第 6 期；陈瑞华：《刑事再审程序研究》，《政法论坛》2000 年第 6 期；谢佑平、万毅：《一事不再理原则重述》，《中国刑事法杂志》2001 年第 3 期；张毅：《禁止双重危险规则与中国刑事再审制度改革论纲》，载陈光中主编《刑事再审程序与人权保障》，北京大学出版社，2005；沈德咏、江显和：《刑事再审制度改革的理性思考——以一事不再理原则为视角》，《人民司法》2006 年第 5 期。

止双重危险的理念，并据此评判我国现行刑事再审制度、提出完善再审制度的建议，而具有了引导制度变革的功能。虽然我国刑事诉讼法所规定的再审制度尚未因此而发生改变，然而，这种努力也并不是毫无成效的。2001 年底最高人民法院颁布的司法解释要求除人民检察院抗诉的以外，再审一般不得加重原审被告人的刑罚。① 这可以视为司法实务对理论研究的一种回应。

二　刑事再审制度研究面临的疑难

我国以往关于刑事再审的立法与禁止双重危险原则的要求相距甚远。从正在全国人大常委会审议的刑事诉讼法（修正案）的内容来看，也未将禁止双重危险原则作为完善再审制度的依据。司法实践的情况则较复杂。一方面，20 世纪 80 年代因纠正冤假错案和"严打"的需要而大规模进行再审的情况已经成为历史，通过刑事再审对被告人加刑的做法也不再是无可争议的做法；另一方面，即使是最高人民法院也在其再审审判中加重对被告人的刑罚，完全无视理论界关于禁止双重危险原则的呼吁。② 至于地方法院，这种情况更难以避免。③

这样做尽管完全符合我国现行刑事诉讼法的规定，但与禁止双重危险原则明显冲突。对于肩负着引导我国刑事司法、立法趋于完善的责任，而不仅仅是为现实辩护的刑事诉讼法学理论来说，如何应对这种情况，面临着疑难。对于刑事诉讼法学界来说，主张以禁止双重危险原则为基础重构刑事再审制度，既有应当解决的疑问，也有需要克

① 2001 年 12 月，最高人民法院颁布了《关于刑事再审案件开庭审理程序的具体规定（试行）》（2002 年生效），其中第 8 条规定，除人民检察院抗诉的以外，再审一般不得加重原审被告人（原审上诉人）的刑罚。

② 例如 2003 年最高人民法院直接启动再审程序并改判刘涌死刑立即执行，而该案已经由辽宁省高级人民法院二审做出生效裁判，判处刘涌死刑缓期两年执行。

③ 例如，云南省高级人民法院 2011 年 7 月决定对李昌奎案进行再审。李昌奎已由该院于 2011 年 3 月二审改判为死刑缓期两年执行。基于这次再审与网络舆情的关联，据报道，再审的结果就是加重对李昌奎的判刑——判处死刑立即执行。估计最高人民法院会予以核准。

服的困难。笔者认为，虽说困难可能更加明显，但解决疑问是理论界需要承担的责任。

按照《公约》的规定，禁止双重危险原则被表述为"任何人已依一国的法律及刑事程序被最后定罪或宣告无罪者，不得就同一罪名再予审判或惩罚"。该原则被认为旨在通过制约刑事追诉以保障人权。基于该原则重点在于从保障人权的角度维护生效裁判的稳定性，即使轻判甚至完全放纵犯罪，也不能再次审判，因此，与我国"实事求是、有错必纠"的政策及民众的普遍意愿的冲突十分明显。这使禁止双重危险原则目前很难在学术界之外得到认可。但这个困难应该只是暂时的。随着社会的发展和讨论的增多，人们对于禁止双重危险的人权保障价值的认识、理解，必将会促进对该原则的认同。

然而，疑问在于，究竟应该如何重构我国的刑事再审制度？如果以禁止双重危险原则为基础重构我国的刑事再审制度，那么，在民众对其尚不认同的前提下，如何解决该原则与我国"实事求是、有错必纠"的政策及民众对于纠正错案的普遍意愿的冲突？此其一。其二，同样是信奉禁止双重危险原则，大陆法系国家和英美法系国家的刑事再审制度却差异极大；即使同为大陆法系国家，法国与德国的刑事再审制度的差异也十分明显。① 那么，我国应当如何借鉴这些不同的立法例呢？

相对于早期刑事诉讼法学理论只是解读、解释刑事诉讼法的规定，近十几年来理论界以译介法治发达国家的刑事诉讼法学理论和立法例为基础，致力于推动我国刑事诉讼法学理论的发展、刑事诉讼法律制度的完善，这显然是我国刑事诉讼法学理论发展过程中一次具有积极意义的转型。然而，这样的研究现在已经遇到了瓶颈——法治发达国家的刑事诉讼法学理论和立法例难以为解决我国现实的问题提供

---

① 已有研究者对一些有代表性的不同国家的刑事再审制度的差异进行了分析。参见张毅《刑事诉讼中的禁止双重危险规则论》，中国人民公安大学出版社，2004，第239页以下。

现成的答案。关于刑事再审问题的研究就是一个典型的例子。我们现在所遇到的这些问题难以通过译介法治发达国家的刑事诉讼法学理论和立法例直接予以解决，而需要我们考量更多的因素，进行深入研究。

因此，准确译介法治发达国家的刑事诉讼法学理论和立法例虽然仍是理论界的责任，但就研究完善我国的刑事诉讼法律制度而言，更紧迫的任务是独立地研究。为此，刑事诉讼法学研究的转型势在必行。

三 再审制度研究转型应注意的几个基本问题

刑事诉讼法学研究需要转型，这在理论界易于取得共识，然而，应当如何转型却是个需要探讨的问题。就此问题，笔者仍以刑事再审制度为例予以简要分析。

（一）考问现代刑事再审制度的正当性

在关于刑事再审问题的讨论中，令人感觉比较困惑的问题是禁止双重危险原则与我国传统的"实事求是、有错必纠"观念的紧张关系。"实事求是、有错必纠"似乎是禁止双重危险原则难以逾越的障碍。这对刑事诉讼法学研究提出了严峻的挑战：我国刑事再审制度今后的发展究竟是应当继续顺应"实事求是、有错必纠"的观念，还是按照禁止双重危险原则的要求予以重构？在这两者之间进行选择的正当根据是什么？这个问题如果不能得到妥善解决，那么，我们所期待的具有积极意义的刑事诉讼法学研究的转型，就很可能变成十分可疑的转向。

我们知道，再审制度是对生效裁判的动摇，不同的再审制度对生效裁判的动摇不仅存在程度上的差异，也有其正当性根据的差异。以"实事求是、有错必纠"为基础设置的再审制度，所要求的是，虽然司法裁判已经生效，不论错误的性质与原因，只要错误的程度足以引起纠正的需要，就应当发动再审程序予以纠正。而以禁止双重危险原则为基础构建的再审制度，则要求区分错误的性质（是否有利于被告人）以确定能否采用再审的方式予以纠正。虽然也有国家（如德国）允许在特定情况下可以发动对被告人不利的再审，但会对生效裁判的错误原因做出严格的限制。

"实事求是、有错必纠"观念在我国具有几乎是"天然"的正当性，而禁止双重危险原则只允许在十分苛刻的条件下、有限的范围内纠错，两者的正当性相比，高下优劣似可立判。然而，在刑事诉讼领域内，对正当性的判断应另有标准。在笔者看来，这个标准首先应是符合刑事诉讼的发展规律。就此而言，禁止双重危险原则因为强调对职权机关的限制、规范，对人权的保障功能，与刑事诉讼发展规律的要求一致，因而具有无可置疑的正当性。①

关于刑事诉讼发展规律的认识，人们可以从不同的角度进行。笔者曾这样描述刑事诉讼的发展过程：迄今为止，刑事诉讼的发展过程是从野蛮走向文明、从愚昧走向科学、从恣意走向规范的过程。② 如果这个说法可以成立，那么，那种对生效裁判不分错误的性质、不论错误的原因，一味强调"实事求是、有错必纠"，蕴涵着允许刑事诉讼中的职权机关恣意而为的趋势，意味着对被告人可以重复追究，就只是刑事诉讼历史发展过程中尚不发达阶段的现象，在现代刑事诉讼制度中其作用的发挥应受限制。在这个意义上甚至可以说，诸如"实事求是、有错必纠"之类的原则，如果不将其置于刑事诉讼规律的制约之中，其在刑事诉讼中发挥作用的正当性是有疑问的。③

正当性问题应是现代刑事诉讼法学的基本问题。而关于现代刑事

---

① 关于禁止双重危险原则的价值，有研究者对其进行过系统的分析。参见张毅《刑事诉讼中的禁止双重危险规则论》，中国人民公安大学出版社，2004，第69页以下。

② 参见王敏远《司法改革与刑事司法程序改革》，载信春鹰编《公法》（第3卷），法律出版社，2000，第78页。

③ 从许多学科（不论是自然科学还是社会科学）的发展过程可见，按照本学科的规律，对那些貌似普遍适用、放之四海而皆准的观念、原理的修正或限制使用，往往是该学科走向成熟、独立发展的标志。笔者认为，对"实事求是、有错必纠"之类的观念在刑事诉讼法学领域的修正、适用限制问题进行探讨，是刑事诉讼法学理论发展过程中必须做的"功课"。

再审制度正当性问题的探讨，旨在确定刑事诉讼法学研究转型的目的。显然，理论研究的转型本身不是目的，应当将制度正当性基础的构建并使制度趋于完善，作为研究转型的更高价值追求。在这个意义上，应当对那种在学术研究中只是一味追求与众不同的创新思维保持应有的警惕，因为这种所谓的"创新"如果只是以"与众不同"为宗旨，实际结果很可能是抱残守缺式的守旧。

（二）坚持不能放弃的基本原则

除了应当遵循刑事再审制度特有的禁止双重危险原则，刑事再审制度作为刑事诉讼制度的组成部分，其设置和运作还应当遵循现代刑事诉讼的其他基本原则，这些原则应当被视为不能放弃的原则。关于何为现代刑事诉讼中不能放弃的原则，已有很好的分析文章。① 在此，需要引起注意的是其中的控审分离原则，因为这对于完善我国的刑事再审制度具有特别的针对性。

我国现行的再审制度对未经公诉机关抗诉的生效裁判，规定了法院可以直接发动刑事再审。由于我国的再审既包括有利于被告人的情况，也包括不利于被告人的情况，因此，也就意味着法院可以通过再审程序直接加重对被告人的判刑。这样的情况也确实一再发生。显然，在没有公诉机关抗诉的情况下，法院发动不利于被告人的刑事再审，完全违背了控审分离原则。

控审分离原则是现代刑事诉讼的基本原则。这个原则对于刑事司法公正具有基础性的意义。这一原则的意义绝不仅仅限于检察院与法院在刑事诉讼中的分工，其更重要的价值是保障司法公正。显然，只有在控审分离的基础上，才有可能构建不偏不倚的公正的法庭；只有在控审分离的基础上，才有可能防止法官先入为主、先定后审。这正是现代刑事诉讼否定集控诉与审判于一身的纠问式诉讼制度的最重要

① 参见〔德〕托马斯·魏根特《刑事诉讼法中不可放弃的原则》，樊文译，载"中国法学网"樊文文集，http：//www.iolaw.org.cn/showArticle, asp? id = 1973。

的原因之一。从这个意义上可以说，否定了控审分离原则，将使刑事诉讼陷入倒退为纠问式诉讼的风险之中。虽然我国现在再审案件的数量与以前相比并不多，但如果纠问式诉讼在此有其存身之处，问题的严重性就应当引起注意。

关于我国现行再审制度与控审分离原则的冲突，学界早已注意并予以批判。在此特别予以强调的原因在于：一方面，通过说明刑事再审应当坚持控审分离等"不能放弃的原则"，以确定"不能放弃的原则"对于完善我国刑事再审制度的价值；另一方面，笔者注意到学界在讨论诸如未成年人诉讼程序、量刑程序等问题时，已有人提出在这些特殊程序中不应适用无罪推定原则。这是十分危险的。笔者认为，刑事诉讼法学理论对无罪推定、控审分离等"不能放弃的原则"，应当持有坚定的信念，在本学科内，不因研究的转型而动摇，不因所研究的问题的特殊性而放弃。①

（三）考量影响刑事再审制度的重要因素

我国法院发现生效裁判存在量刑过轻问题时，无视控审分离原则而发动不利于被告人的刑事再审程序，一方面与我国刑事诉讼法对法院的定位有关；② 另一方面，错误的生效裁判由自己"主动纠正"而非因为抗诉而被迫纠正，这与法院工作绩效考核是否有关系虽难以确定，但"主动纠正"估计会更有利于维护其形象。③

诸如此类的（非刑事诉讼制度的）原因使我们对刑事再审制度的研究增加了许多复杂的因素。当然，研究中最棘手的因素可能是我国

---

① 如果没有对本学科特殊原则的坚定信念，该学科的独立存在意义将会很可疑。
② 我国的宪法、刑事诉讼法都规定的法院与检察院、公安机关在刑事诉讼中分工负责、互相配合、互相制约的原则，所反映的是法院与检察院、公安机关负有共同使命的观念。在这种观念指导下，法院的定位与控审分离原则所要求的理念确实存在差异。
③ 据报道，对李昌奎案的再审虽是云南省高级人民法院主动提起的，但与检察机关提出了再审建议也有关系。蹊跷的是，云南省高级人民检察院本应依法提起抗诉发动再审，却只是（以刑事诉讼法并未规定的方式）提建议，这是不是因为要给云南省高级人民法院"留面子"？

根深蒂固的"实事求是、有错必纠"观念。按照禁止双重危险原则的要求重构刑事再审制度，将会使一些"宽纵犯罪"的生效裁判失去得到纠正的机会，而这必将与民众所普遍信奉的"有错必纠"观念产生对立。对此，研究刑事再审制度时不应回避。

另一个影响我国刑事再审制度的因素是刑事司法的定位和功能问题。在我国，虽然法律也肯定了司法的定纷止争作用，但司法机关只是整个国家体制中的"部门"之一，并不具有那种在三权分立的国家中所处的地位。因此，所谓"司法是社会正义的最后一道防线"，还只是停留在一些学术论著中的观点中，不是我国现实情况的反映。就此而言，维护生效的司法裁判的稳定性，目前还不是构建我国刑事再审制度时必须考虑的无可争议的基础。对此，我们在研究中也不应回避。

影响我国刑事再审制度的这些特殊因素的存在，给研究增加了复杂性。将理想的刑事诉讼再审模式作为论证的根据，无视这种模式在我国所遇到的特殊问题，这种以往理论研究中常见的情况需要予以改变。

当然，考量影响再审制度的诸多特别的因素，并不意味着我们只能顺从这些因素、不应推动刑事再审制度的完善，而是意味着不能无视这些因素。至于如何妥善处理这些特殊因素所引发的相关问题，如何在研究完善刑事再审制度时解决与此相关的困难，则是下面将要进一步思考的问题。

四　研究转型需要以批判错误观点为基础

为了避免研究的转型变成转向，① 就必须确定研究目标的方向。所谓确定方向，是指我们在研究完善我国的刑事再审制度时，所设想的刑事再审制度应当符合刑事诉讼制度的发展规律。对此，前文已有

_____

① 不论是因迷路而转向，还是为逆历史潮流而转向，都是应当避免的。

说明。需要进一步说明的是，应当对现在刑事诉讼理论界和实务界十分流行的保障人权与打击犯罪"平衡论"、程序公正与实体公正"兼顾论"保持警惕。如果不能正确认识其中的问题，分辨其适用的局限性，那对于刑事诉讼法学的发展，对于刑事诉讼法律制度的完善，将会产生危害。

笔者认为，如果说保障人权与打击犯罪都是刑事诉讼法律制度所要实现的目标，程序公正与实体公正都是不应忽视的价值，那么，"平衡论"和"兼顾论"有其合理性。① 然而，我们常见的说法却是在两者对立的基础上所强调的"平衡论"和"兼顾论"。即认为强调保障人权就会损害打击犯罪，主张程序公正将会影响实体公正，因此，对两者都不能过于强调，而应当"平衡"、需要"兼顾"。这种观点是错误的、无益的甚至是有害的，应当予以批判，否则，转型很有可能变成转向。

这种观点的错误在于其立论的基础有问题。保障人权与打击犯罪并不是天然对立的，以至于强调保障人权就会损害打击犯罪；程序公正与实体公正更不是对立关系，以至于因为坚持程序公正就会影响实体公正。我们应以历史唯物主义为基础认识两者的关系。从刑事诉讼的发展历史来看，准确地发现、揭露、证实、惩罚犯罪自古以来就是刑事诉讼的使命。刑事诉讼的基本任务未发生过变化，变化的只是刑事诉讼的具体手段和程序。而刑事诉讼的具体手段和程序变化的轨迹，就是从野蛮走向文明、从愚昧走向科学、从恣意走向规范……刑事诉讼的历史发展进程表明，当今的刑事诉讼理论强调保障人权，其宗旨不是损害、否定打击犯罪，主张程序公正也不是为了影响实体公正，而是为了使刑事诉讼进一步从野蛮走向文明、从愚昧走向科学、

① 与此类似的还有"并重论"。笔者在早些年也论述过类似于保障权利与打击犯罪、程序公正与实体公正应予同样重视的观点，但这并不是建立在两者对立的基础上的并重。参见王敏远《轻程序的现象、原因及其纠正》，《法学研究》1994 年第 5 期。

从恣意走向规范。

由于立论的基础有问题，其所谓的"平衡"、"兼顾"的错误便凸显出来。显然，我们现在讨论刑事诉讼法律制度的发展、研究刑事再审制度的完善，并不是要在保障人权与打击犯罪之间搞"平衡"，在程序公正与实体公正之间求"兼顾"，而是要进一步提高我国刑事诉讼法律制度的文明、科学、规范的程度。

这种观点之所以是无益的，是基于我国刑事诉讼法律制度的现实和进一步发展的需要而言的。曾几何时，在只知道打击犯罪的需要、只懂得实体公正的价值的时候，"平衡论"、"兼顾论"是有意义的，因为这有助于人们认识到刑事诉讼尚有保障人权与程序公正的价值目标需要关注。[①] 时至今日，在人们普遍认识到保障人权、程序公正的时候，这种观点曾经发挥的积极作用正在消失，而其无益的特性则逐渐暴露。因为这种观点既说明不了现实情况，也指导不了将来的发展，[②] 因而是无益的。

这种观点可能产生危害作用，是因为这种观点不仅会使刑事诉讼法学研究陷入何谓"平衡"、如何"兼顾"这类偏重于思辨的抽象议论之中，甚至会为拒绝完善刑事诉讼法律制度的立场提供根据。就是否应当以禁止双重危险原则为基础重构我国的刑事再审制度来说，如

---

① 错误的理论也会产生积极的意义，这在自然科学和社会科学的发展历史中都不是罕见的现象。其原因十分复杂。在社会科学领域，例如卢梭"人生而自由，却无往不在枷锁之中"的名言，曾经产生了多么激动人心的效果。尽管更真实的情况可能是"人生而不自由，却无往不在争取自由的过程之中"。至于自然科学的情况，有兴趣者可以参阅科学哲学的相关论著，如库恩的《科学革命的结构》（大陆现在有两种汉语译本，即金吾伦、胡新和译本，北京大学出版社，2003；李宝恒、纪树立译本，上海科学技术出版社，1980）等。

② 例如，以这种错误的"平衡论"和"兼顾论"是说明不了2010年"两高三部"发布的关于排除非法证据的规定的，因为这一新的规定明显是对原有平衡的破坏，而且这是侧重于权利保护和程序公正的努力，并不是"平衡"的结果；"平衡论"和"兼顾论"对于今后排除非法证据制度的继续完善也不可能发挥指导作用，因为继续完善意味着又一次打破平衡。当然，如果对什么是"平衡"、何谓"兼顾"做并无实质内容、毫无确定性可言的"界定"，那就既可以"解释"现实，又可以"指导"将来了。但这还是科学研究吗？

果诉诸"平衡论"、"兼顾论"，意见对立的双方将难以提出有说服力的论证。因为对于什么是"平衡"、如何才能"兼顾"，在思辨的层面上几乎不可能达成共识。但对于拒绝完善刑事诉讼法律制度的人来说，"平衡论"和"兼顾论"却可以成为很好的根据，因为任何旨在推动刑事诉讼文明、科学、规范的努力，都是对现有"平衡"的破坏、对已有"兼顾"的否定。

当然，批判"平衡论"和"兼顾论"，意味着要求刑事诉讼法律制度应当朝文明、科学、规范的方向不断发展，但并不意味着主张不顾现实条件、脱离中国实际地推动刑事诉讼法律制度的发展；意味着刑事诉讼法学研究应关注进一步推动刑事诉讼文明、科学、规范进程的社会条件、① 具体步骤这类问题，少一些诸如"平衡"、"兼顾"之类的抽象议论。这正是我们讨论刑事诉讼法学研究转型问题的重要意义之所在。

五　研究转型的思路：设定底线并规划渐进改革的线路

批判错误的观点只是为理论研究转型清除障碍，批判本身并不是研究的转型。就刑事再审问题的研究而言，转型意味着什么，是个需要进一步探讨的问题。

在刑事诉讼法学理论研究借鉴法治发达国家的经验时，经常会遭遇所谓的"中国特色"问题。关于这个问题，从不同的角度进行探讨可以得出不同的结论。但有两种倾向应当引起警惕。一种是无所作为的态度，认为在"中国特色"的问题面前，只能顺从而不应考虑予以改变；另一种则是以特色为荣的绝对立场，认为只要是"中国特色"的就是好的，应当予以保持。这两种倾向的危害性虽然不是在此讨论

---

① 对刑事再审问题的研究而言，许多具体情况的变化需要引起研究者的关注。例如，前述刑事再审案件数量逐渐下降，近十年来再审后改判的比例不高等情况，对我们探讨完善刑事再审制度来说意味着什么，就是需要研究的问题。

的重点,① 但对其的否定却是我们进一步讨论的基础。

如前所述,我们在刑事诉讼法学研究中不应无视"中国特色"问题的存在。例如,"司法是社会正义的最后一道防线"目前在我国是个有异议的问题,这对刑事再审制度会有怎样的影响,当然应予以重视。然而,这不应成为阻碍完善刑事再审制度的理由,因为即使司法在我国不是社会正义的"最后一道防线",而只是"第N道防线",也应当按照司法的规律来设置这道防线。我们应当以积极的态度正面应对、妥善处理与"中国特色"相关的问题。笔者认为,为完善我国的刑事再审制度,需要从确定方向和选择方法两方面进行努力。

对完善我国的刑事再审制度而言,确定方向就意味着应当以禁止双重危险原则为基础予以重构。因为禁止双重危险原则要求,对生效裁判的纠错应当建立在严格的规范基础上,原则上应以有利于被告人为前提,这对于推动刑事再审制度的文明、规范、科学化发展,具有显而易见的积极意义。而选择方法则是个复杂的问题,在此予以简要论述。就研究如何完善我国刑事再审制度的具体方法而言,笔者认为,首先需要设定完善刑事再审制度的底线,然后应当规划推动刑事再审制度不断完善的渐进改革的线路。

设定完善刑事再审制度的底线,是指完善我国的刑事再审制度应以刑事诉讼中不能放弃的原则为基础,尤其应注重以禁止双重危险原则为基础。《公约》中关于刑事司法的规定,大都属于最低限度的标准。因此我国的刑事诉讼立法应将其作为底线。虽然与传统观念冲突的新的制度的设置十分困难,但从已有的经验来看,如果以坚持底线

---

① 显然,如果这两种倾向成立的话,30多年前不可能进行改革开放,我们正在进行100周年纪念的辛亥革命也应该否定,共和国也不该建立——当然,如果是基于文化相对主义立场而坚持"中国特色",则是个需要慎重对待的问题。但在现代刑事诉讼基本程序、基本制度以及刑事诉讼中"不能放弃的原则"的面前,文化相对主义能在怎样的意义上成立,十分可疑。况且,在人类不同文明并非隔绝而是互相影响的背景下,所谓"特色"问题的时空性,是个需要证明的问题。

作为开始，即使有这种冲突，我国现阶段也完全可以实现新制度的创设。①

　　当然，这个底线是需要进一步确定的，因为禁止双重危险原则在不同的国家其含义并不完全相同，因此，同样信奉禁止双重危险原则，不同国家的刑事再审制度却存在差异。英美法系国家和大陆法系国家的刑事再审制度就存在着差异，即使是同一法系的国家，英国和美国、法国和德国，其刑事再审制度也存在差异。这种"同一个原则、不同的表述"② 的情况，使我们在确定以禁止双重危险原则构建刑事再审制度时面临困惑：究竟应当参照哪种禁止双重危险原则的模式或哪个国家的刑事再审制度？而对此做出任何选择，人们都有理由质疑：为什么要以英美法系国家的刑事再审模式为参照？为何要以法国或德国的刑事再审制度为参照？

　　为此，一方面，我们需要考察受禁止双重危险原则规制的不同国家的刑事再审制度的共性。对于完善我国刑事再审制度所需设定的底线而言，考察共性比关注特性更重要。因为特性往往与该国的历史等独特因素相关，借鉴将会受到各种质疑、制约；而共性往往反映了最低限度的要求，将其作为参照，正当性应无异议。

　　另一方面，对那些在刑事再审制度中将禁止双重危险原则的例外情况规定得较为宽泛的立法例，应当予以特别关注。因为我国的立法和司法不仅在实践中对禁止双重危险原则未予肯定，甚至在观念上也未予承认，因此，对于那些过于严厉的禁止双重危险原则极少例外的刑事再审制度，适应起来会更加困难。而将例外规定得更加宽泛的立法例作为参照，所遇到的阻力和困难会相对小一些。

---

　　① 在刑事诉讼法中规定非法证据排除曾是个十分困难的事情。但如果是最低限度的排除规则——对通过刑讯逼供等非法方法得到的言词证据予以排除（这正是《禁止酷刑公约》第15条所规定的、具有底线意义的内容），立法规定也就不再那么困难了。2010年"两高三部"发布关于非法证据排除的规定，足以证明这一点。

　　② 刑事诉讼法学研究中这样的情况很多。这不仅需要在译介西方法学理论和立法例时详加考察，而且应在考虑借鉴时仔细辨别。这也应当成为刑事诉讼法学研究转型的一个方面。

　　需要说明的是，这种最低限度的制度设计并不是完善我国刑事再审制度的终点。对理论研究来说，按照最低限度的要求，尽早实现将禁止双重危险原则作为重构我国刑事再审制度的基础，是当下努力的目标，却不是终极目标。就此而言，理论界应当研究不断完善我国刑事再审制度的线路图，为构建逐步趋于完备的刑事再审制度提供理论支持。

（本文原载于《法学研究》2011 年第 5 期）

丛书后记

受社会科学文献出版社谢寿光社长、恽薇分社长、芮素平主任的信任和邀请，我担任了本丛书的执行主编，统筹了本丛书的出版工作。

本丛书各卷的主编都是我非常尊重的前辈。事实上，就我这一辈法科学生来说，完全是在阅读他们和他们那一辈学者主编的教材中接受法学基础教育的。之后，又因阅读他们的著作而得以窥法学殿堂之妙。不知不觉，时光已将我推到不惑之年。我以为，孔子所讲的"而立""不惑""知天命""耳顺""从心所欲不逾矩"，都是针对求学而言。而立，是确立了自己的方向；不惑，是无悔当下的选择；知天命，是意识到自己只能完成这些使命；耳顺，是指以春风般的笑容迎接批评；从心所欲不逾矩，指的是学术生命的通达状态。像王弼这样的天才，二十来岁就写下了不可磨灭的杰作，但是，大多数人还是循着孔子所说的这个步骤来的。有意思的是，在像我这样的"70后"步入"不惑"的同时，中国的法律发展，也开始步入它的"不惑"之年。法治仍在路上，"不惑"非常重要。另一方面，法律发展却与人生截然不同。人生是向死而生，法律发展却会越来越好。尤其是法治度过瓶颈期后，更会越走越顺。尽管改革不易，但中国法治必胜。

当代中国的法治建设是一颗浓缩丸，我们确实是用几十年走过了别的国家一百年的路。但是，不管是法学研究还是法律实践，盲目自信，以为目前已步入经济发展的"天朝大国"，进而也步入法学和法律实践的"天朝大国"，这都是非常不可取的态度。如果说，改革开放以来的法律发展步入了"不惑"，这个"不惑"，除了坚信法治信念之外，另一个含义就应该是有继续做学生的谦逊态度。"认识你自己"和"认识他者"同等重要，由于学养仍然不足，当代人可能尚未参透中国的史与今，更没有充分认识世界的法学和法律实践。中国的法律人、法学家、法律实践的操盘手，面对世界法学，必须有足够的做学生的谦逊之心。

除了郑重感谢各位主编，丛书的两位特约编辑张文静女士和徐志敏女士，老朋友、丛书责编之一李晨女士也是我必须郑重致谢的。

董彦斌
2016 年早春

图书在版编目（CIP）数据

刑事法治/赵秉志主编.—北京:社会科学文献
出版社，2016.3
（依法治国研究系列）
ISBN 978 – 7 – 5097 – 8960 – 5

Ⅰ.①刑…　Ⅱ.①赵…　Ⅲ.①刑法 – 研究 – 中国
Ⅳ.①D924.04

中国版本图书馆 CIP 数据核字（2016）第 059791 号

·依法治国研究系列·

刑事法治

主　　编／赵秉志
副 主 编／何　挺　彭新林

出 版 人／谢寿光
项目统筹／芮素平
特约编辑／张文静　徐志敏
责任编辑／郭瑞萍　芮素平

出　　版／社会科学文献出版社·社会政法分社（010）59367156
　　　　　地址：北京市北三环中路甲 29 号院华龙大厦　邮编：100029
　　　　　网址：www.ssap.com.cn
发　　行／市场营销中心（010）59367081　59367018
印　　装／北京季蜂印刷有限公司

规　　格／开　本：787mm×1092mm　1/16
　　　　　印　张：35.75　字　数：477 千字
版　　次／2016 年 3 月第 1 版　2016 年 3 月第 1 次印刷
书　　号／ISBN 978 – 7 – 5097 – 8960 – 5
定　　价／139.00 元